江蘇省地方志編纂委員會辦公室組編

主編

執行主編

江南通志

第九册

選舉志（二）

人物志（一）

鳳凰出版社

江南通志卷一百三十五

選舉志

薦辟 一

取士之法，《周禮》三年獻賢能之書，其論出於鄉間，而司徒、大樂正、司馬參定之。漢文帝二年，詔執政舉賢良方正能直言極諫者。武帝元光元年，令郡國舉孝廉。自是至隋以前，皆以察舉孝、秀爲常制。唐世進士、明經最盛，而孝廉、秀才之科不廢。大率周舉於鄉，漢至隋舉於郡國，唐舉於藩方，士悉起家薦辟，始爲王官。

至宋，放進士及第即予釋褐從政，而薦辟寖少矣。科舉之外，間行制舉，元皇慶二年、明洪武六年詔命，並一時所行。我朝鄉、會試外，聖祖特開博學宏詞科；世宗特命府州縣學舉諸生優行，又命内外大小臣工，各舉所知修潔通敏之士，寘於周行，立政立事，復再舉宏博，有虞之闢四門、成周之宅三宅也。

漢

文　黨　舒人，郡縣薦舉。

張　磐　秣陵人，舉孝廉。

顧　綜　吴人，舉有道，官尚書令。

嫣　覽　吴人，舉孝廉。

孫　權　吴人，舉孝廉。

高　彪　無錫人，舉孝廉。

許　武　陽羡人，舉孝廉。

許　普　武弟。

彭　修　毗陵人，州辟從事。

劉　瑜　廣陵人，舉賢良方正。

徐　璆　廣陵人，辟公府。

臧　洪　廣陵人，舉孝廉。

陳　宣　蕭人，官諫議大夫。

朱　邑　舒人，舉孝廉，官北海太守。

嚴　助　吴人，舉賢良，官會稽太守。

陸　康　吴人，舉孝廉，再舉茂才，官廬江太守。

戴　員　吴人，舉孝廉。

顧　歃　吴人，舉明經。

高　岱　無錫人，舉孝廉。

許　晏　武弟。

許　荆　武孫，舉孝廉。

包　咸　曲阿人，舉孝廉，官至大鴻臚。

吴　奉　廣陵人，舉孝廉。

徐　淑　廣陵人，舉茂才。

申章昌　楚人，以薦爲博士。

劉　遼　蕭人，拜議郎。

劉　矩　蕭人，舉賢良方正。
蔡千秋　沛人，擢諫議大夫、給事中。
周　榮　廬江人，舉明經，官山陽太守。
周　景　興子，官大司空。
周　忠　廬江人，官至太尉。
方　儲　歙人，洛陽令。
周　尚　舒人，丹陽太守。
徐　憲　臨淮人，舉孝廉。
陳　咸　萬年子，官冀州刺史。
范　遷　符離人，漁陽太守。
張　酺　細陽人，官司徒。
徐　防　銍人，舉孝廉，封龍鄉侯。

施　讎　沛人，以薦爲博士。
陶　謙　丹陽郡人，察孝廉。
周　興　廬江人，舉孝行，官尚書令。
周　崇　廬江人，甘陵相。
周　暉　廬江人，洛陽令。
嚴　詡　石城人，潁川太守。
陳　襃　舒人，官司空。
陳萬年　符離人，官御史大夫。
薛廣德　符離人，官御史大夫。
桓　譚　符離人，官議郎。
范　滂　細陽人，舉孝廉。
郭　憲　汝陰人。

三國　魏

陳　琳　廣陵人，軍諮祭酒。

徐　宣　廣陵人，辟掾屬。

吴

周　瑜　盧江人，封都鄉侯。

陸　績　吴郡人，奏曹掾。

陸　瑁　吴郡人，拜議郎。

華　覈　武進人。

華　融　廣陵人，太子庶子。

吕　岱　海陵人，署録事。

吕　衡　細陽人，前將軍。

魯　肅　舒人，周瑜薦。

陳　禕　吴郡人，宿衛郎中。

韋　昭　雲陽人，官僕射、侍中。

周　魴　陽羡人，舉孝廉。

張　紘　廣陵人，舉茂才。

吕　範　細陽人。

何　楨　盧江人，光禄大夫。

〔陳〕①矯　廣陵人，仕至尚書。

① 據《四庫》本補。

晋

張闓 秣陵人，舉茂才。

紀瞻 秣陵人，舉孝廉。

陸曄 吴人，開府儀同三司，辟爲祭酒。

陸機 吴郡人，楊駿辟爲祭酒。

周玘 陽羡人，舉秀才，封烏程縣侯。

祖逖 毗陵人，豫州刺史。

徐廣 毗陵郡人，封樂成侯。

何無忌 丹徒人，舉太學博士。

臧燾 丹徒人，尚書郎。

劉頌 江都人，辟府掾。

戴淵 江都人，舉孝廉。

韓績 江都人，辟司徒掾。

高嵩 江都人，辟秀才。

劉毅 沛人，封南平郡公。

薛兼 秣陵人，舉明經。

蔡洪 吴人，松滋令。

陸納 吴人，僕射、尚書令。

陸雲 機弟，年十六舉孝廉。

周札 玘弟，舉孝廉，封漳浦亭侯。

徐邈 毗陵人，驍騎將軍。

檀憑之 毗陵郡人。

劉穆之 丹徒人，舉爲左僕射。

陳邵 襄賁人，以儒學爲内史。

華譚 江都人，舉秀才。

戴邈 江都人，淵弟，舉秀才。

高悝 江都人，辟書佐。

劉粹 蕭人，辟從事。

何龕 廬江人，官後將軍。

何皁　盧江人，淮南内史。
何叡　盧江人，安豐太守。
何惔　盧江人，南康太守。
何叔度　盧江人，尚書。
杜潛　盧江人，右衛將軍。
韓文　舒縣人，舉賢良，官廣武將軍。
何琦　舒縣人，察孝廉。
劉惔　符離人，雲陽尹。

南北朝　宋

劉璡　建康人，舉茂才。
顧憲之　吴人，舉秀才，豫章太守。
劉簡之　彭城人，官參軍。
何邵之　晋熙人，員外散騎常侍。
何友　晋熙人，驃騎諮議參軍。
何子平　晋熙人，海虞令。
何惲　盧江人，豫州刺史。
何充　盧江人，中書兼録尚書事。
何澄　盧江人，左僕射，録尚書事。
何融　盧江人，大司空。
杜晏　盧江人，蒼梧太守。
杜夷　舒縣人，舉孝廉，官國子祭酒。
楊奮　舒縣人，侍中。
杜援　皖人，高平相。
張緒　吴人，國子祭酒。
(邱)〔丘〕巨源　曲阿人，舉孝廉，官太守。
劉延孫　彭城人，官侍中。
何楷　晋熙人，侍中。
何子先　晋熙人，建安太守。
何尚之　晋熙人，左僕射，録尚書事。

何愉之　晉熙人，新安太守。
劉瓛　符離人，秘書郎。

齊

陸厥　吴人，舉秀才。
陸倕　吴郡人，舉秀才。
伏挺　丹陽郡人，舉秀才。
臧嚴　東海人，録事參軍。
何歆　晉熙人。
何佟之　晉熙人，尚書左丞。
何昌寓　晉熙人，吏部尚書。

梁

劉勰　蘭陵人，官通事舍人。

何偃　晉熙人，吏部尚書。
張率　吴人，舉秀才。
周捨　丹陽郡人，舉秀才。
蕭景先　東海人，永寧令。
高爽　廣陵人，舉孝廉。
何鑠　晉熙人，宜都太守。
何戢　晉熙人，吏部尚書。
蕭琛　蘭陵人，光禄大夫。

蕭(眎)〔眎〕①素　蘭陵人，丹陽尹。

蕭　洽　蘭陵人，臨海太守。

徐　勉　蘭陵人，吏部尚書。

張　松　丹陽郡人，舉茂才。

陸雲公　吴人，舉秀才，黄門侍郎。

何敬容　晋熙人，左僕射，録尚書事。

何　烱　岳安人，侍御史。

陳

蕭　允　東海人，太子洗馬。

陸　琰　吴人，舉秀才，散騎常侍。

陸　琛　吴人，舉秀才，官中書舍人。

杜僧明　高郵人，封侯爵。

蕭　介　蘭陵人，官尚書。

江　革　蘭陵人，會稽郡丞。

臧　盾　蘭陵人，吴郡太守。

王　規　丹陽郡人，舉茂才。

顧　協　吴人，舉秀才，散騎常侍。

何　尊　晋熙人，大中大夫。

蕭　乾　東海人，舉明經，官黄門侍郎。

陸　玠　吴人，舉秀才，官中書舍人。

陸　瑜　吴人，舉秀才，官太子洗馬。

何之元　晋熙人，諮議參軍。

① 據《梁書》卷五十二本傳改。

唐

歸　登　吴人，舉賢良，累官至尚書。

朱佐日　吴人，舉制科。

朱承慶　吴人，舉秀才。

陸元芳　吴人，舉八科，侍郎、同平章事。

陸　質　吴人，舉明經。

張從師　吴人，舉秀才，官法曹參軍。

陸餘慶　吴人，舉制科，封廣平郡公。

張　澤　吴人，舉制科。

顧師閔　吴人，舉拔萃，同州參軍。

孫　發　吴人，舉百篇。

顧　謙　華亭人，舉明經。

蔣　儼　義興人，刺史。

戴叔倫　潤州人，經略使。

王義方　漣水人，舉明經，官御史。

丁公著　吴人，舉明經，官太常卿。

陸　璪　吴人，舉明經，封平恩縣男。

陸元朗　吴人，舉明經，封吴縣男。

陸象先　元芳子，舉制科，官吏部尚書。

陸　贄　吴人，舉拔萃。

歸崇敬　吴人，舉明經。

陳　潤　吴人，舉明經。

陸　亘　吴人，舉制科。

楊　發　吴人，舉拔萃。

張承休　昆山人，舉賢良。

庾　準　武進人，舉孝廉。

蕭德言　潤州人，封武陽侯。

孫處(元)〔玄〕　潤州人，左拾遺。

曹　憲　江都人，朝散大夫。

李　善　江都人，崇文館學士。
王　軀　江都人，浙東觀察使。
郭弘霸　桐城人，官刺史。
胡楚賓　秋浦人。
潘　晃　綏安人，舉孝廉，官本縣令。

五代　梁

楊師厚　汝陰人，官節度使。

南　唐

查文徽　休寧人，官工部尚書。

宋

夏　俊　溧水人，任參政。
芮　毓　溧水人，任樞密使。
劉公厚　吴縣人，舉童子科。

李　邕　江都人，左拾遺。
王　式　江都人，舉賢良方正。
詹士隆　歙人，通直郎。
康　駢　秋浦人，中書舍人。
李　約　綏安人，官安撫制卿。

何　恢　廬江人，官刺史。

杜　鎬　無錫人，後入宋，官禮部侍郎。

夏德成　溧水人，官知縣。
張永初　溧水人，官至僉樞密院。
盧端夫　吴縣人，舉童子科。

劉遇孫　吴縣人，舉童子科。
呂伯奮　昆山人，舉童子科。
呂叔獻　昆山人，舉童子科。
王夢聲　昆山人，秘書省檢閱。
姚嘉言　常熟人，任參軍。
（邱）〔丘〕璠　常熟人，由詞科，任知縣。
（邱）〔丘〕基　常熟人，承議郎。
印振之　常熟人。
趙　良　常熟人，海州軍推官。
趙磻老　吴江人，官工部侍郎。
楊紹雲　吴江人，禮部侍郎。
張　巨　武進人，舉明經。
孫　覿　武進人，舉詞學。
鄒　柄　武進人，天台守。
薛　極　武進人，舉詞科。
周麟之　武進人，官兵部侍郎。

李茂實　吴縣人，舉童子科。
呂仲堪　昆山人，舉童子科。
胡稷言　昆山人，山陰丞。
歸罕仁　昆山人，湖州判官。
（邱）〔丘〕琚　常熟人，以才薦，授迪功郎。
（邱）〔丘〕松　常熟人。
印肖翁　常熟人，平江路教授。
趙必鑛　常熟人，鹽運司提舉。
莫大猷　吴江人，官浙東常平司提幹。
盛天覺　吴江人，官編修。
呂元亮　華亭人，以布衣被召賜第。
李熙靖　武進人，舉明經，任觀察推官。
胡交修　武進人，舉詞學。
李　木　武進人，將仕郎。
褚　中　武進人，舉博學宏詞。
孫　近　無錫人，舉宏詞。

袁　植　無錫人，舉茂才。
曹　平　江陰人，賜同三禮出身。
葛中復　江陰人，舉明經。
包天麟　江陰人，舉博學宏詞。
蔣之奇　宜興人，舉賢良方正。
吴邦翰　宜興人，舉明經。
米　芾　丹徒人。
湯克紹　丹徒人，官武翼大夫。
陳　序　金壇人，節度判官。
楊處厚　江都人，永康録事參軍。
吕士元　江都人，舉明經，歷四縣令。
孫　鼛　江都人，知單州。
李直養　江都人，官知縣。
李　椿　江都人，司農卿。
崔公度　高郵人。
時丹立　興化人，宣議郎。

袁正功　無錫人，舉茂才。
葛　武　江陰人，賜五經出身。
孫安民　江陰人，舉明經，官從事郎。
慕容彦達　宜興人，舉宏詞。
蔣　瑎　之奇子，舉明經。
佘安行　宜興人，舉賢良，官中書。
焦千之　丹徒人，官縣令。
茅　湘　丹徒人，兵部侍郎。
湯弘毅　金壇人，提刑副使。
朱仙民　江都人，官四門助教。
王　幾　江都人，大理寺丞。
莊　徽　江都人，官知府。
劉大中　江都人，舉經明行修，官吏部尚書。
崔希甫　高郵人，官御史。
秦　觀　高郵人，舉賢良。
時彦五　興化人，中書侍郎。

時　賡　興化人，官教諭。
胡　瑗　如皋人，秘書省校書。
陳師道　彭城人，官教授。
楊　通　歙人，舉賢良，官司户參軍。
鄭顯文　歙縣人，舉明經，官教授。
詹　初　休寧人，授國學録。
吴　山　休寧人，官通判。
程　賢　休寧人，府同知。
范一嵩　休寧人，官教授。
金文藻　休寧人，王府學諭。
張　恒　婺源人，舉明經，官教授。
江資深　婺源人，舉明經，官教諭。
王　肇　婺源人，官太學録。
李德由　祁門人，以功舉，官監司。
戴　愷　績溪人，官武顯大夫。
戴宗禮　績溪人，官大理評事。

顧惟庸　興化人，任通判。
王俊乂　如皋人，以太學上舍擢第一。
張漢卿　桐城人。
吴永年　歙縣人，舉賢良方正。
胡　麟　歙縣人，舉明經，官教諭。
胡大年　休寧人，奉議郎。
汪世賢　休寧人，武翼大夫。
程晞尹　休寧人，轉運司幹官。
程願學　休寧人，長樂令。
張舜韶　婺源人，舉賢良，官通判。
張坦然　婺源人，永明令。
江友直　資深子，舉明經，官教諭。
許　逖　祁門人，官知府。
葛　湘　績溪人，屯田郎中。
胡天瑞　績溪人，舉通經，官知府。
胡天啓　績溪人，任轉運使司。

汪　晐　績溪人，官縣尉。
張　宷　績溪人，秘書省校書。
汪　蒨　績溪人，福州判官。
周　操　宣城人。
姚元隆　宣城人，五經博士。
淩　臯　涇縣人，官廬江尉。
昌　森　涇縣人，官知州。
汪汝則　旌德人，官奉直大夫。
吕　椿　旌德人，官大理少卿。
吕嗣恭　旌德人，官知州。
程　源　貴池人，官將作監丞。
夏　噩　貴池人，舉茂才，官知縣。
李　敬　貴池人，舉明經，官知縣。
李　哲　貴池人，官評事。
程　桂　青陽人，官承奉郎。
章　益　青陽人，官知縣。

張　寘　績溪人，授江東提幹。
胡崇祖　績溪人，舉通經，官至朝奉大夫。
楊　居　宣城人，舉經明行修。
王　萬　宣城人。
吴　份　涇縣人，官縣令。
左　椿　涇縣人，歷翰林直閣。
鍾世美　旌德人，官諫議大夫。
吕用聞　旌德人，官安撫參議。
吕仲漢　旌德人，官開封尹。
夏乾錫　貴池人。
吴六一　貴池人，官大理評事。
程　晠　貴池人，官通判。
汪文二　貴池人，舉賢良，官教授。
陳嘉言　貴池人，官承事郎。
施梓人　青陽人，官教授。
章　楠　青陽人，官通判。

程　熉　青陽人，官承奉郎。
阮永中　銅陵人，國子監助教。
陳永忠　銅陵人，官助教。
檀宗益　建德人，國子學録。
宋惠直　當塗人，舉宏詞，贈少師。
趙彥開　盧江人，官通判。
鄭　進　鷹山寨人，同平章事。
吳　玨　全椒人，舉宏詞。
趙迪之　廣德人，官通判。
趙公源　廣德人，司理參軍。
章愚孫　青陽人，官安撫使。
俞夢龜　銅陵人，舉童子科，授秘書郎。
左嘉善　石埭人，官御史。
方彥忠　建德人，官採訪使。
石　烝　蕪湖人。
賈　易　無爲人，舉神童，官知州。
龔頤正　和州人，官秘書丞。
趙　察　來安人。
趙圭之　廣德人，朝請郎。
趙彥開　廣德人，官通判。

元

龔　璛　吳縣人，儒學副提舉。
劉　岳　吳縣人，建昌路總管。
朱文德　昆山人，太尉府長史。
俞　詮　昆山人，儒學提舉。
范文英　吳縣人，官教授。
蔣　堂　吳縣人，官教授。
施文勝　昆山人，封吳興侯。
朱士英　昆山人，官同知。

葉永茂　常熟人，海漕萬户。
季　淵　常熟人，登仕郎。
印正傳　常熟人，官同知。
徐仁榮　吴江人，翰林編修。
章德剛　吴江人，州學正。
吴　簡　吴江人，學録。
謝　莘　吴江人，學録。
顧　信　新弟，軍器局提舉。
蔡廷秀　松江人，官江西行省。
潘世美　華亭人。
虞志道　無錫人，舉茂異，官教授。
王　實　無錫人，舉明經，官同知。
陳　肅　無錫人，舉博學宏材，官尚書。
吴伯川　江陰人，舉文學，官知州。
湯　虎　江陰人，舉文學，官教授。
朱　申　江陰人，官教授。

趙同麟　常熟人，官知州。
虞安澤　常熟人，官縣令。
朱　垣　常熟人，官翰林編修。
謝元俊　吴江人，判官。
盛　麟　吴江人，官縣尉。
崔天德　吴江人，金玉局副使。
顧　新　崇明人，龍興路録事。
宋尹文　崇明人，官典籍。
夏侯尚元　松江人。
孟　潼　無錫人，舉茂異，任判官。
陳伯雨　無錫人，舉明經，官教授。
范致大　無錫人，舉經明行修，官教授。
郭　登　江陰人，舉文學，官教授。
杜光啓　江陰人，舉文學，官教授。
章回孫　江陰人，舉文學，官教授。
章君祥　江陰人，舉文學。

陳　坦　江陰人，舉才德，官知縣。
吳　覺　宜興人，舉儒士，任判官。
湯炳龍　鎮江人，官提舉。
顧巖壽　金壇人，任推官。
李　浩　金壇人，舉高行，官提舉。
張　經　金壇人，官知縣。
陳子芳　丹徒人，浙西僉憲。
王　昌　丹徒人，官縣尹。
曲　出　江都人，授達魯花赤。
焦　禮　高郵人。
欒　鳳　高郵人。
黄　謙　興化人，官學士。
詹　澍　興化人，官通判。
梁道祐　寶應人，官户部尚書。
劉　江　寶應人，任南省院判。
吳顯卿　海陵人，提舉司。

蔣禹玉　宜興人，舉儒士，官學録。
許應祈　宜興人，舉茂異，官知縣。
俞希魯　鎮江人，官同知。
曹　俞　金壇人，官教授。
艾彦政　金壇人，任淮南省宣撫。
李　鎮　金壇人，官提舉。
郭景星　丹徒人，官州判。
彭好古　江都人，授達魯花赤。
丁　濟　高郵人。
王國祥　高郵人。
黄大有　興化人，治書侍御史。
顧　煜　興化人，官翰林學士。
楊啓元　興化人，淮東道正元帥。
劉　炎　寶應人，官承務郎。
吳　諫　海陵人，兵部都轄。
冒致中　如皋人，官兩淮鹽運司丞。

黨弘濟　碭山人，官縣尹。
袁遵道　豐縣人，舉神童。
王均容　溧水人，官知府。
周　景　溧水人，官學正。
胡德甫　太湖人，官按察司。
汪　仁　宿松人，官翰林學士。
方開宗　望江人，舉人才。
汪孔昭　歙人，舉賢良方正，授財賦提舉。
張　炳　歙人，舉文學，官教授。
周榮甫　歙人，舉明經，饒州路都司。
吴國英　歙人，舉文學，官教諭。
羅　綺　歙人，舉文學，官祭酒。
楊　復　歙人，舉文學，官教授。
鄭紹祖　歙人，湖東道憲司經歷。
程逢午　休寧人。
程文貴　休寧人，舉人才。

劉文質　碭山人，官教授。
劉應昴　溧水人，舉人才，官祭酒。
周禄二　溧水人，任判官。
孔文昱　溧水人，任浙西廉訪使。
黄玉成　太湖人，官御史。
孟仲祥　宿松人，舉人才，官鎮撫。
仇自堅　歙人，舉文學，官學録。
程　晁　歙人，舉明經，授縣尹。
方元善　歙人，舉文學。
吕紹乙　歙人，舉文學，官教諭。
姚廷用　歙人，舉文學，任知事。
楊　晋　歙人，舉明經，官教授。
蔣宗元　歙人，舉德行，官泰州務使。
汪士遜　休寧人。
汪　薌　休寧人，舉文學，官教授。
鄭子誠　休寧人，官儒學提舉。

程一夔　休寧人，舉文學，官教諭。
余宜高　婺源人，舉明經，官學正。
余蘇翁　婺源人，舉文學，授教諭。
余用中　婺源人，舉才學，官府尹。
余啓元　婺源人，舉文學。
章子振　祁門人，以功授縣尹。
章　拱　祁門人，官縣尹。
王汝肩　祁門人，任判官。
張　旂　績溪人，官教授。
戴　鎡　績溪人，官教授。
戴　堅　績溪人，以孝弟力田，任縣丞。
高陽祖　績溪人，舉明經，任教授。
吴原悳　宣城人，舉才行，官宣慰使。
汪　偁　涇縣人，婺州路録判。
昌中峰　涇縣人，官教諭。
左銓義　涇縣人，任翰林直閣。

戴　玭　休寧人，官御史。
余師魯　婺源人，舉茂才異等，官教授。
胡初翁　婺源人，以能詩舉，授本路考試官。
王元度　婺源人，舉才學，官教諭。
黄應祈　祁門人，舉文學，授教諭。
于景隆　祁門人，官教授。
王　霖　祁門人，任本路站副使。
倪印心　績溪人，舉才學，官縣尹。
高　斗　績溪人，官教諭。
吴文玉　績溪人，官教授。
戴仲本　績溪人，任判官。
陳良弼　宣城人，官教授。
劉　錫　南陵人，寧國推官。
倪水西　涇縣人，官教授。
施必大　涇縣人，官教諭。
張用慶　涇縣人，官學正。

姚玉仲　旌德人，官浙東提刑。
汪溥　旌德人，九江廉訪使。
陳雷復　貴池人，秘書郎。
施應先　青陽人。
胡愿　銅陵人，任判官。
羅得泰　銅陵人，官知縣。
鄧隱儒　建德人，官學正。
邢岳　當塗人，舉茂才，岳州路守。
鄭伯高　合肥人，舉文行，官教授。
李榮甫　合肥人，以才能，官汀州路總管。
王珪　潁州人，官監察御史。
李讓　潁上人，官副使。
傅洪　建平人，以人才，官知縣。
潘貴誠　建平人，舉明經，官教授。
葛涵　滁州人，授訓導。
許恕　江陰人，舉文行。

呂養正　旌德人，揚州教授。
孫雷雲　太平人，舉人才。
徐德美　貴池人，學録。
徐康年　銅陵人，秘閣修撰。
徐庭芝　銅陵人。
丁漢仁　銅陵人，官教授。
邢國傑　當塗人，舉茂才。
邢浩　當塗人，授知事。
晁顯　合肥人，舉賢良，平江路總管。
賈餘慶　鍾離人，以才行，官縣尹。
李守中　潁州人，以才行，官工部尚書。
湯有游　廣德人，以人才擢提舉。
趙良慶　建平人，舉明經，官教諭。
王昌孫　建平人，官教諭。
吴惟詵　江陰人，舉秀才。
宋仁輔　江陰人，舉文學。

明

杜　環　上元人，官太常寺丞。

王興宗　上元人，舉儒士，官知府。

王　昹　上元人，官按察使。

陳　遇　江寧人。

周時中　江寧人，官吏部尚書。

陳世舉　江寧人，官太常寺卿。

姜　濬　江寧人，舉楷書，官按察副使。

八　通　江寧人，官主事。

張文昱　句容人，以明經，官侍郎。

許　淳　句容人，舉明經，官知縣。

湯禹文　句容人，舉人才，官主事。

孫伯玉　句容人，舉耆老，官知府。

戴　玉　句容人，官知州。

王道明　句容人，舉明經，官通判。

尤　仁　上元人，舉明經，官翰林博士。

薛原義　上元人，官知州。

嚴　岳　上元人，官知州。

張銘善　江寧人，官吏部尚書。

陳　祥　江寧人，官知府。

鄭　琳　江寧人，官主事。

陳中復　江寧人，舉楷書，官翰林待詔。

周　保　句容人，舉懷才抱德，官知縣。

樊　傑　句容人，以經明行修，官教諭。

朱　純　句容人，舉儒士，官教諭。

吴　良　句容人，官知府。

徐添慶　句容人，官通判。

戴　顒　句容人，官主事。

孫　英　句容人，官州判。

曹　冕　句容人，官中書舍人。
湯良臣　溧水人，舉明經，官知縣。
端木孝文　溧水人，舉儒士，官待詔。
姚敬重　溧水人，舉儒士。
黄養性　溧水人，官知縣。
趙居仁　溧水人，舉人才，官左通政。
汪　拳　溧水人，以人才，官知府。
薛伯文　溧水人，以人才，官知縣。
黄　恒　溧水人，官知縣。
夏　璿　高淳人，舉經明行修，官知府。
劉　楧　高淳人，官知縣。
李　旭　高淳人，官知縣。
邢　興　高淳人，官知府。
徐一鵬　高淳人。
唐　相　六合人。
趙　仁　江浦人，官知府。

魏　澤　溧水人，官刑部尚書。
端木以善　溧水人，舉儒士，官尚書。
端木孝思　溧水人，舉儒士，官員外郎。
嚴與聲　溧水人，官知州。
王　良　溧水人，舉人才，官按察使。
陳　永　溧水人，以人才，官郎中。
曹文慶　溧水人，以人才，官知府。
嚴　恪　溧水人，官助教。
張景宣　溧水人，官知縣。
甘　霖　高淳人，官布政使。
劉　穆　高淳人，官郎中。
趙　澄　高淳人，官知縣。
袁麗融　高淳人，以明經，官知縣。
馬　信　江浦人，舉孝廉，官員外郎。
張　俊　江浦人，德清令。
鄭自强　江浦人。

滕德茂　吴縣人，官户部尚書。

歐陽性　吴縣人，官户部侍郎。

王鑄　吴縣人，官都督府斷事。

宋克　吴縣人，官同知。

陳堯道　吴縣人，官知府。

董遠　吴縣人，官知縣。

王勝　吴縣人，官知縣。

尤芳　吴縣人，刑部員外郎。

滕用亨　吴縣人，官翰林待詔。

袁政　吴縣人，官知縣。

李琦　吴縣人，任梁府紀善。

劉敏　吴縣人，官中書舍人。

楊翥　吴縣人，官禮部尚書。

陸光裕　吴縣人，官東平知州。

馬光　吴縣人，官知州。

章美　吴縣人，官知縣。

宋騏　吴縣人，官侍郎。

楊基　吴縣人，官按察使。

姜漸　吴縣人，官太常博士。

郁新　吴縣人，官户部尚書。

秦伯齡　吴縣人，官御史。

張羽　吴縣人，官太常丞。

秦文彧　吴縣人，官知縣。

葉濂　吴縣人，官知縣。

金問　吴縣人，官禮部侍郎。

伊恒　吴縣人，尚寶卿。

顧惟敬　吴縣人，大理少卿。

陳繼　吴縣人，官翰林檢討。

施之朝　吴縣人，官知縣。

陸世康　吴縣人，任通判。

吴迪　吴縣人，官通判。

張適　長洲人，官郎中。

高　啓　長洲人，官户部侍郎。
趙　文　長洲人，官知縣。
沈　應　長洲人，山東參議。
施　禮　長洲人，任閩中督運。
王　璡　長洲人，直文淵閣。
余　熂　昆山人，官吏部尚書。
顧　禮　昆山人，官刑部尚書。
楊　性　昆山人，官知州。
盧　熊　昆山人，官知州。
朱　吉　昆山人，官湖廣僉事。
洪　英　昆山人，任岳州知府。
毛　質　昆山人，官知縣。
顧　昭　昆山人，官知縣。
張　節　昆山人，官至禮科給事中。
沈　丙　昆山人，官知縣。
邵元亨　昆山人，官知縣。

申屠衡　長洲人，官修撰。
梁　時　長洲人，任翰林典籍。
施宗義　長洲人，建寧知府。
鄒　亮　長洲人，官御史。
秦　約　昆山人。
張　恕　昆山人，官知縣。
殷　基　昆山人，任太平推官。
陳　則　昆山人，官户部侍郎。
盧　熙　熊弟，官同知。
夏　經　昆山人，官知縣。
楊　英　昆山人，黄州知府。
范原良　昆山人，任通判。
吕　昭　昆山人，官知州。
石　剛　昆山人，官知府。
陸　塤　昆山人，任鹽運副使。
沈　芳　昆山人，北平左布政使。

盧彭祖　崑山人，官禮部主事。
盧　儒　崑山人，官中書舍人。
趙　遠　崑山人，官知府。
陳　皞　崑山人，官知縣。
衛　靖　崑山人，官禮部主事。
陳　助　崑山人，官知縣。
張　翔　崑山人，官知州。
周　瓚　崑山人，官教授。
鄒士玉　常熟人，以人才，官知府。
鄭思先　常熟人，舉儒士，官福建左布政使。
崔以嗣　常熟人，舉儒士，官知縣。
鄭　金　常熟人，任知府。
嚴以實　常熟人，官通判。
余友諒　常熟人，舉賢良方正，官大理少卿。
平　集　常熟人，舉人才，官府通判。
周士良　常熟人，舉經明行修，官御史。

王　震　崑山人，州同知。
夏　昺　崑山人，官中書舍人。
張　準　崑山人，官知縣。
盛　頤　崑山人，官工部員外郎。
夏文振　崑山人，官大理寺丞。
黄　玘　崑山人，官知府。
徐　明　崑山人，三任教職。
陸遜之　崑山人，官知州。
鄭　璞　常熟人，山東鹽運副使。
瞿　莊　常熟人，舉儒士，官福建左參政。
錢　衡　常熟人，官吏部主事。
趙季文　常熟人，官知州。
張　洪　常熟人，官翰林修撰。
鄒　貞　常熟人，官州同知。
吴　奕　常熟人，官府同知。
吴　訥　常熟人，舉經明行修，官御史。

章　珪　常熟人，官御史。
嚴　儀　常熟人，大理寺丞。
陸伯倫　常熟人，官中書舍人。
榮文貴　常熟人，官同知。
陳　善　常熟人，官知縣。
陳　常　常熟人，官刑科給事中。
何付一　吴江人，官同知。
朱　約　吴江人，官郎中。
史子振　吴江人，官知縣。
沈　瀫　吴江人，應召授光禄。
張惟清　吴江人，官知縣。
李　鼎　吴江人，官禮部主事。
張　瑾　吴江人，官工部員外郎。
樊　勉　吴江人，官知縣。
胡廷莊　吴江人，官知府。
吴　復　吴江人，任湖廣僉事。

鄒彦章　常熟人，官御史。
季　藻　常熟人，官通判。
趙　寧　常熟人，官刑部郎中。
宋　祥　常熟人，官刑部郎中。
章　民　常熟人，官知州。
張　智　常熟人，官刑部主事。
宋　麒　吴江人，官吏部右侍郎。
竇德遠　吴江人，官禮部侍郎。
薛　穆　吴江人，官通判。
褚　裕　吴江人，官知縣。
徐　衍　吴江人，官工部主事。
崔　齡　吴江人，官刑部主事。
張　瑆　瑾弟，官知府。
謝　絳　吴江人，官知州。
殷子明　吴江人，官刑部尚書。
葛德昭　吴江人，官刑部員外郎。

莫子奇　吴江人，官知州。

孫伯英　吴江人，官知州。

劉　貞　吴江人，官通判。

顧文昱　嘉定人，官知州。

束　衡　嘉定人，晋江知縣。

呂仲勉　嘉定人，官教授。

鄭濟川　嘉定人，官御史。

陳原樸　嘉定人，官主事。

葛　震　嘉定人，官知縣。

孫　濬　嘉定人，官户科給事中。

趙　純　嘉定人，官知縣。

彭宗順　嘉定人，官知縣。

葉　高　嘉定人，官教授。

張　敬　太倉人，官尚寶司卿。

陳　洽　太倉人，官兵部尚書。

周履時　太倉人，官通判。

朱　亮　吴江人，任判官。

朱仲南　吴江人，官北平右參議。

曾　堅　吴江人，官布政使。

王大用　嘉定人，岳州推官。

鄭　宏　嘉定人，官禮部侍郎。

唐　鼎　嘉定人，官工部主事。

陳　孜　嘉定人，官工部侍郎。

彭　澤　嘉定人，官通判。

宣嗣宗　嘉定人，官吏部郎中。

陳　淵　嘉定人，官府同知。

王應辰　嘉定人，官知縣。

陳　述　嘉定人，官四川左布政。

項　駕　太倉人，官禮部郎中。

陳　濟　太倉人，官右贊善。

徐　旦　太倉人，官知縣。

周　砥　太倉人，官州判。

史　謹　太倉人，任推官。
沈綿應　太倉人，舉賢良方正，官辰谿縣知縣。
劉　顒　崇明人。
趙以禮　崇明人，官工部主事。
湯　昕　崇明人，官禮部主事。
施　純　崇明人，官知縣。
陸　益　崇明人，官工部郎中。
朱　禮　崇明人，官尚寶司卿。
沈廷揚　崇明人，官户部郎中。
黄泰來　崇明人，官知縣。
錢復亨　華亭人，官教諭。
張　詢　華亭人，官知縣。
吴千文　華亭人，官通判。
謝　嗣　上海人，任判官。
計　章　華亭人，大理評事。
管　訥　華亭人，舉秀才。

黄　翼　太倉人，官安吉知州。
范宗善　崇明人，官知縣。
樊大寧　崇明人，官通判。
房　震　崇明人，官知縣。
黄　鉞　崇明人，官知縣。
袁文華　崇明人，山東副使。
彭　璟　崇明人，官浙江參議。
施之炳　崇明人，官知州。
王孟陽　華亭人，官長史。
袁叔温　華亭人，官監察御史。
張　諤　詢弟，按察僉事。
周大用　華亭人，官知縣。
全思誠　上海人，召爲大學士，乞致仕。
計伯貞　華亭人，儀制司副。
李至剛　華亭人，官禮部尚書。

陳　貞　華亭人，官至參政。
王公亮　華亭人，官四川布政。
湯　鎔　華亭人，官知府。
費子恭　華亭人，官禮部主事。
姚啓明　華亭人，官知縣。
鄭原式　華亭人，官府同知。
沈文華　華亭人，苑馬寺寺丞。
張　淵　華亭人，官知縣。
聞九皋　華亭人，官知府。
焦　莊　華亭人，官太僕寺丞。
張　黻　華亭人，官員外郎。
張　顯　華亭人，官通判。
王　濬　華亭人，官禮部郎中。
陳　珪　華亭人，官知縣。
朱　誠　華亭人，官工部郎中。
沈　粲　華亭人，官大理寺少卿。

張賓暘　華亭人，官户部主事。
陸宗善　華亭人，官知縣。
周以莊　華亭人，官知縣。
沈　麟　華亭人，任判官。
王季文　華亭人，官知縣。
葛　敏　華亭人，鹽課提舉。
費士賢　華亭人，鹽運司判官。
朱士亨　華亭人，官州同知。
(邱)〔丘〕宗　華亭人，官大理寺正。
姚　紀　華亭人，順天治中。
王　琬　華亭人，官知州。
錢　用　華亭人，官禮部郎中。
葉　蕃　華亭人，官工部主事。
許昌朝　華亭人，官禮部員外郎。
沈　度　華亭人，官學士。
朱孔陽　華亭人，順天府丞。

吴　壽　華亭人，官禮部主事。
陳　敏　華亭人，官參政。
夏　衡　華亭人，官太常寺卿。
殷之輅　華亭人，車駕司主事。
陸宗海　上海人，官知縣。
馬　瓛　上海人，舉秀才。
舒原輔　上海人，官府同知。
袁　舉　上海人，試户部主事。
許　昇　上海人，官福建副使。
董　紀　上海人，按察司①僉事。
趙公器　上海人，官應天府丞。
浦撝謙　上海人，官知縣。
徐　樞　上海人，太醫院使。
奚景周　上海人，官山東右布政使。

王應芳　華亭人，禮部員外郎。
陸德厚　華亭人，官給事中。
王世美　華亭人，官太僕寺少卿。
顧　彧　上海人，官户部侍郎。
王　掖　上海人，舉經明行修。
錢　恕　上海人，官知府。
朱　璘　上海人，官知州。
夏長文　上海人，官僉都御史。
楊　敬　上海人，以人才，官福建右參政。
張仲實　上海人，官知縣。
沈文新　上海人，官知縣。
鍾仲明　上海人，官兵部主事。
馬　麟　上海人，官山西右布政使。
周克敬　上海人，官廣西左布政使。

① 「司」，《四庫》本作「使」。

孫　豫　上海人，官山西右布政使。
吴　衡　上海人，官陝西左參政。
潘　謙　上海人，官中書舍人。
張　節　上海人，官禮科給事中。
張　益　上海人，官中書舍人。
陳景芳　上海人，官中書舍人。
張　錞　上海人，官禮部員外郎。
陳　璞　上海人，官禮部郎中。
陸友仁　上海人，官禮部主事。
俞　珙　上海人，官中書舍人。
張　電　上海人，官禮部侍郎。
顧從禮　上海人，授中書舍人。
王　徹　上海人，武英殿中書。
童之奇　青浦人，舉文學。

江　潤　上海人，官河南右布政使。
陸　勉　上海人，官四川左參政。
鄭公佐　上海人，官中書舍人。
張士實　上海人，官中書舍人。
王　瓊　上海人，官按察司副使。
姚　秩　上海人，官禮部主事。
吴　敬　上海人，官太僕寺少卿。
俞宗大　上海人，官禮部郎中。
朱　奎　上海人，官大理寺卿①。
沈世隆　上海人，官中書舍人。
顧定芳　上海人，御醫。
喬承華　上海人，官中書舍人。
陸晋錫　上海人，任推官。
金　純　青浦人，官中書舍人。

① 「大理寺卿」，《四庫》本作「太僕寺卿」。

朱　煥　武進人，官福建僉事。
毛　節　武進人，官御史。
毛至讓　武進人，官同知。
錢本中　武進人，官知縣。
徐　麟　武進人，官知府。
劉　敬　武進人，官員外郎。
陳　洽　武進人，官兵部尚書。
鄭　觀　武進人，官監察御史。
鄭　畏　武進人，舉賢良方正。
蔣宗武　武進人，官禮部侍郎。
惲本初　武進人，官中書舍人。
王惟允　無錫人，官通判。
錢仲益　無錫人，官翰林編修。
徐　績　無錫人，官知府。
葛　桓　無錫人，官御史。
陸士隆　無錫人，官御史。

徐士方　武進人，官教諭。
王　儒　武進人，舉賢良方正。
毛　中　武進人，舉高年有德。
徐　幹　武進人，官大理丞。
王　謙　武進人，官太常少卿。
王友諒　武進人，官府同知。
吴　潤　武進人，官江西布政。
左惟德　武進人，舉經明行修。
尹　覺　武進人，舉賢良方正。
許　曦　武進人，官中書舍人。
陳震祥　武進人，官知州。
王師道　無錫人，官都官員外。
周　文　無錫人，官知縣。
李孟善　無錫人，官御史。
施　武　無錫人，官御史。
王　達　無錫人，官侍讀學士。

徐伯樞　無錫人，官知縣。
王　亨　無錫人，四川按察。
徐邦本　無錫人，官知府。
孔孟文　無錫人，官知縣。
蔣仲庸　無錫人，官知府。
邵　文　無錫人，官府同知。
鄒　麟　無錫人，官知縣。
馮　實　無錫人，官知縣。
俞德惠　無錫人，官行人。
俞　溥　無錫人，官户部尚書。
蔣　觀　無錫人，官知府。
許　節　江陰人，官禮部主事。
朱　顒　江陰人，官吏部侍郎。
李　英　江陰人，任知事。
孫　作　江陰人，官翰林編修。
包尼授　江陰人，官同知。

李　琛　無錫人，舉孝廉。
談　綽　無錫人，督撫蘇州。
華德基　無錫人，官知府。
錢伯常　無錫人，官知府。
楊　迪　無錫人，官知縣。
華　璿　無錫人，官知縣。
董　銘　無錫人，官苑馬寺丞。
吴　肇　無錫人，官御史。
浦　源　無錫人，引禮舍人。
吕　銘　無錫人，官知府。
黄繼祖　無錫人，官知縣。
趙　彰　江陰人，官知縣。
章　庠　江陰人，官知府。
(邱)〔丘〕資深　江陰人，官知縣。
陳　晟　江陰人，官翰林編修。
張　宣　江陰人，官翰林編修。

徐　弼　江陰人，官按察使。
宋　懋　江陰人，官知縣。
薛　兼　復弟，官禮科給事中。
李士行　江陰人，官知府。
徐　麟　江陰人，官知府。
鞠　斌　江陰人，官知府。
陳　剛　江陰人，官知府。
朱安七　江陰人。
袁　順　江陰人，官廣西僉事。
徐　礜　江陰人，官山東僉事。
沈　遠　江陰人，官知縣。
王　常　江陰人，任推官。
劉　敬　江陰人，官知縣。
周　玉　江陰人，舉人才，官知縣。
儲可求　宜興人，官禮部侍郎。
吴　雲　宜興人，官刑部尚書。

（邱）〔丘〕擴　江陰人，官福建僉事。
薛　復　江陰人，官廣西僉事。
鄧　弘　江陰人，官知縣。
吴　彝　江陰人，官兵科給事中。
李　輔　江陰人，官山西右參議。
朱安二　江陰人，官知府。
繆文盛　江陰人，任推官。
嚴　本　江陰人，官大理寺正。
周廣平　江陰人，官禮科給事。
陳　耘　江陰人，官監察御史。
楊信民　江陰人，官知縣。
徐　訥　江陰人，尚寶司。
劉　讓　敬弟，官知縣。
張以中　宜興人，舉才能，官知縣。
宋　溥　宜興人。
姚　臨　宜興人，官知府。

馬　治　宜興人，官同知。
潘景德　宜興人，舉人才，官知縣。
王宗祖　宜興人，舉人才，官知府。
徐　敏　宜興人，官通判。
徐　中　宜興人，官通判。
陳　旭　宜興人，舉人才，官户部主事。
張永年　宜興人，舉人才，官同知。
陳　敏　宜興人，舉明經，官給事中。
吴　穎　宜興人，舉儒士，官知縣。
薛　恒　宜興人，舉儒士，官知縣。
朱　瑗　靖江人，舉人才，任知府。
秦從龍　丹徒人。
滕　毅　丹徒人，官吏部尚書。
束　清　丹徒人。

楊　晟①　宜興人，舉人才，官通判。
郭彦英　宜興人，舉人才，官府同知。
孔希原　宜興人，舉人才，官府同知。
潘　壐　宜興人，官同知。
張士林　宜興人，官知縣。
蔣久安　宜興人，官兵馬指揮。
儲　振　宜興人，舉明經，官助教。
沈原澤　宜興人，舉儒士，官同知。
蔣守約　宜興人，儒士，累官禮部尚書。
吴　達　宜興人，舉賢良方正，任知府。
朱　祖　靖江人，舉才德，授秦府紀善。
戈　鎬　丹徒人。
李　遜　丹徒人，官知府。
郭　任　丹徒人，仕至户部侍郎。

① 「晟」，《四庫》本作「義」。

丁　禮　丹徒人。

何　淵　丹徒人。

顔希賢　丹徒人，舉人才，官至工部尚書。

張　縉　丹徒人，官刑科給事中。

宋　真　丹徒人，舉懷才，官同知。

趙　諭　丹徒人，舉人才，官知府。

歐陽士振　丹徒人。

貢宗本　丹陽人，舉人才，任按察司僉事。

顧彦遠　丹陽人，舉人才，任都察院經歷。

曹仁政　丹陽人，舉人才，任刑部主事。

唐仲文　丹陽人，舉人才，任給事中。

王可宗　溧陽人，舉孝廉，官知縣。

史叔傳　溧陽人，官同知。

徐仲賢　溧陽人，舉儒士，官知府。

芮耆孫　溧陽人，官知州。

蔣　廷　溧陽人，舉人才，官知縣。

裴　俊　丹徒人，官御史。

王　觀　丹徒人，官知縣。

楊文訓　丹徒人，任參政。

孫　禄　丹徒人，舉人才，官參政。

薛　恭　丹徒人，舉人才，官知府。

周　鑑　丹徒人，官同知。

傅至善　丹陽人，任按察司副使。

朱　慶　丹陽人，舉人才，任參政。

吉貴和　丹陽人，官知府。

楊　魯　丹陽人，舉人才，任府同知。

賀嗣隆　丹陽人，任知縣。

繆　元　溧陽人，官紀善。

王可貞　溧陽人，舉明經。

普仲淵　溧陽人，任廉訪使。

梁　初　溧陽人，任按察使。

陳　翔　溧陽人，官通判。

梁　濟　溧陽人，官知縣。
梁　章　溧陽人，舉明經，官給事中。
史公澤　溧陽人，舉茂才，官僉事。
梁　禮　溧陽人，官按察使。
費恭遠　溧陽人，舉人才，官知縣。
史　遷　金壇人，官知府。
王　振　金壇人，官監察御史。
費昌齡　金壇人，舉儒士，官知縣。
曹建孫　金壇人，舉儒士，官知府。
曹以貴　金壇人，舉儒士，官知縣。
王　遜　金壇人，任左春坊正字。
李兼善　金壇人，官知府。
劉　政　金壇人，舉人才，任知縣。
王文焯　金壇人，官知縣。

周　廉　溧陽人，官員外郎。
梁　常　溧陽人，官知縣。
梁　貞　溧陽人，舉明經，官知縣。
王　玨　溧陽人，官知縣。
葛彦忠　溧陽人，舉人才，官通判。
楊文敬　溧陽人，舉明經，官知縣。
胡　淵　金壇人，官按察司僉事。
戈文七　金壇人，官知縣。
王　漢　金壇人，舉儒士，官知府①。
錢　叙　金壇人，舉秀才。
王　澤　金壇人，舉儒士，任知縣。
宋　常　金壇人，任雲南知府。
錢　良　金壇人，任知州。
吴　信　金壇人，舉人才，官知縣。

① 「知府」，《四庫》本作「知縣」。

李　智　金壇人，任知州。
鄒德麟　金壇人，任知府。
袁　高　金壇人，官知縣。
王　榮　金壇人，舉孝廉，官府同知。
江　禮　金壇人，任判官。
李　徵　山陽人，官兵部尚書。
張士彬　山陽人，官按察司使。
王可用　鹽城人，舉賢良方正，官右布政。
史　文　鹽城人，以人才，官御史。
成寧可　鹽城人，官按察司僉事。
湯子厚　清河人，舉懷才抱德，官知縣。
湯子漢　清河人，官知縣。
孫原善　安東人，舉懷才抱德，官知府。
蔡　淵　江都人，以人才，官山東轉運使。
王　信　江都人，以人才，官知縣。
蘇大宗　江都人，舉秀才，任山東副使。

宋　真　金壇人，官知州。
楊　格　金壇人，任知府。
周　政　金壇人，官知縣。
徐　常　金壇人，官知縣。
劉　慶　金壇人，任同知。
楊　泰　山陽人，官刑部侍郎。
李　文　鹽城人，舉儒士，官知縣。
沈　政　鹽城人，以人才，官知府。
夏　升　鹽城人，以人才，官府同知。
王德芳　清河人，舉賢良方正，官知府。
湯子高　清河人，官監丞。
喬榮甫　清河人，官應天府判。
陳擇善　安東人，以懷才抱德，官御史。
張汝霖　江都人，以人才，官山東參政。
李鴻漸　江都人，以文學，官尚書。
曹　昱　江都人，以人才，官布政。

胡　貳　江都人，以人才，任知縣。
曹　壽　江都人，官知府。
韓　琦　江都人，官知府。
谷　琰　江都人，官禮部尚書。
朱希顔　江都人，以人才，官知府。
吴　宣　儀(徵)〔真〕人，以人才，官知州。
柏兼善　高郵人，官户部主事。
湯　德　高郵人，以人才，官知府。
夏思忠　高郵人，以儒士，官府尹。
沈惟恕　高郵人，官知府。
湯文遠　高郵人，官知縣。
唐　鐸　高郵人，官知府。
馮　諒　興化人，以人才，官至刑部尚書。
陸　謙　興化人，官湖廣斷事。
陸　顒　興化人，以明經，任禮部員外郎。
周　暹　興化人，任中書舍人。

朱　敬　江都人，官知府。
葉　亨　江都人，官知縣。
楊仲安　江都人，官知縣。
畢文焕　江都人，官知縣。
金元亮　江都人，以明經，官參政。
戴興隆　儀(徵)〔真〕人，以耆德，官知府。
陳士雅　高郵人，舉孝廉，官知州。
邵　善　高郵人，官工部郎中。
顧　煜　高郵人，官知府。
柏　觀　高郵人，官武選郎中。
邵　勉　高郵人，官山西參政。
李　峋　高郵人，以賢良方正，官知縣。
成　璡　高郵人，官布政使。
顧　垍　興化人，以人才，官知府。
顧　博　垍子，以人才，任知府。
蘇　价　興化人，以人才，任鴻臚寺左寺丞。

李　皓　興化人，官山西按察使。
顧　穆　興化人，官知府。
高元暉　興化人，官刑部主事。
朱　倬　興化人，官知縣。
李彦彛　興化人，官知縣。
周　敦　興化人，官知縣。
盧　量　興化人，官吏科給事中。
李長科　興化人，以賢良方正，官知縣。
衡　宇　寶應人，官工部主事。
梁彦思　寶應人，舉孝廉，官知縣。
楊　賢　寶應人，以人才，官府同知。
季　英　寶應人，以人才，官知縣。
蕭　韶　寶應人，以人才，官知縣。
陸　祈　泰州人，官布政。
高以載　泰州人，官知府。
雷　春　泰州人，以人才，官知府。

顧師勝　興化人，官知州。
張惟德　興化人。
李　遂　興化人，官御史。
黄　清　興化人，官大理副使。
沈元貞　興化人，官刑部主事。
戴　恕　興化人，官知縣。
劉信之　興化人，官廣東提舉。
袁　復　寶應人，官大理寺少卿。
丁　鏞　寶應人，官工部主事。
賈　沂　寶應人，任判官。
冀汝能　寶應人，以人才，官府同知。
王　敬　寶應人，以人才，官知縣。
石光霽　泰州人，任國子監博士。
馬　讓　泰州人，官參政。
彭仲庸　泰州人，官知府。
周仲光　泰州人，以人才，官知縣。

周　黻　泰州人，官知縣。
房友信　徐州人，官檢討。
張　端　徐州人，以孝行，官知縣。
歐陽股①　蕭縣人，官主事。
常脱因台　碭山人，以明經，官同知。
陳修質　碭山人，官知州。
高　敏　碭山人，官知府。
曹　昶　碭山人，官兵馬司。
王　正　豐縣人，官知府。
陳明善　豐縣人，官知府。
劉鳳翔　豐縣人，官知縣。
宗德林　豐縣人。
王　度　豐縣人，官刑部主事。
甄　瑛　沛縣人，舉明經。
朱　庸　泰州人，任判官。
權　謹　徐州人，官知縣。
孟　驥　蕭縣人，舉人才。
郝　鐙　蕭縣人，以懷才抱德，官通判。
段　温　碭山人，舉賢良方正。
魏志道　碭山人，以明經，官同知。
魏宗周　碭山人，官知府。
黄　正　碭山人，官僉都御史。
秦　英　豐縣人，舉賢良方正。
唐　懋　豐縣人，官通判。
白　金　豐縣人，官通判。
王　疇　豐縣人，舉懷才抱德。
吴希文　沛縣人，舉賢良方正，任獻縣知縣。
章　璉　贛榆人，以懷才抱德，官知縣。

① 「股」，《四庫》本作「殷」，嘉慶《蕭縣志》卷九《選舉志》、卷十二《人物一》俱作「殷」。

張　普　贛榆人，以人才，官知縣。
李　潔　贛榆人，官府判。
劉　琮　宿遷人，官州同知。
何　俊　睢寧人，官府同知。
李　敬　通州人，以明經，任刑部尚書。
顧　巖　通州人，官工部主事。
趙　逵　通州人，以人才，官同知。
曹均濟　通州人，官知縣。
朱　高　如皋人，以人才，官刑部主事。
薛　儀　如皋人，以賢良方正，官知縣。
朱　昶　泰興人，以儒士，官長史。
潘文彬　海門人，以人才，官知府。
曹　毅　泰興人，官知縣。
阮之鈿　懷寧人，舉賢良方正。
倪　忠　桐城人，舉人才。
夏統春　桐城人。

周　泰　贛榆人，以人才，任苑馬寺丞。
趙　庶　邳州人，官兵馬司副指揮。
葉　茂　睢寧人，官州同知。
宋　愷　睢寧人，官知州。
劉文德　通州人，以人才，任廣西僉事。
昝仲玉　通州人，官參議。
丁仲信　通州人，官同知。
朱　裕　如皋人，以人才，官布政。
黄　通　如皋人，以人才，官知府。
劉　永　如皋人，舉茂才，官按察僉事。
茅　誧　泰興人，以儒士，官副都御史。
潘　庸　海門人。
張　翼　泰興人，官知縣。
周　冕　懷寧人，舉孝廉，官工部主事。
蔣　臣　桐城人，舉賢良。
吴道新　桐城人，官給事中。

孫　頤　桐城人，官知縣。

胡惟靖　太湖人，官同知。

魯　受　太湖人，官同知。

阮聖士　太湖人。

李昭道　宿松人，舉賢良方正。

吴　福　宿松人，舉賢良方正。

淩　昌　宿松人，官大理寺副。

胡　富　望江人，官布政使。

羅彦彰　望江人，官知府。

王　福　望江人，官御史。

魯朝用　望江人，以明經，官府同知。

曹　忠　望江人，府同知。

龍之珠　望江人。

朱　升　歙縣人，舉文學，官翰林院侍讀。

田克忠　歙縣人，舉賢良方正，官知州。

蕭均善　歙縣人，以人才，官知縣。

胡子達　太湖人，官知縣。

畢永觀　太湖人，官知縣。

章于國　太湖人。

吴普隆　宿松人，舉賢良方正。

沈景行　宿松人，以人才，官鹽運使。

徐　均　宿松人，舉賢良方正。

吴　璧　宿松人，舉賢良方正。

周孝可　望江人，官衡州知府。

朱　亶　望江人，官知縣。

周　常　望江人，任推官。

徐　俊　望江人，任推官。

錢　賢　望江人，官御史。

曹子純　歙縣人，以人才，官知縣。

胡　炳　歙縣人，官大理評事。

吴祖相　歙縣人，官監察御史。

許伯昇　歙縣人，舉聰明正直，官知府。

許士誾　歙縣人，舉賢良方正，官知縣。
許　寧　歙縣人，官通判。
畢仲仁　歙縣人，舉人才，官知縣。
江子任　歙縣人，舉人才。
王景先　歙縣人，舉人才，授行人。
羅　樞　歙縣人，以人才，任知州。
程士賢　歙縣人，舉賢良方正，官知縣。
趙彦全　歙縣人，舉通經，官教諭。
朱曰可　休寧人，以通經，官知縣。
范　準　休寧人，舉明經。
金彦清　休寧人，舉賢良，官府同知。
吴永昌　休寧人，以人才，任知縣。
程　天　休寧人，舉文學，官知縣。
吕　磐　休寧人，以孝廉，官知縣。
詹顯保　休寧人，官知縣。
孫音童　休寧人，以人才，官知縣。

羅堅寧　歙縣人，官知府。
王用中　歙縣人，任判官。
胡伯順　歙縣人，任御史。
汪彦良　歙縣人，舉人才，官同知。
唐子儀　歙縣人，官知縣。
謝子受　歙縣人，以人才，官通判。
唐　昕　歙縣人，舉賢良方正。
邵聖保　休寧人，舉賢良，官通判。
汪再壽　休寧人，官通判。
金彦瑾　休寧人，任判官。
曹彦循　休寧人，以人才，官知府。
金維清　休寧人，官教授。
朱日欽　休寧人，以明經，授教授。
汪志道　休寧人，官知縣。
蘇伯善　休寧人，以人才，任知縣。
金彦初　休寧人，官知縣。

程重陽　休寧人，以孝廉，官通判。
程彦興　休寧人，官通判。
汪伯良　休寧人，以人才，歷鹽運使。
吴　牧　休寧人，官給事中。
汪　猷　休寧人，宣課司副使。
謝士由　休寧人，官知縣。
施守正　休寧人，官知州。
江季華　婺源人，官國子監博士。
詹　同　婺源人。
李尚友　婺源人，官右都御史。
胡可達　婺源人，以人才，授指揮。
江敬同　婺源人，官知縣。
王藴齋　婺源人，官鹽運使。
汪　樵　婺源人，官中書舍人。
汪德洪　婺源人，官中書舍人。
江汝和　婺源人，官知府。

王懸民　休寧人，官布政司參議。
鄭彦文　休寧人，官知縣。
汪　時　休寧人，官廣東鹽課提舉。
張允武　休寧人，官府同知。
金士奇　休寧人，官知縣。
朱金陵　休寧人，官知縣。
汪鼎和　休寧人。
江宏晚　婺源人，官工部主事。
汪迪吉　婺源人，舉秀才，官知縣。
胡文㢊　婺源人，官知縣。
胡世用　婺源人，官知縣。
俞紹祖　婺源人，官知縣。
查士榮　婺源人，舉孝廉，官知縣。
汪彦常　婺源人，官知縣。
汪　俞　婺源人，官同知。
汪仲魯　婺源人，舉賢良。

汪彦聲　祁門人，以儒士，官教諭。
程　佐　祁門人，官給事中。
汪志道　黟縣人，官知縣。
李文玉　績溪人，官知縣。
黄克敬　績溪人，官御史。
張　椿　宣城人，官知縣。
吴原頤　宣城人，舉明經，典試江西。
貢時之　宣城人，官兵部員外。
梅　中　宣城人，官同知。
徐文通　宣城人，官知府。
吴敬祖　宣城人，官知府。
范　禮　宣城人，官府同知。
程　浩　宣城人，官知縣。
王允中　宣城人，官中書舍人。
葛子華　宣城人，官鹽課司提舉。
沈壽民　宣城人，舉賢良方正。

李宗晟　祁門人，官教諭。
葉　迪　黟縣人，官提舉司。
程以忠　績溪人，官知縣。
陳秉文　績溪人，舉孝廉，官知縣。
胡宗仁　績溪人，官知縣。
魏資敬　宣城人，以通經，授監察御史。
陳　迪　宣城人，官翰林編修。
貢景之　宣城人，官知縣。
胡仲宣　宣城人，官府同知。
劉大初　宣城人，官知府。
郭　周　宣城人，官監察御史。
陳　璞　宣城人，應天府通判。
袁尚智　宣城人，有詩才，召署應天府尹。
章士麟　宣城人，官刑部主事。
史　銓　宣城人，官都察院都事。
謝　琛　南陵人，官參政。

徐行　南陵人，官刑部郎中。

汪誠　南陵人，官知縣。

高昂　南陵人，官工科給事中。

李弼　南陵人，官刑部郎中。

施彌遠　涇縣人，官知縣。

王謙　涇縣人，官同知。

劉子京　涇縣人，任觀察使。

左彦鎮　涇縣人，官知縣。

王執中　涇縣人，官教諭。

馮鉅　涇縣人，官同知。

李宗預　涇縣人，官刑部主事。

史達之　寧國人，應求賢詔，歷任金華知府。

楊德陰　寧國人，以才能，任府知事。

譚松　旌德人，以人才，官府同知。

夏尚恭　南陵人，官知縣。

錢迪　南陵人，官知縣。

曹敏　南陵人，官通判。

沈伯聞　涇縣人，官知縣。

王勝　涇縣人，官知縣。

胡景新　涇縣人，以明經，累官吏部主事。

鄭季方　涇縣人，官知縣。

童涇川　涇縣人，官知縣。

秦士原①　涇縣人，授行人。

方泳　涇縣人，官知縣。

洪秉　寧國人，官提學御史。

陳巨川　寧國人，官知縣。

汪宗　寧國人，官知縣。

方叔周　旌德人，官工部員外郎。

① 「秦士原」，《四庫》本作「秦原」。

李文富　旌德人，以儒士，官按察使。
吕存仁　旌德人，官知縣。
江日安　旌德人，官知縣。
王　昌　旌德人，官知州。
汪　浩　旌德人，官兵部員外。
李勝源　太平人，舉人才。
陳　英　太平人，以人才，授通判。
張　紳　貴池人，官僉都御史。
姜　仁　貴池人，官監察御史。
虞得祥　貴池人，以儒士，歷官知州。
汪德威　貴池人，舉人才，官知縣。
陳　顯　貴池人，舉秀才，官知縣。
汪道宏　貴池人，舉人才，官知縣。
施　瑗　青陽人，官知縣。
程孔昭　青陽人，官按察僉事。
甯朝用　青陽人，官監察御史。

葉原用　旌德人，舉聰明正直，官知府。
管震亨　旌德人，舉孝弟力田，官通判。
王彦和　旌德人，官知縣。
汪舜民　旌德人，官知縣。
汪汝爲　旌德人，官知縣。
陳喜秀　太平人，官知州。
陳保安　太平人，以人才，授行人。
陳尚賢　貴池人，官府同知。
俞思濟　貴池人，官知州。
陳本立　貴池人，舉儒士，官州同知。
陳重威　貴池人，官知縣。
張　榮　貴池人，官知州。
劉　誠　貴池人。
鮑伯浩　青陽人，舉人才，官知縣。
章　謙　青陽人，以人才，官府同知。
蘇永清　青陽人，官鹽運司運使。

陳　貞　青陽人，官府同知。
江德周　青陽人，舉儒士，官知縣。
左　慈　石埭人，舉人才，官知縣。
儲仲真　石埭人，官教諭。
金　璧　建德人，以人才，官教授①。
鄧汝銘　建德人，以人才，官知縣。
韓景常　建德人，官知縣。
沈　良　建德人，以人才，官鹽運司運副。
何元善　東流人，以人才，官知州。
朱德新　東流人，官通判。
李　汶　當塗人，任編修。
王　斌　當塗人，官知縣。
鍾　鈴　當塗人，官知縣。
楊　集　當塗人，官州同知。

柏松波　青陽人，官兩淮鹽運使。
俞　鷺　銅陵人，以經學，授教職。
胡均賢　石埭人，官員外郎。
洪　毅　建德人，舉儒士，官按察司僉事。
黄憲一　建德人，舉人才，官州同知。
馮驥甫　建德人，官同知。
柯彦斌　建德人，官知縣。
劉同文　建德人，官知縣。
馮思仁　東流人，以人才，官工部主事。
陳聲永　貴池人，官府同知。
陶　本　當塗人，舉經明行修，官工部主事。
潘　黼　當塗人，官按察司。
楊汝榮　當塗人，舉茂才，官都督府都事。
喻仲衡　當塗人，舉賢良方正，官知府。

① 「教授」，《四庫》本作「知縣」。

范祖　當塗人，官布政司參議。
王顯　當塗人，官兵部主事。
吕明　當塗人，官知府。
楊思中　當塗人，官郎中。
李盛　當塗人，官知州。
周郁　當塗人，官知縣。
沈保五　當塗人，官知縣。
蘇順　當塗人，官知縣。
陳寧　當塗人，官府同知。
孫廣　當塗人，官知府。
劉豫　當塗人，舉俊秀，官户部主事。
陶奎　蕪湖人，官員外郎。
孫禹　蕪湖人，官知縣。
周納　蕪湖人，應求賢詔，仕至太常寺少卿。
魏遠叙　蕪湖人，官知縣。
王詵　蕪湖人，舉楷書，官知縣。

孫子善　當塗人，官按察司副使。
王本　當塗人，官户部主事。
夏文　當塗人，官監察御史。
楊銘　當塗人，官按察僉事。
後鈞寶　當塗人，官知州。
夏能　當塗人，官按察僉事。
朱振　當塗人，官郎中。
范寧　當塗人，官鴻臚寺丞。
張壽　當塗人，官知縣。
孫瑜　當塗人，官州同知。
沈受蒲　當塗人，舉賢良方正。
周凱　蕪湖人，官工部主事。
童緣　蕪湖人，官通判。
黄銘　蕪湖人，以人才，官知縣。
葛義　蕪湖人，官禮部主事。
陶鈍　蕪湖人，官按察僉事。

楊　復　蕪湖人，舉楷書，官户部主事。
秦仲彰　繁昌人，舉人才，官知府。
蔡思義　繁昌人，舉人才，授中書。
程嘉貞　合肥人，官按察司僉事。
李　源　合肥人，官工部郎中。
劉　傑　合肥人，官郎中。
李　佑　合肥人，官知州。
秦　智　合肥人，官知州。
程　式　合肥人，官知縣。
潘　植　盧江人，任判官。
李士賢　盧江人，舉明經，官知縣。
王　楫　盧江人，官知府。
潘　牧　植從子，舉人才，官僉事。
王　恒　盧江人，官户部郎中。
郭　智　舒城人，官御史。
錢　濟　舒城人，舉賢良，官知縣。

謝　孚　蕪湖人，舉楷書，官禮部主事。
嚴永諧　繁昌人，官教諭。
張信中　合肥人，以人才，官御史。
孫　鎮　合肥人，舉秀才，官知府。
王　亨　合肥人，舉楷書，官刑部主事。
王　道　合肥人，官知縣。
龍　源　合肥人，官給事中。
馬　經　合肥人，官光禄寺丞。
夏　煜　盧江人，舉文行。
陳子翀　盧江人，以人才，官知縣。
朱景明　盧江人，官按察使司僉事。
苗繼宗　盧江人，官州同。
侯　慶　盧江人，官知縣。
郭大用　舒城人，以明經，官知府。
郭　良　舒城人，舉明經，官同知。
王克讓　舒城人，舉賢良，官光禄卿。

秦　璧　舒城人，舉聰明正直。
鮑　綸　舒城人，官知縣。
程秀實　舒城人，舉人才，官知縣。
胡拱辰　舒城人，舉孝廉，官知縣。
曹本中　無爲人，舉人才，官知州。
馬伯麟　無爲人，官知縣。
李彦昭　無爲人，舉人才，官知縣。
汪　義　無爲人，舉老人，官大理評事。
孫　祐　無爲人，官御史。
楊　鈁　巢縣人，舉人才，官鹽運司同知。
葉　藻　巢縣人，官給事中。
馬世熊　臨淮人，辟爲營田使。
沈仲德　臨淮人，以人才，官知縣。
孫　泰　臨淮人，官光禄寺監事。
楊彦通　臨淮人，官知縣。
湯友恭　懷遠人，舉人才，官左都御史。

張　珩　舒城人，舉楷書，官府同知。
商　盤　舒城人，官御史。
鄒興武　舒城人，舉人才，官郎中。
王均玉　舒城人，舉孝廉，官主事。
劉　清　無爲人，官府同知。
杭　梅　無爲人，官知縣。
李彦賓　無爲人，官同知。
李鵬舉　無爲人，官知縣。
劉　鉉　巢縣人，舉明經，官御史。
張　寛　巢縣人，官知縣。
陳　鐸　巢縣人，官給事中。
顧元臣　臨淮人，以人才，官參政。
沈　讓　臨淮人，以人才，官知府。
袁　鑑　臨淮人，官知縣。
趙　讓　臨淮人，以人才，官知縣。
梅　景　懷遠人，官府同知。

苗　檖　定遠人，官監察御史。
范　常　滁州人，官大學士。
楊元杲　滁州人，官知府。
魏　忠　滁州人，官知府。
徐　珍　滁州人，官知縣。
端章甫　滁州人，官知縣。
趙子芳　滁州人，官知縣。
孫叔英　滁州人，官知州。
樂吟鳳　韶鳳弟，官知府。
樂止鳳　韶鳳弟，官禮部侍郎。
范繼祖　全椒人，舉明經，官僉事。
魯宗恭　全椒人，官知縣。
朱彥德　朝士弟，任通判。
尹　良　和州人，官同知。
王　昱　和州人，官監察御史。
陳思魯　和州人，官知縣。

黄立恭　滁州人，官工部侍郎。
范　組　常子，官雲南參政。
阮弘道　滁州人，官參政。
李伯華　滁州人，官知府。
徐　璋　滁州人，任推官。
陳　瑛　滁州人，官左都御史。
湯　序　滁州人，官禮部侍郎。
樂韶鳳　全椒人，官知府。
樂梧鳳　韶鳳弟，官州同知。
樂文鳳　韶鳳弟，官太常寺卿。
賈　祐　全椒人，官知府。
朱朝士　來安人。
陳崇巖　和州人，舉經明行修，官布政司。
方伯大　和州人，官知州。
吴　銘　和州人，官府同知。
王　端　和州人，任員外郎。

董　章　和州人，任判官。
張　貞　含山人，舉文學，官知縣。
張友中　含山人，任知縣。
錢魯南　廣德人，舉懷才抱德，官府同知。
王廷璵　廣德人，舉人才，官知府。
王仕京　廣德人，任判官。
施宗義　廣德人，官府同知。
阮貴道　廣德人，官户部主事。
耿洪祉　廣德人，以人才，官知縣。
耿彦昌　廣德人，官同知。
李良貴　建平人，任知縣。
袁守道　建平人，舉明經，官知縣。
夏　昭　建平人，任推官。
白　滇　六安人，以文行，官知縣。
劉　斌　六安人，官光禄署丞。
樂仲禮　英山人，舉孝廉，官知縣。

葉　廣　和州人，官布政司參議。
張原甫　含山人，舉賢良，官府同知。
裴　理　含山人，舉人才，官知縣。
沈原榮　廣德人，以人才，官府同知。
趙讓益　廣德人，官知縣。
馬叔芳　廣德人，舉儒士，官監察御史。
石　經　廣德人，舉儒士，官知縣。
施明之　廣德人，官工部主事。
耿洪立　廣德人，以人才，官府同知。
盛　制　廣德人，以人才，官知縣。
姚子奇　建平人，舉明經，任刑部侍郎。
傅子成　建平人，以人才，官知府。
郝　棠　六安人，舉文行，任鴻臚寺少卿。
陳　德　六安人，以才能，任總兵官。
潘　鉞　六安人，官兵部侍郎。
程希賢　英山人，舉秀才，任推官。

段維新　英山人，舉文行，官主事。
李　澄　英山人，任判官。
李仲良　英山人，官府同知。
李　恭　泗州人，以人才，官知府。
陸　瑜　泗州人，舉茂才，官知州。
曹　勝　泗州人，授鎮撫。
陳　琦　天長人，以楷書，授工部主事。
欒世英　潁州人，官布政司使。
李　翰　潁州人，以人才，任布政司參政。
章順舉　潁上人，官廣西布政。
蔣　學　潁上人，應求賢詔，累官左參攻。
梅　榮　潁上人，任光禄寺署丞。
宋彦輝　潁上人，以人才，授工部主事。
李　裕　霍(邱)〔丘〕人，舉孝行。
常同倫　太和人，舉孝廉，官主事。
陳　岱　蒙城人，任中書省參政。

王寧甫　英山人，官知府。
沈世傑　英山人，以才能，任知府。
金仲旻　霍山人，任知縣。
田　琦　泗州人，任知州。
翟　孟　泗州人，舉儒士，累官按察僉事。
顔　珙　天長人，以人才，任兵部郎中。
李　敏　潁州人，官工部尚書。
竇　松　潁州人，官監察御史。
安　然　潁州人。
盧彦昭　潁上人，官布政司左參議。
梅　玉　潁上人，官郎中。
柴景周　潁上人，以人才，官府同知。
甯允昌　潁州人，任知縣。
沈士温　臨淮人，官右布政。
李　宏　太和人，舉孝廉，授監察御史。
陳　巖　蒙城人，舉賢良，官通判。

陳　嶷　蒙城人，舉賢良，任按察司副使。

張孝宗　蒙城人，舉賢良，官知縣。

蔡　端　蒙城人，任府判。

王　猷　金壇人，官按察司僉事。

張　整　蒙城人，舉茂才，任工部郎中。

張茂材　蒙城人，任知府。

陶用之　嘉定人，官知府。

江南通志卷一百三十六

選舉志

薦辟　二

國朝康熙十七年，特詔開博學宏詞科。

施閏章　宣城人，仕至侍讀。

喬　萊　寶應人，官編修。

錢中諧　吴縣人，官編修。

李　鎧　山陽人，官編修。

錢金甫　上海人，官編修。

秦松齡　無錫人，官至諭德。

倪　燦　上元人，官檢討。

吴元龍　婁縣人，仕至侍讀。

王頊齡　華亭人，官編修，後至大學士。

汪　琬　長洲人，官編修。

周慶曾　常熟人，官編修。

曹　禾　江陰人，官編修。

黄與堅　太倉人，官檢討。

周清源　武進人，官檢討。

陳維崧　宜興人，官檢討。
(邱)〔丘〕象隨　山陽人，官檢討。
尤　侗　長洲人，官檢討。
張鴻烈　山陽人，官檢討。
范必英　長洲人，官檢討。
龍　燮　望江人，官檢討。
鄧漢儀　泰州人，官中書。
申維翰　江都人，官中書。
王　昊　太倉人，官中書。

康熙四十五年，聖駕南巡，行在召試。

丁圖南　江寧人。
周　鼎　長洲人。
董永朝　長洲人。
顧嗣立　長洲人。
錢阿瑛　長洲人。

馮　勖　長洲人，官檢討。
徐　釚　吴江人，官檢討。
潘　耒　吴江人，官檢討。
汪　楫　儀(徵)〔真〕人，官檢討。
高　詠　宣城人，官檢討。
嚴繩孫　無錫人，官檢討。
朱鍾仁　昆山人，官中書。
汪懋麟　江都人，任主事。

潘葆光　長洲人，本姓徐。
錢元台　長洲人。
陸　淹　長洲人。
沈　經　長洲人。
汪　俊　長洲人。

吴士玉　吴縣人。
鄭　韻　吴縣人。
金　玨　吴縣人。
王維淮　昆山人。
王維漢　昆山人。
吴景果　吴江人。
陳王謨　吴江人。
吴學禮　吴江人。
吴光睿　婁縣人。
王時鴻　華亭人。
徐　球　華亭人。
陸箕永　青浦人。
楊祖楫　武進人。
莊　楷　武進人。
杜　詔　無錫人。
儲在文　宜興人。

許懋德　吴縣人。
張　位　吴縣人。
秦　培　昆山人。
錢金聲　昆山人。
鄒元斗　常熟人。
潘秉均　吴江人。
孫　順　吴江人，本姓郭。
王　錡　婁縣人。
馮守禮　婁縣人。
高不騫　華亭人。
張果浚　上海人。
楊士徽　武進人。
錢榮世　武進人。
趙侗斆　武進人。
楊希曾　無錫人。
吴元豐　宜興人。

張弘敏　丹徒人。

范聖文　丹徒人。

于樹範　金壇人。

楊開沅　山陽人。

(邱)〔丘〕起元　山陽人。

方　覲　江都人。

李同聲　江都人。

洪　聲　儀(徵)〔真〕人。

沈　寅　泰州人。

田廣運　泰州人。

楊　夔　太倉人。

沈　璲　嘉定人。

張大受　嘉定人。

王敬銘　嘉定人。

雍正五年，詔内外官員及府州縣學保舉。

劉上駟　丹徒人。

鄔維新　丹徒人。

于　枋　金壇人。

張育徽　山陽人。

楊　湝　江都人。

吴從龍　江都人。

郭元釪　江都人。

宫鴻歷　泰州人。

俞　楷　泰州人。

宫懋諒　泰州人。

周　旋　太倉人。

高　位　嘉定人。

江弘文　嘉定人。

吴　襄　青陽人。

張若谷　上元縣學生員，任順德令。

黄大鵬　江寧縣貢生，任廣東縣令。

范興穀　長洲縣學廪膳生，任江西縣令。

錢　洪　長洲縣監生。

沈曾同　吴縣附監生，任縣令。

孫嗣孝　常熟縣貢生，官葭州知州。

盛元珍　常熟縣學廪貢生。

邵成平　華亭縣學生員，福建試用。

顧　檦　奉賢縣學增生，江西試用。

龔崧林　常州府學生員，任雹白縣令。

趙彪詔　武進縣學增生，四川試用。

王時翔　太倉州學生員，任福建晋江縣知縣，調正和、甌寧二縣，陞漳州府同知。

劉辰駿　武進縣學生員，户部山東司學習。

湯大用　武進縣監生，浙江試用。

楊　稷　陽湖縣監生，任會寧知縣。

楊　和　陽湖縣監生，户部學習。

孫　謨　江陰縣學廪貢生，江西樂安令。
秦秉勤　無錫縣學生員①，任石屏州知州。
顧　諤　無錫縣學生員，任廣東縣令。
許鍾霖　金壇縣學生員，任廣東縣令。
沈項年　鹽城縣學生員，任靈臺令。
孫玉甲　揚州府學生員，福建試用。
孫　穀　高郵州學廪生，任南康知縣。
吴之彦　儀（徵）〔真〕縣學生員，任武寧知縣。
劉　東　寶應縣學廪生。
王思義　太倉州學生員，廣西試用。
楊繩孫　懷寧縣學貢生，任保定府同知。
聶盛燕　懷寧縣學生員，任陝西城固縣知縣。
姚孔鈵　桐城縣學廪生，任蘇松糧道。
姚孔鋅　桐城縣學生員，任韶州知府。

① 「生員」，《四庫》本作「廪生」。

張若華　桐城縣學生員，任浙江縣令。
邢文鐸　桐城縣學生員，任江西縣令。
張　渡　桐城縣學生員，任陝西華亭知縣。
張廷慶　桐城縣貢生，官漢陽知府。
左文高　桐城縣貢生。
江其京　徽州府學廩生。
汪　澐　休寧縣副榜貢生，任刑部郎官，授四川叙州知府。
許起昆　歙縣學廩生。
梅予博　宣城縣學增生。
詹　彬　宣城縣學廩生。
方學成　旌德縣學生，任夏津知縣。
湯友信　太平縣學生員，任嘉興知縣。
崔雲龍　太平縣學生員，授諸暨知縣。
趙　予　涇縣學生員。
何天衢　池州府學生員，貴州縣令。
陳　哲　銅陵縣學生員，任湘鄉知縣。

倪　岱　合肥縣貢生。

劉　聲　無爲州學生員。

王　遂　定遠縣學生員，任貴築知縣。

王　業　定遠縣學生員，署雒南知縣。

楊國幹　建德縣學生員，任浙江鎮海縣丞。

黄　烈　臨淮縣貢生，任清河縣學訓導。

史起法　臨淮縣貢生，任石埭縣學訓導。

劉大成　臨淮縣貢生，任寶應縣學訓導。

張繼曾　霍山縣貢生。

陳以明　天長縣學生員，任貴州安南知縣。

許龍章　江寧縣學生員，任西寧縣知縣。

鄧　峈　臨淮縣貢生，任金山縣學訓導。

吴　濬　華亭縣學增廣生，任河源縣知縣。

朱　梅　南匯縣學生員，任永康縣知縣。

黄之璜　山陽縣學生員，任開州通判。

印光任　寶山縣學廩生，任高要縣知縣。

孫國柱　亳州貢生，任龍溪縣知縣。

選　貢

康熙十一年

王　瑞　上元縣學。

楊如緒　山陽縣學。

項奕茂　常熟縣學。

杜之超　宜興縣學。

包　斌　鎮江府學。

龍友殳　揚州府學。

何　淙　丹徒縣學。

陳奮新　江寧府學。

沈嘉植　泰州學。

王際康　南陵縣學。

彭開祐　婁縣學。

金　標　江浦縣學。

鮑　鴻　徽州府學。

錢晋錫　太倉州學。

丁道範　懷寧縣學。

程本道　廬州府學。

張六吉　江寧縣學。

黄　灣　無錫縣學。

盧　泓　靖江縣學。

姚士重　桐城縣學。

吴來藩　常州府學。

葛自紀　高淳縣學。

俞文虎　蘇州府學，本姓宋。

吴執御　徽州府學。

廖鳳徵　松江府學。
萬　國　南陵縣學。
徐樹穀　昆山縣學。
蔣允鎧　揚州府學。
王孫爵　涇縣學。
張　鯤　鎮江府學。
胡　鼎　盧州府學。
丁德明　繁昌縣學。
劉　凡　潁州學。
齊如式　無爲州學。
湯　栗　蘇州府學。
陳于冀　天長縣學。
滕淩雲　吴縣學，本姓張。
陸　琇　吴江縣學。
吴　諶　長洲縣學。
王九齡　金山衛學。

吴一峰　丹陽縣學。
潘　鼎　江陰縣學。
潘月征　上海縣學。
費　廣　溧陽縣學。
沈　業　華亭縣學。
黄之扆　山陽縣學。
汪逢年　婺源縣學。
許嗣隆　如皋縣學。
金　鱗　江都縣學。
崔果行　海門縣學。
馬士芳　江寧府學，本姓陳。
錢　濤　通州學。
徐銓成　六安州學。
阮爾詢　宣城縣學。
汪　理　祁門縣學。
胡安世　沭陽縣學。

佘猶龍　銅陵縣學。
王大經　安慶府學。
沈希堯　六合縣學。
宋　治　儀（徵）〔真〕縣學。
胡世寧　黟縣學。
吴　度　歙縣學。
王繼宗　句容縣學。
胡應銓　東流縣學。
申允嵋　鳳陽府學。
陳惟若　全椒縣學。
谷　琦　當塗縣學。
王　祐　沛縣學。
丁象咸　清河縣學。
趙應楫　太湖縣學。
任揀世　舒城縣學。
丁際昌　廣德州學。

陳　班　淮安府學。
程　珣　休寧縣學。
周德洪　嘉定縣學。
沈永年　石埭縣學。
胡承福　績溪縣學。
白玉振　蒙城縣學。
王汝楫　虹縣學。
魏汝爲　興化縣學。
劉　沅　懷寧縣學。
吴守仔　武進縣學。
宋繩貽　鹽城縣學。
徐逢本　高郵州學。
胡岳齡　涇縣學。
王　升　旌德縣學。
于中柱　金壇縣學。
楊　澄　海州學。

宋廣業　崇明縣學。
何五雲　合肥縣學。
孫學洙　豐縣學。
周貞吉　和州學。
毛振蓍　含山縣學。
黄　遠　青浦縣學，本姓程。
譚文斑　太平縣學。
汪世楫　潛山縣學。
胡士翕　貴池縣學。
葛　枚　滁州學。
孔興曾　建德縣學。

康熙二十四年

吴　暻　太倉州學。
袁　銑　興化縣學。
徐如玉　蘇州府學。
何　焯　崇明縣學。

朱　峻　寶應縣學。
任弘嘉　宜興縣學。
韋　鑣　蕪湖縣學。
吴三省　松江府學。
徐純修　青陽縣學。
王在豐　溧水縣學。
葛　錦　鳳陽縣學。
曹傳錦　巢縣學。
吴振聲　桃源縣學。
陳　善　臨淮縣學。

劉　齊　無錫縣學。
王貽燕　鎮江府學。
劉枝桂　江浦縣學，改名巖。
張尚瑗　吴江縣學。

顧　醍　山陽縣學。
姜　遴　華亭縣學。
俞純滋　江寧府學。
邵　璿　常州府學。
吳　愈　淮安府學。
俞化鵬　鳳陽府學。
陳　誌　和州學。
史　伸　揚州府學。
齊　弘　廬州府學。
徐　揚　池州府學。
朱午思　當塗縣學。
吳霖起　全椒縣學。
蔣　瑛　蘇州府學。
楊　玆　六安州學。
朱廷策　沛縣學。
姜彥振　丹陽縣學。

詹日懷　宣城縣學。
王　原　青浦縣學。
張　昺　金山衛學。
朱　書　宿松縣學。
王汝驤　金壇縣學。
周拱潞　昆山縣學。
方　城　祁門縣學。
夏　澍　廣德州學。
王式丹　寶應縣學。
鄭禮耕　歙縣學。
宋恭貽　鹽城縣學。
戴名世　桐城縣學。
王　傑　高淳縣學。
張映葵　長洲縣學。
龔士稚　合肥縣學。
方　岳　江寧縣學。

甯世錫　潁州學。
袁　綖　六合縣學。
蔡　璜　宿遷縣學。
唐　巖　寧國府學。
白　寶　武進縣學。
費　坤　溧陽縣學。
程邦宰　懷寧縣學。
吕　泰　建平縣學。
陳　岱　儀（徵）〔真〕縣學。
郭鶴齡　江都縣學。
譚文昭　旌德縣學。
李如旭　蕪湖縣學。
李　藴　句容縣學。
何　菏　丹徒縣學。
汪國祺　休寧縣學。
任拔世　舒城縣學。
戴　坦　泰興縣學。
王　嶧　天長縣學。
劉　郇　霍（邱）〔丘〕縣學。
徐念祖　青陽縣學。
劉允正　淮安府學。
顧一泓　吴縣學。
保玉躬　揚州府學。
張躬美　臨淮縣學。
翁謙吉　松江府學。
宋　宜　廬州府學。
歸　梁　嘉定縣學。
許　垐　松江府學。
朱　彧　靖江縣學。
吴　騮　安慶府學。
徐逢年　建德縣學。
李　曙　婁縣學。

姜　褒　貴池縣學。
徐　恪　江陰縣學。
周可登　黟縣學。
李嶟瑞　泗州學。
陳世昶　通州學。
徐千之　潛山縣學。
劉　熾　虹縣學。
蔣運昌　常州府學。
許　掄　如皋縣學。
淩休美　定遠縣學。
曹泰禎　太平府學。
聶玉鏞　五河縣學。
俞麟徵　上海縣學。
王世榮　太和縣學。
胡廷璣　績溪縣學。
馬世檝　太湖縣學。

吴楷世　沭陽縣學。
蔡錫祺　繁昌縣學。
司徒珍　溧水縣學。
唐　繕　含山縣學。
程師恭　安慶府學。
唐鴻舉　徽州府學。
胡廷鳳　徽州府學。
王時中　上元縣學。
張鴻圖　清河縣學。
邵　佐　碭山縣學。
王應文　東流縣學。
杜履祥　泰州學。
任　觀　宜興縣學。
孫廷標　常熟縣學。
湯德偉　太平縣學。
武遴琰　來安縣學。

沈　佶　巢縣學。
蔣爾庸　鎮江府學。
趙崇璽　涇縣學。
黄　錦　寧國府學。
陳憙叟　廬江縣學。
黄可績　寧國縣學。
汪　瀾　望江縣學。
錢美生　銅陵縣學。
朱　昭　安東縣學。
甘士琦　太平府學。
劉志向　霍山縣學。
秦　雍　南陵縣學。
周　易　邳州學。
任青銓　鳳陽府學。
梁逢吉　豐縣學。

朱　錕　鳳陽縣學。
胡紹旦　滁州學。
沈　祚　無爲州學。
李嶫瑞　盱眙縣學。
汪　敔　婺源縣學。
顧畏喦　壽州學。
吴世烈　高郵州學。
曹　恂　潁上縣學。
宋　廣　懷遠縣學。
史　綱　海門鄉學。
郭正宗　江寧府學。
蘇　曙　石埭縣學。
馮紹虞　池州府學。
蔣　旭　亳州學。

康熙三十七年

沈廷藻　江寧府學。
黄　越　上元縣學。
李無逸　句容縣學。
謝天璘　溧水縣學。
張自超　高淳縣學。
洪　璟　徽州府學。
金碩佺　休寧縣學。
張　璣　祁門縣學。
陳　鐸　績溪縣學。
管松齡　寧國府學。
黄祖辰　南陵縣學。
張所勉　寧國縣學。
徐家祺　池州府學。
杜芳治　貴池縣學。
桂　翔　石埭縣學。

費　林　江寧府學。
劉　捷　江寧縣學。
狄　字　溧陽縣學。
王汝皋　江浦縣學。
程　弁　徽州府學。
王　煇　歙縣學。
余光耿　婺源縣學。
舒廷瑛　黟縣學。
湯廷鐘　寧國府學。
陳仕雲　宣城縣學。
胡承謀　涇縣學。
查郁文　太平縣學。
房夢弼　池州府學。
吴　襄　青陽縣學。
程　衎　建德縣學。

李長澤　東流縣學。
汪　鑑　太平府學。
魏嘉謀　繁昌縣學。
汪　浩　安慶府學。
齊方起　桐城縣學。
趙士耀　太湖縣學。
雲中官　廣德州學。
顧　璜　蘇州府學。
馮汝軾　吴縣學。
沈　劼　吴江縣學。
李　章　昆山縣學。
龔秉直　太倉州學。
沈　霞　松江府學。
賈式金　華亭縣學。

何應鰲　太平府學。
端　重　當塗縣學。
夏　瓆　安慶府學。
諸正述　懷寧縣學。
范正笏　潛山縣學。
曹　鼐　望江縣學。
湯際莘　建平縣學。
蔡正椝　蘇州府學。
申嗣文　長洲縣學。
王守烈　常熟縣學。
時圯①授　嘉定縣學。
鈕　滄　崇明縣學。
蔡　嵩　松江府學。
孫　桓　婁縣學。

① 「圯」，疑當作「圮」。

朱　鑑　上海縣學。
王　爌　金山衛學。
秦靖然　常州府學。
曹思義　無錫縣學。
吴　昺　宜興縣學。
于偉烈　鎮江府學。
張廣居　丹徒縣學。
王　澍　金壇縣學。
劉信嘉　淮安府學。
蔡　璟　鹽城縣學。
顧　仔　安東縣學。
章國藩　沭陽縣學。
周　特　睢寧縣學。
王奮翮　蕭縣學。
顧惟楫　豐縣學。
高鼎猷　揚州府學。

陸祖彭　青浦縣學。
趙熊詔　常州府學。
錢榮世　武進縣學。
湯大輅　江陰縣學。
聞　過　靖江縣學。
蔣爾倫　鎮江府學。
賀遇隆　丹陽縣學。
潘御炳　淮安府學。
陳　善　山陽縣學。
丁兆珽　清河縣學。
熊存理　桃源縣學。
陳潛修　宿遷縣學。
陳國楨　徐州學。
封禹岐　沛縣學。
郝旭光　揚州府學。
郭嗣齡　江都縣學。

王文師　儀（徵）〔真〕縣學。
陳朝宸　高郵州學。
王懋諶　寶應縣學。
石　堪　如臯縣學。
崔懿文　海門鄉學。
劉志圻　鳳陽府學。
蔣　億　臨淮縣學。
徐重齡　定遠縣學。
梁重衮　壽州學。
周賁吉　泗洲學。
岑　琰　天長縣學。
吴　昶　靈璧縣學。
金　鑣　潁上縣學。
段麟彩　亳州學。
葉培之　廬州府學。
黄位中　廬江縣學。

朱鎬西　泰興縣學。
陸　纂　興化縣學。
朱　治　泰州學。
吴　棟　通州學。
甯世發　鳳陽府學。
金　粲　鳳陽縣學。
楊相聖　懷遠縣學。
高映翼　虹縣學。
裴　松　霍（邱）〔丘〕縣學。
王　泓　盱眙縣學。
侯啓晋　宿州學。
李天祉　潁州學。
常夢姜　太和縣學。
巫　模　廬州府學。
高本顯　合肥縣學。
孔毓璠　舒城縣學。

劉有慤　無爲州學。
胡愷生　六安州學。
余一誠　霍山縣學。
吳　早　全椒縣學。
張學溥　和州學。

康熙六十一年　雍正元年補行

潘渭熊　江寧府學。
徐　昇　上元縣學，更名孝常。
李昌魯　句容縣學。
葛廷偉　溧水縣學。
吳以誠　六合縣學。
江　鴻　蘇州府學。
淩士錫　太倉州學。
周元臣　吳縣學，本姓徐。
胡維岳　常熟縣學。
周　昱　嘉定縣學，本姓葉。
陸繼賈　巢縣學。
鄭同甸　英山縣學。
唐籲虞　滁州學。
徐時盛　來安縣學。
王　濤　含山縣學。
張　嵩　江寧府學。
劉紹庭　江寧縣學。
彭　楠　溧陽縣學。
邢復升　高淳縣學。
吳　慤　江浦縣學。
沈驚遠　蘇州府學。
沈元陽　長洲縣學，本姓謝。
周　暘　吳江縣學，本姓張。
汪中鵬　昆山縣學。
柏　謙　崇明縣學。

顧幼①勳　松江府學。
周宗濂　華亭縣學。
陸瀛齡　上海縣學。
趙　璜　金山衛學，本姓陳。
蔣豸文　常州府學。
俞玉局　無錫縣學。
周　欽　宜興縣學。
周　昌　鎮江府學。
賀際昌　丹陽縣學。
劉士觀　淮安府學。
（邱）〔丘〕謹　山陽縣學。
力克鋭　清河縣學。
陳元章　桃源縣學。
周維紳　贛榆縣學。
朱良裘　松江府學。
姜毓麟　婁縣學。
曹一士　青浦縣學。
楊名宁　常州府學。
錢　標　武進縣學。
奚又漢　江陰縣學。
馮　恕　鎮江府學。
歐陽苓　丹徒縣學。
錢青選　金壇縣學。
毛韶芳　淮安府學。
王　鉅　鹽城縣學。
嵇　彤　安東縣學。
馬振民　沭陽縣學。
王　藎　邳州學。

① 「幼」，《四庫》本作「弘」。

陳　綱　宿遷縣學。
李彝玆　揚州府學。
程文燿　儀(徵)〔真〕縣學。
王曾禄　高郵州學。
潘　立　寶應縣學。
吳　翀　如皋縣學。
盛開池　海門鄉學。
任　珖　蕭縣學。
陳　錡　豐縣學。
陳師蕃　安慶府學。
吳榮祖　桐城縣學。
朱維彤　太湖縣學。
吳　江　望江縣學。
程襄龍　徽州府學。
黄士升　休寧縣學。
黄中理　祁門縣學。

楊汝典　揚州府學。
洪本仁　江都縣學。
欒芳梅　泰興縣學。
趙秉忠　興化縣學。
韓　鰊　泰州學。
馬宏琦　通州學。
張宜厚　徐州學。
孟夢玉　沛縣學。
徐法本　碭山縣學。
翁　山　懷寧縣學。
吳　山　潛山縣學。
傅紹祖　宿松縣學。
吳華孫　徽州府學。
巴熙琮　歙縣學。
余煉金　婺源縣學。
胡與高　黟縣學。

洪　載　績溪縣學。
王一槐　寧國府學。
方于珣　南陵縣學。
包　伸　寧國縣學。
湯又衡　太平縣學。
何鳴謙　池州府學。
孫思棠　青陽縣學。
楊朝捷　石埭縣學。
吴世澤　東流縣學。
張仲熊　太平府學。
劉式璿　蕪湖縣學。
薛於來　廬州府學。
汪文華　舒城縣學。
張　隲　無爲州學。
黄爲竹　六安州學。
張繼曾　霍山縣學。
金作錦　鳳陽府學。

楊廷棟　寧國府學。
劉壽朋　宣城縣學。
葉居仁　涇縣學。
劉茂遲　旌德縣學。
包希融　池州府學。
紀　肅　貴池縣學。
黄　淮　銅陵縣學。
金世求　建德縣學。
高　韻　太平府學。
晋德慧　當塗縣學。
徐峵光　繁昌縣學。
劉　燦　合肥縣學。
朱　㕍　廬江縣學。
周文烈　巢縣學。
程光洛　英山縣學。
孟淩雲　鳳陽府學。
張　轂　鳳陽縣學。

呂鳴琅　臨淮縣學。
王錫祚　虹縣學。
丁　曙　蒙城縣學。
徐　桓　盱眙縣學。
徐　桂　靈璧縣學。
王廷寬　潁上縣學。
張紹家　滁州學。
李人元　來安縣學。
張祖武　含山縣學。
呂國遴　建平縣學。

雍正六年

王　孚　江寧府學。
郭寅亮　上元縣學。
俞顯祖　句容縣學。
司徒宣　溧水縣學。
崔之綱　江浦縣學。

楊汝楫　懷遠縣學。
徐　讓　壽州學。
李永年　泗州學。
魏攀龍　天長縣學。
王士皇　潁州學。
王紹曾　太和縣學。
孫承祖　全椒縣學。
孫廷鐔　和州學。
濮陽維　廣德州學。
馬麟書　江寧府學。
葛祖亮　江寧縣學。
潘康永　溧陽縣學。
劉爲衮　高淳縣學。
葉　定　六合縣學。

包弘基　蘇州府學。
費師益　元和縣學。
吴其琰　震澤縣學。
陳　鵬　新陽縣學。
陳源發　松江府學。
彭緝熙　婁縣學。
姚　畏　青浦縣學。
儲　燧　常州府學。
陸秦鑣　陽湖縣學。
吴汝翼　江陰縣學。
劉三枚　靖江縣學。
于鳳城　鎮江府學。
荆定遠　丹陽縣學。
周振采　淮安府學。
劉培元　山陽縣學。
萬　密　清河縣學。

習廷直　蘇州府學。
張　進　吴縣學。
徐　灝　常熟縣學。
周　乾　松江府學。
沈裕猷　奉賢縣學。
李兆六　上海縣學。
趙　倓　金山衛學。
惲良瀚　常州府學。
王會汾　無錫縣學。
史　崧　荆溪縣學。
史嗣彪　鎮江府學。
顔　棠　丹徒縣學。
王元璐　金壇縣學。
金　沆　淮安府學。
張再洪　鹽城縣學。
賈　槐　安東縣學。

田英業　桃源縣學。
馬士犖　揚州府學。
李燢火　興化縣學。
茅　俊　高郵州學。
王九鵬　泰州學。
王永懋　蕭縣學。
顧　奎　豐縣學。
滑士麟　太倉州學。
沈文鎬　崇明縣學。
李　榕　沭陽縣學。
陳喬齡　邳州學。
王如皞　睢寧縣學。
蔣光祖　泰興縣學。
李印奎　海門鄉學。

卞大鵬　揚州府學。
生念祖　江都縣學。
吴文鎮　儀(徵)〔真〕縣學。
陳大復　寶應縣學。
柳庭璣　徐州學。
封鳳翥　沛縣學。
汪文麟　碭山縣學。
王世樞　寶山縣學。
趙尊德　海州學。
吕慎術　贛榆縣學。
卓紹源　宿遷縣學。
錢大年　通州學。
顧　元　如皋縣學。
馬曰岱　安慶府學。

胡元朗　安慶府學。
方　伯　桐城縣學。
蕭如尊　太湖縣學。
檀文斗　望江縣學。
曹蓼瑞　徽州府學。
黄　雲　休寧縣學。
張存英　祁門縣學。
胡　湘　績溪縣學。
趙青藜　寧國府學。
王　純　南陵縣學。
朱　乙　寧國縣學。
湯廷鳳　太平縣學。
黄志道　池州府學。
朱鳳頒　青陽縣學。

楊　樞　懷寧①縣學。
范敦詩　潛山縣學。
徐能植　宿松縣學。
汪廷梧　徽州府學。
吴　開　歙縣學。
王煜文　婺源縣學。
余翼宸　黟縣學。
梅予攄　寧國府學。
施念曾　宣城縣學。
翟　汾　涇縣學。
吕宏積　旌德縣學。
張作標　池州府學。
章逸少　貴池縣學。
方上選　銅陵縣學。

① 「懷寧」，《四庫》本作「淮寧」。

陳志偉　石埭縣學。
章　恒　東流縣學。
陳殿奇　太平府學。
張鶴詒　蕪湖縣學。
王　瓖　廬州府學。
胡志偉　合肥縣學。
秦廷僻　廬江縣學。
陸　棠　巢縣學。
方兆士　鳳陽府學。
郭　昱　臨淮縣學。
徐　庚　定遠縣學。
劉宗亭　壽州學。
沈運泰　靈壁縣學。
吴電發　全椒縣學。
謝澍藩　和州學。
方　穀　廣德州學。

胡　基　建德縣學。
陸成岑　太平府學。
陳　炳　當塗縣學。
陳　嵩　繁昌縣學。
沙之浩　廬州府學。
任如召　舒城縣學。
袁葆元　無爲州學。
鮑成龍　鳳陽府學。
羅景生　鳳陽縣學。
姚世忠　懷遠縣學。
時復夏　虹縣學。
秦士望　宿州學。
金　渟　滁州學。
李旭元　來安縣學。
嚴之倫　含山縣學。
張趙平　建平縣學。

程　密　六安州學。
陳兆揚　霍山縣學。
喬人正　盱眙縣學。
甯　潤　潁州學。
高保居　霍(邱)〔丘〕縣學。
徐持烈　太和縣學。

雍正十三年

黃怡祖　江寧府學。
許庭訓　上元縣學。
王道行　句容縣學。
孔　年　高淳縣學。
戴之泰　六合縣學。
張道灝　蘇州府學。
何錫疇　吴縣學。
丁　森　常熟縣學。
鈕思恪　松江府學。

鄭元譜　英山縣學。
李國霽　泗州學。
崇倫永　天長縣學。
慎　儁　潁上縣學。
洪紹濂　亳州學。
劉　欣　江寧府學。
程兆傒　江寧縣學。
趙履垓　溧水縣學。
李富世　江浦縣學。
卜　元　蘇州府學。
陳　棅　長洲縣學。
周日藻　震澤縣學。
朱存章　昆山縣學。
戴駿驪　松江府學。

姜爾榮　華亭縣學。
喬　龍　上海縣學。
孫俊徵　金山衛學。
華純曾　常州府學。
高有懷　金匱縣學。
吴景華　宜興縣學。
馮元溥　鎮江府學。
吴一麒　丹徒縣學。
王維藩　金壇縣學。
葉　廩　淮安府學。
李景賢　山陽縣學。
沈樹本　清河縣學。
田守謙　桃源縣學。
史效律　揚州府學。
羅應先　儀（徵）〔真〕縣學。
趙秉亮　興化縣學。

張嗣炳　金山縣學。
孫學濬　福泉縣學。
楊度汪　常州府學。
吴天麟　武進縣學。
王文震　江陰縣學。
徐家龍　靖江縣學。
陳鵬程　鎮江府學。
丁鶴松　丹陽縣學。
周　渼　溧陽縣學。
孫　謀　淮安府學。
劉　霈　鹽城縣學。
朱　選　安東縣學。
管一清　揚州府學。
李鴻汶　江都縣學。
羅克念　高郵州學。
潘夢舉　寶應縣學。

張興宗 泰州學。
韓毓材 銅山縣學。
朱衣點 沛縣學。
吴觀光 碭山縣學。
葉　曉 宿遷縣學。
楊宗時 太倉州學。
施希泰 崇明縣學。
王克儉 沭陽縣學。
保家徵 通州學。
范承宜 如皋縣學。
盛　朝 安慶府學。
張道新 懷寧縣學。
葛高道 潛山縣學。
陳金蘭 宿松縣學。
金嘉禧 徽州府學。
鮑　京 歙縣學。

施兆麟 徐州府學。
朱　嵋 蕭縣學。
李仙洲 豐縣學。
華堯祝 邳州學。
李　煊 睢寧縣學。
王元令 嘉定縣學。
喬斯桂 海州學。
王服采 贛榆縣學。
朱爲己 泰興縣學。
李長發 海門鄉學。
張　馥 安慶府學。
姚　範 桐城縣學。
章　宏 太湖縣學。
童賢登 望江縣學。
張　思 徽州府學。
吴啓瀛 休寧縣學。

王應科　婺源縣學。
黄　晋　黟縣學。
鄭　景　寧國府學。
張汝霖　宣城縣學。
汪一振　涇縣學。
姚秉義　旌德縣學。
楊世善　池州府學。
陳秉遇　貴池縣學。
錢　景　銅陵縣學。
徐紫芝　建德縣學。
朱　德　太平府學。
李　鵬　當塗縣學。
韋三錫　繁昌縣學。
趙　型　廬州府學。
祝如川　舒城縣學。
周師愿　無爲州學。

程　澄　祁門縣學。
王守敦　績溪縣學。
胡嗣齡　寧國府學。
汪修祚　南陵縣學。
程丙然　寧國縣學。
汪廷選　太平縣學。
孫　桂　池州府學。
寧功臣　青陽縣學。
陳秋元　石埭縣學。
吴麟占　東流縣學。
魏嗣瀚　太平府學。
趙　英　蕪湖縣學。
許養年　廬州府學。
許齊卓　合肥縣學。
宋　琦　廬江縣學。
范玉瑶　巢縣學。

蔡　强　鳳陽府學。
秦宗洙　鳳陽縣學。
張其量　懷遠縣學。
楊景時　虹縣學。
王　巖　宿州學。
唐　楷　滁州學。
張　鷟　來安縣學。
吴　炯　含山縣學。
宗　演　建平縣學。
劉　琪　英山縣學。
李開顒　泗州學。
王朝幹　天長縣學。
孫　經　潁州學。
李熊飛　霍（邱）〔丘〕縣學。
任聯元　蒙城縣學。

張家相　鳳陽府學。
賈宸榜　臨淮縣學。
陳　漪　定遠縣學。
麗之鐸　壽州學。
王澤浚　靈璧縣學。
郭肇鐀　全椒縣學。
陳　旦　和州學。
陳士玉　廣德州學。
史　筆　六安州學。
程在嶸　霍山縣學。
李開碩　盱眙縣學。
張　謐　五河縣學。
白　岫　潁上縣學。
姚天爵　亳州學。
王應東　太和縣學。

江南通志卷一百三十七

選舉志

〔薦辟　三〕①

貢　監　以上俱係國朝②。

王永羲　字爾玉，上元人，官陜西臨洮道。　吴　銈　上元人，官刑部郎中。

林杭學　字武林，上元人，官雲南貴西道。　朱弘策　字誼正，上元人，官工部主事。

① 據卷首目録及本卷内容補。

② 録修本無此六字。「上」，疑爲「下」之誤。

王　鐸　上元人，官雷州知府。
高以静　字松巖，上元人，官南昌知府。
李國祥　上元人，官刑部主事。
吴　鍾　上元人，官宣化府通判。
戴大冕　上元人，官順昌知縣。
張景載　字仍渠，江寧人，官刑部員外。
端木象震　江寧人，官都勻知府。
陳白輅　江寧人，嬰白知縣。
路汝前　江寧人，知縣。
張循訥　江寧人，知縣。
陳　蓀　江寧人，知縣。
范　幟　江寧人，綏寧知縣。
余二聞　江寧人，知縣。
何一鳳　江寧人，推官。
周士先　江寧人，茶陵知州。
王仁錫　江寧人，太平知縣。

吴恩景　上元人，官臨江知府。
周　穎　字毓湖，上元人，官東昌通判。
黄大鵬　上元人，官鶴山知縣。
汪文煜　上元人，官泗州知州。
陳士芳　字衡原，江寧人，官大理寺卿。
王國正　江寧人，官保寧知府。
白待召　江寧人，官柳州府通判。
金鍊之　江寧人，知縣。
張夢麟　江寧人，知縣。
周尚賢　江寧人，知縣。
鄧庭羅　江寧人，湖廣憲副。
葉灼棠　江寧人，福建副使。
方　至　江寧人，鞏縣知縣。
許　務　江寧人，淳化知縣。
葉高標　江寧人，知州。
蔣元彦　江寧人，樂安知縣。

劉玉佩　江寧人，邵武知府。
王廷弼　江寧人，貴陽副使。
王綸部　江寧人，寧興知縣，遷別駕。
陳　采　江寧人，寶慶府同知。
孫必榮　江寧人，南安知州。
王　琬　句容人，郎中。
武丹中　溧水人，知縣。
葛黄裳　高淳人，太康知縣。
王炳弘　高淳人，樂清知縣。
嚴　雲　江浦人，建寧府通判。
劉曰珩　江浦人，四川知縣。
周于漆　江浦人，懷柔知縣。
汪　洴　六合人，福清知縣。
宋廣業　字性存，長洲人，崇明籍，拔貢，濟東道。
宋基業　字嘉綏，蘇州人，濟兖道。
汪元佐　蘇州人，刑部郎中。

王譽命　江寧人，吉安府同知。
林抗學　江寧人，潮州知府。
戴　謙　江寧人，安邑知縣。
陳嘉穀　江寧人，永寧州知州。
方鳴夏　江寧人，大名府通判。
居於朝　句容人，肅寧知縣。
王上林　高淳人，湖州府通判。
邢振嵒　高淳人，金華知縣。
雷應時　江浦人，定州知州。
吴之樞　江浦人，紹興知府。
鄭　駿　江浦人，知縣。
陸　藝　六合人，鎮遠知縣。
周　荃　字静香，蘇州人，僉事道。
宋定業　字義存，長洲人，紹興知府。
朱成家　字天山，蘇州人，刑部員外。
宋志益　字亮虞，蘇州人，肇慶知府。

宋　諤　字仲箴，長洲人，敘州知府。
顧濟美　字紹懷，長洲人，紹興知府。
程國珍　字岳修，長洲人，刑部郎中。
蔣曰梁　長洲人，刑部員外。
范　瑶　長洲人，刑部員外。
章克讓　長洲人，桂林知府。
周宗濂　長洲人，福建知府。
顧延琮　長洲人，梧州同知。
吴士端　長洲人，永平知府。
吴士宣　長洲人，遠安知縣。
徐志培　長洲人，欽州知州。
宋勤業　長洲人，順慶府通判。
樊天漢　長洲人，渾源知州。
宋壽圖　長洲人，保定知府。
莊　年　長洲人，長泰知縣。
宋　厚　元和人，都匀知府。

王世繩　字兹來，長洲人，江西贛南道。
宋師曾　字懷祖，長洲人，副榜，直隸巡道。
程國琮　字載功，長洲人，刑部員外。
蔣曰梅　長洲人，户部員外。
徐如玉　長洲人，桂陽知府。
陸　錦　長洲人，保寧知府。
宋安仁　字廑懷，長洲人，蘭州同知。
蔣　燾　字子範，長洲人，辰州府通判。
章　賁　長洲人，兵部員外。
鄧士燦　長洲人，荆州知府。
張　資　長洲人，永寧知州。
朱介圭　長洲人，萬縣知縣。
周廷鑑　長洲人，雲南府通判。
徐士鎡　長洲人，趙州知州。
范　溥　長洲人，順寧知府。
陸　熾　字默存，吴縣人，户部員外。

陶　昱　字南音，吴縣人，兵部員外。
毛世榮　吴縣人，按察司副使。
朱肇基　吴縣人，武緣知縣。
戴　洽　吴縣人，（邱）〔丘〕縣知縣。
楊文浤　吴縣人，雲南府同知。
蔡書升　吴縣人，廣寧知縣。
趙嗣孝　常熟人，鹽山知縣。
鄒趙鳳　常熟人，兖州府通判。
席　雍　常熟人，鄖陽知府。
徐德假　字伯厚，昆山人，登萊道。
宋安仁　昆山人，臨洮知府。
徐德泰　昆山人，易州知州。
徐德裕　昆山人，昭通知府。
沈天駿　華亭人，河陰知縣。
張世榮　華亭人，治中。
張世維　華亭人，浙江按察副使。

張自謙　吴縣人，建昌知府。
張嘉碩　吴縣人，馬平知縣。
蔡書雲　吴縣人，靈州知州。
汪連萼　吴縣人，夏津知縣。
李廷益　吴縣人，宛平籍，遷安知縣。
陶　範　吴縣人，兵部員外。
蔣　浩　常熟人，德安知府。
蔣　澍　常熟人，長蘆鹽法道。
程廷偉　常熟人，廣信知府。
徐德淳　昆山人，延津知縣。
徐樹閎　昆山人，景東知府。
徐德秩　字叙九，昆山人，桂林知府。
魏　豐　昆山人，大名府同知。
王承庚　華亭人，滄州知州。
陸振英　華亭人，英德知縣。
董景范　華亭人，遂昌知縣。

朱中元　華亭人，真安知州。
王祖晋　華亭人，靈璧知縣。
黄元佳　字我泉，婁縣人，漳州府同知。
程亮祖　字宇明，婁縣人，户部員外。
王祖慎　字徽五，婁縣人，内閣中書。
李　荃　婁縣人，福建建寧知縣。
程兆麟　字天石，上海人，陜西驛鹽道。
王廷機　字巖士，上海人，太平關主事。
曹　烱　上海人，贛縣知縣。
錢學洙　上海人，德清知縣。
張家鑑　上海人，新昌知縣。
胡永祚　上海人，峨嵋知縣。
俞士睿　上海人，岑溪知縣。
陸　鎏　金山人，石阡知縣。
曹際飛　青浦人，臨城知縣。
王殿元　武進人，詔安知縣。

徐榮疇　華亭人，户部郎中。
徐　球　字端林，奉賢人，福建浦城知縣。
張　彙　字茹英，婁縣人，刑部郎中。
黄圖珌　字容之，婁縣人，杭州府同知。
黄廷颺　字賡臣，婁縣人，廣西右江道。
胡文溥　字臨川，婁縣人，台州府同知。
程兆彪　字蔚書，上海人，刑部主事。
朱　琦　字又安，上海人，鳳翔知府。
朱岳楷　上海人，開縣知縣。
張秉恪　上海人，曲陽知縣。
胡廷棟　上海人，華亭籍，任縣知縣。
朱與琮　上海人，河間府推官。
張　驊　金山人，昆山籍，新寧知縣。
杜昌丁　青浦人，浦城知縣。
陸遇霖　武進人，歸德府通判。
吕方高　武進人，廣東運副。

劉維寧　武進人，福寧知州。
謝　泰　武進人，灤州知州。
錢永祺　武進人，大名府通判。
謝　旻　武進人，江西巡撫。
張元祐　武進人，扶溝知縣。
劉元璟　武進人，維川知縣。
楊維埈　武進人，廣昌知縣。
劉　淑　武進人，廣通知縣。
董　仲　武進人，忻州知州。
謝　昊　武進人，夔州府通判。
管景濂　武進人，虹縣知縣。
楊企慎　武進人，桐梓知縣。
管　掄　武進人，刑部郎中。
徐士蕃　武進人，興安知縣。
林晋臣　武進人，潛江知縣。
莊天麟　武進人，淳化知縣。

謝嵩齡　武進人，潼關同知。
徐　鶚　武進人，沅江通判。
余華國　武進人，福州同知。
張元貞　武進人，湘潭知縣。
吴之翰　武進人，永豐知縣。
陸敬德　武進人，鎮海知縣。
謝　楷　武進人，稿城知縣。
管　旆　武進人，貴陽府通判。
湯自超　武進人，中書。
余世德　武進人，高要知縣。
謝　櫄　武進人，刑部員外。
管復始　武進人，高州通判。
徐颺廷　武進人，長子知縣。
張拱辰　武進人，内鄉知縣。
錢濟世　武進人，惠安知縣。
陸弘稑　武進人，柘城知縣。

錢　恒　武進人，永北知府。
董承焻　武進人，寶慶府通判。
楊　寬　陽湖人，順德知府。
詹天俊　陽湖人，華容知縣。
楊　宏　陽湖人，滄州通判。
邵龍元　陽湖人，桂東知縣。
莊祖詒　陽湖人，臨洮知府。
白　寶　陽湖人，南漳知縣。
趙堯章　陽湖人，固原知州。
陸二程　陽湖人，竹溪知縣。
高純佑　陽湖人，湖口知縣。
周嘉梓　陽湖人，麗水知縣。
趙侗斆　陽湖人，襄陽知府。
孫　嵩　陽湖人，象州知州。
楊通佺　陽湖人，合肥知縣。
趙仔敦　陽湖人，嵩縣知縣。

傅龍騰　字公調，武進人，安陽知縣。
吴守仔　陽湖人，衡山知縣。
徐鼎原　陽湖人，西城兵馬司指揮。
楊　玉　陽湖人，河津知縣。
周虔森　陽湖人，延安府同知。
徐元璞　陽湖人，寶坻知縣。
龔眉望　陽湖人，平遠知縣。
高純嘏　陽湖人，大興知縣。
楊　定　陽湖人，宜賓知縣。
高純治　陽湖人，高平知縣。
楊　楠　陽湖人，文安知縣。
孫大桐　陽湖人，寧遠知州。
楊　書　陽湖人，隰州知州。
章　衡　陽湖人，襄陽通判。
楊廷望　陽湖人，衢州知府。
詹象泰　陽湖人，咸寧知縣。

吳邇立　陽湖人，杭州府同知。
張履吉　無錫人，御史。
朱　掄　無錫人，永康知州。
趙廷光　江陰人，副使。
徐　恪　江陰人，廣西羅城知縣。
王　瀚　宜興人，鄖陽知府。
潘　眉　宜興人，興化知府。
蔣宗瑜　宜興人，廣州府通判。
周世賢　宜興人，咸陽知縣。
蔣運昌　宜興人，龍溪知縣。
吳宸梧　宜興人，汧陽知縣。
夏之嶼　宜興人，龍泉知縣。
湯南星　宜興人，嘉魚知縣。
陳　顯　靖江人，平湖知縣。
何源濬　丹徒人，馬湖知府。
李大章　丹徒人，泉州知府。

華　鍾　無錫人，富川知縣。
邵　璿　金匱人，京畿道。
徐之龍　江陰人，神木知縣。
黃瓚明　字瑟躬，江陰人，真定府通判。
繆民典　江陰人，山東沂水知縣。
陳宗石　宜興人，户部陝西司員外郎。
蔣天麟　宜興人，永昌府同知。
潘承權　宜興人，東平州知州。
周　鶴　宜興人，永明知縣。
蔣翔鳳　宜興人，平利知縣。
楊世奇　宜興人，龍巖知縣。
吳元豐　宜興人，大埔知縣。
吳時亨　宜興人，東安知縣。
朱懋德　靖江人，長垣知縣。
張　适　丹徒人，遷居陽湖，直隸布政使司。
湯　震　丹徒人，邵武知府。

劉公鼎　丹徒人，嶍城知縣。
蔣宗元　丹徒人，浦江知縣。
張樹仁　丹陽人，雲南昆陽知州。
蔣　岱　溧陽人，湑川知縣。
狄其麟　溧陽人，靈石知縣。
周　渾　溧陽人，永興知縣。
史　鼎　溧陽人，懷仁知縣。
潘學溥　溧陽人，永濟知縣。
于　梓　金壇人，廣東東莞知縣。
盧　襄　金壇人，汾州府同知。
王廣益　金壇人，天津道。
黄大成　字集群，山陽人，開州知府。
張　鍾　山陽人，饒州知府。
夏之時　鹽城人，江西永城知縣。
姜之松　丹徒人，昭通府通判。
何培綱　丹陽人，刑部主事。
楊廷經　丹陽人，四川什邡知縣。
馬良史　溧陽人，臨（漳）〔潼〕①知縣。
周啓煃　溧陽人，静海知縣。
張　啓　溧陽人，嵐縣知縣。
彭　陟　溧陽人，四川蓬溪知縣。
曹　樾　溧陽人，密雲知縣。
尹光曾　金壇人，副榜貢，山東壽光知縣。
馮應詔　金壇人，宿州知州。
高夢龍　字雨亭，山陽人，肇昌知府。
張　泰　山陽人，固安知縣。
宋繩貽　鹽城人，仙遊知縣。
薛　衮　鹽城人，南昌府同知。

① 據順治《臨潼縣志》改。

陳欲達　鹽城人，四會知縣。
陳伯壎　清河人，山西長治知縣。
胡應華　清河人，四川簡州知州。
汪錫齡　江都人，建昌道。
吴道岸　江都人，連山知縣。
董　潾　江都人，沙縣知縣。
王　轂　江都人，岐山知縣。
譚震德　江都人，侯官知縣。
曹顯祖　江都人，於潛知縣。
李　湘　江都人，寶坻知縣。
高鼎猷　江都人，魯山知縣。
汪天與　江都人，福建清吏司郎中。
許昌齡　江都人，刑部山西清吏司主事。
汪　起　江都人，刑部郎中。
許錫齡　江都人，潮州知府。
耿文岱　江都人，大名知府。

王之藩　清河人，湖廣通山知縣。
陸騰駿　清河人，户部主事。
張鴻圖　清河人，河南臨潁知縣。
申大成　江都人，工部右侍郎。
夏繼忠　江都人，西安府通判。
杜仁俊　江都人，寶坻知縣。
李牲如　江都人，增城知縣。
張錫文　江都人，邠州知州。
吴　綺　江都人，湖州知府。
程文蔚　江都人，修文知縣。
吴　藹　江都人，江西驛鹽道。
李弘潞　江都人，刑部郎中。
洪鶴奇　江都人，刑部清吏司主事。
吴　邁　江都人，户部員外郎。
閔本徵　江都人，姚安軍民知府。
耿覲謨　江都人，貴陽知府。

吴　柯　江都人，衛輝知府。
陳起唐　江都人，河間知府。
江　洪　江都人，西寧知府。
許佩璜　江都人，衛輝府糧鹽河捕通判。
吴國士　江都人，辰沅靖道。
李夢熊　江都人，衡州府同知。
楊以牧　江都人，象州知州。
吴煜吉　江都人，膚施知縣。
謝　瑋　江都人，河南府通判。
陳起唐　江都人，河間知府。
郭　涵　江都人，長寧知縣。
高玉棟　江都人，建寧府通判。
鄭爲旭　儀（徵）〔真〕人，御史。
吴元萊　興化人，僉事。
周宗魯　寶應人，盧龍知縣。
萬　佺　寶應人，廣濟知縣。

吴　冀　江都人，刑部主事。
程　哲　江都人，潮州府同知。
巴　潮　江都人，兖州府運河同知。
王國正　江都人，歷城知縣。
吴家瑜　江都人，員外郎。
華天祥　江都人，興化府同知。
楊本源　江都人，夔州府同知。
汪元祐　江都人，鞏昌知府。
趙　庚　江都人，員外郎。
杜　甲　江都人，真定府通判。
羅　愫　江都人，烏程知縣。
方　鴻　儀（徵）〔真〕人，襄城知縣。
王之琪　儀（徵）〔真〕人，寧海知縣。
陸　篆　興化人，阜城知縣。
成　準　寶應人，廣東龍川知縣。
朱　約　寶應人，北直晋州知州。

周名揩　寶應人，松陽知縣。
喬　鐸　寶應人，夔州知府。
朱　俠　寶應人，歸德府同知。
田敬錫　泰州人，刑部員外郎。
陳志鎰　泰州人，甕安知縣。
朱東啓　泰州人，平越知府。
高簪纓　泰州人，兖州府同知。
陳克昌　泰州人，廣豐知縣。
田運昌　泰州人，湖北知州。
俞士烺　泰州人，吉安府通判。
宮殿對　泰州人，四川太平知縣。
李錫爵　徐州人，福州府同知。
李　衛　銅山人，字又玠，太子少保，兵部尚書、直隸總督。
吴士鯤　銅山人，梧州知府。
柳廷機　銅山人，鳳縣知縣。
陳　超　蕭縣人，永清知縣。
李佳士　寶應人，太湖知縣。
喬茂才　寶應人，盧州府同知。
沈喬生　泰州人，副使。
儲　澐　泰州人，永福知縣。
陳遠臻　泰州人，監察御史。
俞又機　泰州人，湖州府通判。
陳　端　泰州人，平度知州。
宮大鵬　泰州人，安義知縣。
蔡　莅　泰州人，招遠知縣。
陳嘉書　泰州人，饒州府通判。
陳秉鈞　泰州人，浙江鄞縣知縣。
李　驌　銅山人，曹州知州。
徐益哲　徐州人，宜温州府同知。
顓孫好賢　蕭縣人，大名府通判。
顓孫誠道　蕭縣人，翰林院五經博士。

顓孫古道　蕭縣人，直隸順德府通判。
顓孫佐聖　蕭縣人，雲南和曲知州。
馮知己　碭山人，饒州府通判。
黄　興　碭山人，興化府通判。
郭　裕　沛縣人，河東管鹽運道。
張我知　宿遷人，陝西臨洮府推官。
徐昌貞　宿遷人，直隸東鹿知縣。
陸　湄　宿遷人，江西永豐知縣。
蔡　珠　宿遷人，嚴州知府。
錢晋錫　太倉州人，拔貢，順天府尹。
曹有武　太倉州人，同官知縣。
徐二階　字允虞，太倉州人，永福知縣。
儲夢麟　字仁趾，太倉州人，太谷知縣。
張介眉　太倉州人，大定知州。
王緝修　字方鄴，太倉州人，陝西知縣。
陸　繹　嘉定人，拔貢，條聞知縣。

徐　靄　蕭縣人，浮梁知縣。
黄　輯　碭山人，臨朐知縣。
王　星　豐縣人，靖海知縣。
孟承緒　沛縣人，保定府同知。
蔡獻瀛　宿遷人，湖廣荆州知府。
卓　飛　宿遷人，瀘溪知縣。
張　琮　宿遷人，新都知縣。
蔡　璉　宿遷人，西安知府。
錢大鼎　太倉州人，刑部郎中。
周　肇　字子俶，太倉州人，新淦知縣。
曹聖士　字逸凡，太倉州人，清流知縣。
錢汝駜　太倉人，長沙知府。
王原博　字迪文，太倉州人，武清知縣。
錢　瀠　太倉人，長蘆運同。
汪　疇　寶山人，平利知縣。
成　志　通州人，山東淄川知縣。

黄之孝　通州人，北直霸昌道。
盛開池　通州人，山東寧陽知縣。
石　恒　如皋人，長壽知縣。
陸福宜　泰興人，阜城知縣。
何師錫　懷寧人，馬平知縣。
游必聖　懷寧人，洧川知縣。
劉餘繩　懷寧人，諸暨知縣。
孟命世　懷寧人，瑞州知府。
戴其旦　懷寧人，南昌府同知。
盛自新　懷寧人，九江府推官。
朱咸修　懷寧人，都昌知縣。
李天祐　懷寧人，德化知縣。
任奕鏊　懷寧人，上猶知縣。
昝霨林　懷寧人，會稽知縣。

丁　曾　如皋人，彰德府通判。
沙漢鰲　如皋人，杭州府同知。
李寧和　懷寧人，瑞州府同知。
桂可培　懷寧人，西寧知縣。
戴其員　懷寧人，大明府同知。
程師恭　懷寧人，永春知縣。
黎民貴　懷寧人，廣州知府。
梁世奇　懷寧人，九江府同知。
崔名世　懷寧人，建昌府通判。
朱晋修　懷寧人，瑞昌知縣。
孟學遷　懷寧人，樂安知縣。
何　泂　懷寧人，柳州同知。
汪　碧　懷寧人，淳化知縣。
潘映婁　桐城人，福寧道①。

① 「福寧道」，《四庫》本作「福建道」。

孟振玉　懷寧人，深州知州。
蕭文蘭　桐城人，儋州知州。
葉　琪　桐城人，洛陽知縣。
劉鴻都　桐城人，廣昌知縣。
吴　驥　桐城人，膠來運判。
吴昌仍　桐城人，江西奉新知縣。
葉文鳳　桐城人，長興知縣。
陳廷樞　桐城人，奉新知縣。
姚士塈　桐城人，刑部郎中。
齊登輔　桐城人，南安府同知。
王　玑　桐城人，彰德知府。
張　夔　桐城人，大明府同知。
吴玉藻　桐城人，成都府同知。
程　仕　桐城人，建寧知府。
孫元衡　桐城人，東昌知府。
方孔一　桐城人，清源知縣。
方　畿　桐城人，漢中府同知。
胡如珄　桐城人，臨海知縣。
倪念祖　桐城人，福安知縣。
夏　瓚　桐城人，呈貢知縣。
左國貞　桐城人，西華知縣。
張秉觀　桐城人，鎮平知縣。
何永駿　桐城人，辰州府同知。
姚　萊　桐城人，荆門州知州。
倪　灝　桐城人，南彰知縣。
姚士塾　桐城人，朝邑知縣。
張　芑　桐城人，工部都水司員外。
方　將　桐城人，孝豐知縣。
張　芳　桐城人，太常寺少卿。
方正堪　桐城人，五臺知縣。
左之稷　桐城人，沈（邱）〔丘〕知縣。
彭　垄　桐城人，平凉知縣。

方登嶧　桐城人，工部都水司員外。
方正玉　桐城人，信豐知縣。
姚　銳　桐城人，雅州知州。
姚　鈐　桐城人，户部郎中。
方嵩年　桐城人，定遠知縣。
殷士喆　桐城人，德平知縣。
姚孔鍹　桐城人，葭州知州。
張廷琰　桐城人，汾州知府。
吴　嵩　桐城人，北直南皮知縣。
姚　淮　桐城人，嘉興知府。
張廷球　桐城人，福清知縣。
姚士瑧　桐城人，南寧知府。
張若普　桐城人，博羅知縣。
胡元朗　桐城人，拔貢，天鎮知縣。
胡　臺　桐城人，壽昌知縣。
張若㰒　桐城人，元和知縣。

謝范陵　桐城人，福山知縣。
姚孔鏞　桐城人，合州知州。
張有孚　桐城人，南川知縣。
張廷琛　桐城人，宜都知縣。
姚廷棟　桐城人，淮安府通判。
張若宗　桐城人，河工通判。
姚孔鑾　桐城人，應山知縣。
張若矩　桐城人，永安知州。
左　興　桐城人，南海知縣。
周　賓　桐城人，鄆城知縣。
馬曰岱　桐城人，拔貢，沙縣知縣。
左文言　桐城人，潞安知府。
張　藎　桐城人，谷縣知縣。
張若巖　桐城人，北直曲周知縣。
左文高　桐城人，遷江知縣。
石樹榕　桐城人，(揵)〔犍〕爲知縣。

張廷慶　桐城人，漢陽知府。

姚　鋐　桐城人，滄州運①判。

姚興滇　桐城人，臨汾知縣。

吴祖祐　桐城人，主事。

張承先　桐城人，濱樂運同。

姚士堂　桐城人，朝邑知縣。

張　菁　桐城人，延慶知州。

高可極　潛山人，永豐知縣。

盧　璣　潛山人，温州知府。

黄之正　太湖人，太原府同知。

陳五典　太湖人，瀘州知州。

蕭　蕙　太湖人，直隸寶坻知縣。

楊士啓　宿松人，香山知縣。

楊之騂　宿松人，公安知縣。

張廷琪　桐城人，平遥知縣。

張廷佩　桐城人，上饒知縣。

姚孔鋅　桐城人，韶州知府。

姚孔鋮　桐城人，諸羅知縣。

姚士圭　桐城人，永平知縣。

倪之鐠　桐城人，知縣。

劉崇貽　桐城人，福建知縣。

張　蕃　桐城人，揚河通判。

張超載　潛山人，慈和知縣。

高文徵　潛山人，平陰知縣。

孟之麟　太湖人，涿州知州。

曹昌穎　太湖人，樂昌知縣。

吉天助　太湖人，真寧知縣。

黄之麟　宿松人，興國知縣。

① 「運」，《四庫》本作「通」。

楊維寧　宿松人，户部員外。
張　雋　宿松人，完縣知縣。
王奉道　望江人，拔貢，知縣。
陳登瀛　望江人，德慶州知州。
許恒齡　歙縣人，河東鹽運使。
吴　藹　歙縣人，廣東僉事道。
吴永森　歙縣人，户部主事。
王綸部　歙縣人，主事。
江　濯　歙縣人，嚴州知府。
汪遴卿　歙縣人，泗城府同知。
黄文偉　歙縣人，廣東按察使。
洪　璟　歙縣人，大同知府。
汪　蕙　歙縣人，兵部主事。
羅昌齡　歙縣人，横州知州。
葉昌宗　歙縣人，稿城知縣。
鄭爲旭　歙縣人，御史。
方可式　宿松人，鞏昌府通判。
石毓瓚　宿松人，中書舍人。
金繼望　望江人，兖州府同知。
韓應震　望江人，兵馬指揮。
程　汲　歙縣人，副使道。
程　澎　歙縣人，刑部員外。
許登瀛　歙縣人，湖南衡永郴桂道。
汪之濤　歙縣人，石阡知府。
鄭　繡　歙縣人，平凉府同知。
程　階　歙縣人，紹興府同知。
江承玠　歙縣人，浙江驛鹽道。
蔡日融　歙縣人，杭州府同知。
羅曜斗　歙縣人，德州知州。
吴甲周　歙縣人，僉事道。
吴奮庸　歙縣人，嘉興府同知。
吴　開　歙縣人，拔貢，陽高知縣。

汪亮卿　歙縣人，嘉興府通判。

汪志敏　歙縣人，江都籍，夔州府通判。

汪聖孫　歙縣人，建德知縣。

洪景行　歙縣人，平陽知縣。

吴　徵　歙縣人，永寧知州。

程起周　歙縣人，寧州知州。

方　湛　歙縣人，樂安知縣。

方穎端　歙縣人，招遠①知縣。

蕭兆麟　歙縣人，溆浦知縣。

程素期　歙縣人，鄒平知縣。

畢萬鍾　歙縣人，宜陽知縣。

姚　試　歙縣人，鎮原知縣。

程鳳文　歙縣人，儀（徵）〔真〕籍，順天府同知。

張世麒　休寧人，洪洞知縣。

許自召　歙縣人，新安知縣。

汪晋錫　歙縣人，建昌知府。

汪源澤　歙縣人，欽州知州。

吴　鑒　歙縣人，韶州府通判。

吴家瑜　歙縣人，江都籍，紹興通判。

許國幹　歙縣人，鄧州知州。

閔本貞　歙縣人，尤溪知縣。

吕士鷯　歙縣人，潮陽知縣。

胡德輔　歙縣人，延平知縣。

胡文礐　歙縣人，白博知縣。

許宗崃　歙縣人，定安知縣。

程　哲　歙縣人，潮州府同知。

江　雯　休寧人，青澗知縣。

汪洪勳　休寧人，興業知縣。

① 「招遠」，《四庫》本作「招安」。

吴元襄　休寧人，永康知縣。
汪　濂　休寧人，華亭籍，安化知縣。
黄覺初　休寧人，會稽知縣。
劉元懋　休寧人，興縣知縣。
葉良禮　休寧人，湘鄉知縣。
朱士剛　休寧人，湖廣通判。
金星賁　休寧人，陝西參議。
姚　震　休寧人，廣信府同知。
程夢瑛　休寧人，刑部郎中，總理江南水利。
吴　琮　休寧人，刑部員外。
姚際離　休寧人，柳州府同知。
汪　鼒　休寧人，高州府通判。
吴　澍　休寧人，太原府通判。
程秉慥　休寧人，樂會知縣。
程遂時　休寧人，通道知縣。
程元度　休寧人，高臺知縣。

胡之璿　休寧人，真定府同知。
汪汝祺　休寧人，蘇州府同知。
汪　璽　休寧人，工部郎中。
程　芳　休寧人，永定知縣。
汪震元　休寧人，湖廣參議。
鄭之貞　休寧人，府同知。
黄　鍾　休寧人，梧州知府。
徐有緯　休寧人，彰州府同知。
趙景從　休寧人，山東參議。
朱光園　休寧人，刑部郎中。
程　岳　休寧人，户部員外。
程儀新　休寧人，成都府通判。
汪　暐　休寧人，温江知縣。
范　溥　休寧人，萊蕪知縣。
程秉禮　休寧人，吴縣籍，南陽知府。
吴肇榮　婺源人，安陸知府。

吴文煌　婺源人，漳州府同知。
汪　煇　婺源人，漢陽知府。
張之履　婺源人，中江知縣。
汪宗洙　婺源人，内(邱)〔丘〕知縣。
黄鴻猷　婺源人，永平府通判。
吴文烈　婺源人，漢中府通判。
謝賜牧　祁門人，深州知州。
謝　晋　祁門人，瑞安知縣。
余二聞　祁門人，襄城知縣。
汪宗豫　祁門人，真定府同知。
陳　蕃　祁門人，會縣知縣。
黄元治　黟縣人，刑部郎中。
洪懋樞　績溪人，清遠知縣。
梅　欽　宣城人，崖州知州。
沈　陑　宣城人，安溪知縣。
羅有望　宣城人，宜陽知縣。

汪　璟　婺源人，杭州府同知。
吴肇新　婺源人，彰德知府。
余　芝　婺源人，桐鄉知縣。
余光魯　婺源人，富順知縣。
吴文煒　婺源人，處州府通判。
吴士銓　祁門人，廣信府通判。
汪　潛　祁門人，許州知州。
汪　溥　祁門人，商河知縣。
汪　理　祁門人，衡水知縣。
汪文思　祁門人，楚雄府推官。
汪武揚　黟縣人，綿州知州。
王之鄰　績溪人，官陽武知縣。
王義問　宣城人，延安府同知。
梅士豹　宣城人，蘭陽知縣。
方　乾　宣城人，徐溝知縣。
詹履道　宣城人，江油知縣。

貢　彧　宣城人，景州知州。
胡夢龍　宣城人，棗强知縣。
施念曾　宣城人，拔貢，興寧知縣。
劉登之　寧國人，臨江府通判。
徐大本　寧國人，遵化知州。
王世美　涇縣人，廣西太平知府。
章天聰　涇縣人，拔貢，浙江平陽知縣。
查　懿　涇縣人，福建古田知縣。
萬廷魁　涇縣人，浙江歸安知縣。
葉代生　涇縣人，湖廣長沙府同知。
胡其旦　涇縣人，山東陽信知縣。
胡　振　涇縣人，福泉知縣。
趙必詵　涇縣人，山西廣靈知縣。
王之漢　旌德人，瓊山知縣。
江　淮　旌德人，翁源知縣。
劉弘基　南陵人，吏部主事。

楊景初　宣城人，永明知縣。
蔡芝春　宣城人，渭源知縣。
詹　彬　宣城人，永從知縣。
屠應瑗　寧國人，良鄉知縣。
王曰然　涇縣人，推官。
周式禾　涇縣人，陝西定安知縣。
葉兆斗　涇縣人，沁源知縣。
汪化鰲　涇縣人，陝西漢中府同知。
章元際　涇縣人，通城知縣。
文敦元　涇縣人，知縣。
胡岳齡　涇縣人，刑部主事。
王孫爵　涇縣人，拔貢，白水知縣。
章　偉　字濟天，涇縣人，蒲州府同知。
江日安　字又安，旌德人，四川廣元知縣。
王　奐　南陵人，河間知府。
紀一恂　貴池人，陸川知縣。

杜宗鶴　貴池人，高安知縣。
胡　璉　貴池人，靖安知縣。
王心介　貴池人，衡山知縣。
陳洪柱　青陽人，巡按御史。
諸聖兆　青陽人，雅州知州。
何鳴謙　青陽人，拔貢，沁州知州。
陳　檄　銅陵人，商城知縣。
沈　朗　石埭人，長沙府推官。
張國柱　石埭人，户部員外郎。
金學致　建德人，四會知縣。
孔興竒　建德人，洛陽知縣。
黄雲會　東流人，江夏知縣。
孫日强　當塗人，宣化知縣。
胡與企　當塗人，武城知縣。
楊世望　當塗人，峨嵋知縣。
晋德慧　當塗人，拔貢，知縣。

王之翰　貴池人，澧州知州。
柯仲實　貴池人，開封府同知。
紀國珍　貴池人，東平知州。
江浡然　青陽人，平凉府同知。
施大猷　青陽人，池州知州。
潘伯庸　銅陵人，廣東按察使。
湯之紀　石埭人，汶上知縣。
胡來朋　石埭人，平陽府同知。
董漢儒　建德人，嘉禾知縣。
江一經　建德人，蒲圻知縣。
宋人龍　東流人，貴縣知縣。
李　錦　東流人，新昌知縣。
胡日增　當塗人，平遠知縣。
吴德芳　當塗人，遷安知縣。
張令聲　當塗人，廣平知縣。
端曰敬　當塗人，遵義知縣。

朱弘士　當塗人，儀封知縣。
陳德遠　當塗人，東鹿知縣。
婁士基　當塗人，藤縣知縣。
李茂根　當塗人，浙江嘉湖道。
吴　騫　當塗人，山東按察使。
葛　綏　蕪湖人，慶陽府同知。
侯　玉　蕪湖人，太康知縣。
杜時舉　蕪湖人，昌邑知縣。
方桂齡　蕪湖人，萬年知縣。
姚積中　繁昌人，紹興府推官。
許　鐙　繁昌人，歙縣籍，長沙府通判。
李瓊枝　廬州人，來賓知縣。
黄應宫　廬州人，蕭山知縣。
李世藻　合肥人，膚施知縣。
李生萃　合肥人，知縣。
張　恕　合肥人，登州府通判。

巫元東　當塗人，平和知縣。
孫昌緒　當塗人，連山知縣。
楊錫汝　當塗人，孝豐知縣。
張柔嘉　當塗人，陝西甘山道僉事。
李如旭　蕪湖人，拔貢，廣東東安知縣。
張　奇　蕪湖人，文昌知縣。
劉夢饒　蕪湖人，渠縣知縣。
潘懋達　蕪湖人，官介休知縣。
繆孔昭　蕪湖人，登州知府。
趙三長　蕪湖人，昌平知州。
王迪康　廬州府人，慶都知縣。
張昌久　廬州人，感恩知縣。
戴堯天　合肥人，通判。
陳敬明　合肥人，新田知縣。
許昌祚　合肥人，知縣。
楊厥美　廬江人，知縣。

馮　録　盧江人，韓城知縣。
唐之文　盧江人，鴻臚寺少卿。
夏景耀　盧江人，岳州府同知。
胡守欽　舒城人，徐聞知縣。
楊交泰　無爲州人，番禺知縣。
吴　漢　無爲州人，臨湘知縣。
吴聞啓　無爲州人，文登知州。
湯愛鼎　巢縣人，知府。
張肯穀　巢縣人，知府。
褚承愚　鳳陽府人，吉水知縣。
田歲取　鳳陽府人，建昌府通判。
何國祥　鳳陽縣人，歸安知縣。
薛國瑞　鳳陽縣人，河南登封知縣。
許守仁　臨淮人，高唐知縣。
楊存聖　懷遠人，衡陽知縣。
鄧源薦　虹縣人，柳州知州。

劉士傑　盧江人，膠州府同知。
時　習　盧州人，耒陽知縣。
徐天麟　舒城人，當陽知縣。
黄應庚　舒城人，嵩明知縣。
楊光烈　無爲州人，灌陽知縣。
吴　昊　無爲州人，開封府同知。
吴道凱　巢縣人，黄陂知縣。
李先春　巢縣人，府通判。
張　植　巢縣人，雅州知州。
吴懷忠　鳳陽府人，廉平知州。
潘三元　鳳陽縣人，義寧知縣。
李三益　鳳陽縣人，衡陽知縣。
卞獻璘　臨淮人，定安知縣。
蔣其昌　臨淮人，邵陽知縣。
宋　庭　懷遠人，浙江處州府通判。
鄧廷羅　虹縣人，湖廣辰長沅靖道。

韓玉衡　虹縣人，高安知縣。

顧　輔　壽州人，長興知縣。

歐陽明憲　原籍廬陵，徙宿州，拔貢，工部主事。

丁啓明　宿州人，定興知縣。

卜夢熊　宿州人，新城知縣。

戴應斗　宿州人，大名府同知。

秦士望　宿州人，貢，彰化知縣。

丁廉生　宿州人，光澤知縣。

劉鳴陽　靈璧人，潯州府同知。

張鳳翼　滁州人，雒容知縣。

鄭際會　滁州人，四川郫縣知縣。

魯子球　全椒人，江西萬年知縣。

彭六翮　全椒人，河南副使道。

武　韶　來安人，江西瑞州府同知。

張剛中　字行健，和州人，鞏昌府同知。

吳盛藻　字采臣，和州人，河東道副使。

王勳臣　壽州人，鎮元知縣。

李之翰　宿州人，武陟知縣。

王維秀　宿州人，太原府偏關同知。

丁　珩　宿州人，陝西漢興道。

陳　堯　宿州人，普安知縣。

葉正誼　靈璧人，知縣。

唐之繡　滁州人，龍川知縣。

盧敏莪　滁州人，永安知州。

濮萬鎰　滁州人，臨清知州。

李　震　全椒人，浙江石門知縣。

吳　璪　全椒人，豐潤知縣。

武　藎　來安人，廣東歸善知縣。

章光度　字斐然，和州人，保昌知縣。

謝　澍　和州人，拔貢，郿縣知縣。

葉敬中　字肇修，和州人，臨清知州。

潘名世　字君斐，和州人，廣西修仁知縣。
李衷燦　含山人，副榜貢，衛輝府同知。
吕聲諧　含山人，鄒縣知縣。
易祚昌　含山人，麗水知縣。
張其善　含山人，廣東東安知縣。
王孫蘭　六安人，永安知縣。
汪溶日　六安人，拔貢，養利知州。
黄　珩　六安人，石門知縣。
李子元　六安人，杭州府推官。
程天麟　英山人，知縣。
程光泖　英山人，南城兵馬司副指揮。
程孔思　霍山人，永城知縣。
林　修　泗州人，北直昌黎知縣。
趙君訪　泗州人，博野知縣。
吉世奇　盱眙人，建寧府同知。
李得泌　盱眙人，刑部主事。

陸合泰　含山人，廣西宜山知縣。
王　錦　含山人，賀縣知縣。
張克鵬　含山人，平樂府同知。
王　濤　含山人，拔貢，兖州府同知。
戈　瑶　廣德人，中書舍人。
汪麗日　六安人，邵武知府。
葛三陽　蒙城人，程鄉知縣。
黄　俞　六安人，泰順知縣。
蕭汝藿　英山人，興寧知縣。
王維藩　霍山人，拔貢，員外郎。
馬　坦　英山人，鄖西知縣。
陳之秀　泗州人，電白知縣。
施端教　泗州人，東城兵馬司指揮。
傅汝鼐　泗州人，陝西平利知縣。
宋騰鯉　盱眙人，靈寶知縣。
王　璠　天長人，茂名知縣。

陳賡泰　天長人，平凉知府。

唐開先　天長人，廣東和平知縣。

陳纘宗　天長人，陝西榆林堡同知。

歐友范　五河人，上林知縣。

郭建章　五河人，晉州知州。

淩作聖　五河人，吏部主事。

連際穎　潁州人，沅州知州。

連際遇　潁州人，貴溪知縣。

李榮白　潁州人，臨城知縣。

王覺民　潁上人，太原知府。

劉象震　字均巽，霍（邱）〔丘〕人，福建泉州知府。

李　瑾　字昆岫，霍（邱）〔丘〕人，直隸廣平府通判。

王　煇　字衷朴，霍（邱）〔丘〕人，直隸元城知縣。

張扶翼　字容園，霍（邱）〔丘〕人，拔貢，湖廣黔陽知縣。

宋凝秀　字若眉，雲南江川知縣。

黃　陞　亳州人，茂州知州。

王明掄　天長人，封川知縣。

陳　儒　天長人，揚州河務通判。

殷　嶧　天長人，山西太原知縣。

劉體中　五河人，樂會知縣。

郭士灝　五河人，齊東知縣。

李甲聲　潁州人，廣州知府。

連際康　潁州人，肅州知州。

李百奎　潁州人，慶州知州。

李宗白　潁上人，饒州府同知。

徐必達　潁上人，知縣。

明文止　亳州人，安仁知縣。

宋　昺　亳州人，知縣。

劉　晏　亳州人，山陰知縣。

陳方舟　太和人，中部知縣。

吴　瑞　字魯山，南陵人，連城知縣，陞延安知府，内轉禮部員外郎。

熊士望　江寧人，儋州知州。

蕭咏韶　太和人，廣陵知縣。

王廷珍　蒙城人，漳州府通判。

胡寶林　字海槎，歙縣人，保舉刑部左司主事。

江南通志卷一百三十八

人物志

選舉詳而後人物顯。江南自春秋時季札、子游産於吴，老聃、管仲出潁、亳之間，風氣肇開矣。漢後千八百年，道德、政事、文章之徒，麟麟郁郁，著於華夏。至我朝而彌盛，雖天地所旋斡，山川所毓孕，亦乘乎其時也。

國家教養垂百年，所培長而搜擇之者，有加靡已。賢士大夫以勳德、忠孝、儒雅、文學稱者，皆克踐其聲以揚於世。婦女亦厲其名節，無愧於旌典。録古及今，詳且慎焉。爲類十有二，爲卷五十有二，作《人物志》第八。

名賢

商

巫咸，太戊時相。《周書·君奭篇》：巫咸乂王。《家傳》有《咸乂》四篇。《咸子賢書》曰：「在祖乙時，則有若巫賢。」有墓宅在虞山。

周

蹇叔，銍人。秦繆公與百里傒語，大説，授之國政。傒讓曰：「臣不及臣友蹇叔。」公使人厚幣迎叔，以爲上大夫。

季札，吴子壽夢季子。有三兄諸樊、餘祭、餘眛，壽夢賢季札，欲立之，札辭，乃立諸樊。及諸樊既除喪，復讓札，札棄其室而耕，乃舍之。諸樊卒，命授弟餘祭，欲傳以次，必致國於札，札卒不受。封於延陵，號延陵季子。

李耳，苦縣人，字伯陽，謚曰聃。周柱下史。孔子往問禮，老聃曰：「良賈深藏若虚，君子盛德，容貌若愚。」孔子退曰：「老子其猶龍乎？」所著有《道德經》五千餘言。

言偃，字子游，吴人。孔門高弟，嘗爲武城宰。唐開元中定十哲，從祀，贈吴侯。宋祥符中封丹陽公，改封吴國。國朝康熙五十一年，賜裔孫德堅五經博士，世襲。

漢

文翁，名黨，字仲翁，廬江舒人。爲蜀郡守。見蜀地僻陋，欲誘進之，乃選郡縣小吏開敏有材者張叔等十餘人，遣詣京師受業博士，歸以爲右職，察舉有至郡守刺史者。又修起學官，招下縣子弟爲學弟子，爲除更繇，高者以補郡縣吏，次爲孝弟力田。每出行縣，選諸生明經飭行者與俱，使傳教令。吏民見而榮之，争欲爲學官弟子，由是蜀地文學比齊魯焉。至武帝時，令天下郡國皆立學，自文翁爲之始。

劉向，字子政，彭城人。楚元王四世孫。宣帝講論五經於石渠，拜郎中。元帝時，官宗正給事中。外戚許史、宦官恭顯譖之，謫廢十餘年。成帝時，復進用。會王鳳兄弟秉政，向集《洪範五行傳》論奏之，帝雖心知向忠，爲王氏所持，終不得大用。嘗序次《列女傳》，著《説苑》《新序》，數上封事，帝每嘉歎之。

范滂，字孟博，汝南細陽人。少勵清節，舉孝廉。冀州盜起，以滂爲清詔使，登車攬轡，慨然有澄清天下之志。至州境，守令贜污者望風解印綬去。其所舉奏，莫不厭塞衆議。既而署郡功曹，嚴整疾惡，顯薦異節，抽拔幽陋。後坐鈎黨繫獄，獄吏謂當祭皋陶，滂曰：「皋陶，古之直臣。知滂無罪，將理之于帝;如其有罪,祭之何益?」尋得釋。建寧二年,大捕黨人,詔書至,即自詣獄。

三 國

張昭,字子布,彭城人。爲孫策長史,文武事悉委之,後以弟權託昭,昭率群臣立而輔之。拜輔吳將軍,封婁侯。性剛好直諫,權嘗不能堪,案刀而怒,昭更流涕出語,權亦泣下。嘗曰:「孤與張公言不敢妄也。」舉邦憚之。卒謚文。

顧雍,字元歎,吴人。孫權爲會稽太守,不之郡,以雍爲丞,行太守事,吏民歸服。權爲吴王,領尚書令,封陽遂鄉侯,拜侯還寺,而家人不知。迎母於吴,及至,權臨賀之,親拜其母於庭。雍爲人寡言語,舉動時當。權嘗歎曰:「顧君不言,言必有中。」代孫邵爲丞相,選用文武,各隨其能,心無適莫。赤烏中卒,謚肅侯。

宋

范仲淹,字希文,吴縣人。二歲而孤,少有志操。既長,依戚同文學,晝夜不息。舉進士第,爲廣德軍司理參軍,遷大理寺丞,監楚州糧料院。母喪去官。晏殊知應天府,召寘府學,薦爲秘閣校理。仲淹泛通六經,長於《易》,學者多從質問,爲執經講解無所倦。嘗推其奉以食四方遊士,諸子易衣而出,晏如也。每敢激論天下事,奮不顧身,一時士大夫矯勵尚風節,自仲淹倡之。天聖七年,上疏請太后還政，不報。通判陳州，召爲右司諫。歲大旱、蝗，命仲淹安撫江淮，所至開倉振之，且條上救敝十事。知蘇州，州大水，民田不得耕，仲淹疏五河，導太湖注之海。拜天章閣待制。元昊反，知永興軍。會夏竦爲陝西經略安撫招討使，進仲淹龍圖閣直學士以副之，兼知延州。大閱州兵，分部教之，量賊衆寡，使更出禦賊。城青澗以據賊衝，大興營田爲持久計，修承平、永平等砦，定堡障，通斥候。遷環慶路經略安撫緣邊招討使，以詔書犒賞諸羌，閱其人馬，爲立條約，諸羌受命，始爲漢用。築大順城，而白豹、金湯皆不敢犯，環慶自此寇益少。帝復置陝西路安撫經略招討使，以仲淹、韓琦、龐籍分領之。仲淹爲將，號令明白，愛撫士卒。諸羌來者，推心接之不疑，故賊亦不敢輒犯其境。元昊請和。召拜樞密副使，除參知政事。帝再賜手詔，又爲之開天章閣，召二府條對。仲淹上十事，一曰明黜陟，二曰抑僥倖，三曰精貢舉，四曰擇長官，五曰均公田，六曰厚農桑，七曰修武備，八曰推恩信，九曰重命令，十曰減徭役。天子悉采用之。初，仲淹以忤吕夷簡放逐者數年，及夷簡罷，召還，倚以爲治，中外想望其功業，而仲淹以天下爲己任，日夜謀慮，興致太平。會邊陲有警，因與樞密副使富弼請行邊，於是以仲淹爲河東陝西宣撫使，賜黄金百兩，悉分遺邊將。又以爲資政殿學士、陝西四路宣撫使、知邠州。卒，年六十四，贈兵部尚書，謚文正。既葬，帝親書其碑曰「褒賢之碑」。仲淹内剛外和，性至孝，以母在時方貧，其後雖貴，非賓客不重肉，妻、子衣食僅能自充。而好施予，置義莊里中，以贍族人。泛愛樂義，士多出其門下，雖里巷之人，皆能道其名字。爲政尚忠厚，所至有恩，邠、慶二州之民與屬羌皆畫像立生祠事之。及其卒也，羌酋數百人哭之如父，齋三日而去。國朝康熙五十一年，配享文廟。四子：純祐、純仁、純禮、純粹。

包拯，字希仁，合肥人。舉進士，以親老不就州縣職。後二親繼殁，廬墓終喪，始入仕。知端州，端産硯，拯歲滿，不持一硯歸。尋拜監察御史，後知諫院，數論斥權倖大臣，請罷一切内降曲恩。除龍圖閣直學士，歷知開封府。拯立朝剛毅，貴戚宦官斂手，人以拯笑比黄河清，語曰：「關節不到，有閻羅包老。」訟訴者徑造庭下，前陳曲直，吏不敢欺。自三司使拜樞密副使。卒，謚孝肅。

胡瑗，字翼之，泰州人。以經術教授吴中。范仲淹薦瑗更定雅樂，試校書郎，教授湖州。誨人有法，立經義、治事二齋，倡明體達用之學。慶（歷）〔曆〕中，詔太學取其法著爲令。後爲國子監直講，其徒益衆，庠舍不能容。明嘉靖中，從祀文廟。

吕公著，字晦叔，壽州人，宰相夷簡子。夷簡早器異之，曰他日必爲公輔。登進士第，通判潁州，歐陽修與爲講學友。歷天章閣待制。英宗初，論御史吕誨等不當以争濮議斥。神宗時，除御史中丞，力論王安石新法之非，語極深切。進同知樞密院事。哲宗即位，屢遷右僕射，與司馬光同心輔政，革弊便民，天下歡呼鼓舞。光薨，獨當國，除吏皆一時之選，卒於位。宣仁太后深悼惜之，謚正獻。

范純仁，字堯夫。皇祐元年進士，治平中爲侍御史，力争濮王典禮當如從官議，語斥大臣尤切，出通判安州，直聲震天下。熙寧中知諫院，論王安石變法度失人心，前後論奏，反復激切，無所諱避。復出補外。元豐末，召爲給事中。素與司馬光同志，而臨事多矯正，人益服其平直。歷尚書右僕射，務以博大開上意，忠篤革士風。章惇用事，累貶永州。徽宗立，力辭召命，請還潁昌里第。卒，謚忠宣。純仁性夷易寬簡，及義所在，挺然不少屈。自言平生好學，得之忠、恕二字。自爲布衣至宰相，廉儉如一。

李綱，字伯紀。祖賡自邵武徙居無錫。登政和二年進士，以敢言著聲。金將攻汴，宰執議請暫避敵鋒，綱力陳不可去，曰：「六軍父母妻子皆在都城，願以死守，萬一中道散歸，陛下孰與衛？」上感悟，命輟行。綱治守戰之具，不數日而畢。敵兵攻城，綱身督戰，斬酋長十餘人、衆數千人，金將引退。求遣大臣至軍中議，綱請行，不聽。姚平仲勇而寡謀，率步騎夜斫敵營，不克。金使來詰，遂罷綱。太學生陳東等詣闕上書，明綱無罪。軍民不期而集者數十萬，命綱復充京城四壁守禦使。下命能殺敵者賞，衆無不奮躍。金人懼，稍稍引却。及退師，除綱知樞密院事。會耿南仲忌綱，以綱爲河東北宣撫使。高宗即位，拜尚書右僕射。綱疏陳十事，因薦張所爲河北招撫使，傅亮爲河東經制副使。有詔欲幸東南，綱極論其不可。不報，乞身歸田。自綱罷，張所以罪去，傅亮以母病辭歸，招撫、經制二司皆廢。車駕遂東幸，兩河郡縣相繼淪陷，凡綱所規畫軍民之政，一切廢罷。金進攻京東、西，入毁關輔，而中原盜賊蠭起矣。紹興十年薨，贈少師。綱負天下之望，以一身用舍爲社稷生民安危，雖身或不用，用有不久，而其忠誠義氣，凛然動乎遐邇。每宋使至燕山，必問李綱、趙鼎安否，其爲遠人所畏服如此。自號梁溪漫叟，有《梁溪集》《易傳》内外篇等書。

朱熹①，字元晦，婺源人。父松生熹於尤溪官舍。幼與群兒游，獨以沙列八卦。舉紹興十八年

① 「朱熹」，《四庫》本作「朱子」。

進士。寧宗初，歷煥章閣待制、侍讀。熹初從劉子羽居崇安，後從延平李侗學，得聖道之傳，學者宗師之。自絕學以來，集諸儒之大成，發先聖之秘蘊，熹一人而已。殁，謚曰文，追封徽國公，從祀文廟。國朝康熙五十年，聖祖特旨升袝十哲之次。

明

李時勉，名懋，以字行，上元人。永樂中進士，官侍讀。洪熙時，上疏觸忌諱，上震怒，縛至便殿，命力士捶之，幾死，下獄。宣宗即位，恨時勉觸仁考，怒將殺之，己面鞫得其故，立脱桎梏，復其官。正統中，遷國子祭酒。王振惡其守正，構陷之，荷校國學門。諸生石大用等上章，乞以身代，事得解，致仕去。卒，謚忠文。所著有《古廉文集》。

吴訥，字敏德，常熟人。洪熙初，侍臣以經明行修薦，授御史。出按浙江，以維風紀、植綱常爲務。繼按貴州，恩威著遐夷。宣德中，歷官左副都御史。正統六年請老歸，卒謚文恪。訥博覽群籍，議論有根柢，於性理之奥多所發明，所著書皆可傳於後。

莊昶，字孔暘，江浦人。成化丙戌進士，授檢討。與同官章懋、黄仲昭抗疏諫張燈忤旨，廷杖，謫桂陽州判官，改南行人司副，丁艱歸。居定山，聚徒講學垂三十年。弘治中召至京，遷南驗封郎中，逾年乞歸。昶之學與陳獻章同趣，超然自得於經書傳注之外，學者稱定山先生。謚文節。

吴寬，字原博，長洲人。成化壬辰舉禮部、廷試皆第一，授修撰，侍孝宗於東宫，每進講，閑雅詳明。弘治中，歷遷禮部尚書，議孝肅皇后並祔非禮，宜祀別廟，上悅而從之。未及柄用而卒，謚文定。寬行履高潔，不爲矯激，而自守以正，以文章德行負天下重望。

王鏊，字濟之，吴縣人。成化甲午鄉試、明年會試俱第一，廷試第三，授編修。弘治初，遷侍講學士，充講官。時中貴李廣導帝遊西苑，鏊講文王不敢盤于游田，反覆規戒，帝爲動容。屢遷禮部左侍郎。正德初，與韓文諸大臣請誅劉瑾等八奄，上怒，傳諭甚厲，鏊奏對不撓。歷拜文淵閣大學士。瑾屢欲害文及劉健等，鏊力救得免。已而瑾益横，鏊遂三疏乞歸。卒，謚文恪。鏊博學有識鑒，文章爾雅，論議明暢。嘗著《性善論》一篇，王守仁深推之。

邵寶，字國賢，無錫人。成化甲辰進士。知許州，有惠政，月朔會諸生，講明義利之辨。歷江西提學副使，教學者以致知力行爲本。宸濠索題詠，峻却之。後以副都御史總督漕運，忤劉瑾，致仕。瑾誅，起撫貴州，累擢南京禮部尚書，乞終養歸。卒，謚文莊。寶學以洛閩爲宗，詩文典重和雅，原本經術，粹然一出於正。有《容春堂集》《定性書》①《簡端録》《漕政舉要》，學者稱二泉先生。

魏校，字子才，昆山人。弘治乙丑進士，歷官國子祭酒，改太常少卿，遷本寺卿，致仕。卒，謚恭簡。校幼有異質，私淑胡居仁主敬之學，而貫通諸儒之説，折衷於六經，醇如也。貌朴訥簡重，言動以禮，學者稱莊渠先生。

① 《明史》本傳作《定性書説》。

顧憲成，字叔時，無錫人。萬（歷）〔曆〕庚辰進士，歷驗封主事。疏論計典，語侵執政，謫官。累擢考功主事，力争三王並封，并貽書首輔王錫爵，事遂寢。尋爲選郎，以推起舊輔王家屏忤旨，削籍歸。邑有東林書院，爲宋儒楊時講學所，憲成及弟允成，偕同郡高攀龍、安希范、劉元珍、錢一本、薛敷教、葉茂才輩講學其中，時號「東林八君子」。憲成既廢，名益高，學者稱涇陽先生，一時清議倚以爲重。起南光禄少卿，不就，卒。天啓中，璫禍作，追奪封誥。懷宗初，贈吏部侍郎，謚端文。有《涇陽藏稿》《小心齋劄記》《大學通考》《還經録》。高攀龍，字存之，無錫人。萬（歷）〔曆〕己丑進士，授行人。趙用賢等去位，攀龍上疏論救，語侵輔臣，謫①揭陽典史。歸，家居三十年。天啓初，起光禄丞，累擢左都御史。糾御史崔呈秀，罷之。時魏忠賢用事，以崔呈秀爲腹心，以前憾矯詔削籍歸。繼織監李實誣劾，逮問。官旂未至，曰：「大臣不可辱！」遂自沉於池。懷宗初，贈太子少保、兵部尚書，謚忠憲。攀龍學本濂洛，以静爲主，涵養邃密，學者稱「景逸先生」。著有《周易孔義》《春秋正蒙註》《天完録》《就正録》《家訓》諸書。

國　朝

張英，字敦復，桐城縣人。康熙丁未進士，館選侍講幄，敷陳經義、民生、吏治，悉心獻納，知無不

① 「謫」，《四庫》本作「摘」。

言。聖祖初設南書房，俾每日侍直，以資講論，詞臣賜第内城自此始。及佐樞部、掌邦禮，恪慎清粹，一時典章儀制、廟廷制誥之文，多其手定。洎登相位，忠藎純誠，佐佑啓沃，歷任三十餘年，未嘗一日離内直。聖祖稱其「老成敬慎，終始不渝，有古大臣風」，嘗命工寫像以賜。生平多隱德，外和内剛，一私不染。薦拔賢俊如不及，從不使人知。廣義田以贍宗族，肅家範以率子弟。一門感勵名節，温恭謙謹，稱「江左第一家風」。學問醇博，所著有《易書衷論》及《存誠堂》《篤素堂》詩文集各若干卷。年七十二卒於家。御祭恤葬逾恒制，謚曰文端。世宗御極之初，有甘盤舊學之思，贈太子太傅，崇祀京城賢良祠。復賜祭于本籍，祭文有曰：「靖共爾位，忠純克篤夫小心；垂裕後昆，善慶彌彰夫厚德。」又御書祠宇匾聯，有「忠純詒範」「師模如在」之褒。恩禮之渥，罕有倫比。

趙申喬，字慎旃，武進人。父繼鼎，明季庚辰進士，兵部主事。申喬康熙庚戌進士，由商(邱)[丘]知縣擢刑部主事，遷員外，歷官至浙江巡撫，改偏沅，入爲左都御史，遷户部尚書。爲人清介拔俗，不可干以私。令中州時，錢穀獄訟，不假手於幕客。部民一見問姓名，久而不忘。撫浙時，易海塘土以石，祭江神，海潮至，竟工不逼岸。在湖南，禁私派重耗，貪墨屏息。爲總憲不避嫌怨，亦不務搏擊。户部勾稽，出内惟慎。九卿會議，意有不可者，輒别奏聞，每蒙報可。卒，謚恭毅。奉旨欽賜入賢良祠。雍正十二年，又於本地專祠賜祭一次，祭文一道。

江南通志卷一百三十九

人物志

宦績 一

江寧一府

江寧府

晋

紀瞻，字思遠。其先秣陵人，吴平後徙歷陽。瞻少以方直知名。元帝爲安東將軍，引爲軍諮祭酒。帝即位，拜侍中，轉尚書，上疏諫諍，多所匡正。明帝時，徙領軍將軍。瞻才兼文武，忠亮雅正。

卒，謚曰穆。

薛兼，字令長，丹陽人。祖綜，吴尚書僕射。父瑩，仕晋爲散騎常侍。兼清素，有器宇，初入洛，司空張華見而奇之。元帝爲安東將軍，引爲軍諮祭酒，稍遷丞相長史，甚勤其事。帝踐阼，歷尚書，領太子少傅。自綜至兼，三世傅東宫，談者美之。

張闓，字敬緒，丹陽人，吴輔吴將軍昭曾孫。同郡薛兼薦闓才幹於元帝，引爲安東參軍，甚加禮遇。帝爲晋王，累遷侍中。帝踐阼，出補晋陵内史，在郡甚有威惠。時所部四縣並以旱告，闓立曲阿新豐塘，溉田八百餘頃，每歲豐稔。歷大司農，遷尚書。蘇峻反，闓入宫侍衛，峻使闓持節權督東軍，闓密宣太后詔令於三吴，令速起義軍。又運穀集兵以討峻。峻平，加散騎常侍。後拜光禄大夫，卒。

陶回，丹陽人，抗子。有器幹，王導引爲從事中郎。蘇峻反，回收合義旅，與陶侃、温嶠共攻斬峻，以功遷征虜將軍、吴興太守。時歲饑穀貴，回不待報，開倉賑濟，一境獲全。既而下詔，并敕會稽、吴郡依回賑恤，二郡賴之。卒，謚威。

甘卓，字季思，丹陽人。元帝初渡江，授卓揚威將軍、歷陽内史。討周馥及杜弢，屢立戰功。歷安南將軍、梁州刺史、假節、督沔北諸軍，鎮襄陽。爲政簡惠，善於撫綏，估税悉除，市無二價，西土稱之。

王劭，字敬倫，導第五子。美姿容，有風操，雖家人近習，未嘗見其惰替之容。官至吏部尚書、尚書僕射，出爲吴國内史。弟薈，字敬文，亦爲吴國内史。值年饑粟貴，薈以私米作饘粥以飼餓者，所濟活甚衆。

王珣，字元琳，導次子中書令洽之子。爲桓温掾，軍中機務悉委珣，文武數萬人悉識其面。從討袁真，封東亭侯。歷吴國内史，士庶悦服。徵爲僕射，領吏部，後進衛將軍，都督琅邪水陸軍事。以疾解職。弟珉，字季琰，少有才藝，名出珣右。代王獻之爲中書令，世謂獻之大令，琰小令。卒，年二十八。

王允之，字深猷，導族子。父舒，爲荆州刺史。王敦敗，王含父子俱奔舒，舒逆而沉之於江。蘇峻反，舒遣允之率義軍累破之。以功封舒彭澤縣侯。卒，謚穆。允之咸康中刺江州，莅政甚有威惠。繼爲衛將軍、會稽内史。未到卒，謚曰忠。

王彪之，字叔（武）〔虎〕①，尚書僕射廙之子。除著作佐郎，歷遷侍中、廷尉。言：「郊祀必赦，恐凶愚生心僥倖。」從之。轉吏部尚書郎，遷轉不阿。出爲會稽内史，居郡八年，豪右斂跡，流亡盡復。海西廢時，彪之神彩毅然，文武儀準莫不取定，朝廷服之。遷尚書令，與謝安並掌朝政，大事必從彪之諮議而定。卒，謚簡。

王述，字懷祖。父承。從元帝渡江，司徒王導以門第辟述中兵屬。嘗見導每發言，一座莫不贊美，述正色曰：「人非堯舜，何能每事盡善！」導改容謝之。歷庾冰征虜長史，冰欲移鎮樂鄉，述止

---

① 唐房玄齡等撰《晋書》，避唐高祖李淵祖李虎諱，追改「叔虎」爲「叔武」。

之。尋遷衛將軍、尚書令。桓温平洛陽，議欲遷都，朝廷憂懼，述曰：「温以虚聲威朝廷耳，但從之，自無所應。」果不行。又議欲遷鐘簴，述曰：「方當蕩平區宇，旋軫舊京。若其不爾，宜改遷園陵，不應先事鐘簴！」温無以奪。以老乞歸，卒謚簡。

王坦之，字文度。述子也，襲父爵，領左衛將軍。非時俗放蕩，著《廢莊論》以敦儒術。尋領本州大中正。簡文帝詔桓温依周公居攝故事，坦之持詔入帝前毁之，乃使坦之改詔。俄領丹楊尹，徐、兖二州刺史，鎮廣陵。上表言人君以孝敬爲本，以委任爲貴。又諫謝安好聲律，期功不廢絲竹之非。卒，年四十六。臨終與謝安、桓冲書，惟憂國家之計。謚曰獻。

南北朝　齊

劉係宗，丹陽人。官右軍將軍，兼中書通事舍人，再爲少府。久在朝省，嫺於職事，齊武帝盛稱其有經濟才。

梁

周捨，建康人。梁初拜尚書祠部郎，禮儀損益，多自捨出。累遷吏部郎，預機密。後與徐勉同參國政，稱賢相。

南唐

周宗，字君太，秣陵人。常給使烈祖左右，用贊禪功。遷樞密使，將相奉法循理，以司徒致仕。周兵初起而宗卒。二女皆爲國后。

陸昭符，南唐金陵人。爲常州刺史，州當吴、越之衝，城邑荒殘，治以寬簡，招納流亡，遂致富實。顯德五年，元宗稱藩於周，命昭符爲進奏使。及宋太祖受禪後，後主嗣位，如天子禮。太祖怒召昭符詰之，色甚厲，昭符徐以鄙語對，太祖笑解。卒於邸。

宋

陳承昭，昇州人。建隆初入朝，以承昭知水利，督治惠民、五丈二河，通漕運。又督諸軍鑿池朱明門内外。以習水戰，從征太原，歸遷龍武軍統制。

刁衎，字元賓，昇州人。從李煜歸宋，知桐廬縣。會詔群臣言事，衎上《諫刑書》。通判湖州，疏陳五事。歷知廬、潁、湖州，授兵部郎中，卒。以純澹夷雅稱，士大夫多推重之。子湛、湜、渭，湛子繹、約，皆第進士。約直史館，嘗使契丹，知揚州。

秦羲，字致堯，江寧人。太祖召見，補殿直，督廣濟漕。太宗時，提點淮南茶鹽，討捕荆湖群盜，歷典州郡。羲好爲詩，喜賓客。歷貨財之任十五年，精勤練習，所在稱職。

盧鑑，字正臣，金陵人。累舉進士不第，仕邊職，在鄜延路敗走李繼遷，又焚其積聚，多斬首級。又善於料敵，爲利州都監，奏李繼遷聲言石隕之詐，宜益爲備。遷知儀州，州有封勝關，最險要，繼遷揚言欲襲取之，詔徙老弱、芻粟於内地，鑑曰：「此奸謀也，且示虜弱，摇民心。」竟不徙，賊亦不至。知利州，歲饑，便宜發粟賑饑。知環州，平磨媚族。累遷至西上(閤)〔閤〕①門使，知秦州。

李琮，字獻甫，江寧人。登進士第，調寧國軍推官。州積穀腐敗，轉運使移州散於民，俾至秋償新者。守將行之，琮曰：「穀不可食，强與民責而償之，將何以堪？」持不下，乃止。知陽武縣，役法初行，琮區畫盡理，旁近民願視以爲則。徽宗時，歷知潞州。潞有謀亂者，爲書期日揭道上，部使者檄索奸甚亟，琮置不問，以是日置酒高會，訖無他。終寶文閣待制。

王綸，字德言，建康人。登紹興五年進士第，歷諸王宫大小學正，言：「孔門弟子及後世諸儒有功斯文者，皆得從祀先聖，宜以其式頒諸郡縣。」以薦爲監察御史。與秦檜論事，忤其意，罷去。檜死，召爲起居舍人，兼權禮部侍郎，試中書舍人。高宗親政，詔命填委，多綸所草。嘗使金充稱謝使，金主發數問，綸條對，金主不能屈。明年，知建康府，兼行宫留守，每以守禦利害驛聞，上多從之。卒，贈左光禄大夫，謚章敏。

俞栗，字祇若，江寧人。崇寧四年以上舍賜進士第，擢中書舍人，進給事中。上言：「學校必使

① 據《四庫》本改。

士有成才，人無異論，然後爲得。」言頗見行。拜御史中丞，陳士風六弊，發户部尚書劉炳陰事。時蔡京方倚炳爲腹心，戾其意，改粟翰林學士，竟以毁紹聖法，貶常州團練副使。復改官知江寧府，卒。

李可，六合人。咸淳間爲監察御史，與御史陳過論賈似道黨，俱貶斥，朝論快之。

魏良臣，字道弼，溧水人。初第進士，即訟陳東冤。除壽昌令，遷吏部員外郎。高宗召對稱旨，稱其可屬大事。後拜參知政事，請出衣冠之囚、歸蠻瘴之竄、整頓軍政，觀聽一新。

劉應炎，溧水人。介直剛方，居臺諫不避權貴，因忤賈似道，棄官歸。

明

周貞，字文典，江寧人。吴元年，爲大理寺卿，詔同李善長、劉基、陶安定律令。貞上疏曰：「立法貴簡易，使人易曉。若條緒繁多，或一事而兩端，可輕可重，吏得夤緣爲奸，則所以禁殘暴者反以賊良善，非良法也。」上嘉納之。洪武元年，陞刑部尚書，出爲廣東行省參知政事，能吏悉上其績，聘名儒以待考試。二年，復召爲尚書，致仕。

孔克仁，句容人。由行省都事進郎中，侍帷幄最久。太祖論天下形勢及前代興亡事，必以克仁備顧問。洪武二年，命授諸王經，功臣子弟亦令入學。終參議。

端木復初，字以善，溧水人。太祖召爲徽州府經歷，覈田均税，一除欺弊。除磨勘司丞，凡錢粟、刑法、貨物無所不讞，勾稽隱伏，人不能欺。官至刑部尚書。子孝文，翰林待詔。孝思，翰林侍書。

兄弟先後使朝鮮，以清節爲遠人所服，立雙清館以旌之。

趙本，字居仁，溧水人。洪武中以薦辟歷官左通政，其孫往省之，給錢二貫，令徒步歸。永樂間，治水浙江，築堤捍海患，潮汐冲擊，本爲文請於海神，潮果三日弗至，功乃成。

丁璿，上元人。永樂甲申進士，選庶吉士，改御史。巡按徐州，擒賊首。衛輝盜起，承命往治，稱旨，陞右僉都御史。時麓川蠻叛，乘傳往視，上用兵便宜十餘事，敕巡撫雲南。以征麓川功，陞左副都御史，兼巡貴州，所至有政聲。

徐承宗，中山王曾孫，襲爵魏國公。英宗時守備南京，號令嚴肅，宗族家衆罔敢撓法。居十六年，人未嘗見其坐立傾倚、喜怒橫發，時以爲有大臣體。

張瑄，字廷璽，江浦人。正統壬戌進士，授刑部主事，知吉安府。俗健訟，日不下數十百人，決斷如流。丙子大饑，發廩賑濟，不俟奏報。成化初，擢廣東布政，平廣西流賊莫文章等。建倉六十一，修陂塘圩岸四千六百，增築城十二。任滿，軍民相率乞留，詔可其奏。壬辰，陞福建巡撫，山海寇攻劫鎮城久不獲，瑄至皆成擒，奏革鎮守太監。移鎮河南，改運倉於彰德水次，以便軍民。入覲，奏時務一十八事，皆施行。晋南刑部尚書，致仕，卒。

顧儼，字廷望，家金陵。正統中，以經明行修薦任嘉興訓導。登甲科，授陝西道御史。清理福建軍政，沙汀民叛，領兵抵其境，擒首惡，餘黨悉平。陞廣東僉事，新會、陽江有賊數萬，提兵直擣其巢，斬獲無算。總戎上其功，賜銀幣。以勞疾乞歸。

沈琮，字廷器，江寧人。正統戊辰進士，以御史出爲四川僉事。時松潘地近蜀，數嘯聚爲肘腋憂，朝議以琮在蜀久，威望素著，擢副使往鎮之。期月，遂下黑虎諸寨，松潘平，璽書褒美。里居人稱長者。子九思，嘉靖癸酉鄉舉，孝而有義行。孫鳳翔，進士，官給事中。

鄭禮，字中夫，江寧人。景泰中鄉薦，任襄陽通判，有平寇功。擢守南安，郡苦水患，以便宜發倉賑之。事聞，朝廷亦不之罪。

朱貞，字惟正，旗手衛籍。天順丁丑進士，知鄧州，釐革驛弊。襄盜起，貞用諸生有幹局者分主供餉，民以不擾。進四川參議，督松潘儲，地故險遠，輸者多侵牟，貞勤以率之，弊盡革。長於撫馭，境内桴鼓不鳴。

王徽，字尚文，應天人。天順庚戌進士，授南給事中。憲宗即位，率同列上五事，最後禁近之臣宜遵舊制，使無他與，其言尤備。時閹宦牛玉謫至南京，疏其大罪四，乞置諸法。因斥指執政，謫普安州判官。興學論俗，其習稍變，始有舉於鄉者。弘治初，薦起陝西左參議，致仕。

盧雍，字廷佐，江寧人。天順丁丑進士，爲武庫司主事。都御史王竑北討，奉敕調兵河南，簡閱精鋭，申明軍約，悍帥皆奉命。王竑爲大司馬，戎務必與之商榷，諸營事爲之綜理。出參議福建，諭政和、浦城盜皆散去，復捕賊酋二十餘人誅之，一方以寧。官終湖廣布政。居父喪，結廬墓側，左右忽產五色芝二十本，詔旌其門。

翟瑄，字廷瑞，南太醫院籍。與弟瑛並有才名。瑄舉天順甲申進士，知奉化，有善政。擢御史，巡撫山西，有平賊功。晉左都御史，尋陞刑部尚書。瑛，成化丙戌進士，選庶吉士，改禮科給事中，封事數十，規切時政，上嘉納之。歷太常卿，以病乞歸。瑛事兄甚恭，時稱二翟。

倪岳，字舜咨，尚書謙子。天順甲申進士，授編修。成弘間，歷遷禮部侍郎，定徽號、冠婚、祧祫及奉慈殿禮文制度。晉尚書，疏請開言路、寬賦役、慎刑罰、革淫祠、禁齋醮、止胡僧、却貢獅，經術醇正，議論詳明。轉吏部尚書，奬恬抑躁，銓叙惟允。卒，謚文毅。

黄肅，字敬夫，六合人。成化戊戌進士，累官至廣西按察僉事。部内土官妻謀立其假子，肅倡義立其侄。土官黄紹反，討平之。思恩知府岑濬謀作亂，肅墮其所築丹良城，岑不得逞。晉湖廣兵備副使。正德初，以軍功陞三品。壽八十六，卒。

王敞，字漢英，錦衣衛籍。成化辛丑進士，授刑科給事中。出閱四川諸鎮邊儲還，上便宜六事，其一言建昌礦夫事革，尚爲權家所占，請罷之。孝宗時，使朝鮮，國王出女樂燕之，不聽，其君臣相顧愧嘆。歷轉通政使，陞兵部尚書，以平寧夏功加太子太保。山東及四川盜起，請增設兵備，所用諸將及總制大臣，皆一時之選。寇平，乞休歸。

吴彦華，字汝和，江寧人。成化辛丑進士，歷户部郎，出守荆州。州多水患，築堤二十餘里，户口歲增，田畝加闢。擢四川參政，開瞿塘、三峽古道，人得陸行，無風波患。事聞，劉瑾以功不由己，黜歸。瑾誅，復官浙江布政。

魯昂，字廷瞻，江寧人。成化丁未進士，授兵科給事中。時判院劉文泰誣奏太宰王恕，出執政意，舉朝莫敢訟言，昂獨摘發其奸，天下快之。太監李廣、駙馬都尉齊世恩奪民田，下昂勘問，悉還之民。轉户科都給事，疏文武大臣不法事，忌者益衆。爲太僕少卿楊瑛所誣下獄，鞫訊無驗，謫蒲圻令，投檄歸。尋復職，致仕。

倪阜，字東岡，岳之弟。成化丁未進士，選庶吉士，授都水司主事，陞郎中，轉山東分守參政。時郡邑多盜，阜計擒首惡，餘黨悉降。改守東兖，檄遣勘地，竭力區畫，民賴以安。陞四川布政。卒。

徐完，字用美，江寧人。成化丙戌進士，授監察御史，親老，乞就養南都。時都御史不法，完抗疏劾免之，百僚憚焉。會湖廣讞大辟囚數十人，完覆訊，止坐五人，餘悉駁免。仕至江西按察僉事。

陳鋼，字堅遠，應天人。成化乙酉舉人，授黔陽知縣。鋼性豈弟，通大體，均定徭役，招復流移，興孝弟禮義之教。沅、湘二江合流城下，數决壞民居，鋼募民採石甃堤亘千丈，水乃不溢。縣南三里厓路甚狹，諸軍戍苦之，鋼焚山淬石，拓路丈餘，外繚以索，行者不害。民立祠祀之。

嚴紘，字仲周，江浦人。弘治壬戌進士，知歸安縣。擢陝西道御史，疏劾逆瑾。出守南昌，陞九江兵備，偕王守仁討宸濠有功。歷江西左布政歸。是時縣民困於欽騎馬坍江税，衛人困於月銀，紘白當事，悉祛其弊。

邵清，字士廉，江寧人。端潔好學。弘治壬子舉於鄉，授江西德化教諭，聘典山東試，薦授監察御史，教職擢臺臣自清始。正德初，戚畹張延齡恃恩，奏人負券若干緡，有旨與追。清曰：「御史，朝廷耳目之官，可爲人索私債耶！」奉敕理鹽法，兼管河道，有勞績。逆瑾索清賄不入，矯旨捕搒之。

瑾誅，復御史。遷廣西兵備，乞休。

王弘，字叔毅，廣洋衛人。弘治癸丑進士，授行人。擢南道御史，論列逆瑾罪狀，廷杖爲民。瑾誅，起廣東副使。嘉靖初議大禮，弘不附名，時論韙之。

劉麟，字元瑞，南京廣洋衛人。有文名，弘治丙辰進士。臺諫麗津等以劾外戚張氏驕横下詔獄，麟上疏申救，清議重之。授刑部主事。正德初，出守紹興。劉瑾以麟除官不謁謝，黜爲民。瑾敗，起知西安參政。時遣貴臣督兵餉，擬加賦，麟獨不可，曰：「靖邊本以衛民，可先困乎？」議遂阻，軍興亦不乏。累遷工部尚書，奏裁工部上供十四事，罷遣中官督造於蘇松。璫憾之，勒令致仕。家居三十餘年，卒，謚清惠。

羅鳳，字子文，上元人。弘治丙辰進士，官南道御史，出守兖州。正德中，屬車屢動，傳言將有事泰山，東撫欲額外征取，以備巡幸，鳳不應。被劾，改守鎮遠，復忤巡方，再移石阡，致仕。

姚隆，字原學，上元人。弘治壬戌進士。由新昌令歷陞荆州守。州大水，人附高阜大樹，日夜嗷嗷。隆命駕千艘濟之，以米活者數千人。遠來趁食者，於近境爲粥啖之，活者不可勝計。時取佛中官過郡，從者殺人，隆捕治抵罪，中官恐以奇禍，不爲動。罷歸，民肖像祀之。

李熙，字師文，上元人。弘治丙辰進士，授將樂知縣。擢御史，論駕帖之害，上納之。正德時，逆瑾擅政，熙偕仝官疏列其奸，廷杖落職歸。嘉靖初，起饒州知府，轉浙江副使，以清操著。

梁材，字大用，上元人。弘治己未進士，授德清令，進刑部主事，改山東道御史。出知杭州府，值歲饑，發粟以賑，五日皆遍。尋進按察使，會宸濠變起，浙鎮守中人畢真爲内應，材草檄調官，又自往説真撤兵衛，奸謀遂沮。嘉靖初，歷廣東布政使。不二載，至户部尚書，材感恩，益盡職。值帝勤政，力祛宿弊，每言必從。後以忤權倖致仕。帝念材廉勤，召復故官，命兼掌刑部，讞疑獄俱得其情。上喜曰：「得尚書十二人如材者，朕可無憂矣！」卒，謚端肅。

王暐，字克明，句容人。正德丁丑進士，授吉安推官。從王守仁征宸濠，請禁兵毋妄殺，活數萬人。晉大理寺副。嘉靖初，以争大禮下獄廷杖。後歷江西巡撫。入爲户部侍郎，總督漕運，盡除夙弊，綱運如期。免海州馬課，裁揚州二閘，人尤以爲便。晉尚書，倉場穀率雜泥沙，甃以磚石爲永利。有戚畹以賂請莊田，峻却之，予告歸。

王以旂，字士招，江寧人。正德辛未進士。由知縣擢御史，巡按河南。會宸濠叛，鎮守閹劉璟傳上親征，道出汴，取藏銀四萬備供應，以旂執不予。巡按福建，漳、泉盜起，率兵剿之，月餘平。以終養歸。復起督北畿學，歷兵部侍郎，督治徐吕洪，以通漕運。復汶上、寧陽間水櫃之没於勢豪者，以資蓄泄。晉尚書，總督三邊，敗山丹莊浪寇，破番賊出没境上者，修綏慶城堡四千五百餘所，築蘭州邊墻二百餘里。在鎮六年卒，謚襄敏。

李重，字元任，上元人。正德辛未進士，授户部主事，督賦兩浙。鎮守太監劉璟侵官銀二十萬，欲厚遺重以緘口，重曰：「與其遺我，孰若爲民償所負以足國？」璟憚其嚴，盡以所侵輸官，由是兩浙宿負完百三十餘萬。轉員外郎，擢守德安，宗藩群校不法者，悉寘如法不少貸。爲所搆，鐫職歸。尋起工部郎中，守九江，進江西副使。

顧瑮，字英玉，上元人，璘弟。正德甲戌進士，歷官河南副使。與部使者論事有不可，輒封還移文，同官駭愕，瑮曰：「朝廷置外臺爲耳目，枉法媚人，吾不爲也！」竟以是罷。兄璘通賓客，多雅遊。瑮獨扁其樓曰「寒松」，教授自給。

劉璽，字廷守，南京龍驤衛人。正德間世襲指揮同知，掌諸衛漕糧。江彬以勢索運船之利，力却之。以薦擢參將，協同督運，持廉甚苦，時以「青菜劉」稱之。世宗時，督漕總兵官缺，所司以璽名上，帝曰：「是窮劉也。」即任之。奏疏濬江南河道，折兑山縣糧米，凡上二十餘疏，爲漕政良規。

何鉞，字勳伯，江寧人。正德辛未進士，授行人。奉使楚藩，固辭餽贈，以廉介著。擢浙江道御史，武廟欲毁城中二坊爲演武所，鉞諫止之。力救建言下獄御史張仕隆等，得末減。出按兩浙，終常德知府。

韓邦憲，字子成，高淳人。嘉靖乙未進士，授屯田主事，晋員外郎，丁艱歸。里居，佐有司立丈田法，題蠲賦外浮税米八百餘石，邦人歌之。遷守衢州，有惠政，民建常懷祠祀之。

沈越，字中甫，江寧人。嘉靖壬辰進士。知羅田縣，令民墾污萊地千餘畝，流庸附籍者數百户。移平江，羅田立祠祀之。擢御史，巡按江西，執法峻整，以風力稱，查覈武員冗濫旗役冒替者數千人，疏請落職罷役。嚴嵩意有所不悦，授越指使劾之，越不從。左遷開州判，稍遷德安同知，告歸。杜門撰述，意致簡遠。子朝陽，爲池州教授，著《通鑑紀事前編》《嘉隆聞見記》。

廖文光，字士龍，上元人。嘉靖丁酉舉人，授清江令，政尚廉明。時嚴嵩執政，光擒其横僕置之法。轉廣信同知，有商被盜，幾死，若有神呼之曰：「告廖某。」商隨投告，果獲盜抵罪，民益信服。晋户部員外，陞都水郎，罷歸。

張鐸，留守衛籍。嘉靖辛丑進士，改庶吉士。授監察御史，按遼，規度要害，建諸臺堡，積粟六萬餘斛，貯預備倉以防兵荒。後十年遭大水，疫癘繼作，賴以賑濟，人謳思之。

余光，江寧人。嘉靖壬辰進士，擢御史，巡按廣東。時世宗以安南莫登庸久不貢，將致討，光上疏極諫，言：「黎氏抗中國爲亂魁，今失國，或天假手登庸以報之也，臣已遣官責其修貢。」兵部咎光輕率奪俸，又以忤嚴嵩削籍。

伊敏生，字子蒙，上元人。嘉靖中爲御史，嚴嵩與郭勛相結爲奸，敏生劾嵩所居宅乃勛私人孫澐所居，澐籍没，嵩宅應在籍中。帝怒，奪敏生俸。後官至山東參政。

張祥，字元吉，錦衣衛籍。嘉靖辛丑進士。初令鄢陵，豪右戢迹，桴鼓不鳴。入爲工部虞衡，却暮夜金，商人大户不得營私。陞萊州守，亡命匿諸島者時出剽掠，祥設法禁，咸帖然受約束。移楚雄，郡饒礦井之利，秋毫無染。土官二姓争印，以理决之，無敢譁。遷苑馬寺卿。

朱潤身，字海峰，江寧人。嘉靖壬戌進士，授户部考功，遷雲南僉事。土寇鳳繼祖執張僉事以叛，潤身與巡按御史用間諜，募死士，指示方略，繼祖授首。以被謗左遷，告歸。

朱衣，字正伯，錦衣衛籍。嘉靖甲子舉於鄉，授臨淄令，調房縣。有官堰爲豪强所據，衣理之，鑿石築堤，灌田千餘頃，邑人改名曰「朱公堤」。遷守沅州，治礦徒之亂，下令執鐵者賊、空拳者民，不得妄誅，乃戮其首惡，餘悉貰之。守兵以缺餉鼓譟，衣曰：「迫於饑耳。」先與定期給餉，而衆皆定。

梁楹，字汝直，江寧人。嘉靖丙午舉人，仕至荆府長史。初令鹿邑，遷守眉州。玻璃江勢暴悍善徙，侵齧城址，楹用宋魏文靖《蟇頤堰記》之説，截江築堤百八十丈，導使中流，城乃不危，至今賴之。

王可大，字元簡，上元人。嘉靖癸丑進士，初授刑曹，時相欲陷人重辟，可大執不可。出補瓊州，海剛峰稱其止飲一杯水。轉台州知府，與總兵戚繼光禦倭，俘獲甚衆，世稱廉能吏。曾孫萬禩，少刲股愈親疾，博學能詩善書。

焦瑞，字伯賢，旗守衛①籍。以貢授靈山令。時一條編法已行，邑以僻遠，里甲之供如故，瑞首罷之。地多叢箐，群盜嘯聚其中，推官劉某往剿被執，瑞亟率兵往援，賊驚拜呼父母，遂救推官還。訓練丁壯，用銀爲射的，中輒賞之，諸兵競勸，賊不敢近。邑有牛税，沿爲縣用，瑞一無所取。

姚汝循，字叙卿，江寧人。嘉靖丙辰進士，知杞縣，擢南刑部主事。出守大名，郡故土城，當河流之衝，汝循始甃以磚石。抵勢家子於法，以謗左遷歸。起桂陽同知，遷嘉定州，又以忤張居正罷。留心鄉里利弊，著有《丁糧議》。

黄尚質，字宗商，水軍左衛人。嘉靖戊午舉人，授劍州學正，典試陜西，攝巴縣。妖寇蔡百貫作

① 「旗守衛」，疑爲「旗手衛」之訛。

亂，竭力捍禦，郡賴以安。改峽江令，驛有羨金，歲暮輸縣，尚質令存以減明年額派。訪練子寧遺嗣於斷養，爲立祠，買田俾主其祀。仕至饒州别駕。子應登，字徵甫，以明經授教諭，端廉愛士。歸，賣文養親，有孝行。

司馬泰，字魯瞻，江寧人。嘉靖癸未進士，授湖南御史，按湖廣。嘗疏論給事中陳洸、太監崔文置於理，憲度肅然。又陳留都軍民利害七事，稱切要。出知懷慶、嘉興、濟南，皆有惠政。勘魯府訐奏事，十日而決，特詔獎之。

鄭宣化，字行義。嘉靖乙丑進士，授袁州推官。陞南工部主事，榷關蕪湖，力除奸蠹。再遷武選司郎中，一清軍官襲替、夤緣詐冒之弊。時相出片紙以錦衣某弁掌衛事，宣化執不可，遂出爲邵武守。

吴自新，字伯恒，江寧人。隆慶戊辰進士，授都水主事。擢守杭州，杭俗汰侈，以廉約鎮之，勾檢織府金，歲省數千。遷兵備副使，歷左右布政，皆在浙。勞心疆事，歷年既久，凡民間風尚、吏治臧否，毫不可欺，屬邑晏然。擢河南巡撫，宗藩驕横，自新選其俊彦爲宗學長，皆斤斤奉法。陞南刑部侍郎，卒。

顧國輔，字惟德，上元人。萬〔歷〕〔曆〕甲戌進士。爲刑部郎，讞囚有所矜釋，張居正當國，不允，抱牘争之，居正無以奪。出守襄陽，會久旱，便宜賑濟。中州流民就食者數萬，多方活之，且資給遣歸。晋浙江副使，繩諸將之耄而貪者。調守寶慶，卒。

張後甲，字丁也，江寧人。萬（歷）〔曆〕丁丑進士。授辰州推官，有諸生以事忤豪右，文致傅獄，亟釋之。奸民有手斃其女而誣人大辟者，爲白其寃。陞户部郎中，督御馬草場，監榷清源，司餉雲中，餉政修舉，邊計賴焉。晋四川按察使，時川東有征播之役，客兵所過驛騷，後甲以檄諭之，人人銜枚而過，民不知有兵。

何棟如，字子極，江寧人。萬（歷）〔曆〕戊戌進士，授襄陽推官。值苗亂，遣將立縛之，遂以知兵名。中官檄開青山礦，棟如以顯陵發脉地，繪圖疏奏，事得寢。璫橫襄陽，收其爪牙投諸江。璫復開穀城、宜城礦，與官民爭鬨，棟如治其黨惡。上怒，逮下獄，放還。光宗初，起南職方，加太僕卿。行邊贊畫，又以失貴人意遣戍，後赦歸。

常信，字國賓，興武衛籍。嘉靖末，以書學校士，信爲舉首，以印局使晋撫州府照磨。時花園港有巨盜嘯聚，撫按委信覘之，信詭爲日者服，突入其阻，圖上地形，并所爲芟除建置策甚具。於是擒盜魁十有三人，以幹局稱臨、汝間。

卜履吉，字訥齋，江寧人。萬（歷）〔曆〕戊戌進士，授泉州司理。稅監開礦，壞民廬墓，履吉具疏以聞。先禁黨惡，璫焰稍衰。因與衆約，以千金助其礦稅，使亟出境。累官至福建兵備副使，閩人立祠祀之。

姚履素，字允初，上元人。萬（歷）〔曆〕辛丑進士，歷陞廣東副使，兼督學政。爲海瑞請廕，平抱𨈆羅峒黎賊。乞休歸。時鄉民治門總甲，名坊廂籍，差累甚苦。商之巡撫丁汝夔，分三則榷房號，以寬民力，桑梓德之。

程國祥，字我旋，上元人。起家寒素，受知於焦太史竑。第萬（歷）〔曆〕甲辰進士，知確山縣，調光山，聽斷明决。歷陞考功郎中，掌計典，公慎不阿。爲群小所嫉，上爲黜言者，有「清望素著」之褒。國祥歷任卿累遷南總督倉場侍郎，勤於其職，倉務皆親莅焉。晋禮部尚書，拜東閣大學士，尋致仕。

賈必選，字徙南，上元人。萬（歷）〔曆〕己酉舉人，户部主事，筦西新倉。時巨璫總部務，其黨分相，布蔬不異諸生，時步行里巷間，一蒼頭自隨而已。身没之後，妻子冬日猶葛帔也。伺六倉，必選清正，盡黜陋規，璫不得逞。疏辨倪嘉慶之冤，謫外。陞南工部虞衡司，以外艱歸，即不出。

孔貞時，字中甫，句容人。萬（歷）〔曆〕癸丑進士，選庶吉士，授檢討、起居注，與弟貞運編纂六曹章奏，有足兵足餉諸議，時皆服其精當。光宗、熹宗相繼即位，一時詔令表册謚議之文，政府多委之。貞時以積勞成疾，卒。子尚豫，能文章，熟當世之務，著有《詒書堂類稿》。

蔡屏周，號二白。萬（歷）〔曆〕乙卯舉人，授浮梁令。時江省爲魏璫建生祠，撫軍檄使至浮梁，屏周毁裂其移文，幾及禍。陞開封府通判，練鄉兵剿寇有功。後以兵部職方行邊，出守雲中。

沈向，字德一。萬（歷）〔曆〕乙卯舉人，任巫山令。時流賊圍城月餘，向率衆堅守，賊引去。擢御史巡漕，向本衛籍，夙知漕弊，列十八款揭通衢，衛弁懾服。

孫拱辰，字子極，六合人。萬（歷）〔曆〕乙卯舉人，授撫州推官，丈量樂安田地，清釐隱占，不阿權要。移守臨清，時稅璫煽惡，惑方士言，鬻嬰兒爲藥餌，辰揭治其罪。歲大祲，設法賑濟，全活甚衆，爲山東循良第一。子國敉，以貢授中書。

孔貞運，字開仲。貞時弟。萬（歷）〔曆〕己未廷試第二人，授編修，與兄並列詞館。崇（正）〔禎〕初，歷國子監祭酒。幸太學，賜坐彝倫堂，進講《尚書》，詳明剴切，條上監規六事。遷南禮部右侍郎，釐舊典，毀淫祠，疏請清刑簡政。轉左侍郎，召爲北吏部左侍郎。九年，進禮部尚書，兼文淵閣大學士，首疏請清言路、峻廉耻、破方隅、止搜括，優旨褒納，加太子太保，致仕。

韓一光，字季孚，高淳人。由進士授行人，奉詔册封，謝絶餽遺。擢河南道御史，伉直有聲，御書其名於屏。巡按四川，力禁投獻，嚴革鋪役。按邛州之獄，開釋諸生數十人。歷陞山東副使，告歸。

常延齡，字喬若。開平王十四世孫，襲侯封。遇事敢言，前後陳利病凡十餘疏，皆切中時弊。科臣姜埰、行人熊應霖以劾首輔下獄，延齡疏請釋二臣，而以文彦博救唐介爲輔臣勸，朝論韙之。

倪嘉慶，字雋之，江寧人。天啓壬戌進士，官户曹。時議減驛站，嘉慶執奏，謂：「遊手强悍之徒，不爲兵、不爲盜者，皆賴此以存活，裁之適足爲患。」樞部楊嗣昌以增兵請加餉，嘉慶曰：「今日之患不在兵少，而在餉多，餉多則農病，農病則民貧，民貧則鋌而走險者益衆。不若簡練士卒，減餉裕民，以消盜源。」嗣昌銜之，被誣繫獄七年。既釋，臺省交薦，起户科給事中。

王芝瑞，字鍾淑，京衛人。明季由進士授行人，轉禮部郎。有郡藩當降授將軍，行賄請襲王封，芝瑞却之。政府爲之言，終不可。真人張某留京，恩給居第，因求魏璫故宅，芝瑞曰：「宅故賜額以待有功，張某何功哉？」格不與。時相將補芝瑞銓部，力辭，出爲四川提學僉事，歸。

吴嘉貞，字源長，江浦人。明季以進士授户部郎，筦通州倉，議捐舊逋一千一百三十萬有奇，開復降革守令千餘人，大農疏上皆得請。陞泉州參議，釋誣縶，革私税。境多盜，撫剿並用。遷粵西，以病歸。

國朝

李敬，字聖一，六合人。祖雲鵠，有隱德，嘗還遺金。有以逋糧鬻女者，代完逋，以全其女。父在公，丙辰武進士，有材略。敬中順治丁亥進士，授行人，考選廣西道御史，多所建白。出按湖廣，請免租税，改折黄絹，犒師必身至行間。征賊有功，歷陞刑部侍郎。

胥庭清，字永公，上元人。順治丁亥進士，知餘姚縣。時餘寇未靖，庭清單騎入山撫之，四境以寧。擢工部主事，榷龍江關，盡却羨餘。家居兄弟子姓百口共爨，時稱其孝友。

蔡祖庚，字小白，上元人。順治己丑進士，授甘泉令，以政最陞户部郎，歷守太原、真定二府，遷河南副使，補任廣西。居官以息事寧人爲務，尤留意人才。

徐必遠，字致公，江寧人。順治己丑進士，授秘書院檢討。疏陳聖學淵源，又請譯《大學衍義》進講，奉旨俞允。出爲河南副使，管河道。性敏决，持策多出人上。每秋冬開濬修築某所，衆初不喻，既而卒賴以無敗事。守職公廉，嚴於估計調發，歲費省而工力完固。遷分守桂平道，以奏銷案被株累左遷，遂歸。子時成，舉人；時盛，選貢。

湯聘，江寧人。順治辛丑進士。知平山縣，招撫流庸，清丈板荒田，請於上官，蠲其賦，判决疑獄，民驚爲神。大旱，步禱林山中，以暍致疾，卒。

江南通志卷一百四十

人物志

宦績　二

蘇州一府

蘇州府

漢

朱買臣，字翁子，吴人。家貧，好讀書，嘗刈薪樵賣以給食。隨上計吏至長安，邑子嚴助方貴幸，薦之，召見，説《春秋》《楚辭》，武帝甚悦之，拜中大夫。時東越數反覆，拜買臣會稽太守。到郡，治樓船，備糧食、水戰具，與横海將軍韓説等俱擊破東越，有功。徵入爲主爵都尉。子山拊，官至右扶風。

三國

顧邵，字孝則，吴人，丞相雍子。少與舅陸績齊名，孫權妻以兄女。爲豫章太守，舉善以教，風化大行。平日留心下士，世稱知人。子譚，字子默。赤烏中爲左節度，每省簿書，未嘗下籌，屈指心計，盡發疑謬。代薛綜爲選曹尚書。及祖父雍卒數月，代雍平尚書事。

張温，字（慧）〔惠〕恕，吴人。父允，以輕財重士，名顯州郡，爲孫權東曹掾，卒。温少修節操，權問公卿曰：「温當今誰比？」顧雍曰：「温今無輩。」徵拜議郎、選曹尚書。以輔義中郎將使蜀，蜀甚貴其才。權嫌温聲名大盛，以引暨艷事斥還本郡，卒。温二弟祗、白，亦有才名。

晋

吾彦，字士則，吴人。出自寒微，有文武才。初以小將事陸抗，抗奇其勇略，擢用之，遷建平太守。時王濬將伐吴，造船於蜀。彦覺之，輒爲鐵鎖横斷江路。晋師攻之不能克，乃退舍禮之。吴亡，始歸晋，爲交州刺史二十餘年，威恩宣著，南州寧靖。

顧榮，字彦先，吴人，雍孫，宜都太守裕子。榮弱冠仕吴，吴平，與陸機兄弟同入洛，時號「三俊」。歷官成都王穎從事中郎。避亂還吴，值陳敏反，假榮右將軍、丹陽内史。榮起兵攻敏，敏率萬餘人出，榮以羽扇揮之，皆潰。元帝鎮江東，以榮爲軍司，加散騎常侍，禮遇甚重，謀畫皆諮焉。卒，謚曰元。

顧和，字君孝，榮族子。幼有清操，王導嘗謂和曰：「卿不獨東南之美，實爲海内之俊。」導爲揚州，請爲别駕，累遷中丞僕射，居任多所獻納，雖權臣不苟阿撓。拜尚書令。卒，謚曰穆。

南北朝　宋

顧覬之，字偉仁，吴人。令山陰，理繁以約，縣用無事。歷湘州刺史，善於涖民，治甚有績。累官吏部尚書，出爲吴郡太守。時戴法興權傾人主，覬之未嘗降意。心迹清全，嘗以其意命弟子愿著《定命論》。泰始三年，加左將軍、散騎常侍，復爲湘州刺史，卒，謚曰簡子。

陸徽，字休猷，吴人。爲建康令，清平無私。除廣州刺史，士庶愛詠。歷都督寧益二州諸軍事、益州刺史，威惠兼著。卒於官，家無餘財。文帝惜之，謚曰簡子。

張裕，字茂度，吴人。初爲何無忌參軍，累遷揚州别駕。武帝伐劉毅，關洛皆居守，留任州事。出爲廣州刺史，綏静百越，嶺外安之。元嘉中，除會稽太守，職事甚理。尋卒官，謚恭子。子演、鏡、永、辯、岱，俱知名，時謂之「張氏五龍」。

張邵，字茂宗，裕弟。歷太尉參軍。武帝以邵勤練憂公，補揚州主簿。邵悉心政事，精力絶人，以佐命功封臨沮伯，除湘州刺史，轉雍州。至襄陽，築圍立堰，創田數千頃，公私充給。後爲吴興太守。卒，謚曰簡。

張暢，字少微，邵兄，郎中令禕子。孝武鎮彭城，暢爲長史。元嘉中，魏太武南侵江夏，王義恭統諸軍出鎮彭城。魏師已逼，義恭欲棄鎮南歸，僚佐或議欲直趨歷城，或欲席卷奔鬱洲，自海道還都，惟暢力持不可輕動。孝武曰：「張長史言不可易也。」義恭乃止。暢登城與魏尚書李孝伯往復千言，吐屬如流，音韻詳雅，風儀華潤，魏人相視歎息。魏師攻彭城南門，暢躬自前戰，身先士卒，魏太武遂北還。歷侍中、會稽太守。卒，謚曰宣。

顧琛，字弘瑋，和曾孫。謹確不尚浮華。孝建初爲吴郡太守，以起義功封永新侯。竟陵王誕據廣陵，遣陸延稔齎書授琛及二子寶素、寶先官，琛執延稔斬之，遣二子送其首。世祖嘉之。終員外常侍、中散大夫。

齊

張岱，字景山，裕少子。州辟從事，歷三府諮議，與典籤主帥共事，事舉而情得。嘗言：「我爲政端平，待物以禮，悔吝之事，無由而及。」元徽中，爲益州刺史，數年，益土安其政。遷侍中、吏部尚書。齊武帝時，爲吴興太守，吏以寬恕著名。卒，謚貞子。

顧憲之，字士思，覬之孫。性清直。宋元徽中爲建康令，甚得人和，都下飲旨酒，輒稱爲「顧建康」，謂其清且醇也。仕齊爲衡陽内史，刺史王奂嘆曰：「顧衡陽之化至矣。若九郡率然，吾將何事！」永元初，爲豫章太守。憲之雖累經宰郡，資無儋石，及歸環堵，不免飢寒。

陸慧曉，字叔明，吴人。清介正立。齊武帝爲子廬陵王擇天下第一人爲行事，乃使慧曉爲長史，行南豫州事。帝問何以輔持廬陵，慧曉以静儉對。凡歷輔五政，治身清肅，遇僚佐必以禮，終南兖州刺史。三子任、倸、倕，並有美名，時謂之「三陸」。

梁

陸杲，字明霞，徽孫。少好學，與舅張融齊名。梁天監中，位御史中丞，婞直，無所顧望。嘗以公事彈領軍將軍張稷，杲從舅也。出爲義興太守，以寬惠稱。卒，謚簡子。

張充，字延符，吴人，國子祭酒緒子。仕齊歷義興太守，爲政清静。入梁，爲吏部尚書，居選以平允稱。終吴郡太守。謚穆子。

唐

陸元方，字希仲，吴人，陳黄門侍郎琛曾孫。舉八科皆中。武后時，累官鸞臺侍郎、同平章事。嘗以薦引親黨免官，令白衣領職，元方薦人如初，曰：「舉臣所知，不暇問仇黨。」尋復相。元方素清慎，后每進退群臣，必先訪問，外秘莫知。臨終，悉焚其奏稿。

陸象先，元方子。舉制科高第。景雲中，歷遷中書侍郎、同中書門下。性恬静寡欲，議論高簡，爲時所推。不附太平公主，(元)〔玄〕宗曰：「歲寒然後知松柏之後凋。」罷爲劍南按察使，爲政尚仁恕。卒，謚文貞。始，象先名景初，睿宗曰：「子能紹先德，是謂象賢者。」乃賜名。弟景倩、景融。景倩爲扶溝丞，按察使覆州縣殿最，以景倩爲真清，終監察御史。景融，亦知名。

歸崇敬，字正禮，吴人。擢明經。遭父喪，以孝聞。天寶中，舉博通墳典科第一，歷主客員外郎。代宗幸陝，召問得失，極陳生民疲敝，當以儉化天下。大(歷)〔曆〕中奉使新羅，及還，囊橐惟衾衣，海外傳其清德。後以兵部尚書致仕。卒，謚曰宣。

歸登，字冲之，崇敬子。事繼母篤孝。舉孝廉，又策賢良。貞元初爲右拾遺。裴延齡得幸，右補闕熊執易疏論之，以示登，登曰：「願竄吾名。雷霆之下，君難獨處！」同列有所諫正，輒聯署，無所回諱。憲宗問政所先，登知帝睿而果於斷，勸順納諫諍，内外傳爲讜言。累遷工部尚書。卒，謚曰憲。子融，字章之，開成初拜御史中丞。湖南觀察使盧周仁違詔進羡錢鉅萬，融劾之，請以所進代貧民租。終兵部尚書。

陸璪，字仲采，吴人，太子詹事餘慶子。舉明經，仕以清幹稱。歷洛陽令，摧勒姦豪，人不敢犯。累遷西河太守。從子長源，字泳之，有清譽。貞元中，由汝州刺史徙宣武行軍司馬，去汝日，送車二乘，曰「吾祖罷魏州，有車一乘，而圖書半之，吾愧不及先人」云。

顧少連，字夷仲，吴人。父望，有隱德。少連擢第，後又舉書判拔萃。德宗朝，累遷翰林學士、中書舍人，以謹密稱。歷吏部侍郎。嫉裴延齡之姦，嘗與會飲，挺笏欲擊之，會解而止。改京兆尹，政尚寬簡。遷吏部尚書，徙兵部、東都留守，表禁苑及汝州閑田募耕以便民。卒，謚曰敬。

沈傳師，字子言，吴人，禮部員外郎既濟子。貞元末舉進士，累拜尚書右丞，湖南、江西觀察使，徙宣州。傳師吏治嚴明，人不敢罔，所莅以廉静聞。入爲吏部侍郎。太和初，卒。性沖粹無競，更二鎮無書賄入權家，及殁，鬻宅以葬。子詢，字誠之，咸通中歷昭義節度使，政尚簡易，人皆便安。

陸亘，字景山，吴人。元和初，策制科中第，補萬年丞，累遷太常少卿，歷兖、蔡、虢、蘇四州刺史，浙東觀察使，徙宣歙。亘文明嚴重，所至以善政稱。

宋

謝濤，字濟之。其先富陽人，父崇禮，爲中吴軍節度推官，始家於蘇。濤祥符八年登第，爲梓州判官。李順反成都，有守禦功，累遷著作郎，通判壽州，知興國軍。以治行選擢太常博士，歷侍御史、知雜事，清静端介，終太子賓客。

鄭戬，字天休，吴人。天聖三年進士，以右正言知制誥，訓詞深雅。知開封府，政有能迹。歷拜樞密副使，出知杭州，浚治西湖，民賴其利。代范仲淹爲陝西四路都總管，兼經略安撫招討使，夏人懾服。累遷奉國軍節度使。卒，謚文肅。孫時，舉進士，改秩知當塗縣，以寬厚稱。

葉清臣，字道卿，長洲人。天聖三年，舉進士甲科。景祐中，直史館。京師地震，疏請詳延忠直敢言之士，由是以言獲譴，范仲淹、余靖等皆得遷徙。出爲兩浙運使，疏水利民。歷知永興軍，浚三白渠，溉田逾六千頃。以侍讀學士知河陽，卒。清臣爲人爽邁，遇事敢言，數陳世務，皆可施行。

范師道，字貫之，吴人，參知政事仲淹從子。父琪字希世，以進士仕至郎官。師道舉天聖甲科，擢侍御史，累遷三司副史，直龍圖閣，知福州、明州。居官厲風操，有聞即言，請罷内降恩澤。又言諸閤多遷擢，恐内寵因緣以害政。又請士大夫終葬始得從仕，擇知典故近臣以任禮樂之官。凡《奏議》二十卷，皆經國大務。嘗爲《唐詩史》，著君臣治忽之迹，藏之秘閣。子世京、世亮，皆進士。世京居父喪以孝聞，以著作郎知海鹽縣，終秘書丞。

程師孟，字公闢，吴人。景祐初舉進士甲科，累遷提點夔路刑獄。歲凶，以常平粟賑民，不足，即矯發他儲不俟報，全活四十餘萬。歷知楚，遂、洪、福、廣、越、青州。爲政簡而嚴，發隱摘伏如神，所部肅然。

徐師閔，字聖徒。其先建安人，父奭官蘇，遂爲郡人。熙寧末，自司農少卿出知袁州。修武備，嚴號令，劇賊詹遇不敢犯境。爲治鎮静有惠愛，吏民生爲立祠。子鑄，字元鈞，年少入官，有能名，所至課嘗居最。政和初，提舉兩浙常平，修松江石隄，闢常熟水田。歷知杭、廣、揚三州。

范純禮，字彝叟，仲淹第三子。以父蔭爲秘書省正字。元祐中累遷給事中，凡所封駁，正名分紀綱，皆國體之大者。徽宗立，知開封府（丞）①，前尹深刻之後，一切以寬濟之。歷拜尚書右丞，疏

① 據《宋史》卷三一四本傳删。

言：「今朝廷議論之臣，皆是元豐而非元祐，豈恤國事？直以快私憤而售其奸，不可不察。」純禮沉毅剛正，以左朝議大夫奉祠，卒。紹興初，追謚忠獻。

范純粹，字德孺，純禮弟。以蔭歷京東轉運使，盡革前使吳居厚苛政。時蘇軾自登州召還，純粹與同建募役之議，軾服其精詳。復代兄純仁知慶州，修明戰守救援舊制。及夏人侵涇原，純粹遣將疾馳赴援，擊退其軍。入爲户部侍郎，以徽猷閣待制致仕，卒。純粹沉毅有幹略，爲帥恩威兼用，邊人畏服。

鄭景平，字希尹，郡人。熙寧三年，與父仲同登第。爲人剛正不詭隨，莅官有廉聲。請老，後復起知饒州，未久即歸。時朱勔用事，士大夫多俛節從之，獨景平終始不見。

李彌遜，字似之，吴人。父撰字子約，以進士仕至朝議大夫，介特有守。彌遜登第，累遷起居郎，以封事剴切謫官。靖康二年，以江東運判平建康牙校周德之亂。紹興中，復爲起居郎，論事如初，試户部侍郎。秦檜主和議，彌遜切諫。檜以政府虚員動之，争愈力，乞歸，卒。朝廷思其忠節，詔復敷文閣待制。

李彌大，字似矩，彌遜弟。崇寧中登第。靖康初，自刑部尚書詔除河東宣撫副使。俄罷，知陝州。河東偏將李彦仙來謁，彌大壯之，留戍殽、澠間以遏敵，後彦仙果奏捷於陝。彌大尋率衆赴大元帥府。紹興中，歷官工部尚書。

葉夢得，字少藴，吴人。少嗜學，登進士第，累官翰林學士，知潁昌府。李彦括公田，以黠吏告訐，籍舞陽民田數千頃。夢得上其事，捕吏治之，民大悦。紹興八年，除江東安撫制置大使。金兵至拓皋，夢得據守江津，使不得渡而去。兼總四路漕計，給諸大將餉，軍用既足，皆力戰退敵。移福建安撫使，殄平海寇。拜崇信軍節度使，致仕，卒。

徐林，字稚山，蘇人。少有特操，中進士第，與王黼有連，不肯附麗。紹興中，以趙鼎薦，歷太府少卿。忤秦檜，出爲江西轉運副使。又以劾檜親黨，謫居興化。隆興初，爲吏部侍郎，以論事不合，奉祠歸。湯思退薦爲給事中，累辭不赴。終龍圖閣學士。子葳，字子禮，舉進士，乾道初知江陰軍，興水利，有治績。歷官提舉浙東常平。

王葆，字彦光，昆山人。弱冠通諸經，舉宣和六年進士。紹興中，累遷考功御史。秦檜專政，百司莫敢可否事，葆獨伸滯直枉，當官不避。出知廣德軍，移守漢、瀘二州，皆著政績。歷浙東提刑，丐祠歸。葆學行深醇，尤精鑒裁，每賞識士於未遇時，後多爲名臣。

范成大，字致能，吴人。登紹興進士第。乾道中，官禮部員外郎，兼崇政殿説書，以文學材氣爲上所知。及奉使金國，力正受書之禮，詞氣慷慨不辱命。上知其忠勁，益有意大用，除中書舍人。奏繳張説除簽書之命，累遷參知政事。卒，謚文穆。成大歷鎮静江、成都、建康，興利除害，去思遺愛，所在歌舞。爲文贍麗清逸，尤工於詩。

胡元質，字長文，長洲人。父珣，以行義著。元質舉進士，光宗時歷遷給事中。嘗論人主言動不可不謹，至累百言，帝書之座右，恩眷特厚。紹熙中，除四川制置使、知成都，奏減蜀鹽虚額錢五萬餘貫。又奏沿邊諸州軍事，皆切中要害。卒，謚獻惠。

黄由，字子由，長洲人。淳熙八年廷對，論内侍甘昇與曾覿、王抃相結，招權納賄，擢第一。吴自設科來，由始冠多士。累遷將作監、嘉王府贊讀。紹熙五年，孝宗疾，光宗不能問安，人情疑懼。由請嘉王過重華宫問安，孝宗爲之感動。慶元初，有請斥僞學之黨者，由執奏不可。終刑部尚書。

衛涇，字清叔，昆山人。淳熙十一年，舉進士第一，累遷著作郎。紹熙二年正月，震雷電，大雪繼作，涇言皆陰勝陽之證，意指李后及諸佞倖。慶元間，論壽皇孝養禮曠，宜積誠意以得太上歡心。嘗請誅韓侂胄，論罷陳自强。歷拜參知政事。卒，謚文節。涇歷事三朝，出入内外，憂國忘家，始終如一。

冷世光，字賓王，常熟人。與弟世修、世南同入太學，時稱「三冷」。舉紹興進士。淳熙中，歷遷殿中侍御史，條奏忠切，彈劾無所避，人謂之「冷面御史」。世修，字良器，與兄同登第，仕至朝奉大夫。

王介，字元石，郡人。由進士授昭慶軍簽判。光宗時，入爲學官，疏請駕覲重華宫。寧宗即位，韓侂胄用御筆罷諫官，介力攻之。開禧中，爲尚書度支郎，首陳用兵之禍。後累遷中書舍人，會不雨，請册免宰相史彌遠。歷知慶元府。卒，謚忠簡。介初學於吕祖謙，故文學有原委。子埜，字子文，工詩，書效歐陽詢。以父蔭補官，復登第，歷僉書樞密院事。以不阿丁大全，罷歸。

麋溧，字子長，蘇人，左司郎中師旦子。以父郊恩授如皋尉，復舉慶元進士。嘉定末，累遷監察御史。理宗即位，除右正言。立朝剛正，先後封事彈章數十上，人稱其有仁者之勇、大臣之節。以秘閣修撰致仕。子登，字伯升，由進士歷知安慶府。弇，字仲昭，以蔭官提舉江西常平，並有治績。

李韶，字元善，彌遜曾孫。父文饒，台州司理參軍，多陰德。韶嘉定中與兄寧同舉進士，累遷右正言。疏請起魏了翁以台輔，再疏劾内侍陳洵益、女冠吴知古，帝怒。韶還笏乞歸，不獲，復乞外，由起居舍人出知漳州，號稱廉平。嘉熙間，召赴闕論事，復數十上，擢翰林學士，奉祠歸，卒。韶平粹簡淡，門無雜賓。

元

干文傳，字壽道，吴人。登延祐進士乙科，授同知昌國州事。州居海島，民多頑獷，文傳柔以恩信，俗爲大變。歷遷烏程、長洲縣尹，婺源、吴江知州，皆有善政。擢集賢待制，與修《宋史》，供職勤恪。三史成，以禮部尚書致仕。

明

滕德懋，字思勉，吴縣人。元季辟帥府參謀，討方國珍。及國珍降，留撫台州，台人德之。太祖徵授中書行省掾，歷官户部尚書。德懋才辯豪爽，器量弘偉，長於奏疏。

盧熙，字公暨，昆山人，兗州知府熊弟。博學工書。洪武初，以薦授睢州同知，尋行知府事。御史奉詔清軍，欲按舊籍勾民充伍，熙止以常隸尺籍數人畀之。御史怒，熙曰：「州軍籍止此，迫之，民且散。」竟不能奪。後卒官，吏民挽哭者千餘。子充耜，有學行，嘗以能書薦云。

俞貞木，字有立，長洲人，名儒琰孫。洪武初，以薦知樂昌縣，改都昌，以禮化民，清節尤著。門人吴縣袁政，字文理，永樂中由薦授湘陰典史，有政績。夏原吉薦其才，遷知遂安縣。

吕昭，字克明，昆山人。洪武中，以薦授徐州訓導，改浦城縣丞。永樂中，以治行遷知沁州，赴任過徐，天寒尚未挾纊，故所授經弟子共買裘衣之。子旦既舉進士，昭遺書勵以清節。後旦仕終建昌推官，亦稱廉吏。時同縣有三廉宧之目，謂昭及漢陽知府章廉、中府都事朱顯也。

王英，字俊伯，昆山人。洪武初，由太學選授御史。以身許國，上特命署都御史事，大書「敦厚王英」四字揭諸殿柱。永樂初，歷陝西按察使，以簡静稱。又吴縣張勖，字勉夫，永樂丁酉舉人，官御史，言事激切。終廣西僉事。

陳祚，字永錫，吴縣人。永樂己丑進士，官河南參議，以言事謫佃太和。宣德初擢御史，疏請頻御經筵，講説《大學衍義》。或摘其語激上怒，逮繫詔獄。正統初復官，出按湖廣。歷福建僉事，致仕。（元）〔玄〕①孫鑾，字子兼，嘉靖戊戌進士，歷河南副使，峻却屬吏餽鍰。轉雲南，釋武定亂民之脅從者。

① 據《四庫》本改。

陳鎰，字有戒，吴縣人。永樂壬辰進士。宣德末，累遷右副都御史，鎮守陜西。正統六年代還，尋仍出鎮，進右都御史。十年，入理院事，進左都御史。景泰二年，陜西旱饑，朝廷從陜人請，復遣鎰莅鎮，軍民大悦。鎰寬厚清慎，先後在陜十餘年，陜人愛戴，呼爲「黑髯慈父」，家繪其像，事之如神。還朝逾年致仕。卒，謚僖敏。裔孫太學生震，有學行。諸生世治、工文翰，並知名於時。

劉璉，字廷璉，昆山人。永樂壬辰進士。洪熙初，歷官參贊宣府軍務。宣德中，兼督邊儲，尋以户部侍郎兼巡撫，累降敕褒奬。景泰初，卒官。璉公勤廉慎，久鎮邊陲，聲績甚偉。

俞士悦，字士朝，長洲人。永樂甲辰進士，自湖廣副使遷浙江參政，所莅著丰采。又城乍、澉二浦以備倭。正統己巳，都城戒嚴，士悦以右都御史督軍分守，晝夜籌畫，不釋甲胄。事平，進刑部尚書。後謫戍，赦還復官。

魚侃，字希直，常熟人。永樂甲辰進士。以刑部郎督漕清河，置卒撩淺，運道無滯。知開封府，斷决明允。日進菘菜、脱粟，人比之包孝肅。同縣錢昕，正統己丑進士，歷湖廣布政，清節與侃齊名。

虞祥，字仲貞，昆山人。永樂中舉人，授金華府學訓導，歷兵部侍郎，卒。爲人謹飭，達大體。自校官①入諫垣，及以大臣巡視畿甸，所在著聲。孫臣，累官四川參議，清慎有家風。

范希正，字以貞，吴縣人。宣德三年，舉賢良方正。授曹縣知縣，爲奸吏所誣坐逮，曹民八百餘

① 「校官」，《四庫》本作「教官」。

人詣京，白希正廉能被誣，帝釋之，使還縣。正統十年，山東饑，惟曹以希正先積粟得無患。大理寺丞張驥賑山東，聞之，因請升曹縣爲州，而以希正爲知州，從之。希正治曹二十二年，得民最久。

徐有貞，字元武，初名珵，字元玉，吴縣人。宣德癸丑進士，選庶吉士。歷諭德，始奏改名。景泰四年，河決張秋，擢僉都御史往治之，建置水門、開支河、濬運河三策。功成，人稱其才，遷左副都御史。天順改元，以迎復功進華蓋殿大學士，封武功伯。尋謫戍金齒，後放歸，卒。有貞博學多能，詩文皆偉麗。

練綱，字從道，長洲人。祖則成，爲御史，有聲。綱領宣德乙卯鄉薦。正統己巳之變，上中興八策。以薦擢御史，按淮陽鹽政，駙馬都尉趙輝侵利，劾奏之。又糾吏部尚書何文淵、侍郎項文曜典選不公。人多其侃直，有「練綱口」之號。後按福建，與監司互訐，謫判邠州，卒。

仰瞻，字宗泰，長洲人。正統間，由貢累官大理丞。時王振用事，百官多奔走其門，獨瞻與大理卿薛瑄不往。尋以辨冤獄事忤振，謫戍大同。振敗，復起，執法愈堅。終大理少卿。

龔理，字彦文，昆山人。正統丙辰進士。官工部郎，以廉幹聞。會河決張秋，廷議推理佐徐有貞治之，景帝曰：「是不要錢龔郎中乎？」遂擢山東左布政，督河工。理置八閘，作九堰，築大洪口，甚著勞績。後以疾歸，行李蕭然，清節益顯①。

① 「顯」，《四庫》本作「著」。

顧�,字明德,吳縣人,進士巽子。正統丙辰進士。以御史理長蘆鹺政,盡革宿弊。復按山東,自監司以下諸吏有不職者,皆劾退之不少徇。都御史王文以得巡方體,移文諸御史,當以暟爲法。後平贛州長河洞巨盜。

張和,字節之,昆山人。正統己未進士,授南京刑部主事,歷浙江提學副使。儀範肅然,待諸生有恩義。殁後,浙士數百人賻哭,哀之如父。

張穆,字敬之,昆山人。宣德乙卯舉人,以兄和未預鄉薦,不赴公車。及正統戊午,和亦舉於鄉,己未同登進士。授工部主事,歷擢山東副使。表伯夷、閔損、孔融、狄仁傑墓,訪孫復、石介之後,給以衣廩,東士服其風化。後自浙江參政歸,無以自給,門人故吏爲買田松江以老焉。

祝顥,字惟清,長洲人。正統己未進士。授給事中,建白務持大體。景泰間,歷遷山西參政。時邊警屢告,公私困竭,顥規畫周密,倉儲充足。汾州有妖人作亂,顥已馳獲十六人,而妄扳及千人,顥欲簡釋,三司難之,顥竟具實奏聞,後罷歸。顥吏材精敏,兼工詩文。

朱驥,字漢房,常熟人。正統壬戌進士。天順中官御史,有風裁。時閣臣李賢柄政,尚書金濂依附之,驥劾濂,語并侵賢,時人語曰「朱驥手,練綱口」。終廣西參議。

吳淳,字厚伯,常熟人,都御史訥子。正統戊辰進士。擢御史,以清謹聞。子堂,字子升,弘治壬戌進士,亦官御史,抗論宸濠不法。監陸完、毛鋭軍,有殲流寇功。

孫瓊,字蘊章,昆山人。正統戊辰進士。天順中歷刑部郎中,時錦衣門達羅織人罪,法司承望風旨，刑多枉濫，惟瓊多所平反。太監牛玉假子犯法，屬瓊寬之，瓊執法不少徇。積爲權貴所忌，謫戍遼東。成化初復官，致仕。葉文莊盛嘗云：「鄉里作官，前輩當法吴丈，後輩當法藴章。」吴丈謂吴凱也，字相虞，宣德中官部曹，有治劇才。家居四十年，以禮自律，風儀嚴峻。

葉盛，字與中，昆山人。正統乙丑進士，授兵科給事中。土木之變，盛疏請先正扈從失律諸將罪。及寇迫都城，三日間章奏七上，皆中機宜。寇退，進都給事中。出安集陳州流民，還奏畿輔旱蝗，請加寬恤。以才擢山西右參政，協贊大帥軍務，復獨石等四城。大興屯田，擿戍卒之不任戰者，給牛種耕之，軍用以給。天順二年，巡撫兩廣，屢破賊砦。移鎮宣府，修復屯堡七百餘所，邊塞益寧。入爲吏部左侍郎。卒，謚文莊。

章格，字韶鳳，常熟人。父珪字孟瑞，正統中官御史，有直聲。格舉景泰辛未進士，歷廣東按察副使，巡視海道。時琉球使臣以貨轉販他境，遭風漂至香山，守臣欲盡戮之以爲功，格爲奏辯，還其資而遣之。遷雲南按察使，撫綏得宜，邊徼畏服。終大理寺卿。弟律，字鳴鳳，由進士歷廣西布政，平荔浦獞賊，終南副都御史。

陸昶，字孟昭，常熟人。工詩文。景泰辛未進士，歷福建參政。先通番商舶肆掠海上，莫能捕治。昶練兵發艦，迹其所在，悉擒戮之，海濱獲安。其他築隄防、實倉庾、除宿蠹，具有方略，閩人德之。

盛昶，字允高，吴江人。景泰辛未進士。授御史，清山東馬政，奏蠲被災逋賦。復按廣東，單騎諭降瀧水諸賊。後以言事謫古田典史。遷知羅江縣，教民鑿池一千二百餘所，自是旱不爲害。終敘州知府。

程宗，字文伊，常熟人。景泰辛未進士，知吉安府。吉安素多舞文奸胥，宗手自裁牒書之，奸無所容。累擢副都御史，巡撫陝西，率兵擊退洮川西番、潘松諸寇。又奉璽書宣諭木邦、孟密争地仇殺二酋，皆俯聽約束，而西南無事。詔褒其績，以南工部尚書致仕。

尤淳，字公厚，長洲人，參議安禮孫。景泰癸酉舉人，知鉛山縣，調永年，雪冤獄，以廉慎稱。净慧寺僧戕人惑衆，捕置之法，燔其寺。後以抗直去官。子樾，字宗陽，正德戊辰進士，歷太僕〔寺〕①卿，人稱其才守。族人錫類，字孝徵，萬（歷）〔曆〕庚辰進士，知真定府，著廉直聲。後預平播功，終雲南布政。

劉瀚，字約之，長洲人。天順丁丑進士。歷大理知府，鋤强綏弱，民安其政。即遷按察使，精法比，持憲體。尋致仕歸。同縣張翥，字汝振，與瀚同登第，知南昌府，理冤獄，捕大猾，折服中貴之乘傳横索者。仕亦終滇臬。

陳易，字一元，常熟人。天順壬午舉人。除建昌推官，雪平民爲盜誣引者五十餘人。遷黄州府同知，冢宰王恕知其清節，將峻擢之，以母老乞歸。

① 據《四庫》本補。

李傑，字世賢，常熟人。成化丙戌進士。入翰林，累官禮部尚書，高簡自重，爲正論所歸。上邊務六條，時稱碩畫。以忤劉瑾致仕。爲文清醇有法。卒，謚文安。

胡琮，字文德，長洲人。成化丙戌進士，知江陵。遼王不檢束其下，多剽掠爲民患，琮一繩以法，始皆斂戢。以最擢御史，坐言事謫常德同知。有大璫自滇還過郡，恣索金錢，琮引伍伯出，聲言欲撿視其槖，璫懼即行。後乞致仕歸。

顧福，字天錫，吴縣人。成化丙戌進士。歷刑部員外郎，勘獄浙江，摘發鉅贓。尋以忤勢要，出通判永州，請罷牙茶香草之徵。累遷河南參政，分司南陽。宗藩軍校多不戢，福以禮裁斷，皆帖然無怨。福友於兄弟，卹其鄉黨，人無間言。

徐恪，字公肅，常熟人。成化丙戌進士。授工科給事中，彈劾無所避。歷遷右副都御史，巡撫河南。恪素剛正，所至抑豪猾，祛奸弊。及爲巡撫，以所部多王府，持法尤嚴。調撫湖廣，吏民罷市，泣送數十里不絶。屬吏以羨金饋，峻却之。終南工部右侍郎。

瞿俊，字世用，常熟人。成化己丑進士，除崇仁知縣。以最擢御史，出按江西，刺舉不避權要，尤嚴懲墨吏。遷廣西按察副使，正己率下，人多悚服。

王鼎，字元勳，常熟人。成化己丑進士，授南刑部主事。有京衛指揮抵重法，賂尚書求移獄，鼎執不從。歷湖廣參議，杖殺大猾，裁藩府預借禄米。遷廣東參政，尤著清勁聲。

褚祚，字昌印①，常熟人。成化壬辰進士。授臨海知縣，約己裕民，政爲屬邑最。以薦擢御史，理畿内馬政，釐革宿弊。殁不能殮，同年吴寬爲殮之。

張汝舟，字濟民，昆山人。成化甲午舉人。官南昌同知，殲巨寇徐九齡。時寧藩驕横，汝舟一無所徇。藩妃兄爲盗，捕論如法。遷思南知府，治以簡静聞。

吴洪，字禹疇，吴江人，孝子璋子。成化乙未進士。官刑曹，能斷疑獄。出巡視廣東海道，以清節著。歷工部左侍郎。時劉瑾用事，誣劉大夏罪，欲殺之，洪力辯得解。遷南刑部尚書，以執法忤瑾，勒令致仕。子山、巖、昆。

吴瑞，字德徵，昆山人。成化乙未進士。歷工部郎中，督理河道，鑿甓社湖左腹河四十餘里，得免風濤之險。以疾乞歸。瑞素邃《易》學，尤長古文詞。子蘭，弘治己未進士，官御史。

徐源，字仲山，長洲人。成化乙未進士。歷兵部郎，絶權貴請託，核正冒濫②武功爵。弘治中巡撫山東，歲饑，奏行賑濟，割臨清倉米八萬餘石抵漕額。明年將徵償，源奏民賴賑稍蘇，而又遽徵，與不賑何異？詔悉蠲之。後致仕歸，卒。源詩文博雅，兼工書法，有米氏風。

吴愈，字惟謙，昆山人。成化乙未進士。知叙州府，平馬湖土司亂。歷河南參政，清藩府侵占

①「印」，疑本當作「胤」，以避清世宗諱而改。

②「冒濫」，《四庫》本作「濫冒」。

屯田。

陳璚，字玉汝，長洲人。成化戊戌進士。由庶吉士改兵科給事中，論奸僧繼曉罪，置之法。又封事屢上，人咸謂得諫垣體。歷大理少卿，獄多平反。屢遷南左副都御史，兼管操江。致仕歸，卒。

劉纓，字與清，吴縣人。成化戊戌進士。歷知武陵、滕縣，擢御史。出按廣東，正豪猾誣陷罪，及誅武弁之以捕盗肆虐者。尋以劾外戚忤旨，孝宗①杖而釋之。累擢右僉都御史，再撫四川，遍巡邊境，調度精明，威震諸番。後以刑部尚書致仕。

沈林，字材美，長洲人。成化辛丑進士。知晋州，有異績。遷守順慶，治行爲諸郡甲。以雲南參政入賀，忤劉瑾落職。尋復起，歷副都御史，巡撫貴州，平鎮筸、銅仁、烏羅諸叛苗。改撫山東，以疾致仕。

馮玘，字良玉，常熟人。成化辛丑進士。除泌陽知縣，捕豪猾，撫流民。以政最擢御史，出按貴州，疏請剿平都匀叛獠。又按浙江，治鎮守中貴不法事。終福建副使。

盛洪，字思禹，昆山人。成化甲辰進士。歷海道副使，捕斬海賊，嚴禁通番，堅却市舶中官之餽。擢山東按察使，卒。

沈杰，長洲人。成化甲辰進士。知歸德州，州當黄河衝，杰築長堤，開白柳等河，河水由之入淮，

① 「孝宗」，《四庫》本作「武宗」。

民免墊溺。歷知衢州府，大興水利，修復堤閘，民得灌溉，而城中絶水患。終河南布政。

蔡昂，字惟中，長洲人。通經學，尤精法律。成化甲辰，以諸生貢入南雍，尋歷南大理寺。有盜發牛首山麓秦檜墓，捕得，法司議寘大辟。昂獨建議，檜罪通於天，今墓被盜發，殆天降之罰耳，請從末減。寺卿韙之，昂由此知名。以明法，除九江府推官，多雪冤獄。

馮琨，字君夫，昆山人。成化丙午舉人。弘治中官薊州知州，以清覈牧地草場事忤勳貴，誣奏下獄。孝宗閱其辨疏，特詔復官。正德初，劉瑾復以前事逮繫琨，久乃得釋。終登州知府。

毛埕，字貞伯，吴縣人。成化丁未進士。授南工科給事中，劾巨璫薄琮罪，論死。鎮廣安遠侯柳景誣搆廣撫秦紘，埕又劾之，紘釋而景罷。歷南太僕卿。宸濠反，大司馬喬宇採埕議，委督泗、潁、和、陽諸軍，爲江表聲援。進右副都御史，致仕。元〔玄〕孫堪，字公輿，萬(歷)〔曆〕戊戌進士，官御史。出按雲南，疏争貢金加額事，又劾鎮臣驕横。仕至通政使。

張瑋，字嘉玉，蘇州衛人。成化丁未進士。授工部主事，分榷杭州，嚴察奸蠹，課贏而不以羨進。進郎中，督漕河徐州，興革必盡民利，不爲勢撓，中貴過其地皆斂戢。爲劉瑾所陷，謫戍遼陽。瑾敗，釋歸。瑋居官素廉，晚歲益貧，至晨夕不能自給。及卒，郡邑爲賻襚，鄉人斂資葬之。

葉紳，字廷縉，吴江人。成化丁未進士，歷禮科給事中。弘治十年，紳請太子早出閣，擇講官諭教。尋以修省陳八事，復專劾中官李廣八大罪。未久，廣竟得罪。紳擢尚寶少卿，卒。

王哲，字思德，吴江人。弘治庚戌進士。授御史，歷按福建、廣東、江西，所至清軍伍，理鹽務，平劇賊，恤民隱，作士氣。又劾江西鎮守董讓不法事，上切責讓，自是中官少戢。後以僉都御史巡撫江西，宸濠憚之，旋爲所毒。乞歸，卒。從孫有功，字可大，萬（歷）〔曆〕癸未進士，由遂昌知縣擢御史，有清節，贈光禄少卿。

張琮，字廷獻，吴縣人。弘治庚戌進士。自禮部郎中出爲陜西參議。劉瑾銜之，謫濟寧知州。甫一月，擢御史，出撫甘肅。時寘鐇初平，人情未定，琮廣布恩威，邊陲以寧。遷湖廣副使，白蓮僞教嘯聚千餘，琮俘戮渠魁而貸其餘，襄地安堵。累擢右副都御史，巡撫湖廣，平德安、襄陽、芒部諸妖逆。終南京右副都御史。

盧翊，字鳳翀，常熟人。弘治庚戌進士。歷御史，出按四川，兼視水利，鑿都江堰，連歲大熟。撫降天全六番招討司。遷副使，守禦松潘，更定戍法，禁戍長苛斂。修鐵索橋及葺治棧閣以通道，行者便之，士人名「盧崖閣」。進雲南參政，建策築堡於姚安界中，擇將屯守，以絶生熟彝之入寇。又洱海地素苦旱，爲開陂儲水，築壩障泉，而田得灌溉，人食其利。以薦擢廣西布政，卒。

毛澄，字憲清，昆山人。弘治癸丑廷對第一，授修撰。正德中，歷遷禮部尚書，屢進讜言。世宗由興邸即位，以澄迎立功，加官蔭，堅辭不受。大禮議起，澄力持尊無二統之議。帝不從，澄苦争不得，遂引疾歸。卒，謚文簡。澄歷事三朝，論事侃直不少媕阿，有古大臣風節。同縣張羽，由進士官刑部郎，以議大禮忤旨，廷杖削籍。

吴一鵬，字南夫，長洲人。弘治癸丑進士，選庶吉士，歷侍講。忤劉瑾，出爲南京部曹。瑾誅，復故官。嘉靖初，累拜禮部左侍郎，力争大禮，疏論興獻帝不當建廟京師，又力糾給事中陳洸附會議禮之罪，俱不從。後以南吏部尚書致仕。卒，謚文端。

盛應期，字斯徵，吴江人。弘治癸丑進士，授工部主事。忤太監李廣，遂搆以罪，謫安寧驛丞。累遷雲南僉事，以裁抑鎮守太監梁裕，爲所劾，逮繫詔獄，尋得釋。歷右副都御史，巡撫四川、江西，進督兩廣，所莅皆著威惠，屢奏平賊功。既引疾歸里，以河决徐沛，特起右都御史往治之。應期建議開昭陽湖東百四十餘里爲永久計，興役垂成，爲言者所阻而罷。

楊昇，字起同，吴縣人。弘治癸丑進士，選庶吉士，改户科給事中。有大臣以罪斥，復夤緣再進，昇疏劾之，人憚其勁。補禮科，覈視遼陽邊儲，斥不法數人，邊塞肅清。子伊志，嘉靖丙辰進士，累官右副都御史，巡撫南贛，亦著聲績。

朱希周，字懋忠，昆山人。父文，官御史，有直聲。希周舉弘治丙辰廷試第一人，授修撰，遷侍讀。以忤劉瑾左遷，歷禮部侍郎。嘉靖初，大禮議起，希周力持讜論，風節挺特。累官南京吏部尚書，以考察忤權貴，乞致仕。家居益廉静自持。卒，謚恭靖。

顧潛，字孔昭，昆山人。弘治丙辰進士，選庶吉士。改御史，屢論時政，皆見採納。又劾光禄少卿祝祥阿附外戚，太常卿崔志端左道惑人，皆斥去。武宗即位，疏言嗣服之始，當崇敬畏、戒佚欲、任耆碩、遠佞倖，時論偉之。出督京畿學政，爲劉瑾黨所搆，罷歸。

周倫，字伯明，昆山人。弘治己未進士，自新安知縣擢御史。正德中，劾太監李興伐禁林山木事，上嘉其直。以忤劉瑾，斥歸。瑾誅復起，出按山西，奏築太原南關、新城寧武關、上堡垛口濠塹，邊境永賴。嘉靖中，累遷南京刑部尚書。卒，謚康僖。子鳳鳴，字于岐，正德戊辰進士，歷刑、兵二部郎中，以吏幹稱。終大理寺丞。

周用，字行之，吴江人。弘治壬戌進士。正德初官南兵科給事中，極諫以中旨斥廷臣，且請治鎮守江西中官罪，時多其直。出爲廣東參議，預平番禺盜有功。嘉靖中，歷南刑部尚書，致仕。用端亮有節概，人惜其去，以薦起工部尚書，督河道。尋改漕運，未上，召拜左都御史，遷吏部尚書。卒，謚恭肅。

陳察，字原習，常熟人。弘治壬戌進士。正德初，由南昌推官擢南御史，尋改北。劉瑾既誅，武宗猶日狎群小，察偕同官極諫，出按雲南。嘉靖初復按四川，先後請罷鎮守中貴，又伸救諫臣楊言，直聲震朝野。歷僉都御史，撫南贛。旋以忤旨，斥歸。弟寰，舉進士，仕至祭酒。正德中，以直諫奪俸。

陸鰲，字鎮卿，吴江人。弘治壬戌進士。授荆州府推官，廉勤明允，諸郡多疑獄，上官檄鰲往決之。擢御史，巡山海關，疏籌邊三事，悉見採納。復按河南，奪宣武等衛田爲勢家所占者六千餘頃，給諸貧軍，歲增糧四萬石。終浙江參政。

顧鼎臣，字九和，昆山人。弘治乙丑廷試第一，授修撰。嘉靖初，以直講受眷，歷吏部左侍郎。請授曾子後五經博士，比三氏子孫，從之。進禮部尚書，京師淫雨，四方多水災，鼎臣請賑饑弭盜，報可。尋以本官兼文淵閣大學士。卒，謚文康。鼎臣官侍從時，屢陳東南賦役不均之弊，世宗特敕撫臣釐定之。倡築昆山城，後有倭警，邑賴以全，鄉人立祠祀之。孫謙服，天啓中由貢除昌化知縣，治以嚴辨聞。

吴山，字静之，吴江人，尚書洪子。正德戊辰進士，官刑部郎中。抗直不撓權勢，力諫武廟南巡，忤旨，廷跪五日。屢遷河南巡撫，劾伊王府宦竪及臨漳王府將軍之爲民害者。左遷浙江參議，後歷撫四川、南贛，並著聲績。終刑部尚書。弟巖，同榜進士，授給事中。乾清宫災，疏陳數十事，語皆切直。仕至四川參政。山子邦貞，嘉靖癸丑進士，官湖廣按察，有撫討土司功。終太僕卿。曾孫易，字日生，明季癸未進士，以名節著。

方鳳，字時鳴，昆山人。正德戊辰，與兄鵬同舉進士。鳳官御史，武宗時屢諫巡幸。江西副使胡世寧以忤宸濠被逮，力救之。薦王守仁當不次用。世宗初，大禮議起，鳳力持正論。以兄附張桂之議，因并劾之。旋自劾以謝兄，遂免歸。初，鳳、鵬素友愛，及鳳罷，鵬亦以太常卿告歸，兄弟雍睦①無間。

陳逅，字良會，常熟人。正德丁丑進士。嘉靖初官御史，同官以直諫逮訊，逅抗疏申救，下獄廷杖，謫合浦主簿。累官河南副使。帝幸承天，坐供具不辦落職。後頻薦不起。

① 「睦」，《四庫》本作「穆」。

孫國華，字珍凡，萬(歴)〔曆〕甲戌進士。知東平州，擒劇盜，决疑獄，終廣州知府。

沈漢，字宗海，吴江人。父奎，有孝行。漢舉正德辛巳進士。授刑科給事中，論中官馬俊、王堂罪。嘉靖改元，詔蠲逋税，漢以民間已納者多飽吏橐，請已徵未解者作來年正課。又與獻帝議加皇號，疏陳不可。霍韜欲改官制，力陳其謬。及張寅獄起，執法大臣多得罪，漢抗章申救，廷杖削籍。隆慶初，贈太常少卿。

王同祖，字繩武，昆山人。正德辛巳進士，選庶吉士，授編修。嘉靖中，以議興獻廟制被斥，用薦起，歴司業。九廟災，上言宗廟宜藏主石室，引《公羊傳》及《漢儀》爲証，人服其博識。子逢年，字舜華，高才嗜古，能世其學。

朱觀，字顒伯，昆山人。嘉靖癸未進士，官御史，言事忤旨，廷杖。巡按陝西，奏築花馬池至横城堡邊墻百六十餘里，永爲西陲利。終河南布政。

顧夢圭，字武祥，昆山人，御史潛子。嘉靖癸未進士，官南吏部郎。應詔陳言論六事，尤論中官鎮守之害，得旨撤還。擢廣東參議，乞止海北採珠之役。參政福建，平連江、壽寧、松溪諸寇。終江西布政。子允默，有文名。同縣陸冕，字予①端，夢圭同榜進士，授禮部主事，以劾方士陶仲文，廷杖，謫浮梁驛丞。後歴陝西副使。

① 「予」，《四庫》本作「子」。

陸粲，字子餘，長洲人。嘉靖丙戌進士，選庶吉士，改工科給事中，勁挺敢言。時張璁、桂萼擅政，粲劾其罪，帝悟，立斥之。尋復用霍韜言，召還璁、萼，下粲獄，謫都鎮驛丞。遷永新知縣，前後獲盜數百，姦猾屏迹。以念母乞歸。母殁，毁甚，未終喪而卒。粲嗜學，博通古今，有著述行世。

秦鰲，字子元，崑山人。嘉靖丙戌進士。歷兵科給事中，劾魏國公徐鵬舉、中官賴義不法狀。彗星見，劾張孚敬妬賢病國，帝遂罷孚敬。及孚敬再相，汪鋐承風旨，以考察謫鰲東陽縣丞。屢遷福建參議，卒。

曹逵，字履中，常熟人。嘉靖乙丑進士，官御史。以糾冢宰汪鋐罪，忤旨廷杖，謫蘄水知縣。中人從章聖梓宫過境，恣索供帳，逵令吏民牽板水次，已公服前引。中人素聞其剛直，遽引去。

周大禮，字子和，崑山人。嘉靖壬辰進士。知興化府，興木蘭障水之役，以備旱澇。歷山東登萊道，除海壖漁稅。

嚴訥，字敏卿，常熟人。嘉靖辛丑進士，選庶吉士，歷侍讀。三吴困倭患後，歲復大祲，有司徵斂益急，訥疏請蠲貸，帝從之。累遷禮部尚書，改吏部，慎選曹郎，務抑奔競、振淹滯。又仿先朝三途並用法，州縣吏政績異者，破格超擢，銓政一新。尋拜武英殿大學士，仍掌銓政。以疾告歸。卒，謚文靖。孫栻，字子張，明季甲戌進士，除信陽知州。設守嚴密，寇不敢犯，爲督師盧象昇所重。

徐申，字周翰，崑山人。嘉靖中，由鄉舉歷刑部主事。張延齡繫獄，申奏記尚書宜援議貴議親例請於帝，以慰昭聖太后心。帝震怒，盡收繫前後提牢主事，申廷杖，謫外任。不赴官而歸，與同里魏校輩嘯咏爲樂。久之，卒。

王賚汝，字以善，常熟人。嘉靖中由鄉舉授增城知縣，地接五嶺，素多盜，設方略獲斬之。歷漢陽知府，漬水淤塞，出府羨金，募役開濬，溉田千頃，名王公河。

袁洪愈，字抑之，吴縣人。嘉靖丁未進士，歷禮科給事中。以劾嚴嵩私人，出爲福建僉事，屢遷湖廣參政，所在以清節著。嵩敗，召爲南太僕少卿，歷南禮部尚書，改吏部。引年致仕，卒，謚安節。洪愈通籍四十餘年，所居不增一椽，出入徒步。及殁，巡撫周孔教捐金葬之。

張勉學，字益甫，長洲人。嘉靖丁未進士，由翰林改給事中。方士陶仲文受封爵，抗疏駁之。出勘邊事，劾仇鸞濫殺冒功，謫内黄丞。累遷僉事，分巡長沙，平藩府租額，聽縣徵解，民便之。分守衡永，宣布恩威，苗民慴服。

徐栻，字世寅，常熟人。嘉靖丁未進士，自宜春知縣擢南御史。忤嚴嵩，謫浙江布政司都事，累遷江西參議，監戚繼光軍破境内群盜，又平花園洞賊。歷僉都御史，巡撫浙江，修築海鹽隄二十餘里。以南工部尚書致仕。孫復祚，字陽初，才名甚盛。

陳瓚，字廷裸，常熟人。嘉靖丙辰進士。自永豐知縣擢刑科給事中，劾罷嚴嵩黨二人，請録建言廢斥者，廷杖削籍。隆慶元年，起官吏科，請恤楊最、楊繼盛，而誅曲殺沈鍊之楊順、路楷，皆報可。擢太常少卿，忤高拱，謫官。後以薦起，累遷右副都御史，振肅綱紀。復以直言忤時相，除南刑部侍郎。卒，謚莊靖。

楊成，字汝大，長洲人。嘉靖丙辰進士，授工部主事。累遷四川參政，按蜀藩侵占山林陂田，悉還之民。進廣西左布政，桂林用兵，成調晝有功。擢都御史，巡撫江西，賑災荒，修水利，民尸祝之。入爲工部侍郎，歷南兵部尚書，劾巨璫張鯨罪，斥之。予告歸。卒，謚莊簡。

申時行，字汝默，吴縣人。嘉靖壬戌進士第一，授修撰，歷吏部左侍郎。萬(歷)〔曆〕六年，拜東閣大學士。十一年，進首輔。時行性平粹，承前相綜覈之後，一切爲寬大，以諧人情。亦數有獻納，録建言諸臣，罷内操，皆有力焉。嘗力言催科急迫、徵派加增、刑獄繁多、用度侈靡之害。十九年，予告歸里。又二十三年卒，年八十，謚文定。

郭諫臣，字子忠，長洲人。嘉靖壬戌進士，授袁州推官。列嚴世蕃諸不法狀，上巡按御史林潤，潤以入奏，世蕃伏誅。歷吏部員外郎，會中官毆御史(闕)〔闕〕①下，抗疏請正其罪。屢擢鄖陽巡撫，未任卒。

韓世能，字存良，長洲人。隆慶戊辰進士，選庶吉士，授編修，歷禮部左侍郎。嘗奉使册封朝鮮及楚藩，餽遺無所受。分校鄉會試，所拔多知名士。

又吴縣劉瑊，字玉儔，隆慶辛未第二人及第，授編修，歷中允，亦有清望。

① 據《四庫》本改。

趙用賢，字汝師，常熟人。隆慶辛未進士，選庶吉士，授檢討。疏論輔臣張居正奪情事，廷杖削籍。後起原官，累遷吏部左侍郎。初，用賢以建言得譴，名震一時。及再起，聲望益重，爲執政所忌，遂不得安其位而去，公論惜之。卒，謚文毅。

顧其志，字太冲，長洲人。隆慶辛未進士。萬〔歷〕〔曆〕中官陝西參政，時西陲告警，其志有保靈武功。累遷陝西布政，裁抑礦税二璫。歷左副都御史，總督三邊，有紅水、青陽諸捷。疏止礦税，減織造，發二璫惡跡，撤之。改總南憲。

顧九思，字與睿，長洲人。隆慶辛未進士，授豐城知縣。萬〔歷〕〔曆〕初，以治行擢户科給事中，歷禮、兵都給事中，條奏皆有關軍國大計，咸推其讜直。累遷右通政，以病乞歸。裔孫太學生希喆，以學行稱。三典，康熙庚辰進士，盛有文譽。

沈璟，字伯英，吴江人，漢曾孫。萬〔歷〕〔曆〕甲戌進士。歷吏部考功員外郎，時有册封鄭貴妃之旨，璟疏請定國本，并請王恭妃封號。忤旨，謫行人司正。遷光禄丞，尋乞歸，卒。天啓初，贈光禄少卿。弟瓚，字子勺，萬〔歷〕〔曆〕丙戌進士，歷江西僉事，以行義著鄉里。

朱熙洽，字鴻甫，昆山人。萬〔歷〕〔曆〕甲戌進士。授潛江知縣，清民田，築磚城。歷貴州副使，所至皆以清嚴著。孫日爍，萬〔歷〕〔曆〕壬子舉人，官工部員外郎。督臨清廠，有守城績。

陳子潛，吴江人，以字行，僉事㑺〔元〕〔玄〕孫。萬〔歷〕〔曆〕丁丑進士，授行人，選禮科給事中，有清直聲。降福建布政司照磨，歷兵部郎中，發武弁餽金事致之法。終湖廣僉事。子潛，性篤孝，母喪飲泣，一目喪明。

顧雲程，字務遠，常熟人。萬(歷)〔曆〕丁丑進士。授淳安知縣，調繁嘉興，皆有善政。擢御史，出爲江西僉事。九江有景德鎮之亂，雲程撫其渠魁藍芳威，後爲名將。歷貴州參議，安輯容山、銅仁二苗。轉霸州兵備，繩稅使馬堂以法。終南太常寺卿。子大章。

張棟，字伯任，昆山人。萬(歷)〔曆〕丁丑進士。授新建知縣，時清田議起，棟遍歷相視，定上、中、下三等，遂爲永利。治以嚴辦聞。擢工科給事中，累陳時政，皆得俞旨。歷兵科都給事中，以疏爭國本、救言官，斥歸。天啓初，贈太常少卿。

吴之佳，字公美，長洲人。萬(歷)〔曆〕庚辰進士。授襄陽知縣，有善政。擢兵科給事中，歷刑科都給事中，以讜直著。時册立久稽，禮垣李獻可以豫教請，上嚴謫之。之佳偕同官抗疏力爭，並削籍。一時有吴中三諫之目，謂之佳及張棟、葉初春也。天啓初，贈之佳太僕少卿。孫适，字幼洪，崇(正)〔禎〕丁丑進士，歷兵科右給事中。因忤權奸得罪，直聲震一時。後遭母喪，以毁卒。

葉初春，字處元，吴縣人。萬(歷)〔曆〕庚辰進士。授順德知縣，建水壩以扼海寇，丈量阡陌，賦額一清，循良爲嶺表最。召拜禮科給事中，轉左，以疏救同官李獻可落職。天啓初，贈光禄少卿。

伍袁萃，字聖起，吴縣人。萬(歷)〔曆〕庚辰進士。歷兵部員外郎，署職方事。李成梁子求爲錦衣大帥，袁萃力寢之。累遷廣東海北道副使。中官李敬轄珠池，其參隨擅殺人，袁萃捕論如法。後致仕歸。時常熟陸枝，字培吾，以鄉舉知彝陵州，稅閹將抵荆，爪牙恣爲奸利，枝率州人追而沈之，閹不敢問。

申用懋，字敬中，吴縣人，大學士時行子。萬(歷)〔曆〕癸未進士。授刑部主事，歷兵部職方郎中，熟悉九邊要害，掌樞者深倚之，先後歷樞曹十九年，望最著。天啓初，累官右副都御史，巡撫順天，以忤璫罷。崇(正)〔禎〕初，起兵部左侍郎，進尚書，拮据城守，大著勞績。弟用嘉，字美中，萬(歷)〔曆〕壬午舉人，歷官貴州參政。

諸壽賢，字延之，昆山人。萬(歷)〔曆〕癸未進士。甫釋褐，與同年生顧允成等疏論房寰誣劾海瑞罪，奪冠帶放還。久之，起南陽教授，歷禮部主事，戚里、中貴干請，皆拒之。以疾乞歸，以經學指授後進，築室吴之華山，纂述《周易》，未畢而卒。

袁黄，字坤儀，吴江人。萬(歷)〔曆〕丙戌進士。授寶坻知縣，省重役，裁苛派，築堤扞海水，闢曠土。擢兵部職方主事。時有援鮮之師，黄疏請赴軍前贊畫，遣奇士馮仲纓、金相往説倭將，約盟解甲。事垂成，爲閫帥所忌，遂落職。天啓改元，追叙東征功，贈尚寶司少卿。黄博學尚奇，尤精律吕、(歷)〔曆〕法。

王臨亨，字止之，昆山人。萬(歷)〔曆〕己丑進士。授西安知縣，調海鹽，守潔才敏，讞獄如神。擢刑部主事，恤刑廣東，故事減大辟不得過百人，臨亨平反二百餘人，吏執案請，曰：「應活人耳，寧計駁耶？」遷郎中，大著明允之譽。子志堅、志長、志慶，皆知名，時有「一鳳三雛」之目。

翁憲祥，字兆隆，常熟人。萬(歷)〔曆〕壬辰進士。除鄞縣知縣，以課最徵入。歷吏科都給事中，疏請東宫講學、福王之國，糾中官黄勳等不法事。知縣滿朝薦等以忤税使繫獄，力請釋之。遷太常少卿，卒。弟愈祥、應祥，并居官，有清名。憲祥子漢麟，尚氣節，終南安推官。

金士衡，字秉中，長洲人。父應徵，雲南參政，以廉能稱。士衡萬（歷）〔曆〕壬辰進士，南工科給事中，兼掌六科事。極陳礦税之害，請撤還中使，語極愷切。又争輔臣沈一貫庇被察給事、御史。擢南通政參議，歷太僕少卿。士衡清介敢言，士論推重。

陸化淳，字君復，常熟人。萬（歷）〔曆〕壬辰進士，授工部主事，歷知金華府。義、東二邑困於開採，遂定全浙補價，議革守礦兵，省費以千數。復守贛州，廉敏如在浙時。以勤卒官。弟化熙，字羽明，萬（歷）〔曆〕癸丑進士，官工部。出莅夏陽漕渠，山東蓮妖驟發，突犯東闕，化熙有禦寇護漕功。終湖廣參政。

沈珫，字季玉，吴江人，漢曾孫。與兄琦、弟珣號「沈氏三鳳」。珫舉萬（歷）〔曆〕乙未進士，以母老不謁選。母殁，服闋始仕。歷東昌知府，持守清介。福藩就封，中人過臨清暴横，以珫約束嚴，皆不敢肆。遷副使，歲旱蝗，珫賑饑殲盗，東土獲寧①。少子自南，以文學有盛名，由進士除蓬萊知縣，清操肖父。

繆國維，字四備，吴縣人。萬（歷）〔曆〕辛丑進士，累官貴州副使。聞安酋難作，叱馭兼程抵任，

---

① 「寧」，《四庫》本作「安」。

枕戈坐甲者三閱月。圍解叙功，遷參政，尋告歸。子慧遠，順治丁亥進士，有文譽。孫錦宣，康熙癸丑進士，授編修，品行端雅。繼讓，戊辰進士。彤，丁未狀元，有傳。

汪起鳳，字無朋，長洲人。萬（歷）〔曆〕辛丑進士。歷江西參政，分守南瑞，弭孽宗之變。遷按察使，分巡嶺北。贛州兵譁，辱帥圍署，皆正其罪，境内獲安。累擢廣東布政。

徐待聘，字廷珍，常熟人，栻從孫。萬（歷）〔曆〕辛丑進士。歷湖廣僉事，分守荆南，奢酋驛騷，繕兵庀餉，楚地晏然。遷陝西按察使，撫臣喬應甲希魏忠賢意，急追故侍郎王之寀贓鉅萬，待聘故緩之，與應甲抗不少屈。尋引疾歸。從弟待任，字廷葵，以鄉薦歷沔陽知州。楚藩中涓殺人，捕置之法。民田爲相國子所奪，斷還之。亦以强直名。

葛錫璠，字中恬，昆山人。萬（歷）〔曆〕辛丑進士，歷刑部員外。有大司馬私人受戎帥賂事露，屬刑部庇之，錫璠不可，卒按以法。屢擢河南分守道，殲靈寶盜魁，散其餘黨，中州以安。終河南按察使。子鼐，字端調，崇（正）〔禎〕庚午舉人，篤學嗜古，家多藏書，悉鋟板行世。

王心一，字纁甫，吴縣人。萬（歷）〔曆〕癸丑進士，由行人選御史。天啓初，疏論客、魏寵盛，又救言官之攻客氏得罪者，忤旨斥歸。尋復官，歷遷應天府尹。又以糾閹黨削籍，直言勁節，推重一時。崇（正）〔禎〕初起用，終刑部侍郎。

陸康稷，字宇粒，吴縣人。萬（歷）〔曆〕丙辰進士，知貴溪、廬陵二縣，有廉能聲。擢兵部主事，忤魏忠賢，落職。崇（正）〔禎〕初復官，歷文選郎中。長洲管玉音，天啓乙丑進士，授工部主事，以督工節費忤璫被陷，廷杖斥歸。

孫朝肅，字恭甫，常熟人。萬（歷）〔曆〕丙辰進士，授刑部主事。光宗時紅丸一案，朝肅首發正論。又上書規切輔臣方從哲，人多悚服。出知兖州府，預平蓮妖。屢遷廣東布政。弟朝讓，由進士歷江西布政，所至有循良聲。

瞿式耜，字起田，常熟人，禮部侍郎景淳孫，湖廣參議汝説子。舉萬（歷）〔曆〕丙辰進士。授永豐知縣，有惠政。調江陵①，永豐民乞留，命再任。崇（正）〔禎〕初，擢户科給事中，矯矯立風節，所建白多當帝意，搏擊權豪，人皆憚之。尋以錢謙益②枚卜事牽連謫官。復起應天府丞，歷廣西巡撫。

姚希孟，字孟長，吴縣人。舉萬（歷）〔曆〕己未進士。選入翰林，希孟力持清議，以剛直稱。天啓中，希孟以母喪歸，旋被論削籍。崇（正）〔禎〕初起左贊善，時輔臣定逆案，多所咨決。歷遷詹事，在講筵四年，頻有獻納。爲温體仁所忌，出掌南院，尋移疾歸。卒，謚文毅。子宗典，字文初，崇（正）〔禎〕壬午舉人，名行甚著。孫田修，字德中，康熙辛酉舉人，通州學正。

顧宗孟，字巖叟，長洲人。萬（歷）〔曆〕己未進士。知定海縣，會有調援之役，定兵怒其帥楚侵鼓噪，宗孟至武場，諭以大義，得解散。擢御史，遇事敢言，權要側目。乞養歸，與文震孟、姚希孟稱「吴

---

① 《四庫》本作「江寧」。

② 「錢謙益」三字録修本作空，《四庫》本徑删。

中三孟」。

顧錫疇，字九疇，昆山人。萬(歷)〔曆〕己未進士，改庶吉士，授檢討。天啓中，魏忠賢勢大熾，以錫疇典試福建程策中有譏刺語，遂削籍。崇(正)〔禎〕初，召復原官，歷禮部左侍郎。條列用人五失五善及耗財諸弊，帝善之。因與楊嗣昌忤，爲所搆，落職歸。復起南京禮部左侍郎，進尚書。

文震孟，字文起，吴縣人，待詔徵明曾孫。弱冠舉於鄉，以學行負盛名。十赴會試，至天啓壬戌始舉進士第一，授修撰。時魏忠賢漸竊柄，累逐大臣，震孟上疏規切時政，鐫秩調外，旋斥爲民。崇(正)〔禎〕初，召爲侍讀，歷少詹事，頻有建白，讜直益著。特拜禮部左侍郎，兼東閣大學士，甫兩月，爲温體仁所搆而罷。震孟剛方貞介，有古大臣風節。卒，謚文肅。子諸生秉，字孫符，有高行。

顧其國，字在一，吴縣人。天啓壬戌進士。授永豐知縣，靖萑苻，革耗羨。值歲災祲，曲措糧賦，民不知困。以政最擢御史，出巡陝西茶馬，解京馬匹獨逾常額。

許士柔，字仲嘉，常熟人。天啓壬戌進士，選庶吉士，歷左庶子，侃直負氣節。時群小所輯《三朝要典》雖毁，而改削《光宗實録》未正，士柔抗疏力争，遂與當國者忤，出爲南國子祭酒。尋降尚寶司丞，遷少卿，卒。族子重熙，字子洽，博雅有史才。

李模，字子木，吴縣人。天啓乙丑進士，授東莞知縣。以政最擢御史，慷慨論時事，有慎獄、詳刑諸疏。巡按正定，劾奏鎮守中官，謫南京國子監典籍。其後潛居著書，以壽終。

朱天麟，字游初，昆山人。崇(正)〔禎〕戊辰進士。授饒州推官，凡攝六篆，皆以廉惠得人心，並建祠祀之。戊寅考選，以條對兵食稱旨，擢編修。甲申正月，奉差出都，中塗聞京師陷，一慟幾絶。

蔣燦，字韜仲，長洲人。父育馨，由鄉榜知清流縣，有惠政。燦舉崇（正）〔禎〕戊辰進士。除餘姚知縣，捍禦蔡城獲全。歷官樞曹，出備兵天津，作三臺爲捍蔽，保全南浙糧運、長蘆鹽課。歸里後遭母喪，哭泣過哀，兩目喪明，人稱其孝。

趙士春，字景之，常熟人，吏部侍郎用賢孫，叙州知府隆美子。崇（正）〔禎〕丁丑第三人及第，授編修。樞輔楊嗣昌奪情，士春抗疏劾之，末言：「臣祖用賢當神宗初，輔臣張居正蔑倫起復，臣祖慷慨建言，幾斃杖下，腊其敗肉以示子孫，臣不敢背家學而忘先訓！」疏入，謫福建布政司檢校。後復原官，終左中允。

蔣棻，字畹仙，常熟人。崇（正）〔禎〕丁丑進士。除南海知縣，弭盜鋤奸，豪猾屏跡。調建安，時多盜警，棻浚城隍、募鄉勇，得勝兵數百，屹若雄鎮，撫臣舉通省廉幹第一。以禮部主事歸里。

盛王贊，字子裁，長洲人。崇（正）〔禎〕丁丑進士。授蘭溪知縣，以清惠稱，舉卓異第一。以忤巡按被糾。崇（正）〔禎〕素知王贊名，嘗對輔臣稱其强項。後補東陽。甫七日，以内艱歸，遂隱居陽城，爲村塾師。屋旁有田二畝，卒之日，囑其子曰：「此吾祖宗所遺也。」

國朝

金之俊，字彦章，吴縣人。萬（歷）〔曆〕己未進士，授中書舍人，屢擢兵部添註右侍郎。皇朝順治元年，仍授以兵部右侍郎，歷秘書院大學士，加太傅。康熙元年，予告歸里。卒，謚文通。之俊受知世祖，恩禮優渥，有清勤端慎之褒。疏陳江浙白糧、民運之累，得改官運，民至今賴之。

顧予咸，字小阮，長洲人。順治丁亥進士，授寧晋知縣。畿南多盜，廉其魁數人，捕弗誅，厚衣食之爲耳目，盜悉驚散。縣地多不耕，上官徵賦如故，力争乃免。又平賦役，而豪家不得匿田以累貧弱。調知浙之山陰。兩舉卓異，擢刑部主事，歷吏部考功員外郎。時當掌計，遽移疾歸。適郡有大獄，株累逮繫，昭雪後居鄉。風格峻整，爲後進所憚。

孫魯，字孝若，常熟人，明廣東布政朝肅子。順治壬辰進士，授衢州推官。西安有重獄久未决，魯廉察得實，論如法，其餘多所平反，遠近翕然稱神明。歷大同知府，地近邊而俗樸，魯興禮教，設義學，弦誦相聞，宿習丕變。王師征吴逆，調發旁午，魯輓粟飛芻，士獲宿飽。以母老，乞終養歸。

宋德宜，字右之，長洲人，明御史學朱子。順治乙未進士，選庶吉士，授編修。屢遷左都御史，請弛海禁以資濱海居民生計，嚴糾大帥之馭軍無法者。歷吏部尚書，杜絶請托，清釐銓法。進文華殿大學士。德宜風度端凝，贊理機政尤稱慎密。卒於官，謚文恪。子駿業，字聲求，康熙乙卯副榜，歷官兵部右侍郎。大業，字彦功，康熙乙丑進士，仕至内閣學士。

徐元文，字公肅，昆山人。順治己亥殿試第一人，授修撰。屢遷國子祭酒，訓士嚴肅。歷左都御史，整飭紀綱，澄肅吏治，屢陳時政，多見採納。以事鐫秩解任。復起原官，洊陟刑、户二部尚書，進文華殿大學士，兼掌翰林院事。輔臣綰院篆，異數也。罷歸，舟過臨清，榷使檢視囊橐，衣裝之外，唯圖書千卷，人服其清。子樹本，字道積，康熙丁丑進士，官編修。

許定升，字升年，長洲人。順治甲午副榜。授禹城知縣，決斷明敏。俗多投繯赴井以中怨家，定升覽牒，立察其虛實，受事三年，止定真命兩案。又捕治豪蠹不少貸，治聲大著。引疾歸里，力行善事。與同志積粟賑饑，復倡設育嬰堂，鄉里稱之。

陸在新，字蔚文，長洲人。康熙丙午舉人，除松江教授。舉卓異，擢廬陵知縣，清操特著。每晨拜誦《戒石》四箴，乃視事。建二亭縣門，榜曰「問苦」「息事」，每置投牒者於中，令諦思之，多自悔求息者。不息，乃詳訊之，曲直立判。嘗裹糧詣鄉，勖民孝悌力田，藹如家人。暇則與諸生講德論文，士習益醇，邑大治。卒於官，民罷市巷哭。

吳一蜚，字翼生，長洲人。康熙丁未進士。授山西山陰知縣，歲屢不登，一蜚頻請緩征蠲賦，賑粟平糶。又連決疑獄，人頌爲神。補洪雅縣，蜀中自遭明季寇亂後，征稅不及原額十一。時撫臣以承平日久，民稠土闢，欲復賦額之舊，一蜚力爭得減。入爲工部主事，擢御史，累官刑部尚書，轉吏部，在職皆以廉慎稱。卒於位，貧無以殮，藉朝士賻始克庀喪事。

蔣伊，字謂公，常熟人，明禮部主事棻子。康熙癸丑進士，選庶吉士。改御史，有陳六部積習及請減白糧之價諸奏，彈劾大吏，無所撓避。又集民間疾苦，繪十二圖以獻，聖祖披覽嘉納。出爲參議，督糧廣東，多所興除。遷河南提學副使，以實行移士習，公明稱第一。卒於官。先是，閩逆之變，禁兵駐蘇城，以供調遣，人皆惴恐。伊疏言内地不必防禦，以身家力保無他虞。得撤回，郡人德之。

歸允肅，字孝儀，常熟人，明刑部主事起先子。康熙己未殿試第一人，授修撰。辛酉典試京闈，所拔皆寒畯。刑部尚書魏象樞昌言於朝，慶其得人。歷官少詹事，與議政事，持正不阿。以疾告歸，居鄉有清望。

陶元淳，字子師，常熟人。康熙戊辰進士。授廣東昌化知縣，作《浮糧考》《魚鱗册》《會稽經費録》，區分縣事如家事。爲民請命，與上官往復千言，動以至誠。海外武弁驕横，盡發其奸狀，將吏斂戢。時行村落，問民疾苦，行不坐乘，暑不張蓋。以勞卒官，邑人尸祝。

張孝時，字嘉錫，吴縣人。康熙辛未進士，選庶吉士。改欒城知縣，浚洨沙諸河故道，延袤四十餘里，列植榆柳以固隄防，邑之水患遂息。在官二載，政績特著。以巡撫薦及九卿保舉，擢寧州知州，撫綏疲瘠民日休息。又疏浚州西天池，資民灌溉，連歲大稔。以疾乞休，未就道而卒。

嚴虞惇，字寶成，常熟人，明信陽知州栻孫。康熙丁丑殿試第二人，授編修。左遷大理寺副，時通倉盗米案有欲以私怨鍛入人罪者，因虞惇力持不可而止。又有内務府殺人移獄事，虞惇先上書本寺少卿邵觀，歷指疑狀。又出不意，執其人訊之，遂吐實，獄始定。累遷太僕少卿，典試楚、蜀，皆稱得人。平日淹貫經史，著述俱行世。

蔣廷錫，字揚孫。康熙己卯舉北闈，癸未欽賜進士，選庶吉士，明年即授編修，才名冠史館。屢擢内閣學士。雍正元年，遷禮部侍郎，歷户部尚書，勾稽周密，諸曹宿弊釐剔無遺。六年，進文華殿大學士，仍兼理户部事。廷錫品粹才優，莅事精敏，仰贊機務，悉協宸衷。特加太子太傅，給一等阿達哈哈番世職。九年七月，卒於位，謚文肅。

蔣杲，字子遵，長洲人，明副使燦四世孫。康熙癸巳進士，歷户部郎中，廉敏勤慎，爲諸曹最。出知廉州府，寬厚持大體，而剖决明鋭，廷無滯訟。上官皆重其才守，輒檄攝鄰郡事，所莅俱有聲。以詿誤罷。用薦監修海寧海神廟，工垂竣而卒。杲文學博贍，兼長吏事，未竟其用，人多惜之。

江南通志卷一百四十一

人物志

宦績　三

松江一府

松江府

後漢

陸康，字季寧，吴郡吴人。少仕郡，以義烈稱。刺史臧旻舉爲茂才，除高成令，以恩信爲治。遷武陵太守，轉桂陽、樂安二郡，所在稱之。時靈帝欲鑄銅人，調民田畝斂十錢，康上疏諫。內倖譖之，徵詣廷尉，釋免歸。復徵爲議郎，拜廬江太守，平郡賊黄穰等。獻帝時，加忠義將軍。

三國　吴

陸遜，字伯言，康從孫。始仕孫權幕府。出爲海昌屯田都尉，勸督農桑，百姓蒙賴。募兵平會稽、鄱陽賊帥，拜定威校尉。權數訪世務，納其議，以爲帳下右部督。吕蒙薦其才堪負重，拜偏將軍，代蒙鎮陸口，遂克公安、南郡。拜撫邊將軍，封華亭侯，進封婁侯。黄武元年，劉備率大衆至夷陵，立數十屯，遜以火攻拔之，破其四十餘營。加輔國將軍，領荆州牧，改封江陵侯。後又大敗魏大司馬曹休於皖。赤烏七年，代顧雍爲丞相。尋卒，謚昭侯。

陸抗，字幼節，遜子。襲父爵拜奮威將軍，歷遷鎮軍大將軍，都督信陵、西陵、樂鄉諸軍事。孫皓即位，抗聞都下政令多闕，憂深慮遠，乃上疏陳時宜十七條。鳳凰元年，西陵督步闡據城叛，遣使降晋，羊祜率師向江陵，抗破其將楊肇，遂拔西陵，誅闡。東還樂鄉，貌無矜色。拜大司馬、荆州牧，卒。

陸瑁，字子璋，遜弟。少好學篤義，從父績蚤亡，一男一女皆數歲，瑁迎攝養至長乃别。嘉禾元年，徵拜議郎、選曹尚書。孫權忿公孫淵反覆，欲親征之，瑁上疏諫，權再覽瑁書，嘉其詞理端切，遂不行。子喜，亦涉文籍，好人倫。孫皓時爲選曹尚書。

陸凱，字敬風，遜族子。黄武初爲永興、諸暨長，所在有治跡。除儋耳太守，討朱崖，斬獲有功，遷建武校尉。討山賊陳毖於零陵，克捷，封都鄉侯，轉武昌右部督。孫皓立，進封嘉興侯，遷左丞相。

時政事多謬，凱上表疏皆指事不飾，忠懇内發。子禕，爲太子中庶子，華覈表薦禕「體質方剛，器幹强固，董率之才，魯肅不過」云。

晋

陸士光，以字稱，瑁孫。少有雅望。元帝初鎮江左，辟爲祭酒，以清貞著。預討華軼功，封平望亭侯。明帝時，歷尚書左僕射，爲領軍將軍，與王導、卞壼等輔皇太子。成帝踐祚，拜光禄大夫。蘇峻之難，隨帝在石頭，舉止方正，不以凶威變節。峻以士光吴士之望，不敢加害。峻平，進爵爲公。卒，謚曰穆。弟玩，字士瑶，器量淹雅，仕至司空。玩子納字祖言，清貞絶俗，官歷尚書令。

宋

朱諤，字聖與，秀州華亭人。舉進士第二。徽宗時官御史中丞，嘗奏願開内閣、延群臣，從容論道，如神宗故事。歷拜尚書右丞。卒，謚忠靖。

柳約，字元禮，秀州華亭人。大觀三年進士，遷博士，深於經術，屬詞粹微，大爲學者師慕。靖康初，權殿中侍御史，論三鎮不可棄。高宗時，以直龍圖閣知嚴州。時金人大入，列郡震恐，約屹保孤城，悉力捍禦，境内安堵。進集英殿修撰，召入對，再三奬勞。擢權户部侍郎，約感激盡言，凡例外宣索，皆執奏不進。會高麗請修貢，議遣使報聘，加試户部侍郎充其選，且將大用。當路忌之，終敷文閣待制。

衛膚敏，字商彦，華亭人。宣和元年進士。歷遷秘書省校書郎，命假給事中使金，往復爭辯，殊不爲屈。建炎初，拜右諫議大夫。后父邢焕除待制，太后兄子孟忠厚除學士，膚敏言：「非祖宗法。」二人因改職。又言揚州、錢塘俱非帝王都，宜亟遷金陵。因陳守江之策，帝善其言，除刑部侍郎，卒。

錢良臣，字友魏，華亭人。紹興進士，歷官參知政事，德望端偉，爲時所重，孝宗褒之曰：「如卿真可謂通世務之儒！」遂書「通儒」二字賜之。出知鎮江。卒，謚文惠。

許克昌，字上達，華亭人。紹興末舉進士第一，以有官改第二。累官右正言。時松江新涇塘爲海潮衝突，鹹水延及嘉、湖二境，克昌請於上，移堰入運港，以避潮勢，由是三州之田免鹹潮之患。

元

費寀，字子壽，自長興徙上海。宋末以策干兩淮制置使，補武節郎，提舉上海市舶。元初，還管軍總管，鎮守上海。沿海民船無所統，或流爲盜賊，寀請録編户而官領之，得海船數千、稍水數萬備國用。卒，謚榮敏。

任仁發，字子明，華亭人。年十八中鄉試。元兵南下，大帥見而器之，委招安海島，遷武都水監，府境開江置閘，皆仁發主其議。大都通惠河、歸德府黄河、杭之鹽官海塘，皆嘗治之，具有蹟效。後以浙東道宣慰副使致仕。有所著《水利書》十卷行於世。今人稱「畫馬必曰任水監」云。子子昭，亦能畫。

瞿霆發，字聲父，上海人。幼穎悟，才氣不群。元兵次臨安，率衆歸附，境賴以全。擢進義校尉，授兩浙運司副使。海潮壞鹽場，死者萬計，傾力救之，流亡復還，鹽事以集。拜都轉運使，浙東饑，稽户數，第物力而均之，課吏以最聞。

明

杜隰，字宗原，華亭人。祖元芳，父希仲，俱有文名。隰學行並高。洪武初中詞科，爲太常贊禮郎。奉使緬甸，詰其不庭，以其人入貢。稱旨，授禮科給事中。所著有《雙清集》。弟桓，亦有詩名。

王公亮，華亭人。洪武中爲吏科給事中，陞應天府丞。永樂初，調四川右布政，復調廣東，居官簡静知大體，廉重愷悌，所至人皆悦服。

任勉之，字近思，華亭人。洪武甲戌進士。知鄱陽縣令，有不便者或爲匿名書詆之，下令曰：「告我以過，是忠於我也。」累官福建參政。宣、正間，政事、文章以勉之爲稱首。

陳貞，字景祺，華亭人。洪武中，舉爲禮部主事，帝謂其見事明敏，命攝部事。永樂初，歷遷河南參政。黄河决，勞來有方，民不失業。盜發汝寧，以計離其黨，降其首於均山。子詢，字汝同，永樂戊戌進士，選庶吉士。天順二年，以國子祭酒致仕，卒。天性剛直，文章清勁。主考兩京及爲司成，所獎拔士後皆爲名臣。

王鍾，字公簴，華亭人。洪武中，以薦爲燕府紀善，侍世子守北京，恭慎小心，甚爲世子所重。永樂元年，陞户部右侍郎。爲人端厚沉静，從容詳雅，事無留滯，僚友多服其能。卒。洪熙初，帝思舊勞，謚以僖敏。

何廣，字公遠，華亭人。洪武中，以貢授縣令，遷御史，至陝西按察副使。人謂其任郡邑則爲循吏，在風憲有澄清志，位藩垣得大臣體。精於律學，所著有《律解辯疑》。

夏禮，字公立，上海人。洪武中入太學，拜御史，疏劾勳貴忤旨，出爲知縣。永樂時，復以薦爲御史。遷陝西按察副使，積歲疑獄，一言而決。

葉宗行，華亭人。讀書尚氣節。永樂中，東吴大水，宗行上書請浚范家浜，引黄浦水歸於海。帝善其言，命從夏尚書原吉治之，水患果息。原吉薦其才，擢知錢塘縣，役均訟簡，決獄如神。按察使周新風采嚴峻，尤重之，嘗伺宗行出，潛窺其舍，惟笠澤銀魚乾一裹，新嘆息而去。時呼爲「錢塘一葉清」。同邑張昕，字賓暘，亦佐原吉治水，議與宗行合，以薦授户部郎。又里人周顥，有幹略，當事浚吴淞故道，倚其才以成大役。

黄翰，字汝申，華亭人。永樂壬辰進士。累官山東按察使，豪邁多權略，凡疑獄一問即決。江西人以妖術惑衆，廣東畜蠱毒採生殺人，皆捕誅之。仍刻石著《解蠱方》，俾其術不得行。

蔣性中，字用和，上海人。宣德丁未進士，有司舉故事爲立表其門，性中曰：「榮吾家，曷若利吾鄉乎？」即移所費爲石梁於鶯脰湖上，往來便之。除兵科給事中，議節冗食以養驍勇。遷江西參議，論均田賦，事皆施行。

夏寅，字時正，華亭人。正統戊辰進士，授南京吏部主事。力學爲文，以閎奥稱。進郎中，督江西學政，崇實學，黜浮華，知人善鑒，士經其賞拔者，後多知名。陞江西參政，處州民有走聚山谷者，寅檄至即散。進山東布政，卒。嘗謂人有「三可惜：此生不學一可惜，此日閒過二可惜，此身一敗三可惜。」所著有《東游録》《史詠》諸編。

張鎣，字廷器，華亭人。正統戊辰進士。景泰初授御史，歷陞右副都御史，巡撫寧夏，始以甎甃城，導河流溉靈川屯田七百餘頃。後爲南京兵部尚書。卒，謚莊懿。鎣襟度恬曠，更事三朝，所設施皆有成績。五世孫仲謙，萬〔歷〕〔曆〕中仕至雲南參政，以清雅稱。

唐瑜，字廷美，上海人。景泰辛未進士，授南京禮科給事中。知衢州府，有惠政。擢湖廣參政，置廪積穀，歲歉民賴以濟。襄河爲患，作隄障之。歷遷山西、雲南布政，甘肅巡撫，所至有聲。

唐珣，字廷貴，華亭人。天順丁丑進士。爲福州知府，奸人冒中貴笞辱僉事以下官，珣知其詐，執而置諸法。歷右都御史，總督兩廣軍務。府江盜起，討平之，賜敕嘉勞。卒於鎮。

張悦，字時敏，華亭人。天順庚辰進士，授刑部主事，歷遷吏部左侍郎，南京吏部尚書，改兵部，致仕。卒，謚莊簡。悦操行清謹，提學浙江，甄别才器，爲士類所信服。在湖廣，執法不阿。成化時，中官尚銘在東廠任事，衆競趨其門，悦獨不往。銘敗，悦名益彰。在吏部，爲尚書王恕所倚信，嘗兩攝選，衆稱公允。

張弼，字汝弼，華亭人。成化丙戌進士。由兵部郎出知南安府，其地當兩廣要衝，亡命者聚山谷爲民害，弼至，悉平之。大庾嶺路險隘，取商税僦工闢之，架橋甃石二十里，以便行者。毁淫祠，立社學，俗爲一變。弼襟度恬曠而敦尚行履，以風節自持。爲詩清健有風致，尤以草書名。

張誥，字汝欽，華亭人。成化丙戌進士，選庶吉士。改監察御史，出按湖廣，有能聲。歷遷右副都御史，巡撫雲南，决疑獄，諭亂蠻得撫綏體。木邦①、孟密二部連兵不解，誥檄諸道練兵討之，皆懼而自戢。

張黼，字仕欽，上海人。成化丁未進士，官南刑部郎中。精於法律，有里嫗訟子不孝，反覆開諭，且呼母爲子理髮，皆感泣去。每有疑獄，輒忘寢食，以求其情。子鳴鳳，字世祥，弘治進士，令永康有政績。擢御史，抗章劾劉瑾，削籍。瑾敗復官，終湖廣副使。

顧清，字士廉，華亭人。弘治癸丑進士，選庶吉士，歷遷侍讀。以守正不阿爲逆瑾所嫉，降編修，尋調南京兵部員外郎。瑾誅，復原官，擢禮部右侍郎，引年乞休，陞尚書致仕。卒，謚文僖。清好學敦節行，士論重之。嘗疏請武宗預定儲位，諫巡幸。世宗繼統，凡迎駕、頒詔諸大禮，援古証今，所議得體。

李希顏，字原復，華亭人。弘治癸丑會魁。正德中，以廣東僉事奉表詣闕，時逆瑾擅權，希顏獨

① 「木邦」，《四庫》本作「本邦」。

不踵其門，京師稱「鐵腰李」。進參議，露章劾梁文康子暴横，奪俸歸。尋起原官，遷雲南按察使。以勞瘁卒官。

黄明，字天章，華亭人。弘治癸丑進士。歷南兵部車駕司郎中，中貴憚之，無敢託公差濫索馳傳者。出守汀州，值會剿屬邑武平寇，或議括民財充軍餉，明出官帑羡金給之，境内無擾。遷雲南副使，致仕。曾孫廷鳳，字孟威，官武定知府；廷鵠，字孟舉，官順天通判。皆有聲。

楊瑋，字伯玉，華亭人。弘治丙辰進士。授工部主事，奏貴戚張氏挾寵撓法，罪其家奴數十人。遷光禄寺丞。武宗日索子鵝腦數十頭作畫眉食，瑋對中官言：「狼籍用物！」謫隰州同知。陞知瀘州，時征鄧茂七，瑋單騎入賊巢招撫，其餘黨皆解甲降。歷四川副使。致仕，卒。弟璨，字仲玉，由進士歷官應天府丞。璨子秉義，字士宜，嘉靖間官給事中，有直聲。

張弘至，字時行，華亭人，弼子。弘治丙辰進士，改庶吉士，授刑科給事中。言初政漸不克終八事甚切直，於時政多所匡救。兄弘宜，字時措，由進士歷廣西兵備，以勞卒官。

孫承恩，字貞甫，華亭人。父衍，字世延，成化進士，知延平府，辯盗冤，禁火化，俗爲之變。歲旱，步禱烈日中，得疾卒。承恩正德辛未進士，入翰林。世宗登極，以庶子充經筵講官，多所發明。累擢禮部尚書，掌詹事府。時齋宫設醮，承恩獨不肯冠黄冠，遂乞致仕歸。卒，謚文簡。

吴稷，字舜弼，華亭人。正德甲戌進士。授金華推官，時章文懿懋家居講學，嘗造請以質所疑。移惠州，以執法忤直指，遷徽王府長史。王素驕，稷進《賢王箴》及《芸窗賦》規之，因王自號芸窗，故稷以名賦。尋致仕歸，隱於東郊，多著述，嘗佐顧文僖清修府志。

富好禮，字子超，華亭人。正德庚辰進士，官刑曹郎，有清慎名。御史馮恩以論冢宰汪鋐下獄，好禮力争，謂無死法。鋐銜之，出守重慶。遷建昌副使，境有大渡河，行者觸瘴多死，好禮鑿山湮塹，築塘堡數百里，屬之省城。尋乞歸。

徐階，字子升，華亭人。嘉靖癸未廷對第三人，授編修。以議孔子王號謫官於外，久之召拜司經局洗馬，歷進禮部尚書，兼文淵閣大學士。與嚴嵩同在相位，嵩每忌之，而帝委任階亞於嵩。嵩既敗，階當國，盡反嵩所爲，保全善類，詔獄漸虛，任事者皆得以功名終，一時翕然稱名相。隆慶中，予告歸里。萬〔歷〕〔曆〕初卒，年八十一，贈太師，謚文貞。弟陟，字子明，嘉靖丁未進士，歷官南京刑部侍郎。性貞介，兄居政府，不因之以取顯達，人多重之。陟子琳，以父任歷楚雄知府，有惠政。階元〔玄〕孫本高，官錦衣千户，以拒魏忠賢建祠奪職。崇〔正〕〔禎〕初，累官左都督。

潘恩，字子仁，上海人。嘉靖癸未進士，授知州。歷遷浙江參政，按部海鹽，倭寇猝至，圍城數十匝，恩力禦之，危城得全。巡撫河南，徽恭王子多掠良家子、占民田，賊殺無辜，恩發其罪，論廢徙。伊庶人忮惡尤甚，剪其羽翼。累擢南京工部尚書、左都御史，致仕。卒，謚恭定。子允哲，字伯明。允端，字仲履。皆舉進士，居官有名。

馮恩，字子仁，華亭人。嘉靖丙戌進士，授行人。擢南京御史，論罷南北郊彗星見，劾張孚敬、汪鋐、方獻夫爲根本、腹心、門庭三彗，下獄論死。會審，起立不跪，辨甚强，時稱「四鐵御史」，謂其口、其膝、其膽、其骨皆鐵也。子行可，上疏請代死，得減戍雷州。後赦歸。隆慶初，進大理寺丞，卒。

陸樹聲，字與吉，華亭人。嘉靖辛丑進士第一，選庶吉士，歷遷禮部尚書。予告歸，卒，年九十七，謚文定。樹聲性恬默，而嚴重有骨氣。張居正當國，欲引以爲重，樹聲介然不屑也。嘗陳四方災異，又論時政十事，語甚切，報聞而已。通籍六十四年，先後多請告家居，官於兩都不及一紀，海内皆仰其清德。子彦章，字伯達，萬（歷）〔曆〕己丑進士，授行人。以父老，在職二年即乞終養，給半俸，異數也。後歷官至南京刑部右侍郎。工詩文，善書法。

楊允繩，字翼少，華亭人。嘉靖甲辰進士。以行人擢兵科給事中，疏屢上，皆報可。又論大臣受餽遺不貲，語尤切。尋巡視光禄，劾寺丞胡膏虚冒物料。膏誣搆允繩欺謗齋醮，遂下獄，論絞死西市。隆慶初，贈光禄少卿，謚忠愍。

周思兼，字叔夜，華寧人。嘉靖丁未進士，授平度知州。歲祲，旁郡飢民掠食且爲亂，思兼作小木牌數千，散置四郊，令飢民執以入城，給銀米，諭之復業，衆遂定。擢工部郎，督廠清源，募民囊土築河堤。堤成三日，秋漲大發，民賴以全。除湖廣僉事，宗人有倚藩府勢爲不法者，悉案正其罪。遷廣西提學，未赴而卒。子紹元，字希安，隱居績學，工八分書。紹節，字希允，以病謝諸生，杜門著書。兄弟友愛，知名於時。紹元子裕度，工楷篆，以孝聞。

龔愷，字次元，華亭人。嘉靖丁未進士，爲御史。仇鸞之開馬市也，帝命尚書史道主之，愷劾道委靡遷就誤國事。帝方向鸞，謂愷等借道論鸞，杖八十，奪俸。按粤西，列靖江王驕恣狀。復疏止大征粤寇，帝是其議。遷湖廣副使，歸。

董傳策，字原漢，華亭人。祖恬，弘治進士，官刑部，録囚多平反，歷大理少卿。傳策嘉靖庚戌進士，除刑部主事。抗疏劾嚴嵩六罪，下獄拷掠，會地震，謫戍南寧。隆慶初，召復原官，累遷至南京禮、工二部侍郎。

唐自化，字伯咸，華亭人。嘉靖癸丑進士。授將樂令，治行稱最。徵拜御史，查補直隸、山東、山西積逋，疏奏畿甸之下宜從寬恤，詔罷其征，都人大悦。改行人司司正，歷兵部郎中。長於治劇，剖决如流，本兵楊博最重其才。卒於官。子本堯，字世承，隆慶辛未進士。由金谿令擢御史，巡視十庫、光禄，奏逐中貴之侵冒者數人。終貴州參政。

陸樹德，字與成，樹聲弟。嘉靖乙丑進士，由推官陞刑部主事，改禮科給事中。穆宗時，疏言上下交爲泰，非與公卿輔弼相論難，何以劘君德、酬萬幾，又條議諸邊計甚悉。累擢右僉都御史，出撫山東，請裁募兵費，戒苛罰，俱報可。後移疾歸。

林景暘，字紹熙，華亭人。隆慶戊辰進士，選庶吉士，授禮科給事中。神宗初政，進《十二箴》以獻。轉兵科左，巡視京營，請廣召募、選鋒、均糧，凡十餘事。歷遷南太僕卿，歸。數薦，竟不出。家居時，應撫令所屬縣田出助役錢，率七十畝徵一金，景暘力争得減十之七。子有麟，以父蔭官至龍安知府，以清謹稱。

許樂善，字修之，華亭人。隆慶辛未進士，爲郟縣令，擢御史。首輔張居正奪情，總憲率諸御史上公疏慰留，樂善爲居正門下士，獨不署名。按畿南，有棗强令倚勢爲不法，劾治其罪。尋掌河南道，典内計，條上六事，遂著爲令甲。又疏請停礦税，救建言御史曹學程，舉朝稱之。歷遷南京通政使，請告歸，卒。

唐文獻，字元徵，華亭人。萬(歷)〔曆〕丙戌廷試第一，授修撰。爲東宫講官，每講畢，大璫出揖，不通一言。輔臣沈一貫忌侍郎郭正域剛直，欲以「妖書」事陷之，文獻邀同列力白其誣，正域獲免。給諫李沂劾大璫，廷杖，文獻徒步掖之，手調湯藥，人多其義。歷禮部侍郎，掌翰林院。卒，謚文恪。從子諸生允振，字叔起，有文行。

王孫熙，字君文，華亭人。萬(歷)〔曆〕乙未進士，授侯官令。入爲大理評事，有大璫坐重辟，行萬金求免，孫熙曰：「爾金如山，我案如山。」論如律。爲台州知府，地有麻枲，民不知織，生女多不舉，乃購工教以經緯之法，嚴溺女之禁。久之，所育女皆任織，名「王公布」。子元瑞，官御史，有清名。

張以誠，字君一，弼(元)〔玄〕孫。肆力於經史、百家，朝章典故，莫不該洽。萬(歷)〔曆〕辛丑廷試第一人，授修撰，遷左中允。疏請東宫出御講筵，以重國本、慰人心，詞旨愷切。尋轉右諭德。丁外艱歸，以哀毁卒。以誠舉止安雅，敦尚名節，士論推重。

張鼐，字世調，華亭人。萬(歷)〔曆〕甲辰進士，由庶吉士歷遷少詹事。上疏言事，語斥近倖，魏忠賢惡之。擢南京禮部侍郎，引疾去，忠賢削其籍。鼐砥礪名節，爲文章通達國體。崇（正）〔禎〕初，起原官。

黄體仁，字長卿，上海人。萬（歷）〔曆〕甲辰進士。時館相國李廷機家，使試館職，謝曰：「某老矣，不足以辱此選，門人徐光啓可也。」光啓遂入翰林，而體仁爲主事。歷知登州府，罷坊市雜税，脱建文忠臣陳迪子孫於戍籍。擢東兖道副使，值歲祲，而福王之國，請盡革迎謁供億諸費，民德之。當路不悦，罷歸。撰《續上海志·田賦》諸篇，最詳覈云。

徐光啓，字子先，上海人。萬（歷）〔曆〕甲辰進士，選入翰林，以少詹兼河南道御史，練兵通州，賜敕如巡撫。歷禮部右侍郎，爲魏黨所劾，落職。崇（正）〔禎〕初召還，轉左。日食失驗，光啓言（歷）〔曆〕久必差，宜及時修正。乃置局修（歷）〔曆〕，以光啓領之，得元太史令郭守敬之意，而法加密。進禮部尚書，尋拜東閣大學士。卒於位，謚文定。所著有《農書》《（歷）〔曆〕指》《漕河議》《兵事卮言》等書。

錢龍錫，字稚文，華亭人。萬（歷）〔曆〕丁未進士，選庶吉士，歷南京吏部侍郎。魏璫銜其不附己，削其籍。崇（正）〔禎〕初年，用枚卜拜東閣大學士，改文淵閣。以定逆案，深爲群小所嫉，因袁崇焕獄陷之死。帝以龍錫素循謹，詞臣黄道周等力救，久始得釋，遣戍。

夏嘉遇，字正甫，華亭人。萬（歷）〔曆〕庚戌進士。授保定推官，廉惠爲畿輔冠。擢禮部主事，時給事中亓詩教、御史趙興邦挾政府恣爲奸横，嘉遇五上疏劾之，亓、趙自引去，時論快焉。天啓初，家宰趙南星用物望自南吏部召爲銓司，署選事，魏璫囑其姻黨誣奏，被斥歸。崇（正）〔禎〕初，贈太常少卿。

錢士貴，字元冲，華亭人。萬（歷）〔曆〕庚戌進士。由知縣擢御史，議移宫、紅丸、挺擊三案，請誅李可灼，論政府罪如律。會魏忠賢竊政，反三案以傾朝士，遂謝病歸。崇（正）〔禎〕初，起故官，歷南大理寺丞。以疾告，家居十餘載，力行善於鄉。後召爲刑部侍郎，未至卒。

許譽卿，字公實，華亭人。萬（歷）〔曆〕癸丑進士。由推官拜給事中，抗疏極論魏忠賢罪。又陳時弊，言廠衛流毒、宦官内操，忠賢益怒，鐫秩歸。崇（正）〔禎〕初，起原官，陳五事，規切廷臣。有訐之者，遂自引去。久之復起。流賊毁鳳陽皇陵，譽卿憤激，發大臣玩寇之罪。後削籍歸。

董羽宸，字邃初，上海人。萬（歷）〔曆〕癸丑進士，授餘姚令。報最，擢御史，巡視山東，預平白蓮妖賊。歷遷吏部侍郎，剛方獨立，忤時相被劾歸。時同邑何萬化，字宗元，萬（歷）〔曆〕壬戌進士，歷官湖東參政，亦平境中妖賊之亂。

張履端，字旋吉，華亭人。萬（歷）〔曆〕壬子，與兄拱端、弟軏端同舉於鄉。丙辰成進士，知晋江、東鹿二縣。在晋江分校戊午鄉試，得漳浦黄道周。在東鹿，有惡少結黨，白晝劫殺人，吏莫敢問，履端誅其首惡，境以寧。滹沱河數决爲城患，乃去河二十里作新城，規制詳密，民忘其遷。天啓中，擢兵部主事，以草疏忤璫，斥歸。崇（正）〔禎〕初，起吏部，未赴卒。弟軏端，字方同，知邵陽縣。楚賊犯境，約苗兵赴急，大破賊於天王寺。有旨獎賚，會卒。

王陞，字超之，華亭人。萬(歷)〔曆〕丙辰進士，爲兵部主事。偕同官張履端代尚書草疏，請省刑薄斂，大忤權瑠意，去職。崇(正)〔禎〕初補本官，歷郎中，薦總理盧象昇專督楚、豫以靖寇。六合縣舊無城，當寇訌淮泗，陞請以兵部所省江南驛站銀築之。累擢太僕寺少卿，以忤時相歸。

杜喬林，字君遷，華亭人。萬(歷)〔曆〕丙辰進士。由主事出知湖州，府枕太湖，故多盜，時王昆崙等竊發，喬林密謀捕擊五十餘日，群盜悉平。累遷浙江右布政使，分巡温處。到官六日，海寇劉香老入犯圍府城，晝夜捍禦。廉得賊諜誅之，出兵奮擊，三戰皆捷。以病告歸。子麟徵，字仁趾，由進士官刑部主事，疏諫大璫總理部務及出監宣大諸鎮事。

葉有聲，字君實，上海人。萬(歷)〔曆〕丙辰進士。己未廷試，由侯官知縣擢給事中，論勤政、治體、言路、仕途四事。尋以忤魏璫削籍。崇(正)〔禎〕時，歷遷河南按察使，兩禦流寇有功。後以左副都御史免官，屏居村墅，以壽終。

陳所聞，字無聲，華亭人。萬(歷)〔曆〕己未進士，授刑部主事。時奄勢方焰，内侍劉朝、李進忠輩繫獄，諸郎無不通殷勤，獨所聞視之如常囚。俄調工部主事，董作山陵，奄人監護恣乾没，所聞莅事精敏，虚冒無所容，群奄奪氣。

董象恒，字有仲，華亭人。萬(歷)〔曆〕己未進士。知開州，白蓮賊倡亂，捕斬之。歷福建參政，討鄭芝龍有功，擢僉都御史。巡撫浙江，捐俸造漕船五百以濟運。時流寇竊發，各省多殘破，兩浙獨完，象恒之力爲多。

趙東曦，字馭初，上海人。萬（歷）〔曆〕己未進士，由知縣擢給事中。論加派、預徵、搜括、捐助皆苟且之政，請興屯塞下，以充軍用。又劾奏奄人王坤監視失策，乞正其罪，悉罷中使監鎮之任。忤旨調外。

張昂之，字匪激，華亭人。天啓壬戌進士。授廬陵令，郡紳有素附魏忠賢，欲改文天祥白鷺書院建璫祠者，昂之力格其事。遂爲所搆，削籍歸。崇（正）〔禎〕初，起兵部主事，知保寧府。張獻忠寇蜀，昂之召募勇鋭，梟其大帥，措餉給兵士，力保巖疆。以功遷川東道，尋告歸。

沈匡濟，字方平，青浦人。天啓壬戌進士。授錢塘令，時勢家侵占西湖爲園田，悉釐正之。歷官山東提學副使。初在浙分校甲子鄉試，烏程凌忠清義渠，其所取士也。

李世祺，字壽生，青浦人。天啓壬戌進士。由行人擢給事中，陳大計當定者二，大弊當去者三，帝納之。力言中官監視諸鎮之非，不能用。又疏劾時相温體仁、吴宗達，忤帝意，貶官。後起行人司副，歷遷太僕卿。

包爾庚，字長明，華亭人。明季以進士知廣東羅定州，戢悍兵，雪冤獄，弭峒徭之變，民建祠祀之。以卓異徵，不赴。

國朝

張安豫，字子建，華亭縣人。由太學生授齊東丞，值東省饑，盜起，安豫單騎入龍山賊營，諭以禍福，皆解甲降。擢齊河令，督餉入京。順治初，授金華府知府，招徠綏輯，政績大著。遷浙西守道。

張安茂，字子美，華亭人，以誠子。順治丁亥進士，授工部主事，分校戊子北闈，稱得人。兼綜漕務，宿弊盡革。歷浙江提學僉事，輯《泮宫禮樂全書》。遷陝西西寧道副使。

諸舜發，字陶叟，青浦人。順治丁亥進士，授户部主事。歷陝西提學僉事，請屬不行，試卷高下皆手自閲定。以積勞，卒綏德州官署，所遺惟圖書數卷而已。

周茂源，字宿來，華亭人。順治乙丑進士，歷刑部郎中，授處州知府。處山路險仄，募民開鑿二百餘里，自是所過若坦途。又招集流亡，給牛種，墾田一千八百餘頃。以逋誤左遷歸。日事著述，有《鶴静堂集》。子綸，字鷹垂，有文名。

王廣心，字伊人，華亭人。順治己丑進士，授行人，歷主事。擢御史，巡視京、通二倉。漕政自明季以來，奸弊百出，廣心事事釐剔，疏凡三十餘上，清操凛然，雖大猾不敢撓。又修築通會河運道，輸挽無阻。以親老乞歸。所爲詩文宏麗，有集。

許纘曾，字孝修，華亭人，明通政使樂善曾孫。順治己丑進士，選庶吉士，陞中允。以才堪外任，轉江西驛鹽道，理郵政以豁民累，除鹺蠹以通商引。遷川東道，時寇孽未殄，從征萬州，及取大昌，皆有功。擢河南按察使，莅職勤敏，刑獄一清。以事罷。復補雲南按察使，尋乞終養歸。

陸振芬，字令遠，華亭人。順治己丑進士。時兩粤未定，破格用才，特擢嶺東惠潮道，隨大軍進討，諸郡邑以次削平。抵任後，招流亡，省徭役，民遂大和。癸巳四月，駐潮總兵郝尚久作亂，兵圍道署，振芬誓死不屈，密遣家人賫蠟丸牒，請兵剿賊，尚久伏誅。力辭題叙，引疾歸里。

沈荃，字貞蕤，華亭人，明大理卿粲裔孫。父紹曾有至行，聚徒授業。荃順治壬辰廷對第三人，授編修，出爲河南大梁道，有政績。洊歷詹事府詹事。卒，謚文恪。荃學行醇潔，名重館閣，書法尤推獨步，爲聖祖所賞。士以一長來謁者，輒爲嘘植。子宗敬，字南季，兼工書畫。康熙戊辰進士，仕至四譯館卿。

顧大申，字見山，華亭人。順治壬辰進士。授工部主事，分司夏鎮河道，節省公費，築城以守，人服其廉幹。晋郎中，出爲陝西洮岷道僉事，卒於官。平日留心經濟，所著《河渠論》，言水利者多採用之。

施維翰，字及甫，上海人。順治壬辰進士，授臨江推官。陞御史。在臺班十七年，所條奏皆關大體。累擢右副都御史，巡撫山東，遷浙江總督。前院疏劾軍士鼓譟一案，縲絏二百餘人，維翰至，即日會讞，多所平反。調福建總督，未抵閩署卒，謚清惠。

王日藻，字印周，華亭人，陞孫。順治乙未進士，授工部主事，由員外郎出爲河南提學僉事，報最，擢參議，補河道，累遷浙江按察、江西布政使，所莅有聲。晋副都御史，巡撫河南，疏請開墾荒田四十四萬餘頃，悉成沃壤。分轄河務，籌畫精密。内遷刑部侍郎，轉户部，歷工、户二部尚書，賦役諸政，裁斷允愜。以事落職。復起，總理高堰河工，勤瘁，卒工所，特復原秩。

王頊齡，字顓士，廣心子。康熙丙辰進士，授太常博士。己未，薦舉博學鴻儒，改授編修，纂修

《明史》，歷工部尚書、武英殿大學士。雍正初，以老乞休，上手敕慰留。年八十四，卒於位，贈少傅，謚文恭。頊齡初以文學進，洊歷卿曹，諳練典故。在政府八載，恪誠純一，以風度稱。弟九齡，字子武，康熙壬戌進士，由庶吉士歷官左都御史。恬静有雅量。

高層雲，字二鮑，華亭人，明檢討承祚孫。康熙丙辰進士，授大理寺評事。擢吏科給事中，章奏屢上，皆秉禮執法，多所彈正。遷通政司右參議，歷太常寺少卿，卒官。層雲工詩文，善書畫，得者寶藏之。

王鴻緒，字季友，廣心子。康熙癸丑進士，廷對第二人，授編修，歷侍讀學士。妖人朱方旦以左道煽惑一時，鴻緒特具疏列其三大罪，方旦伏法。累擢左都御史，總裁《明史》。自工部尚書轉户部，解任歸。後復修《詩經傳説彙纂》及《省方盛典》，並爲總裁官。

張集，字殿英，上海人。康熙丙辰進士，授行人。擢御史，疏免漕田丈量，以除民累，及釐軍政、嚴保題等事。糾庸懦提鎮，不避怨嫌。歷官至吏部侍郎。連丁内外艱，服闋補兵部左侍郎，尋謝病歸。集性樸儉，爲大臣自奉若寒畯，以德量稱。

顧昌祚，字受周，上海人。康熙己酉舉北闈，授江華知縣。粤西苗爲患，唯猺能禦之，前令尅減歲賞，遂不用命。昌祚如額以給，猺悦服，悉力抗禦，四境帖然。後以忤上官意左遷。

徐賓，字虞門，華亭人。康熙戊辰進士。授臨城令，有山名紫壺套，邑之奸民多嘯聚其中，賓單騎諭降之。總理宣沙與桃花口牧馬，皆著勞績。以卓異徵授户部主事，擢吏科給事中，轉刑科掌印，詳陳積貯以杜侵漁，及請截漕米賑山東饑，悉見施行。

曹泰曾，字彙初，上海人。康熙戊午鄉薦，授莆田令，清賦簡訟，御吏嚴察。有大姓殺人，賄府求脱，泰曾力持之，卒正其罪。條邑中利弊六事，請之上官，鋭意興革。尋坐執法被劾罷。從弟炯曾，由貢生知贛縣，亦著政聲。

廖鳳徵，字樾阡，華亭人。選拔入都，大學士陳廷敬重其才品，延爲二子師。康熙癸酉舉北闈，選授林縣令。邑素剽悍難治，鳳徵訓以禮法，俗爲一變。又均平户役，民懷其德。丁内艱歸。

江南通志卷一百四十二

人物志

宦績　四

常州一府

常州府

後　漢

王閎，字選公，無錫人。明《易》及天文。更始中爲侍御史，終陳留太守。不交豪强，人號「王獨坐」。

彭循，字子陽，毗陵人。建國二年，海賊丁儀等萬人據吴，太守聞循勇謀，以爲邑令，循曉儀利害，應時散去。民歌之曰：「時歲倉卒賊縱横，大戟强弩不可當，賴有賢令彭子陽。」

三國　吴

周魴，字子魚，陽羨人。父賓，少折節好交，守廣平，多政績。魴舉孝廉，爲寧國長。錢塘大帥彭式爲寇，以魴爲令，旬月平之。遷丹陽西部都尉、鄱陽太守，誘魏大司馬曹休入皖，邀擊勝之。在郡十二年，恩威並行。子處，見《忠節》。

晋

周玘，字宣佩，處長子。强毅沉斷，有父風烈。石冰據江夏，陳敏反揚州，及錢璯寇陽羨，皆率兵討斬之，三定江南，元帝特置義興郡以旌之。爲吴興太守，甚有威惠，百姓敬愛。卒，謚忠烈。

南北朝　齊

蕭惠基，思話第三子。姊爲桂陽王休範妃，休範叛，高帝以惠基爲軍副，了不自疑。袁粲、劉秉起兵，秉是惠基姊夫，惠基安静無預，帝益恩信。永明中，爲侍中、尚書令。

蕭赤斧，南蘭陵人。爲雍州刺史，勤於奉公，不營産利，累遷太子詹事。卒於家，貧無絹爲衾。

子穎胄，好文義。穎達，好武勇。武帝曰：「兄文弟武，宗室便不乏才。」後穎胄歷官侍中、尚書令，穎達終左衛將軍。

蕭緬，字景業，南蘭陵人。自五兵尚書出爲吴郡太守，有能名。歷遷雍州刺史。所部畏愛，及卒喪還，百姓緣沔水悲泣，設祭峴山爲立祠。

周山圖，字季寂，義興人。宋元嘉中，領白衣隊拒魏兵於瓜步，以功加鎮軍將軍。後事齊高帝，勸帝除沈攸之。及攸之攻郢城，預策其不能克。又贊世子頣留屯湓口，帝是之，領御前西廂直衛。

蕭敷，字仲達，南蘭陵人。少有學業。爲隨郡内史，招懷遠近，士庶安之，以爲前後之政莫及，明帝深稱敷風化之美。

蕭嶷，字宣儼，蘭陵人。都督荆州。初沈攸之開人告訐，囚繫甚衆，嶷至鎮，一日遣三千人。市租素重，悉爲寬假。及爲南蠻校尉，開館立學，風教大振。

梁

蕭景，字子昭，南蘭陵人。初仕齊爲永寧令，政爲百城最。武帝踐阼，歷南兖、雍二州刺史，吏人畏敬，抄盜絶迹。又監揚州，尤稱明斷。遷都督郢州，復有能名。卒，謚曰忠。子勵，歷守淮南、宣城、豫章，皆有善政。及遷廣州，去豫章，人吏俱齎糧食遠送數百里。

蕭昂，字子明，景弟。歷輕車將軍，監南兖州。初，兄景爲兖州，德惠在人，及昂來代，時人方之漢馮氏。終江州刺史。

蕭洽，字宏稱，惠基子。齊永明中舉明經，梁爲南徐州治中。近畿重鎮，前後居者皆致巨富，洽清身守職，妻、子不免飢寒。累遷臨海太守，爲政清平，不尚威猛。

蕭介，字茂鏡，南蘭陵人。少穎悟有器識。大同中，爲武陵王府長史，以清白稱。出爲始興太守，甚著威德。歷遷都官尚書，每軍國大事，必先訪介，帝謂朱异曰：「端右才也。」太清中，帝納侯景，介上表極諫，帝省表嘆息，卒不能用。

蕭琛，字彦瑜，惠基從子。起家齊太學博士。天監中，遷吴興太守。郡有項羽祠，於郡廳事安神座，守多避舍，琛至，叱曰：「生不能與漢祖争中原，久據此何也！」撤之。後頻莅大郡，有名聲，不事貲産。

陳

蕭引，字叔休，介子。方正有器度。避侯景亂，南適嶺表，廣州刺史歐陽紇有異圖，引數規正之。及陳平番禺，引北還，歷庫部侍郎，掌知營造。自吕梁之敗，戎儲空匱，引在職一年，器械充足。後主即位，爲中庶子、建康令，以請屬不行，被譖免官。

蕭瑀，字時文，梁明帝子也。以女兄爲隋晉王妃，歷拜内史侍郎，出守河池郡，擊降部内鈔賊萬人，又擊走薛舉。後歸唐，封宋國公，署秦王府司馬，委以樞筦。與房、杜不協，屢免官，輒復起。太宗嘗賜詩曰：「疾風知勁草，板蕩識誠臣。」後拜太子太保，同中書門下三品。卒，詔贈司空。曾孫定，爲袁、潤等六州刺史，治最。擢太子少師，贈太子太師。

蕭鈞，瑀從子。永徽中累遷諫議大夫、弘文館學士，能直諫。終太子率更令。子瓘，渝州長史，居母喪，毁卒。瓘子嵩，有定瓜州、擊吐蕃功，授同中書門下三品、中書令。子衡。衡子復，復子湛，湛子寘，寘子遘，皆宰相。衡弟華，華子恒，恒子俛，恒弟悟，悟子倣，亦宰相，自瑀至遘，凡八葉。

蔣儼，義興人。貞觀中擢明經第，爲右屯衛兵曹參軍。太宗將伐高麗，募爲使，人皆憚行，儼獨奮然請往。爲莫離支所執，以兵脅之，不屈。高麗平，得歸，帝壯其節，授朝散大夫。高宗朝，進蒲州刺史，摘伏戢姦，號良二千石。後封義興縣子。

高智周，晉陵人。舉進士，爲費令，取俸與丞、尉均，民安其化。累遷壽州刺史，治尚文雅，行部先見諸生，質經義及政得失，既乃録獄訟、課耕桑。儀鳳初，拜同中書門下三品。卒，年八十二，謚曰定。

薛登，義興人。父士通，隋末爲鷹揚郎將，江都亂，據城拒賊。武德初，持地自歸，終泉州刺史。登通貫文史，少與劉知幾齊名。武后時，累遷左補闕，疏言選舉不宜濫，又諫四夷質子不宜留京師。出刺常州，有政績。遷左丞。睿宗初，爲御史大夫，忤太平公主，出爲岐州刺史。後歸田，家苦貧，詔給致仕禄。

蔣乂，字德源，義興人，有史才。貞元間，歷官起居舍人，轉司勳員外，皆兼史職。嘗疏裴延齡罪惡，拒王叔文不與交，當世高之。元和中，預修《德宗實録》。累遷秘書監。卒，謚曰懿。長子係，官史館修撰，參修《憲宗實録》，踵修國史。次子伸，相宣宗。季子偕，歷史官修撰，撰《唐(歷)〔曆〕》及《文宗實録》，俱有名。

徐仁紀，晋陵人。聖(歷)〔曆〕中授右拾遺，數論事不合，遂移疾歸。神龍初，宣慰使表其行可勵俗，召拜右補闕，復抗言，出爲靈昌令。

宋

張觀，字仲實，毗陵人。南唐進士，歸宋拜監察御史。會三司言劍外賦輕，詔觀往按諸州，稍增之，觀疏言不便，太宗然之。歷知黄州、揚州，皆有善政。雅好論事，辭理切直。遷廣南轉運使。卒桂州①。

蔣堂，字希魯，宜興人。舉祥符五年進士，官監察御史。禁中火，宫人多屬吏，堂言：「火起無迹，宜修德應變，歸咎宫人，是重天譴。」詔原之。論郭后不當廢，坐贖。知越州，奏復鑑湖之爲豪右侵者。爲江淮制置發運使，歷守蘇、杭二州，以尚書禮部侍郎致仕，卒。清修好學，有《吴門集》二十卷。

胡宿，字武平，晉陵人。舉進士，尉揚子，救溺數千人。通判宣州，決婦殺其夫之獄，以出平民之被誣者。知湖州，築石塘百里捍水患，民號曰「胡公塘」。召知制誥，言禮部貢士當用三年之制，從之。唐介貶嶺南，中使護往，宿言介如道死，受殺直臣名，帝爲追還中使。拜樞密副使，言南北通好六十年，不宜以捕魚伐葦細事生釁。卒，謚文恭。子宗炎，善爲詩，藻思清婉。舉進士，官鴻臚卿，館遼使，能尊國體。歷知密州，卒。

錢公輔，字君倚，武進人。少從胡瑗學，第進士甲科。知明州，進知制誥。英宗立，陳《治平十議》，以不草翰林學士王疇制，謫滁州團練使。神宗初，復知制誥，兼知諫院。忤王安石，出知江寧府，帝欲召還，安石扼不可。徙揚州，提舉崇福觀，卒。

錢顗，字安道，無錫人。慶(歷)〔曆〕六年進士，知烏程、贛二縣，皆以治行聞。治平末，召拜監察

① 《四庫》本無此三字。

御史裹行。王安石行新法，顗論其談堯、舜而首財利，謫衢州監税，後徙秀州。家貧母老，丐貸以給朝夕。蘇軾贈以詩，有「烏府先生鐵作肝」之句，世因目爲「鐵肝御史」。

葛宮，字公雅，江陰人。舉進士，知南劍州。土豪彭孫憑山澤爲盜，宮遣沙縣尉諭降之。並溪山多産銅銀，吏挾姦罔利，課歲不登，宮變其法，歲羨餘六百萬。三司使聞於朝，論當賞，宮曰：「天地所産，吾顧盜之，又可爲功乎？」徙知滁、秀二州。秀介江湖間，吏爲闢涇瀆上以征往來者，民苦之，宮命撤毁。歷官工部侍郎。

蔣之奇，字穎叔，堂從子。舉嘉祐三年進士，官太常博士。擢御史，上《謹始》五事。歷淮東轉運副使，修水利以食流民。揚之天長，宿之臨涣、横斜，三溝尤其大者，溉田至九千頃。擢江淮荆浙發運副使。元豐六年，漕粟至京師計六百二十萬石，鑿龜山至洪澤爲新河，以避淮險，自是無覆溺之患。知廣州，以平寇功除寶文閣待制。紹聖中，進翰林學士。鄒浩以言事獲罪，之奇貽書通問，責守汝州。徽宗立，召還，擢知樞密院事，尋罷。之奇爲部使十二任，六典會府，以幹辦稱。

胡宗愈，字完夫，宿從子。舉進士甲科。宿謝政，英宗問子弟誰可繼者，以宗愈對，召試學士院。神宗立，兼知諫院。争李定不當爲御史，忤王安石，通判真州。歷御史中丞。哲宗問朋黨之弊，具《君子無黨論》以進。擢尚書右丞，知成都，以清静稱。拜吏部尚書，卒。

錢即，字中道，宜興人。舉熙寧九年進士。崇寧中，爲陝西轉運判官，轉餉稱最。召對，陳靈武、大砦泉不可取。知慶州，築安邊城，包地萬頃，縱畊其中，歲得粟數十萬。知延安府。童貫宣撫陝西，高估金帛，賤入民粟，關中騷然，即極陳其害。貶永州團練副使，起知興仁府，徙太原。卒，謚忠定。

余中，字行老，宜興人。熙寧五年，偕兄貫試禮部，中預選而貫黜，請黜己而薦兄，有司雖不許，士論嘉之。次年魁廷對。紹聖二年使遼，還奏河朔城隍隳圮，乞葺治以戒不虞，宣、靖間金人長驅入，議者始思其言。以諫新法忤旨，謫雲川守，致仕。

邵材，字聖規，宜興人。熙寧間，與父潛同舉進士。嘗爲監察御史，郡上疑獄，刑部議當貸死，用事者以爲不當貸，仍欲坐言貸者。材抗言：「如此，恐獄吏由此不復以疑獄聞矣。」時司馬光極論新法之害，王安石屬材劾光，材曰：「君實正人，可厚誣乎？」即自劾歸。

蔣静，字叔明，宜興人。元豐中舉進士，調安仁令。俗好巫，疫癘流行，病者寧死不服藥，静悉論巫罪，毁淫像三百投諸江。徽宗時，歷顯謨閣待制，知江寧府。茅山道士劉混康以方技得幸，其徒倚爲姦利，静皆置之法。

鄒浩，字志完，晉陵人。元豐中舉進士。哲宗朝官右正言，有請以王安石《三經義》發題試士者，浩論其不可。陝西奏邊功，中外皆賀，浩獨言持勝爲難。京東大水，浩言宜思消復之實。蹇序辰看詳元祐章奏，詆欺不平，浩言：「威福操柄，不宜下移。」又劾章惇不忠慢上，未報。賢妃劉氏立，復力争不可。惇詆其狂妄，削官，羈管新州。徽宗立，召還，遷左司諫。蔡京用事，責衡州，又竄昭州，五年始得歸。稍復直龍圖閣。疾作，楊時往省之，僅存餘息，猶眷眷以國事爲問，語不及私。高宗即位，贈寶文閣直學士，謚曰忠。子柄，陳瓘稱其才高識遠，仕終天台守。

胡交修，字己楙，宗愈從子。崇寧中進士，中詞學兼茂科。建炎中歷給事中，直學士院。李成盜江、淮，朝議親征，上言此將帥之責，不足辱王師，議遂寢。時欲以四川交子行之諸路，極陳不可。又諫大舉之非。薦從子世將守蜀，號稱名帥。出知合州，卒。交修三入翰林，號稱職。自宿、宗愈至交修、世將，皆任禁林。交修裒次爲書，號《世絲綸集》，以侈一門之盛。

胡世將，字承公，宿曾孫。與交修同舉進士，累官刑部侍郎。出知洪州，兼江西安撫使。建昌兵變，以便宜發兵討平之。知成都府，安撫四川。吴玠以軍乏糧，奏請用世將議，用轉般摺運之法，軍儲稍充，公私便之。玠卒，代宣撫川陝，拒守有功，收復隴州，破岐下諸屯。以疾卒於軍，謚忠獻。

霍端友，字仁仲，武進人。舉崇寧六年進士第一，歷官禮部侍郎。疏請侍從補外，即請郡，除待制、知陳州。陳地污下，久雨積潦，水不時泄，乃益開新河二百里，達於淮水，患遂去。致仕卒。

胡珵，字德輝，晉陵人。宣和中進士，受學於楊時。太學生陳東上書，珵爲潤色其文。又與李綱同舟東下，謫梧州，召爲史館校勘。趙鼎當國，以熙、豐、元祐舊史蕪穢，屬珵筆削。以論和議忤秦檜，罷。

張守，字子固，晉陵人。舉進士，再中詞學兼茂科，歷監察御史。高宗駐蹕維揚，上《防淮渡江》六事，忤執政意，遣撫諭京城。還，奏金人必來，願蚤爲備。知福州，止築城之議。時諸將皆以獻俘爲功，守言西河、山東民皆陛下赤子，驅迫以來，宜貸使歸，願留者聽。又請蠲閩民貸常平緡錢十五萬。召拜參知政事，徙知紹興府。建康謀帥，上曰：「建康重地，大臣有德望者，惟張守可。」至鎮卒，謚文靖。孫抑，户部侍郎。

周葵，字立義，宜興人。宣和六年進士。高宗駐驆臨安，擢監察御史，徙殿中侍御史，在職僅兩月，言事至三十章。後以忤秦檜落職。檜死，起知紹興府。孝宗即位，除兵部右侍郎。手詔問錢穀出入，葵言人主不宜留心細故，必有小人導之，蓋指龍大淵、曾覿也。孝宗色動，拜參知政事、同知樞密院。卒，謚簡惠。有《文集》《奏議》。

喻樗，字子才，自祥符徙家無錫。少慕伊洛之學，從楊時游。舉進士，以趙鼎薦授秘書省正字。力言和議之非，忤秦檜，出判衡州，致仕。檜死，起大宗正丞，歷擢浙東提舉常平，以治績聞。樗有人倫鑒，張九成、沈晦、樊光遠輩未第時，俱以第一人期之，後果然。有《易義》《四書性理》《講解》，學者稱「玉泉先生」。

尤袤，字延之，無錫人。舉進士，爲泰興令，修築舊城，金兵入揚州，獨泰興以有城得全，民爲立生祠。遷著作郎，以言事出守台州，築城捍水。除江東提舉常平，值歲旱，單車行部，覈一路常平米，通有無以賑貸。又推行朱熹荒政於諸郡。除太常少卿，兼直學士院，高宗恤禮、廟號皆袤討定。光宗即位，奏願謹初戒始。召除給事中，繳還内除敕令。擢禮部尚書，力勸帝孝事重華宫。袤少從喻樗遊，得程頤之傳。方乾道、淳熙間，道學爲人所忌，袤在掖垣，首言道學有益於治道，孝宗然之。卒，謚文簡。有《遂初文集》。孫焴，禮部尚書。

蔣芾，字子禮，之奇曾孫。舉紹興中進士第二人，授建康理官。孝宗即位，擢起居郎，首奏加意邊防。歷遷參知政事、同知國用，請停招兵以足食，爲《籌邊志》上之。拜右僕射、同平章事。上鋭意恢復，力陳天時、人事未可，忤旨罷政。

李祥，字元德，無錫人。隆興元年進士，歷提舉淮東、淮西運判。兩淮錢不定，祥奏請更鑄紹興新錢，從之。遷國子祭酒，丞相趙汝愚去國，祥上疏力爭，公論藉以立。卒，謚肅簡。

（邱）〔丘〕崈，字宗卿，江陰軍人。隆興進士，爲建康府幕官。以丞相虞允文薦，召對，言恢復之志不可忘，恢復之事未易舉。出知秀州。華亭捍海堰廢，潮歲壞田，蘇、湖皆被害，奏築。三月堰成，瀉鹵復爲良田。累擢四川安撫使。吳挺死，崈乞選他將代之，遂革世將之患。後挺子曦復爲蜀帥，遂叛，人服崈先見。遷刑部尚書、江淮宣撫使。金兵入淮，或勸崈棄廬、和守江，崈曰：「棄淮則與敵共長江之險矣，吾當與淮南俱存亡。」拜同知樞密院事。卒，謚忠定。

葛邲，字楚輔，江陰人。舉進士，歷正言，遷給事中，外戚濫恩除官，邲皆繳奏不行。紹熙初，拜左丞相，專守祖宗法度，薦進人物。卒，謚文定，配享光宗廟。

蔣重珍，字良貴，無錫人。少從尤袤學。嘉定十六年進士第一。簽判建康軍，首以本心、外物二者界限爲言。差通判鎮江府，會火災，應詔陳言，上讀之感動。端平初入對，請召用真德秀、魏了翁。時議出師關、洛，重珍力爭不聽，遂自劾。後以守刑部侍郎致仕。卒，謚忠文。

吳懋，字禹功，晉陵人。崇寧進士，調當塗縣主簿。歲饑，官出粟糶，民坌集，他吏監者多擾亂蹂踐，懋以灰布地，疏其行列，人無譁者。決更十數令不決之訟。入爲吏部員外郎，責王時雍於政事堂，至欲以笏擊之。後知明州，輯兵民，著功效。

耿秉，字直之，江陰人。紹興中進士。律己清方，所至以利民爲事。兩爲浙漕。始以江陰軍認納和買絹疋不堪，請以酒息輸代。繼奏本路數邑版賦重，請蠲減，得減萬數。又申請役法六事，至今遵用。歷官煥章閣待制。

蔡戡，字定夫，晉陵人。登乾道間甲科。持節五年，所部十四郡，歲以礦銀爲病，戡出羨代輸，民甚德之。擢河南憲使，折李昂霄之亂於方萌。寧宗朝爲京尹，歲澇糴艱，戡請發倉粟。侂胄相，請老。

丁逢，字端叔，晉陵人。乾道間進士。金使來賀生辰，怙强驕黠，逢曰：「示弱何以爲國？」上書乞上方劍斬之。上批付宰相：「此人才氣可用。」令安豐、盱眙一縣，皆有殊績。除川秦茶馬使，屏供張，修馬政。累官寶謨閣待制。

强翊，字君翔，晉陵人。元豐五年除金壇簿。章惇少與翊善，翊漸覺惇傾險，心惡之。惇居潤時，翊任屬邑，惇問慰殷至，而翊未嘗通一書。及惇以宰相起，翊自若也，尋引年致仕。

元

陸垕，字仁重，江陰人。以孝友聞。至元間，丞相伯顔兵南下，垕時未冠，直入軍門，論議有合，兵不入境，奏授同知徽州路總管府事。累遷浙西廉訪使，抑豪强，誅貪墨，奏免儒役，及舉行助役法。乞終養歸，卒，謚莊簡。

陳文杰，字漢卿，武進人。以薦授慶元儒學正。浙東帥重其名，遣二子就學，二子挾貴冑無弟子禮，群蒼頭日臂鷹鷂蹦學舍。文杰呵之，扑教二子，奪鷹縱之，復具以白帥，帥益悚敬。尋辟爲掾，累擢東流尹。

明

毛節，字伯尚，武進人。洪武時，以三老奏事入京，題詩金山寺。上遊幸見之，大稱賞，即授御史。巡按江西，出行部，毁淫祠，鋤强暴，一境以寧。

王思明，字克明，武進人。洪武初以薦召侍燕邸，以所校《綱目》及《大學衍義》獻。卒，謚康懿。

朱顒，字德觀，靖江人。洪武初以才行舉爲臨江守，報最，擢吏部侍郎。

錢本中，字德文，武進人。洪武中以薦知吉水縣，單騎入山谷中，撫降亂民之嘯聚者，凡數萬人。後以事免，父老奔走乞留。學士胡廣薦之，復任吉水，民聞本中來，空閭井迎拜。卒於官，民哀慕留葬其地，歲時奠祭之。

吴肇，無錫人。洪武間以耆老拜御史。建文中，諫削奪親藩太驟，又力言李景隆不可用。丁父憂歸。聞靖難兵入都，痛哭幾絶，隱孟墅，以醫養母。時靖江朱𥙿，以薦歷秦府長史，文皇繼統，堅乞歸田。有《雪江集》。

胡濙，字源潔，武進人。建文二年進士，授給事中。成祖即位，疑建文帝尚在，遣濙遍巡天下。還禮部侍郎。仁宗時陳十事，並嘉納之，轉國子祭酒。宣德初，進禮部尚書。正統時，奏汰法王以下番僧千餘人。景泰中，進太子少傅，加太子太師。英宗復位，乞歸。卒，年八十九，贈太保，謚忠安。濙喜怒不形，人稱其德量。歷事六帝，十知貢舉。

殷序，字序賓，無錫人。永樂甲申進士，歷四川布政使。北京初建，採木於蜀，序督役有法。宣德中，平茂州賊有功，轉雲南。致仕，卒。

段民，字時舉，武進人。永樂甲申進士，官刑部郎，以平恕稱。爲山東參政，時妖婦唐賽兒遁，大索天下出家婦女，民力爲矜宥，人情始安。車駕北征，轉餉出塞，費省事給，擢刑部侍郎。卒，謚襄介。子實，端介有父風，累官福建參政。曾孫金，官户部主事，有廉聲。

嚴本，字志道，江陰人。永樂中，以薦授刑部主事。從尚書宋禮採木於蜀，遇烏蒙蠻持兵猝至，本諭①以朝廷威德，皆慴伏散去。遷大理寺正。前後皆歷法官，平反冤獄甚衆。

倪敬，字汝敬，無錫人。祖父峻，洪武時鄉舉，官給事中，諫文皇佞佛忤旨，出使占城，剛正不撓。敬正統戊辰進士，授御史。出按山西，戍將侵餉者悉治之。再按福建，時議開銀礦，抗疏得寢。景泰

① 「諭」，《四庫》本作「論」。

間，陳《敬天修德》六事，謫宜山縣典史。天順初，知祥符縣。從安遠侯柳溥西征，師旋道卒。

楊璿，字叔璣，無錫人，五世同居。正統己未進士，累官副都御史①，歷秦、晋、楚、豫及撫畿內，皆著聲績。

王謙，字益夫，武進人。官中書舍人，因災異，奏疏剴切。景泰初，以太常卿出守夔州，治行爲蜀最，夔人畫像祀之。

杜宥，字叔寬，江陰人。景泰甲戌進士，擢御史，以災異直言，謫典史。遷英德知縣，時鄰境多寇，宥創立縣城，賊至，死守，圍不解，夜縋士焚其營，賊驚潰去。移韶州通判，歸。

盛顒，字時望，無錫人。景泰辛未進士。天順時，以劾石亨、曹吉祥，由御史謫知束鹿縣。立九則法以均徭役，訟者片言折之，民謡曰：「束鹿令，錫山盛。清如水，明如鏡。」郊外有隙地，争來築室居之，遂成市，號「清官店」。累擢都御史，巡撫山東，境内旱饑，顒大修荒政，民賴以濟。

趙敔，字叔成，武進人。景泰甲戌進士，授御史，因言事謫官，尋召還。成化初，首訟于謙等寃。出按江西，歲旱，奏免逋糧二百六十餘萬，貸鹽鈔二載，免漕運一年。秩滿，即擢江西按察使，以忤權貴罷。

① 「副都御史」，《四庫》本作「都御史」。

劉本道，江陰人。由掾吏從靖遠伯王驥征雲南，累官户部侍郎，總督糧儲。先是，漕運京糧陸運四十餘里，本道建議令京軍歇操餘月，運糧至京，而漕運之糧止通州交納，歲省羨耗五十餘萬石。時同邑徐晞亦由掾吏起家，歷官至兵部尚書，以德量稱。

徐溥，字時用，宜興人。景泰甲戌廷試第二人，授編修，歷吏部侍郎。弘治初，拜文淵閣大學士。以目眚乞歸，卒謚文靖。溥性凝重，爲首輔，承劉吉恣睢之後，鎮以安静，務守成法，事有不可，輒疏争之，時稱名相。嘗再廬墓，置義田以贍族人。所著有《謙齋集》。

王㒜，字廷貴，武進人，忠子也。景泰辛未，賜進士第三人。爲南京祭酒，修舉教法，士風丕變。累官吏部尚書。爲人言動不苟，以孝友稱。憫兄子澄之孤，移其廕廕之。嘗購得楊氏别業，其先塋在焉，將徙之，㒜不可，爲闢其垣使祭掃。子沂，字希曾，成化乙未進士，卒官副都御史。事父至孝，中裙、廁牏，身自浣滌。雖貴顯，賓至侍立無倦。所得恩廕，以讓其侄。

白昂，字廷儀，武進人。天順丁丑進士，歷給事中，累擢兵部侍郎。河決武原，昂奉敕往治有功，進刑部尚書。詔修《問刑條例》，昂列定百餘事。内行謹飭，痛弟蚤世，移廕其子，立義學以教宗人。卒，謚康敏。子圻，由進士歷官右副都御史，總督南京倉儲，所莅皆著政績。

吴淵，字本深，武進人。天順丁丑進士，歷守福州，多雪寃獄。逋租萬數，勸諭有方，民不擾而公賦足。同邑毛埕，以舉人歷泉州守，有清節。

秦夔，字廷韶，無錫人。天順庚辰進士。守武昌，治行爲湖廣第一。累官江西布政，所至惠澤及人，既去，皆立祠祀焉。父殁，夔年六十餘，哀毁感疾卒。子鋭，字國英，執喪廬墓，建祖祠，設祭田。

薛爲學，字志淵，武進人。成化丙戌進士，授監察御史。遇事敢言，掌法司章疏，有能名。安撫荆、襄流民，宣布威德，衆賴輯寧。既没，民立祠祀之。

陸簡，字廉伯，武進人。成化丙戌廷試第三人，授編修，預修《宋元綱目》。累擢詹事，兩典會試，號得人。卒於官。簡學問該博，識度超遠。有《龍皋集》。

華山，字仁甫，無錫人。成化乙未進士。知許州，有貴家子犯法當死，監司欲曲全之，山力争，卒抵於法。有奸民以地獻鈞州徽王府，山執不與。入爲部曹，擢湖廣右參議，賑鄖陽饑，築房山城，政績尤偉。

周詹，字克禮，武進人。成化戊戌進士。知萬載縣，以剛直忤郡守，調永春，剖决疑獄，人服其神。遷太僕丞，卒。時無錫張遜由舉人歷涿州守，亦以善决疑獄稱。

陳周，字文美，無錫人。成化辛丑進士，授户部主事。議開引鹽，商人賄司徒以請，周曰：「引故欲開，不當以賄。」力持不可。出爲河南參政，周王侵民田，周判還民。行部得穴金，檄令償汝民逋租，民爲建却金亭。時武進蔣容、江陰邵經，俱以進士先後守潞州，力繩瀋藩之不法，爲王所奏，徵下獄，後釋歸。

莫驄，字日良，無錫人。成化甲辰進士，授工部主事，管濟寧閘。旁有月河，歲决爲患，驄改壩建石閘，歲省費數萬。終兵部郎。有《頤齋集》。時同邑繆昌亦以進士官工部主事，奉敕勘勢家地還民。終四川布政使。

張愷，字元之，無錫人。成化甲辰進士，知東平州。時大璫李興治水張秋，所至笞辱長吏，以要貨賄，獨愷徒手謁之，璫知其廉，無所問。擢守黎平，戢軍惠民，諸苗感化。見黜於逆瑾，瑾誅，陞福建鹽運使。以疾歸，行李蕭然。生平未嘗一介取人，居家三十年，未嘗一入公府。盜嘗夜入其室，發篋空無所得，嗟嘆去。

吴儼，字克温，宜興人。成化丁未進士，選庶吉士，屢遷侍講學士，掌南京翰林院。以忤劉瑾被斥，瑾誅復官，累擢禮部尚書。武宗北巡，抗疏極諫。卒，謚文肅。從弟仕，由進士歷督晋、閩、粤、豫學政，校士精審。仕孫士貞，令上虞有聲，歷禮科給事中。

王珀，字廷瑞，武進人。成化丁未進士，授御史。巡南城，以忤中涓貴戚，謫官。遷南雄知府，善治疑獄。郡有榷場，前守率以墨敗，珀錙銖無私。

華津，字濟之，無錫人。成化丁未進士，授松滋令。以卓異擢刑部主事，遇疑獄，反覆参鞫，盡求生之道。改户部，嘗監通州，倉有怙内監勢請事者，峻拒之。歷廣平知府，太僕丞欲收養馬民免地税錢十之五，津憫民久困養馬之累，遂白巡撫寢其事。遷山西參議，卒。

胡華，字惟峻，武進人。成化丁未進士，授御史，搏擊不避權貴。屢奉敕巡方，皆有能名。歷官布政使。

徐紘，字朝文，武進人。弘治庚戌進士，歷陞廣東按察司僉事，分巡嶺東，式陳獻章廬，建周敦頤書院，築堤扞海潮。嶺南蠻蜑雜居，吏多不檢，紘發姦摘伏，墨吏望風解綬。陞雲南按察副使。

秦金，字國聲，無錫人。弘治癸丑進士，歷官河南參政。行部至封（邱）〔丘〕，擊敗流寇。累擢巡撫湖廣，擒斬劇盜，討平郴、桂及香爐山諸苗。嘉靖初爲户部尚書，以争與獻太后上尊號事，忤旨罷。後起南京户、工二部尚書，致仕。卒，謚端敏。著有《鳳山集》。

夏從壽，字如山，江陰人。弘治癸丑進士，官户部郎，忤劉瑾落職。瑾誅，歷福建布政使，減市舶逾制罪以清盜源，留歲解羨餘以贍軍食。擢撫鄖陽，乞致仕歸。時同邑高貫以進士官浙江副使，有剛直稱。

陳策，字嘉言，無錫人。弘治癸丑進士，守饒州。盜據桃源洞，單騎入巢，諭降之。以洞阻深僻，奏建萬年縣。擢福建參政，平汀漳盜。遷江西左布政，宸濠亂後，撫綏凋瘵，民賴以寧。

貢安甫，字克仁，江陰人。弘治丙辰進士，由知縣擢南御史，劾壽寧侯張鶴齡怙寵驕恣。武宗即位，劉瑾擅政，輔臣劉健、謝遷相繼罷，安甫疏争之。瑾怒，下獄廷杖，斥爲民。瑾誅，起山東僉事，尋引疾歸。

黄昭，字明甫，江陰人。弘治丙辰進士，官職方主事。拒絶諸璫干請，忤劉瑾罷。起福建按察副使，黄田山寇嘯聚，聞昭往，皆散去。又以計平亂兵。昭在正德中與同邑貢安甫、史良佐並列黨籍。

華昶，字文光，無錫人。弘治丙辰進士，官户科給事中，未半載疏七上。己未會試，劾罷考官程敏政。調南太僕主簿，歷遷四川參政。鎮守内臣以重賂啖昶，欲市茶西邊以規利，峻却不許，事遂寖。終福建布政。有《雙梧集》。

湯沐，字新之，江陰人。弘治丙辰進士，由知縣擢御史，忤劉瑾謫官。起廣東僉事，釐剔鹽政諸弊。以楊一清薦，擢浙江布政，平孝豐寇。嘉靖初，巡撫四川，平松潘寇。入爲大理卿，李福達獄起，以奏讞忤旨罷。

莊襗，字誠之，武進人。弘治丙辰進士。令寶坻，外戚、中官窟穴爲奸，襗悉裁以法。邑舊無城，襗請築之，二旬而畢。冢宰倪岳疏襗政績十七條，行之天下，擢户部主事。出督徐倉，發粟賑荒，不待奏報。以忤劉瑾罷。嘉靖初，應詔陳江南十事，特命所司行之。

史良佐，字禹臣，江陰人。弘治己未進士，由行人擢南御史。正德初，與同官共劾劉瑾，請留輔臣劉健、謝遷，下詔獄，廷杖削籍歸。後起雲南副使，平十八寨叛苗，浚治滇池、海口，溉田千頃，滇人德之。

劉乾，靖江人。弘治己未進士，官户部郎，以廉明稱。屢出督餉薊州，民爲立生祠。以忤劉瑾，再被逮。歷南光禄卿，請移本寺額辦煮醪於北寺，詔從之，省費十倍。

葛嵩，字鍾甫，無錫人。弘治己未進士，由行人擢給事中。閱冀州軍儲，核貴戚所侵地歸之民。武宗初，詔核在京諸營衛，嵩釐剔無所徇，積弊盡革。又請出先朝宫人，罷田獵，誅奄竪。忤劉瑾，斥罷。

徐問，字用中，武進人。弘治壬戌進士。守登州，盜賊屏跡。調臨江，築堤七十二所以利民。累擢巡撫貴州，以平獨山土司蒙鉞功，拜兵部右侍郎。歷南户部尚書，乞歸。卒，謚莊裕。問清操絶俗，敝廬蕭然，田不滿百。生平學宗紫陽，有《讀書劄記》《山堂萃稿》。

薛金，字子純，江陰人。弘治壬戌進士，官給事中。劾劉瑾冒耗内帑，謫詹事府主簿。後擢廣西僉事，平妖人李通保之亂，招集岑流諸邑民，全活無算。有《治齋集》。

承天秀，字鍾之，靖江人。正德丁卯舉人，令錢塘。織監畢某謀逆，天秀勒兵爲備，奄不敢發。事聞，奄伏誅，天秀以功擢南陽同知。

丁致祥，字原德，武進人。正德戊辰進士，授户部主事，監軍儲，理鹽課，奸弊一清。漕舟自江達淮，每多阻滯，致祥督漕，興復儀真舊閘，歲省費萬計。歷陝西副使，撫漢中流民，威惠並行。

周金，字子庚，武進人。正德戊辰進士，官給事中。都督馬昂納有娠女弟於後宫，金請誅昂而却其女。嘉靖中，歷撫延綏、宣府，散遣驕卒之圍帥府者。累擢南京户部尚書，致仕。卒，謚襄敏。

毛憲，字式之，武進人。正德辛未進士，擢給事中，疏斥大臣爲奸者數人。武宗西幸，力請回鑾，不報，謝病歸。有《古庵文集》《毗陵人品記》。

顧可久，字與新，無錫人。正德甲戌進士，授行人。諫武宗南巡，下獄廷杖，謫國子學正。世宗即位，擢户部郎，議禮忤旨，復杖闕下。歷廣東副使，備兵瓊海。先是，峒黎出劫，及可久至，皆望風款附。嘗按行諸郡，咨詢黎倭出没之處，相其阨塞險阻，而爲之備禦，繪成《圖説》。後人遵用輒效，爲軍中指南云。

蔣同仁，字公甫，武進人。正德甲戌進士，官寺正。嘉靖初，詔按閩獄，多平反。癸未議大禮，伏闕受杖，幾斃。歷官參議。

周振，武進人。正德丙子舉人。初令餘（于）〔干〕①，再任天台。有橋當要道，水湍激，每造輒圮。振禱於神，因以石柱砥之，橋遂成，邑人神之，名曰「晋陵橋」。前後爲縣八年，俸入悉代貧民輸負，至入覲不能具道里費。兩縣之民立祠祀之。餘（于）〔干〕堂下有槐久枯，振至復茂，人以爲德政所感云。

楊淮，字東川，無錫人。正德丁丑進士，授户部主事。監淮、通二倉，除囤基及額外席草費，罷中官茶果之供。監内庫，奄人例有供餽，悉絶之。歷郎中，以公勤廉慎稱。嘉靖初，切諫興獻帝祔廟，再被廷杖，卒。後贈太常少卿。

惲釜，字器之，武進人。正德辛巳進士，知安陸州。獻陵更制，董役中官恣肆，御以禮法。遷知温州府，人以十善頌之。郡人張孚敬當國，釜同年也，惡其剛直不阿，調成都。

張衮，字補之，江陰人。正德辛巳進士，歷國子監祭酒。世廟時，逮繫議禮諸臣，侍郎何孟春、員外林惟聰等抗疏忤旨，衮上疏申救。奏罷陝西織造，止雲南採辦，撤浙江内監。有《水南集》《江陰縣志》。

① 據《四庫》本改。下同。

華金，字子宜，無錫人。正德辛巳進士，歷天津副使，以抗直忤上官，乞致仕歸。至戚陸完爲太宰，金在都，足不及其門。完敗，收其母喪於獄，并恤其孤。同年張孚敬貴顯，欲援以共事，金峻却之。

孫鑾，字朝望，武進人。正德辛巳進士，授刑部主事。嘗勘一獄，侍郎某授之意，鑾不可。出讞楚獄，冤抑悉得平反。守漢中，修堰溉田，置衛弁之貪墨者於法。歷雲南副使，邊儲素窘，鑾括羨賦，捐浮費，積至萬緡。擢太僕卿，歸。

華察，字子潛，無錫人。嘉靖丙戌進士。居部曹，與王慎中、唐順之輩講習詩古文有名。累官侍讀學士，掌南翰林院。嘗奉使朝鮮，却國王餽。典鄉、會試，稱得人。居鄉築城、繕學、減租、助役，尤多義舉。

唐音，字希古，武進人。嘉靖戊子舉人。令雞澤，清介自持，上官下令有不合，輒格不行。後卒官，幾無以殮，自部使者以下皆賻之，子一麟堅辭不受。一麟後舉進士，官南吏部，亦以節行著。

唐順之，字應德，武進人。嘉靖己丑會試第一，選庶吉士。調兵部主事，改編修，忤座主張孚敬，以吏部主事罷歸。久之，選宫僚，起春坊司諫，疏請元旦朝東宫，復削籍。時屢有邊警，又倭躪江南北，以薦起，歷兵部郎中。出視薊鎮邊務，條上便宜九事。尋視師浙直，敗倭有功，加右通政，擢撫淮揚，上《海防善後》九事，以勞卒官。順之學問該洽，尤長古文，有《荆川集》。又取古今載籍，區分部居爲左、右、文、武、稗五編行世。崇（正）〔禎〕時，追謚襄文。

黄正色，字士尚，無錫人。嘉靖己丑進士，令南海。邑人霍韜，座主也，其宗人有犯，繩以法。韜賢之，薦擢南京御史。劾尚書張瓚，坐奪俸。護視章聖太后梓宫南葬，劾同行巨璫鮑忠等不法，反爲所構，下獄搒掠，謫戍遼東。隆慶初，起南太僕卿。卒，祀遼陽三忠祠。子學海，由進士官贛州守，清介有父風。

張選，字舜舉，無錫人。嘉靖己丑進士，蕭山知縣，報最，擢給事中。諫郭勛代祭太廟，干上怒，廷杖八十，已甦復甦，謫爲民。居職僅三月，建言得罪，名動海内。隆慶初，起通政司參議。

薛甲，字應登，江陰人。嘉靖己丑進士，官兵科給事中。時方士邵元節用事，輔臣夏言陰與交通，甲四疏指切時事，排斥異端，因忤言謫官。後歷四川兵備僉事。

尤魯，字懋宗，無錫人。嘉靖壬辰進士。以行人使汴藩，歸陳藩臣虐民之害。累官工科都給事中，劾罷勳臣倖宦鬻權軍伍者五人，請節幸御，保聖躬，蕃皇嗣，辨異端。擢順天府丞，攝尹事，奏革占役借馬，出巨璫故入死罪十人，擒大猾於戚畹宦寺之門。

徐材，字懋卿，江陰人。嘉靖丁酉舉人，授兖州府推官。州有疑獄久不決，材至，廉得其實，遂具獄，論如法。河决曹縣，捍築有功。歷遷刑部郎。居鄉嘗畫税法，以均官民。時同邑湯明善，亦以舉人倅嚴州，理寃獄，築湖堤，遷淮府長史。

萬士和，字思節，宜興人。父吉，桐廬訓導，有學行。士和嘉靖辛丑進士，選庶吉士，授禮部主事。出爲湖廣參政，撫納叛苗二十八砦。累擢副都御史，督南京糧儲，奏行便民六事。萬（歷）〔曆〕

初，拜禮部尚書，以剛直忤張居正，謝病歸。卒，謚文恭。有《履庵集》。

周敖，武進人。嘉靖辛丑進士，廉潔峭直。官登州守，除猾捕盜，人服其神。以憂歸。卒，貧不克葬，御史周如斗爲助其費。

尤瑛，字汝白，無錫人。嘉靖甲辰進士。留心韜略，手畫《九邊圖》，著論三十篇。官儀制司主事，力清藩府之賄。出爲廣東僉事，平劇賊四十餘巢。遷江西參政，卒。子鏜，亦有詞學，選卬州判官，不赴。有集數百卷。

劉光濟，字憲謙，江陰人。嘉靖甲辰進士，累官南兵部尚書。嘉靖間，民苦賦役，光濟撫豫時爲一條鞭法，奏聞，通行天下。萬〔歷〕〔曆〕初在南樞，首輔張居正奪情議起，或諷其具疏請留，堅執不從。居正恚，嗾御史論罷。

金九成，字鳴韶，武進人。嘉靖甲辰進士。初令定海，鋭意興革，修築捍海堤，人號曰「金公塘」。調章（邱）〔丘〕，治行悉如定海，吏畏民安。遷主事，卒。弟九皋，令武康，有救荒善政。

曹三暘，字子泰，宜興人。嘉靖甲辰進士，授大理評事，歷官工部尚書。生平精於法律，獄詞一經其手，情法帖然。又諳國家典故，每遇正務人不能决者，徐以片言定之。子司勳，孫應秋，並舉進士，有文采。應秋歷官參政。

秦梁，字子成，無錫人。嘉靖甲辰進士，授南昌推官，除劇盜。擢給事中，京師築外城，被命董役，同事宦官侵冒工帑，劾罷之。歷通政司參議，忤嚴嵩，出督浙學，諸生鄉試，中式九十五人，而梁所首拔居五十有六。屢遷江西布政使。

（邱）〔丘〕緯，武進人。嘉靖丁未進士，授侯官令，在任四載，考績爲天下第一。擢户部郎，督儲通州，移昌平，正運弁乾没之罪。出守南陽，以清勤卒官。

汪汝達，字志行，無錫人。嘉靖癸丑進士。令黄巖，邑瀕海故無城，島倭入寇，汝達捐俸倡衆築之，三月城完。及寇再至，民恃以固守。歷官參議，清操絶俗，致仕歸，鬻居以食。黄巖士民知其貧，醵八十金，聞於官郵致之，適病卒，遂以爲殮。

周子義，字以方，無錫人。嘉靖乙丑進士，選庶吉士。歷南國子監司業，南雍諸生素窳惰不振，子義教飭有方。輔臣張居正奪情，南都九列俱具疏請留，子義以正論告祭酒，故成均獨無疏。居正没，始遷禮部侍郎，改吏部。生平究心經世之學，熟習國家典故。及爲會典總裁，披校尤勤。卒，謚文恪。所集有《國朝故實》二百卷。

胡涍，字原荆，無錫人。嘉靖乙丑進士，歷知永豐、安福二縣，入覲至不能具橐裝。擢御史，首論大璫，馮保銜之。會慈慶宫災，延燒連房，涍請放遣先朝後宫。保摘其疏語以激帝怒，斥爲民。同邑華察知其貧，以負郭田二頃餉之，辭不受。自號爲民御史，放情山水間以卒。

施夢龍，字伯雨，無錫人。隆慶戊辰進士，知武定州，政聲與前守王鑑埒。報最，擢户部員外，権税淮西，商民感悦。遷刑部郎，恤刑畿内，有明允之稱。歷江西副使。

吴中行，字子道，武進人，尚寶丞性子。隆慶辛未進士，選庶吉士，授編修。首上疏劾張居正奪情事，廷杖削籍，直聲震天下。居正死，起故官，歷陞掌南翰林院，風節尤著。子亮、奕、元，俱舉進士。亮官御史，亦以剛直聞，終大理少卿。奕令龍溪。元官湖廣布政。皆有聲績。季子襄，由舉人歷滄州知州，以忤巨璫罷。

范鳴謙，字貞夫，江陰人。隆慶辛未進士，令龍溪。擢御史，出按真定諸郡，郡多貴戚，一裁以法。浙中兵民相繼告變，敕往巡視，僇其渠魁，反側以安。

唐鶴徵，字元卿，順之子。隆慶辛未進士，授禮部主事，歷南太常少卿。計殲妖人劉天緒，劾璫毆屬丞，正其罪。以病免，與顧憲成等講學東林。以博洽聞，年逾八十，手不釋卷。

施策，字懋揚，無錫人。隆慶辛未進士，授禮部主事，改南吏部，攝考功郎，掌計典既核且嚴。尋奉使高麗，力却魄遺。清操上聞，擢南太僕卿。駐滁陽三年，清馬政，蘇驛困，滁人德之。孫元徵，由進士歷湖廣、福建僉事，有平巨寇功。(元)〔玄〕孫熙，舉人，有文行。

秦燿，字道明，無錫人。隆慶辛未進士，官給事中，多所建白，累擢僉都御史。出撫南贛，平岑岡劇賊，擒南雄妖僧。自贛移楚，歲旱饑疫，疏請糴穀行賑，全活及收瘞無算。有《荒政摘要》。

孫繼皋，字以德，無錫人。萬(歷)〔曆〕甲戌廷試第一，歷官吏部侍郎。嘗疏救御史曹學程于獄，及諸言官之被譴者。佐銓時，屢陳選途壅滯之弊。以諫孝安太后山陵事忤旨，罷歸。繼皋清不近名，峻不絶俗，獨能持大體。

嚴一鵬，字化卿，無錫人。萬(歷)〔曆〕丁丑進士，以母老不謁選。越七年，始授行人。擢御史，劾廠監張鯨置之法，又劾湖廣税監陳奉。出按山東，疏請罷礦税，不報。條列税監陳增贓私二百萬，增以憂死。巡方三年乃得代，歷刑部左侍郎，卒。

萬象春，字仁甫，無錫人。萬（歷）〔曆〕丁丑進士，選庶吉士，改給事中。議復建文年號，加景帝廟謚，酌議藩禄，裁内侍，止内操，前後七十餘疏，多見施行。歷巡撫山東，時倭寇朝鮮，登、青、萊三郡戒嚴，象春選兵儲餉，東郡恃以無恐。疏論礦税之害，忤礦璫，引疾歸。

吴達可，字安節，宜興人。萬（歷）〔曆〕丁丑進士，由知縣擢御史。視鹽長蘆，值歲祲，繪《饑民十四圖》上之，請賑貸。按江西，劾税璫潘相罷。還掌河南道，佐總憲温純京察。時沈一貫當國，達可挺立不阿，正人賴之。累遷通政使，告歸，卒。子正志，由進士官刑曹，劾言官之排擊正人者，謫宜君典史，直聲震一時。後歷江西僉事。

李應祥，字善徵，無錫人。萬（歷）〔曆〕丁丑進士。知臨海縣，海倉險遠，委輸者苦之，應祥請改折。又出帑金市馬，以紓牧馬之困。參議陝西，調護礦事，官私咸便。尋調督學，卒。

侯先春，字元甫，無錫人。萬（歷）〔曆〕庚辰進士，官給事中，條列《轉漕救荒》十五策。播州獻俘，疏請年十六以下者皆免死。閲視遼陽，劾罷大帥之不職者。税監高淮糾斥鎮將，先春力争非制，帝怒，謫官。卒，後贈太常少卿。孫鼎鉉，進士，官户部主事。

袁一驥，字季友，江陰人。萬（歷）〔曆〕癸未進士，官禮部郎，請復建文年號，即得旨改正。累擢閩撫，力裁税璫高宷之横。并疏劾其不法，即撤回京，閩人歡呼。尋乞歸，閩人思其德，立專祠祀之。

徐常吉，字士彰，武進人。萬(歷)〔曆〕癸未進士，授中書舍人，擢南户科給事中。户科故攝後湖黄册，所入不貲，常吉皭然不染。督學房寰貪墨不法，劾斥之。外轉浙江僉事，未任卒。

史孟麟，字際明，宜興人。萬(歷)〔曆〕癸未進士，選庶吉士，改給事中。冢宰孫鑨、考功郎趙南星掌京察，孟麟實左右之。南星斥，亦引疾歸。砥礪名節，預東林講會。起太僕少卿。挺擊事起，疏請立皇太孫，以絶覬覦，被謫歸。後起南禮部主事，至太僕卿。

沈應奎，字伯和，武進人。萬(歷)〔曆〕乙酉舉人。守裕州，有惠政。冢宰孫丕揚過裕，不往迎謁。孫突入其署，見方烙餅炙韭，因與共食。入朝薦其廉，擢主事。出知汀州，税監高宷恣横，憚應奎，不敢入其境。歷南光禄少卿，坐黨事削籍。

顧允成，字季時，憲成弟。萬(歷)〔曆〕丙戌進士。時新用鄭貴妃，允成對策，極言内寵群小之害，執政駭且恚，置末第。會御史房寰劾南都御史海瑞，允成奏寰欺妄，詔以出位言事，奪冠帶還家。久之，由教授歷禮部主事。三王並封，抗疏争之。未幾，以劾輔臣謫官，乞假歸，從兄講學東林，先後居官僅六十日。後贈光禄少卿。有《(季)〔李〕時大辨》①《小辨〔齋〕偶存》②二書。

安希范，字小范，無錫人。萬(歷)〔曆〕丙戌進士，歷南吏部主事。時政府多斥異己，希范上言輔

① 此書原名《李時二大辨》，一名《朱子兩大辨》，見《千頃堂書目》卷十一。
② 據現存明《顧端文公遺書》本、清《四庫全書》本、光緒二十三年刻本改。

臣誤國不忠，正人如趙用賢、趙南星、孫鑨等先後被斥，忠言如高攀龍反蒙重譴，乞嚴諭閣臣，無挾私植黨。疏入，削籍歸，與高、顧諸賢講學東林。天啓初，贈光禄少卿。

王就學，字所敬，武進人。萬（歷）〔曆〕丙戌進士，授户部驗糧廳主事。中官需索横恣，解户有累死不得掣批者。就學稱引祖制，章兩上，卒得請，著爲令。改禮部，進員外，又調吏部。以諫仁聖太后梓宫將發，有遺官代送之詔，具疏力諫，忤旨削籍。

龔道立，字應昇，武進人。萬（歷）〔曆〕丙戌進士。初授兵曹，有懦①帥畏寇求内徙，廢帥落職求起用，挾重賂以進，皆拒而罷斥之。出知建寧，弭亂卒，拊窮黎。及入覲，鬻家産以資行李。歷湖廣按察使，乞休歸。

薛敷教，字以身，武進人，應旂孫。萬（歷）〔曆〕己丑進士。以直言忤閣臣，勒回籍。起歷國學助教，争三王並封事，因申救考功郎趙南星，謫光州學正。乞養歸，垢衣糲食，一介不取。家居二十年，力持清議，鄉人不敢爲非。與顧憲成兄弟講學東林。卒，贈尚寶司丞。

周繼昌，字文白，無錫人。萬（歷）〔曆〕己丑進士。由禮部郎出爲湖廣僉事，值王師征播，召募齎送，經畫得宜。改命督學，以艱去。起補山西，晋藩素慢士，每禁士府第，又有巡按欲以私隙殺士，繼昌皆力争得免。遷浙江温處道，討平礦賊。擢順天府丞，未任卒。

① 「懦」，《四庫》本作「儒」。

葉茂才，字參之，無錫人。萬（歷）〔曆〕己丑進士，官南工部主事，榷税蕪關，課滿輒縱商船不復取税。累擢南太僕卿，以建言引歸。天啓中，擢南工部侍郎，致仕。凡通籍四十年，十九在告。與高、顧講學東林，清介絶俗，布衣蔬食終其身。

陳幼學，字志行，無錫人。萬（歷）〔曆〕己丑進士。知確山、中牟二縣，有異政。擢刑部主事，恤刑畿内，多所平反。出守湖州，收大猾三人杖殺之，豪强屏息。諮訪民情，無微不達。御史録其治行三十六事，上之於朝。歷江西副使，歸。起太常少卿，卒。著有《禮樂考》諸書。

張納陛，字以登，宜興人。萬（歷）〔曆〕己丑進士。由刑部主事調禮部，時有三王並封之議，納陛與同官顧允成等力争之，事得寢。趙南星掌内計，以執法忤輔臣被斥，復疏救甚力，謫鄧州判，尋乞歸。預東林講席，闡發精切，顧憲成深推重之。

儲昌祚，字立寵，宜興人。萬（歷）〔曆〕己丑①進士。令鄱陽、浦城二縣，有政績，兩邑俱建祠祀之。歷四川兵備副使，致仕歸。居鄉以厚德稱。歿後數年，邑有民變，焚毁巨室廬墓，獨相戒勿犯儲氏。

顧言，字尚實，江陰人。萬（歷）〔曆〕壬辰進士。令慈谿，捐俸遷縣治，民不知役。抑礦璫，定軍變，開杜、白二湖以興民利。歷四川參政，卒。時靖江孫同倫由舉人令德化，築封廓、桑樂二洲石堤

① 「己丑」，《四庫》本作「壬辰」。

百餘里，更置石閘以泄潴水，民賴之。歷官雲南參政。

湯兆京，字伯閎，宜興人。萬（歷）〔曆〕壬辰進士。令豐城，擒劇盜，報最。擢御史，劾宮闈之橫，論礦税之害。掌河南道，主察典，斥去湯賓尹等數人，力請福王之國。論冢宰趙焕擅權，遂奪俸，以不得其職告歸。居官清正，負時望，清議倚以爲重。卒，贈太僕卿。

孫慎行，字聞斯，武進人。萬（歷）〔曆〕乙未廷對第三人，授編修，累官禮部侍郎，署部事。合文武諸臣，伏闕力請福王之國，尋告歸。熹宗立，召拜禮部尚書。論紅丸一案，斥輔臣方從哲之罪。秦藩由旁支進封，賄近倖，封四子郡王，力争不得，即引疾歸。魏忠賢擅權，修《三朝要典》，奪慎行官，遣戍寧夏。懷宗初起故官，召入，未及奏對卒，謚文介。慎行學行醇潔，爲一時縉紳冠。

陳于廷，字孟諤，宜興人。萬（歷）〔曆〕乙未進士。由知縣擢御史，劾閣臣朱賡當斥。視鹺河東，劾税使張忠撓鹽政。按江西，糾湖口税閹潘相罪。天啓中，累擢吏部侍郎，攝尚書事。以會推冢宰忤魏忠賢，斥爲民。懷宗初，起南京右都御史，主察典，盡斥諸不肖者。召拜左都御史，加太子少保，復以奏事伉直，削籍歸。于廷負清望，端亮有守，同邑周延儒當國，一無所附麗。

顧應暘，字太初，無錫人。萬（歷）〔曆〕丁酉舉人。由南刑部郎出守思恩，地險多盜，應暘募人鑿山闢路，且計道里設戍守，由是行旅無虞。又以誠信撫土猺，境内以寧。遷蒼梧道，引疾歸。

劉元珍，字伯先，無錫人。萬（歷）〔曆〕乙未進士，授南禮部主事，進兵部郎中。會京察，論劾執政沈一貫比暱僉人、罔上不忠，謫極邊。後起光禄少卿，卒於官。罷歸與錢一本爲同善會，行義重於時。

何士晋，字武莪，宜興人。萬（歷）〔曆〕戊戌進士，由推官擢給事中。遇事敢言，論張差挺擊事，疏三上。鄭國泰出揭辨，再劾之，出爲浙江僉事。天啓初，巡撫廣西，敗安南有功，擢總督兩廣。魏忠賢用事，以争挺擊削籍歸。

李守俊，字念劬，宜興人。萬（歷）〔曆〕辛丑進士。歷户部主事，榷九江，未及期課滿，即放關免税，商人建祠祀之。擢廣西布政，時海内藩司皆爲魏璫建生祠，耻之不赴，坐黨高攀龍削籍聽勘。崇（正）〔禎〕時，復起湖廣布政，卒於官。同邑路進，以進士守湖州，歲饑盜起，責成太湖漁舟，巨盜咸就縛。歷官布政使。

龔三益，字仲友，武進人。萬（歷）〔曆〕辛丑進士，選庶吉士，累遷侍講。奉詔使楚，藩王年少而驕，閹人導從掖門入，三益峻責之。王慚，闢中門見。乙卯，典試北闈，爲忌者所中，左遷湖廣參政，引疾歸。子九疇，亦成進士，有文名。

吴宗達，字上（干）〔于〕①，武進人。萬（歷）〔曆〕甲辰廷對第三人，授編修，歷東閣大學士。時政尚操切，宗達劑量於寬嚴之間，裨益殊多。有言官得罪，特旨立决，宗達揭救得免。又疏争分遣中官監邊鎮軍。卒，謚文端。

① 據《四庫》本改。

周炳謨，字仲覲，子義子。萬（歷）〔曆〕甲辰進士，選庶吉士，歷禮部侍郎。纂修《光宗實録》，載三案事，直筆無所阿，忤魏璫。有武闈所取士許顯純請介紹於璫，厲聲拒之，即日告歸。其黨因劾所纂《實録》非實，削職。炳謨已前卒矣，後追謚文簡。

華元禔，字爾遐，無錫人。萬（歷）〔曆〕甲辰進士。授新鄭知縣，調商（邱）〔丘〕，給牛置屯，募民①助墾，稽其積散而賞罰之。商俗好爲掾史以避役，元禔第墾田多者用之。以治最擢御史。

鮑際明，字伯參，無錫人。萬（歷）〔曆〕甲辰進士。授海康令，地震城圮，而欽州以變告，際明爲慰撫部署，民以無恐。調同安，獎拔寒士。再調寧都，清郵傳，察姦胥，時推爲百城表。

錢春，字若木，武進人，一本子。萬（歷）〔曆〕甲辰進士，由知縣擢御史。按湖廣，劾守備中官，又抗疏論首輔方從哲，出爲福建參議。後遷光禄卿，偕九卿疏糾魏忠賢，削籍歸。後起通政司，累擢户部尚書，督倉儲攢運，除漕船壓白糧之弊，白糧先漕行自春始。尋改南户部，以申救黄道周罷歸。

陸大受，字凝遠，武進人。萬（歷）〔曆〕丁未進士，歷户部郎中。疏請減福王莊田，劾鄭國泰驕恣亂法，又力争挺擊事，出守撫州，以清節聞。大受身非言官，遇事敢言，坐京察罷。後薦起，未用卒。

華敦復，字雍明，無錫人。萬（歷）〔曆〕丁未進士，由户部郎出知嚴州，歷遷四川布政使。時有議加蜀糧六十萬者，以去就力争得寢。預平奢酋，叙功受賞。

① 「民」，《四庫》本作「力」。

許鼎臣，字爾鉉，武進人。萬(歷)〔曆〕丁未進士。歷光禄丞，以忤魏璫歸，後起本寺少卿。寧武兵叛，擢撫山西，請蠲租恤貧，增餉募士，兵民感賴，寧武遂平。在晋甫十月，前後八十餘疏，墨吏敗將，悉正其罪。旋奉命協剿河南流冠，爲監璫論罷。

陸完學，字汝成，武進人。父南陽，以貢授善化令，有清名。完學舉萬(歷)〔曆〕丁未進士，官浙江僉事。歲饑，或議減米價，完學謂杭不產米，減價則商裹足矣。越數日，商舟四集，價果平。擢撫浙江，海潮壞堤，漂没萬計，完學修築海塘，始免冲潰之患。累官兵部尚書。

董應揚，字于廷，武進人。萬(歷)〔曆〕己酉舉人，累官兵部員外，以廉能著。時京僚有進馬之額，應揚貧，質束帶，及邸舍，用物以應。里中以孫慎行、張瑋與應揚爲「三清」。

莊起元，字中孺，武進人。萬(歷)〔曆〕庚戌進士，歷户部郎。督餉天津，籌畫海運，省公帑鉅萬。大璫崔文昇等督漕，監司皆執屬官禮，起元獨與抗衡。終太僕少卿。弟廷臣，同年進士，歷鄖陽守。罷建魏璫生祠，以氣節著。累遷湖廣布政。

范世正，字獻吉，靖江人。由庚戌副榜令羅田，邑介麻、黄間，豪紳大猾持吏短長，又民素刁悍，世正爲治嚴明，一無縱舍，始各斂戢。清汰里役，令行禁止。遷廣平郡丞。

繆昌期，字當時，江陰人。萬(歷)〔曆〕癸丑進士，選庶吉士。挺擊事起，力言主風癲之非。授檢討，即移疾歸。天啓初，起遷左贊善，進諭德。楊漣劾魏忠賢，有言昌期代草疏者，忠賢大恚恨，遂落職。繼入織監李實疏中，逮繫追贓，拷掠斃於獄。後贈詹事，謚文貞。

毛士龍，字伯高，宜興人。萬（歷）〔曆〕癸丑進士，由推官擢給事中。楊漣以譴去，抗疏請留。內侍劉朝以盜貲下獄論死，夤緣魏忠賢得釋，士龍嚴劾之，諸奄恨刺骨。又數忤魏璫，再削籍，謫戍平陽。尋逮治，潛匿以免。崇（正）〔禎〕初起用，歷僉都御史。

周鼎，字在調，宜興人。萬（歷）〔曆〕癸丑進士，授平陽推官，歷總河侍郎，加工部尚書。明末河決長山，泇河塞，決策開之，三月告成。次塞決口，築遥、縷二堤。邳州三面距河，屢被河患，請改河羊山外，州遂以安。

李應昇，字仲達，江陰人。萬（歷）〔曆〕丙辰進士，授南康推官，出冤民十九人於死，撤湖口關稅，復白鹿洞書院。擢御史，抗疏糾魏廣微、魏忠賢，又代都御史高攀龍草疏劾崔呈秀。閹黨曹欽程劾應昇，遂削籍。繼竄入李實疏，逮繫追贓下獄，尋斃之。崇（正）〔禎〕初，贈太僕卿，謚忠毅。子遜之，字敏公，隱居不仕，著述甚富。

蔣允儀，字聞韶，宜興人。萬（歷）〔曆〕丙辰進士。天啓初，由知縣擢御史，劾張鶴鳴、方從哲及王紹徽。時魏忠賢擅權，因冬至上《扶陽抑陰疏》，中旨切責奪俸。出按陝西，適王紹徽秉憲令，嗾其門人劾罷之。崇（正）〔禎〕即位，起掌河南道，主京察，貶斥甚多，仕路一清。歷撫鄖陽。

儲顯祚，字文曙，宜興人。萬（歷）〔曆〕丙辰進士，官户部郎。監內官儲，庵聚而譁，撻其首一人。天啓初，出理延寧糧儲，延鎮缺餉萬數，顯祚便宜調劑，軍心以安。遷襄陽知府，有貴戚恣横，悉裁以法，不少貸。值魏忠賢用事，前所撻其黨也，即乞歸。後復起，歷湖南按察使。

張瑋，字席之，武進人。萬（歷）〔曆〕己未進士。由户曹調職方郎中，爲廣東提學。撫臣爲魏瑺建祠，欲瑋撰上梁文，自投劾歸。崇（正）〔禎〕初，起備兵嶺北，山寇蹂躪郡邑，瑋身冒矢石，搜斬無算，又傳檄諭賊降之。歷遷左副都御史，時總憲劉宗周、僉都御史金光辰與瑋同視事，臺中肅然，京師目爲「三清」。卒，謚清惠。

張有譽，字誰譽，江陰人。萬（歷）〔曆〕己未進士，授南户部主事，榷邗關，五尺以下舟悉免其税。歷江西糧道。天津有警，以兵法部勒漕艘五千餘，退入海口，事定抵通。擢四川按察使，兼攝藩篆。癸未大計，舉清廉第一，累官南户部倉場侍郎。

周詩雅，字廷吹，武進人。萬（歷）〔曆〕己未進士。令寶坻，革馬户侵占。魏瑺黨莊客二人倡白蓮教，畿輔騷動，以計除之。左遷上林簿，歷貴州提學僉事。

白貽清，字希賢，武進人。萬（歷）〔曆〕己未進士，授户部主事。備兵榆林，有水泉、三條溝、張義堡諸捷。歷户部侍郎，督餉宣大。進尚書，總督倉場，簡任司屬，攬持紀綱，得大臣體。

貢修齡，字國祺，江陰人。萬（歷）〔曆〕己未進士。令東陽，以治行卓異，擢刑曹，引經斷獄，時稱明允。出爲浙江參議，督漕運，盡削陋規。歷江西參政。

盧象昇，字建斗，宜興人。天啓壬戌進士。知大名府，擒劇盜馬翩翩。遷大名兵備，扼守要害，屢破流寇。尋撫鄖陽，剿湖南北，諸賊殆盡。遂總理七省軍務，大破李自成於汝，又擊破諸賊於滁，俘斬無算。改總督宣大，大興屯政，積穀二十萬。會丁外艱，候代，畿輔告警，特命起復，督師入援。

與本兵楊嗣昌忤，孤軍次鉅鹿縣南十里賈莊，力戰死。象昇三賜尚方劍，未嘗戮一偏裨，愛才恤下。畿民聞其死，皆雨泣。贈太子少師、兵部尚書，謚忠烈。又與弟象觀再見《忠節傳》。

秦堈，字儼海，無錫人。天啓壬戌進士。由知州入爲户部郎，管東宫廳，節費辭羨，以清廉稱。巨璫張彝憲督理户、工二部，屬視諸曹，堈不爲屈，忤璫告歸。

周士登，字伯昇，武進人。天啓乙丑進士，歷川東道。闖賊犯夔州，掠夔餉數十萬，朝議嚴詰，百姓聞之，争先樂輸，旬日間充舊額。仍命監軍四省，率兵追寇，擒賊首一字王、普天飛等。

劉憲章，字端甫，武進人。崇(正)〔禎〕丁丑進士，官御史。巡城行保甲法，貴戚、奸民屏息不敢横。疏救劉宗周、張瑋、金光辰，尤著直聲。同邑劉呈瑞，以進士官御史，按京畿不避權貴。畿輔告警，力守通州，諸城多潰，惟通獨全。

趙繼鼎，字止安，武進人。崇(正)〔禎〕庚辰進士，授公安令。時新徙縣治，經畫撫綏，甚有條理，勢豪猾吏，懲治不少貸。惠藩承奉旗校抵驛，取民夫擾甚，繼鼎身爲衆夫先詣，承奉不敢繹騷而去。陞兵部主事。以父喪歸，家居授徒以終其身。子申喬、申季。

高世泰，字彙旃，攀龍從子。懷宗時，以進士授禮部主事。歷湖廣提學僉事，嚴立教條，以理學訓士，葺江夏濂溪書院，遴楚士講習其間。任滿乞歸，與諸同志勤舉講會。

國朝

莊應會，字春侯，武進人。明季以進士司儀曹，督學八閩。順治初，補江西參政，值金聲垣亂，以軍功遷右布政，入覲疏請汰袁、瑞二府浮糧。歷陞刑部右侍郎，卒。弟應詔，以恩貢令興寧，山賊竊發，有守禦功。金聲垣叛，時將軍譚泰知其才，疏授瑞州推官，未幾致政歸。同邑馮達道，字惇五，順治丁亥進士，授户部主事。應會請汰浮糧疏下，同官咸難之，達道力争，得報可。

吕宫，字長音，武進人。順治丁亥進士，廷對第一，授秘書院修撰，累官弘文院大學士。在侍從時，請建常平倉。爲吏侍，肅清銓政，薦江東耆舊。密勿襄贊，持身謹飭。請停江浙白糧，以甦民困。

楊兆魯，字泗生，武進人。順治丁亥進士，授刑曹郎，條奏五事，皆中時宜。提學江西，請留餘額生一千八百餘人。陞按察建南，歸。

徐可先，字聲服，武進人。順治丁亥進士，除東鹿令，有平盜功。改任龍泉，造石梁五百餘丈，以濟行旅。禁溺女，崇學校，民俗一變。陞刑部主事，歷山東提學，告歸。

蔣永修，字紀友，宜興人。順治丁亥進士，知應山縣，勞來有恩。鄰境賊起，練民兵守禦，賊不敢逼。舉卓異，擢刑科給事中。出知貴州平越府，清丈苗民虚税八千有奇。擢湖廣提學副使，振興文教，楚風爲之一變。子景祁，工文章。

周啓嶲，字立五，宜興人。順治丁亥進士，授庶吉士，累遷右庶子，歷鴻臚少卿。歸，杜門不干謁。邑有大利弊，則身任之，止宜邑添兵駐防之議，陳版荒逋糧均派之失，皆有造於桑梓。

劉幬，字江舟，靖江人。順治丁亥進士，知建安縣。建爲山賊窟穴，大兵進剿，饋餉調運，籌畫得宜。事平，招流亡，貸脅從，建民德之。

薛信辰，字侯執，無錫人。順治己丑進士，授潮州知府，發守將郝尚久姦謀。未幾，尚久叛，縛信辰，將害之，百姓環泣請命，乃繫獄，家屬投井死者五人。大兵平潮，信辰始得釋。尋備兵井陘，時議圈地授旗人，信辰調劑兵民，咸感悅。歷陞浙江布政使。

顧煜，字銘柏，無錫人。順治己丑進士。宰象山，仁儉自勵，練兵却寇，履畝平徭。設觀瀾社，集諸生講課，邑號大治。以失上官意，罷歸。

儲曾，字觀我，宜興人。順治己丑進士，知永豐縣。豐多盜，曾擒其渠魁誅之，餘悉解散。兵有奪民財者，寘諸獄，其黨持提標僞檄，計挾以遁。曾并繫之，自是驕兵斂迹。脱明忠臣魏冕後裔戍伍籍。以征糧不及額，免歸。越一年，奉檄仍詣豐，民爭先輸納，逋額竟清。子振，康熙丁未進士，右春坊右庶子，居官恪慎；掄，康熙壬戌進士，授臨川知縣，亦廉静有守。

周季琬，字文夏，鼎子。與兄仲球同登順治壬辰進士，由庶吉士改御史，疏陳江南漕政之敝。康熙初，請躬承七鬯，疏入留中。明春，季琬卒，前疏忽奉聖祖俞旨，予馳驛歸葬。

岳鍾淑，字天濤，武進人。順治壬辰進士，令錢塘，改閩縣，皆有惠政。擢吏部主事，陞員外，門無私謁，退食焚香讀書而已。

路遴，字子將，宜興人。順治壬辰進士，官刑部郎，多所平反，條議革九鎖枷牀。遷永平守，築石堤數百丈，以捍灤河水災。鋤强暴，護善良，在郡三年，治行稱最。

秦鉽，字克繩，無錫人。順治乙未會試第一、廷對第三人，授編修。出爲廣東參議，備兵杭、嚴，有告無爲邪教者，其教戒飲酒食肉，鉽即於堂下各食以酒肉，散遣之。按察江西，有叛人久未獲，所司得姓名相似者，鍛鍊誣服，鉽訊釋之，賊亦旋獲。後遷湖廣糧儲道，告歸。

徐元珙，字輯五，武進人。順治乙未進士。爲刑曹郎，出分巡建寧，弭山藪窟穴之姦。移守口北，撫定邊民之避調發者。陞太常卿，議兩郊配位及釐正北海祀所，皆傅經義。歷遷左副都御史。子永寧，字坤載，康熙辛酉舉人，任大理寺評事，能於其職。居鄉稱長者。

許之漸，字青嶼，武進人。順治乙未進士，任户部主事。考授監察御史，稱敢言，救科臣楊雍建，參革義王孫可望，懲莊頭劉七，皆著風采。旋巡視陝西茶馬，歸。

張偉，字漢公。順治丁酉武舉。康熙甲寅，滇黔叛，條陳十事於軍門。督撫薦授靖遠監督同知，擢知延安府十三載，綏輯兵民。陞副使道，卒於官。

華亦祥，字纘長，無錫人。順治己亥進士第二人，授編修，遷侍讀。居家孝友，周宗黨之急。同邑有繫逮入都者，多委頓道路，亦祥爲護恤之，各得保全。

楊大鯤，字陶雲，武進人，廷鑑子。順治己亥進士，授庶吉士。爲姻戚所累，謫新建丞。大臣薦邊才，擢九江同知。有軍功，歷陞貴西分巡道。入覲，請裁併黔西諸府，隨擢按察山東，卒於官。

岳宏譽，字聲國，順治辛丑進士。任山西靈(邱)〔丘〕令，丁艱。起補獲鹿，邑多桀猾，莊頭星布，宏譽一以法繩之。舉卓異，授兵部主事，轉刑部郎，陞湖廣提學僉事，有公明稱。

湯自超，字軼人，武進人。以歲貢令桂東，修城建倉，積荒之後，賑恤災黎，全活甚衆。內陞中書，告歸。

許毓芳，字尹吉。康熙壬子副榜，令任(邱)〔丘〕。巡撫李光地薦其政績，擢知邠州。改北通州，築隄百二十里以捍水患，覈旗莊之占民産者。居鄉好行其德，三黨待以舉火者常數十家，而自奉清約如寒士。

任弘嘉，字葵尊，宜興人。父繩隗，順治丁酉舉人，有逸才。弘嘉，康熙丙辰進士，授行人，擢御史，至左通政。遇事敢言，請升程、朱配享，廣鄉舉額，裁冗員，禁夤夜之勾較，編丈之批駁，皆有益風教。

周清原，字雅楫，武進人。舉博學宏辭，授翰林院檢討，歷官副都御史。疏請革鋪舍，飭刑具，又請直省俱立育嬰堂，收養棄孩，俱得旨允行。聖祖嘗稱爲孝子，御書《孝經》賜之。遷工部右侍郎，卒。

蔡鵬，江陰人。年十五補邑諸生。父與邑豪劉某相讎，令祖豪，置鵬父於理，鵬走京師直父冤，以是知名。參安親王幕，從征吴三桂有功，授長沙令。三桂以僞劄招之，鵬告王馘其使。招集流民，給牛種，墾荒蕪，民有起色。以上官不悦，罷歸。

陶自悦，字心兑，武進人。康熙戊辰進士，知猗氏縣，減耗羨歲二千餘兩。陞澤州知州，捕鹽梟李某寘之法。却商人規例，減鹽價什之四。奉京力陳衰狀，歸里。研精宋五子書，教人坐立飲食，皆有法則。

朱廷鋐，字玉汝，江陰人。康熙戊辰進士，授淳化令。會歲歉民饑，廷鋐覈實詳報，上官遲之，乃按户給帑一兩，隨以擅給自劾，不問。擢御史，歷大理寺少卿，告歸。

趙申季，字行瞻。康熙丁丑進士。任遷江令，邑素多科派，申季一切革之。輯獞蠻劫掠者，禁豪强，放穀漁民。舉卓異，改授翰林院編修。督學山東，廉慎自矢，評隲試卷不假手幕客。以勞卒官。

陳聶恒，字曾起，武進人。康熙庚辰進士，授荔浦令。邑多獞猺，姦民挾以煽亂，聶恒單騎抵其巢，諸酋羅拜。因諭以禍福，令返荔民之居獞穴者。又補長寧，興學造士，文風一變。治最，授刑部主事，改翰林院檢討，未幾卒。

陳大經，字筠操，無錫人。由監生授寧津令，門無閽人，投訟牒者入燕寢訴其情，被訟者亦然，曲直立剖。催科不用鞭撲，亦無逋者。農時民告貸於官，則應之，秋償不責息。病者爲診脉，予之藥，鮮不效。嘗有大役，鄰邑部送役夫千人至縣，期尚緩，餱糧將盡，大經盡散遣還，與約某日至，衆感之，及期畢集。

章耿光，字子覲，江陰人。康熙丙午舉人。居鄉以孝友聞。任徽州府學教授，割俸修葺學宫，以爲諸士倡。嘗請於上官，設天都書院及義學四所，以教士子。山賊竊發，文武官有倉皇引避者，耿光獨曰：「吾雖無城守責，亦朝廷官也，當效死於此！」聞者壯氣。

江南通志卷一百四十三

人物志

宦績　五

鎮、淮二府

鎮江府

漢

左恢，曲阿人，官至尚書左丞，京師稱其清高。後遷會稽太守。子忠，爲邑令，有異政。

三國　吴

殷禮，字德嗣，雲陽人。少起微賤，顧邵拔而友之，爲立聲譽，孫權召除郎中。同張温使蜀，諸葛亮歎之曰：「東吴菰蘆中乃有此人！」遷零陵太守，卒〔於〕①官。子基，才學知名，著《通語》數十篇。

唐

馬懷素，字惟白，丹徒人。擢進士。篤學謙慎，時推長者。累官左臺監察御史。魏元忠爲張易之所構，謫嶺表，崔貞慎餞之，武后令懷素按崔反狀。使者迫促，懷素執不從，崔獲免。又劾罷李迥秀。權貴謁請，不能阿撓。開元初，進弘文館學士，與褚無量分日侍讀，待以師禮。卒，謚曰文。

史務滋，宣州溧陽人。累吏勞遷司賓卿，進拜納言。武后詔務滋等十人分行天下，雅州刺史劉行實爲來子詢誣其反，詔與來俊臣雜治，俊臣言務滋與囚善、掩其反狀。后命俊臣并治，遂自殺。

孫處（懸）〔玄〕，潤州人。以學行著名。李濬刺潤州，薦之，徵爲左拾遺。神龍初，功臣桓彦範等用事，處（懸）〔玄〕遺書論時事得失，彦範不能用，乃去官還鄉。

戴叔倫，字幼公，潤州金壇人。爲撫州刺史，作均水法，灌溉者不得争，民便利之，耕餉歲廣，獄

① 據《四庫》本補。

無繫囚。封譙郡男。齊映、劉滋執政，叔倫勸以金穀之司不可輕易人。其尤切者，縣令、録事參軍事，無計資序、限遠近高卑，一以殿最升黜，則人知勸。映等重其言，遷邕管經略使，綏懷夷落，威名流聞。其治清明仁恕，多方略，故所至稱最。

丁袗，字德祥，金壇人。爲楊行密都知兵馬使，後謝歸病。平生不殖貨，不掩人善，生亂世而得明哲保身之義。歷五代至宋乾德初，年九十一卒。

宋

吴遵路，字安道，丹陽人。父淑，見《文苑傳》。第進士，累官至秘閣校理，條奏十餘事皆切直。出知常州，嘗預市米以備歲儉，已而果大乏，民賴以濟，自他州流至者亦十全八九。累遷淮南轉運副使兼發運使。嘗於真、楚、泰州、高郵軍置斗門十九，以蓄泄水利。又廣屬縣常平倉儲蓄至二百萬，以待凶歲。知開封府，馭吏嚴肅，屬縣無追逮。出知宣州，上《禦戎要略》《邊防雜事》二十篇。遷龍圖閣直學士、知永興軍，卒。遵路爲政簡易，立朝敢言。平居廉儉，既殁，室無長物，其友范仲淹分俸賙其家。

邵必，字不疑，丹陽人。舉進士。選爲《唐書》編修官，必以史出衆手，非古人撰述之體，辭不就。同知太常禮院，言天子親祠，而執事者就祠所習禮，爲不敬，乃徙於尚書省。出知常州，提點淮南刑獄，爲京西轉運使，居官震厲風采。入知制誥。雄州種木道上，契丹遣人夜伐去，又數漁界河中，命必往使，以理折契丹，屈之。還，加龍圖閣直學士、知成都，卒。

邵亢，字興宗，必從子。舉茂才，除建康節度推官。趙元昊叛，獻《兵説》十篇，召試秘閣，遷集賢校理。仁宗繼嗣未立，亢集兩漢以來帝系承襲著論上之。英宗立，擢修《起居注》。建言：「欲治國者先齊家，潁王且授室，願采用古昏禮；公主下降不宜厭舅姑之尊。」帝深納之。進樞密直學士、知開封府。遇事敏密，籍里閭惡少年與吏之廢停者，遷處之，畿下獄訟衰止。拜樞密副使，引疾辭。卒，謚安簡。

王存，字正仲，丹陽人。慶（歷）〔曆〕六年進士，除密州推官。修潔自重，歷三館。故與王安石厚，安石執政，引與論事不合，即謝不往。累上書陳時政，因及大臣，無所附麗。神宗察其忠實，以爲國史編修官。乞復唐貞觀左右史執筆隨宰相入殿故事，神宗韙其言。以右正言知制誥，遷龍圖閣學士、知開封府。京師並河居人，鑿汴堤以自廣，中人請令培築、按民廬侵官道者使撤之，存入言，即日弛其役。元祐中，召爲吏部尚書。時黨論興，存言：「朋黨誠不可長，然或不察，則濫及善人。」存性寬厚，不爲詭激之行，至其所守，確不可易。司馬光嘗云：「並馳萬馬中能駐足者，其王存乎！」

蘇頌，字子容，其先同安人。父紳，仁宗朝爲翰林學士，贈魏國公，葬潤州，頌遂家焉。由進士知江寧縣，有能名。調南京留守推官，留守歐陽修委以政。召試館閣校勘，遷集賢校理。在館下九年，養祖母及母、姑、姊妹及外族數十人，妻子衣食常不給，而處之晏如，富弼嘗稱爲古君子。出知潁州，擢知制誥。元祐初，拜刑部尚書，擢尚書左丞。七年，拜左僕射。頌爲相務在奉行故事，使百官守法遵職，量能授任，杜絶僥倖之原。戒疆埸之臣毋邀功生事。議論有未之安者，毅然力争之。紹聖四年，拜太子少師，致仕。

顧方，丹陽人。登進士，爲象山令。民悦其政，方病，祈禱於神者千人，至有臠股以進者。及卒，百里内號泣思慕，爲之立祠。

陳廓，字彦明，金壇人。第進士，歷廣東轉運判官，同列多以獻羡財進用，廓曰：「財，民力也，有羡當還之民，可剥民以爲己利乎？」奏罷所興錢監，移廣東提刑。鄒浩稱其文高學博，趨操堅正云。

蔣猷，字仲遠，金壇人。舉進士，政和四年拜御史中丞，有直聲。嘗論士風浮薄，廷臣伺人主意，承宰執風旨，輔臣奏事，殿上雷同倡和，略無可否，非論道獻替之禮；内侍省不隸臺察，紊元豐官制；楊戩不當除節度使，趙良嗣不宜出入禁中。皆嘉納之。又疏孟昌齡、徐鑄等奸狀。累遷吏部尚書。靖康初，奏童貫得罪天下，宜黜遠之。授徽猷閣直學士。卒，贈特進。

洪擬，字成季，丹陽人。登進士甲科，宣和中爲侍御史。時王黼、蔡京更用事，擬中立無所附會，坐罷，知海州。時山東盜起，屢攻城，擬率兵民堅守。建炎間爲中書舍人，上言兵興餽餉，民苦無名之斂。執政議移蹕饒、信間，擬上疏力争，謂：「偏方下邑，不足以示形勢、固守禦。」遷給事中，出知温州。宣撫使孟庾討閩寇過郡，擬趣使赴援，賊平，加秩一等。召爲吏部尚書，詔問攻守之策，擬言：「國勢可言守，未可言戰。」紹興中，罷爲徽猷閣直學士。卒，謚文憲。

張綱，字彦正，丹陽人。以上舍及第除校書郎，論事與蔡京不相合，擠之去。久之，還故官，歷遷中書舍人，進徽猷閣待制，引年致仕。後秦檜用事，家居二十年，絶不與通問。檜死，召爲吏部侍郎，兼侍讀，除參知政事。高宗懲秦檜苛政，頻諭輔臣寬恤民力，乃摘其利於民者八十事，（摽）〔標〕①以大指，乞鏤板，宣布中外。尋致仕。綱嘗書座右曰：「以直行己，以正立朝，以静退高天下。」其篤守如此。卒，謚章簡。

吴交如，字亨會，金壇人。紹興中進士，歷官至大理卿，獄無繫囚，璽書嘉獎。居鄉人稱長者。

翟汝文，字公巽，丹陽人。登進士第，擢議禮局編修官，除著作郎。皇太子就傅，命汝文勸講，言者謂汝文從蘇軾、黄庭堅遊，不可當贊書之任，出知襄州。召拜中書舍人，外制典雅，一時稱之。遷給事中。内侍梁師成强市百姓墓田，廣其園囿，汝文言於上。師成諷宰相黜汝文，出爲宣州，改知越州。建炎改元，上言：「上供常數，後所增者當議裁損。」紹興元年，召爲翰林學士，除參知政事。時秦檜相，汝文性剛不爲屈，對案相詬，至目檜爲濁氣。司諫方孟卿因奏汝文立異，罷去以卒。

洪興祖，字慶善，丹陽人。登政和上舍第。高宗在揚州，爲太常博士，上疏論國家再造，一宜以藝祖爲法。又應詔上疏，言朝廷紀綱之失，爲時宰所忌，出知廣德軍。治陂塘六百餘所，新學舍，定崇祀，自十哲、曾子而下七十有一人，列先儒左（邱）〔丘〕明而下二十有六人。擢知真州。州當兵衝，請復民一年租，從之。明年再請，又從之。自是流民復業，墾闢荒田至七萬餘畝。徙知饒州，卒。所

① 據《宋史》本傳改。

著有《春秋本旨》《周易通義》等書。弟造，見《忠節》。

湯鵬舉，字致遠，金壇人。登第爲當塗令，聽訟敏決，姓名狀貌，一見不忘。累遷本路轉運副使，奏罷自潤至杭往來征税，陞淮東漕使。秦檜死，召爲殿中侍御史。奏黜檜姻黨，極論董德元附檜爲非，罷之。請釋趙鼎子汾及王之奇等。官至參知政事。卒，謚敏肅。

褚籍，字彦文，金壇人。知青陽縣，縣賦税特重，兩倍鄰邑，籍奏免四之一。後有申其説者，遂再蠲之，邑人德焉。

湯東野，字德廣，丹陽人。知建康府。時戍兵剽掠，人莫能禦，東野峻法繩之，民恃以安。遷知平江府。苗傅、劉正彦作亂，僞赦書至平江，東野與督府張浚知其有變，密告韓世忠等，統諸道兵勤王。帝復位，苗傅、劉正彦伏誅，論功超拜工部侍郎，陞尚書。

何公務，字子忠。累官至康州防禦使。精醫學，高宗疾，徵入侍藥，疾愈，授德壽官太醫院使。時秦檜執政，遂謝官隱居京口。卒，胡銓誌其墓。

王彦融，字炎弼，金壇人。父寀，以林靈素譖死。靖康初，彦融年十九，走京師上書訟冤，召對命官。紹興初，連平湖湘武岡群盜。歷官轉運判官，終知雅州。

袁孚，字仲誠，金壇人。登進士，爲詞賦首選，累官右正言。坐論德壽宫私酤事，出知温州。

張處厚，字進道，丹陽人。登進士，官至吏部侍郎，知建康、寧國、贛、廬諸州，屢上奏疏，多中事機。奉祀家居，藏書至數萬卷。

湯邦彦，字德美，鵬舉孫。中博學宏詞科，累官左司諫，兼侍講。建言請分揚、廬等州爲七路，每路文臣一人充安撫使治民，武臣一人充都總管治兵，以規恢復，報可。孝宗嘗賜手書，稱其「以身許國，志若金石，協濟大計，終始不移」。慨然請使金，以變受書禮爲己任，金不從，坐貶。有《頤堂文集》。

趙善擇，字守道，宋宗室，金壇人。乾道二年登第，任湖州録事參軍。三歲晝夜寢處獄庭，未嘗歸私室，非休沐不出謁。執親喪，足不出一室。妻疾，立户外使人問狀而已。

王遂，字潁叔，金壇人。嘉泰二年進士，知邵武軍，撫摩創痍於寇擾之後。擢監察御史，疏劾史嵩之欺君誤國，及李知孝、梁成大、莫澤三凶之罪。又條上朝廷邊閫急務，帝皆善之。累官至權工部尚書。卒，謚正肅。

丁宗魏，字景舒，金壇人。嘉定進士，楊子縣令。金師進攻儀（徵）〔真〕，人情洶洶，欲渡江以避，宗魏獨不肯，曰：「守禦之臣，職死封疆，敵至而遁，孰爲之守！」累官知廣德軍。

陳景周，字仲思，丹徒人。登進士，授溧陽尉。邑多重辟滯囚，景周謂察獄在初情，惟尉能得之，務察微隱，邑無冤民。

王己，字君文，丹徒人。淳祐中登第，除京官。丁大全忌之，棄官居家十年。爲招撫討平衢州洞賊，就領州事。言足兵裕民數事，皆當時要務。遷右司郎中。

羅璧，字仲玉，鎮江人。至元〔十〕①五年，爲明威將軍、管軍總管，鎮金山，海盜屏絶。徙鎮上海，督造海舟六十艘，兩月而畢。至元十九年，初通海道漕運，立運糧萬户，以璧爲之。首部漕舟，由海洋抵楊村，不數十日入京師。陞昭毅大將軍、同知淮西道宣慰司事。請兩淮荒閒之田給貧民耕墾，三年而後量收其入，從之，歲得粟數十萬斛。累遷廣東宣慰使都元帥，誘致諸洞蠻夷酋長，假以官位，曉以禍福，咸率衆以歸。除都水監。通州多水患，鑿二渠以分水勢，又浚阜通河而廣之，歲增漕六十餘萬石。奉命括兩淮屯田，得疾歸，卒。

俞庸，字時中，德璘子。初爲明道書院山長。大德中，以地震，陳格天心、召和氣九策，丞相嘉之，補試户部令史，累官至尚服院都事。性倜儻，善議論，達時務。有《復辨集》若干卷。

顧巖壽，字子静，金壇人。累官建康路總管府推官。器識宏遠，博通時務，歷職三十年，所至有聲。

① 據《元史》一六六本傳補。

明

滕毅，字仲弘，丹徒人。吴元年，以儒士見，授起居注，命輯往昔人君善惡，以爲龜鑑。洪武元年，初設六部，首擢吏部尚書。尋參政江西。

史遷，字良臣，金壇人。篤學慎行。洪武初，累徵起知忻州、嚴州，所至以治稱。詩文有《青金集》。

徐文英，溧陽人。由明經授龍虎衛經歷，擢浙江道御史。一日，入朝後期，高帝詰之，對曰：「送臣父歸里耳。」問何所贈，曰：「錢五百，草屨二輛。」驗之良然。見其衣肩縷裂，命繡「窮御史」三字於袍以旌之。副使河南，從征交趾，病卒。

偰斯，溧陽人。以元臣歸附，授兵部員外郎，改尚寶司丞，使封高麗稱旨。累官吏部尚書。

虞謙，字伯益，金壇人。由國子生任刑部郎中，知杭州。永樂初，召爲大理少卿。天津倉火，御史按視，言主者侵盜，多縱火以自蓋，坐死流配者無算。謙白其濫，得減論。遷副都御史，巡視淮揚水災，請發粟三十餘萬石賑之，又請出官錢贖還民所賣男女，皆從之。仁宗立，改大理卿。詔求直言，謙奏七事，多見施行。卒，賜祭葬。

高遷，字景升，金壇人。永樂辛卯舉人，爲國學録，改行人，使日本還，擢翰林院編修。遷前在東安門教諸奄，王振出門下，振爲司禮監，以門生禮見，願爲奥援。遷謝絶弗與通，尋致仕。

盛祥，字天瑞，丹徒人。永樂戊戌進士，知道州，以儒雅飾吏事，有惠政。境多虎，齋宿爲文，禱於鼻亭。翼日，二虎渡河去，一虎自斃祠下。及卒，百姓祀之寇萊公祠。

胡清，字士澄，丹徒人。永樂庚子舉人，任清平訓導，擢禮科都給事中，彈劾不避權貴。出爲浙江右參政，禦温州海寇有功，賜綺帛旌之。

徐銘，字懋功，丹徒人。太學生。擢監察御史，有聲。永樂間授揚州知府，以鄰封辭，成祖優諭之。未幾，拜兵部侍郎，出爲山西左布政。

殷時，字宜中，丹陽人。永樂甲辰進士，歷官考功郎，以清謹稱。卒無以殮，魏家宰驥以漆棺遺之。

沈固，字仲威，丹陽人。永樂初領鄉薦，同知沂州，奏止沂西開礦。再遷山東參政，鎮守大同凡二十七年，屢白邊防要務。正統己巳，以城守勞進都御史。終户部尚書。

王振，字起宗，金壇人。永樂中監察御史。巡按交趾，涉險阻，理繁劇凡十三年，境内帖服，清介之節，終始如一。知温州府。致仕，蕭然如寒士焉。

謝琺，丹徒人。宣德壬子，鄉舉第一。任南城教諭、青州教授，學術醇正，師範端嚴，勤於啓迪。殁，諸生祀之學宫。

畢昇，字孟輝，丹徒人。正統丁卯舉於鄉，任金華、仁和教諭，遷廣信教授。嚴師範，以清介自持，揚善獎能，時推學職第一。

靳瑜，字廷璧，丹徒人。以太學生任温州府經歷，爲政勤敏。嘗築海堤，民獲其利，名曰靳公堤。

楊一清，字應寧。其先雲南人，自湖廣徙居丹徒。成化壬辰進士，累遷副都御史，巡撫陜西，總制三邊，興築邊牆，規復河套。逆瑾忌其成，罷免。復召起，同太監張永討寘鐇。一清謂永曰：「寧夏不足平，内事非公無能爲者。」遂與永密計，班師入見，奏瑾流毒海内激變，寧夏心不自安，將謀不軌。永如其言，竟除大憝，一清功也。正德九年，入内閣。嘉靖四年，晋首輔，與張桂不相能，罷歸。

繆樗，字全之，溧陽人。成化乙未進士，知東陽縣。邑有隱糧詭寄，立法丈量，以均徭役。擢南御史，抗論中官蔣琮，語侵汪直。帝察其忠，逮琮而謫樗莒州判官。辨王氏疑獄，有神君稱。

孫昱，字愛暉，金壇人。成化辛丑進士。監收通州倉糧，革吏胥積弊。授南户部主事，江西諸省旱，昱力請得減税。陞郎中，卒。

靳貴，字充道，瑜子。弘治己酉鄉試第一，庚戌會試第二，廷試第三。授編修，選東宫講官，歷禮部侍郎，掌翰林院事。逆瑾專政，嘗因事諷貴密書京官殿最以進，貴不從，銜之，左遷光禄卿。復陞禮部尚書，晋武英殿大學士。時儲嗣未定，勸擇宗藩之近且賢者置之京師，以係海内人心，俟皇子誕育仍歸藩邸。卒，謚文僖。所著有《誦抑齋稿》。

殷敏，字惟勤，金壇人。事母以孝聞，能詩文。登弘治庚戌進士，歷官浙江參議。時峒賊猖獗，敏竭力保障，設疑兵以撓之，賊敗退。饑疫大作，區畫賑恤，全活甚衆。敏爲人拱手屏氣，外若退懦，而内有不可奪。居官三十年，家無中人之産。

湯禮敬，字仁甫，丹徒人。少貧，傭書雲陽驛。弘治丙辰成進士，授行人。賫詔使寧藩，王厚遺之，不受。擢刑科給事中。逆瑾用事，禮敬首劾之，謫冀州判官。瑾榜言己者四十人於朝堂禁錮之，禮敬名第一。瑾敗，屢召不起。有《諫垣遺稿》。

殷鏊，字文濟，丹陽人。弘治丙辰進士。有詩名，與李夢陽相唱和。正德中任僉事，疏請建儲，語侵逆瑾，論戍。

于湛，字瑩中，金壇人。正德辛未進士，廷對切直，讀卷者詫曰：「今劉蕡也！」歷官副都御史。巡撫陝西，與總制劉天和擊吉囊，多俘馘。會黃河徙，運道艱阻，遷總督河道，鑿野雞河九十餘里，以達運河。乞終養歸。服除，起户部侍郎。撫鄖陽，平礦徒之亂。

唐侃，字廷直，丹徒人。正德癸酉鄉舉。平生砥礪名節，父被囚繫，請代不得，乃藉草寢地，夜不解衣，至父免乃止。出游得遺金，不啓囊還之。爲永豐令，遷知武定州，以古教化爲治，吏民不忍欺。立木牌二於庭，左曰「從刑」，右曰「從化」，令曰：「願理者左，願和者右。」久之，民多就右。嘉靖中，章聖梓宫往承天，道出山東，中官横索百端，侃以死當之，皆引去。遷南刑部郎。卒於官舍，貧甚，尚書及諸僚賻之，乃克具殮。

王臬，字汝陳，金壇人。正德丁丑進士。初任兵部主事，武宗欲南狩，臬以職掌車駕，獨具疏諫，廷杖幾死。嘉靖初，歷南吏部郎，出知東昌府，累遷山東副使。平生剛直，權門要路，不一濡迹。居常如對大賓，尤留心文獻，所著有《遲庵集》。

金玥，字起川，丹徒人。正德中，以貢任端州訓導。歲饑議賑，有司以未得請難之，玥争曰：「請而後賑，民無遺矣。且以此獲罪，不愈立視民死乎？」監司義而從之。改太和，請於部使者，嚴立停棺溺女之禁，風俗爲變。有薦其可大用者，即乞休歸。爲人醇厚狷介，敦孝友，鄉評無間言。

鄔紳，字佩之，丹徒人。嘉靖癸未進士，知烏程縣。歲饑，不俟監司報可，輒發倉賑貸。擢户部郎中，歷知青州、平陽、福州，所至多善政。擢四川副使，平馬羅賊，降其衆五千，諸將請殺之毋遺後憂，紳曰：「殺降非義也。」赦而撫之。無何，謝病歸，諸降者醵金爲壽，紳不納。歸以詩文自娱。

眭子藴，以字稱，丹陽人。嘉靖己丑進士，授行人，屢使親藩，皆却其贈。擢户科給事中，旋掌刑科。嘗巡視十庫，得貴人奸弊，夜舁金求免，不受而劾之。奉敕募兵關陝，上《籌邊十策》，多見採行。

嚴寬，字栗夫，丹徒人。嘉靖壬辰進士，知海寧縣。俗故健訟，廉得其魁痛治之，風稍變。再知杭州。歲大旱，禁毋閉糴，括庫金開海昌河，因工寓賑，人賴以濟。杭多火患，爲之法以相隔別援救，使不延燒。桑田利重税輕，圩田利輕税重，兩均之，人皆帖服。居鄉以清厚稱。

王韶孟，以字稱，金壇人。嘉靖乙未進士，授吉安推官，擢南吏科給事中。劾嚴嵩奸貪，及嵩子世蕃，語極剴切，嵩恨甚。會韶孟以山東僉事任滿赴部，逾限奪官，舊格所無，出嵩指也。既歸，蕭然如寒素，病卧一榻，布衣蔽體，邑令問疾，見而嗟嘆之。著《樗庵集》。

夏儒，字汝醇，丹徒人。嘉靖癸丑進士。樸茂孝友，知鄞縣，築堤黄潭，决塹張村，爲鄞永利。部使者下議築城禦倭，儒以爲擾民，但稍增葺之，而練卒積餉爲守備，倭三至不敢犯。陞户部員外郎。

俸入，悉以贍宗族。

姜寶，字廷善，丹陽人。嘉靖癸丑進士，選庶吉士，除編修，提學四川、福建。再遷國子祭酒，請復積分法，期不失國初養士意。累官南禮部尚書，致仕。清修淳行，置義田，立義學，申宗法，以統理族人。

曹棟，字隆卿，丹徒人。嘉靖己未進士，知鄱陽縣，以廉幹擢兵科給事，七閱月疏凡八上，直聲大著。歷官浙江副使。

賀邦泰，字道卿，丹陽人。嘉靖己未進士，知莆田縣，陞户部主事，連守南康、濂、瓊。遷湖廣參政，討平五開叛賊，擢江西按察使，告歸。邦泰在瓊，降海寇李茂，及回，茂已立功爲大帥，齎重貨餽之，却不受。茂固請，取沉香一片而已。

張祥鳶，字道卿，金壇人。嘉靖己未進士。爲户曹郎十餘年，老於曹事者，皆服其詳練。至文學蘊藉，爲一時名流所推。張居正當國，頗識之，嘗一造門，不遽見，即毁刺而返，居正憾之。出爲鹽運司運判，陞雲南知府，凡夷情邊備及事之難决者，部使者一以屬之。引疾歸，有《華陽洞稿》。

陳文，字美中，丹徒人。嘉靖甲子鄉舉。知同安縣，立徵收法，著爲令，民不苦耗羨。備倭有功，累陞寧波府同知，復學田，以歲租給諸生貧乏者。

阮時行，字坤儀，丹徒人。隆慶丁卯舉人。以同輔臣名，改名時升。任上猶知縣。居母喪三年，哀毁未嘗入内。陞瀘州知州，值採木使者横恣，時行冒死力争，爲所中傷，羈瀘五年，瀘老稚奔叩闕下，事得白。歸，杜門著述，爲里黨所矜式。

姜士昌，字仲文，丹陽人，寶子。萬（歷）〔曆〕庚辰進士，授户部主事，疏請早建儲位，晋員外郎。陞陝西提學僉事，立五學，彙經史、古文、理學典故以造士。每月六日，博士集諸生，以次質疑問難，士風一變。還朝上疏，觸時宰，被謫以卒。天啓中，贈太常少卿。

于仕廉，字元貞，金壇人。萬（歷）〔曆〕丙戌進士。爲户部郎，管通州糧儲，開河建閘，省車運勞費。任登萊副使，建議改築萊城，扼倭入犯之路。歷官户部侍郎。所著有《職掌録》《修城》《通河》《救荒》等書。

姜志禮，字立之，丹陽人。萬（歷）〔曆〕己丑進士，歷官山東參政。轄登萊道，時福王封藩，賜田二千頃，登萊派二萬七百餘畝，遣内豎至郡丈田，勢張甚，志禮抗疏陳利害，謫官。後稍遷至尚寶卿。天啓中，河南進玉璽，魏忠賢欲志禮表獻之，執不可，遂以年老劾罷。志禮性淳樸，多政績，以行誼稱於鄉。

史弼，字伯直，金壇人。萬（歷）〔曆〕壬辰進士。知崇安縣，督民種桑，興蠶織。年饑，增價招商，米價頓平。擢監察御史，疏請福王之國，言極明辨，即定行期。出按江西、湖廣，多所釐剔。弼自居言路，每折閹宦。時魏璫方羅織正人，弼以資望陞光禄寺卿，旋削籍。後復官起用，不就。天性孝友，絶聲色之好。建宗祠，置義田，里中稱爲典型。

華鈺，字德夫，丹徒人。萬（歷）〔曆〕乙未進士，授荆州推官，誅大猾，治税閹陳奉豪僕，荆人大悦。奉奏阻撓國税者，以鈺爲首，逮詔闕，再受杖，繫詔獄五年，始遇赦。後贈尚寶司少卿。凡士大夫負氣節者，多爲峭絶孤特之行，而鈺獨和平渾厚云。

劉覲文，字叔熙，丹徒人。萬(歷)〔曆〕乙未進士，知開州，改汝州。汝故無城，覲文築之，後盗起秦入豫，汝當其衝，賴以守衛。陞禮部主事，告歸，卒。

賀納賢，字治原，丹陽人。萬(歷)〔曆〕庚子舉人，爲攸縣令，擢巴州知州。奢酋叛，圍成都，納賢統義勇赴援。事平，陞夔州同知。入爲南户部員外，出守慶遠。時土官相賊殺，納賢以計縛其渠魁。晋按察副使。

談自省，字季曾，丹徒人。萬(歷)〔曆〕甲辰進士，歷官江西左布政使，陞應天府尹。時魏閹所在建祠，人有以諷自省者，自省拒之，遂削奪歸。崇(正)〔禎〕初，復官起用，不就。

荆之琦，字鳴玉，丹陽人。萬(歷)〔曆〕甲辰進士，授南户部主事。爲人謹愿，而遇事踔厲風發。歷任山東副使，時山左新被兵，琦申儆備，聞警輒身先將吏，屬郡賴之以安。

馮曾橬，字良選，金壇人。萬(歷)〔曆〕甲辰進士，授開封府推官，陞禮部主事。持節封江夏王，知王寶民間子，重賄之不受。歸朝，三疏劾假子冒封，言人所不敢言者。後謫瀘州知州，會各道兵剿賊奢寅，恢復川南四城，陞户部員外郎。

于玉立，字中甫，金壇人。萬(歷)〔曆〕丁未進士，授刑部主事，雪巡撫魏學曾之冤，擢本部郎。疏陳時政闕失，劾輔臣申時行與戚畹相表裏，帝怒，幾不測，會皇子生，免歸。玉立與沈鯉、郭正域善，以妖書案牽連奪職。光宗立，贈太僕寺少卿。

賀世壽，字函伯，丹陽人。萬〔歷〕〔曆〕庚戌進士，授户部主事，陞郎中。時方排擠高、顧之學，世壽兩疏争之，語侵冢宰趙焕，京察落職。光宗即位，用鄒元標薦，起户部主事，復爲逆璫所逐。崇(正)〔禎〕初起，歷兵部侍郎、天津巡撫。

王政新，字闇生，丹徒人。萬〔歷〕〔曆〕丙辰進士。任福清知縣，考選御史。天啓中，兩疏糾魏忠賢，罷歸。後起原官，巡按山東，轉江西參政。

湯道衡，字參予，丹陽人。萬〔歷〕〔曆〕丙辰進士。由户部主事，知南昌、東昌，擢山東武德道，累陞僉都御史，巡撫甘肅。衡有吏才，能治繁劇。在南昌，廳事前爲屋數楹，令訟者居之，一宿而决。

賀懋敬，字止叔，丹陽人。舉萬〔歷〕〔曆〕己酉鄉試。知寧陵縣，務以德教化民。臺使者有所怒，屬懋敬殺之，不從，曰：「吾安能殺人媚人也！」流賊薄城下，敗退之。尋罷歸。

鄧鈜，字元帡，金壇人。天啓壬戌進士，授中書舍人。時魏閹三冒鐵券，例應中書赴銀作局關寫，鈜憤不往。閹敗，署科篆，擢監察御史，疏言搜括、加派、告密之弊。巡按浙江，罷横征，鋤大猾。金壇大饑，疏請改折秋糧，從之。

史纘烈，字武璵，金壇人。天啓壬戌進士。知山陰縣，具棺衾以收溺尸，築塘壩以捍漂没。歷陞黄州知府。流寇欲下黄，取道渡江，纘烈出私帑置火器及守具，分兵據要津，日爲牛酒饗士，賊不得渡。陞曲靖副使，所至有惠政。

高鳳翔，字冲虛，金壇人。天啓乙丑進士，授公安知縣。縣被火，將逼獄，鳳翔慮諸囚束手斃，悉與期而縱之，曰：「吾寧失一官，以活諸人之命。」諸囚感泣，皆來歸獄。陞户部主事，歷大名知府，有惠政。

葛樞，字居所，丹陽人。崇（正）〔禎〕辛未進士，授行人，擢户科給事。疏言：「朝、熱二審，非止覆奏其死，正欲婉求其生。請自今每遇朝、熱審，罪不至死者，務期逐一讞決。有淹滯者，法無赦。」上是之，命著爲令。己卯，因星變上書，語侵執政，貶謫以卒。

史元調，字鼎如，金壇人。性亢爽尚氣節。崇（正）〔禎〕辛未進士，授江陵知縣，修堤捍江，伸雪冤滯。楚宗盛支裔多爲盜，元調擒其魁，諸宗人奪而沉之江，惠王疏其擅殺宗室，革職歸。後事白，復職。

陳德諭，字心言，丹陽人。由恩貢廷試第一，授德平令，清廉平恕，訟獄幾息。陞雲南麗江府判，捕治蒙化黠獠李青吾，以除民害。賓州近山多水泉，德諭以吴田法教之，多獲其利。土司蓄異志，德諭曉以順逆利害。土司感德，甕中貯金以饋，德諭揮却之。乃範金鑄陳太守像祀焉。

潘曾瑋，溧陽人。崇（正）〔禎〕辛未進士。爲杭州府教授，以實學勵諸生，著《虎林講議》。陞國子博士，上《北雍條議》，時多遵行。參政廣東，平海賊李朝天、劉鐵臂等萬餘人。内陞大理寺卿以歸。

國朝

吴贊元，字次修，丹陽人也。明季庚午舉人。順治二年授中書，擢監察御史，巡按江西。時豫章初定，反側未安，贊元撫輯有方，遂收建、饒、廣、贛諸郡。奏免袁、瑞二郡浮糧，人尸祝之。

張九徵，字公選，丹徒人。順治乙酉鄉試第一，丁亥成進士，兩爲文選司郎中。以按察司僉事視學河南，正文體，釐祀典，命士子誦習《小學》《家禮》二書，爲天下學政第一。以博學鴻儒薦，引疾未赴。九徵研精《三傳》，於明代人物能縷舉其世系與其門生、姻戚。次子玉書，總裁《明史》，多禀承家學焉。長子玉裁，字禮存，博學有文名。康熙丁未進士，廷對一甲第二名。在史館方軌自持，未幾卒。四子仕可，康熙丙辰進士，歷官衡永郴道。五子恕可，康熙戊辰進士，杭州知府。

荆其惇，字敕五，丹陽人。順治己丑進士，爲鄱城知縣。時師行絡繹不時，需辦夫役，惇坐卧大將軍幕府外，素知其廉，爲結歡而去。築堤龍塘河口，鄱人德之。植荆堤上，號曰荆堤。

何應仕，字鳴瑞，丹徒人。以明經授推官，改知永嘉縣，修築長埭，爲民田利。縣駐兵剿盜俘獲多，應仕白於帥，分别縱舍之。鄰邑避寇者争投永嘉，帥不納，力請納之，爲授廛給食。去官，民圖像祀焉。

史燧，字曉瞻，溧陽人。順治己丑進士。六任監司，居官廉辦。爲廣東參議，署官營弁多貪縱，燧痛繩以法。備兵南贛，請于虔撫展墾荒起科之期，緩至六年。議將南瑞等府南米代贛州兑軍，而以贛屬漕米代各府給兵餉，省解運勞費，且免風波之患，民皆便之。

狄敬，字文止，溧陽人。順治己丑進士，累遷屯田員外郎。提學湖廣，沙汰假冒，學政一清。補潼關參議。嘗云：「爲政在躬行，不在塗民耳目也。」故歷任有能聲。

笪重光，字在莘，丹徒人。順治壬辰進士。由刑部郎擢監察御史，巡按江西，時稱敏幹。居鄉值海寇犯鎮江，與張九徵設計守禦，有功桑梓。性好施與，賑恤窮困，鄉民德之。

賀寬，字瞻度，丹陽人。順治壬辰進士，授潮州推官。潮俗健訟，當寇亂甫定，告訐連坐者不絕，寬懲刁頑，辨誣罔，民賴以安。遷大理評事。俄告歸，潛心經學，著《五禮輯要》《讀易模象》等書。

費達，字古心，溧陽人。傳經學於其父良佐。中順治壬辰進士，授户部主事，轉員外。榷九江、滸墅兩關，興利除弊，俱著聲績。陞郎中。告歸，居鄉有行義。

史逸裘，字雲次，金壇人。順治乙未進士。歷兵部職方，掌軍政，昭雪叛案無辜者幾千人。督學河南，時初復八股之舊，益以起衰爲己任。陞少參，分巡東兖，歲饑，首建停徵之議。以艱歸，卒。所著有《五經集論》《二十一史約》。

黄如瑾，字昆瞻，溧陽人。順治戊戌進士，授福州府推官。時海氛未靖，汛弁邀功，所解逆黨多沿海窮民，及被掠脱歸者。瑾訊得其實，白於制府，免死者無算。兵士獲寇孥，皆被掠少婦，亟檄其夫家領歸。歷陞刑部郎中，出爲金華知府。乞休。子夢麟，康熙乙丑進士一甲第三名，官中允。

張玉書，字素存，僉事九徵子。順治辛丑進士，選庶吉士，歷官禮部尚書。康熙庚午，晋大學士，秉鈞二十年。卒，謚文貞。其在講幄，每據經義，納忠讜。官司寇，總裁《律例》，更定輕重之比。居禮部，時有請舉禘祭及封禪者，玉書謂成周禘祭與今時異宜，前代封禪不應經義，皆奏罷之。從聖祖幸南河，又從平定厄魯特。在政府從容啓沃，一德一心，蔑由得其獻替之迹。公退則正容莊坐，清齋讀書，盥匜無妾媵，而房闥惟子弟。宰相家風，論者以爲古人猶難之。

于朋舉，字襄于，金壇人。順治辛丑進士，入翰林，外陞分巡睢陳道。盜劫鄜城庫，戕其令，朋舉言盜起有迹，罪不在鄜城民。未幾，獲盜他所，邑民免株連。參政福建，甫莅任，興化兵譁，朋舉應時弭定。累陞湖南布政使，罷歸。

徐誥武，字孟樞，金壇人。順治辛丑進士，由庶吉士改御史，歷遷户部右侍郎。在大理，凡有疑案，常與都御史魏象樞持議平反，全活甚衆。尹京兆，猾吏知名，無敢鬻獄。任少司農，家無宿貯，口不言貧。曾舉陸隴其可任江蘇巡撫。大學士張玉書稱其具此膽識，方能以人事君。每請假歸省，出入酬酢，必禀父命。待諸少弟極友愛，財産悉以讓之。弟德武，仕至吉安知府，有循聲。

彭會淇，字四如，溧陽人。康熙丙辰進士，選庶吉士，授編修。擢國子監司業，疏請官學教習者，皆授知縣職。爲少詹事，會審陳汝弼案，僉議置之重典，惟會淇不可，卒從之。官終工部侍郎。

淮安府

漢

韓信，淮陰人。初事項羽，不能用，乃歸漢，拜大將軍。定三秦，下魏、代，斬陳餘，擒趙王歇，脅燕定齊，立爲齊王。將兵會垓下，滅項羽。徙爲楚王，都下邳。後有以變告者，高祖至楚執之，赦爲淮陰侯。後高祖自將征陳豨，信爲吕后所夷。

後漢

臧旻，射陽人。有幹事才。熹平間爲揚州刺史，平妖賊許昭。遷使匈奴中郎將，使還，太尉袁逢問西域諸國土地風俗、人物種數，旻口陳其狀，手畫其形。逢奇其才，言：「班固作《西域傳》，無以加之。」歷中山、太原太守，所在有名。

陳耽，東海人。以忠正稱。桓、靈時，歷位三司。光和五年，詔公卿採謡言舉刺史、二千石爲民害者。時太尉許馘、司空張濟阿附宦官，其子弟賓客雖貪穢不敢問，而虚糾邊遠小郡有清修惠化者，耽上言：「公卿率黨其私，所謂放鴟梟而囚鸞鳳。」由是諸坐謡言徵者悉拜議郎。宦官怨之，遂誣陷耽。

三國　吴

步騭，字子山，淮陰人。避難江東，種瓜自給，晝勤四體，夜誦經傳。仕吴爲持節征南中郎將，誘斬劉表所置蒼梧太守吴巨，威聲大振，南土賓服自騭始。又討平武陵蠻。都督西陵，在鎮二十年，鄰敵敬其威信。條列賢士之在荆州者。後代陸遜爲丞相，猶誨門生手不釋卷，其被服居處，有如儒生。

唐

王義方，漣水人。事母謹甚，淹究經術，性謇特。舉明經，補晋王府參軍，直弘文館。坐張亮事，貶吉安丞，徙洹水。亮兄子皎將死，託妻子，願以屍歸之。使奴負柩，輟馬載皎妻，身步從之。既葬皎，歸妻其家，告亮墓乃去。顯慶初，擢侍御史，劾李義府罪，具法冠對仗，叱義府下，跪讀彈文。貶萊州司户參軍。母喪，遂隱居不出。

宋

王資深，字取道，山陽人。第進士。爲御史，首論大臣，草將上，蔡京遣所親謂曰：「謹勿言，當以此位相處。」資深不答。明日出知揚州，尋改明州。所著《周書》及《方言》二十卷。

王洋，字元渤，資深子。中宣和六年甲科，歷典三郡，俱有政績。晚守鄱陽。洪皓北使歸，以忤秦檜，人無敢過其居。洋獨爲修舍，坐免。有文集，周必大爲序。

元

韓涣，字叔宇①，山陽人。登延祐中進士，歷刑部尚書。經國濟邊，時稱名臣孫覽②。

明

王德芳，清河人。洪武初以賢良方正徵，授武昌知府，愛民守法，政聲聞於朝。入覲時，特賜召對以旌異之。

羅拱，安東人。洪武甲子舉人。歷兵科給事中，擢河南參議，敭歷中外，皆以廉能稱。

楊靖，字仲寧，山陽人。洪武乙丑進士。歷刑部尚書，理刑平恕。久之，坐事免。會征龍州，命靖抵安南借糧。既至，宣諭威德，輸粟二萬石於龍州。帝悦，召爲左都御史，寵遇最厚。

李澂，山陽人。洪武中由國子生任考功監令，有幹濟才。歷官工部尚書。

張士彬，山陽人。洪武中以才行卓異薦，授江寧令。尋遷御史，正直不阿。擢河南按察使，能持

① 「宇」，《正德淮安府志》卷一二作「亨」。
② 「孫覽」，此二字疑是衍文。

憲體。

湯子厚，清河人。洪武間以懷才抱德徵，授陽朔令。因修公廨掘地，得金數十斤，人獻之，叱去，監司歎其清節。

成均，鹽城人。性至孝。永樂乙酉舉人，授御史，彈劾無所避。累官户部侍郎，出總浙江糧税，政多利民，民建祠祀之。

王衍，字伯蕃，清河人。以楷書入監，擢御史。永樂間，交趾不服，帝命征之，選御史才可寄節鉞者，加衍交趾道御史。衍至，諭以威德，交趾感化。

賈進，字勤道，安東人。永樂甲午舉人，選教諭，遷御史。巡按雲南，平蠻寇刁甕之亂。又按南畿、陝西，多所彈劾及辨雪者，招洮番六十族。歷貴州、湖廣按察使，致仕。所著有《樂道子詩集》。

金濂，字宗瀚，山陽人。永樂戊戌進士，授御史。宣德初，巡按廣東、江西、浙江，俱以廉能稱，用薦授陝西副使。正統中，擢僉都御史，鎮寧夏，拜刑部尚書。閩中盜起，命濂參贊軍務。尋召還，調户部尚書。時四方用兵，綜核得宜，國用無乏。景泰中卒官，以前軍功追封沭陽伯，謚榮襄。

羅銓，山陽人。永樂辛丑進士。宣德間拜御史，以才能遷湖廣按察使，大振風紀。

高安，字志康，山陽人。本姓劉，從祖母家姓。宣德中貢入太學，授南宫令，時白蓮賊騷動河北，安捕其黨，得簿録姓名輒燒之，以安反側。仕至浙江參政，以治績稱。

沈翼，字克敏，山陽人。宣德庚戌進士，歷户部郎中，擢本部侍郎。奉敕撫北邊，奏減額外税五萬餘石。時邊警，欲據通州積粟，敕往燒之。乃僞焚腐草，遥見烟焰蔽天，知有備，遁去。景泰中，進南户部尚書。致仕，卒。子瑶，字廷實，天順丁丑進士，歷官都給事中。時除四品以上官從内降，瑶慮中官專權，上疏極言。權貴忌之，出爲南太僕少卿，卒。

史敏，字德敏，山陽人。正統己未進士。歷刑部員外，出爲河南參政。時南陽歲饑，流賊蜂起，敏賑恤撫字，遂以寧謐。

李贊，山陽人。正統戊辰進士。由庶吉士改吏科給事中，封駁彈劾，不避權要。歷官浙江布政使。工四體書，著有《松泉集》。

葉淇，字本清，山陽人。舉進士，歷官廣西僉事。南丹土官莫必勝爲寇，淇城柳城、洛容以扼賊衝，蓄水通漕以賑饑民。轉陝西副使，斬賊首領，平洮州。擢山西巡撫，罷土兵戍邊之不便者。哈密爲吐蕃所陷，守臣請暫處之内地，弗聽。後拜户部尚書，卒。從子贄，字崇禮，天順庚辰進士，歷守三郡，咸有政聲。擢江西布政使，平瑞州盜有功。累官刑部侍郎。

史璀，字德輝，山陽人。景泰甲戌進士。授御史，屢陳時政得失，多見採納。遷浙江副使，持憲有體。

皇甫貴，安東人。景泰間以貢任天台令，豪邁挺勁，不避權勢，政平訟簡，有廉介名。

齊昭，字雲漢，山陽人。由監生授長清訓導，以學行聞，擢御史。陞山東提學僉事，敷教有方，士習丕變。

陳讓，字德光，大河衛人。天順丁丑進士。令寶坻，擒首惡置之法。歲凶，勸民出粟，歲豐如約給還。遷宛平，權貴請託不行。擢杭州守，時海勢内徙逼海寧城，讓開支河，築内堤，海不爲患。

楊理，字貫之，山陽人。孝子旻之子。成化丙戌進士。歷刑科都給事中，累遷大理少卿，讞獄平恕。

石渠，字翰卿，清河人。成化丙戌進士，官按察使，仁恕明敏。居家以友愛聞。

張和，字宗禮，山陽人。成化己丑進士，試工部主政，差保定抽分。時守臣世據關隘，嘗厚啗分司，墮其計者輒爲脅持。和以禮自防，盡釐其弊。擢御史，卒。

趙沄，字汝達，山陽人。成化辛卯舉人，爲長山令，積年疑獄，斷决如神。擢刑部員外郎，在部九年，獄無冤濫。歷雲南參議，卒。

尹珍，大河衛人。成化乙未進士，授工部主事，監徐州，盤詰漕舟，不徇親故。重建官廠五百餘間，植柳鑿井，以便行人。擢員外郎，出守太原，卒。子京，字兆之，正德辛未進士，爲工部主事，監税以清謹稱。改刑部員外郎，執法不撓。擢山西僉事，妖賊煽亂，擒其首惡，餘黨解散。賊平，遷浙江副使，卒。

韋斌，字彦質，大河衛人。成化戊戌進士。授户科給事中，以建言廷杖，有直聲。同考禮闈，斥當軸子孫。出爲廣東提學僉事，歷福建提學副使，取士皆稱得人。

顧達，字存道，大河衛人。成化戊戌進士。累遷陝西行太僕少卿，濟飢民，寢開礦，理冤獄，風勵學宫。每痛禄養不逮其親，嘗獨坐泫然，舉宗人不能葬者四喪。

夏昇，鹽城人。以人才舉，任衢州知府，祛奸弊，清丁糧，定等則，均賦役，民咸戴之。又同邑陳玘龍任崇明州同知，建學築倉，除寇雪枉。

嵇綱，安東人。成化丙午舉人。授海鹽令，遷河州守，剛正明敏，案無留牘。

徐聯，字成章，淮安衛人。弘治丙辰進士，授南大理評事，明習法比。累遷河南僉事，備兵信陽，地當四省交會，多山谷，奸盜藏聚，聯以廉静治之，政簡民和。歷陝西副使，治兵肅州，謹斥堠，精簡閲，禁諸將侵漁，内外帖然。

藍郁，鹽城人。弘治壬戌進士。初令祁陽，以有治劇才調嘉善，所在有聲，民尸祝之。居鄉樂易近人，人多愛敬。

楊谷，字遷喬，山陽人。正德戊辰進士。令松陽，有政聲。江西大盜流劫浙省，谷身先士卒，旬日討平之。擢御史，所條奏多切時弊。以母老乞歸。

潘塤，字伯和，山陽人。祖亨，由舉人官至順慶府同知，有政績。塤舉正德戊辰進士，授吏科給事中，劾權奸江彬、朱寧等。累擢河南巡撫，擊平青羊山賊。以忤當路意，罷歸。所著有《平海寇》《錢法》及《河防》諸議、本郡《文獻志》。

萬雲鵬，鹽城人。正德甲戌進士，爲湖州守，有清節。後歷浙臬、閩藩，能持風憲，不避權要，爲時推重。

佟應龍，山陽人。正德辛巳進士，授新昌令，有異政。擢工部郎中，出理河道，河決張秋，規度詳密，不日就塞，運道賴之。歷守鳳翔，政績如新昌。

盧蕙，山陽人。嘉靖癸未進士，由主事歷郎中。大同兵變，奉命撫諭，一軍帖服。累擢僉都御史，巡撫遼東，練兵儲餉，軍威大振。因出塞燒荒，衝冒風雪，中寒而卒。

馬煥，山陽人。嘉靖戊戌進士，授刑部主事。有勳戚犯法，嚴嵩受賕囑免之，煥執法不阿，因忤嵩被逮，幾不免。嵩敗起官，後以病歸。著有《淮南近集》。

沈坤，大河衛人。嘉靖辛丑廷試第一，歷南祭酒，以母喪歸。時倭寇數千犯淮，坤散財募士，親當矢石，力戰敗之，淮人呼爲「狀元兵」。起北祭酒，爲忌者所中，下獄卒。弟坊，郡諸生，有文行。

倪潤，字伯雨，大河衛人。嘉靖甲辰進士，授南城令，廉静有聲，覲考爲天下第一，擢工部主事。督龍江及蕪湖抽税，俱著清節，力遏中使恣暴，斥監守貪墨。轉都水員外，以憂歸。潤好理學，所輯有《雲門録》。

宋敬，鹽城人。嘉靖丙午舉人，授蒙陰令，以廉惠爲治，邑人作歌美之。以忤朝貴乞歸。

朱笈，字茂學，桃源人。嘉靖丁未進士，授南户部主事，奏彈齊庶人。時楊繼盛劾嚴嵩下獄，故識不敢通問，笈與繼盛爲同年生，時餽慰之。因出爲口北僉事，仇鸞巡邊多不戢，笈以法繩之。擢巡撫大同，與總督楊順不協，因忤嚴嵩，被譴戍邊。隆慶初，起撫寧夏及山西大同。萬（歷）〔曆〕初，入爲户部侍郎，未上，謝歸。著有《龍江文集》。

丁士美，字邦彦，清河人。嘉靖己未廷試第一，五司文衡，咸稱得人。歷官吏部侍郎，謝絶請囑。每進見，必正言開導，御書「責難陳善」四字賜之。卒，謚文恪。

祝尚義，淮安衛人。嘉靖壬戌進士，授南陽推官，遷刑部主事，雪理冤獄，都人誦之。歷守潞安、鄖陽二郡，以廉潔著，卒之日，同年賻之始克殮。

（邱）〔丘〕度，字志中，山陽人。萬（歷）〔曆〕丁丑進士，授南康推官。宦奴殺人，私占民田，度抵奴法。御史劉臺之獄，獨持正論。守汝寧，清慎推天下第一。歷太僕少卿，有諷其見當軸即可得巡撫者，笑曰：「有呈身都御史耶？」卒不往，終户部侍郎。

朱維藩，字介卿。淮安衛世襲千户，讓職於弟。萬（歷）〔曆〕丁丑成進士，令鄞及上虞，以清操舉卓異，擢南給事中。請御朝建儲，疏凡七上，又條議浚秦淮水引長江入留都。後居鄉十餘年，淮人稱爲「三絶」，謂絶足公門，絶面士大夫，絶口宦途舊事云。

劉世光，字晦卿，山陽人。萬（歷）〔曆〕己卯舉人，令趙城，有折獄才。再補沈（邱）〔丘〕，歲久祲，潁州飢民倡亂，突至沈（邱）〔丘〕，世光單騎詣賊壘曉諭之，遍給以粟，誅其首惡，衆遂散。後致仕歸，著有《二金草》《青藜館集》。

楊伯柯，字直甫，大河衛人。萬（歷）〔曆〕丙戌進士，擢南計曹。神宗久不視朝，上疏言：「御大廷至樂，居深宮至勞。」言極剴切，不報。後倅汾州，攝郡事，以法繩宗人之悍者。

劉一臨，世光子。萬（歷）〔曆〕己丑進士，授常山令，調長興，再調信豐，所至勸農桑，興學校。爲人簡亢，執法不避權貴，故仕多齟齬，未竟其用。

張世才，字德夫，山陽人。萬（歷）〔曆〕己丑進士，授户部主事。東封闕白，力排時論，以爲不可。校閲北闈，黜戚畹子，由是補外。孫奕潁，以舉人官户部主事，有幹才。

梁兆明，字子晋，山陽人。以明經令安義。俗嚚訟輕生，山産斷腸草，每啖草自殞，借以陷人。下令凡訟者先納草一石，未幾，根荄盡絶。邑有水利阨於坳區，阻於豪右，正其疆界而治之，遂灌山田數十百頃。擢南陽府判，有政聲。

國朝

劉自竑，字任先，世光孫。前明甲戌進士，歷真定知府。舊例太守有折麥銀二千，自竑首革其弊。順治初，擢浙江按察使，時奸民互以變告，有一案株連百人者，自竑力白其冤，釋之。遷湖廣右布政，未任歸。

（邱）〔丘〕俊孫，字籲之，山陽人。明季癸未進士。順治初以薦起，歷刑部郎中，出知漢陽府，擢山西冀寧道，所至皆著惠愛。尤長於聽訟，屬邑以獄上，立斷遣之，讞語悉口占手判，不假群吏。罷官歸里，杜門讀書，長吏罕識其面。

胡之駿，字伯驤，山陽人。順治丙戌進士，選庶吉士，改給事中，言論丰采，一時推重。子可及，舉進士，爲廉吏。

陸騰駿，字馭之，清河人。順治初由貢授懷柔令，攝密雲，清豪强侵占民田，代完密邑逋穀千餘石，豁重編四百餘丁。擢户部河南司主事。先是，豫省有以墾田進秩者，加糧二萬，民多賠累，力請豁免。

劉芳聲，字何實，自竑子。順治己丑進士，任刑部主事。審决畿北，執法平允，全活甚多。疏請清理刑獄，於是特遣恤刑諸臣分讞天下。遷户部，榷關九江，釐剔宿弊，商旅雲集。擢山東提學僉事，卒官。

黄宣泰，山陽人。順治己丑進士。任大理寺評事，多所平反。歷户部郎中。辛亥，以才能佐本部侍郎賑濟淮揚。乙卯，備兵寧夏，值定邊城、花馬池之變，城堡皆陷，宣泰堅壘以守。調度有方，糧芻無缺，分兵扼河，賊不得渡。猝聞母訃，以過哀卒。

張新標，字鞠存，世才孫。順治己丑進士，授吏部考功，以文學、吏才稱於時。

周龍甲，字霖公，山陽人。順治壬辰進士。由推官入爲部曹，歷山東提學僉事。任滿部考，以公明特著推天下學臣第一，内擢京卿。未任卒。

徐越，字山琢，山陽人。順治壬辰進士。授行人，擢御史，讜直敢言。已内陞，仍留任，在臺十有三年，所條奏皆有關時政之大者。言漕河事先後凡十六疏，歷陳淮、黄分合變遷，及兩河衝决、州縣被災狀尤悉。遷兵部督捕左理事官，引疾歸。

薛鼎臣，字式九，鹽城人。以薦授中書舍人，復登甲午北闈賢書，轉户部主事。擢兵科給事中，條奏彈劾，大著直聲。歷工科，疏五大險工，俱中要害。庚子，典試湖廣，有知人名。乞假終養，居鄉二十年，恬静自守。

陸求可，字咸一，山陽人。少孤力學，舉順治乙未進士。守裕州，恤郵丁，减鹽引，闢荒田，清寃獄。入爲刑部員外郎，歷遷福建提學僉事，釐正文體，杜絶請託。轉參議，未任卒。

（邱）〔丘〕象升，字曙戒，俊孫子。順治乙未進士，選庶吉士，累遷侍講。以才堪外任，調瓊州府通判。赴任道經徐聞，弭兵譁索餉之變。既抵瓊，黎酋恃險梗化，選兵進勦，戮其渠帥。尋以裁缺，補武昌府通判。丁艱歸。起補大理寺副，部議有與律未合者，必力争駁正之。

楊名耀，山陽人。順治乙未進士。擢吏部，歷考功文選，雅有清望。充會試同考，所甄拔多名士。遷太常寺少卿，卒。

張樹屏，鹽城人。順治戊戌進士。授臨縣令，捐免羨餘并修城加派共萬餘金，民懷其惠。

劉昌言，字禹度，自靖子。順治己亥進士，授岑溪令，縣接五嶺，獞猺雜處，撫馭有方。會鄰寇彭奇犯境，以忠義激發士卒，協力固守，設方略誘之，寇黨縛奇以降。并獻花名册，昌言誅其魁，焚其册，全活數千人。岑俗輕生，睚眦小忿輒茹毒隕命，爲嚴禁之。又攝蒼梧篆，卒。

許國璠，山陽人。康熙丁未進士，授平江令。吏才明敏，聽訟無寃，催科有術，士民悦服。

劉始恢，字价人，昌言季子。康熙庚戌進士，授大理評事。時有兩議例，有成獄讞法司而於情罪未協者，輒奮筆駁正。大理卿採其議，列疏後附請，得報可。歷吏部考功郎。冢宰以廉慎薦，轉文選郎中，銓叙得宜，時無滯才。會河臣建束河注海之議，始恢力持不可，與詞臣喬萊議合，事得寢。

張睿，字涵白，山陽人。康熙己未進士。授司經局正字，遷禮部主事，擢工科給事中，轉户科掌印。再奏河工事宜，仲莊閘之開，從睿請也。又以漕艘至冬守凍可虞，疏請截留接運，後遂爲例。累遷左副都御史，歷刑部右侍郎。以疾卒官。

江南通志卷一百四十四

人物志

宦績　六

揚、徐二府

揚州府

後　漢

劉熊，字孟陽，廣陵海西人。仕爲酸棗令。按金石古文稱：熊，光武皇帝曾孫，廣陵王之孫，俞鄉平侯之季子。守約履勤，叡敦五經。既練州郡，賞善礪頑，勤恤民隱，貪宄革情，清修勤慕。吏民愛之若慈母，畏之如神明，相與採摭謡言，刊之碑石焉。

三國　吴

吕岱，字定公，廣陵海陵人。孫權召署録事，補餘姚長，拜昭信中郎將，歷交州刺史，遷安南將軍、假節，拜鎮南將軍，屯長沙漚口。代潘濬領荆州文書，與陸遜並在武昌，故督蒲圻。前後討平寇賊，功甚多，封都鄉侯，進番禺侯。岱潔身奉公，妻子飢乏。權聞，加賜錢米。嘗薦吴郡徐原，官至侍御史。岱時有得失，原輒諫諍，又公論之。及原死，岱哭之甚哀，曰：「德淵，岱之益友。今不幸，岱復於何聞過？」談者美之。太平元年，年九十六，卒。子凱嗣。

張紘，字子綱，廣陵人。策表爲正議校尉，奉章至許，留爲侍御史，孔融等皆與親善。操聞策薨，欲伐吴，紘諫止之。操即表權爲討虜將軍，領會稽太守，出紘爲會稽東部都尉。後權以紘爲長史，從征合肥。權率輕騎，將突陣，紘諫曰：「此偏裨之任，非主將所宜。」乃止。紘建計宜都秣陵，權從之。臨卒，遺箋勸求賢受諫、抑情損欲，權省書流涕。子玄，清介有高行，官至南郡太守、尚書。

范慎，字孝敬，廣陵人。初與謝景、刁玄、羊衜等爲太子登賓客，竭忠知己之君，纏綿三益之友，時人榮之。後爲侍中，出補武昌左部督，治軍整頓。孫皓移都，甚憚之，以爲太尉。慎自恨久爲將，遂託老耄，軍士戀之，舉營爲之流涕。卒，子耀嗣。

晉

劉頌，字子雅，廣陵人。文帝辟爲相府掾，奉使於蜀。時蜀新平，人飢土荒，頌表求賑貸，不待報而行，由是除名。武帝踐祚，拜尚書三公郎，累遷議郎，守廷尉，執奏尚書令史扈寅冤。在職六年，號爲詳平。左遷河内太守，表罷公主水碓，流水不壅，民獲其利。除淮南相，在官嚴整，甚有政績。數上疏論事，爲時論所美。後爲三公、吏部尚書，論罷加趙王倫九錫。爲光禄大夫，門施行馬。卒，謚曰貞。

戴淵，字若思，廣陵人。舉孝廉，累功授征西將軍，鎮壽陽。王敦舉兵，詔淵還鎮京都。石頭失守，淵與諸軍攻石頭，敗績。受詔見敦，敦問曰：「前日之戰有餘力乎？」淵不謝而答曰：「豈敢有餘，但力不足耳。」俄收淵害之。賊平，贈右光禄大夫，謚曰簡。弟邈，字望之，好學，精漢史，上疏請興禮樂，元帝嘉納焉。仕至尚書僕射。卒，謚曰穆。

高嵩，字茂琰，廣陵人。少好學，善史書，除太學博士。簡文帝輔政，引爲撫軍司馬。時桓温率衆北伐，嵩爲簡文作書，諭以禍福，温即還鎮。哀帝雅好服食，嵩切諫之。

南北朝　齊

荀伯玉，字弄璋，廣陵人。齊高帝鎮淮陰，爲冠軍刑獄參軍。霸業建，伯玉忠勤盡力，大見委信。

唐

李鄘，字建侯，江都人，邕從孫。第進士。李懷光辟幕府，懷光反，鄘刺賊虛實，白之朝，德宗手詔褒答。懷光聞，囚之。及河中平，馬燧破械致禮，召爲吏部員外郎，持節諭徐州。時張建封卒，子愔上表自稱兵馬留後，鄘以非詔命，削去之乃受，拜淮南節度使。王師討蔡，鄘以兵二萬分壁鄆境。召拜門下侍郎、同中書門下平章事，引疾固辭，後以太子少傅致仕。

王起，字舉之，太原人。父官揚州，遂家焉。由進士爲校書郎，累遷中書舍人，數上疏諫穆宗畋遊。歷户部尚書判度支。靈武、邠、寧多曠土，奏爲營田，以省餽輓。遷山南東道節度使，修復濱漢塘堰，遂無凶年。後爲相，封魏郡公。凡四典貢舉，所取皆知名士。

王鐸，字昭範，起從子。會昌中進士，累官拜同平章事。黄巢陷長安，鐸請討賊，乃以爲諸道行營都統，移檄天下。時諸將環賊莫敢先發，鐸檄至，將士皆奮，巢勢日蹙。宦者田令孜料賊必破，欲功出北司，乃搆鐸於帝，罷爲檢校司徒、義成節度使。

五　代

高郁，廣陵人。楚王馬殷引爲謀主。初，殷兵力寡弱，畏楊行密、成汭之强，郁勸之修貢京師，以圖霸業。又教其鑄鉛鐵錢，命輸税者用帛代錢，未幾，國以富饒。鄰國皆疾郁，殷子希聲聽反間，矯殷命殺之。

南唐

李建勳，字致堯，廣陵人，德誠子。少好學，能屬文。家世將相，杜門不預世事。後爲南唐相。元宗立，建勳謂宜得方正之士，朝夕獻替。出爲撫州節度使，召拜司空。及出師平湖南，人皆賀，建勳曰：「禍始此矣。」稱疾致仕。賜號鍾山公，營别墅於山中，放意泉石。卒，贈太保，謚曰靖。

喬匡舜，字亞元，高郵人。弱冠能屬文，仕南唐。周侵淮南，諸將屢敗，元宗議親率六軍拒之，匡舜上疏極諫見忤，流撫州。

何敬洙，廣陵人。仕南唐爲楚州團練使，察民疾苦，有科條輒先爲經畫，民不知勞。遷武昌軍節度使。周師至，敬洙除地爲戰場，曰：「敵來，吾與兵民俱死於此。」後以太師致仕。

宋

崔希甫，高郵人。有才略。江南平，潘美言於太宗，召見，拜太子中允，賜金紫，轉監察御史。凡朝廷更置諸道事務，及指揮沿邊將帥，多命希甫乘傳處分，輒稱上意。賜金帶，仍命懸魚，時號「重金御史」。

陳知微，字希顔，高郵人。咸平五年進士。累轉京東轉運副使，奏還東平監所侵民田六百八十家。又決古廣濟河通運路，罷夾黄河，歲減夫役數萬。歷官判司農寺，糾察在京刑獄。知微沉厚有才幹，不務徼察。有集三十卷。

孫長卿，字次公，揚州人。以〔外祖朱巽〕①任爲校書郎。倅河南府，天雨，軍營壞，或言衆將叛，洛中讙然，長卿馳往撫諭，衆遂定。歷江浙荆淮發運使，歲漕米至八百萬石。知慶州，州高亢旱，苦無水，爲鑿百井，皆及泉。羅川馬嶺棧道危險，爲訪唐故制，闢成通途。知定州，當得園利八十萬，悉歸之公。終兵部侍郎。

孫錫，字昌齡，真州人。進士，以文學稱，居官仁恕。提點淮南刑獄，考課爲天下第一。知宣州，召五縣令約以州所下書有不便封還，故縣得自爲政，而州無事。尋知舒州，發常平、廣惠倉，以活流人。官至度支郎中。

吕溱，字濟叔，揚州人。進士第一，歷官翰林學士。疏論宰相陳執中奸邪，仁宗還其奏，溱曰：「以口舌論人，是陰中大臣也。願出以示執中，使自辨。」未幾，執中罷。溱知徐州，以與轉運使李參不相能，爲所誣劾，貶秩。後起知開封府，辨訟立斷，豪惡斂跡。以病改樞密直學士，卒。溱自貴重，接賓客不過數語，人稱「七字舍人」云。

周孟陽，字春卿，泰州人。寶元中進士，諸王府記室。英宗在藩邸，極禮重之，其辭宗正表凡十

① 據《宋史》本傳補。

八上，皆孟陽爲之。即位，擢集賢殿修撰。神宗時，上疏言祖制不宜輕改，拜天章閣待制。卒。

孫覺，字莘老，高郵人。從胡瑗學，登進士第。調合肥簿，歲旱，州課民捕蝗，覺言：「民方艱食，難督以威，若以米易之，必盡力。」守悦，推其説下之他縣。熙寧初知諫院，青苗法行，託於《周官》，行國服爲息，覺奏其妄，出知廣德軍。哲宗即位，遷諫議大夫，論罷宰相蔡確、韓縝。擢御史中丞，以疾罷歸，遣使存勞賜金。有《文集》《奏議》及《春秋傳》若干卷。

孫覽，字傅師，覺之弟。由進士歷右司員外郎。荆湖開疆，命往相其便，覽言：「沅州所招溪洞百三十，宜從本郡隨事約束，勿遣官置戍以爲民困。自誠州至融江口，可通西廣鹽，以省北道餉餽。」悉從之。拜户部侍郎。與蔡京論役法不合，出知太原。西夏據横山並河爲寨，秦、晋之路皆塞，覽擊敗之。復取葭蘆戍，城之而還。策勳，加樞密直學士。

孫升，字君孚，高郵人。第進士。哲宗立，爲監察御史，多所建明。進侍御史，論翰林承旨鄧伯温草蔡確制稱其定策功比漢周勃，欺天負國，不報。紹聖初，被劾奪職。同邑孫洪，字若谷，隆興進士，爲繁昌尉，亦以惠政聞。

喬執中，字希聖，高郵人。治平進士。提舉湖南，會章惇討五溪，檄執中取大田、離子二峒，峒路險絶，執中但走一校諭其長，即相率歸命。召爲司農丞，提點開封縣。時牧地民耕歲久，議者將取之，將夷（邱）〔丘〕墓，伐桑柘，執中請復予民。歷官刑部侍郎，後知鄆州，卒。執中寬厚，屢典刑獄，雪活以百數。嘗疏論讞獄失出入者不宜同坐，恐法吏不復肯與生比，非好生洽民之德。

柳植，字子春，真州人。少貧，自奮爲學，舉進士甲科。爲大理評事，遷著作郎，歷知蘇、杭、壽、亳、潁、揚等州，分司西京，致仕。植平居畏慎，寡言笑，所至官舍，蔬果不採，家無長物，時稱其廉。

孫鼛，字叔静，江都人。趙抃薦其才，知偃師縣。徽宗初，召爲屯田員外郎。素與蔡京善，京欲引爲助，以正言拒之。京既相，出鼛提點江東刑獄，歷知曹、鄆、單三州。卒，謚通靖。

張汝賢，字祖禹，真州人。第進士，除監察御史。元豐間，以論尚書左丞王安禮，與俱罷。元祐初使閩、粵，奏弛茶鹽增價，得減十之八。又以赦令蠲民所負官錢米五十餘萬。以左司郎中召還，道卒。

張汝明，字舜文，汝賢弟。元祐進士，仕州、縣二十年，未嘗干進。大觀中爲監察御史，劾蔡京市恩招權，帝奬其直，京憚之。徙漢陽判官，晚知岳州。汝明事親孝。貫穿經史，所著書不襲前人語。

沈錫，字子昭，真州人。崇寧初，爲講議司檢討。蔡京方銓次元符上書人，欲定罪，錫曰：「遠方之士，未知朝廷好惡，若概罪之，非敦世厲俗之道。」京不從。歷知江寧府，江淮間往往以誣告興獄，錫按知其妄，具疏於朝，由是他郡繫者皆得釋。以通議大夫致仕，卒。兄銖，字子平，歷官中書舍人，兼侍講。每進講，哲宗首肯之。

時丹立，興化人。元祐間任高郵司理，莅政仁恕，民德之，鄉人稱其所居曰「時堡」。

莊徽，字彦猷，江都人。政和初知平江，郡豪朱勔被寵，官吏無不傾身事之，徽獨不假借。朝廷命官造乘輿、服御於浙西，特令徽與勔協理，尋詔罷。徽曰：「此天子盛德事，大臣亟當承奉。」即日罷之。在官六年，乞閒，提舉洞霄宫，卒。

劉大中，字立道，真州人。經明行飭，鄉黨稱醇儒。歷官州縣，擢監察御史，宣諭江南東西路，以和議不協請外。在朝言事，首議建儲，高宗感悟，賜以御書《文賦》。

李正民，揚州人。政和二年進士，中詞學兼茂科。建炎初，除中書舍人。出爲兩浙、江西、湖南撫諭使，以奉使稱職。除給事中、吏部侍郎，請復宣和以前通令佐並帶主管學事銜，以示偃武修文之意。仕至徽猷閣待制。孫直養，字無害，知平湖，置冢瘞沿海溺死五百餘人。知海鹽，擇朱沆爲小學師，民興於學。

李易，字順之，揚州人。好學多聞，以清素見稱。高宗策試進士第一，累官至敷文閣待制。初，授江陰軍判官，金兵至，守臣謂易曰：「吾當死城郭，君有母，宜避之。」易告其母，母曰：「我去，汝必無意堅守，死生當與汝同之！」由是易與守臣固守，金兵遂引去。

周麟之，字茂振，泰州人。登紹興進士，中博學宏詞第一。授著作郎，以極静和議，謫秘監，分司南京，居瑞州。孝宗立，復原官，充哀謝使使於金，言詞詳雅，敵爲加禮。後拜同知樞密院事。

李衡，字彦平，江都人。登進士第。知溧陽縣，以誠化民，鄉無吏迹，而輸税先他邑。任四年，獄户無一重囚。隆興二年，北師至淮，官沿江者多遣孥歸，衡獨移家至邑，民心大安。入爲監察御史，廷争外戚張説不當使掌兵柄，改除起居郎，致仕。退居昆山，聚書講學，號曰樂庵。

史正志，字志道，江都人。紹興進士。薦除樞密院編修，乞築和州城壘，及舒揚防守荆襄事宜。

孝宗即位，除員外郎。後忤時相，謫永州。尋復原官，賜文安縣開國男。著有《建康志》十卷。

牛大年，字隆叟，江都人。慶元進士，官將作監主簿。入對，言人主當致念於天命人心之所繫；士氣久靡，當扶持作興，以爲風俗之本。累遷至寶章閣待制。廉潔自將，以餘俸置義莊，給諸貧族。所撰有《支山集》。

明

汪廣洋，字朝宗，高郵人。舉元進士。明太祖渡江，召見，爲元帥府令史。歷官左丞，封忠勤伯。洪武四年爲右丞相，禮遇特隆。已而御史中丞涂節言劉基死毒，廣洋宜知狀，謫海南。行至太平，再賜敕切責，遂自經死。著有《鳳池吟稾》八卷。

蔣宫，字伯雝，真州人。博極群書，於制度沿革、陰陽(歷)〔曆〕數之義無不通。元至正初登第。洪武元年，授蘭陽縣丞，兵燹之餘，招流庸①，通商販，開學校，邑以大治。

徐司馬，字從政，揚州人。太祖養子。歷官都指揮使鎮河南，甚倚重之。司馬好文學，拊循士卒，極得衆心。公退蕭然若寒素。

陳琰，字公信，江都人。洪武丙子歲薦，授御史，巡按雲南。遇事明斷，出廨見東家烟突出人手

① 「流庸」，《四庫》本作「流亡」。

若招訴狀，心知有冤。猝召其家督錮之，而搜檢其家物，得江西估客路引一紙。乃呼訊曰：「爾前者没估客財而殺之，匿其尸竈下，今露矣！」其人即伏罪，人詫其神。官至陜西布政使。

成璡，興化人。洪武中授代州學正，陞蔚州知州。爲政清肅，與守將協修邊備，民賴以寧。永樂初，爲北平布政司參議，卒。洪熙初，贈兵部尚書。

陳晟，字克昭，寶應人。洪武中，以能書薦入中書預誥敕，尋擢五軍斷事。一日當奏獄，上收其奏牘，令晟背誦，晟條對如流。上曰：「汝年少，特試汝於獄用心否耳。」仕終吏部主事。

陸顒，字伯瞻，興化人。以明經薦爲禮部主事，兩使朝鮮，不辱朝命。奉敕建湘獻王碑，纂修《實録》，屢獻詩文字畫，太宗以「三絶」稱之。轉户部郎中，分治水利，董運江淮，聲望赫然。

高穀，字世用，興化人。永樂乙未進士，選庶吉士，改春坊司直。正統十年，入内閣。英宗北狩，穀居守，預立景帝，進工部尚書、少保、東閣大學士。順天鄉試，陳循以子失舉，奏誣考官劉儼，穀曰：「大臣子與寒士並進已不可，况又不安於命乎！」儼乃得免。裕陵復辟，内閣諸臣皆獲罪，上曰：「穀在内閣，議迎駕及南内事，皆左右朕，無他腸，可致仕。」穀性儉素，位台司，敝廬瘠田而已。成化初，贈太保，謚文義。

龔謙，字廷益，揚州人。正統戊辰進士，授監察御史。英宗北狩，首疏迎復、建儲二事，時論韙之。巡鹽兩浙，清軍湖廣。卒於官。

張冕，字汝端，江都人。天順乙卯舉人，任台州府同知，遷澂江知府，居官清介。罷任歸舟，家人誤携官署二釜，覓見命返之。其操如此。

張文，字存簡，泰州人。天順己卯鄉試第一，成化丙戌登進士。任刑部郎，録囚畿内，有馬平兒者報父仇抵罪，文奏請得免死。丁酉賑兖州飢民，全活甚衆。陞浙江副使。

高銓，字宗選，江都人。成化己丑進士，累官保定巡撫。有奸人獻民地爲皇莊，銓勘實以聞，歸其地於民。歷南户部尚書，歸德有黄河退地千餘頃，爲親藩所據，銓按實奏還民。

黄瓚，字公獻，儀真人。成化甲辰進士，累遷江西右布政。宸濠不法，諸司多爲所制，瓚獨不屈。轉湖廣左布政，吏部疏天下外官治行五人，瓚第一。巡撫山東，賜一品服帶。入爲南京兵部侍郎。江彬扈從南巡，值生日，部寺俱賀，瓚獨不往。嘉靖初致仕。

冒政，字有恒，泰州人。成化乙未進士，官山東參政，弛南旺湖禁，以恤貧民。巡撫寧夏，守官廉，劉瑾求賄不得，遂坐事罷歸。後復職，致仕。

儲巏，字静夫，泰州人。成化癸卯、甲辰鄉、會試皆第一，授南吏部主事，轉考功郎，持正不撓。嘗覈一官，尚書耿裕欲改評，巏不從，曰：「公所執，何異王介甫？」裕大慚，曰：「我固知君，然非我不能容。」正德初，塞上有警，陳禦邊五事，又陳馬政，多議行。劉瑾擅權，引疾致仕。瑾誅，起南吏部侍郎。卒，謚文懿。巏淳行清修，介然自守。工詩文，所著有《柴墟集》。

胡獻，字時臣，興化人。弘治丙辰進士，廷對策譏切時弊，尚書馬文升讀卷歎服。選庶吉士，逾年授監察御史。清寧宫災，應詔直陳言五事，逮錦衣獄，謫宜陽知縣。尋改福建提學副使，未任卒。

徐蕃，字宣之，泰州人。弘治癸丑進士。授吏科給事中，以劾中官高鳳，廷杖幾死，放爲民。後起爲江西參議，討平東鄉寇。累陞工部侍郎。

趙鶴，字叔鳴，江都人。弘治丙辰進士。以户部郎中督永平、山海、薊州糧草，兼視屯田，條上十六事。陞建昌知府，以不賂閹瑾，左遷南安同知。擢金華知府，進山東提學副使，致仕。嘗編《維揚郡乘》，著《具區文集》。

王軏，字戴卿，江都人。弘治乙未進士。授户部主事，奉命視直隸、閩、浙倉庫，所至嚴覈欺隱。改工部員外郎，監遵化鐵冶，劉瑾黨致書請託，且恐以危言，軏不顧。巡撫四川，征芒部土官，擒其魁，改其地爲鎮雄府。進户部右侍郎，查畿内勳戚莊田及牧馬場租銀，盡發諸侵没者。總督倉場，請罷京、通二倉太監及重開會通河。陞南兵部尚書，致仕。

楊果，字實夫，興化人。弘治壬戌進士，官至户部侍郎。天性孝友，居官時以母老不挈妻子。自處恬退，嘗謂人曰：「吾平生無所長，唯不識劉瑾、錢寧、江彬三人，差自慰耳。」

葉相，字良臣，江都人。弘治壬戌進士。官給事中，首劾劉瑾，又上建儲、漕運、庫藏等十餘疏，皆愷切識治體。出參貴州，轉江西布政。已復遷貴州巡撫，會芒部構亂，相討平之。擢户部侍郎，轉刑部，乞休。

盛儀，字德章，江都人。弘治乙丑進士。觀吏部政，時劉瑾以事干尚書，託儀爲致書，儀拒不許。官至太僕寺卿，以清峻著名。著《維揚志》二十卷。

顧仕隆，江都人。鎮遠侯溥子，嗣爵。正德初爲漕運總兵，請恤軍卒、開通惠河，以清白聞。嘉靖中，掌中軍都督府事，論救楊廷和功在社稷，不當用小人王邦奇，語傷國體，詔切責。移病解營務，卒謚榮靖。子寰，嗣爵，亦爲漕運總兵官，請江南北被災地停漕運一年，改折色，軍民交便。移鎮兩廣，定安南莫宏瀷之位，討平平樂猺。還鎮淮，有禦倭功。入總京營。萬(歷)〔曆〕初致仕，卒謚榮僖。

俞敦，字崇禮，江都人。正德辛未進士，授庶吉士。改刑科給事中，疏陳江彬逆狀，不報。錢寧求納交，峻拒之。遷禮科，使安南，進都給事，出知梧州。

徐晋，字文明，江都人。正德辛未進士。歷任南兵部郎中，宦官劉瑯怙勢肆横，晋以法繩之不少貸。宸濠叛，南都震恐，尚書喬宇知晋才，悉以軍事委之。及駐蹕南都，供億旁午，晋從容取辦。尋陞青州知府。

王紀，字理卿，泰州人。正德辛未進士，授進賢知縣，討平洞蠻。進南兵科都給事中。武廟南巡，紀屢疏請還，被謫。復起知武城縣，會滹沱河決，捍治有功，擢知高唐州。以賑飢積勞，卒於官。

儲洵，字平甫，泰州人。正德辛未進士。官沔陽守，修隄捍水。陞漳南僉事，設方略除盜。所著有《革除録》。

蔣山卿，字子雲，儀真人。以詩名於時，正德甲戌進士。諫南巡被杖，謫前府都事。嘉靖初復官，知南寧府。時討思田土官岑猛，以調度軍餉功，進廣西參政。在南寧入覲，上言安邊備猺方略，時稱「碩畫」。所著有《南（泠）〔泠〕①》《休園》等集。

張綎，字世文，高郵人。正德癸酉舉人。歷光州知州，歲饑請賑，全活甚衆。歸居南湖，著《南湖集》若干卷。

樓觀，字國光，江都人。正德丁丑進士。由郎中爲興化知府，仙遊苦海寇，觀令鑿石築城，民賴以安。陞湖廣副使，致仕。

高遷，字升之，江都人。正德辛巳進士。授寧波推官，攝郡事，會日本貢使構亂，遷討平之。遷知順德府，甫抵任，武宗幸承天，道經順德，區畫供帳立辦。會城沙河工峻，陞河南副使。河决睢州野雞岡，遷鑿孫繼口，塞河以疏横流，漕運賴之，詔增俸一級。所著有《南兖州集》。

方岑，字伯高，江都人。嘉靖丙戌進士，出知杭州府。先是，海寧令某引用巨猾數人，恣營奸利，已乃逮諸巨猾下獄，夜使人殺之以滅口。事發，岑按驗有狀，庭笞逐之。而令爲按臣私人，遂爲所中傷，免官。著有《竹素齋集》。

蔣應奎，字文焕，江都人。嘉靖丙戌進士。授工部主事，董九廟諸大工。陞應天府尹，時鎮田萬畝荒弗治，税悉徵之里人，應奎出金築堤，召民開墾，遂成腴田，里人免困。累陞遼東巡撫、兵部右侍郎，致仕。

① 據道光《重修儀徵縣志》卷三十改。

曾銑，字子重，江都人。嘉靖己丑進士。由知縣擢御史，巡按遼東，定遼陽兵亂。巡撫山東，築臨清外城爲重鎮。總督陝西三邊，請兵驅套寇，復河套，爲一勞永逸計。輔臣夏言主其議，嚴嵩與言有隙，會俺答①掠遼西，遂奏銑開邊啓釁，言附會誤國。銑所劾罷甘肅總兵仇鸞，復誣銑尅取軍糧，故昌議復套以自解，竟與言同棄市，天下冤之。隆慶初，贈尚書，謚襄愍。

桑喬，字子木，江都人。嘉靖壬辰進士。以監察御史按山西，劾諸將葉宗、魯綱輩失機，又請免被兵州邑征賦。丁酉代還，適奉天殿災，上陳時政，并劾嚴嵩、張贊、張雲、林廷棉等，時皆未知嵩奸，喬首發之。嵩因喬巡按順天，引疾乞歸，構以規避罪下獄，廷杖，戍九江二十六年而卒。隆慶初，贈光禄寺少卿。

沈良才，字德夫，泰州人。嘉靖乙未進士，選庶吉士，改吏科給事。嚴嵩初入閣，良才疏列其奸。後累官至兵部侍郎，嵩坐以他事，罷免。

曹守貞，字子一，江都人。嘉靖戊戌進士。知遂昌縣，條上採礦害民，罷其役。歷陞尚寶司丞，典司者爲嚴嵩子世蕃，與議多不合，世蕃不能堪，謫山東轉運判官。久之，擢户部郎中，尚書張舜臣集司屬議沿革，守貞曰：「部體與郡縣不同，惟清静寧一因之而已。」有頃，京營訛言部議欲裁粟布，軍士大閧，尚書患之。守貞移牒戒諸將士，擇時日覈軍實，稽詐冒，給糧布，衆心乃定。出爲平樂知

① 「俺答」，《四庫》本作「諳達」。下同。

府，録囚多從末減。尋乞休。

楊守誠，字惟一，江都人。以鄉舉知南樂縣，遷河間府判，致仕歸。時倭寇訌擾，守誠策其必犯揚州，請於太守，築揚州新城及瓜洲城，爲守禦計。

李春芳，字子實，興化人。嘉靖丁未廷試第一，三遷至禮部尚書，加太子太保。時宗室繁衍，廪禄不繼，春芳清其冒濫，定服室①妾媵之制，毋得過度，賜名《宗藩條例》。嘉靖末入閣，受顧命居政府，持論寬平，不事操切。俺答請貢市，廷臣多異見，春芳獨請許之，邊鄙安堵者數十年。諫造鳳翔樓，奏罷太倉羡金，及織造歲幣牙簟珍異，皆聽納。進中極殿大學士。致仕歸，父母尚無恙，鄉里榮之。卒，贈太師，謚文定。

淩儒，字真卿，泰州人。嘉靖癸丑進士，知永豐縣。擢御史，疏請重貪墨之罰、革虚冒之兵、搜遺佚之士，忤上意，廷杖除名。隆慶初復官，掌河南道。時高拱在，事多所掣肘，儒秉公考黜，一時稱允。再遷右僉都御史，投劾歸。

宗臣，字子相，興化人。嘉靖庚戌進士，官吏部員外郎。楊繼盛疏劾嚴嵩，坐法死，臣率同舍郎解袍覆其尸，爲文哭之。嚴嵩慚恨，出爲福建參議。倭犯福州，臣守西門，納鄉人避難者萬人。出兵要擊，沉賊船於海。泰寧報粤寇急，臣檄延、邵諸郡縣兵夾剿，而身與數騎馳赴之，賊敗走。白蓮賊

① 「服室」，《四庫》本作「服飾」。

偪永安，又蹴之。陞副使，提督閩學。卒年三十六。臣才高氣雄，爲郎時與李攀龍、王世貞、徐中行、梁有譽輩相切劘爲古文詞，著有《方城集》十餘卷。

李承式，字敬甫，其先大同人，占籍揚州。嘉靖丙辰進士。備兵榆林，引疾歸。會倭犯朝鮮，以邊才召用，立軍功。尋陞福建左布政，卒。

張守中，字裕齋，高郵人。嘉靖壬戌進士。以虞衡司郎中分署遵化鐵冶，墾田數百畝，歲得米以給治人。又城白治，以禦外敵。陞浙江副使，擒獲礦賊。調官貴陽，剿丹平叛苗，功第一。中讒當再調，遂投劾歸。

李樹敏，江都人。以選貢授嘉善丞，修築海堤。補安福丞，時值均田，樹敏出入阡陌，自齎糗糒，不一煩民。

章潤，字實甫，江都人。萬（歷）〔曆〕丁丑進士。任刑部員外郎，先後奏讞爰書，多平反，著《律例贅言》若干卷。陞瑞州知府，遷副使。備兵松潘，甫至，幕下騎士謀爲亂，潤廉得其主名，計擒之。陞廣東右參政。

李植，字汝培，承式子。萬（歷）〔曆〕丁丑進士，選庶吉士，改監察御史。時張居正新去位，中官馮保猶横恣，植疏保十二大罪，夜半傳旨，逐保籍其家。上欲并籍居正家，居正以名法繩人，雖剛愎，實未黷貨。植獨謂爵可削，家不當籍，人服其公。尋以争黑峪山壽宫被黜。起官僉都御史，巡撫遼東。

宗名世，字良弼，江都人。萬（歷）〔曆〕己丑進士。知肥鄉縣，開渠治隄，引漳河灌溉，荒蕪皆成腴産，民德之，名曰「宗公渠」。歷官工部主事，著《〔發蒙〕①史略》《含香堂集》。

黄建中，字良甫，興化人。萬（歷）〔曆〕戊戌進士。授南陽府推官，下車立置一奸掾於法，諸骩法者皆戢迹。有邑令（鬼）〔魄〕②金，笞其使，令解綬去。擢南户科給事中，遇事敢言，論太監高寀、巡撫李三才尤激烈，中内計罷歸。

同邑袁應祺，字肖海，萬（歷）〔曆〕甲戌進士，爲户部主事，議減興化浮税二萬，得改折銀一萬，民以稍蘇。

李茂功，字季成，春芳季子。以中書舍人奉命封衡藩，却魄遺不受。榷北新關，汰冗税，罷羨金。擢興化知府，出俸金築木蘭陂隄，民獲灌溉利。治獄尚仁恕，凡平反疑獄數十事，郡無冤民。

鄭茂華，字實符，江都人。萬（歷）〔曆〕甲辰進士。累官浙江按察使，温、處多盜，望風遁迹。陞廣西布政使，時靖（藩）〔藩〕③争立，三司慮變，茂華諭以大義，立解。魏璫所在立生祠，粵西獨不應。懷宗初，召對平臺，晋秩副都御史，巡撫廣西，御書「天下清官」於屏。尋攝兩廣總督，以病乞休。

① 據雍正《江都縣志》卷十五補。
② 據《四庫》本改。
③ 據《四庫》本改。

史啓元，字藎卿，江都人。萬（歷）〔曆〕甲辰進士。天啓初備兵衡永，會岷藩有變，中使往勘，群宗譁甚。啓元至，數語折服，遂定岷封。粤寇闌入楚境，力討平之。又石馬塘賊并九連山賊陷岳州，啓元於廣、贛孔道設二關，募兵守之，賊不得奔逸，遂殲其魁。以病乞休。

王繼美，字稚敬，興化人。萬（歷）〔曆〕甲辰進士。知順昌縣，縣苦山水漂没，繼美多造舟，募善泅者救援，所活無算。總理密雲糧餉，省冗濫，清侵冒。備兵兖東，白蓮賊蹂躪，繼美念捕者貪斬級功，每濫及無辜，檄郡縣原宥脅從者。與大吏主剿意不合，調簡，遂歸。

朱家民，字天民，江都人。萬（歷）〔曆〕丙午舉人。初知涪州，舉邊才擢貴陽知府。安寇攻城，餉道俱絶，家民以死堅守，寇卒解去。進貴州左布政，滇、黔道險，製飛絙鎔鐵橋以通往來。又築連雲等十一城，修山路千餘里，行者德之。叙平黔功，推宣大巡撫，以年老乞休。

馬呈秀，字君實，其先大同人，占籍江都。萬（歷）〔曆〕甲辰進士。知延安府，復流移，墾荒堉，捕狥賊，政績茂著。

王納諫，字聖俞，江都人。萬（歷）〔曆〕丁未進士。授行人，使榮藩，却餽贈，甚見敬禮。疾假家居二載，起爲吏部主事，歷四司。尋復告歸。著有《會心言》《初日齋集》。

解學龍，字石帆，興化人。萬（歷）〔曆〕癸丑進士。天啓初，由推官擢給事中，學龍多所建白。魏璫惡其抗直，使御史智鋌劾之，奪職歸。崇（正）〔禎〕初，起補户科，累官至右僉都御史，巡撫江西，屢剿巨寇。進南兵部右侍郎。初，黄道周以劾楊嗣昌奪情貶江西藩幕，學龍至是力薦道周。上以爲黨庇，廷杖，戍貴州。後召還，定從賊案忤阮大鋮，削籍。

吴甡，字鹿友，興化人。萬(歷)〔曆〕癸丑進士。知邵武縣，擢御史，以忤璫罷歸。崇(正)〔禎〕初起，巡按河南，擒誅大盗李思慎，建伊洛書院，修于謙祠，請立邵雍後爲五經博士。時延綏饑民爲變，命甡往賑撫，單騎宣諭，衆皆羅拜。擢僉都御史，巡撫山西，治兵守河，無一賊潛渡者，殲大盗賀宗漢等，在晋四年，民戴若慈母。入爲兵部侍郎，拜東閣大學士，譴歸。子元萊，官保定副使。

姜士望，字宗林，儀真人。以孝友聞。萬(歷)〔曆〕丙辰進士。授中書舍人，奉使册德藩，尋引疾歸。

張伯鯨，字繩海，江都人。萬(歷)〔曆〕丙辰進士。崇(正)〔禎〕初，遷户部主事，出督延、寧二鎮軍儲，通商惠工，軍民便之。擢兵備僉事，敗套兵於長樂堡。歷遷巡撫、户部侍郎，轉兵部，攝尚書事。引疾家居。

俞都美，字士仲，江都人。以廪例入太學。除安州通判，州瘠而多水，都美爲治隄梁。歲饑，捐俸以賑。攝定興篆。熹宗保母客氏子弟横里中，以幣交都美，毁刺笞其使，遂告歸。

徐耀，字蓼莪，泰州人。崇(正)〔禎〕戊辰進士。授龍溪知縣，收海寇劉香老。泰州舊有江南飛派鳳米，民甚苦之，耀特疏奏請，歲省萬餘石。終右僉都御史。卒，賜祭葬。

韓如愈，字唐山，興化人。崇(正)〔禎〕辛未進士，授安化知縣。土司安某與總兵殷朝陽有隙，誘至家，矐其目。復行賄大吏，圖脱罪。如愈獨弗受，力請抵法，竟削其職。擢工科給事中，督漕江西，奏真人張應京不宜賜第京師。轉兵科右給事，巡視京營，稽核隱冒無所徇。山東總兵劉澤清數失律，陰使人刺取兵垣章奏，如愈疏發其奸，下其人於理。澤清恐，走書幣求解，詈而麾之。甲申，督餉出都，澤清遣麾下要於道，遂遇害。

李思誠，字次卿，興化人，春芳孫。萬（歷）〔曆〕戊戌進士，累陞江西按察使。劉忠節綎以死封疆功，世襲子吉幼，其從兄賄直指謀奪之，思誠力持不可，卒以予吉。召爲太僕卿，歷官禮部尚書。會都城多火災，樞臣王永光請歸票擬於内閣，以弭天變，魏璫銜之。而思誠疏稱永光有大臣敢言氣，遂以贓罪誣思誠，下鎮撫司許顯純治。顯純故駙馬子，初欲以女爲信王妃，思誠奏舊制無戚里重姻者，事遂寢。至是，坐思誠贓三千兩，奪職。後楊維垣、吴默等交章奏雪起用，尋卒。

王相説，字懋弼，泰州人。天啓壬戌進士。授袁州推官，擢御史，請復召對之制，疏論温體仁用「黨」字塞言官口。出巡山西，時叛卒潰兵戕賊官吏，變且坌起，相説單騎撫綏，會兵剿撲。遷湖廣參議，俄告歸。

喬可聘，字君徵，寶應人。天啓二年進士。授中書舍人，是時魏忠賢勢方張，即請告終養。崇（正）〔禎〕改元，補前官。吏部侍郎張捷力薦逆案呂純如爲本部尚書，有旨不許，給事中呂黄鍾遂薦捷爲之。可聘上疏謂捷罪浮於逆案，中人黄鍾罪又浮於捷，彼倡此和，相倚爲奸，禍自此始矣。考授監察御史，巡按浙江。可聘雖與東林諸人還往，及臨事，是非可否，直道而行，不肯雷同附麗。於是東林亦有不悦者，坐事左降。後起御史，數言事不報，遂歸。

國朝

王永吉，字修之，高郵州人。天啓乙丑進士，官至薊遼總督。歸本朝，起爲大理寺卿，歷工、户二部侍郎，由兵部尚書入相，復由内院大學士出領吏部尚書。永吉洞曉世務，條奏民生、吏治剴切無支辭，風度峻飭，不受私謁。卒，謚文通。

戎政，興化人。選貢生。順治初，曾參征廣軍幕，初任福建歸化縣，禦賊守城。再任莆田，開誠撫諭，俱著勞績。

張幼學，字詞臣，泰州人。順治丙戌進士，授鄞縣知縣。後遷大興，以廉能稱。有詩集。

陳卓，字懋修，江都人。順治丁亥進士。由刑部郎提學四川，時蜀新定，文學荒廢，卓出經籍令傳寫相教授，文風日振。陞陝西臨鞏道副使，復官商分茶之法，辨部民受逆獨僞劄者。再擢荆南道參政，歸。

徐炟，字符禺，興化人。順治己丑進士。特授廣東督糧道，時粵東餘孽未靖，軍事旁午，炟駐大營，備糧糗，供芻茭，經畫周詳，三年始奏擴清。轉陝西參政，歷陞廣東布政。

季開生，字天中。順治己丑進士，選庶吉士，授兵科給事中。以言事謫尚陽堡。後奉恩詔復原官，以喪歸里，廕一子入監。

郭礎，字公石，江都人。順治壬辰進士，授户部主事。知順德府，府東北有古大陸，歲漲爲田廬害，礎令挑牛尾河三百餘丈，浚大郝、黄梅諸口，自是夏無横溢，諸邑賴之。

俞鐸，字天木，泰州人。順治壬辰進士，選庶吉士。授監察御史，巡按宣大，疏罷監司之不職者。遷分守口北道參議，營築獨石邊牆，冒寒疾卒。

鄭爲旭，字方旦，江都人。順治辛卯拔貢，授中書，累遷監察御史。請選官加驗看，視學遣詞臣，分進士、舉貢、援例班次以疏銓政，次第舉行。從弟爲光，字晦中，順治己亥進士，選庶吉士，改授監察御史，請剔揚州關鈔積弊，清江都加派税糧，節鳳米浮費，皆報可。卒於官。

金懷玉，字式如，江都人。順治戊戌進士。授泉州推官，時海氛未靖，沿海州邑數十里外築牆爲界，有逾牆出者以通海論。懷玉至，録釋繫獄千餘人，白上官曰：「此不過小民資漁利爲活者也。」遷瑞州府同知，卒。

張瑾，字去瑕，江都人。康熙癸卯舉於鄉，除昆明知縣。吴逆初平，民未復業，瑾爲給牛種，招墾荒地，請開白沙、清水、馬裹三河，以資灌溉。案無留牘，凡他郡有疑獄不决者，上官輒下瑾理之。卒於官。

喬萊，字子静，寶應人，可聘子。康熙丁未進士，除中書舍人，舉博學宏詞。改授編修，主廣西鄉試，歷陞翰林侍讀。時御史奏浚海口瀉積水，總河御史上言：「疏海口則引潮内侵，大不便。」請於邵伯、高郵間置閘泄水，復築長隄抵海口，以束所泄之水，使水勢高於海口，則趨海自迅。下廷臣議，適萊入直，〔上〕①召問，力陳不可，議遂寢。未幾，中蜚語罷歸。復召，卒於官。

宫夢仁，字宗衮，太史偉鏐子。康熙庚戌會試第一，選庶吉士。授御史，奏止開礦，請治河先疏海口。出爲河南、湖廣參議，累遷副都御史，巡撫福建，罷歸。旋以修河勞績復原官。夢仁行己居官剛直不阿，服御無改寒素。所著有自訂《文集》《廿一史名臣言行録》《讀書紀數略》五十卷。

李枏，字木庵，興化人。康熙癸丑進士，選庶吉士，歷坊允，累遷左都御史。疏論督撫覆奏不當詆言官，藩司停陞本省巡撫，以杜虧空，請急撥江南近海州縣糧儲，由海運賑山東六郡饑，請遇水旱預蠲新租毋貸舊欠，使胥吏不得以已徵飽私橐。又奏刑曹檢覈具稿全倚司屬，必甄拔明通律例、不畏强禦者；大理職司平反，當寬以濟嚴，無取附和。掌憲五年，持大體，務平恕。所著有《律令箋註》《大遠堂集》。

許承宣，字力臣，江都人。康熙丙辰進士，改庶吉士。授工科給事中，首陳揚州水利、賦役二疏。辛酉典陝西鄉試還，條上秦、晋問利弊六事，悉見嘉納。弟承家，字師六，康熙乙丑進士，官編修，請假歸。兄弟里居，皆以循謹惠愛見稱。

劉國黻，字禹美，寶應人。康熙壬戌進士，選庶吉士。遷户科都給事，建言：民田有大地、小地，上、中、下地之殊，起科輸税或以數畝當一畝，故有田少而賦多，田多而賦少。《賦役全書》不明言其

①　據《四庫》本補。

故，恐吏緣爲奸，異日借言清丈，欲以一畝作數畝，民何以堪？請敕覈折數具載《書》中，以垂永久。時有請丈量淮揚田畝，以羨地入官鬻之者，國瀫疏出，乃寢。累官至鴻臚卿。

徐州府

漢

蕭何，豐人。初爲沛主吏掾，高祖爲亭長，何嘗左右之。及從入關，何獨收律令圖書藏之，具知天下阨塞、户口、民所疾苦。沛公爲漢王，以何爲丞相，守關中，轉漕給，軍食無乏。天下既定，論功爲第一，封酇侯。卒，謚文終。行封時，詔定功臣位次，皆曰曹參功最多，宜第一。鄂千秋曰：「曹參雖有野戰略地之功，特一時之事。蕭何常全關中，以待陛下，此萬世之功也，何功當第一。」帝曰：「進賢受上賞。何功雖高，得鄂君乃益明。」亦封鄂平安侯。

曹參，字敬伯，沛人。秦時治獄掾，以中涓從高祖定天下，攻城略地功最多，封平陽侯。惠帝時爲齊相，師蓋公，用黄老術，齊國大治。後代蕭何爲丞相，一遵何約束，民樂其清静。卒，謚懿。

王陵，沛人。始爲縣豪，高祖微時，兄事之。及定三秦，陵以兵屬焉。天下既定，封安國侯，爲右丞相。高后欲王諸吕，陵力争之，遂謝疾免。

樊噲，沛人。從高祖爲舍人，多戰功。鴻門之會，噲居營外，聞事急，持盾撞入營，誚讓項羽，從高祖走霸上軍。天下既定，封舞陽侯。高帝嘗病，惡見人，詔户者無得入群臣。噲迺排闥直入，見上獨枕一宦者卧，流涕諫以趙高之事。

周昌，沛人。從高祖破項籍，封汾陰侯，拜御史大夫。高祖欲易太子，昌力争不奉詔。是歲，封如意爲趙王，年十歲，擇貴强相爲吕后所敬憚者護之，乃徙昌相趙。既而太后鴆趙王，昌謝病不朝見，尋卒。

周勃，沛人。以中涓從高祖，戰功多，封絳侯。後與陳平謀誅諸吕，迎立孝文帝，爲右丞相。卒，謚武。

周亞夫，勃次子，爲河内守。文帝封爲條侯。六年，爲將軍，軍細柳。文帝自勞軍，先驅不得入。以詔諭之，乃徐行入營，天子爲改容式車。既出，曰：「此真將軍也！」景帝時，吴、楚反，以亞夫爲太尉，討平之。遷丞相。

任敖，沛人。高祖初起，敖以客從，爲御史守豐，遷上黨守。陳豨反時，敖堅守，封廣阿侯。

陸賈，楚人。有口辯，使南越諭趙陀稱臣，擢大中大夫。著書論古今成敗，每奏一篇，高帝輒稱善，名之曰《新語》。後諸吕擅權，危劉氏，賈説陳平交歡絳侯，迎立文帝，賈有力焉。以壽終。

季布，楚人。任俠有名，初爲項籍將，數窘漢王。籍滅，高祖購布急，因滕公爲言，乃赦布，召拜郎中。文帝時，爲河東守。布弟心，亦任俠。心以勇、布以諾並聞關中。

申屠嘉，梁人。以材官從擊項籍，爲都尉。至孝文時，以御史大夫拜丞相，封故安侯。廉直不受私謁。鄧通以弄臣戲殿上，嘉召至欲斬之，赦至乃免。

後漢

朱浮，字叔元，蕭人。從光武破邯鄲，爲幽州牧，定北邊，封武陽侯，後入爲執金吾。帝以長吏多不勝任，微過輒斥罷，浮因日食上疏諫，自是牧守易代頗簡。又言國學既興，宜廣博士之選，帝然之。遷大司空，徙封新息侯。

劉般，字伯興，宣帝後，封於楚。般父紆，王莽廢爲庶人，因家彭城。建武中，詔封般爲菑（邱）〔丘〕侯。太守薦般束修至行爲諸侯師，帝嘉之，賜錢幣。顯宗時，徵行執金吾事，遷宗正。般在位數言事，收恤九族，行義尤著。子愷，當襲般爵而逃，讓與弟憲。久之，侍中賈逵陳其事，徵拜爲郎，累遷三公。舊制公卿、二千石不得行三年喪，愷議以爲非崇化厲俗之道，從之。

趙興，下邳人。肅宗時爲司隸校尉。性剛正，官至潁川太守。子峻，官至太傅，以才器稱。孫安，官至魯相。三葉皆爲校尉，時稱其盛。

吴樹，下邳人。爲宛令，辭梁冀，冀賓客布縣界，以托樹，樹曰：「小人奸蠹，比屋可誅。將軍宜崇賢善，以補朝闕。侍坐以來，多托非人，非敢聞命！」冀嘿然。到縣，遂誅冀賓客爲民害者數十人，冀深怨之。後爲荆州刺史，臨去，辭冀，冀爲設酒，因鴆殺之。

劉矩，字叔方，蕭人。少有高節，舉孝廉。爲雍（邱）〔丘〕令，以禮讓化民，路不拾遺，累遷尚書令。性亮直，失大將軍梁冀意，出爲常山相。冀敗，代黄瓊爲太尉，瓊爲司空，同心輔政，號爲賢相。

陳球，字伯真，下邳人。陽嘉中舉孝廉，遷繁陽令。太守諷令納賄，不與。爲零陵太守，賊寇消散。州兵朱蓋等反，與桂陽賊數萬轉攻零陵，掾請遣家避難，怒斥之，卒破賊斬蓋等。爲廷尉時，竇太后崩，宦官曹節等以積怨欲别葬太后，以馮貴人配祔。球首發正議，公卿以下皆從之。後拜司空、太尉，謀誅宦官事泄，下獄死。二子。瑀，吴郡太守。琮，汝陰太守。弟子珪，舉茂才，濟北相，並知名。

刁韙，字子榮，彭城人。建和時，爲侍御史，坐朋黨禁錮。後陳蕃被徵，復拜議郎，遷尚書，在朝有鯁直節。出爲魯、東海二郡相。性忼厲有明略，所在稱神。常以法度自整，家人莫見惰容焉。

審忠，梁人。靈帝時郎中，上書言宦官朱瑀等罪惡，極切直。後辟公府。

陳登，字元龍，珪子。年二十五，舉孝廉，學兼文武，有雄姿異略。守廣陵有威名，破孫策兵。遷東城太守，廣陵民拔郡送之。以功加伏波將軍。卒，年三十九。

三國　魏

張茂，字彦林，沛人。青龍三年，爲魏太子舍人。時明帝盛興宫室，留意玩飾，又録奪士女前已嫁爲吏民妻者，還以配士。茂上書極諫，甚切直。

吴

張承，字仲嗣，昭長子。少以才學名。爲長沙西部都尉，平山寇。遷濡須都督、奮威將軍，封都鄉侯。承爲人壯毅忠讜，能甄識人物，拔蔡款、謝景於孤微童幼，後並爲國士。弟休，字叔嗣，襲昭爵。弱冠爲太子登僚友，以《漢書》授登。徙中庶子，轉右弼都尉。權遊獵暮歸，休上疏諫戒，權大善之。後以孫弘譖賜死。

蔡欵①，字文德，彭城人。歷位内外，以清真顯於當時。後以衛尉領中書令，封留侯。

吴展，字士季，下邳人。仕吴爲廣州刺史，忠足矯非，清則厲俗，信可結神，才可幹世。吴平，還下邳，閉門自守，不交賓客。

晋

劉隗，字大連，彭城人。元帝時爲從事中郎，遷丞相司直，彈奏不畏强禦。賜爵都鄉侯，爲丹陽尹，雖在外，而萬機秘密皆預聞。拜鎮北將軍，鎮泗口。王敦作亂，以討隗爲名，詔徵隗還京師。請誅敦，不從。及攻敦於石頭，不克，遂别帝去奔石勒。

① 原誤附《張承傳》。《四庫》本不誤。

南北朝 宋

劉簡之，彭城吕人。爲宋武帝所知，赴義京口，位太尉諮議參軍。弟謙之，好學，撰《晋紀》二十卷，位至廣州刺史。子道産，爲雍州刺史，領寧蠻校尉，蠻夷順服，百姓樂業。有《襄陽樂歌》，自道産始也。道産子延孫，以尚書右僕射爲南徐州刺史。防竟陵王誕，斬誕使劉公泰首送建業。卒，贈司徒。

劉粹，字道冲，沛郡蕭人。初辟州從事，從宋武帝平建鄴、征廣固，以功封西安侯。族兄毅貳於武帝，粹不與毅同心，而盡心武帝，改封建安侯。元嘉三年討謝晦，晦故與粹善，以粹子曠之爲參軍，帝甚疑之。王弘曰：「粹無私，不必憂。」及受命南討，一無所顧。晦亦不害曠之，遣還宗人。

劉損，字子騫。元嘉中爲吴郡太守，嘗修葺太伯廟，以善政聞。

劉亮，懷默子。少工刀盾。仕宋，以功封順陽縣侯，歷梁、益二州刺史，在位廉儉，所得公禄悉以還官，明帝下詔褒美。卒，謚剛侯。

齊

曹虎，字士威，下邳人。齊高帝鎮東府，使領白直三百人。虎形幹偉毅，善於誘納，有知人鑒。隆昌中，拜雍州刺史。子世宗，性嚴明，頗識兵勢，歷太子左衛率。

梁

徐文盛，字道茂，彭城人也。爲寧州刺史，州在僻遠，群蠻劫竊相尋，前後刺史莫能制。文盛推心撫慰，夷獠感之，風俗遂改。

隋

劉行本，沛人，璠從子。起家梁武陵王國常侍。遇蕭修以梁州北附，遂與叔父璠歸周，以諷讀爲河内太守。隋文帝擢爲諫議大夫，帝嘗笞一郎，行本諫止，弗聽。行本前曰：「陛下置臣左右，臣言是，安得不聽？若非，當致之理，安得輕臣而不顧？」置笏於地而退。帝斂容謝之，原所笞者。擢左庶子，輔導太子，動繩以正。唐令則以弦歌教内人，夏侯福與太子戲閤内，行本皆切責之。一時權貴憚其方正，請托路絶，吏人懷之。

劉權，字世略，豐人。少喜俠，後折節好學，動循法度。開皇中，從平陳，封宋國公，拜蘇州刺史，甚得民和。大業初，從征吐谷渾，多戰功。尋爲南海太守，行至鄱陽，遇盜起，權乘單舸詣賊營，説以利害，群賊感悦降附。至南海數歲，盜起，豪帥多願推權爲首，權固拒之。子世徹，又密書諷令舉兵。權集僚佐，對斬其使，矢無異圖。

唐

劉德威，彭城人。有幹略。始從高祖討伐有功，貞觀初歷綿州刺史，政號廉平，民立石頌德。尋爲大理卿，太宗問曰：「比刑網密，咎安在？」德威曰：「在君不在臣。下之寬猛，視主之好惡。今坐入者無辜，坐出者有罪，所以吏務深文，爲自營計。」帝然其言。卒，謚襄。

劉延嗣，彭城人，德威從子。爲潤州司馬，徐敬業攻潤州，延嗣與刺史固守。俄而城陷，敬業邀之降，延嗣不屈。敬業怒，將斬之，其黨魏思温救止繫獄。敬業平，録功，遷梓州長史，轉汾州刺史。

劉延祐，彭城人。擢進士，補渭南尉，治第一。後檢校司賓少卿。徐敬業敗，吏議敬業所署官多殊死，延祐謂誣脅，當察以情，全宥甚衆。後爲安南都護，遇害。

劉藏器，延祐從弟。高祖時爲侍御史，衛尉卿尉遲寶琳脅人女爲妾，藏器劾還之。寶琳私請帝止其還，凡再劾再止，藏器終執奏還之。子知柔，性儉静。居親喪，廬墓側，詔築闕表之。歷官工部尚書。河南大水，詔知柔馳驛察民疾苦及吏善惡，表薦有治行者二十七人，皆協輿望。卒，贈太子少保，謚曰文。知幾，别有傳。

司馬鍠，徐州人。天授初，左補闕薛謙光上疏論選舉之弊。長安中，選臺閣賢望分典大郡十九人，鍠與焉。政績可稱，獨謙光與鍠二人而已。

劉海濱，彭城人。以義俠聞，爲涇原兵馬將，與段秀實友善，累立戰功。兼御史中丞。劉文喜據涇州叛，海濱與其子光國紿以奏請，及入對，言奸慝可誅狀。既還，光國手斬文喜，獻闕下，擢左驍騎大將軍，封五原郡王，海濱樂平郡王。爲朱泚所害。

劉仁師，彭城人。長慶中爲高陵令，有惠政。遷屯田郎中，兼侍御史。劉禹錫稱其理人爲循吏，理財爲能臣，一出於清白。

南唐

馬仁裕，徐州人。數歲學兵法，通解若素習。事南唐爲昇州牙將。以定朱瑾功遷左領軍將軍，歷楚州刺史，節度潤州，改廬州。爲政寬簡廉平，甚得民心。

馬文義，仁裕子。以蔭授千牛備身，隸祖全恩爲判官，從下建州，將吏皆入府庫，爭取金寶，文義獨收民籍。故建雖經亂而民安舊業，文義有力焉。遷贊善大夫，卒。妻朱氏，賻贈一無所受，人以爲其廉能刑家。

徐玠，字蘊圭，彭城人。事吴爲江西糧料使，遷吉州刺史。烈祖以佐命功，拜右丞相，出爲宣州節度使，復召爲司徒。年七十六，卒，贈高平郡王。

宋

劉濤，彭城人。後唐舉進士，累官右詹事。宋太祖即位，素知濤履行，召至，以老疾求退，授秘書監。濤有知人鑒，嘗力薦薛居正於主司，以爲文章器業必至台輔，後果爲相。

郭廷謂，字信臣，徐州人。幼好學，善騎射，性恭謹，事母以孝聞。南唐屢立功，後歸於周。宋初爲静江軍節度觀察使留後，知梓州，悉除弊政。子延濬，歷官成都都巡檢使。李順亂，擒斬甚多。改知漢州，屢被嘉獎。兄子延澤，好學藏書，累官國子博士。

王漢忠，徐州人。少豪蕩，有膂力。太宗時從征太原，先登，流矢中眸，戰益急，上壯之。累遷洮州觀察使，契丹南侵，合諸軍擊敗之。終左屯衛上將軍。漢忠有識略，軍政甚肅，每行師，詰旦必行香祝曰：「願軍民無犯吾令。」違者一毫不貸，故所部無盜。性剛果，不務小節，輕財樂施。好讀書，待賓佐有禮，名稱甚茂。

牛冕，字君儀，彭城人。太平興國三年進士。知滁州，以勤政聞。歷福建轉運使，建議廢邵武軍歸化金坑，士人便之。卒官祠部員外郎。子昭儉，殿中丞。

劉福，下邳人。魁岸有膂力。宋初官横海指揮使，討蜀叛將全師雄有功。累遷雄州防禦使，至部，按行城壘，調鎮兵出私錢宴犒。寇至，恃以無恐。福御下有方，爲政簡易，人甚德之。

劉湜，字子正，徐州人。舉進士，歷遷殿中侍御史。上言轉運使掎摭郡縣，苛束官吏，人不得騁其材，宜稍寬假，不改者繩之。後領河渠事，汴水絶，鑿河陰新渠，通漕運如故。知廣州，儂智高初平，湜練土兵，葺械器，作鐵鎖以斷江路。有盜據山，招之不降，湜知並山民資之食，徙民絶其餉，盜饑，因悉降。歷知徐、鄆、慶、密州。

李若谷，字子淵，豐人。舉進士，累官至參知政事，以太子少傅致仕。卒，謚康靖。若谷知陝州時，招諭青灰山盜殺其黨自歸。知潭州，洞庭賊劫殺商人爲常，若谷擒磔於市，自是盜息。知延州，秋夏水溢爲害，制石版爲岸，後雖暴水無恙。知壽州，摘豪右之占芍陂者。知并州，助貧民嫁娶。在政府，論議寬厚。治民多智慮，愷悌愛人，去後人思之。

晁宗慤，字世良，迥子。以父廕爲秘書省校書郎，累遷殿中丞。天聖中，奏對，請減上供、墾閑田、擇獄官，令監司舉縣令。以龍圖閣學士權發遣開封府，辨雪疑獄，有能名。拜右諫議大夫、參知政事。卒，謚文莊。宗慤性敦厚，事父母孝，篤於故舊，凡任子恩皆先其族人。在翰林，一夕草將相五制，褒揚訓戒，人得其宜。嘗密詔訪邊策，陳七事，頗施用之。

李壽朋，字延老，若谷孫，淑子。慶(歷)〔曆〕初進士，判吏部南曹。使行諸陵，奏正昭憲皇后時祭禮。歷户部判官，知鳳翔府，括蕪田三萬頃縱民耕，擇其壯者使習兵。司馬光薦其能，加直史館，進鹽鐵副使。弟復圭，與壽朋同賜進士，歷六路轉運使。在浙西，奏蠲蛤税以予民。在涇州，奏免二税。邵堯夫稱其臨事敏決，有健吏才。後以集賢殿修撰知荆南，卒。

劉庠，字希道，徐州人。由進士除監察御史裏行。仁宗外家李珣犯法，庠奏法行自貴近始。帝不豫，儲嗣未正，庠疏請立太子。皆從之。神宗時，歷官都轉運使，知開封府。王安石欲見之，戒典謁者曰：「客至勿納，惟劉庠來即告我。」或勸之見，庠曰：「自彼執政，未嘗一事合人情。」竟不往見。又與蔡確争廷參禮，出知太原府，歷知永興軍。時西征無功，關内騷動，庠力言虚内事外，恐摇根本，帝嘉其忠。元祐初，加樞密直學士，卒。

鄭僅，彭城人。第進士。爲冠氏令，時河朔饑，多盜，相戒不入其境。累遷知寧州，諸軍多殺老弱持首要賞，僅下令，非强壯而能生致者，賞半之。時諸路争進討奏捷，僅獨保境不生事，寇亦不犯。官至顯謨閣直學士。子望之，字顧道，有文名，登進士，靖康初再使金。歷官直學士。

姚孝錫，字仲純，豐人。政和四年登科，爲代州兵曹。金兵入雁門州，將議以城降，官屬畏怯，投死無所，孝錫偃卧大鼾，略不爲意。後家五臺，善治生，出家粟萬石賑饑，多所全活。所著有《雞肋集》。

成野賢，豐人。爲全鄉令，每政暇，匹馬一僕，循行郊陌，勸課農桑。刑清事簡，民安樂之。

元

曹伯啓，字士開，碭山人。至元間薦授西臺御史，遷刑部侍郎，持法平允，權貴不得奪。後爲御史臺侍御史，奉命同刊定《大元通制》，上言：「五刑者，刑異五等，黥、杖、徒、役於千里之外，百無一生還者。是一人身被五刑，非五刑各底於一人也。法當改易。」丞相是之，而不果行。性莊肅，奉身清約，所奬借名士最多。所著有《漢泉漫藁》《續集》行世。六子、十孫，皆顯仕。

徹里①，蒙古吉台氏②，居徐州三世矣。徹里幼孤，母蒲氏教以讀書。至元十八年，世祖召見，悦之，常侍左右。從征東北邊，勸帝賑給軍過地方。使江南，言學田弗宜賣。皆從之。嘗直陳丞相桑哥③罪狀，觸帝怒，命批其頰。徹里辯愈力，卒悟。陞福建行省平章政事，平汀、漳盜歐狗，梟以徇，盡赦脅從者。改浙江行省，疏吴淞江以利民田。召入爲中書平章事。薨之日，家貲不滿二百，人服其廉。贈太師，追封武寧王，謚正憲。

許義夫，碭山人。爲夏邑縣尹，每親詣鄉社，教民稼穡，賞勤罰惰，境内豐足。後爲封(邱)〔丘〕尹。至正四年，大饑，群盜劫掠州縣，義夫聞賊至近境，乃單騎出郊，力言：「邑中小民貧，皆已驚竄，幸無入吾境。」言辭愿款，賊遂他往，民免於難。

錢光弼，字仲明，彭城人。以薦授將仕郎，同知晋寧州事，歷遷汴梁路總管，兼府尹。未二年，省憲交薦，遷平江路總管，兼管内勸農事。卒，贈兵部尚書，追封彭城郡侯。

① 「徹里」，《四庫》本作「徹爾」。下同。
② 「吉台氏」，《四庫》本作「奇味氏」。
③ 「桑哥」，《四庫》本作「僧格」。

明

朱守仁，字元夫，徐州人。明初知袁州。洪武二年，徵爲工部侍郎，尋拜尚書，改北平行省參政。謫知縣，進知州，歷四川布政使，致仕。復起知楚雄府，所至有善政。居楚雄九年，境内大治。入拜太僕卿，馬大蕃息，馬政之修，自守仁始。永樂初卒。

任肅，字伯雝，徐州人。領洪武鄉薦。爲工部主事，陞刑部郎中。出知南昌府，多惠政。秩滿，父老乞留，命(贈)〔增〕①秩還任。尋陞雲南左參政，致仕。

孟驥，字尚德，蕭人。洪武初以薦授驛丞，歷遷貴州布政使，有惠政，秩滿乞留，詔增秩還任。

黄正，碭山人。氣質剛方，言語必信，居家以孝聞。洪武中爲邑吏，以直言徵。奏對，擢右僉都御史，卓有風裁。後黜爲英山縣吏，會金山叛寇，復以爲僉都御史，即日渡江，募勇敢士得十萬，遂討平之。又討平雲南叛寇，還至普安，爲賊創傷，卒。

蔡楫，字汝濟，沛人。洪武十五年舉孝廉，拜福建道御史，聲績甚著。以言事謫戍甘州。尋授嘉興知縣，縣多無賴子，楫於廳事創置善、惡二牌，邑民有善惡皆志之，多感愧趨善。復任御史，按交州，有聲稱。

① 據《四庫》本改。

朱芾，字大芾，徐州人。洪武中爲户科給事中，改御史。性剛直，以言事謫戍雲南。

張宏，碭山人。孝友勤學。永樂中，由國子生仕爲開封府同知，遷户部郎中。出知荆州府，政平守潔，門絶私謁，人稱爲「閉户張」云。

王弼，徐州人。永樂中知良鄉縣，有惠政。當代去，民懇留之。值歲旱，躬禱即得雨。有蝗入境，拜祈之，爲群鳥食盡。民皆以爲至誠所感。遷户部主事。

馬蕙，字彦芳，徐州人。宣德壬子鄉薦。歷官汝寧府教授，所至敦重行誼，教有成效。藩省屢聘典文，皆辭不赴。所著有《蘭齋集》。子暾，字廷震，領成化辛卯鄉薦。知潞州，居官平恕，宗藩信服，無撓法者。均徭賦，興學校，以治最遷南户部郎中。

李鉞，字廷器，蕭人。正統中，以歲貢爲温州同知。海寇鈔掠，鉞獲其渠魁寘之法，脅從者招撫復業。以功增秩，歷知開封、鞏昌二府，民尸祝焉。

潘洪，字裕夫，宿遷縣人。父敏，景泰中以人才舉爲涇縣主簿，有善政。洪舉成化乙未進士，歷吏科給事中。遇天變，詔内外言得失，洪已註籍休沐，疏弊政數十條上之。出守邵武，疏楊譁、吕烱之罪。改守青州，藩邸中人驕横，以法繩之，奪還所侵民地。

劉經，字引之，徐州人。領成化丙午鄉薦。爲武義令，治最，遷濟寧州守。時逆瑾擅權，遣人索金，不予，遂免官。瑾敗，或勸自白，竟安退以終。

張信，字習之，徐州人。弘治己丑進士，爲鄞令，政有鋒鍔，善良賴之。遷南刑部主事，立決疑獄，多所平反。遷浙江按察僉事，勢豪相戒勿犯其令。

李穩，字邦泰，碭山人。正德戊辰進士。知仁和縣，遷御史，以觸權貴罷歸。嘉靖初，應詔起，遷浙江按察僉事，吏事精確，聲望赫然。乞終養歸，居鄉恂恂稱長者。

高瑁，睢寧人。正德戊辰進士。以户部主事督徐州倉，廉恪稱最。歷官山東僉事，以忤劉瑾歸。

張鶴鳴，字孚宇，徐州人。正德丁丑進士。授山陰令，值張居正行度田令，父老有以苦浮税告者，鶴鳴履畝清釐，邑人德之。擢御史。

周冕，沛人。正德間由孝廉仕至布政司參政，潔己愛民，不阿權貴。著《政體備要》書行世。

楊守謙，字允亨，徐州人。父志學字遜夫，弘治六年進士，巡撫大同、宣、夏，邊人愛之，卒謚康惠。守謙，嘉靖八年進士，授主事，歷郎中，督學陝西，所在有聲。擢巡撫山西，又巡撫保定，督紫荆諸關。去鎮之日，士民號泣，追送數百里外。俺答寇京城，守謙倍道入援，進兵部侍郎。時仇鸞觀望，丁汝夔亦戒勿輕戰，遂坐失誤軍機死，聞者無不流涕。守謙馭下有恩，居官廉，蕭然若寒士。隆慶初贈尚書，謚恪愍。

張貞觀，字惟誠，沛人。嘉靖十一年進士。官禮科都給事中，屢建言。後以皇長子出閣不具禮，疏諫忤旨。家居，所著有《掖垣諫草》《野心堂集》。

王業，蕭人。嘉靖庚子舉人。知永清縣，政尚平恕，然有風裁，能遏抑豪右。尋擢御史，權貴憚之。

江南通志卷一百四十五

人物志

宦績　七

太、海、通三州

太倉州

宋

郟亶，字正父[①]，太倉州人。第嘉祐進士，授（睦）〔睦〕[②]州團練推官。熙寧中，上書陳蘇州水利，

① 「正父」，弘治《太倉州志》卷六作「正夫」。
② 據弘治《太倉州志》卷六改。

指畫條悉，爲吴中言水利者之凖的。王安石善之，授司農寺丞，提舉興修兩浙水利。子僑，字子高，亦有才。

孫載，字積中，嘉定人。居練祁市，爲河中府户曹，歷事三守，皆侃侃與争曲直。會察訪使辟爲官屬，時乾祐縣①令不奉行青苗法，使載按之，載言邑小民貧，令實無罪。知德清，以德化民，訟有累年不決者，得一言皆感悟去。歷知海、沂、婺、亳諸州，皆務大體，時號循吏。大觀中，以朝議大夫致仕。

龔宗元，字會之，居今太倉界。以鄉貢知句容縣，摘發如神。楊紘持使節行部，號深酷，至境曰：「龔君已治，吾往徒擾。」遂不入。仕至都官員外郎。

明

袁銘，字德新，嘉定人。隱居東海，倡明《春秋》學。洪武中召對，侃侃直諫。除蘇州訓導，與鄭閎同爲經生所宗。閎字以純，精《易》學，長洲縣學博。

陳述，字宗理，嘉定人。宣德間爲四川參政，時流賊剽掠，官軍失利，述至推誠招撫，降者三百餘人。已而，德陽賊燒劫祈安縣，述統兵當賊衝，間出奇兵撓之，旬日悉平。初，蜀民不務本

---

① 「乾祐縣」，《四庫》本作「乾佑縣」誤。

計，述設法勸課，數年間農桑遍野，民用饒裕。致仕後，蜀人立祠祀焉。著有《農桑風化録》《静軒集》。

陸容，字文量，太倉人。少與張泰、陸釴稱「婁東三鳳」。成化丙戌進士。歷職方郎中，籌畫邊事，動中事宜。外國貢獅子至，廷議遣大臣迎之；安南與占城鬩，議發兵往擊，容俱力論得寢。時告變者賞重，錦衣百户韋瑛掩平民告變，容請詔法司鞫瑛坐誅，告者漸衰。弘治初，有倚中貴求將者，上面諭之，執不下，事竟止。太監李良舉都指揮王欽、梁宏爲都督僉事，命已下，容劾良市恩擅權，卒奪所授。出爲浙江參政，列上急務十事，并論漕渠利害，不報，尋罷。

姜昂，字恒頫，太倉人。成化壬辰進士。令棗强，爲治清簡，獄無滯囚。授監察御史，劾方士李孜省之奸，杖午門。尋以親老，乞近郡便養，改知寧波府，擢福建參政。昂性方潔，在官日惟市少肉供母，而自食蔬菜。子龍，字夢賓，爲禮部郎中，諫武廟南巡，杖幾死。後爲滇中兵備，莅任四年，漢夷大治，滇人立祠祀之。

龔弘，字元之，嘉定人。成化戊戌進士。歷吏部郎，出知兖州，奏免額外税糧萬石。時中貴李興過兖，勢張甚，弘獨長揖不屈。累遷右副都御史，總督河道，武宗嘗稱之爲幹事老臣。後以工部尚書致仕。所著有《玉書樓稿》《嘉定縣志》。

楊瑛，字潤卿，嘉定人。成化丁未進士。弘治初爲兵科給事中，上疏請革弊政，以保初治。嘗夜出，遇貴璫争道，批其頰。璫泣訴，上曰：「知是長楊，須少避之。」後官至太僕少卿。

胡承，字安節，太倉人。成化丁未進士，除翰林檢討，充益王府講官，陞左長史。承文學該洽，侃侃持正，在王府隨事規益。後卒于官。

范純，字誠夫，嘉定人。成化中爲四川僉事，以計敗蠻兵于威州。轉松潘兵備，會鎮守内臣借供奉索金于各衛，純止之不聽，遂投劾歸。

周廣，字充之，太倉人。弘治乙丑進士，爲吉水令。贛川流賊至吉水，丞、簿懼且竄，廣叱曰：「丞、簿竄即死，盍死賊？」率衆力禦，城得以完。擢監察御史，抗疏直言，爲群小所嫉，屢經貶謫。後爲福建按察，有鎮守中貴遺以金，廣不省，置之庫，中貴懼，謝罪。乃與約：「毋撓吾三尺！」返其金。仕至江西巡撫。

唐恩，字天寵，嘉定人。弘治中進士。生平品行端方，其教及門，嘗曰：「讀書無他務，只一静字。檢身無别法，只一敬字。」爲松陽令，以信義得民心。縣歲貢橙橘，民苦科索，恩令官自採辦，不煩一民。以疾卒官，檢其橐，止俸金三兩而已。

沈灼，字文燦，嘉定人。正德戊辰進士。爲御史，首發宸濠之逆。又嘗言朝廷刑獄不宜付錦衣官校，忤旨奪俸。後以議大禮不見聽，與句容曹鋒、昆山方鳳同日挂冠歸，時稱「三諫」。從兄炤，字文明，爲刑科給事，出按潼關守將姚諫獄，不附劉瑾意，予杖謫戍。

周在，字善卿，太倉人。正德甲戌進士。知寶坻縣，時中官横索困民，在執法使不得擾。縣有豪紳，素附劉瑾，犯罪，在繩之以法。乃搆廠監誣在以他事，繫之獄，法司直其誣。後爲御史，仍執法無少徇。仕至浙江參政，尋罷歸。

顧濟，字舟卿，太倉人。正德丁丑進士，由行人爲給事中。時武宗歸自南巡，濟上書切諫。嘉靖改元，八上疏，其《納諫疏》略云：「陛下首闢言路，群臣因事納忠。高遠似迂闊，切直或犯顔。若怒犯顔，則言必忤，置迂闊，則計必格，安望忠言日聞乎？陛下首翦群兇，而奸黨尚存，乘機摇惑，不可不畏。」上嘉納之。後乞終養歸。

高鳌，字企之，嘉定人。正德中以太醫諫南巡，廷杖謫戍。嘉靖中進院判。

(邱)〔丘〕峻，字惟陟，嘉定人。嘉靖己丑進士，授大理評事，每讀獄詞，必反覆紬繹。同舍郎欲署事，輒援其筆曰：「君輩勿輕作允字。」有大閹出鎮廣東，多不法，坐辟，乃因鄉人密以萬金爲壽。峻曰：「五嶺之人思食其肉，峻爲法官，而縱之乎？」竟論如法。

朱默，字時言，太倉人。嘉靖壬辰進士，知建陽縣。嘗以俸百金奉父，父怒，貽書曰：「吾辛勤教汝惟忠與孝，汝甫邀一第，乃以官物污我耶？」默得書，益砥廉操。輕徭賦，省鞭笞，政聲大著。後補貴溪令，時值夏言當國，默無所徇，言甚愛重之。

陳如綸，字德宣，太倉人。嘉靖壬辰進士。令侯官，鞫獄如神。常緩催科，主計者逮其家屬，如綸欣然出僕就繫，民感德争輸，遂爲諸邑最。擢刑部主事，歷官江西按察、福建布政。乞歸。有永豐令某餉茶，納百金其中，如綸却弗視，曰：「吾方飲水，無所用茶。」其清操如此。

顧存仁，字伯剛，太倉人。嘉靖壬辰進士。爲禮科給事，時指揮劉永昌與蜀王相奏訐，武定侯郭勛庇之。存仁考按得實，抵永昌罪。會災異求直言，存仁援議禮竄逐諸臣，指斥方士。忤旨，杖六十，謫塞外三十年。隆慶初，仕至太僕寺卿。

王忬，字民應，太倉人。嘉靖辛丑進士。以御史巡按湖廣，時大璫鎮承天爲民害，忬至，與約毋縱舍人子漁百姓，璫慴不敢犯。再按順天，備禦有方。擢僉都御史，巡撫山東。會倭起，以忬巡視江浙，邀擊大創，後先告捷。會薊遼總督員缺，即命忬往。時練兵議起，相嵩陰扼之，以失事下獄論死，天下冤之。隆慶初，子世貞疏訟，詔復其官。

唐愛，字良德，嘉定人。嘉靖辛丑進士，知南安縣，治行爲八閩第一。入爲職方郎，時邊事告急，大司馬計無所出，愛從容區畫，京師倚重焉。

徐敦，字汝厚，太倉農家子。少嘗服賈，年三十始讀書，成嘉靖丁未進士。知諸暨、陽信二縣，廉潔有威望。入爲御史，抗疏論鄢懋卿，忤嚴嵩指，出爲山西僉事。屢中蜚語，與時寡合，遂以苑馬寺卿致仕。

張任，字希尹，嘉定人。嘉靖丁未進士。守袁州，分宜當國，家衆素横，任一切繩以法。累遷貴州參政，後撫粤，會苦旱，特題蠲賑。又請剿十寨諸蠻爲民害者，捷聞，賜璽書褒勞。卒，贈兵部右侍郎。

王世貞，字元美，太倉人。嘉靖丁未進士。爲刑曹郎，與李攀龍等相倡和，時稱「七才子」。以救楊繼盛忤嚴嵩，出爲青州兵備。青多盜，世貞約束期年，盜盡散。會父忬爲嵩所殺，棄官伏草土者幾十年。嵩敗，以薦復起，歷仕浙江參政。湖州久雨，粟踴貴，世貞捐俸募民入粟，又疏乞改折，民得無饑。由藩臬陞撫鄖陽，時相居正婦弟王生譁辱縣令，世貞論如法。又以荆州地震，上言臣道太盛，語觸居正，遂拂衣歸。後仕至刑部尚書。世貞操文柄數十年，海内士多藉以成名。鄉曲利病，詣臺司力請，終世貞日，莅州者無苛政。其殁也，民皆巷哭罷市。所著有《四部稿》《續稿》《明史料》等書。子士騏，字冏伯，鄉試第一，成進士，爲吏部郎，能文。

徐學謨，字叔明，嘉定人。嘉靖庚戌進士。爲職方主事，董築城外八堡，汰去冗冒，忤仇鸞意。又嚴嵩屬以青詞，辭不爲，銜之，浮沉郎署者十年。出爲荆州守，荆之興山賊數千窟其中，縣令中賊餌不以聞。學謨以事繫令，急發兵擊之，諭降二千餘人，山谷盡平。景恭王封德安，以國小求荆之沙市地自益，學謨據祖制争辯甚力。王以抗旨劾之，有詔逮問，民遮道哭者數萬，得從末減。後累晋少司寇、大宗伯，乞歸。嘗首建漕折議，爲一方無窮之利云。所著有《南宫奏稿》《老子解》《世廟識餘録》《湖廣總志》《春秋億》《宗藩要例》《文集》，合二百五十二卷。

顧章志，字行之，太倉人。嘉靖癸丑進士，授行人，奉使南越，絶餽遺。時相嵩鸞權，章志獨不附，移疾歸。嵩敗，起官累進湖廣、廣西按察副使。靖江王府屯地有與民田相錯者，王圖并得之，章志持不可。陞南京兵部右侍郎，後卒于官。

張振之，字仲起，太倉人。嘉靖己未進士，授處州推官，署府事，首舉條鞭法，貴要斂手。徵爲監察御史，抗疏劾貴臣，又論列户部姦利狀。仕至浙江按察副史。

浦鋐，字汝器。嘉靖間爲監察御史，以直言忤旨，奪俸。尋掌河南道事，時届京察，執法不阿，失執政意，罷去。以薦再起，出按陜西，上便宜四十餘疏。後以疏救御史楊爵被逮，卒于獄。

狄雲漢，字天章，太倉人。由鄉貢知沅江，尚寬静，民愛信之。都御史馬溥然行縣，怪無訟者，令吏人呼民許令陳訴，卒無一應，御史嘉歎而去。九年秩滿歸，貧無室廬，處士沈周爲作《募買宅疏》。

王錫爵，字元馭，太倉人。嘉靖壬戌會試第一，歷官禮部侍郎。時張居正奪情，翰林吴中行、趙用賢上疏力争，居正怒，錫爵率同官解之。居正假歸治喪未匝月，部臣急請召還，使吏邀署名，錫爵叱之去，遂乞省親歸。居正敗，以禮部尚書入閣。會有三王並封之議，諸臣疏諫者且得罪，錫爵力爲調劑，事得中輟。後竟以錫爵言，皇長子出閣如東宫儀，遂求歸。錫爵學有原本，文章得唐宋人風格，所著奏草、文草、牘草若干卷。卒，謚文肅。子衡，字辰玉，有文名。北闈領解被論，奉旨覆試，援筆立成。仕編修，乞終養歸。

曹逵，字履中，太倉人。嘉靖間進士。爲御史，糾太宰汪鋐不法，語過峻，廷杖，謫隨州判，人稱爲「强項曹」。會署蘄水令，時太后梓宫過蘄水，責供億甚急，逵飭吏民手板立水次，常廩外不益一錢，曰：「蘄水非中貴人外藏也！」中貴人詢知，曰：「是故强項曹耶？」引帆去。歷遷雲南太守。

曹祥，字世奇，太倉人。知新昌縣，省里甲，築隄防，斥豪猾，九年風俗大變，吏部郎應大猷稱爲循吏第一。

王積，字子崇，太倉人。嘗爲廣東、陜西參議，後爲湖廣參政，以計平苗。遷福建參政，有破倭功，世宗題其名于御屏。

龔起鳳，字瑞周，太倉人。以舉人爲定州學正，典中州試。故事學官先考後聘，起鳳持不可，曰：「禮聘者師也，師可試乎？」遷知杞縣，歸德有豪家李姓者殺人，賄令得脫，上官移起鳳訊之。令款迎甚謹，私致千金，起鳳不顧，窮治伏罪。御史行縣，供帳儉陋，竟以不及論罷。杞人泣送盈路，醵金爲贐，起鳳却之而歸。灌園自給，園多種韭，時稱龔公韭云。

龔有成，字子完，嘉定人。少學於歸有光。鄉薦上春官，所與偕者以疫死，同舍避去，有成獨留視醫藥，死爲含殮，護其棺以歸，士高其義。後爲詔安令，時倭盜交訌，有成誘致賊首，諭令縛盜自贖，盜皆解散。調龍南令，會三巢賊熾，有成親往，諭以禍福，賊皆悅，願輸租編甲，由是終任無爲盜者。

陳其詩，字汝正，嘉定人。以舉人補新泰縣令，值大旱，具文禱于泰山，夢神賜杯水，曰：「新令虔，與爾解渴。」質明大雨。有囚赴决，在道逸去，監司將罪令，囚遽自出，曰：「不可以我故負令君。」

管志道，字登之，太倉人。隆慶辛未進士，官南刑部主事。陳大利弊九事，語侵相臣，張居正大恚，因志道疏内請修故甲、令分巡與御史抗禮，即出志道分巡嶺東諸郡。志道至部，果與御史齟齬，御史劾奏之，以言官救，得降調，遂移疾歸。

侯堯封，字欽之，嘉定人。隆慶辛未進士。爲御史，按閩，閩有獄，建寧守受賕失出，堯封劾之。守恃奥援，左遷堯封爲僉事，分巡蘄州。蘄故有盜出没江中，堯封置樓船搗其穴，悉平之。備兵襄陽，嘗增城實堤，築石梁二以通峴山。既而，水大至，城外之民由石梁得度者無算。後遷福建參政，致仕。

龔錫爵，字汝修，嘉定人。萬（歷）〔曆〕甲戌進士。由縣令爲水部，上《河漕議》于司空潘季馴，以河强淮弱，惟築堤束水可以濟漕，卒如議。報功，遷廣東參政，歸。

張恒，字明初，嘉定人。萬（歷）〔曆〕庚辰進士。知建昌府，片言折獄，人稱爲張半升，以候鞫不待宿舂也。時相國有與小民争湖利者，恒奪以與民。舉江右循吏第一，仕至參政。

殷都，字開美，嘉定人。萬（歷）〔曆〕癸未進士。知夷陵州，時蜀鹽禁嚴，販者嘗乘夜出峽，舟多没溺。都謂步擔易米，律所不禁，悉寬之，遂無溺者。又開楚、蜀界山道九千丈，以便行人。遷職方郎，尚書石星忌其才，劾令罷歸。

沈昌期，字廷際，太倉人。萬（歷）〔曆〕癸未進士。知龍溪縣，爲政得民心。以最擢吏部主事，遷文選司郎中，特立不苟，時冢宰倚爲左右手。相國趙志皋爲其子求兩淮鹽運，三致書囑之，昌期堅不聽。没後，龍溪人祀之以爲神。

張輔之，字爾贊，太倉人。萬（歷）〔曆〕丙戌進士，歷任兵科給事。時神宗深居禁内，輔之疏請講學以鏡古知今，視朝以竭情盡下。在垣四十餘疏，西平孛劉、東征倭、南討播，皆有所論列。御史曹學程忤旨擬辟，輔之力争得末減。仕至工部尚書，以魏璫用事，乞歸。

錢桓，字握之，太倉人。萬（歷）〔曆〕己丑進士。以御史出按畿南，時邯鄲、井陘間有大俠恣横，桓置諸法，三輔震悚。再按四川，蜀中榷酤四萬，恒苦中人徵督爲虐，桓割贖鍰代之，民用不擾。後以僉都御史撫南贛，乞歸。居鄉清謹，人服其淳德。

李先芳，字茂實，嘉定人。萬(歷)〔曆〕己丑進士，爲給事中，屢有建白。緬甸與土司構怨，朝廷以二十萬衆征之。先芳乞敕邊臣毋徼所恃以事無用，人皆韙其言。仕至四川參議，卒。嘉邑漕折之議，先芳贊成之力爲多。

王在晋，字明初，太倉人。萬(歷)〔曆〕壬辰進士。由中書爲浙江杭嚴道，平劇盜，罷雇運，人德之。遷浙江、江西布政使，兩舉卓異。歷官至兵部尚書，經略薊遼，改南兵部尚書，歷吏、刑尚書，坐事削籍歸。所著有《海防纂要》《通漕類編》。

陸獻明，字君謨，太倉人。萬(歷)〔曆〕丁未進士。爲御史，按湖廣，時僚屬以魏璫生祠請，獻明叱之，裂其牘。楊漣死，誣贓萬計，令原籍追償，獻明竭力全其家。再按黔，會水西酋作亂，獻明上疏言當用重兵，三方並進。如其言，水西平。仕至太僕寺正卿。

侯震暘，字起東，嘉定人。堯封孫。萬(歷)〔曆〕庚戌進士。爲吏科給事，僅八月，疏三十餘上。及客氏再入，特疏請收回成命，語侵魏璫，上不省。後以劾相沈漼結納中官，爲魏璫所逐。震暘陛辭，復上田賦、河渠二議，竟落職歸。

孫元化，字初陽，嘉定人。萬(歷)〔曆〕壬子舉人。好奇略，得西洋軍中火器法。天啓末計偕，上書當事，授以贊畫之任，時魏璫用事，罷免。崇(正)〔禎〕初起官，條上時政十二事。陞山東參議，整飭寧前兵備,所用多關東士卒,所向克捷。後巡撫登萊,以兵變論死。

李繼貞,字散尹,太倉人。萬(歷)〔曆〕癸丑進士。爲職方郎,典山東試,發策以漢唐閹寺爲問,時魏璫方熾,以謗訕削籍。後起故官。值登萊兵變,督議主撫,繼貞請調關外兵以解登圍,亂乃定。繼貞在部久,邊事益練習,權倖以請託不遂,嗾論之。三黜三起,至僉都御史。巡撫天津,上五議,大興屯田。後除名,復召還,道卒。

徐憲卿,字九亮,太倉人。萬(歷)〔曆〕癸丑進士。由行人爲南給事中,時三案議起,憲卿疏論李可灼侍疾不謹,宜按法論死,又疏駕帖及北司栲訊之非。會楊漣數魏璫二十四罪,奉旨切責,憲卿即上權璫罪狀一疏,直糾魏、客,奸黨側目,以奄敗得免。仕至太僕寺少卿。

時偕行,字乾所,嘉定人。萬(歷)〔曆〕癸未進士。歷知四縣,舉卓異。爲御史,疏劾大僚張位、石星等。出按晋中,以汾宗繁横,抗議改州爲府,旋奉譴歸。臨終,以遺金八百授子曰:「吾一生清慎,所餘止此。公塘爲州邑孔道,民多病涉,汝其築石梁以濟往來!」橋成,至今賴之。

朱邦臣,字子貞,太倉人。以鄉舉知嶧縣,時大饑,民多嘯聚,邦臣發庾賑之,單騎往撫,衆感泣歸業。後補仙居,會倭寇將至,邦臣榜通衢,稱客兵四集以疑之,賊度蒼嶺去,其餘賊悉爲邦臣所擒。調知黄縣,免歸。

黄世能,字濟夫,嘉定人。以掾吏爲平凉衛經歷。時靈臺縣賊聚衆殺傷官兵,兵巡董國光以數百騎使世能覘賊,世能曰:「覘賊多人,彼以我爲挑戰,遇鬭必死。今以數人往,賊不備,乃可得其情。」國光嘆曰：「經歷知兵，我不及也！」往，果得賊要領歸，遂擊破之。以才委署安定，會與司理楊某爭一重辟囚，楊理屈，陰中之，罷歸。

趙洪範，字元錫，嘉定人。天啓壬戌進士。以御史出巡滇南，時土酋普名聲叛，洪範用間説酋腹心何天衢降，遂反擊酋兵滅之。

許國榮，字允尊，太倉人。天啓乙丑進士，選工科給事中。時中人掌廠布，邏卒詗刺外事，國榮上疏極論，遂褫職。在諫垣疏數十上，多中時病。

吴克孝，字人樵，太倉人。以進士爲刑部郎，恤刑粤東，平反幾百人。尋備兵保定，時保定盜賊抄掠者甚衆，克孝至，密擒其渠魁斬之，群盜遂散。

沈廷揚，字季明，崇明人。明季海潮溢，出四千金助賑。由國子生爲中書舍人，會山東多警，梗運道，廷揚上書言海運之便。上喜，命造海艘試之，僅半月而抵天津。進户部郎，督海運。事竣，加光禄少卿。

國朝

錢增，字哀卿，太倉州人。明季以進士爲兵科給事，忠直敢言，嘗劾樞臣楊嗣昌、大帥王國光等，侃侃指陳，不畏權勢。年四十乞終養歸。順治九年，撫按以人材薦，增以毋老辭。

張王治，字無近，太倉人。順治丁亥進士。知桐廬縣，地當閩衝，吏調絡繹，夫數不足，王治即盛服曳舟以從，督師者動色，謝之。擢工科給事，抗言東南兑糧多額外浮費，請設官收官兑之法，及五米五銀之例，從之。又疏請開浚三江，及江南分置藩、臬，皆允舉行。

錢晋錫，字方來，太倉人。康熙庚戌拔貢。在禮垣時，嘗疏免淮南鹽課三萬兩，並止兩廣鼓鑄，朝論韙之。康熙四十三年，山左大祲，流民賣入旗者准①發回，晋錫時爲府尹，按名給費，兼檄所在舟車遞送，所全活無算。以終養歸。

海　州

漢

徐璆，字孟玉，海西人。父叔，度遼將軍，有名於邊。璆〔自〕②少博學，舉高第。稍遷荆州刺史，舉奏南陽太守張忠贓億萬，又奏五郡太守及屬縣有贓污者，悉徵案罪，威風大行。中平元年，與朱儁擊黄巾賊，破之。遷汝南太守，轉東海，所在化行。被徵，當詣京師，爲袁術所劫，授以上公之位，璆示必死，術不敢逼。後拜太常。

① 「准」，《四庫》本作「淮」。
② 據《四庫》本補。

三國　魏

徐宣，字寶堅，廣陵海西人。太祖辟爲司空掾，歷丞相東曹掾。文帝踐祚，轉散騎常侍。從至廣陵，六軍乘舟，風浪暴起，帝船回倒，宣凌波而前，群臣莫有至者。帝壯之，遷尚書。明帝以宣爲左僕射，疏諫威刑太過，又諫作宮殿窮盡民力，手詔嘉納。卒，謚曰貞。

糜竺，字子仲，東海朐人。祖世貨殖，貲産鉅億。徐州牧陶謙辟爲别駕從事，謙卒，竺奉遺命迎先主於小沛。後吕布襲下邳，擄先主妻子。竺進其妹爲夫人，并僮客二千、金銀貨幣以助軍資，賴此復振。益州平，拜安漢將軍，待以上賓之禮。

宋

胡松年，字茂老，海州懷仁人。幼孤貧，讀書過目不忘。政和二年，上舍釋褐，累遷中書舍人。時方有事燕雲，松年謂邊釁一開，有不勝言者，咈時相意。建炎間知平江府，貪吏解印斂跡。以興利除害十七事揭於都市，百姓便之。使金還，拜吏部尚書，權參知政事。以疾提舉洞霄宮，卜居陽羨。松年自持囊至執政，所舉皆一時聞人。秦檜秉政，士大夫無不曲意阿附，松年獨鄙之，至死不通一書，世以此高之。

明

郇旍，沭陽人。洪武甲戌進士，永樂中授給事中。性警敏，有幹才，機事慎密，受知成祖。歷官鴻臚少卿，卒。

錢貴，海州人。襲職指揮使，謀略過人。宣德中，遷都指揮僉事，管領京營，操練有法，士卒悦服。累擢中軍都督府同知。爲人謙恭，不以富貴驕人。

王璟，海州人。正統己未進士。祖規，仕至參政，有清直聲。璟少承家學，博極群書。規於本鄉奏築堤防，絶海潮泛田之害。璟又題免東海養馬，再世遺愛，鄉人德之。

丁泰，字時亨，海州人。正統辛酉舉人。授户部主事，立朝以剛正自持，人呼爲「鐵面丁」。後謫判興化，賑歲饑，弭虎患，歷有善政。

乙瑄，字崇璧，海州人。成化丙戌進士，授吏部文選主事，擢禮部郎中，轉山西參議，有清操。巡視大同等處，恩威兼著，邊徼輯寧。歸後無屋以居。

陳秉彝，沭陽人。成化戊戌進士。官四川忠州守，清慎愛民，忠州人塑像祀於陸贄祠。

楊宏，字希仁，海州人。以蔭叙襲指揮使。弘治己未檄守紅城。尋守備固原，獻策於總制楊一清，築邊牆數百里。掌陝西都司，平漢南盜。累遷總兵官，鎮松潘，斬番酋雪郎王之久爲邊害者。至嘉靖初，節鎮淮揚，督理漕運，聲績偉然。著有《漕運志》。

邵思忠，字廷臣，贛榆人。由鄉貢起家，爲商城令，釐奸祛弊，簡静不擾。擢户部主事，督榷滸墅、大同，清節尤著。

徐鸞，沭陽人。弘治甲子舉人。任湖州府同知，居官惠愛，持身清約，部民咸翕然感化。

胡璉，字器重，沭陽人。弘治乙丑進士。以刑部郎中遷閩、粤二省兵備，時島寇佛郎機牙掠海上，璉選鋒猝入，奪其火器，遂爲中國所用，因號佛郎機。累擢巡撫，以户部右侍郎致仕。遇征安南，薦起督餉，卒。孫應嘉，世宗時官都給事中。曾孫一炳，以行義著鄉里。

裴天佑，字順之，贛榆人。嘉靖庚戌進士，令建安，爲政務寬厚。巡按山東，權貴屬其劾去屬吏某，廉知其賢，反優奬之。罪人挾重賂求免死，没其金於官，寘之法。歷官大理卿。所著有《拙逸亭稿》。

張朝瑞，海州人。隆慶戊辰進士。州有倭警，捐貲以助築城。令鹿邑，清衛豪侵官地七千餘頃。擢守金華，歲饑，設法賑濟，全活甚衆。葺書院，市腴田二千餘畝以贍師儒。參政杭、嘉、湖，抗疏陳礦役之害。後攝府尹，卒。

倪文純，字青杜，海州人。以歲貢官壽州訓導，禦流寇有功。又單騎説降屯、英、霍、潛、太諸賊。漕撫史可法薦之，擢太和令。

葛維垣，字映辰，沭陽人。崇（正）〔禎〕時以進士授成都府推官，鞫獄多所全活。丁丑冬，流寇薄城，力請援兵，大破賊衆，解省會兩月之圍。攝守重慶，豪猾懾服。擢工部主事，旋授吉安知府。

通州

宋

王惟熙，字國和，泰州如皋人。景祐進士，擢大理寺詳斷官，持法堅正，務原人情。奏案成，廷尉使易之，不從。儂智高反，掠嶺南，諸州吏棄城者皆坐法，惟熙議：「嶺南兵與城皆無足恃，奈何以常法置之死？」上亦憫之，皆得免。累官司封員外郎。

吴及，字幾道，通州静海人。以進士累遷太常博士。時仁宗春秋高，及上疏言：「古聖重絶人世，宜禁擅宫童幼，聖嗣必廣。」帝異其言。又言宜擇宗室子以備儲副。嘉祐中擢秘書閣校理，改右正言，奏論孫沔苛暴不法，罷籍輕動敗衄，在職數年，以勁正稱。出知廬州，徙桂州，卒。

王覿，字明叟。嘉祐四年進士。熙寧中，爲編修三司令式删定官，覿不樂居職，求潤州推官。二浙旱，郡遣吏視苗傷，不敢多除税。覿覆按，盡除之。哲宗立，擢右正言，疏論蔡確、章惇、韓縝、張璪朋邪害正，章數十上，相繼斥去。又劾竄吕惠卿，論青苗之害，乞罷新令，復常平舊法。時起洛、蜀二黨之議，覿深破其説，上然之。出知成都府，江水貫城中爲渠，歲久湮塞，苦霖潦。覿疏治復故，民德之，號王公渠。

王俊義，字堯明，覿從子。以太學上舍就試，徽宗親擢第一。蔡京邀使來見，謝不往。授國子博士，後召爲館職。爲王黼所惡，以直秘閣知岳州，卒。俊義與李祁友善，首建正論於宣和間。諸公卿稍知分别善惡邪正，兩人力也。

印應雷，通州人。嘉熙中進士。選知和州，時北兵來侵，和危甚，應雷入守，卒保其城。後温州卒作亂，改知温州，應雷單騎赴任。賊來覘者，捕斬其魁，餘黨悉散。咸淳六年，爲兩淮安撫制置使，知揚州。卒，贈端明殿學士。弟應飛，亦進士，累官户部侍郎。

明

李儼，字民瞻，泰興人。洪武元年，充都督府斷事，論輔治三計。陞刑部侍郎，宣諭陝西還，加户部尚書，賜一品服、金帶，令從奉天殿服之以出，學士宋濂等送歸第。卒於官。

翟善，字敬夫，泰興人。洪武中選入國子監，授吏部主事，超拜侍郎，尋進尚書。時初罷丞相，以六部分政，吏部爲百寮長。善當重任，被顧問，凡所奏議皆稱旨。嘗欲爲善營第於里中，善曰：「江鄉地隘，宗親且衆，誠不忍奪人自益。」又以善家戍籍，欲免之，善曰：「今區宇初定，戍卒宜增，豈可以臣破例？」太祖善之。

李敬，初名鴻漸，通州人。洪武初，以文學徵，授刑部尚書，守法度，修政事。已致仕歸十四年，復召爲祭酒。是年始行釋奠先師禮，從敬請也。

邵旻，字天民，通州人。永樂甲辰進士。嘗謁陵讀碑文，一過成誦，同儕異之，不知其方誦時，已目他碑又能成誦矣。授評事，數折大獄。巨璫、貴戚受賄撓法，旻堅持不可犯，遂坐忤落職。

顧雄，字時俊，通州人。成化辛丑進士，授户部主事。犒軍大同，監守者欲餌以利，怒却之。督江西、福建逋税，時例徵糧長紙價供筆劄費，雄革之。事竣，以病乞歸，囊無餘資，鄉人稱爲清白吏。

邵棠，字民愛，通州人。成化丁未進士，知崇慶州，擢南户部郎，陞湖廣參議。治奸民譁譟入興邸事，不縱不苛。轉陝西左參政。陝，劉瑾故鄉也，騷屑太甚，又大索官人賄，棠曰：「奈何用百姓膏脂博高列乎？」遂移疾歸。部使者交薦，不起，時稱其儒而不迂、吏而不俗。

馬繼祖，字崇功，如皋人。弘治庚戌進士，累遷南京監察御史。有二臺長交鬨，繼祖劾免之，臺中肅然。後以忤劉瑾，勒致仕。

張羽，字鳳舉，泰興人。弘治丙辰進士，授淳安知縣，有惠政。擢御史，彈劾中貴，疏論時事甚剴切。巡按雲南，奏免開礦及中官怙勢者。出守保定，以母疾乞歸。復起，爲河南布政使。

淩相，字忠甫，通州人。弘治己未進士。歷官廣東兵備僉事，剿平惠、潮大峰嶂劇賊。陞苑馬寺卿，署分巡事，督造邊城包山於城内，以絶窺伺。遷四川布政使，轉雲南，擢副都御史，巡撫湖廣，告歸。

弟楷，字端甫，正德戊辰進士。以户曹監兑江西，歸途遇盜，囊篋空空，盜歎服而去。

姚繼巖，字元肖，通州人。弘治壬戌進士。歷工、刑二部主事，遷考功郎中，以清苦稱。武宗鋭意南狩，巖偕部曹聯章懇留，受杖。未幾，陞太常少卿，創發竟死。

何棠，字愛之，泰興人。正德辛未進士。歷官郎中，諫武宗南巡，廷杖。尋陞廣平知府，減種馬，治大豪，民大悦服。嘉靖初，録諫南巡諸臣，加從三品俸，以疾告歸。

張聰，字鴻舉，泰興人。正德甲戌進士，授禮部主事。諫南巡受杖，謫知海鹽縣。歷官副都御史，巡撫延綏，凡三奏捷，賜金幣，進户部侍郎，致仕。

崔桐，字來鳳，海門人。正德丁丑進士第三人，授編修。諫南巡，詔跪午門外五日，廷杖奪俸。嘉靖初諫大禮，復逮詔獄，再予杖。出補湖廣參議，備兵辰沅，平安化山寇，賜金幣，進南太僕卿。建議薛瑄從祀，拜禮部左侍郎，致仕。著《東洲》正、續集。

錢録，字宗政，通州人。以例貢授松陽縣丞，縣故有銀冶，盜竊發，因剽掠爲患。録曰：「此禍穴也，錮之，火其旁廬舍，以杜覬覦。」督兵捕閩寇，生得其渠魁，境内以寧。事母至孝，母病，割股以療。子嶫。

錢鐸，字振之，海門人。正德辛巳進士，授刑部主事。嘉靖初諫大禮，杖闕下。出守肇慶府，改學校，倡文教。移知鄖陽，擢廣西按察副使。備兵府江，生縛賊首，諭降三洞蠻。以剛直中蜚語，罷。

黄河，字汝清，通州人。嘉靖壬午舉於鄉，授滕縣教諭，陞南國子助教，擢南京貴州道御史。河套議起，河與曾銑合忤貴臣，詔廷杖。未幾，遷雲南僉事，有殲寇功。

馬坤，字順卿，通州人。嘉靖癸未進士，累官湖廣副使。接壤川、貴苗寇兵連數歲，坤參贊督撫平之。陞河南布政使，河南多宗室，歲廩不繼，輒恣横犯法，坤申嚴約束，禄以時給，皆悦服。擢南户部尚書。嘉靖末，召坤於西苑，問錢穀歲入幾何，坤一一條對。前後所上凡三十二事，多見施行。

李夢周，字希道，海門人。嘉靖癸未進士，授寧都知縣。俗好鬼，祠五王廟，歲市子女代牲，夢周火其廟，併毁諸淫祠，撤故材以新學宫及構書院，集諸生講習其中。有勢家横里中，捕置於理，籍所奪田歸之民。遂爲所中傷，解綬歸。

錢嶫，字君望，通州人。嘉靖壬辰進士，授永平推官，擢御史，巡按廣西。時靖江王僻處自恣，爲奸民藪，嶫悉捕置諸法。遷廣東副使，以平黎功，賜金幣。陞浙江參政，清諸郡徭法。病歸。通沿江海，不宜馬牧，自永樂時撫臣以六安州災荒暫爲代養，相沿不革，歲徵馬價折色銀三千餘兩，民大困，嶫上疏罷之。

陳堯，字敬甫，通州人。嘉靖乙未進士，授工部主事，治清江浦，鑿黄河上游，避淮口以達清江。累陞貴州按察使。三殿災，役民採木，堯爲更番之議，以紓民力。御史奉詔採丹砂，又議開永寧銀池，堯皆力持之。陞廣西左布政，裁省靖江宗人虚禄以萬計。進副都御史，督漕河。高郵湖隄屢壞，堯樹木實茭楗以代石，堤遂固。時黄河徙道，漕艘皆膠淤，堯遣水工探刁陽湖得故漕道，舟以通行。尋致仕歸。

袁隨，字民悦，通州人。嘉靖丙辰進士，授户部主事。嚴嵩當國，欲羅致之，餌以銓司，不應。出知德安府，歲荐饑，隨不動官帑，多方賑恤，全活甚多。擢山西提學，累陞四川左布政。忤張居正，罷歸。

錢藻，字自文，如皋人。嘉靖己未進士。出守廣信，有汰卒三千肆剽掠，當事議啗以金，藻第先聲厲兵以待，卒無敢犯境者。用贖鍰廪給貧士。累遷密雲兵備，晋左參政，修築古北口諸塞。擢南光禄寺卿，請裁一切冗費。終順天府尹。

顧養謙，字益卿，通州人。嘉靖乙丑進士。歷官福建僉事，備兵薊鎮，巡撫遼東，邊備修舉。嘗按塞憩小淩河，敵騎十萬猝至，養謙啓四門，張蓋坐，敵不敢近而退。遷南京户部侍郎，總督薊遼，兼經略。以議倭封貢事被劾，求去。卒，贈兵部尚書。

陳大科，字思進，通州人。隆慶辛未進士，授河南推官，召爲給事中。歲旱，上弭災六事。歷陞太常卿，疏救李獻可等言事被譴。大璫馮保以罪閑住南京，乞赦還鄉，大科論其懷奸窺伺。總督兩廣，安南黎、莫二姓交兵，大科請於朝，布恩信以招徠之，皆請納代身金入謝罪。晋都御史。卒，贈兵部尚書。

袁九皋，字君鳴，通州人。萬（歷）〔曆〕己丑進士。授鉛山知縣，擢御史，巡按山西、浙江、河南、順天四省，所至著風節。中旨遣官榷取煤税，三疏諫止。擢太僕寺少卿。

范鳳翼，字異羽，通州人。萬（歷）〔曆〕戊戌進士。除户部主事，監南新、濟陽二倉，酌放軍糧，清核所積米計六十萬，得免浥爛。改吏部考功，汰墨吏，進名臣顧憲臣、高攀龍等。爲時所忌歸。

彭大同，海門人。以歲貢爲叙州推官，有孝廉殺人，臬司推門望罰金三百鍰釋之，大同怫然曰：「殺一人罰三百金，將挾萬金而殺三十人乎？」竟擬辟。乂民有修怨仇家，乘父老病，扶至河壖，挑其仇毆之立斃，訊者但論仇人死，大同判曰：「欲甘心於仇，因忍視其父河壩之死，誰則致之？」并坐子如律。

李之達，字武東，海門人。由舉人選巨津知縣，上官奇其才，令攝五篆。時巡撫開福龍鹽井，達争之曰：「增一時之課，商必虧額。」乃寢。陞興化府丞，有奸弁利嫂侄貲巨萬，上官授之意，令以貲歸弁，達不聽。尋去官。

冒夢齡，字汝九，如皋人。以選貢授會昌知縣，移知酆都。奢寅變起，與石柱司女將秦良玉協力破賊，城賴以全。量移寧州，歸。子宗起，崇（正）〔禎〕時以進士爲兖西僉事，監軍河上。張獻忠破襄陽，調襄陽監軍，時賊數十萬，往來窺伺，城中虚無人。宗與左良玉收合餘燼，力保巖疆。以功被上賞，量調寶慶，歸。所著有《拙存堂集》。

朱一馮，字非二，泰興人。以進士知信陽州，節省公費銀，辦開礦、採木諸役，民不知擾。革夫馬雜支積弊，舉卓異。陞兵部郎，歷職方武選，出任八閩，從臬藩至巡撫，定亂福寧，平賊汀州。天啓間，所在立魏瑫生祠，馮獨不爲立，罷官。

國朝

孫閎達，字天士，通州人。康熙甲辰進士。知太原縣，愷悌得民。兩造赴庭，閎達懇切誨諭，多罷訟而去。以病歸，士民追送百里外。生平著《省身録》，日所爲，夜必檢記，魏象樞亟稱之。

徐起霖，字傅巖，通州人。由前明副榜任郃陽知縣。盜劫某宦，捕不獲，起霖出獄囚遍閱之，得三人，曰：「得盜貸汝死。」縱之去，如期而盜悉獲，人驚爲神。知陝西、徽州，詳免練餉加派。遷真定知府，時用兵滇南，真定當孔道，承辦供億，不以累民。

江南通志卷一百四十六

人物志

宦績　八

安慶一府

安慶府

漢

朱邑，字仲卿，廬江舒人。少爲桐鄉嗇夫，廉平不苛，以愛利爲行，未嘗笞辱人，存問耆老孤寡，吏民愛敬焉。遷太守卒史，舉賢良爲大司農丞，遷北海太守，以治行第一入爲大司農，多薦賢士大夫。居處儉節，禄賜以共九族鄉黨。病，屬其子曰：「我故爲桐鄉吏，其民愛我，必葬我桐鄉。」民果爲邑起冢立祠，歲時祭祀不絶。

三國　吴

陳修，廬江松滋人。陳武子，有父風。年十九，孫權召見，拜别部司馬，授兵五百人。時諸新兵多有逃叛，修撫循得其意，不失一人，拜校尉。建安末，追録功臣後，封都亭侯，爲解煩督。

陳表，字文奥，武庶子。少知名，侍東宫，從太子中庶子，拜翼正都尉。修亡後，表母不肯事修母，表勸以大義，二母感悟雍穆。表以父死敵場，求用爲將，領兵五百人，傾意接待，士樂爲用。無難士施明盗官物，廷尉收考極毒，無辭，表誘之，乃首服。遷無難右部督，封都亭侯，以繼舊爵。表皆陳讓，乞以傳修子延，不許。嘉禾三年，領新安都尉，料取所受賜，復人户以充部伍，廣開納降，得兵萬餘人。鄱陽民吴遽等爲亂，表越界討破之。拜偏將軍，進封都鄉侯。家財盡於養士，及卒，妻、子露立，太子登爲起屋宅。子敖，年十七拜别部司馬。敖卒，修子延復爲司馬代敖。

晋

何充，字次道，廬江灊人。成帝時爲東陽太守、會稽内史，甚有德政，除丹陽尹。王導、庾亮並薦充器局方概，有萬夫之望，必能總録朝端，願引充内侍，由是加吏部尚書，歷中書令。建元初，都督徐州、揚州，入輔幼主，臨朝正色以社稷爲己任。卒，贈司空，謚文穆。

何澄，字季(懸)〔玄〕。起家秘書郎，清正有器望。卒，贈金紫光禄大夫。

南北朝　齊

何昌(寓)〔寓〕①，字儼望，廬江灊人。少清靖。爲建平王景素府主簿，以風②素見重，出爲湘東太守。景素被誅，昌寓啓太祖，直其冤。太祖嘉其義，復爲南郡太守，行荆州事。臨海王昭秀將被害，以昌寓得還京師。歷官吏部尚書，復爲侍中。卒，贈太常，謚簡子。昌寓不雜交遊，通和泛愛，歷郡皆清白，士君子多稱之。

梁

何敬容，字國禮，昌寓子。初爲建安内史，清公有美績。普通中，守吏部尚書，銓序明審，號爲稱職。出爲吴郡太守，勤恤民隱，辨訟如神，治爲天下第一。遷尚書右僕射，參掌選事，久處臺閣，詳悉舊事，聰明識治，勤於簿領。嘗奏侯景終當亂國，其言卒驗。子穀，秘書丞。

---

① 據《南齊書》卷四十三、《南史》卷三十本傳改。
② 「風」，《四庫》本作「夙」。

唐

張鎮周，舒人。武德八年爲本州都督，就故宅多市酒肴，召親戚酣飲如布衣時，凡十日。既而分贈金帛，泣别曰：「今日鎮周猶得與故人聚，明日則舒州都督治百姓耳。」自是親故犯法，一無所縱，境内肅然。

宋

王罕，字師言，珪之季父，自成都徙舒州。以蔭知宜興縣。縣多湖田，歲訴水輕重失其平，罕躬至田間，圖其高下，衆莫能欺。范仲淹在潤，奏下其式於諸道。遷户部判官，出爲廣東轉運使。儂智高入寇，罕行部在潮，廣州守仲簡自圍中遺書邀罕，罕遂還惠州。簡卒三千，順流而下，至廣，營於南門。智高見其嚴備，遂解去。以功爲西路轉運使，徙知潭州。爲政務適人情，不加威罰，伸狂婦之冤，郡人傳爲神明。監司上治狀，敕書褒諭，賜絹三百。

王琪，字君玉，珪之從兄。兒童時已能爲歌詩。起進士，調江都主簿，上時務十二事，仁宗嘉之。通判舒州，歲饑，奏發廩救民，未報，先賑以公租，守以下皆不聽，琪挺身任之。徙知江寧。先是，府多火災，或託以鬼神，人不敢救。琪捕得姦人誅之，火患遂息。以禮部侍郎致仕。琪性孤介，不與時合。數臨東南名鎮，政尚簡靖。及葬真州，詔真、揚二州發卒護其窆，蓋異數也。

潘琛，宿松人。嗜學，寒暑無間。由進士爲祁門丞，教崇禮讓，士民化之。

元

虞執中，字伯權，望江人。至元間鄉貢第一，成進士，授將仕郎。居官恪謹，公事無滯，山南憲府多奬進之。

明

黄敏，字宗學，桐城人。洪武初，以歲薦歷官兵部員外郎，奏罷糧運不便者數事。以忤旨，左遷上林監丞。陞長蘆鹽運副使，鹽弊肅清。有奸奄以私販事誣敏，謫戍興州。以朝臣薦，復遷工部主事，擢廣西按察司副使。威惠並茂，有古憲臣風。

劉焘，字尚載，太湖人。洪武間，以明經知柳州府，歷嘉興、寧波、西安、長沙、彰德、汀州，咸有政績。爲治寬厚慈祥，不施鞭扑，有不法者，但勸諭之，人皆感化。官至雲南參政。柳州、長沙咸立祠祀之。

吕衡，字仕平，太湖人。洪武間歲薦，授監察御史，遇事敢言。巡按廣東，風裁甚著，貪墨皆望風解印綬去。

劉瑩，字仲璚，桐城人。永樂癸未進士，官御史。歷永平、廣平二郡守，爲政平易，人歌曰：「太守政平，二郡皆寧。」

饒政，字文質，望江人。永樂乙未進士。運糧江西，既竣役，同事十二人分别授御史僉事，政上章願授教職，上可其請。先後四任學博，凡二十年，造就諸士皆一時名臣。年八十，歸里。

程旼，字太和，桐城人。宣德丙午舉人，任磁州同知。時蝗大發，旼虔禱於神，忽禿鶖飛集，啄蝗殆盡，因以有聲。改滄州，值旱，旼禱於五龍井，有白魚五出見，雨大注，歲遂稔。民共立五龍廟，肖像祀之。

吴昇，字亨晦，懷寧人。宣德癸丑進士，擢工科給事中，遇事敢諫，封駁糾正，有聲於時。正統時，廷議郡縣守令用大臣薦，昇謂受官公朝，拜恩私室，不可。又議大臣舉御史，昇謂御史既被大臣舉，則大臣有不法，恐御史瞻顧私恩，咸奏止之。閩、浙礦徒爲亂，擢昇浙江布政司參議，往輯之。昇捕斬渠魁，撲滅黨與，且廉其失機都指揮以下數人寘之法，衆皆股栗，賊遂屏息。

姚旭，字景陽，桐城人。景泰辛未進士，官刑科給事中，敷奏詳明，直聲大著。謫判鄭州，清慎自勵。擢南安守，盡心民事，尤以學校爲先。終雲南參政。

方佑，字建輔，桐城人。天順丁丑進士。擢監察御史，風裁凝峻。初按河間，錦衣官校素怙寵爲奸，聞佑風皆惴惴聽命。有盜殺縣簿，捕弗獲，設計襲誅之。移按蘇、浙鹽政，再按廣西，有平苗賊功。後忤中使，廷杖，謫知攸縣，補桂林知府。

王道，字懿德，潛山人。天順己卯舉人。任杭州通判，威惠並行。以梗介忤直指使者，即挂冠歸。直指追檢其舟中，惟敝篋盛書數卷，乃慚謝。道更以野服拜辭，直指知意不可奪，嗟嘆久之。成化間，有盜經其家借炊焉，曰：「知廉吏，無他求也。」

王瑞，字良璧，望江人。成化己丑進士，授吏科給事中。在文華殿抗言内寵滋甚，上震怒不懾。晋都給事中，劾倖進者多攀緣超越，濫竊名器。上嘉納，詔吏部貶四人，奪九人官。凡居言路十五年，疏諫皆朝廷大事。遷湖廣參議，告歸。

方向，字與義，桐城人。成化辛丑進士，授南户科給事中。巨璫守備南京，甚跋扈，乃疏劾其罪狀，并文武大臣十數人。璫銜之，因事誣逮下獄，貶雲南驛丞。歷官瓊州知府，地產珠，僕私市其一，索而投之於海。

蕭世賢，字若愚，桐城人。弘治乙丑進士。任刑部郎中，執法不撓，獄多平反。出守嘉興，歲革羨金千餘，不染一塵。立三館以造士，文風蔚起。擢湖廣副使去，道卒，囊無餘貲，以故服殮。

李楫，字濟之，懷寧人。弘治乙丑進士。爲監察御史，按山西，搜剔宿弊，忤當道，謫判沔陽。移泰和令，從王守仁平逆濠，歷遷貴州參議。時芒部弗緝，楫贊臺臣往征之。賊平録功，尋乞歸。

錢如京，字公溥，桐城人。弘治壬戌進士。選監察御史，所至有真御史名。正德時，累擢至都御史。巡撫保定等府，歲大饑，請發内帑數萬緡賑濟，民賴以生。轉兵部侍郎，提督兩廣軍務。所轄土官多相仇殺，獄未决，疏請褫土官職，許立功自贖，兵不血刃，地方以寧。晋刑部尚書，告歸。卒之夕，有大星隕於城中。事聞，加太子少保，諭祭葬。

李淳，字元僕，太湖人。弘治壬戌進士。任行人，擢刑科給事，以忤劉瑾，轉浙江僉事。浙東盜起，淳督兵剿捕之。會有星變出揚州分，淳曰：「杭必有災。」令民間儲水以備。已而，杭城果火，得無患。調廣西按察，值撫江土猺及苗民讎殺，淳討平之。

余珊，字德輝，桐城人。正德戊辰進士。由行人擢御史，忠直敢言，不避權倖。以發中貴人奸賕，譖之下獄，杖幾斃，謫判安陸州。嘉靖初起江西僉事，討平梅花峒賊。應詔陳十漸疏，共萬四千言，最爲剴切。珊律己清嚴，居官有威惠。累遷四川按察使，卒。

齊之鸞，字瑞卿，桐城人。正德辛未進士，官給事中，疏禦邊弭盜，深切時務。武宗自稱威武大將軍朱壽，之鸞切諫。又欲南巡，之鸞首唱留駕，率同僚伏闕號泣，上意始沮。王守仁平宸濠，許泰忌其功，誣毀百端，之鸞力白之。世宗時，遷寧夏僉事。值歲饑，民採蓬子爲食，乃封蓬子進於帝，乞發帑賑之。還朝，夏人遮道，號聲不絕。歷遷河南按察使，卒於官。著有《蓉川集》《入夏録》。

吴檄，字用宣，桐城人。正德辛巳進士。少有氣節。初授襄陽推官，決疑獄，賑饑民，綽有能聲。遷兵部武選郎中，有都督僉事姜奭奏邊功議陞職，方議可，乃下武選擬官。檄曰：「法斬首二百上者，陞一級。奭未滿八十，當賞不當陞。」有劉民譽者，其父從世宗起興藩，賜錦衣衛指揮，民譽欲襲職，檄曰：「法非汗馬不世，安得襲？」大司馬張贊固欲與之，檄固不肯。贊自爲劄請詔，不許。檄亦以是外補，耿介之操，始終如一。子自峒，歷官太常卿，有清望。

盛汝謙，字亨甫，桐城人。嘉靖辛丑進士，授行人。擢御史，按關中，歲饑，民嘯聚爲寇，汝謙設糜賑之，計擒倡亂者數人，餘黨遂解。遷光禄卿。嚴嵩柄國，獨守正乞歸。嵩敗，累擢操江僉都御史。南京貢院號舍故用蘆葦，汝謙捐俸修拓，甃以磚。轉户部侍郎，歸。與吴一介倡議築桐城城，後流賊之亂，桐得保全。

徐桂，字子芳，潛山人。嘉靖乙未進士。知鄱陽府。治有寺，妖僧緣爲奸，婦女佞佛者多墮其術。桂得其情，親詣寺，縛主僧勘鞫律①除之，焚其寺，鄱陽數十年巫風一旦盡革。

戴完，字仲修，桐城人。嘉靖甲辰進士。官户部主事，分司德州，改刑部郎。嚴嵩用事，重其名，欲致私謁，竟不往。會同部郎張翀上疏劾嵩，杖戍夜郎。嵩偵其疏與完合草，遂出補貴州僉事。時盜賊屢發，土官跋扈，完杖之，而以恩撫其子，乃畏服。在任三月，威德大著。謝病歸。

趙釴，字鼎卿，桐城人。嘉靖庚子鄉試第一，甲辰登進士。累官至僉都御史，巡撫貴州。值土舍韓甸攫司印逐正官，糾黨稱兵，三省騷動，釴督總兵等官會剿之。又爲黔奏便宜六事，皆議行焉。

於惟一，字德夫，懷寧人。嘉靖癸丑進士。任南工部主事，守關嚴慎。適上所寵方士陶仲文欲轉關夜出，惟一繫其行舟，時陶焰方熾，大爲沮喪。御史吴時來參嚴嵩被謫出都，惟一獨祖餞。嵩銜之，出守太原。值歲荒，民相食，捐俸賑饑，民得全活衆，相呼爲於家兒。擢陜西副使。

金燕，字尚賓，潛山人。嘉靖癸丑進士，謁選桐鄉令。時海寇猖獗，桐鄉濱海無城，燕下車即爲

① 「律」，《四庫》本作「立」。

營築。城成而寇至，環攻四十餘日。寇遁，復設奇追殲之。擢禮科給事中，力詆嚴嵩奸，謫彝陵判。後仕至尚寶丞。

阮自嵩，字思竹，桐城人。嘉靖丙辰進士。官刑部，執法不徇，屢觸權要。嚴嵩父子銜之，謫判沔陽。以官銀抵逋負，脫二百餘人於獄。又清景藩閹豎所奪民田，致干參奏，世宗原其無罪。再判濮州，均治河苦役，民戴之。後復忤當軸，以滄州守歸。

吴自峒，字石蘭，樅子。嘉靖壬戌進士，授行人，以清望選翰林待詔，充裕王講官，正色開陳。穆廟即位，以青宫舊屬擢尚寶卿，尋選太常寺卿。自峒素與張居正善，及居正柄政，訖無一字相通。旋以外補，遂歸。

李彦，字龍陽，望江人。嘉靖辛酉舉人。任台州别駕，歲饑，典賑事，活數萬人。窮民鬻妻輸税，彦爲贖完之。有以孝聞者，三式其廬。擢漢中守，屬鳳邑履畝圭度，除荒糧五百石有奇。

吴肇東，字敬堂，懷寧人。隆慶戊辰進士。知桂林府，愛民如子，猺獞頑梗者咸稽顙庭下。擢福建按察使。將晋浙撫，會張居正奪情，凡官閩者皆弔唁，肇東獨不遣，因謫長沙，遂歸。

張淳，字希古，桐城人。隆慶戊辰進士。知永康縣。吏民狡黠，前告罷七令。淳至，案牘委積，剖決如流，吏大駭服，舉治行第一。授禮部主事，歷郎中。張居正母死，諷淳往祭，乃謝病歸。後起知建寧府，歷陝西布政，尋致仕。優游林下廿餘年，邑有重務，力爲民請，澤遍鄉里焉。

劉尚志，字士行，懷寧人。隆慶辛未進士，授歸善令，尋擢諫垣。張居正柄國，繩下嚴，尚志上緩刑一疏。歷任江西少參、浙江海道，選將練兵，爲防倭計甚悉。按察福建，轉山東左布政，致仕歸。睦姻任恤。葬父躬壘負石，哀聲徹林谷，墓木生連理枝，咸稱孝感。

盛世承，字以烈，桐城人。萬（歷）〔曆〕丁丑進士。以部郎出備兵大同，時邊事旁午，世承馭以鎮静，威信著聞。轉陜西右布政，蘭州機户疲於貢絨，世承力蘇之。擢四川左布政，會有事於播，播平，又爲善後策，蜀人賴之。病免。再起，以原官備兵陜西，按行部中，墾河灘荒地至千餘頃，爲秦中世世之利。晋光禄卿，璫禍削職。

任可容，字子賢，懷寧人。萬（歷）〔曆〕丁丑進士。官處州守，屬邑有以香蕈進者，中匿金，可容懲解役遣之。遷惠潮道，嚴飭武備，壁壘改觀，一創倭於碣石，再創倭於南澳。有出海船三十餘隻，詐稱總督家丁，可容盡逮置法。又於南澳擒洋商五十四人，總督誤作賊，可容力白其冤，釋之。

葉隆光，懷寧人。萬（歷）〔曆〕庚辰進士，官吏部郎。疏諫早定國本，削籍歸，卒。光宗立，詔求當日言事獲罪諸臣，贈太僕寺少卿。

徐堯莘，潛山人。萬（歷）〔曆〕丙戌進士。歷荆州守，中官陳奉開礦沙市，掘冢瀦室，道路以目，堯莘約其騶從不得逞。劉大將軍綎征播，調兵數省，途出自荆，民争避之，堯莘爲經紀，民獲安堵。上嘉其勞，晋廣東按察。擢撫延綏，不果赴。與無錫顧憲成交密，袁宗道以「不言而躬行」稱之。

方大美，字黄中，桐城人。萬（歷）〔曆〕丙戌進士，授常德推官，多所平反。擢御史，巡按江西，整飭吏治。尤好士，培植甚多。轉按河南，捐俸賑荒，全活萬人。終太僕寺卿。

楊材，字遯生，懷寧人。萬（歷）〔曆〕己丑進士。爲户部主事，給散京城各衛軍餉，前官多侵牟，材秉公散給，歡聲動地。遷吏部考功，以執法忤當軸，遂歸。光宗立，起太常卿，轉左通政。

吴用先，字體中，桐城人。萬（歷）〔曆〕壬辰進士。由臨川令累官都御史，巡撫四川。時播州亂，大將劉綎以議餉不進，用先躬率師先之，督綎合戰，戮力勦撫，數月蕩平。尋謝病，上憫其勞，特賜考績予告，家居八年。起少司空，改樞貳，總督薊州，建防禦十策，殫力籌畫。會璫禍起，致政歸。

金忠士，宿松人。萬（歷）〔曆〕壬辰進士。爲御史，劾奸弁袁守時、中貴邢隆立，疏寢税銀十五萬，江南民獲更生。巡按貴州、浙江、河南三省，定水西，討路苗，降思南，賑恤無告，招撫流移。後因建言忤旨，左遷福寧道。陞按察司，備兵榆林。擢右藩，撫延綏。尋卒於邊，諭祭葬贈恤。

胡瓚，字伯玉，桐城人。萬（歷）〔曆〕乙未進士。授都水主事，分司南旺，兼督泉閘。泉司駐濟寧，泗水所注，瓚修金口壩遏之。時議徵税濟寧，力言不便而止。累擢江西右參政，告歸。

何如寵，字康侯，桐城人。萬（歷）〔曆〕乙未進士，由翰林歷祭酒、宗伯，以言事受知，晋東閣大學士。寬博坦白，爲正人所歸。體素弱，遂稱疾乞休。後復以元輔召，固辭。所陳奏獨以培元氣、達大體爲務。卒，贈太保，謚文端。

何如申，字仲嘉，桐城人。萬（歷）〔曆〕乙未進士，授户部主事。時尚書趙南渚加意率屬，諸曹郎出署，往往偵其所爲，獨如申鍵户咨討本曹故實。趙公嘗以語人曰：「吾安得郎盡如何者！」督糧遼東，措置有方。擢處州守，諸衛士號泣攀轅，大中丞疏留之，竟得請又三年。以參政分守嘉湖，累轉浙江右布政。以病歸，圖書外無長物。

馬孟貞，字泰符，桐城人。萬(歷)〔曆〕戊戌進士。由分宜知縣擢御史，孤立不避强禦，如摘制科之弊、剪左道之惑、陳僉商之害、辨代藩之立、争福府之田，疏凡百七八十上，直聲振一時。出爲廣東副使，不赴。天啓初，起太僕少卿。

姚之蘭，字汝芳，桐城人。萬(歷)〔曆〕辛丑進士。爲海澄令，開九都水利，化斥鹵爲膏腴，居人德之，遂名其地曰「姚港」。累官杭、汀兩郡守。汀地僻民瘠，適朝議加餉，乃搜府庫藏所餘者，佐以贖義新餉五千金完如額，不以累民。督餉使者以聞，將超擢，乃念母老請終養，詔許之。上嘉其急公愛民，晋秩副使，以榮其歸焉。

吴應琦，字景韓，桐城人。萬(歷)〔曆〕甲辰進士。擢監察御史，巡按雲南，威惠遠播。補浙江道，按順永保河，諸璫相戒勿犯。累官南京大理卿。

馬人龍，字霖雨，太湖人。萬(歷)〔曆〕甲辰進士，授户部主事。以犒邊奏績，榷潯江税，賈人德之，爲立生祠。遷粤西桂林道，苗猺大訌，人龍修戰艘、繕城郭禦之。轉楚右藩。有《楚才録》《蕉園草》行世。

倪應春，字申之，桐城人。萬(歷)〔曆〕丁未進士。累擢御史，敷陳皆軍國重計。光宗賓天，引《春秋》世子不嘗藥，正紅丸之罪。李選侍移宫，群議鼎沸，乃上《仁義兼盡疏》。及楊漣去國，復抗疏保留，一時歎其正直。晋太僕卿。璫禍起，削奪回籍。

姚之騏，號渥源，桐城人。萬（歷）〔曆〕丁未進士。方正尚氣節，力學篤行。仕湘潭令，潔己愛民，治績顯著。以勞瘁卒於官。

何早，字白夫，懷寧人。萬（歷）〔曆〕癸丑進士。巡視下江，適璫李明道督淮漕，建議民運，早力陳其不便，疏争之，削籍去。懷宗初，銓部交薦，有「鯁直端方」之旨，賜歸里。

黄文星，字辰北，潛山人。萬（歷）〔曆〕癸丑進士。知同安縣，甫一月，颶風發，民居幾盡，文星輟訟一載，復其廬舍。調清豐，治績益著。擢駕部郎，勤瘁卒於官。櫬歸，空橐而已。

方大任，字玉成，桐城人。萬（歷）〔曆〕丙辰進士，由元城縣令擢監察御史。會魏忠賢墳塋越制，特疏糾之，削籍。懷宗時召還，陞都御史。

方孔炤，字潛夫，桐城人。萬（歷）〔曆〕丙辰進士。知嘉定州，發奸如神。忤上官，調福寧，所至有聲。入爲職方郎，會魏忠賢欲封其兄子良卿爲伯，固執不覆，遂削籍。懷宗初，起尚寶卿，巡撫湖廣。時張獻忠寇掠，總理熊文璨主撫議，孔炤上八策，極言招撫之誤。與賊遇，凡九戰八捷。後以香油坪之敗，爲楊嗣昌所陷，天下寃之。旋得白，以河北屯田御史解職歸。

姚孫棨，桐城人。天啓壬戌進士。初令龍游，請停商税，商民祠祀焉。再補泉之晋江，地瀕海，爲鹹潦所淤，飢民流離，孫棨捐募糴穀以賑，全活數萬。擢西臺，章奏悉中時弊。

左光先，桐城人，光斗弟。天啓甲子鄉薦，知建寧縣。以異績入西臺，按部兩浙，勤恤民隱，周覈官方，疏凡百餘上，悉報可。生平不避艱險，偉烈直聲與兄齊名。

汪游龍，字六御，懷寧人。崇（正）〔禎〕辛未進士。知廣東靈山縣，接壤交趾，蜑户、黎人時煽爲亂，游龍至，練兵設險，民賴以寧。調番禺，值海寇劉香老入犯，親決戰不避矢石，香老卒成擒。擢御史，按閩，時黄道周以劾楊嗣昌被謫，力疏救之。卒於官，僚屬往殮，惟敝衣數襲，咸爲泣下。

顔渾，字伯通，懷寧人。崇（正）〔禎〕庚辰進士。爲吏部主事，懵要津持銓司短長，乃倣范仲淹《百官圖》，分註小册，遇有囑託者，即發册示之，見者慚沮。予告歸，囊橐蕭然。

雷縯祚，字介公，太湖人。崇（正）〔禎〕庚午鄉薦，爲刑部主事。每臨鞫，悽慘形於色，多所平反。皖荒，人相食，疏請蠲恤，里中賴以全活。

王之慶，字修祐，望江人。崇（正）〔禎〕時貢生，除福建尤溪令。政成卓異，因親老致仕。當流寇猖獗，之慶糾集鄉人，立社保聚，屢著戰功。殁，與左光斗、雷縯祚並祀曰「三賢祠」。

宋儒，字文卿，望江人。初爲弟子員。及長，仕錦衣衛千户，典告密。錦衣在明爲近侍，可立取富貴，儒獨廉惠。凡死獄，必求其生。囚故無藉，卧輒僵死，儒奏以牧象草藉之。囚繫者缺食，又奏以無主盜贜食之，遂定爲例。歲甲子，鄰弗戒於火，焚毁略盡，儒樓獨存。戊寅，鄰又火，亦如之，蓋隱德之報云。

姚孫棐，字戊生，桐城人。崇（正）〔禎〕庚辰進士。令蘭溪，民漕苦南米一項，孫棐力請兩臺具疏改本爲折，勒石永利。調繁東陽，臨城被圍，馳走深山，招集義勇，乘懈擊敵，東陽得保。尋解組歸。

左國柱，字碩人，光斗長子。光斗死璫禍，國柱以藐孤重繭數千里，具血疏伏闕號寃，得昭雪復官，賜祭葬。襲蔭以副榜令浙之武康，邑白糧久爲屯丁侵攬，勒索無休，國柱力請官兑，民困得蘇，如出湯火。惠政多端，至今頌之。子正務、雲鳳，篤學力行，名流引重。孫廉、文、韓，俱有文名。

國朝

姚文然，字弱侯，桐城人。明癸未進士，授翰林。順治初，擢禮科給事中。康熙中，掌印工、户二垣。諸條奏皆關國計民生，而請寬大臣提解一疏，尤爲得體。累晋大司寇，理冤清滯。校閲爰書，常至夜午，年衰成疾，諸子諫之，則曰：「刃殺人於一時，例殺人於萬世，其可忽乎？」卒，謚端恪。

張秉貞，桐城人。明辛未進士。順治中，歷官刑部尚書，解枉釋滯，多所平反。改兵部，運籌軍國。以勤勞卒於官，謚僖和。

江皋，字在湄，桐城人。順治辛丑進士，由瑞昌令遷守犖昌。大軍入蜀，民困於兵，皋與帥約，軍卒無符信者不得入境。忽有數騎將入村漁奪，詰問其照身不得，悉囚送軍門，斬以徇，由是肅然不犯。改補柳州，資遣被掠婦女。遷平慶道，運給軍需，歷隴塞、賀蘭諸險，作籌邊九策。擢大參，罷歸。官轉七階，家無半畝。年八十一，卒。

盧璣，字爾琛，潛山人。順治戊子恩薦，授樂昌令，均徭役，緩催科。累遷永寧同知，永寧故南詔地，羌、蠻雜處，璣德化漸摩，俗爲一變。署蒙化數月，振興文學。晋温州郡守，莅任三月，興利除害，以勤勞成疾，卒於官。

黄之麟，字瑞白，宿松人。順治間，由明經任江西興國令。興界楚、閩、百粵，久爲賊窟，之麟招降賊渠王大勇，又滅賊渠孫可貴，剿梅窖峒賊曾拱宸等，寇亂始平。寬免賦額，墾田糧二千八百石有奇，士民德之。

金繼望，字又吕，望江人。順治六年拔貢，除河南宜陽縣令，兵燹之後，招集勸墾，民遂樂業。擢兖州府黄河同知，到任即周歷河干，修築石香爐、梁家樓、新月諸堤水患。又捐俸賑饑，修曹縣學。終九江太守。

高可極，字爾建，潛山人。以歲薦知永豐縣，下車即詳食鹽免充廣餉，捐買馬、不起民夫。以老病去任，士民焚香泣送數十里。

姚文熊，字望侯，桐城人。康熙丁未進士。令蕭山，地值衝繁，又閩亂未定，芻糧取給於邑，調度有方，民得不困。遷階州，州與蕃地鄰，亂後益凋敝，到任悉除無名之征。上官按舊例發吏督催，文熊縛其驕横者，撻而遣之。大計遂以不及例降調，蕭人祀之。

姚文燚，字彦昭，桐城人。八歲能詩，年十四補博士弟子員。康熙己酉登賢書，司鐸長洲，教士有方。陞峽江令，革陋規，輕徭役，興學校，戢奸宄，峽人德之。以母喪歸。

張芑，字武仕，桐城人。以明經通判武昌，署府篆。值標弁夏逢龍叛，被執不屈。賊怒，令褫衣冠，縛至烈日中，肌膚盡裂，芑抗言益厲。拘繫將戮之，乘間夜逸，録狀報部，請師剿平，復原官。遷嘉定州，墾荒修學，士民德之。

孫元衡，字湘南，桐城人。以明經知新城縣，縣苦水患，元衡浚孝婦、小清兩河以殺其勢，築堤十八里以捍其衝。舉卓異，擢蜀之漢州牧，招集流亡，給種教耕，皆得安土。爐鑪亂，身歷行間，設法轉運不匱。又舉卓異，遷東昌守。

張夔，字次皋，桐城人。以明經歷知平山、固安、清苑，皆畿輔近邑，夔所至仁惠有聲。有鄭氏疑獄久未決，夔至立辨。又章氏爲强暴所逼，廉得其狀，一時稱爲神明。舉荒政，建義學，毀淫祠。臺臣交章薦之，擢大名、廣平兩郡司馬，督理河務。漳水決，身親畚插捍禦堤防，數月，河患乃息。被災之民，捐俸賑給，所活數千人。

吳昉，字五玉，桐城人。康熙乙卯副榜，學古通經，自守以正。推産諸弟，友愛篤摯。善誘後學，江南北薰其教，能文者甚衆。司鐸豐邑，士習文風爲之丕變。再攝縣篆，豪民殺人，輦金求釋，卒抵之法。年八十，卒於官。

王玑，字其人，桐城人。由廩貢教習爲欒城令，歲革羨餘千金，浚井數百，助民灌田，欒人德之。擢紹興別駕，浚三江閘及杭城内通商河，俱百年堙廢之蹟。以卓異，累遷彰德太守。

張廷瓚，字卣臣，相國英長子。康熙己未進士。薦登宫尹，趨承講幄，屢膺纂修之任。分校禮闈，典試山左，皆稱得人。聖祖北征沙漠，三臨絶塞，廷瓚以儒臣與扈從之列，屢被殊恩，務益恪慎厥職。尤熟於掌故，翰苑著作多出其手。生平孝友任恤。長子若霖，字巖舉，天性孝友，好義樂施，文行兼茂，稱令子焉。

夏瓚，字景文，桐城人。博學工文。以貢授雲南呈貢縣令，振興文學，革除陋規，給牛種以勸墾，歲饑賑救，全活甚衆。

張若霈，字雲舉，桐城人，廷瓚次子。康熙戊子舉於鄉。初任嚴州同知，攝義烏篆，捐金造東門巨橋，邑人名「張公永濟橋」，建祠橋側祀之。遷梧州守，輯盜寧民，平糶給種，多著善蹟。擢蒼梧鹽驛副使，病卒，特贈按察使銜。雍正九年，祀廣西名宦祠。

江南通志卷一百四十七

人物志

宦績　九

徽州一府

徽州府

唐

胡學，婺源人。咸通進士，仕撫州司户。上書忤田令孜，竄福州，尋授舒城令。黄巢亂，説李克用等協力剿之，每臨陣爲前鋒。後加宣歙節度討擊使。

南唐

查文徽，休寧人。仕南唐累官樞密副使，討建州王延政有功，遷建州留後。吴越兵據福州，文徽攻克之，入城撫其民，陷伏中被執。後遣還，以工部尚書致仕。弟文徵，亦仕南唐。

宋

魏羽，字垂天，婺源人。初仕江南爲判官。歸宋擢太子中舍，真宗時終禮部侍郎。羽强力有吏幹，好言事，歷劇職十年，始逾四十，鬚鬢盡白。

張諤，字昌言，歙人。能文，有吏材，南唐秘書丞，通判鄂州。歸宋，歷西川轉運使。先是，中土不習舟楫，諤置威棹軍分隸管勾，始無覆溺之患。子秉，字孟節，舉進士，善詞翰，歷官樞密直學士。

謝泌，字宗源，歙人。太平興國五年進士。端拱初，遷殿中丞、直史館，時王禹偁請群官謁宰相須朝罷，同時接見，以防請託。泌謂不可疑大臣以私，輔臣非接見賓客，何以究知外事，上嘉納之。嘗薦王旦數人，皆至卿相。官至右諫議大夫，判吏部銓。年六十三，端坐而逝。

洪湛，字惟清，休寧人。雍熙進士，直史館。咸平間，使荆湖，條奏利病甚衆。時議城綏州，使湛相視，陳七利二害。凡五使西北，采訪邊事甚明悉。與王欽若同知貢舉，爲所誣，累貶儋州。

俞獻可，字昌言，歙人。端拱初登第，歷歸州軍事推官，權領州事。會李順反，川陝官吏多棄城，獻可料州兵屯沿江，爲栅以遏之。晉御史，建言天下所上瑞物不在圖牒者，毋得以聞。提點廣西刑獄，平定蠻寇，爲立互市，築塞以扼其險。累官龍圖閣待制。

查道，字湛然，休寧人，文徽孫。事母孝，母病思鱖羹，方冬，道泣禱于河，得鱖以愈母。端拱初舉進士，歷官知果州。西充賊爲患，詔書招之，不下。道單騎趨賊所，諭以詔意，咸拜曰：「仁郡守也！」悉服。會舉賢良方正，拜左正言、直史館。天禧初求外任，出知虢州。時秋蝗災，道不待報，出官廩米賑之，給民麥四千斛爲種，全活甚衆。道所至務寬恕，嘗按部，從者摘路旁棗以獻，道挂錢於樹而去。從兄陶，字大鈞，官秘書少監，判大理，知審刑院，賜金紫。陶子拱之，淳化進士，歷官中書舍人，有廉節。

俞獻卿，字諫臣，獻可弟。登咸平進士，歷昭州軍事推官。會陳進亂，獻卿盡發州所積緡錢平糴，得穀數萬，大兵至，賴以饋軍。累遷三司鹽鐵判官，上言天下穀帛寖耗，仁宗爲罷諸無名費以鉅萬計。後知杭州，江潮溢，鑿西山作堤數十里，民便之。以刑部侍郎致仕。

魏瓘，字用之，婺源人，羽子。爲開封府參軍，奏内侍以作燈山誅索擾民，詔杖内侍。歷提點廣西刑獄轉運使，除雷化等州舟船計口之税，罷柳州無名之役。尋知廣州，倡築城。及儂智高寇廣，五旬不能下，朝廷以爲功，累遷吏部侍郎，致仕。

胡遇，績溪人。登慶（歷）〔曆〕進士。儂智高陷邕州，孫沔、余靖以謀略薦於朝，除行營參謀。從狄青大敗智高，擢湖南江西安撫使。

王汝舟，字公濟，婺源人。皇祐五年進士。知南劍州。捕盜官邀賞，增入①盜臟，擬死者十三人，汝舟閲牘得其狀，皆免死。以治行第一聞。哲宗時，擢河北轉運判官，諫罷市珠之令。徙夔州，提點刑獄，告歸。先守南劍時，祖母没，上言諸父無在者，乞以適孫解官終三年喪，詔從之。著爲令。有《雲溪文集》。

許元，字子春，祁門人。以蔭歷泰州軍事推官。戍兵千人自海上亡歸，州守不知所爲，元叱執倡首者三人，餘悉勞遣。遷知丹陽縣。舊制盜决練湖水者，罪死。會大旱，元請借湖水溉民田，不待報，决之。守遣吏按問，元曰：「便民罪令可也！」時京師粟少而江淮歲漕不給，范仲淹薦爲發運判官，轉輸不匱。上嘉之，拜侍御史。

孫抗，字叔和，黟人。登進士，知潯州，擢監察御史。劾奏狄青不當沮敗永洛城事，言日食陰盛，當以後宫爲戒，又諫止大獵。遷都官員外郎，提點江西刑獄。有言歲凶當稍貴常平粟價，以利糴本者，抗言此非常平本意，詔從之。官至工部郎中。

汪汲，績溪人。嘉祐進士，授慈溪令，浚河溉田數千頃，民祀之。擢太平推官，解釋冤繫。子奕、襄，皆登第，有時名。

洪中孚，字思誠，休寧人，湛孫。元豐二年進士。尉黄岡，除鄰盜張韜。主成都簿，渡笮橋，諭降

① 「入」，《四庫》本作「益」。

雕門叛蠻。崇寧初，轉運熙河，興鼓鑄、榷酤、市易之利以給邊，立墩堡，給鎧仗，興耕屯以防剽掠。青塘内附，中孚出不意，夜半抵其地，撫慰之，以察其情，酋皆畏服。知太原府，夏人提重兵來議地界，飭諸將掩擊，遁去。以龍圖閣待制致仕。

王愈，字原道，婺源人。紹聖登第，知信州，畦寇犯信，擊敗之。爲王黼所嫉，坐竄逐。高宗時，吕頤浩首薦愈，起知無爲州軍。

程邁，字進道，黟人。元符三年進士，由仁和尉遷知西安縣。部使者督諸郡水旱積欠，邁曰：「衢州數年無水旱，何積欠也？」守不能屈，由是他邑皆免。高宗時，歷知福州、温州，上稱其政「光前絶後，今之吏師」。又知平江、鎮江。時鄱陽歲饑多盗，以邁知饒州，奏蠲舟車征算，增米價以招商賈，不逾月米大至。手條寬恤三十餘事，民以寧息。進顯謨閣直學士。

汪叔詹，字致道，歙人。崇寧五年進士，爲太學博士，以直言忤王黼，斥歸。久之，權知蕪湖縣，發運盧宗原議涸丹陽湖爲田，叔詹抗言争之。不得，置印廳事，走京師，上書言湖不可涸狀。帝悟，從之，擢提舉潼川常平。時東川鹽井鹵竭，民多虧課被囚，奏蠲其逋，且削煮鹽之籍。南渡後，以司農少卿總領湖廣六路財賦，凡八年無闕事。

汪希旦，字周佐，歙人。登大觀進士，知泗州。時劇賊宋江横行及濠，濠泗密邇，希旦嚴守備，賊不敢犯。開廩賑饑，蝗不入境，麥生兩穗，治最，賜三品服。歷知袁、江、舒三州，以朝請大夫致仕。

胡舜陟，字汝明，績溪人。大觀三年進士。靖康中爲侍御史，奏誅趙良嗣，力抗和議。高宗立，仍前職，以彈宰相出知廬州。時淮西寇盜充斥，舜陟修城治戰具，招降劉文舜，擊走張遇、孫琪。戒諸郡無給叛將范瓊食，而陰發兵剪其後，瓊遂絶江走。時淮西八州，惟廬安堵。已而知静江府，罷官。復起經略廣西，連破周聰、陳旺諸寇。經畫買馬諸政，視常歲贏四倍。運使呂源修怨，譖於秦檜，下獄死。後事白，贈少師。子仔，知晋陵縣，嘗寓苕溪，著《漁隱叢話》。

黄葆光，字元暉，黟人。賜進士出身，授齊州司理參軍，閲獄囚，一夕遣數百人。通判以爲疑，視牘無不當者。擢監察御史，條奏三省、樞密院吏猥多，如奉入、賞勞之類，非元豐舊制者革之，歲省費數萬。蔡京怒其異己，徙符寶郎，復拜侍御史。政和末，歲旱，葆光奏言蔡京僭擬跋扈，大臣皆依違畏避，以致天變京中。以他事謫降。後起知處州，當方臘殘破之後，盡心牧養。卒，州人祀之。

金安節，字彦亨，休寧人。宣和六年進士，歷遷侍御史。秦檜兄梓知台州，安節論其附梁師成，罷之。以是忤檜，不出者十八年。檜死，起官，歷侍講、給事中，封駁論奏，獨立無黨。張浚語人曰：「金給事真金石人也。」官至吏部尚書，請歸。時以爲中興以來完名高節，未見其比。卒，謚忠肅。

汪若海，字東叟，歙人。遊太學，以知兵召見，請立康王爲大元帥，鎮撫河北。高宗即位，遷江南經制使，上言：「天下如常山蛇，秦蜀爲首，中原爲脊，東南爲尾。今以東南爲首，安能起天下之脊哉？欲圖恢復，必在川陝。」遂以張浚宣撫川陝。繼論軍食，忤執政，謫英州。道出臨川，時〔節制〕①江夏軍馬李允文跋扈，若海馳諭之，允文感悟。惟其下曹成不順，若海以計得軍印，遂奪其衆歸。因獻平寇策，朝廷悉用之，湖湘遂安。累遷直秘閣，知江州。時方經略中原，議起若海，而若海已卒。

汪勃，字彦及，黟人。登紹興二年第。調嚴州建德簿，長於吏治，不事鞭扑。入臺爲諫議大夫，遷御史中丞，與秦檜不合，求領外祠。六年，復起知湖州，民鐫木曰「賢哲太守」云。

程叔達，字元誠，黟人。登紹興十三年第，教授湖州。紬書見時宰論五事，除監察御史，賑兩浙饑，以勞被獎。遷右正言，諫和糴四弊。慶元中，特除華文閣直學士。卒，謚莊節。

朱安國，字康侯，休寧人。紹興二十一年登第，累擢御史，嘗論釋六年未決之囚。知廣州，劇盜陳青寇海道，安國授牙校李寶方略，縛青及其黨以歸，威震一方。進直徽猷閣。安國喜談兵，著《陰符元機》。子拂，宰姚江，築捍海堤五千丈。

李知己，字智仲，婺源人。紹興進士，判婺州。軍士以給衣絹輕，持杖喧譁，守稱疾，知己呼其首敕以軍法，仍計絹直給之，衆乃帖服。遷大宗正丞，兼權都官郎。

汪安行，字伯壽，績溪人。學問精博，登紹興進士。知澧州時，入奏請罷公使庫，孝宗顧宰相王

① 據《宋史》卷四〇四本傳補。

淮曰：「此朴直做家老子，政事何如？」淮對曰：「舊攝澧州，民思其德。」孝宗曰：「因民之思，俾復守澧。」官至朝奉大夫。

程大昌，字泰之，休寧人。紹興進士，主吴縣簿。孝宗即位，遷著作佐郎。時貴近或與密議，大昌上言宜防石顯之奸。帝以治道問大昌，言當求賢納諫，政事内修，則大有爲之業在其中。提刑浙東，徙漕江西，復清江縣舊堰，以捍江護田。陞秘書監，歷官權吏部尚書，出知泉州。汀賊沈師作亂，大昌趣統制裴師武不俟帥府符，急進兵討之，賊遂潰。以龍圖閣學士致仕。卒，謚文簡。大昌博學精思，所著有《禹貢圖論》《毛詩辨正》《演繁露》《考古編》《易原》《雍録》《北邊備對》《尚書譜》及《文集》。

吴天驥，字伯駿，休寧人。隆興進士，調建昌司户，能折疑難獄。知信州，歲饑，首修荒政，發廩賑糴，日至萬六千人。終户部員外郎。

朱晞顔，字子淵，休寧人。登隆慶進士，知靖州。奏言襄漢通吴蜀，宜移武昌大軍戍襄陽，留水軍以控鄂沔。改知吉州，上言西蜀備邊不在南而在北，宜移成都制置司於興元，與荆鄂相應。擢廣西運判，講究鹽筴，革客鈔科抑之患。知臨安府。仁和縣地多爲官舍軍營，而税額仍舊，請以本府餘財代輸，報可。官終工部侍郎。

汪泳，字伯游，休寧人。乾道進士，令蒲圻，有聲。累遷大理丞。臨安有獄不決者，即繳送棘庭，泳言於朝曰：「如此則天獄反爲京府一院，乞下臨安，自後無得繳送。」從之。歷知太、湖、處三州，轉中奉大夫，致仕。

程卓，字從元，休寧人。淳熙十一年，廷對首乙科。嘉定中，嘗使金察和議虛實，歸奏敵人陵弱，請固邦本、修戎備，以待復仇。除軍器監，請詔偏裨以上各條具方略。知泉州，請減上供銀數，又請敕廣南通行會子，以流通境内楮幣。除福州帥，嚴察吏蠹，税清訟息。遷同知樞密院事，時政要多所規切。卒，謚正惠。初，休寧賦税，以卓請得蠲免，鄉人祀之。

黄何，字景蕭，休寧人。知興國。大冶縣有三山産鐵，盜鑄者數千人，尉不能緝，密聞之朝，調官軍且至。何止軍境上，單騎諭之，皆感服遁散，悉焚其具，一境晏然。歷知處州、岳陽，終朝議大夫。

吴格，字之平，休寧人。淳熙進士。提舉浙西常平茶鹽，歲旱蝗，令民雜藝不種之田以自食，官不收苗，主不收租。遷帥紹興，請免定科、浮財、物力等錢。官終起居舍人。

朱權，字聖與，休寧人。淳熙進士。知惠州，郡蝗，權禱於神，忽大雨水漲，明日有鷹隼烏雀驅蝗赴水死。廣東有寇，權授將官方略擒其魁。

汪義和，字謙之，黟人。淳熙進士。知新建縣，歲旱，白帥府曰：「旱勢特甚，已批放八分矣！」帥怒其專，義和執愈堅，帥從之。守武岡，崇學校，增科舉，以化溪洞武健之習。官至侍御史、兼侍講。

汪文振，字子泉，休寧人。淳熙十一年進士，歷司農少卿，提點浙西刑獄。時旱蝗民饑，縣督逋監錮，文振録囚至華亭，釋四百餘人，令俟秋償。檄他縣如之，民賴以活。

汪綱，字仲舉，黟人，勃曾孫。以任入官，授桂陽軍平陽令。平陽歲貢銀額萬餘兩，綱以銀礦已竭，力請蠲減。會歲饑，旁邑聚惡少入境爲患，綱定之。歷知弋陽、蘭溪、太平諸縣，俱有政績。遷知高郵軍，陳揚、楚二州備邊、屯守之要，請修築興化海堰及石礎函管以疏運河水勢。知紹興府，浚蕭山古運河，創閘甃涂以通舟車，發巨室埂岸通湖水資灌溉，儲緡錢三萬專備修築，自是湖田始復。理宗即位，召爲寶謨閣待制，奏免越經總虛額錢九萬五千緡。後權户部侍郎，致仕。

趙善瞭，字德純，歙人。以宗室登嘉定元年進士，又中明法科。通判廣德軍，歲饑，借倉司米斛錢數千緡爲糴本，平價濟民。遷知江州，亦如之。上嘉其績，召爲尚書郎，歷中奉大夫。

吕午，字伯可，歙人。嘉定四年進士，歷任兼沿海制置司。時海寇未平，午廉知調軍出海之弊，議糧盡再給，不許擅還，賊舟所有，悉以給軍，海氛遂靖。上親擢監察御史，兼崇正殿説書。與史嵩之忤，力求去。帝慰留，乃復入臺，益敢言無所忌。所著有《竹坡類藁》。

吴發，字伯韞，歙人。登第爲臨川法曹掾，嘗慮囚慶元，狴犴充斥，發或罪或釋，應時决遣，歡聲載道。

吴輔，字友仁，休寧人。嘉定進士，主管兩浙運司幕職，人號爲「霹靂手」。後除御史，兼崇政殿説書，首列四疏，上輒嘉納。

汪勳，字鼎叔，黟人。嘉定登第，調淳安尉。邑遭水患，亟命舟救溺，賴全者無算。授廣西檢法兼提幹北銀綱，羨餘悉歸公帑。改辰溪，時帥以辰溪遠雜諸獠，欲移之，勳謂：「臣子之職，不當趨易避難。」單車至邑，諸獠帖服。卒於官。

程元鳳，字申甫，歙人。紹定元年進士。歷宗學博士，輪對稱旨，理宗稱其有古遺直風。除監察御史，時臺官以論列鄭清之被出，元鳳疏斥清之罪，遂召還臺官。元鳳所上章皆天下大計，帝手書「昭光清忠儒碩」六大字賜之。遷侍御史，奏薦有德望、才學、政績者二十餘人。累遷參知政事，拜右丞相。未幾，丁大全預政，遂乞解機務。度宗即位，進少保，致仕。卒，謚文清。

方岳，字巨山，祁門人。紹定甲科，除淮東安撫司幹官。高郵軍閧，岳以制命往，戮首惡數人，一城帖然，制置使趙葵深倚之。淳祐六年，遷宗學博士。時休寧程元鳳、婺源吴遇與岳皆受知范丞相（鐘）〔鍾〕①，同遷博士，有「新安三博士」之稱。差知南康軍，以忤京湖閫賈似道，調知邵武。未莅任，峒寇作，馳榜諭之。寇知岳威名，迎拜車下。歷知饒、袁、寧國諸州，終朝散大夫。岳自號秋崖，有《秋崖小稿》及《重修南北史》。

汪應元，字尹卿，歙人。進士，調潭州司户參軍。奉檄道經綏寧，會猺峒嘯聚，應元挺身召諭，卒致降服。知建平縣，有死囚獄具，送郡道逸，未幾，自造庭下曰：「公明理盡情，寧歸死。」朝廷聞而異之。累陞直秘閣。

吕沆，字叔朝，午子。端平間，銓試第一。知於潛，逸囚聞沆至，自來歸罪。判婺州，賈似道議行

① 據《宋史》卷四一七《范鍾傳》改。

公田，又矯詔廢十七界會子，行關子，沆皆力言非便。賈怒，調將作監簿。三學伏闕訟沆屈，召赴行在，不復出。卒，年八十一。

胡崇，字宗叟。登淳(佑)〔祐〕①第，授句容簿。制置使吴潛辟爲閫幕，委行經界法於溧陽，不履畝而民皆依限自實。歷官太常寺丞。上言公田之非，忤時相，出知台州。台爲賈似道鄉郡，崇一切以公正行之。

程元岳，字遠甫，歙人。寶祐元年進士。授武學博士，率學館同僚三叩閽言事，遂出國門，有旨慰留。累遷工部侍郎，嘗彈擊奸相、宦寺，無所畏避，封歙縣開國男。

程鳴鳳，字朝陽，祁門人。應武舉射策第一，知德慶府。將之官，適部内山猺猖獗，或止其行，鳳正色曰：「此正臣子奮志之日也！」至則條置事宜，出奇掩擊，賊黨悉平。知南雄州，進《無逸説》。有《讀史發微》三十卷。

許孔明，字元熙，祁門人。入太學，值理宗幸太乙宫，伏闕上書諫游幸，并言賢否混淆、丞相丁大全燮理失道，上嘉納之。寶祐四年登第，仕終宣教郎。

① 據《宋史》四十二《理宗本紀二》改。

元

洪椿，字子壽，歙人。至元中爲仙居簿，鄰近賊竊發，煽邑民李念二爲亂，省遣萬户提重兵至，脅官吏手狀，誣闔邑皆賊，將屠之。椿曰：「盜止一鄉，餘民何罪？」以死争得免。積官至承務郎。

明

唐吉祥，字彦貞，歙人。洪武庚辰進士。令祁陽，以一僕自隨。及朝覲，與僕策蹇出城，弟自家來迎，問之，曰：「而兄行李止此矣。」歷葉、南陽知縣，皆有聲。仕終工部主事。

葉保翁，字宗茂，休寧人。至正壬辰，蘄黄盜起，保翁與汪同起兵禦寇。明鄧愈克徽州，得保翁，授婺州守。修城積糧，招撫流亡。終饒州知府。

程繩祖，字叔武，休寧人。洪武中，由御史左遷湖口令，有惠政。邑東黄麻潭田五百餘畝，爲蛟所陷，民虚輸税。繩祖禱城隍神，白日雷擊蛟斃。

胡永興，字彦隆，祁門人。弱冠召入文淵閣，纂修《高廟實録》。登永樂戊戌進士，知三河縣，奏減民賦。仁宗時，擢趙府左長史。高煦謀不軌，密使通趙，永興泣諫，王感悔。及高煦伏誅，勸王獻護衛上表謝，王從之，言者乃息。

王俊德，字大本，黟人。登進士，任御史，巡撫浙東。有大豪訟搆無辜數十人，廉得其由，置豪於法。遷河南副使，參理戎政。陞廣東布政。

王静，字永静，黟縣人。由貢生授御史，時值營造，奉命巡工南北，又往西域市馬，陟雪山昆崙抵弱水，遍歷七十二族。陞漢陽府，有盗十二人，上司審允待決，青廉得無辜者，論脱五人。

吴寧，字永清，歙人。宣德庚戌進士，授兵部主事，遷郎中，爲尚書鄺埜所倚任，埜從征土木，留寧掌部事。陞右侍郎，佐于謙籌畫有功。景泰初乞歸，家居三十餘年卒。

楊寧，字彦謐，歙人。宣德五年進士，授刑部主事。隨征麓川，賊約降，主將欲許之，寧曰：「兵未加而降，詐也。」弗聽，敗績，諸將獲罪，獨寧擢郎中。復從王驥討之，有功，超遷右侍郎。後參贊雲南軍務，練兵督耕，邊夷大服。閩廣盗起，命寧撫江西，據要設備，盗至輒殲。拜禮部尚書。

汪敬，字益謙，婺源人。宣德癸丑進士，詔使湖廣。纂修《宣廟實録》，事竣，乞終母養。起授户部主事，以廉能稱。景泰間，徽州知府以該徵税糧本色繁重，疏乞折納輕賫，事下户部，敬力爲贊成，一郡德之。

程富，字好禮，歙人。領鄉薦，擢監察御史，按江西。歲荒，妖賊煽亂，富直擣其巢，俘獲甚衆。遷右僉都御史，巡撫甘肅。麓川不靖，總督雲南有功，陞左副都御史。

程信，字彦實，休寧人。正統壬戌進士，授吏科給事中。景泰初，以天變上中興固本十事，首請隆孝友以答天心。陞山東參政。天順初，歷僉都御史，巡撫遼東。成化改元，四川山都掌蠻作亂，進兵部尚書，督師討平之，裂其地立長官司，凱旋進爵。卒，謚襄毅。

許士達，字延佐，歙人。正統十年進士，授御史。景泰時數言事，帝深納之。巡按福建，革除奸弊，風裁凛然。期滿當代，耆老詣闕請留。終貴州布政。

汪回顯，字汝光，祁門人。正統戊辰進士，授户部主事。景泰初奉使，見河南民饑，奏發粟十餘萬石。使蜀，覈鹽井之久湮者減其額，新開者增之。又奏除冗課十餘萬。歷知廣、惠二府。

莊歙，字尚源，歙人。景泰辛未進士。擢河南道御史，考察賢否，人服其明。按浙江、山東、廣東、福建，奏免徵輸、禁竊礦、平賊寇、止採珠。按察雲南，因其土俗以折獄訟，政化大行。終河南右布政。

洪寬，字有約，歙人。以鄉薦授桂陽州。時洞獠剽掠，寬遷州治於古府舊基，民賴以寧。改知鄭州，值創藩封、浚漕河、立會府，夫役浩繁，寬極言州狹民貧，得免夫役之半。歲大祲，奏免税一分，復請發陳麥官粟兼濟之。

程泰，字用元，祁門人。景泰甲戌進士，授户部主事。犒師陝西，邵總帥餽，進秩郎中。用兵遼東，遣泰治軍。奉命視山東災，還陳四事，多見舉行。擢廣西參政，往定安南地界。終河南布政。

康永韶，字用和，祁門人。以舉人擢御史，疏劾尚書馬昂不法，争慈懿太后山陵事，有直聲。尋謫知福清縣，以知天文召還。善筮法，恐上溺術，奏言：「臣但知《易》理耳。」仕至禮部侍郎。

汪貴，字良貴，歙人。天順進士。令嘉善，覈田税，省小民賠納之弊。清介執法，豪猾不利，被誣去官。民數千人，攀號請留其衣，作留衣亭。邑人周宙等上書訟冤，詔復職。

汪杲，字廷輝，休寧人。天順進士，授户部主事。董輸物料於京師，至江淮，舟焚，僚屬欲以私餘足其數，杲以爲欺罔，弗許，上章自劾。遷曲靖軍民府守，羅雄土官相讎殺，杲單騎馳諭，即解甲降。

饒欽，字克恭，祁門人。天順庚辰進士，授户部主事，尋知澂江府。所屬土官無子，欲以女襲職，厚賂欽，欽不受，奏以職官易之。覲歸不仕，有清名。

謝潤，字德潤，祁門人。天順進士，授刑部主事，陞浙江僉事。屢折疑獄，不可干以私。

汪奎，字文燦，婺源人。成化丙戌進士，除秀水知縣。擢御史，應星變陳言，出判夔州。討平雲陽劇賊，遷知成都府。歲饑多盜，奎緩刑弛獄，發廩賑之，流移還集。三遷布政使，進右副都御史，巡撫貴州，致仕。

方思潤，字廷膏，歙人。成化甲午鄉舉，授桂陽知州，振興學校。調臨江通判，盜不敢犯。嘗奪宸濠湖田還諸民，及歸，宸濠使人伺舟次殺之，由間道得免。

洪遠，字克毅，歙人。成化戊戌進士，令三縣，皆有聲。爲御史，敢言事。遷浙江僉事，歲大饑，倣行富弼、朱熹荒政，民免流殍。累官都御史，巡撫雲南，明著威信，蠻争降服。晋工部尚書。卒，謚恭靖。

葉鼐，字致和，祁門人。以鄉薦知黄梅縣，多惠政。孀婦逋賦，使傭織償所負。有鬻牛輸税者，使立券以候秋成。冤獄積年不决，未旬日，悉理出之。憂歸，民泣送越境而後返。

王珣，字克温，祁門人。成化戊戌進士，選庶吉士，改給事中，嘗劾番僧、論宫闈，直聲甚著。會試充校士官，内閣私屬其甥，珣遂稱疾不就。查兩廣軍餉，藩臬有不法者，行賂求免，珣卒劾之。還朝疏時政六事，尋爲廣西參議。

胡富，字永年，績溪人。成化戊戌進士，授大理寺評事，遷福建僉事，釋福寧疑獄二百餘人。進廣東副使，瀧水猺擾民，富度猺所出没處，得荒田三千餘頃，招獞人耕治，猺畏獞，遂不敢出。黎人寇儋州，率兵跨海討平之。歷布政使，進順天府尹。逆瑾用事，改大理卿。豪奪民田，賂瑾脅之，富不從，竟直之。轉户部侍郎，進尚書，致仕。卒，謚康惠。

汪舜民，字從仁，婺源人，奎子。成化戊戌進士，爲御史，出按甘肅，忤權貴謫官。弘治初，擢江西僉事，決獄如流。淮揚大饑，奉命賑濟，活饑民百二十萬人，復業者八千餘户。歷官右副都御史。舜民好學砥行，持風節。所著有《静軒行稿》《增校類編》《通鑑總目》諸書。

黄華，字實夫，歙人。成化辛丑進士，任金谿、平江二縣知縣，陞兵部主事。奉敕大閲兩京、山東、浙江諸地，得材官騎士數萬。參議福建，討平汀賊。逆瑾擅權，遂解組歸。

張敏，字志學，祁門人。登成化辛丑進士，知桐柏縣，擢御史，劾内宦怙寵肆横。巡江時，按治京口渡夫中流横索渡錢、推溺行李之惡①。仕終四川參議。

① 此句同治《祁門縣志》卷二十五作：「京口渡夫于中流横索渡青錢，不厭其意，輒推諸水。敏廉得其實，按治寘法，勒碑定例，行者便之。」

曹祥，字應麟。成化甲辰進士。由户曹出守寶慶，興文教，勸農業，教民作水車以濟旱潦。參政四川，巡撫貴州，皆著有偉績。

洪漢，字朝宗，歙人。成化進士，授行人，累遷户部郎。督楚儲，奏免逋課數萬。陞雲南參議，提督銀場，裁省中貴例供羡餘，令礦官自赴司交課，著爲令。

胡光，字文光，績溪人。成化甲辰進士，授廣州推官，劾中貴出鎮不法事，謫驛丞。轉灌縣，令築江都堰，除虎患。陞曲靖軍民府同知，歸。

程材，字良用，歙人。弘治丙辰進士，司理汀州，入爲御史。疏劾閹寺劉瑾、馬永成、谷大用等竊弄威柄，瑾銜之，摭其細故，罰米輸塞上，又徙其家屬於海南。瑾誅得釋。

張芝，字廷毓，歙人。弘治丙辰進士。授大理評事，極言閹瑾竊權。督學廣西，會猺獞反，監軍討之，賊匿深穴中，以計殲之。擢荆南副使。

吴遠，字惟明，歙人。弘治丙辰進士。爲莆田知縣，歲祲多盜，遠課農桑，固封守，賑乏困，凡學宫、橋梁、郵舍皆治，不費於民。累遷黎平知府，民雜猺獞，喜弄兵，遠教以禮讓，彬彬向化。

程瑄，字德和，歙人。弘治丙辰進士。除户部主事，擿發隱没官緡四千。榷北新關税，清理屯田，皆以廉稱。遷泉州知府，擢兩浙鹽運使。

戴銑，字寶之，婺源人。弘治丙辰進士，選庶吉士，授給事中。詔求讜言，銑條時事爲《保治綱目》上之。正德初，閹瑾用事，銑上言：「宦官黨類，宜加裁黜；顧命大臣，不宜聽引去。」逮杖除名。

世宗立，贈光禄少卿。

戴敏，字遜之，婺源人。弘治丙辰進士，知辰州府。時箄賊猖獗，敏緋衣小隊馳賊營，前驅呼曰：「太守來與汝語！」賊駭竄，復呼曰：「太守來活汝，非殺汝也！」賊稍稍出，敏爲陳利害，賊羅拜乞降。尋擢貴州左參政，撫苗有功，賜金幣。

吴漳，字清甫，歙人。弘治己未進士，令胙城，擢御史，以論逆瑾削籍。瑾敗起官，巡按北畿，陞山東副使。河决黄陵岡，漳殫力鳩工，禱於神，願以身塞河，遂南徙復故道。擢都御史。

汪標，字立之，祁門人。弘治己未進士。知武定州，蠲市税，民大悦。陞刑部郎中，逆瑾用事，幾不免。出知鶴慶府，未期年，政通民和。調大理，瀕行，民遮擁不得前。尋陞金齒兵備，致仕。

章瑞，字廷召，績溪人。弘治己未進士，授行人，擢御史。武宗初，逆瑾竊柄，瑞上言五事，謫江西都事。起知思南府，時守備甘霖軍政久弛，八寨賊時出剽掠，霖欲屠十二村以冒陞賞，瑞切責。將劾之，懼而止。

唐澤，字霈之，歙人。弘治己未進士，知平鄉縣。平鄉多水患，澤興築堤防一百八十里。遷刑部主事，劉瑾擅權，治獄者率阿旨殺人，澤持法獨平。累陞都御史，巡撫甘肅。自土魯番據哈密城，疆埸日多事。久之，寇數千穿塞盜邊，病泄多死，狼狽欲潰。澤計羸寇殲之不足創艾，令服，使醫爲診治，有間遣譯命之曰：「若病今起矣，詰朝以戎服相見！」寇頓顙泣謝歸，上表誓終身不復反。已而，悉還所侵地。陞户部右侍郎。卒於涼州，謚襄敏。

鄭晃，字晦之，祁門人。領鄉舉，任曹州學正。流賊入境，率諸生守禦，城得全。陞長沙府判，益勵清節，逋賦者争先輸納。轉馬湖同知，討平芒部叛蠻。

潘珍，字玉卿，婺源人。弘治壬戌進士。起諸暨令，歷陞山東僉事。流寇攻兗東、掠曲阜，廼奏移縣並闕里城之。備兵福建，捕斬海南劇盗，括刷海船之爲奸利者。歷陞兵部侍郎，安南請討莫登庸，廷議遣將問罪，珍抗疏言：「安南遠裔，祇須遣使諭以禍福，何必勞師？」遂以沮撓成命落職。珍廉直有行誼，大臣交章薦，不果用。

程文，字焕章，婺源人。登弘治乙丑進士。歷大理寺正，獄無冤滯。擢按察僉事，備兵廣南，猺獞不敢内犯。以與當道籌議邊事不合，罷歸。

潘旦，字希周，珍族子。弘治乙丑進士。授户部主事，典漕真州。遷邵武知府，裁抑巨璫假上供擾民。累陞至兵部侍郎，提督兩廣。會征安南，安南遣使求貢，旦上疏宜從所請，以綏遠人，不必窮兵萬里。適珍以言得罪嚴嵩，遂絀旦義不用。引疾去，卒贈工部尚書。

李汎，字彦夫，祁門人。弘治乙丑進士。授工部主事，歷正郎，出知思恩府。猺獞變作，單騎宣諭，就撫者三萬餘人，邊境悉寧。

金約，字用博，休寧人。正德丁卯鄉薦，署唐縣教諭。會流賊至，身自乘城守禦，賊矢中項，拔其鏃，益奮激固守。賊知有備，夜遁。晋國子助教。

潘鑑，字希古，婺源人。正德戊辰進士。歷陞福建僉事，討蘇秉、剪安南盗，俱有功。累陞右副都御史，巡撫四川，討平西蕃深溝諸蠻。擢工部侍郎，總督川、貴、湖、廣諸省採木。進兵部尚書，提督兩廣軍務。卒，謚襄毅。

曹深，字文淵，歙人。正德戊辰進士。率同榜百餘人摭劉瑾逆跡疏於朝，罰跪午門五日。終兵部主事。

江一桂，字伯馨，婺源人。正德庚午鄉薦，知建寧縣，擢南京部曹，出守太平。郡接壤交趾，時莫登庸僭逆，上命毛伯温征之。伯温計先遣使臣往諭，一桂請往，登庸遂稱臣。上偉其績，賜賚特厚。陞副使，卒。

汪元錫，字天啓，婺源人。正德辛未進士，選給事中。兵部論偏頭關功，叙録太濫，元錫疏斥本兵王瓊以下有罪無功，不宜冒賞。帝北幸昌平、宣、大，南征宸濠，元錫皆上疏力争。及世宗即位，首陳先朝群奸蠱惑基禍，宜付法司定罪，從之。陞太僕寺卿。李福達之獄，以直言被杖，罷歸。再召，官至户部侍郎。卒，贈尚書。

黄文光，字應奎，休寧人。正德癸酉鄉薦，知冠縣，清儉愛民。部使者持倉庫吏責私簿，典庫曰：「令尹無一錢私出入，簿安得？」來使大驚異。

趙時勉，字誠之，歙人。正德癸酉鄉薦，謁選，上時務二十事。知武城縣，歲饑民流，請監司入疏蠲民租之半，每歲省厨傳之費不下數千緡。

胡松，字茂卿，績溪人。居家以孝友稱。由正德甲戌進士，爲嘉興推官，晋御史。請究宸濠奸黨，罷内官店，裁東廠衙門，薦謝遷、韓文、彭澤、林俊、羅玘諸人。世宗朝，論桂萼起用王瓊事，出知廉州。歷陞右副都御史，上治河便漕疏。尋晋工部尚書。時伊庶人賄嚴嵩請拓府第，大將軍仇鸞陰蓄異志，請屯親兵輦轂下，便宜給武庫軍仗，松皆力陳不可。及伊庶人、仇鸞敗，果如松言。卒，諭祭葬。

鄭佐，字時夫，歙人。正德甲戌進士。授南刑部主事，改祠部。疏議大禮，極陳後殿災變之由。遷福建僉事。尋備兵饒州，剿誅閩、饒宿寇。

方紀達，字行可，歙人。正德丁丑進士。令南豐，擢給諫，時張璁、桂萼驟用事，達抗章論列。調廣西僉事。卒，僚屬合賵而後能殮。

汪思，字德之，婺源人。正德丁丑進士，選庶吉士，授給事中。嘉靖初，首薦耆舊大臣石珤、韓文、彭澤等以輔新政，極論太監崔文、鮑忠、芮賢之罪，薦尚書林俊之忠，力救諫臣劉最，讜論重一時。未幾，元宰論翊戴功，爲外戚議封，思奏寢之，外補廣東僉事。終雲南副使。

胡宗明，字汝誠，績溪人。正德丁丑進士，授户部主事。進廣東參議，設奇俘馘劇盜。參政廣西，平黎有功。累陞副都御史，巡撫遼東，增築屯堡，多倣古法。

潘潢，字薦叔，婺源人。鄉薦第一，正德辛巳進士，知樂清縣。入爲禮部郎，進《大學衍義》，勸御經筵。改吏部，署選事，冢宰欲私二人，潢不從。督學閩中，立輔仁、紀業二册，講明正學。歷遷至户部尚書。與嚴嵩忤，以議論條例不合，上疏自劾「徒有用一緩二之心，罔知隨時通變之術」。徙南工、史、兵二部尚書。卒，謚簡肅。

程輅，字邦載，績溪人。正德辛巳進士，授行人，陞兵科給事，兼侍經筵。上時務六事，奏革詭冒武官二千七百餘員。因劾武定侯郭勛忤旨，削籍。後復官。

陳有容，字仁甫，休寧人。嘉靖壬午舉人。授歸德知州，舊有額外金二千，白上臺歸之公。擒鄢賊高寵餘黨。後知歸州，有減抽分諸善政。晋瑞州府同知。

汪仲成，字汝玉，績溪人。嘉靖丙戌進士，授大理評事。有巨閹從子殺人，賂諸閹官求脱，仲成力争不署名，竟抵法。遷思恩知府，時土官岑濬以叛誅，其子岑金率黨攻城，成計縛之。調柳州，歲有船税千餘金，成委備軍餉，一無私焉。

鮑象賢，字復之，歙人。嘉靖己丑進士，授御史，歷雲南副使，累遷陝西巡撫。移雲南，集兵討流江賊那鑑，平之。總督兩廣，連建靖寇功。官終兵部左侍郎。

舒遷，字于喬，黟人。嘉靖乙未進士，授行人。時都御史歐陽鐸議增山税，遷力止之。考選御史，著《居官》《慎己》二銘。議大禮，多所建白。按山西，清理鹽課羨餘，悉奏賑邊。按廣東，剪豪暴，黜貪污，復匡山之祀，所至有聲。

胡宗憲，字汝貞，績溪人。嘉靖戊戌進士，授益都令，擢御史，出按宣大，定邊亂。復按浙，時東南苦倭寇，華人汪直、徐海等爲之主，督撫以宗憲善用兵，請當一面，遂破倭於王江涇。遷巡撫，晋總督，節制七省軍事，專任治倭。設奇計携其黨與，賊首以次就擒，東南寧息。進大司馬，加少保。後以人言逮至京，上曰：「加宗憲罪，後來誰肯任事？」乃得釋。繼又被劾下獄，瘐死。萬（歷）〔曆〕初，追謚襄愍。

汪文式，字時憑，婺源人。嘉靖癸卯鄉薦。知華縣，賊帥尚詔攻掠城邑，一日假校尉帶數十騎過華，文式偵知爲賊，擒斬之。事聞，詔建偉績坊。

汪垍，字仲成，休寧人。嘉靖甲辰進士，授户部主事，轉員外郎，屬修《會典》，十三司皆垍總裁。陞福建僉事，出死囚以禦倭。捷聞，賜金綺，擢參議。

殷正茂，字養實，歙人。嘉靖丁未進士，爲兵科給事。帝勤齋醮，正茂與同官言黷祭非禮，不肯進香，予杖。尋陞江西按察使。廣東猺獞自弘治中作亂，數征不克，至是擢正茂右僉都御史，爲巡撫往討平之。陞兩廣總督。時倭寇縱横，正茂徙邊海謫戍之民於他處，絶倭嚮導。請寬減採珠、銅蠟貢物，以甦民困。然後分布攻守，盜以次盡平。以功加兵部尚書，晋户部，致仕。

汪道昆，字伯玉，歙人。嘉靖丁未進士，知義烏縣。歷福建兵備副使，有悍卒擁脅巡撫，巡撫莫能支，道昆遽馳入軍門，戮首事以徇，一軍寂然。倭陷興化，全閩大震，道昆走浙請督撫胡宗憲檄戚繼光將兵往。道昆主畫策，繼光主轉戰，賊次第削平。累陞都御史，歷撫福建、鄖陽、湖廣。神宗立，召爲兵部侍郎，出閱薊遼邊備，乞終養歸。詩文與李攀龍、王世貞狎主齊盟，所著有《太函集》。

方弘静，字定之，歙人。嘉靖庚戌進士。任東平州，視學粤西，尋轉江藩。使者治嚴嵩父子獄有所波連，弘静訟言白之。既持節入浙，時方苛剔濫費，弘静疏言：去冗不如增備，增備不能惜費，因大修艨艟。會諸將急擊寇，覆其水寨，論功當超叙，中蜚語歸。卒，贈工部尚書。

程金，字德良，歙人。嘉靖癸丑進士，授南工部主事，秋毫不染。分司龍江關，要人援權相勢撓關法，金箠其船工徇於市。遷部郎，出守漢陽，發楚藩外屬奸贓。張居正治第，托漢陽守市木，金雅不直居正。居正奪情，遂投劾歸。

方良曙，字子賓，歙人。嘉靖癸丑進士。授工部主事，榷木荆州，關吏請兼筭舟充額，曙不許。額既足，乃罷兩月告緡。恤刑畿輔，釋三冤獄。嘗倣長垣故事治河，河不爲災。後轄雲南，浚昆明池溉田，又築晋寧州城。終應天府尹。

江一麟，字仲文，婺源人。嘉靖癸丑進士，知吉安州，擢工部郎。時言官吴時來等劾嚴嵩下獄，一麟力救得免。轉廣平知府，歲旱，步禱三日，雨集蝗死。廣寇蜂起，擢監軍副使，督軍力戰蒧其渠。時倭寇海豐島，賊陷電白，皆次第削平。擢撫貴州，有苗酋葉楷累世負固，麟設奇用間，搗其巢，建縣治之。晋都御史，兼户部侍郎，總督漕務。病卒，諭葬祭。

程道東，字震伯，歙人。嘉靖己未進士。授工部主事，奉詔營景藩宫室，還治河有績，通判青州。遷知深州，復以治海擢户部郎中，出爲雲南知府，告歸。

凌琯，字惟和，歙人。嘉靖壬戌進士。司理南安，追殺巢賊，擒其渠魁。擢御史，政府欲釋都御史路楷，琯以其黨奸殺沈鍊，力持不可，著直聲。終陝西按察使。

許國，字維貞，歙人。嘉靖乙丑進士，選庶吉士，授檢討。奉使朝鮮，饋遺一無所受。萬（歷）

〔曆〕改元，陞右贊善，充日講官，每進講，託事獻規，帝悚意聽之。累官至文淵閣大學士。卒，謚文穆。國爲人木强，遇事輒發，數與言者爲難。然廉慎自守，人故不能污。初在館局，爲張居正所器。居正父病，朝士醵禱，國獨不往。尋以奪情留任，國詣其第，密勸行服。其在樞輔，值帝倦勤，累疏請建儲。帝不悦，遂五疏乞休。

游應乾，字順之，婺源人。嘉靖乙丑進士。歷部郎，出守寧波，浚陂塘，通水利。時郡邑承張居正指毁書院，惟寧波獨存。累陞雲南按察使，平巨寇丁改。轉廣東右布政，島寇大至，率勵吏士乘城拒守。擢大理丞，昭雪冤滯，謂其屬曰：「廷平，所以平天下之不平也。如止押司寇紙尾，焉用平爲？」累遷總督倉場，先後條上四十餘事，皆著爲令。

許天贈，字德夫，黟人。嘉靖乙丑進士。知海寧，躬親履畝，丈田清税。擢户部主事，榷北關，以廉惠稱。守建寧，疏古渠，創建寧二衛。遷兩浙長蘆鹺使，轉山東參政。著有《北關考》《兩浙長蘆事宜》。

余一龍，字汝化，婺源人。嘉靖乙丑進士，知江山縣。擢御史，疏請東宫出學，乞宥諫臣鄭履淳。嚴絶餽遺，或餉以酒，碎其甕，有「繫甕侍御」之號。補湖廣僉事，治兵沔陽，平桐柏湖寇。擢貴州副使，撫叛苗四十四寨，籍爲編户。繼而苗安①爲寇，一龍念其狃於招撫，出不意，除夕往殲之，特賜獎

① 「安」，《四庫》本作「復」。

勞。後以南太僕卿謝病歸。

汪文輝，字德充，婺源人。嘉靖乙丑進士，官御史。會首相高拱以内閣掌吏部，其門生輩居言路，專務搏擊。文輝亦拱門生，心獨非之，疏陳四事，忤拱，出爲寧夏僉事。監互市，單騎諭敵，咸感服無擾。進尚寶司卿。張居正用事，移疾歸。

楊旦，字明甫，休寧人。嘉靖舉人。知奉化縣，築天寧、長沙二堤，民利之。通判杭州，革織例金三千緡。轉青州，疏河運，三月成功。致仕歸。

余懋學，字行之，婺源人。隆慶戊辰進士。爲司理，剖決若神。擢南給事中，論劾張居正。又陳五事，居正疑有所指，矯旨削籍。居正死，召還，歷官户部侍郎。歸，杜門著書。嘗曰：「學患不真，與其爲僞中行，不若爲真狂狷。」卒，謚恭穆。

羅應鶴，字德鳴，歙人。隆慶辛未進士。知景陵、黄岡二縣，召爲御史，按東粤。適有蜑户之役，應鶴説督撫曰：「耦而俱者，蜑與民也，願生俘之，毋殲。」督撫納其言，先後釋纍俘數千人。督學三輔，累遷太僕卿，陞保定巡撫。

方揚，字思善，歙人。隆慶辛未進士，歷遷南户部郎。有怙權相勢者私據公田，託言爲社田，以給貧乏，乞揚作記，不應，遂以事誣之，謫秀州。遷守杭州，乞歸。

胡宥，字子仁，休寧人。隆慶辛未進士。令長垣，平獄訟，省租庸，繕城修學，政聲籍甚。擢南御史，江陵柄國，御史傅貞言事編戍，特疏請釋之。巡按廣西，攝廣東鹽法，佐軍興用兵八寨，紀功賜金幣、御宴七次，蓋異數云。

江東之，字長信，歙人。萬(歷)〔曆〕甲戌進士。由行人擢御史，首發馮保、徐爵奸，劾僉都御史王宗載與于應昌共陷御史劉臺以媚張居正，乞從先朝楊路等謀殺沈鍊例抵罪。命勘邊臣周詠等掩敗爲功狀得實，直聲大震，遷太僕卿。時張馮黨復搆陷張岳、沈思孝、吴中行、趙用賢、鄒元標諸臣，東之發憤上疏，請先自罷。復以山陵事與執政忤，貶知霍州。累遷大理少卿。尋以右僉都御史撫貴州，被劾免官。

余啓元，字伯貞，婺源人。萬(歷)〔曆〕甲戌進士，知臨城縣。會有履畝丈量之令，啓元以無故擾民置不報，忤江陵相意，改霸州學正。歷陞部郎，監豫章漕兑，罷虚耗四十萬石。尋督易州糧儲，累陞大理寺卿，致仕。

江應蛟，字潛夫，婺源人。究心性命，深入閫奥。萬(歷)〔曆〕甲戌進士。除南兵部主事，督學四川，備兵易州，劾礦使貪恣，不報。移治天津，陞巡撫，又移保定。在天津時，開葛沽白塘棄地爲水田，歲得穀以充餉。及至保定，上疏請廣興水利，可得田數萬頃，帝許而不能行。晋工部侍郎。光宗立，改大司農，疏愛民十八條。阿保客氏求墓地逾制，應蛟執不與。尋告歸。時毁書院、禁講學，乃作《默識解》示門人。所著有《理學》《經濟》二編。

程子鰲，字坤輿，歙人。萬(歷)〔曆〕丁丑進士。令蘭溪，吏以解羨上子鰲，斥之。不畏强禦，雅意作人。參藩廣西，地多猺獞，鰲一意拊循，無梗化者。終江西按察使。

張應揚，字以言，休寧人。萬〔歷〕〔曆〕癸未進士。知蘭溪縣，禁溺女，置社倉。擢御史，出按雲南順寧，代、候二寇搆兵，應揚籌畫敉寧之。復按福建，出寃繫者甚衆。

程朝京，字元直，休寧人。萬〔歷〕〔曆〕癸未進士。令鄱陽，邑多積逋，朝京立週知、實徵二册，課遂如額。陶丁藍芳威爲亂，討平之。又力言芳威於上官，貸死戍邊，卒爲名將。累陞永平知府，因灣水運天津糧至鬮家口，省輓輸數倍。晋福建副使。

潘士藻，字去華，婺源人。萬〔歷〕〔曆〕癸未進士，授温州推官，擢御史。忤東廠張鯨，會火災，疏請修身親賢，語甚切摯，鯨乃激上怒，謫廣東布政司照磨。謝表曰：「積忱未至，自反殊慚。東西南北，莫逃天覆地載之間；進退行藏，皆爲進德修業之地。」後量移南吏部主事，陞尚寶少卿。

邵庶，字明仲，休寧人。萬〔歷〕〔曆〕癸未進士，選庶吉士。改兵科給事中，疏請清驛遞、汰運總冗員、革錦衣冒濫、裁戚畹越請。陞工科都給事，再補禮科，請臨御躬祀及行召對、開儲講。陞太常少卿。

方元彦，字士美，歙人。萬〔歷〕〔曆〕丙戌進士，知金華縣，擢御史，按甘肅，嘗陳備邊五議。按閩，釋寃發奸，郤紅毛番市鎮安海堡城，又建言星變地震，宜撤璫使以答天譴。卒於官。

吴中明，字知常，歙人。萬〔歷〕〔曆〕丙戌進士。任瑞、汀兩府推官，陞主事，歷吏部郎中，疏列礦奄陳奉暴横狀。提學河南，分守汝寧。汝寧王縱僕殺人，中明以僕抵法。備兵薊門，葺邊墻，開耕屯，治績尤著。陞陝西布政、廣西巡撫、南户部侍郎，卒。

金繼震，字長卿，休寧人。萬(歷)〔曆〕丙戌進士。知義烏縣，公署火，恐獄囚盡斃，縱之歸，約令自來，無後者。累陞刑部郎中，恤刑山東、遼東，釋冤繫四百餘人，報命課第一。

洪文衡，字平仲，歙人。萬(歷)〔曆〕己丑進士。歷任南、北部曹，疏請建儲。居工部，力杜中貴横索，節冗費甚多。晋光禄少卿，上八事，上爲寢景醮之命。陞太常卿，議請祧睿宗，時以爲當。卒，贈侍郎。文衡性孝，居喪斷酒肉，不處内三年。

黄全初，字性甫，歙人。萬(歷)〔曆〕己丑進士。知崇德縣，歲荒，請蠲逋賦，當事不可，遂引疾歸。起南國子博士，遷南户部主事。軍餼多冒支，悉釐其弊，歲省萬四千緡。晋郎中。

汪先岸，字登于，休寧人。萬(歷)〔曆〕己丑進士，知光山縣。擢御史，上疏請正國本，首輔依違其議，遂疏劾之。巡視漕河，建開泇河議，河成，歲省金錢無算。仕至太僕卿。魏閹用事，削籍家居，創立還古書院。

汪以時，字太易，婺源人。萬(歷)〔曆〕己丑進士。爲縣治最，授御史，督理河東。礦使張忠奏開採南池徵收鹽課，以時抗阻之，爲所誣奏，幾不免。轉按山西，廉治税棍，出冤獄八百餘人，建城堡於青龍驛。轉南太僕卿。

葉伯鳴，字雲羽，休寧人。任沂州同知，潔己恤民，塞礦穴，疏鹽禁。署單父，平馬政，出大辟三人。邑以白蓮教被累者，盡釋之。改涿州，涿地衝民疲，伯鳴以休息爲理。擢藩司理問。

金忠士，字元卿，休寧人。萬(歷)〔曆〕壬辰進士。令樂平，以卓異考選御史，按貴州，勘定水西，討平洛苗。按浙江，賑澇饑，戢兵伍。按河南，剿巨寇。歷遷至僉都御史，巡撫延綏。晉少司馬。

方時化，字伯雨，歙人。萬(歷)〔曆〕甲午鄉薦，知朝城縣。時白蓮賊逼擾，時化偵知邑中巨猾王甲、周乙，召爲約正，捐其宿負，以甘言撫之。二人願盡力，遂以計縛賊主閻氏等斬之。終叙州府同知。

鮑應鰲，字山甫，歙人。萬(歷)〔曆〕乙未進士。授户部主政①，榷崇文税，管太倉庫，秋毫無染。補祠祭司郎中。孝靖皇太后薨，詔依世宗沈貴妃例，鰲以沈貴妃例簡略，乃考穆宗母孝恪皇太后時爲康妃薨儀注，增十二條。疏上，即允行之。鰲在儀司，凡議謚恤，守正不阿。尋陞尚寶卿，晉太僕，卒。

畢懋良，字師皋，歙人。萬(歷)〔曆〕乙未進士。除萬載令，陞禮部郎，督學浙江。轉福建，督糧道，括諸項羨銀及贖鍰，積穀數萬石。後紅夷寇海上，糧艘不通，發所貯穀，民藉全活。尋晉方伯，減加派，撫降海寇。累陞户部侍郎，總督倉場，議以本色、折色相間給發，每年可積米八千餘石。會以不附魏璫，斥罷。時與族弟懋康並有清譽，稱「二畢」。懋康亦爲璫削籍相繼去，士論以爲榮。崇(正)〔禎〕初，起工部侍郎。

洪世俊，字用章，歙人。萬(歷)〔曆〕乙未進士。除禮部主事，時諸王婚期逾制，講學禮廢，福藩

① 「主政」，《四庫》本作「主事」。

久不之國，力争十餘疏。出參漳南，會紅夷入寇，預堡圭嶼，儲火藥禦之，寇不爲害。轉山東左布政，平白蓮賊。陞太常寺卿。

汪元功，字元倩，歙人。萬（歷）〔曆〕乙未進士。除光化知縣，遷吉安府，補順德。備兵雲中，力行節省，以完兩年貢市額。素囊部落不靖，元功單車馳諭。官至湖西觀察。

吴宗堯，字仁叔，歙人。萬（歷）〔曆〕乙未進士，知益都縣。性强項，中官陳增以開礦肆虐，宗堯盡發其不法事，列狀上聞，請以一身易萬民命。帝心動，令增約束其下。增劾宗堯阻撓礦務，遂被逮。民數萬遮道衛送，哭聲震地。下獄經年，釋爲民。

謝存仁，字生甫，祁門人。萬（歷）〔曆〕乙未進士。授户部主事，榷關監兑，有清望。督儲遼陽，陞參政，歷雲南布政。陞巡撫，簡兵核餉。請告歸。

胡思伸，績溪人。萬（歷）〔曆〕乙未進士。知上虞縣，築夏蓋、白馬、上妃三湖灌田，又築梁湖石閘，民享其利。進兵部郎，陞副使，備兵懷隆，建城堡，修邊垣，開沃田，節虚冒銀兩。遷保定巡撫，治績尤偉，畿南賴之以安。

畢懋康，字孟侯，歙人。萬（歷）〔曆〕戊戌進士，授中書。選御史，出巡長蘆，盡釐鹺弊，請修復河渠諸閘。按陝西、山東，皆值飢歉，講求賑法，無出懋康右。撫鄖陽，以忤璫，編名黨人。尋起南通政，仕至南户部侍郎。

吴國仕，字秀升，歙人。萬（歷）〔曆〕甲辰進士，授刑部主事。守嘉興，均調賦役，定官解之法。

築海塘及漕堤，建石梁於王江涇，治行推第一。備兵辰沅，參政川東，擒奢酋將樊龍，以復渝城。繼搗藺賊，破之。數轉至福建左布政，有平海寇功。遷南太常卿，晋户部侍郎。

汪有功，字祖倩，歙人。萬(歷)〔曆〕甲辰進士，知蒲圻縣。擢南御史，所上疏如勸青宫講學，劾巨璫亂閫，及藩臣不當僭祭孝陵與張差肆逆，當窮治其奸，皆中時弊。官至尚寶丞。

汪煇，字柱河，休寧人。萬(歷)〔曆〕甲辰進士，由庶吉士歷吏部侍郎。勁節不阿，魏璫建祠，欲屬煇記，煇絶不與通。璫銜之，矯旨削籍。崇(正)〔禎〕初復職。

余懋孳，字舜仲，婺源人。萬(歷)〔曆〕甲辰進士，知山陰縣。擢給事中，歷疏請發留中章奏，舉枚卜，釋繫囚，停税使，賑東方饑民，黜西洋天主教。又言帝久不御朝，中外扞格，堂陛闊絶。前後章數十上，俱切中時弊。

倪思輝，字實符，祁門人。萬(歷)〔曆〕丁未進士。天啓間官給事中，劾保姆客氏，謫閩幕。後起兵科給事，歷通政使，忤魏璫，削籍。崇(正)〔禎〕初，起刑部左侍郎、南户部尚書。逾年告歸。

舒榮都，字曰俞，黟人。萬(歷)〔曆〕丁未進士。授中書任御史，上三字疏，曰「虚、公、嚴」。其餘言邊務則劾督撫周永春等，言門户則劾通政賈繼春等，皆甚剴切。巡按湖廣，時貴竹土司叛，榮都代爲畫策，剿平之。天啓間，欲與楊、左連名劾魏閹，會外艱不果。後憂憤卒，追贈太常卿。

江秉謙，字兆豫，歙人。萬(歷)〔曆〕庚戌進士，知鄞縣。擢御史，抗疏言封疆事，請置本兵張鶴鳴於法，訟經略熊廷弼功。内操事興，秉謙連疏糾之。諸奸切齒，遂削籍。

程策，字獻可，休寧人。萬（歷）〔曆〕庚戌進士。授西安推官，清介自勵。轉南禮部主事，時拜魏璫祠者如騖，策獨不往。守德安，有七府奸民同日謀不軌，策密緝捕渠魁，餘不問，反側以安。晉鄖襄參政，流寇深入，設伏大敗之。

汪泗論，字自魯，休寧人。萬（歷）〔曆〕庚戌進士，授漳浦知縣。擢御史，疏杜内批以防微漸。出按江西，力持大體。晉太僕卿。

趙時用，字德友，休寧人。萬（歷）〔曆〕癸丑進士，知南安，調閩縣。擢給事中，抗言恩蔭不宜濫敘，閣臣票擬讓權中官，事多内批徑出，宜防其漸。忤崔、魏，矯旨削奪。後起南鴻臚卿。

汪康謡，字衢父，休寧人。萬（歷）〔曆〕癸丑進士，知諸暨縣，陞户部主事。出守漳州，有販海遭颶風者七十四人，前吏誣爲海寇，康謡廉實釋之。蘇撫周起元以忤璫坐贓數萬，下漳州籍之，康謡閣不行，遂削奪。後復官，擢福寧兵備道。

汪應元，字長孺，歙人。萬（歷）〔曆〕丙辰進士，授太常博士。魏璫用事，以奉差歸。崇（正）〔禎〕初召爲御史，出按廣西，歲大旱，甘澍隨車。罷牛税，罷榷木，多所釐革。

汪元標，字承景，歙人。萬（歷）〔曆〕丙辰進士。由潭陽知縣晉吏部主事，歷掌四司。值權璫用事，罷官歸。旋起，備兵海上，擒大盜蕭潮等千餘人，閩以安堵。晉福寧道。

許啓敏，字元建，歙人。萬（歷）〔曆〕戊午舉人。任登州府推官，有負官物抵法繫獄至數百人，啓敏至，多所平反，白院道出之，其不可宥者令煎鹽貸死。晉兵部主事。

黄願素，字若鏡，歙人。萬〔歷〕〔曆〕己未進士。爲撫州推官，擢吏部主事，疏汰假官百八十員，釐銓曹事宜存之部中。他如禁飛布山燒鑿以護地脉，設界嶺防守以清盜寇，鄉人賴之。

黄正賓，歙人。由貲入官，爲舍人，思樹奇節。萬〔歷〕〔曆〕中，以緩册東宫，抗疏劾首輔申時行，下獄，斥爲民，遂有聲士大夫間。熹宗立，起故官，再遷尚寶少卿，致仕。崇〔正〕〔禎〕初，閹黨徐大化、楊維垣已罷官，猶潛居輦下，正賓疏發其奸，都人快之。

吴彦芳，字延祖，歙人。天啓乙丑進士。知莆田，擢御史，甫九月，疏十一上。登州用兵，請撤監視諸中官。最後以排擊邪媚攖上怒，下獄，尋釋歸。

方士亮，歙人，崇〔正〕〔禎〕辛未進士。歷嘉興、福州推官，擢兵科給事中。疏陳時弊，論劾謝陞、徐世蔭、馬爌等，薦方岳貢、陳洪謐等。陳新甲主款議，士亮首發其罪。復論中官出鎮之弊，乞撤回，語極明切。周延儒出督師無功獲譴，以士亮贊畫軍務，削籍歸。

國朝

張光祁，字雲仲，歙人。舉順治丁亥進士。知鄧州，督戰艦征湖南，區畫有方。盜壘於下庄，祁單車諭之，皆就撫。陞禮部員外郎，會河决，不忍去，治之，巡督七晝夜不入署，以勞瘁卒。

吴正治，字當世，休寧人，漢陽籍。順治己丑進士，選庶吉士，授編修。以侍講出補江西參政，轉陝西按察使，所至以清廉執法著。内擢工部右侍郎，轉刑部。諸所條議，如赦令宜急行，丈量宜停止，禁狀外指扳，嚴婦女私嫁，免逃人十家連坐及收旗丁月錢，皆著爲令。晉禮部尚書，拜武英殿大學士，守成法，持大體。以病致仕。

趙吉士，字天羽，休寧人。順治辛卯舉人。知交城縣。交城北阻深山，自明季爲盗窟，吏不敢詰。值山中饑，吉士以勸農閲荒爲名，率數騎入山中，留宿土窑，左右皆懼，吉士意氣自如。既熟知其山川險易，居民順逆。一日，與同官飲却月湖，笙歌迭奏，賊聞之不爲備。忽夜半斂兵疾行，由間道擣賊巢，擒一百一人，撫定山民一千四百餘户，其不從賊者給羊酒旌之。叙功陞户部主事，榷楊州關，擢户科給事。所著有《續表忠記》《徽州府志》《萬青閣集》。

洪琮，字瑞玉，歙人。順治壬辰進士。除韶州推官，時東粤新附郡縣供辦軍需，琮條上幫貼夫船議，吏民得蘇息。縛妖民郭天鵬，擒虔賊王秀，皆不煩兵。歷員外郎中，督學陝西。子景行，平陽知縣，清漏租、除規費，禁絶賃妻、火葬諸惡習。

汪宗洙，字魯源，婺源人。以歲貢仕内（邱）〔丘〕知縣。於時西山劇盗嘯聚，民多流亡，宗洙招徠懷集，案牘不煩。郡司理臨邑閲獄，因繫止有上臺委决者二人。

余維樞，字中台，婺源人。以鄉副榜知永年縣，葺學宫，立義塾，築河堤。造布衣張蓋廬，訪以政事。補臨縣，政聲益著。陞督捕主事，卒。維樞學有原本，著《從祀諸儒繫議》《泮宫禮樂合集》《令洺録》及《文集》。

吴聖楫，字右舟，歙人。順治甲午選貢。知文縣，壤接西域，番民雜處，楫控御有方，力懲奸民冒充旗丁、蜀軍竊販馬匹之弊。

許書，字元文，歙人。順治乙未進士。知淶水縣，旗民畏愛，内擢之日，挽留者遮道。後由禮部郎出知南康，卓有政績。

洪明鍾，字萬貞，歙人。順治十五年，以舉人知海澄縣，時澄帥縱士卒索餉而譁，明鍾曰：「餉非緩也，吾將按籍而給，如虚卒倒馬，則奈何？」帥爲稍戢。以軍興積勞卒，邑人懷之。

程文彝，字銘仲，休寧人。康熙甲辰進士。由翰林改刑部主事。舊例民娶旗女當離異，文彝議償身價，著爲令。擢監察御史，多所建白，如升遵化縣陵邑爲州，定地壇配位尚右，清驛馬貽累，廣旌節孝，革除里役，禁軍需私派及佐貳武弁用嚴刑，皆見施行。累遷大理少卿，仕終工部右侍郎。

汪錞，字鐘如，休寧人。以江夏籍中康熙庚戌進士，累官驗封司郎中。每大廷集議，叙資紛紜，錞口授指揮，群吏咸服，冢宰特薦掌選。丁憂服闋，借補稽勳。以病歸。子澂。

汪晋徵，字符尹，休寧人。康熙己未進士。由翰林改給事中，有修先賢書院、增張載世襲、停藩臬卓異、寬兩廣限憑諸疏。丁卯主試湖廣，遷順天府丞，累官户部侍郎，居官持重精敏。居鄉講學紫陽、還古書院，所著有《宋元明正學録》《雙溪草堂集》。

吴苑，字楞香，歙人。康熙壬戌進士，選庶吉士，授檢討。歷中允、侍講，遷祭酒，奏請諸教習官學者歲滿，補縣令勿補州倅，以通沉滯、塞倖門，又嚴試補教習之法。又令八旗子弟在官學者，一體考校，鄉會試量增其額，以示鼓勵。省親告歸。所著有《北黟集》。

張瑗，字松巖，祁門人。康熙辛未會試第一。授翰林編修，主試四川，改御史。明閹魏忠賢墓在西山，侈甚，上疏請毀之，報可，朝野以爲快。提督河南學政。瑗賦性淡泊，素履端詳，居官以廉謹稱。

江南通志卷一百四十八

人物志

宦績 十

寧、池二府

寧國府

唐

羅立言，宣城人。貞元進士。令河陰，始築城郭。當築處率爲豪富所據，立言下令，畫地使民自築，民憚其嚴，數旬而畢。因設鎖絶汴流，姦盜屏息。

宋

李含章，宣城人。太平興國進士。廷試《春雨如膏賦》，太宗稱善。敭歷内外，循公潔己，雅號稱職。

凌策，字子奇，涇人。雍熙乙酉年進士。淳化間，歷廣南西路轉運使，入爲户部判官。先是，嶺南輸香藥用郵卒萬人，肩負抵京，策請陸運至南安，泛舟而北，止役卒八百，大省轉輸之費。知廣州，廣、英路自吉河趨板步二百里，每夏瘴，行旅輒死。策請由英州大源洞伐山開路，至曲江爲便。徙知洪州，饒産金，販者有禁，逮繫滿獄。策請縱民販市，官責其算，公私利焉。改知益州，兩川錢幣多盜，策請鑄大錢，以一當十，從之。策前後仕蜀凡六任，真宗嘗謂其治蜀敏而有斷云。後以工部侍郎卒。

梅詢，字昌言，宣城人。端拱進士。召試中書，直集賢院。時李繼遷攻靈州，詢請以朔方授潘羅支，使自攻取。問誰可使者，詢請行，上壯之。爲三司户部判官，屢陳西邊事，論曹瑋、馬知節才可用，傅潛、楊瓊敗績當誅，田紹彬、王榮等責令自效以贖過。後遷給事中，知審官院。仁宗覽歷代户口登耗之數，顧謂侍臣：「今天下民籍幾何？」詢對曰：「帝王恭儉有節，則户口充羨；賦斂無藝，則版圖衰減。五季生齒彫耗，賴祖宗休養，户口蓋倍於前矣。」尋出知許州，卒。子鼎臣，舉進士，歷翰林學士，上飛白書「墨莊」二字賜之，曰：「美卿世居文翰之地也。」

楊佐，字公儀，宣城人。舉進士，累遷發運判官。汴水淺溢不常，漕舟不能屬，佐度地鑿瀆，以通河流。京城地勢南下，夏苦霖潦，佐開永通河以泄溝澮於野外，而水患息。又議治孟陽河，從之。後使契丹，卒於途。

趙積，字表微，宣城人。擢進士第，歷遷益州路轉運使。真宗令條上蜀中利害，一日章數上。蒲江縣捕盜不得，逮平民楚掠誣服，積行部得冤狀，悉縱之。仕終禮部尚書。卒，謚僖質。

楊璵，字器之，宣城人。天聖進士，知袁州。衢、信二州民爭水利，委璵決之，璵曰：「衢上流，水所自出。然衢民頻泄水外河，溉不及信，爭繇之起。」其著令先衢而後信，訟遂平。

王知微，字幾之，宣城人。慶（歷）〔曆〕登第。僉判賀州鼓鑄，歲增課百萬。遷秘書丞，知當塗縣。時築萬春圩，調夫甚急，知微請俟農隙，部使者不悅，既而重之。與王安石同年，安石嘗問以法度沿革，知微惟言士去就有命，名器非假人物。坐是不進用，仕終龍川倅。

劉琦，字公玉，宣城人。博學强覽，立志峻潔。以都官員外郎通判歙州。召爲侍御史，建言：「自城綏州，數致羌寇，宜棄之。」浙西開漕渠，役甚小，使者張大其事，以功遷官，言者論其非，詔琦就劾，官吏人人惴恐，琦但案首謀二人而已。

汪齊，字子思，涇人。慶（歷）〔曆〕進士，累遷尚書都官員外郎。時行青苗免役法，齊詣朝堂，力言不便。王安石曰：「此法便天下，獨公不便爾！」遂出判池州。

王平，字裔中。熙寧進士，寧國以制科舉者，自平始。補鞱略尉，邑民與寺僧爭水利，平曰：「寺所利者磑碾耳，民所資者畎澮。」竟予民。嘗驗毆死者，曰：「尚可生。」捄之果甦。其莅事精敏多類此。

徐勣，字元功，南陵人。舉進士，除桂州教授。王師討交趾，檄勣從軍，大將郭逵逗留不進，勣疏於朝，逵坐貶。後判通州，率民築瀕海廢堤，民賴其利。徽宗立，擢寶文閣待制，兼侍講。帝謂勣：「不見卿久，今日乃聞嘉言。」加龍圖閣直學士，留守南京。初，蔡京以勣舊事藩邸，曲意事之，勣不少降節。「臣僚進對，惟卿鯁直，朕所倚賴。」大觀二年，知太平州。入覲，極論茶鹽法爲民病。帝曰：京入輔，勣亦終不復用。

方懋德，字元相，南陵人。宣和中爲武康尉，有丐者死，或以誣富人沈氏，獄已具，懋德辨釋之。改令錢塘，時郡科磚五十萬，懋德持不可，立庭下屹不去，卒罷。

汪汝則，字方叔，涇人。建炎間，助平方臘有功，帝嘉其能，録姓名於屏。授紹興府通判，歷知信、衢二州，有惠政。時臣僚登對，論郡守人才，上曰：「使人人如汪汝則，何患不治？」

陳天麟，字季陵，宣城人。紹興進士。調廣德簿，歲饑，代郡將爲書，請部使者，得粟數千斛以賑。改知襄陽，募忠義軍，浚古習河。尋知贛州，時茶商寇贛、吉間，麟預爲守備，民恃以安。江西憲臣辛棄疾討賊，天麟給餉補軍。事平，棄疾奏：「今成功，實天麟方略也。」

孫楙，字德操，太平人。紹興進士。歷判池、真、郢三州，所至以興學、節財爲務。入覲高宗，嘗論公生明。上問：「何以生公？」曰：「廉生公。」又問：「何以生廉？」曰：「儉生廉。」累遷知温州。

朱熹稱其愛立而教明，古良吏也。

梅成和，字德修，涇人。紹興登第。調江夏簿，徒步之官。時岳飛討楊么於洞庭，安撫使劉湜守鄂渚，令督軍儲，掌箋表，多所裨助。賊平，授太湖令。

文粲，涇人。淳熙進士。累官至御史，抗疏三上災異事，直指權相，忤旨罷歸。

林宗放，字問禮，宣城人。淳熙進士。教授通州，學有舊刊《三諫集》，載章惇姦狀，時惇孫爲守，欲去其版，宗放不予。改知蘭溪，邑號大治。授廣州通判，番禺海舶例有私獻，却不受。致仕後，自號拙軒老人。

奚士達，寧國人。淳熙進士。教授復州，改知績溪，簽書淮南判官。初，達與同舍郎沈涣講習《禮經》，相勉曰：「《曲禮》：毋不敬。《大學》：毋自欺。當終身行之。」後能不渝其言。弟士遜，累官至大理卿。會韓侂胄死，史彌遠議起大獄，士遜曰：「廷尉，天下之平。侂胄誠姦，若加以大逆，非所敢知！」遂忤旨罷。

汪晦之，旌德人。淳熙進士。倅江陵郡，郡有三海八櫃，恃爲險固，豪右據以爲田，晦之力復之。時券法初變，晦之乃流通泉幣。又築寸金堤以捍江，政績甚偉。

吴淵，字道父，柔勝子。嘉定七年進士。丞相史彌遠許爲國器，欲授官，辭以親在當稟命，彌遠爲之改容。尋辟令江東，九郡有訟於使者，輒請屬淵。改差浙東制置司幹辦公事。居外艱，累詔起復，力辭曰：「事親莫大於送死，苟冒哀求榮，他日何以事君？」服闋，累進右文殿修撰。適政府欲用兵中原，據關守河，淵謂：「國家力決不能取，即取之不能守。」丞相鄭清之不悦。未幾，一如淵言。差知鎮江，歷江東轉運使，兩淮流民入境者四十餘萬，淵撫而濟之。加華文閣直學士，歷沿江制置屯田使。湖南峒寇蔓入江右，袁、洪大震，淵命將討平之。朝廷付淵以光、豐、蘄、黄之事，創司空山等三大砦，嵯峨山等二十二小砦，分立隊伍，星聯棋布。擢資政殿大學士，封金陵侯，進爵爲公。寶祐五年，拜參知政事。卒，謚敏莊，贈少師。

吴潛，字毅夫，柔勝子，淵弟。嘉定十年進士第一。歷遷尚書右郎官。都城火，潛疏言：「陛下齋戒修省，必使國人孚信，毋徒減膳撤樂。」又言與元爲鄰，當以和爲形，以守爲實，以戰爲應，不宜輕啓兵端。其後淮師敗亡，皆如潛言。端平初求直言，潛陳九事，忤時相，罷。後歷官簽書樞密院事，封金陵郡侯，參知政事。判慶元府，條具軍民久遠計，積錢百餘萬，代民輸帛，前後捐逋税五百四十餘萬。進封國公。後上章劾丁大全、沈炎，爲炎所論劾，責授化州團練使，循州安置。卒。德祐初，追復原官，贈少師。

韓元龍，宣城人。爲天台令，以德化民，邑遂大治。性純孝，與弟尚書元吉相友愛，俱以文學顯，時人比之坡潁。

焦炳炎，字濟甫，太平人。淳祐進士。知袁州，奏竄新喻尉楊大明，以雪嫠婦之冤。後除右正言，以言事忤當軸，作詩貽知舊云：「事至諫官言不得，身爲宰相有何榮？」遂解職歸。

方處和，字德修，旌德人。調玉山丞，鑪户黄姓者夜以白金密遺其子，處和麾去。比歸，復以斑竹杖爲贓，怪其重，不受；刳杖，果納金其中。其廉介類此。

章壽，宣城人。知蘄州，寬平不擾。擢提點湖南刑獄，全州將兵劫守臣爲亂，壽誅其首惡，餘皆諭遣。後拜刑部侍郎，每議獄，傅以經術，時推爲平允。

虞儔，字壽老，寧國人。舉進士。歷知績溪，以廉静著。擢監察御史，排擊貴近，綱紀肅然。累官兵部侍郎。

元

貢師泰，字泰甫，宣城人，奎之子。幼師吴澄。在太學時，路拾遺囊，亟追還之。泰定四年擢第，歷紹興路推官，數剖疑獄。入翰林，預修《后妃》《功臣列傳》，除吏部侍郎。江淮兵起，京師乏食，詔師泰和糴浙右，得糧百萬。歷户部尚書，轉漕閩海，以鹽引易糧給京師，凡數十萬石。

陳良弼，字公輔，宣城人。少辟憲史有聲，除嘉興路教授，以廉吏稱。調上元簿，坐伉直自免。後以旌德尹致仕。吴師道稱其才足以濟事，辨足以服人，知足以自衛。衆謂其知言。

明

秦逵，字文用，宣城人。洪武乙丑進士，仕至工部尚書。議定輪班匠法，三年爲班，更番輸作，量地遠近爲班次候撥，免其徭役，工匠便之。上以學校爲國儲才，而士子巾服如吏胥，宜更制，命逵製式，頒行天下。

戚遜，字彦志，宣城人。洪武中，以貢授兵部主事。永樂間歷山東參政，歲饑，流移載道，請於朝未報，輒發粟賑之。詔奬賚，遷交趾布政。

芮麟，字志文，宣城人。洪武間爲建寧知府，歲饑民困，發粟以濟。郡有上下關衛，分兵戍守，小人倚爲姦利，商旅苦之，麟疏其弊，得罷。爲政寬簡，有古循吏風。

劉希賢，宣城人。以掾爲餘姚主簿。性狷介，卒於官，同僚檢其篋，止俸銀五錢，帕一方。縣爲殮其喪歸之。

丁鎡，字永時，南陵人。永樂中，以書法徵入國子監，除户部主事，出使徐州，嘗便宜發倉賑饑。

土木之變，募義勇勤王。仕終刑部右侍郎。

范懋，字士勉，南陵人。永樂間，由舉人授河西令。遷隰州同知，廉明不可犯，百姓以包孝肅稱之，爲立思廉亭。

貢珊，字廷甫，宣城人。性孝友，母疾嘗糞，兄病疽吮之。正統辛未進士。知唐山縣，覈清河官地以還民，時以佛稱。入覲卒於京，無以爲殮，唐山民奔走哭奠，争出車錢護其喪歸。

王著，字有輝，涇縣人。由貢士除浙江按察司經歷，嘗奉檄巡温州，久旱禱雨輒應。慈谿多虎爲害，竭誠禱神，比浹旬，斃十三虎，民遂安。

吴詔相，字廷臣，宣城人。由鄉薦知汝州，不畏强禦，州境肅清。

左仲輝，以字行，涇縣人。天順進士。歷户部郎，出知永州。時新建藩府，王欲闢地，仲輝阻之。改知彰德，藩府之擾十倍於永，咸御以禮法。置泉陂二所，溉田五千餘畝。

張綸，字大經，宣城人。成化進士，擢御史，按真定。平鄉令欲增淤田稅，檄報淤决不常，不可遺民患。遷大理卿，興、襄二府争灘地，連逮七十二家，綸爲奏定，事遂息。改刑部左侍郎，推治博野、慶成二王獄，稱旨。時武宗政柄旁落，中官用事，綸奏奸黨秦用等當誅。連及巨璫，疏留中不下，因致仕。

孫昊，字曰明，南陵人。少以文學名，督學御史戴珊稱十才子，以昊爲首。成化丁酉鄉舉。知海寧縣，築堤捍海，民賴以安。

王達，字德孚，涇縣人。成化進士。嘗决鳳陽河南争田之獄，又發十三年之盜銀於倉地，吏民驚服。遷知武昌府，斬妖僧繼曉，擒妖術道士李孜省。立三等九則之法，以均田役。時守備太監假進貢漁獵細民，奏革之。湖湘水旱相仍，疏罷襄府營建，以寬民力。年未五十致仕。

江漢，字紀南，旌德人。成化進士。任户部郎中，西蜀旱饑，奉詔賫内帑賑之，條畫周悉。遷寶慶知府，首制豪猾不得借勢宗藩。區别兵民，禁戢流散，蠹弊盡革。

徐説，字以中，宣城人。成化進士，歷南右通政。嘗册封靖江王，資賮甚厚，一無所取。致仕歸，務以忠信先鄉里。

王蓋，字舜功，宣城人。弘治進士。在諫垣，多所彈劾。時禁軍横甚，至侵掠官物，蓋請治如法。

上命榜刻東安門，自是少戢。

陳孜，南陵人。弘治鄉薦。任霸州同知，清覈宣、遼二鎮屯田，有能聲。陞寧羌知州，時川蜀流賊起，郡邑殘毁，惟寧羌獲全。

邵道宗，字師魯，太平人。弘治舉人。任樂陵知縣，立保甲保馬法，縣境以寧。世宗南巡，供億糗糧，民不病擾。調郯城，修築沂河、馬耳灣諸堤。先是，馬耳灣下有神蛟據之，屢築屢圮。乃備牲祭告，忽風霧中有物飛騰而去，功遂成。沂州鑛廢，盜賊繼起，率士兵平之。

蕭瑞，涇縣人。正德進士。授靖安知縣，時奉新華林賊起，以有備不敢犯。擢御史，劾兵部尚書王瓊，廷論韙之。

吴大本，字性夫，宣城人。正德進士。知進賢縣，有儀賓李貴怙勢殺人，論治之。擢河南道御史，疏論閣臣張璁不職。出爲廣東僉事，决疑獄，活趙集等二十三人。

劉贊，字誠夫，宣城人。正德鄉薦。知肥城，蝗不入境。移判成都，行之日，民悲啼勒石道傍云：「劉侯與赤子泣别處。」

趙象，字惟賢，太平人。正德間，以貢知慶雲縣，擢桂陽州，清節甚著。嘗曰：「秩俸外，錙銖皆是賕私。」人服爲格言。

張本，宣城人。正德時，爲開封推官，正直方嚴，動必循法。歸家無餘貲，鄉人重之。

汪堅，字子固，旌德人。正德進士。爲刑部郎中，按郭勛恃勢恣横諸不法狀，輦轂肅然。歷任河南參政。致仕歸，田産不加益焉。

姚本，旌德人。嘉靖舉人。知汾州，與總制曾銑計復河套，忤執政，改知獨山州。土賊蹂躪，本畫策守禦，咸中機宜。

徐元氣，字汝和，宣城人。嘉靖進士。由刑部員外出守成都，出枉獄四十八人，築灌縣石堰。歷遷雲南右布政，會土官岳鳳亂，條上剿撫策，躬督芻餉。事平，遷山東左布政。東省巨室優免溢額，民苦賠累，元氣悉清覈之。仕終通政使。

徐元太，元氣弟。嘉靖進士。爲吏部主事，分校禮闈。時張居正怙勢，其子弟就試，主司相戒勿遺。元太摘其紕繆，置之弗録。左遷山東參政。居正疾，巡撫、藩、臬禱於岱，元太獨不往，幾中危法。會居正没，遷順天府尹。時蜀中賊黨擁衆入平裔堡，西南大震，命元太巡撫四川。太至，指授方略，破砦二十五，斬首二千餘級，賊惶怖乞降。遂築城黄沙壩，以控扼諸羌。明年，建越、馬湖等復大逞，元太悉討平之。以功進兵部右侍郎，陞南刑部尚書，乞歸。

沈寵，字思畏，宣城人。嘉靖鄉薦。授行唐知縣，民不諳織紝，寵爲造機杼教之。御史按部至，寵厨傳省約，瀞己所用帷帳以進，御史賢之。擢御史，遷湖廣兵備，平九隆灣劇賊鄭蒻等。遷廣西參議，歸里。嘗主講席，稱古林先生。

梅守德，字純甫，宣城人。嘉靖進士，授台州推官。台臨海，强族多闌出中國貨，姦民互市，鈎致倭寇。守德按治之，乃安。擢吏科給事中，時輔臣嚴嵩威虐朝士，周怡、楊爵、劉魁以忤繫詔獄，守德作《三君詠》寄之。府尹胡奎因嵩戚驟遷，力疏其貪狀。方士徐可成與嵩比，以禱祀爲太常卿，又屢疏駁之。嵩銜之，時兩浙倭熾，命出知紹興府。守德繕城蒐卒，均田核税，民稱便。尋督山東學政，世宗令陶仲文祈年泰山，陶怙寵干請，斥之弗爲禮。遷雲南參政，以母老不赴，歸建書院講學，世稱宛溪先生。

徐楠，字任之，宣城人。嘉靖舉人。知耒陽縣，振興文學。同知撫州，躬負畚插築千金坡，撫人爲建祠坡上。繼攝郡事，有御史居家不法，楠按治之。爲其所嗾，免歸。子鴻起，領萬（歷）〔曆〕鄉薦，歷遷衡州知府。未，故衡屬也，郡人祠祀之，題曰「父子濟美」。

孫濬，字宗禹，宣城人。嘉靖進士。由永豐令入爲給事，奏論趙文華希相臣嚴嵩意，上怒，調孝感丞。歷知平陽府。

唐汝迪，字吉甫，宣城人。嘉靖進士。任司勳郎，以忤嚴世蕃出知雷州。雷濱海，倭一夕突至，急登陴授兵，城賴以保。擢河南治河副使。河決崔家口，有議開復舊河者，上書言不便狀，議乃寢。

殷登瀛，字子登，宣城人。嘉靖進士。知海寧縣，期月，宿逋盡清，案無停牘。擢户曹榷關，作浴心亭以自況。仕終金華府，所至有清譽。

趙睿，字若思，涇縣人。嘉靖進士。擢御史，屬巡視十庫，適庫璫報車駕幸西土門觀獅子，請暫避。睿正色曰：「臣備員執法，職在補過拾遺。主上來，正宜班侍，何避爲？」璫惶恐馳奏，上即斂轡徐還。其見憚如此。

屠義英，字淳卿，寧國人。嘉靖進士，授户部主事。歷陞南祭酒，訓飭有條。張居正禁講學，英曰：「朝廷可無居正，居正不可無母。」擲筆不署。秩滿當遷，上曰：「屠義英不愧士楷，當令久掌成均。」御書「春風化雨，蔚爲人宗」八字賜之。

汪泓，旌德人。嘉靖舉人，知阜城縣。郡募軍，派阜城買馬二百匹，泓力争得免。尋守薊州，薊鎮冒虚餉十餘萬，泓按册稽實，士馬飽騰。陞屯田都水員外郎，築中州齧堤，漕艘以濟。晋南安守，乞歸。

周希旦，字汝魯，旌德人。嘉靖進士。由推官擢御史，首疏崇正學、養聖躬。時新鄭恃宫僚舊恩，當國專恣，希旦論之。轉應天府丞，時苦旱疫，希旦兩疏請賑，得發金二萬賑之。

周怡，字順之，太平人。嘉靖進士，授順德推官。肅宗南狩，道出順德，徵發萬計，並賴怡指畫，減費十之三。擢吏科給事中，時相臣嚴嵩、翟鑾，冢宰許贊積有隙，怡謂大臣各持意見，非國之福。言甚剴切，詔廷杖，下錦衣獄。尋因箕仙言釋之。閲月，復被逮。二殿災，又釋之。怡方介峻潔，累躓彌堅，海内薦紳望之如祥麟威鳳。後遷太常少卿。卒，謚恭節。

崔涯，字若濟，太平人。學術純正，嘉靖中進士。擢御史，糾劾不避權貴，上目爲真御史。視鹺河東，歲大祲，疏發鹽課數十萬以賑之。繼按福建，糾一墨吏，聞風去者七人。陳山海十二策，悉中利弊。亢旱親禱，霖雨周渥，時謡爲御史雨。尋以劾冢宰汪鋐，忤旨被斥。

許汝驥，字德卿，寧國人。嘉靖進士。仕户部郎中，值畿輔大饑，請發太倉出賑。轉職方，相臣嚴嵩私仇鸞，欲越次叙功，堅執不可。奉敕監視薊鎮軍實，單車詣薊，按區核實，無所隱冒。鎮帥張承勛恃援作勢，驥卻其重餽，尋極言其貪黷不法狀，並劾督撫諸臣不任節制，上爲動容。仕終河南副使。

周懌，字信之，太平人。少師鄒守益，究心理學。以嘉靖歲薦授易州同知，視事勤敏。設釜甑於廳事外，訟者晨炊竟，即剖決發歸。嘗出一冤獄，其人德之，封冢以饋，中實以金，懌叱遣之。

焦煜，字伯升，太平人。嘉靖進士。歷遷浙江按察僉事，所部多白役肆虐，煜盡加裁抑。一日偕僚佐出，有瞽婦赴愬，大呼：「孰爲焦青天者？」同官有愧色。海寧鹽池瀕海患潮，檄守令築石堤七百餘丈，立陡門四，以時瀦泄，至今賴之。

徐大任，字重夫，宣城人。隆慶進士。授工部主事，歲汰水衡冗費數十萬緡。榷税真州，力免宣船回空遞役之苦。歷官中外，皆以廉稱，神宗謂其清節爲天下第一。

詹沂，字浴之，宣城人。隆慶進士，授新建知縣，擢給事中。宰臣張居正奪情議起，南省臣具疏乞留，沂獨不署名。歷陞左副都御史，會勘妖書獄，力止株連。咸寧令滿朝薦以事忤璫被收，沂固請得釋。楚藩之變，陳善後事宜，凡親王違制，撫按皆得以白簡從事，乞增入敕内，從之。嘗值除夕，上謂左右曰：「此時廷臣受外覲官書帕，開宴打鬧，惟副都詹沂清寂可念。」累疏乞歸，不可。遂解組出國門候命，上優許之。明大臣挂冠，自沂始。

郭忠信，字希曾。與兄忠貞並寧國諸生，從羅汝芳講學。耿恭簡督學南(幾)〔畿〕①，求實學篤行之士，合十四郡得十一人，忠信兄弟與焉。隆慶三年，用恩貢判辰州。忤時相，謫婺源教諭，以八條造士。人稱梅井先生。

蕭彦，字思學，涇縣人。隆慶進士。擢禮科給事中，歷户垣，疏凡數十上，無不關切時政。又言：「察吏不宜以催科爲殿最。有司憚考成，必重以敲扑，民力不勝，流亡隨之。寬一分，民受一分之賜。」上納其言。轉都御史，撫貴州、鄖陽，總督兩廣，晋户部侍郎。卒，謚定肅。歷官二十餘年，立朝多讜言。其在黔，則破擒巨逆，平其砦。在滇，則靖亂兵，折驕帥，杜暹羅之請。四任開府，恩威並著。弟雍，仕廣東按察司，宦績亞於彦，而學過之，時稱二蕭。

許夢熊，南陵人。隆慶進士。知福清縣，縣經倭亂，夢熊恤民惠商，築堡興學，士民尸祝焉。時葉向高以童子被試，一見許爲宰相器。又識林茂槐、李多見，後皆登顯仕，時號人倫冰鑒。終南兵部主事。

貢靖國，宣城人。萬(歷)〔曆〕進士，授刑部主事。時張居正相，欲周内其所憾者，令其子以通家刺投謁，且以銓地餌之。靖國還其刺，曰：「誤耳，原無世誼也。」力争之，事得白。有大猾當坐賄，御史匿不爲理，靖國復力争之尚書前，卒抵法。秩滿，陞福建泉州府，拊循有法，七邑大治。再陞浙江

① 據《四庫》本改。

鹽運使，會場官作姦，爲鹺院所庇，遂投劾歸。囊橐蕭然，嘯咏不輟。

趙健，字行吾，涇縣人。萬(歷)〔曆〕進士。由刑曹知辰州，教民紡績，政清刑措。歷貴州布政，時苗播相繼竊發，撫御有方，群醜賓服。終南太僕卿。

張守道，字岸先，宣城人。萬(歷)〔曆〕進士。授户部主事，視南徐倉，會中使採木過徐，役民助輓甚困，守道爲捐倉羨以代徭。任武選員外，朔望必禮楊忠愍祠。魏閹方熾，守道毅然乞南，得南太常。後轉工部侍郎，卒。守道性孝友，嘗破産以急兄難。母卒，廬墓三年，虎繞其墓不去。

蔡逢時，字應期，宣城人。萬(歷)〔曆〕進士。知海鹽縣，履畝均徭，築海塘禦潮患。遷祠部郎，議藩封禄制，著爲令。爲温處兵備，斬倭七十餘級。轉河南參政，築沁堤，戢禹州巨盜。仕終四川布政。卒後，有海鹽人十餘輩來哭墓下云。

麻溶，字明之，宣城人。萬(歷)〔曆〕進士，歷吏部郎。時私謁干政，溶抗疏言：「政府侵銓臣之權，臺省伺政府之意，銓法日壞。」坐是出爲冀南參政，稍遷河南右布政，卒。

梅守相，字台甫，宣城人。萬(歷)〔曆〕進士。授工部主事，榷夏鎮，陳泇河利運狀。遷郎中，董其役，身歷塗潦，冒艱險，閲九載績成，以二百六十里之泇，避黄河險三百三十里。仕終按察使。弟守極，萬(歷)〔曆〕鄉薦，知安吉州，疏浚水道，因名梅溪。終南户部員外。守峻，進士，爲吏部郎，遍諸司，疏壅滯，清流品。仕至陜西參政。守和，進士，由禮部督學河南，嚴抑奔競。歷陞廣西參政。

葉煒，字文光，宣城人。萬（歷）〔曆〕進士，爲餘姚令，歷河間守。餘姚有汝汎、牟山諸湖及海壖地，爲豪家所侵，煒清復之。並作堤堰，民得免旱澇憂。任（邱）〔丘〕有殺人者，倚叔中貴冀緩死，竟論抵罪。遷紹寧兵備，致仕。

徐夢麟，字惟仁，宣城人。萬（歷）〔曆〕進士。知河南府，改登州。屬吏有忤璫者，懼不免，力爲直之。仕至南太僕少卿。嘗自咏曰：「平生宦況猶江水，日對青山夜讀書。」

徐汝正，宣城人。萬（歷）〔曆〕舉人。除西鄉知縣，時瑞藩封漢中，道西鄉，驅民夫牽挽，不勝驛騷，汝正操小艇懷牋謁王，爲民請命。風作舟溺，求屍三日始得之，邑民環哭，立祠祀焉。

徐騰芳，字雲卿，宣城人。萬（歷）〔曆〕進士，歷遷九江同知。桑落洲崩潰，蘆課無出，議請崩者蠲、荒者減，州民德之。遷知真定，陞易州兵備，擒賊黨于弘志等，破其衆六千人。終陝西參政。

高維岳，字君翰，宣城人。文學優長，領萬（歷）〔曆〕鄉薦。仕雷州推官，尋署瓊州。會礦徒竊發，鈎倭入寇，維岳伏兵擊破之。轉鞏昌郡丞，督餉臨洮，招番人置近甸，邊賴以安。遷興國知州，興國故苦柯、潭二賊，維岳至郡，立擒其魁。當事忌其功，投劾歸。

梅鵾祚，字仲舉，宣城人。萬（歷）〔曆〕進士。由庶常改御史，會鄭貴妃有寵受封，時王恭妃生皇太子三年而封不與，鵾祚請進王妃，以定國本，朝論韙之。都御史海瑞謂臣工貪墨，當用國初重刑，鵾祚力諫得寢。又疏言錦衣衛多中官私人，語少侵上，上怒，曰：「鵾祚少不諳事，姑罰俸。」尋出按西粤，卒於道。

戴新，字浴日，南陵人。萬(歷)〔曆〕進士。由工曹知寧波府，櫛剔諸弊，吏皆憚其嚴正。郡瀕海，數苦倭寇，新造船治械，防禦甚周。終湖廣武漢道。

仙克謹，字仲恒，寧國人。萬(歷)〔曆〕進士。知隆平縣，時苦旱，捐俸給民穿井七百有二十，民立石識之曰：「仙井。」尋調建安，會水患多漂溺，築隄建橋，民困以濟。轉山西兵備，邊事孔棘，克謹指揮防禦，敵五載不犯境。特陞山西巡撫。

梅綿祚，字公衍，宣城人。萬(歷)〔曆〕鄉薦。歷遷户曹，密雲兵乏餉，力言於主計者，通他儲以濟，軍得無譁。知柳州，撫猺獞多惠績。

顔文選，字巽之，宣城人。萬(歷)〔曆〕進士，知江夏縣。擢給事中，在諫垣十一月，疏十三上，其請建國儲疏尤激切。以敢言外謫，後追贈光禄少卿。

劉有源，南陵人。萬(歷)〔曆〕進士。將之官，出己分田給伯仲曰：「我幸沾薄禄，此産可共也。」爲御史，有用人、措餉二疏，言甚切至。嘗收治東城大猾，中貴爲解，不聽，時稱其執法。仕至江西按察使。

葉永盛，字子木，涇縣人。萬(歷)〔曆〕進士。擢御史，巡鹽浙直。中使劉成來榷税，商竈震慴，盛奏之，疏詞剴切，上悟，不直奄。巡按江西，奄寺黨連武弁有獻店設榷之議，盛抗疏請斬宵人，議遂罷。居御史九載，疏數十上，直聲震中外。累陞太僕寺卿。永盛少孤，里人侵其地，既貴而歸之，永盛曰：「孤而見奪，貴而歸之，吾不爲也。若自今無侮孤寡可矣。」鄉人有坐仇陷大辟者，奉數百金乞援，盛麾之去，而陰爲營救得脱。

趙士登，字應庸，涇縣人。萬（歷）〔曆〕進士。知黄岡縣，時行清丈法，登經界畫一，豪强憚之。吏舍夜火，延及囹圄，諸囚蒲伏庭下曰：「吾屬罪應死，不敢逋逃爲明府憂。」擢御史，廷議以河決請加賦，登力持不可。仕終南吏部侍郎。

吴尚默，字元垣，涇縣人。萬（歷）〔曆〕進士。知義烏縣，擢御史，出按蜀。奢崇明作亂，會督撫合謀翦滅之。尋按粤東，控扼海寇，得以無事。崇（正）〔禎〕時以疏救錢龍錫，謫守承天。時流寇大擾，檄練鄉兵三千，以備守禦。築堤數十里溉屯田。勤勞九載，量移武昌，陞本省右布政。卒。

趙士際，字維行，涇縣人。少强學，嘗以磚爲警枕。領萬（歷）〔曆〕鄉薦，知洛容縣。尋調宣化，創建城池。擢知羅定州，州初歸版，規畫拊循，民皆悦服。子不盈，行誼敦睦，喜讀周邵書。

蕭良幹，字以寧，涇縣人。弱冠慕王文成良知之學，成進士。授户部主事，榷税崇文河西，斥羡金不取。遷紹興知府，修三江閘，築海塘，復稽山書院。歷陞陝西左布政，裁抑礦税二璫。歸里，復割腴田二百餘畝，爲義田以贍族。

黄一騰，字仲昇，寧國人。萬（歷）〔曆〕進士。知完縣，多盜，騰舉行保甲、講律令兩月，俗大革。調知南昌，有虚丁虚米爲民累，騰力爲清覈。時税璫潘相勢甚驕横，至蓺辱宗室，騰數其過使引謝。潘怒，撼以危言，騰蔑如也。省親歸，讀書瞿硎故址，自號問瞿以見志。

張星，字文宿，宣城人。以貢知館陶，置倉備賑。擢河間同知，調天津，減衛軍丁錢，定爲例。以不肯伏謁中使，免歸。

汪若極，字子無，旌德人，泓之子。萬（歷）〔曆〕進士。知浙江仁和縣，仁省會之地，催科甚煩，若極設易知單法，悉汰羨餘，民輸將恐後。其平反疑獄，雖成案多得開釋，屢觸直指怒，弗顧也。陞福建道御史，甫入臺，即疏上六事。其止内操一條觸璫忌，出按粤西。會有旨責成撫按措銀一十五萬，部檄如雨，若極疏入，得免餉十萬，民力以紓。仕終太僕少卿。

崔師訓，字惟承，太平人。萬（歷）〔曆〕進士。任户部主事，監税易州，清介自持。仕至福建參政。

郭建邦，字爾立，旌德人。天啓進士，仕行人。值魏璫煽虐，告歸。璫敗乃起，擢兵科給事，歷遷通政。適户部以兵餉孔亟，檄加山税，建邦力言得免。遷太僕卿，捐俸買馬佐軍。陞順天府尹，又捐俸助修城河。仕至工部侍郎。

鍾震陽，字百里，宣城人。崇（正）〔禎〕癸未進士。知山陰縣，築塘捍海，部民爲之立碑。

徐律時，字乾若，宣城人。崇（正）〔禎〕庚辰進士。知膠州，清介自勵。時土寇訌發，親率州人防禦，民得安堵。

劉維仁，字孔安，宣城人。崇（正）〔禎〕甲戌進士。歷知錢塘、鉛山、魏縣，潔己愛民。遇亂歸，絶意仕進，日午不炊，晏然高卧。

項如皋，字孟凱，太平人。崇(正)〔禎〕丙子舉人。特授刑部主事，時黄道周忤旨，皋撰疏救，人皆爲咋舌，皋曰：「聖怒不測，自當之！」疏上得釋。卒於官。

國朝

孫襄，字惠可，宣城縣人。明季進士。順治元年，授刑科給事中，時諸司決獄以意輕重，襄請議定律令，使内外曉然於畫一之制。明年，遷吏垣，請定計典勵官守，前後疏多嘉納。嘗請免寧郡貢黄連，郡人賴之。

胡尚衡，字階平，涇縣人。幼穎異。順治壬辰進士，以工曹司権務。尋擢兩浙提學，識拔多名士。仕終荆南道。

張鳳徵，字威鳳，宣城人。以拔貢授陵水知縣，始至，裁里甲，集流移，三十九峒悉聽約束。復構學宫於兵燹之餘。以卓異徵，會卒。

秦才管，字尾仙，南陵人。與兄仁管同登順治壬辰進士。官户部郎中，司権蕪湖，力省苛税便賈舶。陞陝西提學，慎簡寒畯。會聞父母喪，號慟而卒，諸僚斂金歸其匶。

洪啓槐，字庭植，寧國人。順治間進士，授南江知縣。南江荒殘，槐招流亡，平徭役。民間以軍需故鬻子女，啓槐捐俸贖之。歷仕至貴州提學。

汪觀，字顒若，宣城人。順治乙未進士。知湘鄉縣，下車即申復廢站，蘇驛困，興絃誦，賑饑民。

未幾，以母艱哀毀卒。

施閏章，字尚白，號愚山，宣城人。博綜書籍，善詩古文詞。順治己丑進士。爲刑部員外，讞決明敏。督學山左，有冰鑒之譽。轉湖西道参議，湖西故荒瘠多盜，閏章撫綏有方，袁、臨間稱之爲施佛子。康熙己未，以博學宏詞薦，改授翰林侍講，纂修《明史》，以勞瘁卒。閏章性仁孝，事季父譽如父。廣置義田，以贍宗戚。篤窮交，勵後學，人咸奉爲楷模。

鍾無瑕，字缺如，宣城人。順治間，以拔貢知汜水縣。縣里賦不均，無瑕以熟地六分、荒地四分爲一，里併强弱而均之，賦乃平。補富川縣，縣多盜，無瑕誘致其豪斃於獄，境始寧。力除賦羨，並完前令積逋，邑稱治。陞知光州，卒。

阮士鵬，號巖山，宣城人。順治中舉人。知海豐縣，時海寇歲逼，瀕海者皆内徙，士鵬晝夜勞瘁，葺屋居，給牛種，民甚賴之。碣石衛蘇利之變，士鵬詗得其狀，密白幕府得豫爲備。及大師進討，芻粟供億，一以整暇應之。賊平，量移許州，治績甚著。

梅欽，宣城人。順治間知崖州，時用兵後，井邑蕭條，欽勞來拊循，流民襁負來歸。康熙元年，請豁荒米及軍屯米二千石有奇。在任七年，多惠政。没於官。

洪啓權，字玉衡，寧國人。順治間進士。授安福令，清宿逋，絶賄賂。時山民爲亂，殺前令，上官發卒剿之。啓權單騎往縛其首，餘黨悉安。以清直不容於大吏。歸家後薪米不給，日持一卷書吟咏大櫟間，自號櫟園子。

阮爾詢，字于岳。康熙壬戌進士。由翰林爲御史，屢有建白。仕終工部右侍郎。先是，寧郡輸賦者率爲吏胥中飽，民苦無所據以自直。爾詢白當事，行三連串法，至今便之。

梅鋗，字爾熾，宣城人。康熙丁未進士。知太平縣，多惠政。歷仕御史中丞，巡撫福建，聖祖親書「攄誠信」三字賜之。鋗入闕，從行不過十人。嘗疏請積穀備賑，未久遇歲饑，便宜平糶以濟之。仕至左都御史，致仕歸。

劉楷，字子端，南陵人。少孤，鞠於母趙。登康熙乙未進士。授中書舍人，典福建試，得人稱盛。丙午考選，御試擢置第一。歷刑、户二科給事中，疏論督撫保舉學臣及河工保題官員之弊，又請杜師巫邪術、禁小説淫詞，指陳深切，聖祖嘉納施行。又密具《相臣柄政冒死糾參》一疏，疏上，如奏罷斥，輦下肅然。累官光禄卿。致仕歸，杜門著述，捐置義田，以贍族人。陵邑人文日盛，白諸當道，「題改縣中」①學爲大學，邑人士德之。子應熙，仕爲壽陽知縣，亦以孝友知名。

方伸，字佐平，南陵人。康熙己未進士。由翰林爲户部郎，出知登州，潔己率屬。嘗以旱蝗，禱於蠟社，蝗盡赴東海死。後徙汀州知府，箐峒皆服其德化。郡地蛟發，山水高十餘丈，民哭聲震遠邇，伸齧指血疏告城隍神，水立退。會移疾歸，送者至二百里猶不忍别。子士珣，有文名，雍正癸卯舉人。

① 據民國《南陵縣志》卷十五補。

孫斌，字淑獻，南陵人。以武進士爲福寧州遊擊。康熙甲寅，耿逆反，以書招之，斌斬其使，密報督撫。耿逆怒，拘之興化。賊平，奉旨優叙，遷夔關副將。繼母殁，求解任，許之。武臣丁憂自斌始。

池州府

宋

樊若水，字叔清，貴池人。舉南唐進士不第，謀歸宋，獻平江南策。請造浮梁濟師，太祖從之，步兵渡江，如履平地。既克池州，即以若水領州事，擊敗三砦之據險未服者。歷遷右諫議大夫。太宗命改名知古，採其議廢江南鐵錢爲農器，給流民之歸版籍者，仍鑄銅錢，以便民用。出爲成都轉運使，改河北，卒。

夏中正，貴池人。嘗仕南唐。及入宋，知貴池縣，以鄉黨非威刑所宜施，每聽訟，輒隨其曲直諭之，人咸悦服，自相戒飭，無有犯者。擢職方員外郎，告歸，卒。孫䎖，舉才識兼茂科，知長洲縣。以直罷，文彦博奏復其官。

胡舜元，字叔才，銅陵人。舉嘉祐四年進士，歷德興、鄭二縣令，遷著作郎。少與王安石友善，及安石執政，行新法，舜元以書規之，有「懷利事君，貪利害民」語。遂乞致仕。孫棣，舉進士，官兵部郎中。

李植，字公立，建德人。登進士第。歷官湖北轉運判官，入爲尚書度支郎，孤忠自信，不屑依阿取容。坐元祐黨，擯不用。

檀固，字以忠，建德人。登熙寧三年進士第。紹聖間官尚書，時悉改元祐之政，固上書極言朝廷罷呂大防、蘇軾、范純仁，用章惇、曾布、蔡卞，去三賢而進三凶，此天下治亂之由也。書奏，免官。及蔡京爲相，遂不復進用。

張漣，字伯器，貴池人。以能理繁劇稱。初令數大邑，歷守鳳翔。以事忤蔡京，徵至京，卒。

鍾鏜，字德振，銅陵人。登元祐六年進士第。授旌德主簿，歷知汀州。入仕五十餘年，所在以廉惠著稱。

檀宗益，建德人。哲宗時，詔諸州行三舍法取士，宗益備陳考校升選之制，從之。授國子學録。子倬，登大觀三年進士第，歷官徽猷閣待制。

湯允恭，貴池人。登宣和六年進士第。通判常州，常素難治，允恭以訓誡先之，俗漸以化。適鄰州有叛兵及境，親往其營，諭以禍福，寇即解去，州城獲全。遷刑部員外郎，能平政寬獄，擢殿中侍御史。紹興間，官至侍郎。

湯巖起，貴池人。登乾道六年進士第。知營道縣，以廉稱。嘗自勖曰：「清而死，豈不愈於濁而生耶？」秩滿歸。以薦起判徽州，尋又奉祠歸里。

葉楠，字元質，貴池人。登乾道中進士第。爲鄱陽尉，值歲潦，楠力請蠲租賑之。後令績溪，多惠政，邑人歌之曰：「前有蘇黄門，後有葉令君。」蘇黄門，蘇輸也，因重楠，故以輸比之。所著有《知非集》。

程九萬，字鵬飛，青陽人。登淳熙二年進士第。初知武康縣，以政績卓越内擢，歷司農簿、太府丞。奉使兩淮，改鑄鐵錢，具有規畫。出知和州，擢華文閣待制、襄陽安撫使，封青陽縣開國公。著有《九華詩》百篇。子松，舉進士，歷官同知樞密院事。

鄭舜臣，建德人。紹定中，江西寇猖獗，趙范知池州，聞舜臣賢，牒充民兵副將，防守江淮。又嘗董軍餽輸財助用，爲朝命所褒。

阮麟翁，字祥翁，銅陵人。登景定三年進士第。初授京山尉，歷建德路總管，任封疆，修耕戰。以功名終。

明

徐謙，青陽人。洪武中，以貢授臨江府推官。遷户部郎中，督漕運於濟淮，甚著勞績，特擢太僕寺少卿。

潘伯庸，銅陵人。洪武中，由貢選授御史，言事侃直，不避權要。歷河南、廣東、山西按察使，並著清節。

陳敬宗，貴池人。洪武乙丑進士，授刑科給事中。永樂初論時政，謫鄞縣丞。後以直諫死。

佘可才，字國器，銅陵人。永樂癸未舉人，官襄陽訓導。詣闕請試繁劇，留試事工部。復奏官不必備，得人爲本，成祖嘉納之。以薦擢吏部主事。扈從北征，至興河，奏事稱旨，凱旋預褒賞。歷郎中，署堂事，清選法，革吏弊。遷南通政司左通政。

鄭景曜，字拱南，建德人。永樂甲申進士。授御史，蹇諤盡職。出按山東，再按遼東。有元時故吏儲欽、巫愷等爲奸利，有司不敢問，景曜捕治之。擢貴州參政，命偕巡撫廉察官吏，吏治肅清。湖廣篁子坪苗亂，奉敕監軍進剿。苗平，俾久任。後以年老，乞休致。

柯暹，字啓暉，建德人。父彦斌，洪武中以薦歷臨安令，有善政。暹領永樂乙酉鄉薦，預修《永樂大典》。擢户科給事中，以直言謫官。仁宗即位，署永新、吉水二縣，皆大治。楊士奇等交薦之，特擢浙江按察使。暹初以建言著聲，浙人多憚其威名。及至，持法平允，不尚苛察，所部皆畏懷之。丁艱歸。復起滇臬，佐靖遠伯王驥平土酋思機發之亂。致仕歸里。子薰，由貢令霑化、安鄉二縣，亦有廉平之稱。

江得，東流人。永樂中，由貢選授御史，以剛直稱。遷按察司僉事。

檀凱，字伯和，建德人。永樂壬辰進士。時新定貴州，選有才能者往官其地，凱預選爲思州府通判，至官，爲孚恩信，陳禮義。適諸苗寨互相攻擾，凱加意撫輯，得不擾境。滿九載當遷，思民詣闕請留。宣宗初即位，方鋭意綏遠，特加凱正五品俸，命還任。後擢應天府治中，思民涕泣攀送。遷府丞，致仕。

吴賜，貴池人。永樂壬辰進士。歷河南按察司僉事。以敢言，改御史，抗疏忤旨，下獄卒。

江通，建德人。永樂中，以貢授犨縣令，招集流民，俾復故業。河南旱，飛蝗遍他縣，不入犨境。郡守異之，調通捕蝗孟津。通往，齋沐禱於神，蝗悉去。事聞於朝，加俸一級，命久任。滿九載，以老乞歸，邑民立祠祀之。

胡本惠，字益之，銅陵人。永樂庚子舉人。授户部主事，歷員外郎，出知南昌府，有善政。遷陝西參政，累擢右副都御史，巡撫遼東，莅軍持重，邊境以寧。俄召入爲左副都御史，致仕歸。本惠有德量，時稱長者。

舒仲誠，貴池人。以貢授東光訓導，遷萬載令，政尚嚴明，招徠逋竄。擢御史。成祖北征，仁宗以皇太子監國，仲誠言事，嘗忤睿旨，出爲湖廣副使，卒。

檀觀，東流人。宣德中，以貢授永川①令，以廉静治。三載當遷，民歌曰：「食惟檀，衣惟檀。檀公去，我飢寒。」詣闕請留。又三載當遷，民復乞留。滿九載，以治行最，擢雲南按察司僉事。不赴，歸囊止一石，人號之曰「清白石」云。

孫仁，字世榮，貴池人。景泰辛未進士。授户部主事，督畿内糧儲，監通倉，盡釐夙弊。出知西安府，大兵討固原叛羌，仁有轉餉功。遷陝西參政，鑿涇陽洪口堰引水溉田，永爲民利。累擢右副都

① 「川」，《四庫》本作「州」。

御史，巡撫四川，平松潘黑虎砦賊，及茂州巴豬等砦蠻，相地險要，設立州縣以控制之。入爲户部侍郎，乞致仕歸。

陳孟晟，青陽人。景泰甲戌進士。授評事，累遷雲南按察司僉事，居官廉慎自勵，理獄多平。

章廷珪，銅陵人。天順己卯舉人。授興國令，清惠得民心。秩滿輒請留任。至九載，遷武昌同知，邑民追思，立祠祀之。

張廷瑞，貴池人。天順壬午舉人。授龍泉令，治邑如理家政，纖悉畢舉，生民樂業。擢御史，清理屯田，盡革中璫侵占之弊，軍屯感德。屢條奏時政，有聲憲臺。

陳輊，青陽人。天順甲申進士。授南刑部主事，折獄平允。歷福建按察司僉事，備兵漳州。有宿寇據山谷，時出劫掠，輊以兵深入，殲其根株。而身犯瘴毒，卒於軍。事聞，給傳歸其櫬。遺橐惟圖書數卷。

吴必顯，字德純，石埭人。成化丁未進士。授泰和令，以勤莅官，案無留牘。邑有權貴數輩素恣横，憚必顯，悉斂跡。屢遷岳州守。

張輝，字藴之，石埭人。弘治庚戌進士。授南禮部主事，以言事謫光州同知，累擢福建僉事。復以介直忤劉瑾，勒令休致。瑾敗，廷臣交薦，以老不出，爲晋一階，予誥命。

周冕，字尚文，貴池人。弘治庚戌進士，授南户部主事。遷員外郎，監税鳳陽，一清積弊。又奉命至江西督理糧儲，得實糧四十萬石，以濟邊餉，詔旌之。

李嘉祥，字時鳳，貴池人。弘治丙辰進士。授北直開州知州，剔奸祛弊，動中機宜，吏民畏服。州城北舊有淫祠，拜謁最盛，嘉祥至，立毁之，巫風遂絶。擢南户部員外郎，督賦蘇州，卒。性慷慨喜論事，嘗具疏語侵權宦，人尤壯之。

桂鏊，字用之，貴池人。弘治戊午舉人。正德中授廣信府同知，時宸濠蓄逆謀，陰結山中三巨寇，鏊廣設方略，以次剿平之。嘉靖初，補柳州府同知，從總督王守仁平思州斷藤峽。以功擢知思恩府，興文講武，民猺帖服。後致仕歸，郡人祠祀守仁，奉鏊配焉。

許潛，貴池人。弘治己未進士，授行人，選御史。剛直不阿，嘗監内庫，中貴憚之。

汪珊，字德聲，貴池人。正德辛未進士，授御史。嘉靖初，論新政十事，及請開言路疏，時皆服其敢言。出爲河南副使，累擢右副都御史，巡撫湖廣，復以言事落職。會貴州都匀苗亂，廷推起珊往平之。召爲南大理卿，終户部侍郎。珊清介自持，卒之日，囊無遺貲。

李崧祥，貴池人。正德甲戌進士。授户部主事，歷山西按察司副使，備兵潞安。遷河南布政司參政，將行，適上黨青羊山賊作亂，撫按以崧祥有辦賊才，特留總四道兵入山剿賊。賊平，議析壺關等縣地置平順縣，以扼山之要害，得旨允行。累遷四川布政使。時世廟多營建，蜀民困採木之役，崧祥入覲，抗疏止之。因忤用事者，致仕歸。值歲饑，即解束帶鎔金購穀，遍賑鄉人。

柯相，字元卿，貴池人。正德丁丑進士，授永新令。宸濠反，巡撫王守仁與吉安知府伍文定從上流舉兵討賊，相亦集其邑兵從，而身自居守。濠平，守仁欲叙相功，辭不受。歷吏科給事中，劾去官邪數十人。累擢右副都御史，巡撫陝西，築皋蘭邊牆三百里，墩臺相望，邊警以絶。改撫河南，又遷督兩廣，不赴歸。孫之來，以理學著。

柯壽，字光庭，建德人。正德己卯舉人。歷臨江、南昌二府推官，折獄俱稱平。擢南戶部員外郎，榷揚州關稅。關截城外漕河，舟過無一漏者。壽至，割河三分之一作便民橋，俾小舟徑渡，貸其征。其巨艦之稅，符額而止，不取餘。秩滿歸，載麥數舟而已。又值歲饑，蠲賑鄉人，全活甚衆。孫鑑，由舉人授沂州知州，革規例，除耗羨，亦以廉名。

章允賢，青陽人。嘉靖己丑進士。知貴溪、成安二縣，歷禮科都給事中，疏論武定侯郭勛及都御史胡守中不法，皆寘重典，在廷憚之。著有《諫議集》。

柯喬，字遷之，青陽人。嘉靖己丑進士。官御史，出爲湖廣僉事。時駐節沔陽，築江隄數百里，立廛市，造浮橋，興學校，雪冤獄。以艱歸。補福建僉事，備兵海上，與浙撫朱紈協力剿倭，嚴販海之禁。因爲忌者所中，罷歸。

章時鸞，青陽人。嘉靖甲午舉人。授鄒縣令，鄒固劇邑，又土荒民逃，時鸞勤勞撫字，招集流亡，勸之耕織，而邑爲樂土。遷兖州同知，治河有功，舉卓異，擢保定知府。歷河南按察司副使，督築黄河南隄。舟居經年，中濕，乞休歸，卒。

徐紳，建德人。嘉靖辛丑進士。授蘭谿令，以最擢御史，巡視畿内屯馬。以昌平州地衝民困，請永停寄養馬匹。疏劾大璫，論銓曹積弊，語多剴切。遷尚寶司卿，累官順天巡撫。初，容城楊繼盛以直諫繫刑部獄，紳巡按保定，特置産恤其家，人尤多其義。

畢鏘，字廷鳴，石埭人。嘉靖甲辰進士。授刑部主事，歷中外四十餘年，政績炳著。累官南戶部尚書，陳時政忤近倖，乃引年乞歸，加太子少保。九十三卒，謚恭介。

李一元，字調卿，建德人。嘉靖丁未進士。授開州知州，遷南部郎，累官兵部侍郎、江西巡撫，所歷皆著勞績，而廉潔自持，一介不苟。時海内有四君子之號，推一元爲清君子。弟一中，舉進士，歷延平、開封推官，亦有清名。終河南副使。

施堯臣，青陽人。嘉靖庚戌進士。授蕭山令，時浙有倭警，蕭山故無城，堯臣爲創築之，城甫完而寇大至，邑賴以不陷。廉能爲一時最，擢吏部主事，累官順天府尹。

曹汝良，字惟遂，貴池人。嘉靖壬子舉人。授漢川令，均徭役，定科條，興利革弊，期年，邑大治。尋乞歸。又同邑柯一鳳，由舉人令通山，亦以寬惠得民心。

施篤臣，青陽人。嘉靖丙辰進士。授工部主事，歷員外郎，出爲湖廣僉事，累官順天府尹。卒於官。生平建白奏記，萬言立就。而根本經術，練達時宜，朝士咸服其才敏。

佘敬中，銅陵人。嘉靖己未進士。授武昌府推官，屢決疑獄。景藩初就封，奄豎恣横於道，每以法裁抑。擢吏部稽勳主事，歷文選郎中，所推用皆一時正士。高拱當國，嗛敬中素爲徐階所重，出爲廣西參政。遷廣東按察使，罷歸。

陳應期，青陽人。嘉靖中，以貢授永寧知州，爲政廉恕，民信服之。鄰州猺有相賊殺者，奉檄馳諭，皆即解散。凱口賊作亂，督運六衛軍餉，尤著勞績。委清各衛屯田，盡却例金，薦章屢上。後乞終養歸。

湯希閔，字孝之，銅陵人。嘉靖乙丑進士。授開州知州，繕城隍，清徭役，葺學校，勸耕息訟。時民困印馬之累，力請除之。有權貴居鄉武斷爲害，按法治之不少貸，人稱其毅。擢南户部郎。

柯一鵬，字汝程，都御史相子。嘉靖中，以貢知蘆山縣。蘆山苗多民少，叛服不常，前令鮮終任者。一鵬撫綏備至，苗民畏懷。以勞卒官。

孫楠，字木所，青陽人。嘉靖中，以貢授廣昌縣丞，有風力。嘗驅猛虎，擒巨憝，禱雨立應，邑人爲著《三異録》頌之。遷興安令，縣新設，諸政未舉，楠修武備，興學校，勸民耕墾，盜賊屏迹，境内大治。

金天民，東流人。嘉靖中，以貢授蒲臺令，居官清介，均田平役，訓士課農。以忤上官罷歸，後邑人追思，特至其家繪其像以去。

羅賜祥，字應敬，青陽人。隆慶庚午舉人。授掖縣教諭，歷遷兵部武庫郎中，力清耗蠹。出爲湖廣按察司副使，分守湖北。湖北苗、民雜處，俗悍而用侈，賜祥以簡重馭之，衆皆讋服。

王應乾，字懷惺，東流人。隆慶辛未進士。授中書舍人，擢御史。以忤輔臣，外轉湖廣僉事。平洞蠻有功，累遷湖廣布政，所莅皆著清惠。

佘毅中，字子執，銅陵人。萬(歷)〔曆〕甲戌進士。授工部主事，治泉南旺爲通月河，治汶築洸濟以裨運道。會黄、淮失故道，漕河中阻，勢逼泗陵，數中署郎中，駐中河，理徐、邳一路，塞崔鎮決口，築堤一萬二千丈有奇。總河尚書潘季馴奏其功，實授郎中。以瘁卒官，贈太僕寺卿。

吴文梓，青陽人。萬(歷)〔曆〕丁丑進士。授太常寺博士，歷兵科都給事中。時倭寇方張，在廷議封貢以款之，文梓獨持不可。未幾，奏捷獻俘，特蒙褒賞。後以言事忤旨，謫從善典史。天啓初，褒録先朝建言被斥者，贈文梓太常寺少卿。著有《諫垣草》。

李可芳，貴池人。萬(歷)〔曆〕戊子舉人。授鄖陽推官，以敏練稱。遷簡州知州、襄陽同知，俱有善政。其在鄖陽，嘗携池州糯種自給，至今人傳爲李公黏云。

王一貞，字柱明，青陽人。萬(歷)〔曆〕乙未進士。授鄒縣令，勸課農桑，設官莊百餘，所以處民之無恒業者。歲大祲，賑恤備至。又廣置學田，建孟子廟。擢兵部主事，請停礦税。累遷湖廣布政，禦苗靖盜，選侍衛制藩璫，清皇木餘價，及裁紙額五十餘萬兩，並貯庫充餉。

劉光復，字建初，青陽人。父織，以理學名。光復舉萬(歷)〔曆〕戊戌進士，授諸暨令，置備賑倉，築湖隄七十二所，墾田二十餘萬畝。擢御史，巡按山西，大著風采。以挺擊事入對慈寧宫，忤旨繫獄。光宗立，起光禄丞。卒，贈太常寺少卿。

鄭三俊，字用章，建德人。萬(歷)〔曆〕戊戌進士。授元氏令，歷遷南禮部郎中。出爲歸德知府，河決歲饑，興積貯，導水利，使民墾淤田復故業。累擢浙江參政。以忤税監，乞終養歸。起光禄少卿，糾中人之濫支寺帑者。天啓初，擢副都御史，争紅丸、移宫二案。轉户部侍郎，抗疏極論魏忠賢罪，被斥。崇（正）〔禎〕初，爲刑部尚書，以讞獄忤旨歸。復起吏部尚書。弟三復，官光禄丞，亦有清望。

丁旦，字惟寅，貴池人。以貢授衡州通判，却例金，袪宿弊，復佐守，修義學、社倉。少師事李呈祥，私淑王守仁，在衡與士人講學不輟。督餉至會城，以勞卒。子紹軾，萬（歷）〔曆〕丁未進士。天啓中，歷官武英殿大學士。

羅尚忠，字孝可，青陽人。萬（歷）〔曆〕癸丑進士。歷知平湖、建昌二縣，置義田，築圩岸，多著循績。擢户科給事中，有請復建文年號、恤遜國諸臣疏。遷太常寺少卿，卒。

王建和，字乾純，貴池人。萬（歷）〔曆〕癸丑進士。知龍泉、桐柏二縣，擢南刑部主事，歷汝寧知府。崇藩護衛多驕恣，以恩威馭之，皆畏服。累遷湖廣參政。建和居官清惠，剛毅不阿，所至有聲。未老，乞致仕歸。

徐廷宗，字季曾，建德人。萬（歷）〔曆〕己未進士。歷荆州、廣平推官，以明允稱。累擢工部郎中，監修九陵，督臨清磚廠。尋遷山東副使，備兵臨清。以伉直忤上官，罷歸。

劉光謨，貴池人。以貢授處州通判，署篆青田，多惠政，民無逋賦。監造漕艘於杭州，計材程功，遍恤軍匠。擢知養利州，致仕。

吴一元，青陽人。萬（歷）〔曆〕中以貢授星子令，果敢任事，有不便於民者，必力争之。税監李道所過騷擾，一元力與之抗。道誣以阻撓國税被逮，邑民詣闕申辨得釋。卒於家。天啓初，詔贈尚寶少卿。

陳久可，青陽人。以貢授武昌通判，理商税不取盈餘。時税監陳奉以肆虐激變，久可力爲調解，楚人德之。

陳以運，字時可，貴池人，桂孫。萬(歷)〔曆〕戊午舉人。令新淦，有廉静稱。獻賊寇江右，諸郡邑多殘破，淦獨以堅守得全。

江大任，字是人，建德人。天啓辛酉舉人。令恩平，招集流亡，給牛種，墾荒田千餘頃。革里役，屏陋規，民咸樂業。會寧諸邑山賊勢張甚，將犯恩平，大任誘降其渠魁，衆悉解散。新學宫，興文教，邑士始有登科者。遷南寧州牧。

施承緒，青陽人。崇(正)〔禎〕戊辰進士，授應天教授。擢南户部主事，監倉税以清介聞。遷郎中，出守漳州，稱廉平。調南康，平彭蠡湖劇盜。

袁國棟，字貞幹，青陽人。官中府經歷，樞輔孫承宗知其才，題署永平知府。值大兵之後，撫戢有方，軍、民交便。巡撫薦監軍河南，剿流寇八戰皆捷。督師洪承疇以國棟久經行陣，奏補遼東前屯分練監紀同知，守禦松山。中流矢卒，贈山東按察司副使。

國朝

羅雲逵，字遠伯，青陽人。順治丁亥進士。授太谷令，多惠政，百姓德之。戊子，分校鄉闈，稱得士。

汪自潤，東流人。順治中，以貢授絳縣令，爲政寬平，居官九載，訟息民安。擢行人，未赴卒。

陳鎧，字孟起，石埭人。順治乙酉舉人，江陰教諭。兵燹後，自大成殿、明倫堂外，不遺寸椽，鎧偕諸生經營相度，復還舊觀。有豪猾欲中傷某生，餽兼金二百，鎧正色拒之。秩滿，遷興縣知縣。

柯仲寶，字在中，貴池人。順治中，以貢授浙江新城令，爲政廉静，革羨耗以勸輸將，無催科之役，修文廟，創義學。擢開封同知，嚴設保甲，以弭盜賊。又濱河設舟以救溺，置義冢瘞亡者。新城民立祠祀之。

蘇汝霖，字潤生，石埭人。順治壬辰進士。授寧波府推官，長於聽斷。時大兵征舟山，有轉餉功。駐防兵與郡民構隙訐訟，汝霖以片語折之，皆感服。擢刑部主事，歷遷廣西提學僉事。康熙十三年，叛帥孫延齡據桂林，脅汝霖索印，汝霖峻拒之。懷印走赴廣督軍前，委兼蒼梧道，隨軍進剿。尋又署廣西布政使，籌畫軍需，以瘁卒官。

張國柱，字斯石，石埭人。順治中，以貢歷唐縣令，悉除規例。歲饑盜起，賑緝有方，民賴以寧。遷雲南趙州知州，輕刑薄稅，益勵清節。擢户部員外郎。

徐文烜，字龍山，青陽人。順治戊戌進士。授太原令，大著循績。卒於官。

章世德，字天彝，貴池人。康熙壬戌進士。授南平令，南平素苦里排當役，世德至即除僱役之累。後二年值編審，凡虛丁悉豁免。又地當衝要，往來輻輳，皆躬親支應，不以擾民。又造城外浮橋，大葺縣治。未幾，卒官。喪車還日，百姓哀號遠送。

曹文蔚，字仙霞，貴池人。官汝寧通判。康熙二十一年，楚北兵餘黨煽汝寧，文蔚計擒其魁，乃悉解散。署真陽、蘭陽二縣，有賑飢、修志、代民賠河帑諸政。以艱歸。補德安通判，督修河隄，具有經畫。

江南通志卷一百四十九

人物志

宦績 十一

太、廬、鳳三府

太平府

唐

陶大舉，當塗人。官宣州刺史，以破徐敬業功，封丹陽侯。轉懷州，有德政，鄉人立石頌之。

宋

郭維，字仲逸，當塗人。大中祥符八年，舉進士。調泰州司理參軍，治獄有能名。歷知南豐、新都。部使者交薦，除雅州，案貴戚王蒙正侵占民田事，執法無貸。移知常州，民健於訟，維鈎索善訟者十餘人流之，宿姦畏避。擢淮南提刑，所部墨吏望風解去。遷度支郎中，卒。弟經，舉進士，知永泰縣。時司馬光知諫院，有謹以立身、敏以從政之薦。

羅彦輔，字經世，當塗人。嘉祐四年進士。調南城尉，移江都令，用薦除著作佐郎，知湖口縣。僚吏有告彦輔私受酒息於郡者，守劉述即以付吏。或疑事小宜置之，述曰：「羅湖口，廉吏也，不窮究其實，終身被誣矣。」果得其誣，反坐之。歷知池州，池居沮洳，城善頽，彦輔固石爲隄，永絶水患。移睦州，卒。鄉人欽其清德，以姑溪水比之。

石禹勤，字力臣，蕪湖人。舉進士。令靖安，伐妖木，祛淫祀。郡守薦其能，除通判辰州。時章惇經畫南北〔江〕①，人皆言南江蠻易剿，禹勤獨請招徠北江，皆相率聽命。遷知建州，轉運使奏禹勤鹽課、捕盗爲一路最，移撫州。卒，黄庭堅表其墓。

李樫，字與幾，當塗人。宣和進士，監察御史。忤秦檜，出知信州，平貴溪妖賊。檜抑其功，鐫職

① 據民國《蕪湖縣志》卷四十八補。

歸，州民畫像祀之。尋以郊恩復官，知睦州。卒。

元

李叙，字彦倫，當塗人。以薦授江寧教諭。調建康書院山長，節省浮費，及去，有羨粟千石，書册授代無私焉。遷平江學政，學歲租萬石，上官委叙主出納，尤以清謹聞。子習、翼。

明

陶安，字主敬，當塗人。領元至正四年鄉薦，爲明道書院山長。太祖渡江至太平，安迎謁，因説曰：「四海鼎沸，豪傑蠭起，皆志在子女玉帛，未有撥亂救民者。明公神武不殺，應天順人，天下不足定也。」帝善之，遂參幕府，從克建康。命知黄州，寬賦省役。移知饒州，平閩寇，錫金帛。洪武初置翰林院，首召安爲學士，制度禮文，多所考定。又命爲議律官，律成，拜江西行省參政。卒於官，追封姑孰郡公。

陶本，字培之，當塗人，安族弟。少師事安，以博洽聞。郡辟校官，不就。舉經明行修，帝御闕樓，試以治平策，本援筆數千言，皆切當稱旨。擢工部主事，才敏守潔，克舉其職。

喻仲衡，字平甫，當塗人。洪武中以賢良薦，授台州知府。值旱荒，農乏穀種，仲衡散官廩分給，期以秋償。民感其德，如約輸納，無敢後者，爲一時循良最。時大拓都城，役未竣，令諸臣運磚助工，以清慎免者數人，仲衡與焉。

詹俊，字用章，當塗人。洪武四年徵授磁州同知，時兵革初定，民未復業，俊勞來安輯之。勸耕桑，興學校，舉賢能，祛奸弊，州以大治。遷汝寧通判。

劉允，字子允，當塗人。洪武辛亥進士，授懷慶通判。以伉直謫瑞安縣丞，多善政。擢北平按察司副使。允有吏幹，尤侃侃善議論，每召對，多稱旨。

梁觀，字大用，當塗人。洪武中貢入太學，擢吏科給事中，遷四川按察司僉事。調廣東，分巡潮州，廉介剛果，決獄如神。卒於官，潮人祀之韓山書院，屢示靈異，有禱輒應。

杜智，字仲才，蕪湖人。洪武中，以太學生授隨州守，有治聲。坐逋稅當謫戍，廷臣疏其廉，特擢北平守。永樂間，累官南副都御史。又同邑湯貞，洪武中由太學生令曲江，以清介聞。永樂初改令寧海，皆有政績。

胡湜，字景濂，蕪湖人。洪武中，由太學生授吏科給事中，廉直敢言。永樂初，歷廣東僉事，值中璫監市舶多不法，湜密奏逮治。璫懼自殺，後皆斂戢，無敢驕恣。

嚴升，字仲升，繁昌人。建文庚辰進士，由青神令累遷江西僉事，以廉幹著。歷副都御史，振肅風紀。進禮部尚書，未任卒。又同邑周原，由進士歷磁州同知，亦有廉明之頌。

汪俊民，繁昌人。建文庚辰進士，授御史。永樂初出按廣東，撫黎人之叛。遷刑科給事中，有聲諫垣。

李衡，字秉鈞，當塗人。永樂甲申進士，選庶吉士，改户部員外郎，以廉慎爲尚書夏原吉所倚任。遷湖廣參政，撫綏有方，蠻獠帖服。以原吉薦，擢兵部侍郎。衡品粹才優，長於治劇。所著有《澹軒集》。

彭禮，字時序，當塗人。永樂甲申進士，選庶吉士，改户部員外郎，吏才敏練，鋭於任事。在部十餘年，每堂官缺，帝輒命禮攝之，財賦出納，悉有條貫。

郭智，字懋明，蕪湖人。永樂辛丑進士。宣德中官御史，聲望甚偉，輔臣楊士奇等交薦之。以僉都御史整飭寧夏邊務，軍肅民安。進督兩廣，威德益著。

謝孚，字以誠，當塗人。永樂丙戌進士。授御史，歷福建、陝西副使，所莅有聲。中貴奉使過陝，官吏多望塵伏謁，孚獨長揖不屈。後致仕歸。子騫，舉進士，以御史出按兩浙鹽課，置勢家子弟私販者於法。終山東參政。

徐觀，字大賓，當塗人。永樂乙未會試副榜，歷刑科給事中，糾劾無所避。正統初，轉雲南按察司僉事，雪理冤獄，舉廉斥貪。以預平麓川功，進副使。又相度險要，築堡浚池，墾荒興屯，邊患永息。

吴琛，字輿璧，繁昌人。景泰辛未進士。授御史，犒軍甘鎮，巡按四川，皆著風采。天順初，以劾石亨驕恣謫外。尋復職，累擢僉都御史，歷撫甘肅、粤楚，進督兩廣，聲績尤盛。琛頻莅重鎮，殁無餘資，人服其守。

黄讓，字用遜，蕪湖人。景泰甲戌進士。官御史，抗疏請釋直臣鍾同、章綸於獄，又論大內營繕不息，財力耗竭諸事，謫營山典史。歷中府都事，與倖臣錦衣門達忤，爲所陷，譴戍廣西。達敗，復官。

楊璧，字應奎，當塗人。景泰甲戌進士。擢户科給事中，侃直有氣節。天順改元，以建言謫外。適有天變，特詔復官。後守平凉，鑿延安河溉田七千餘頃。同邑鍾城，璧同榜進士，歷督福建、江西學政，凡所甄拔，悉成令器。

戴旭，字敬熙，蕪湖人。天順中，由太學生任武岡州同知，境内猺獞雜處，兼有藩邸軍衛，素號難治，旭以廉敏著能聲。移署靖州，歷許州。卒，藉同官賻始克成殮。

李蕙，字德馨，當塗人。成化己丑進士，授刑科給事中。歷江西參政，南贛盜起，蕙廣設方略，擒其渠魁，餘黨悉平。南昌大水入城，蕙恐官廩有失，預給軍士月糧，令竭力運負，廩米立空，人服其機敏。累擢右都御史，總督糧儲，頻有建白，漕規振肅。

夏祚，字天錫，當塗人。成化戊戌進士。擢兵科給事中，疏劾大臣之侵科臣權者。歷江西布政。丁艱解任，襆被就道。同官遺役賚羨金追送，祚撻役返金。服闋，補閩藩，時巡方以墨聞，面數之。旋乞致仕，閉門静守，并日而食。殁後遺一金帶，乃鍘爲之。

汪宗器，字鼎夫，繁昌人。成化甲辰進士。授行人，擢御史，條奏多剴切。出按楚粤，薦賢斥貪，大著風裁。遷南大理寺丞，進少卿，善决疑獄。以劉瑾撓法，乞終養歸。兄宗理，舉進士，官御史，亦著直聲。

李贊，字惟誠，蕪湖人。成化甲辰進士。授吏部主事，轉員外。以才守爲冢宰王恕所任，改兵部郎。復爲尚書馬文升所薦，累官浙江布政。以事忤劉瑾，勒令致仕。

李貢，字惟正，贊之弟。與兄同舉進士，授户部主事，歷刑部郎，讞獄明慎。累擢右都御史，巡撫遼東。總兵毛倫怙劉瑾勢恣横，貢以法裁抑之。忤瑾罷歸。瑾誅，起撫順天，增修通州城，費鉅而民不擾。又築古北口邊垣，以扼寇衝。遷兵部侍郎。

胡爟，字仲光，蕪湖人。弘治癸丑進士，選庶吉士，改户部主事。嘗應詔陳言，劾中官李廣、楊鵬，及戚畹、方士、傳奏、冗員之害，詞意剴切，直聲振一時。會廣死，故爟得無罪。九歲即能詩，長益博涉經史，文筆雄偉，有《蒲塘集》。

祝鑾，字鳴和，當塗人。正德戊辰進士。授禮部主事，歷郎中。同翰林舒芬等諫止南巡，廷杖奪俸。終福建參政。

喻智，字子貞，當塗人。正德甲戌進士。由部曹歷副都御史，巡撫南贛，即王守仁舊治，地介閩、廣，大盗餘孽踞箐穴，結蠻獠，時出爲患。智開誠布信，受撫者以萬計。乞歸後，有柄臣僕過邑横肆，智執而杖之，其嚴毅如此。

端廷赦，字世恩，當塗人，宏之孫。正德庚辰進士。令高安，以最擢御史。劾武定侯郭勛驕横，巡茶馬，按兩浙，風采益著。累官南右都御史，掌院事。因近鄉里，嘗有欲干謁之者，復憚其剛正而止。

楊東，字啓明，當塗人。嘉靖癸未進士，授行人，擢御史。初巡視廐牧，及清查龍驤三衛，盡釐侵冒宿弊。巡鹽河東，清豪占鹺池，逋課悉完。繼按雲南，多雪疑獄，滇中頌如神。又土官争襲仇殺，巡撫議發兵進剿，東傳檄諭之，止罪首惡，事遂定。

倪嵩，字中卿，當塗人。嘉靖己丑進士。授太常博士，釐奉常典禮，輯《總覽》一書。擢御史，出按貴州，裁正土官之挾微功求進秩者。先是，黔省鄉試附滇，路險且遠，嵩疏其事，因特設黔闈試士，士多便之。遷大理寺丞，又釐律令，輯《問刑條例》一書。遷户部侍郎，以忤輔臣嚴嵩，出爲南右都御史。尋乞休。族孫一驥，歲貢生，學行深粹，士林推重。

徐貢元，字孔賜，繁昌人。嘉靖辛丑進士。自刑部郎出爲德安守，多異政。累遷南户部侍郎，總督糧儲。歷官十三任，清白無疵，時海内有四君子之號，貢元其一也。所著有《省身日記》。

周易，字時伯，蕪湖人。嘉靖癸丑進士。授兵部武選主事，汰軍職冒濫二十餘人。改御史，救言官，論邊務詞皆抗直。督北畿學政，輔臣以私書至，易不閲而焚之。歷參議，致仕。

孫濟遠，字合溪，當塗人。嘉靖乙丑進士。授饒州推官，讞決如神。擢御史，出按黔、蜀，治尚威嚴，不避勢要。

梅淳，字凝初，當塗人。隆慶辛未進士，授縉雲令。以政最入爲御史，巡按浙、廣，多所糾彈。因忤輔臣，出守岳州。遷濟寧道，河决韓莊渠，淳疏築有功。擢雲南布政，清理宿弊，羡金悉歸公帑。

時開珠池，商人例獻樣珠，峻却之。著有《一鶴文集》。

陳一簡，字上敬，繁昌人。萬（歷）〔曆〕癸未進士。授户部主事，歷郎中，擢昌平僉事。横嶺有九陵，奸弁妄議開採，一簡力争，以横嶺内近陵寢，外薄敵營，此役一興，恐傷陵脉、啓邊釁，事乃止。又正内璫在昌平非法殺人罪。遷副使，卒。

吴一驥，字純所，蕪湖人。萬（歷）〔曆〕甲午舉人。授耒陽令，邑産錫，苦供億，特白撫按罷之。遷湖州同知，湖多盗，皆倚勢家爲窟穴，一驥窮治伏法，盗遂絶迹。歷户部郎。又同縣俞審，由舉人知澧州，澧多水患，審築堤捍禦，名文梁堤，州人永賴。

崔涓，字震水，蕪湖人。萬（歷）〔曆〕辛丑進士，授行人。遷銓曹，兩掌選政，謝絶請屬，人多服其清介。

楊成喬，字惟嶽，當塗人。萬（歷）〔曆〕辛丑進士。授新興令，敏於聽斷。又知民素困郵傳之擾，特取公帑給驛費。擢户部主事，轉職方郎，籌畫邊務，悉中機宜。尋告歸，卒。子芝瑞，懷宗時由舉人令慶元，據險設守，擊敗賊兵。遷武定知州。

葛綗，字振寰，蕪湖人。萬（歷）〔曆〕壬子舉人。天啓末，官國子監丞，時魏忠賢竊柄，黨附者倡議立祠，并配享太學，綗白祭酒力沮之。忠賢敗，綗遷刑部主事。

曹履吉，字根遂，當塗人。萬（歷）〔曆〕丙辰進士。授户部主事，督新泰、海運二倉，釐剔積弊，盡取羨米儲爲公用。歷郎中，出督河南學政，兼綰諸篆。河堤潰決，捍築有功，内擢光禄卿。

張時暘，字乂若，建陽衛人。萬（歷）〔曆〕丙辰進士。授嵊縣令，以捕治豪猾著能聲。調臨海，鄰縣兵譁，往諭立解。擢禮部主事，歷山東武德道僉事。武德爲齊、魯之交，水陸輻輳，地衝且瘠，時暘拊以寬大，境内輯寧。

沈希韶，字鳳來，蕪湖人。天啓壬戌進士。授新昌令，有能聲。入爲御史，出按上江。先是，沿江繁征，蕪湖爲甚，希韶巡視，悉革其弊，里人建坊頌德。後例轉僉事，未赴卒。

國朝

楊世學，字爾合，芝瑞子。舉順治丁亥進士。由評事擢御史，有請嚴採買、杜騷擾諸疏，部覆允行。又請浚淮河下流海口，引水入海，河患自息，時論韙之。出爲武昌分守道，招撫山賊鄭鴻等十三砦。歷衡永參政，所莅皆以清操聞。

方錫，字禹符，繁昌人。順治戊子副榜。令清流，廉潔自砥，纖芥無染。遷沂州守，未赴卒。邑署所存，惟敝衣一笥、圖書數卷。

徐鼐臣，字調明，當塗人。順治己丑進士。授鄢縣令，地介豫、閩，素爲盜藪，鼐臣始至，披荆棘，招流亡，户口稍增。方籌兵料餉爲剿賊計，遽以勞瘁卒官，邑人悲之。

韋一鶴，字羽仙，蕪湖人。順治壬辰進士。授麗水令，邑多祟岡伏莽，一鶴戢盜拊民，四境安堵，政績大著。

汪可準，字懸標，蕪湖人。父廷幹，以篤行稱鄉里。可準舉順治壬辰進士，授永州推官，莅事明鋭，案無冤滯。入爲中書舍人，卒。

韋嗣賢，蕪湖人。順治乙未進士。授撫州推官，剖决精敏。内擢吏部稽勳主事，歷考功郎中，清介有守。居鄉尤以仁厚得時譽。

丁宗閔，字再騫，當塗人。康熙己未進士。授禄豐令，邑遭滇逆之變，地荒民散，宗閔買牛種，招流移，民皆樂業。又創義學課士，自是科第相繼。攝禄勸州事，單騎諭降土酋之抗令者。以卓異徵，值憂歸，卒。

廬州府

漢

周榮，字平孫，舒人。舉明經，辟司徒袁安府，凡安舉奏竇景與竇憲争立北單于事，皆榮具草。竇氏客徐齮深惡之，脅榮曰：「子爲袁公腹心之謀，排竇氏，竇刺客滿城中，謹備之！」榮曰：「江淮孤生，蒙恩待備宰士，縱爲竇所害，誠所甘心！」及竇敗，榮由此顯名。自郾令擢爲尚書令，歷官潁川、山陽太守，皆見稱紀。以老病乞身，卒於家，詔特賜錢二十萬。

周景，字仲饗，舒人。任河内太守，好賢愛士，其拔才薦善，常恐不及。徵入爲將作大匠，累遷司空。時宦官任人及子弟充塞列位，景初視事，與太尉楊秉奏諸奸猾，自將軍、牧守以下免者五十餘人。遂連及中常侍侯覽、貝瑗，皆坐黜，朝廷莫不稱之。建寧元年薨，追封安陽鄉侯。子崇嗣，至甘陵相。中子忠，累遷大司農。後代皇甫嵩爲太尉、録尚書事。忠子暉，爲洛陽令。

三國　吴

周瑜，字公瑾，廬江舒人。父異爲洛陽令，景從子。瑜長壯有姿貌。孫堅徙家於舒，堅子策與瑜相友善，瑜推道南大宅以舍策，升堂拜母。後將兵從策，屢立戰功。爲中護軍，鎮巴(邱)〔丘〕。權統衆，瑜與張昭共掌衆事。權討江夏，瑜爲前部大督。曹操入荆州，瑜率程普等逆操於赤壁，縱火燒擊，大敗操軍。拜偏將軍，領南郡太守。詣京見權，謀進取蜀。還江陵，卒於巴(邱)〔丘〕。權素服舉哀，感動左右。子循，尚公主，拜騎都尉，有瑜風。早卒。循弟(印)〔胤〕，拜興業都尉。

隋

樊子蓋，字華宗，廬江人。仕齊封富陽縣侯。隋高祖受禪，以功改封上蔡縣伯。煬帝時，歷官武威太守，以善政聞。大業九年，車駕幸遼東，命子蓋爲東都留守。楊(元)〔玄〕感作逆，盡鋭攻城，子蓋設備禦，屢摧破之。帝曰：「昔高祖留蕭何於關西，光武委寇恂以河内，公其人也。」進位光禄大夫，封建安侯。卒謚景，會葬者萬餘人。武威民吏聞之，莫不嗟痛，立碑頌德。

陳稜，字長威，廬江襄安人。大業中，拜虎賁郎將，擊琉球大破之，虜男女數千而歸。煬帝幸江都，命統宿衛兵，擊賊淮上，往往克捷。遷右禦衛將軍。

唐

羅珦，廬州人。爲本州刺史，捐俸給藥濟貧，修學勸士，三年政化大洽，有芝草白雀之瑞。遷京兆尹，封襄陽縣男。子讓，官至江西觀察使。

宋

馬亮，字叔明，合肥人。舉進士。通判常州，吏民有因緣亡失官錢逮者數百人，亮與期，悉縱去，不逾月盡輸所負。糾察福建路刑獄，活冤者數十人。知饒州，誅豪民白氏。真宗即位，以侍御史上書言：「軍賞宜速給，赦書蠲除逋負，宜敕有司毋更趣責。」帝善其言。爲四川轉運副使。賊王均既平，而主將邀功，誅殺不已，亮言於帝，悉宥之。時諸鹽井久涸，負課逮繫者州數百人，亮盡釋之，而奏廢其井。又除屬部舊逋官物二百餘萬。還知潭州，移昇、廣、虔、洪、杭諸州。入爲御史中丞，請禁士民父祖未葬，毋得析居。後以太子少保致仕。卒，謚忠肅。

馬仲甫，字子山，亮子。舉進士。知登封縣，鑿轘轅道險阨爲坦途。爲發運使，鑿洪澤渠六十里，以避長淮之險。知瀛州，築甘谷堡，以通北抵南谷之路。

鍾離瑾，字公瑜，合肥人。舉進士，知德化縣。將嫁女，市婢得前令女，遂與己女同嫁。判益州，建言：「州郡既上雨，後雖凶旱，多隱之以成前奏，請令監司劾其不實者。」歷江淮制置發運使，置閘召伯埭旁，人以爲利。累遷龍圖閣待制、權知開封府，卒。

茹孝標，舒城人。天聖中進士。少負氣節，好學不倦，吏治有聲。仕至都官員外郎，出知江州。

楊察，字隱甫，合肥人。景祐元年進士，歷江南東路轉運使，在部專以舉官爲務，曰：「此按察職也。苟掎拾羨餘，則俗吏之能，何必我哉？」以右諫議大夫擢御史中丞。御史何郯論事不實，中書問狀，察言：「御史故事許風聞，今以疑似被詰問，非所以廣言路也。」卒，贈禮部尚書，謚宣懿。

雙漸，廬江人。慶（歷）〔曆〕中進士，博學能文。爲職方郎中，出知同州，爲政和易，吏民見思，有古循吏風。

賈易，字明叔，無爲人。中進士甲科，爲常州司法參軍，自以儒者不媚法令，議獄惟合於人情，曰：「人情所在，法亦在焉。」郡中稱平。歷宮侍御史，以剛直名。上書言天下大勢可畏者五，頗激切。易程頤門人，與蘇軾不合，嘗論劾之。

張徵，字新仲，舒城人。建炎三年，爲御史中丞，劾黃潛善、汪伯彦大罪二十條。罷知江州，尋又謫秘書少監，分司西京。

王藺，字謙仲，廬江人。乾道進士，歷樞密院編修官。輪對，奏五事，孝宗大加獎擢，除監察御史。陳時政闕失，皆嘉納之。光宗即位，由禮部尚書遷知樞密院事，除目或自中出，未愜人心者，輒留之，納諸御座。時議建皇后家廟，力争不可。應詔疏列八事，不報，終以不合去。

甚衆。

束元嘉，合肥人。通城簿，毁淫祠，正風俗。嘗攝縣令，以政最聞。後知秦州，賑饑有法，全活

元

晁顯，巢縣人。泰定時，爲平江路總管。以廉自律，杜請謁，禮文學之士，勞來阡陌，絶奸吏，詘

大姓，一時稱焉。

明

薛祥，字彦祥，廬州人。領衆來附太祖，從渡江。海州民亂，株連甚衆，祥會鞫，多所開釋。治淮

八年，民相勸莫爲惡，咸寫真祀之。授工部尚書，時李善長奏鳳陽宫殿人匠魘鎮，將盡殺之，祥面折

之曰：「太師一言壞人命！」乃分别無罪，活數千人。左遷北平布政使，治行稱第一。後坐事杖死，

天下哀之。

陳瑄，字彦純，合肥人。洪武時，累功授都督僉事。永樂初，封平江伯，領海運，歲漕米百萬石至

北京。後既開會通河，罷海運，仍命瑄督漕。瑄鑿清江浦，築堤置閘，漕舟便之。又改民運爲兑糧，

自瑄始。卒，謚恭襄，廟食清江浦。

蔚綬，合肥人。洪武中，由國子生歷官山西布政司參議。永樂間，召拜禮部侍郎。宣德初，晋本部尚書。綬秉心淳實，履行端方。卒，謚文肅。

中泰，無爲人。洪武間以薦起家，知延平府。入覲，會諸守有以贓敗者，傳旨令軍校遍搜各省知府。至延平，止得米三升、鈔二貫，考天下清廉第一，荷褒賜。致仕歸，惟携老蒼頭一人，步入閭里。

龍源，合肥人。少警敏力學。永樂初，預修《大典》，授工科給事中。親喪家居，見民牧不良，即聞於朝。其人賂當道誣之，遂罷歸。

方正，合肥人。永樂初徵修《大典》，入太學。授工部主事，時建北都，督工規畫有條。由屯田郎擢江西參政，平峒賊。遷福建布政。

丁毅，字士弘，無爲人。永樂乙未進士，選庶吉士。性剛直，時近臣有紀綱者，勢傾中外，衆莫敢忤，毅獨正言與之抗。綱服其直，竟不能厄。

史昭，合肥人。永樂初，積功至都指揮僉事，充總兵官，鎮凉州，討平土軍老的罕。移鎮西寧，請立學校如中土。宣德中，以征西將軍鎮寧夏，凡十二年，邊備大固。進右都督。

鄭泰，字景暘，舒城人。永樂進士，任給事中，讜言動衆。進都給事中，超補刑部侍郎，璽書褒異。天順復辟，遷吏部。卒，賜祭葬。

朱昂，字廷舉，無爲人。貢生。任應天府通判，陞工部郎。周文襄忱薦領江南糧儲，歷陞福建參政。嘗掌臬司事，三日間出濫繫二百餘人。居鄉如未嘗有勢位者，地方利害，嘗陰白有司，人或造謝，則杜門不見。

李春，字景陽，無爲人。正統進士，兵科給事中，有直聲。轉福建參議，汀盜起，春親抵巢穴諭降。進江西左參政，撫諸洞反側。歷兩藩，俱著聲績。

沈譓，合肥人。景泰進士，歷部郎。知東昌府，政尚嚴明，常禄外不名一錢，折獄明允，銓注天下廉能官第一。

鄭時，字宗良，舒城人。景泰進士。任御史，以戇直降内鄉知縣。薦爲延平守，擢撫陝西。成化末，有挾左道得幸者，時上疏論之，陳利國保民五事，忤旨降謫。復起爲左副都御史，轉兵部侍郎，晋司寇。爲人端厚簡慤，鄉評重之。

王敬，字惟瞻，廬江人。景泰間貢監。任大理評事，甫視事，即力白三原王恕之冤，衆論多之。陞本寺副。子恒，字克昌，幼習詹孟舉大書。年十二，英宗召至御前，作「天下太平」四字。擢中書舍人，官終户部郎。

鮑德，字秉仁，舒城人。景泰丙子鄉薦，知衡山。調華容，治邑九年，興學勸農，懲奸理冤，治稱湖湘第一。仕至饒州同知。

吴凱，合肥人。由進士擢兵科左給事中，封駁敷奏，動存大體。承旨覈邊儲，罷武弁不職者四百餘員。仕至廣東少參。

郭鋐，合肥人。襲彭城衛指揮使。成化初，進指揮同知。弘治中，擢總漕運。沈毅有智略，凡軍民利病，必陳於朝。嘗浚通州河置壩，令淺船搬運，歲省白金數萬。筦漕十三年，後佐後府卒。

薛遠，字繼遠，無爲人。由進士任户部郎中，使交南還，進侍郎。轉工部，治河河南，調兵食討兩廣叛獠。事平，進尚書，致仕。復起南兵部尚書。與中官汪直忤，遂歸。遠敏而好學，於禮樂、兵刑、天官、律（歷）〔曆〕，無不究悉，尤熟國家典故。在户部，改定事例，每歲中外競陳利害一切報罷，官省民安。從宦四十年，家無長物。嘗曰：「少吾事親恒不足，今安忍有餘？」

葉鸞，字應和，舒城人。景泰進士，任貴州參議。黔中雜苗難治，鸞廉静忠誠，按部所至，蠻人赴愬者，多持金馬求直，盡却之，一斷以法。有宣慰封人腸，藩、臬諸司莫能糾，鸞遣馳諭，即謝罪。又宣慰有奪嫡者，僉允其請，鸞獨不肯署名。親老，授副使終養。

秦民悦，字邦約，舒城人。天順進士，授行人。進工部員外郎，裁抑中貴私尅之弊。出知廣平府，括流移荒地三千五百頃，聽民耕種，斂租備賑。擢江西參政，累陞户、兵二部尚書。卒，謚莊簡。

張淳，合肥人。成化進士。令瀏陽，糧長侵賦鉅萬，淳以至誠勸諭，並感泣輸完。擢御史，按貴州，用計擒賊渠，餘黨五十九寨悉就撫。轉吉安知府，多善政，民爲立祠。累遷至副都御史。

蔚春，合肥人。弘治進士。任兵科給事中，陳時政八事、邊務七事，咸見施行。參議福建，參政廣西，以鯁介爲忌者中傷，乞歸。

曹琥，字瑞卿，巢縣人。弘治進士，授南工部主事。轉户部御史，周廣發太監錢寧事下獄，琥論救，亦被杖，謫判尋甸。改黄州，遷廣信同知。節寧藩貢獻，抑守璫横索，請革歲貢芽茶。奏最，進鞏昌知府，未赴卒。生平砥礪名節，歷官中外，家無積儲。

萬振孫，字性儒，合肥人。嘉靖進士。服官剛正，自部郎知襄陽府，舉覈屬令贓過，雖賄監司爲解，弗釋也。陞副楚臬，礦使縱橫，振孫捕其爪牙立斃之。以忤旨削籍。起廣東參政，未就卒。

劉嵛，字山甫，無爲人。嘉靖進士。擢御史，巡視陝西，請查復金牌舊制、修舉茶馬八事。回按順天，疏陳畿輔饑荒疾苦。巡撫湖廣，會景王之國德安，嵛營辦有方，公私不擾，楚人頌之。

宛嘉祥，字白湖，廬江人。嘉靖癸卯舉人。判廣信，遷知思南府，招降強寇萬餘。朝廷嘉其績，令久任思南，撫戢餘衆，四境帖服。

竇子偁，合肥人。萬(歷)〔曆〕壬辰進士。授大理評事，抗疏請建儲。守泉州，課最。督學湖廣，大計注廉明第一。累遷福建布政使。

朱萬春，字寰同，無爲人。萬(歷)〔曆〕進士。知上饒，遏璫竪開採之擾，省長差拖累之患。擢御史，劾本兵，糾總河，論首輔，請東宫出閣講學。按四川，奏留帑金充採辦，免加派賑荒災。轉江右道，平鄱湖劇賊。內陞歷左通政。

許如蘭，字湘畹，合肥人。萬(歷)〔曆〕丙辰進士。知光州，遷工部郎。出知紹興，舉卓異。備兵密雲，轉蒲州道，密人請留，未赴，旋命撫薊。再撫廣西，折悍藩，平普、莫二賊。進副都御史。

趙一韓，字如勃，巢縣人。萬(歷)〔曆〕進士。司李九江，時中璫收稅，恣爲攫取，一韓痛繩以法。遷南工部，視榷蕪關，廉聲比前官葉茂才。累晉貴州副使，魏璫時能植節自振。

朱來遠，字文甫，廬江人。萬〔歷〕〔曆〕丁丑進士。初令秀水，除雜差以蘇民，禁私販以惠商，勸課省刑，時稱善治。仕至太常少卿，引疾歸。

楊四知，字畏生，無爲人。崇〔正〕〔禎〕戊辰進士，知漢陽。擢御史，陳江北被寇之慘、兵將玩寇之弊，又上銓政、京營、漕運及被寇地方求改折色等疏。巡視兩關，勞瘁卒官。

國朝

王綱，字燕友，合肥縣人。順治壬辰科進士，授刑部郎。改兵部，督捕逃案山積，綱爲振滯獄，釋株連。冬月流徙出關者，給湯粥衣絮。選授巡倉御史，終通政左右參議。

李天馥，字湘北，合肥人。順治戊戌科進士。授檢討，歷工、刑、兵、吏四部尚書，以老成清慎拜大學士。在相位五年，宰物應機，一以虛公處之。嘗以變法不如守法，欲救弊未必無弊，奉行故事惟謹，不敢失尺寸，有古大臣風。

許明章，舒城人。順治戊戌科進士，授陵水知縣。輸賦積弊，羨耗幾侔正額，賦多逋。明章盡除耗羨，令民出穀米、牛羊、雞豚之屬，官爲平價鬻之，以其值補從前缺額，數月而足。遷德州同知。

沈汝蘭，字仲畹，巢縣人。順治辛卯歲貢。司訓泰州，海寇薄城，協力守禦。白諸生之被誣陷者七人。

張肯穀，字式似，巢縣人。歲貢。任涇陽縣丞，遷知神木，署泰州事。巴三綱之亂，賊衆潛布城中，猝發執轂去。誘降，轂不屈，計紿守者得脱。奔叩幕府白狀，陳進剿策，躬爲嚮導，一鼓而三綱授首。超遷鳳翔知府，轉濟南，皆著治績。

湯愛鼎，字旺衡，巢縣人。廩貢，訓導靈璧。遷知滿城，除耗羨，清疆理，抑强梁。治最，擢瓊州守，參劾屬吏貪酷者不少貸。

張國城，字宗子，舒城人。康熙申辰科進士。知高明縣，時多盜，國城團練鄉勇，禦剿兼施。請緩征輸，折兵米，免夫役，以安集被難之民，上官皆從之。

陳略，字石友，舒城人。父魁甲，前明壬午寇亂時保護鄉里，收葬骸胔，以行義聞。略舉己未武科進士。守備蘄州衛，清釐軍民徭役，使兩不相擾，建鳳麓書院，置田養士。以卓異遷興化游擊。

朱前詔，無爲舉人。令長沙，均賦税，免差徭，勸課農桑，軫恤孤苦，陞知麻哈州，百姓如失父母。

宋元徵，字式虞，廬江人。康熙戊辰科進士。知夏津縣，廉明蝗不爲害。運河淤漕滯，元徵默禱河神，即躬挽大纜前行，水立湧，千艘如駛。歷官刑部郎中，屢决疑獄。祀名宦。

胡永亨，合肥人。父守恒，以壬午城陷罵賊死。永亨募勇士，夜入賊營，收父骸而葬之。家居孝友，尚義好施。康熙庚戌成進士。典試江西，公慎自矢，號稱得人。尋遷民部郎，奉命鞫粤東獄，仁恕得情。分巡肇高廉羅道，飲冰茹蘖，多所釐剔，息事寧人，幾於無訟，人比之包待制云。

鳳陽府

漢

召信臣，字翁卿，壽春人。以明經甲科爲郎，出補穀陽長。舉高第，遷上蔡長。其治視民如子，所居見稱述。超爲零陵太守，復徵爲諫大夫，遷南陽太守。信臣勤力有方略，好爲民興利，務在富之，躬耕農桑，開通溝瀆，以廣灌溉。杜紛争，禁奢靡，吏民親愛，號之曰「召父」。遷河南太守，治行第一，數增秩賜金。竟寧中徵爲少府，列於九卿。

陳萬年，字幼公，相人。爲郡吏。察舉至縣令，遷廣陵太守，以高第入爲右扶風，遷太僕。性廉平，内行修飭。以丙吉薦，代于定國爲御史大夫。

陳咸，字子康，萬年子。以父任爲郎，有異材。抗直數言事，遷爲左曹。元帝擢爲御史中丞，總領州郡奏事，課第諸刺史，内執法殿中，公卿以下皆敬憚之。爲石顯奏廢。成帝初，補長史，遷冀州刺史，歷二郡守，所至立威，豪强讋服。徵入爲少府。

薛廣德，字長卿，相人。以《魯詩》教授楚國，龔勝舍師事焉。以蕭望之薦，遷諫議大夫，代貢禹爲長信少府，遷御史大夫。爲人温雅有藴藉，及爲三公，直言諫諍。始拜旬日，元帝幸甘泉，因留射獵，廣德上書諫，即日還宫。復諫御樓船，願自刎以血污車輪，上卒從橋。後賜安車駟馬東歸。

徐防，字謁卿，銍人。永平中舉孝廉，除爲郎。禮貌矜嚴，占對可觀，顯宗異之，特補尚書郎。職典樞機，周密畏慎。出爲魏郡太守，遷大司農，勤曉政事，所在有績。拜司空。防以《五經》久遠，聖意難明，宜爲章句以悟後學。上疏言博士及甲乙策試，宜從其家章句，開五十難以試之，解釋多者爲上第，引文明者爲高説。詔書下公卿，皆從防言。拜司徒，遷太尉，録尚書事，封龍鄉侯。免，就國。防卒，子衡當嗣，讓其弟崇。數歲，乃出就爵云。

陳寵，字昭公，洨人。少爲州郡吏，辟司徒鮑昱府掾，勤心物務，昱高其能。轉爲辭曹，掌天下獄訟，其所平決，無不厭服衆心。撰《辭訟比》七卷，公府奉以爲法。肅宗初爲尚書，時吏政尚嚴，寵上疏，謂宜改前世苛俗，務寬厚。遂讞五十餘事，著爲令。是後人俗和平，屢有嘉瑞。歷二郡三卿，所在著績。累官司空。

陳忠，字伯始，寵子。永初中爲廷尉正，以才能有聲稱。擢拜尚書，居三公曹，雖世典刑法，用心寬厚。奏上《決事比》二十三條，以省請讞之敝。又奏除蠶室等刑。安帝親政，忠以宜徵聘賢才，（宜）〔宣〕①助風化，數薦隱逸及直道之士。又因災異，詔開言路，忠慮言事者多激切，或至不能容，乃上疏豫通帝意。後數言時政，語多切直，中官、外戚及近倖咸憚之。官至尚書。

桓典，字公雅，沛郡龍亢人，榮之（元）〔玄〕孫，焉之孫。傳其家業，以《尚書》教授。舉孝廉爲郎，

① 據《後漢書》本傳改。

辟司徒袁隗府，拜侍御史。是時，宦官秉權，典執正無所回避。常乘驄馬，京師畏憚，爲之語曰：「行行且止，避驄馬御史。」及黄巾賊起滎陽，典奉使督軍破賊。獻帝即位，三公奏典謀誅閹宦，忠義炳著，拜御史中丞，賜爵關内侯。

劉馥，字元穎，沛國相人。漢末，曹操表爲揚州刺史，單馬造合肥，空城建立州治。數年，恩化大行，流民歸者以萬數。於是興學校，廣屯田，治芍陂及茹陂、七門、吴塘諸堨以溉田。又高城壘，積木石爲戰守備。後吴攻合肥，城恃以全。

三國　魏

倉慈，字孝仁，淮南人。太祖開屯田於淮南，以慈爲綏集都尉。黄初末，爲長安令，清約有方，吏民畏而愛之。遷燉煌太守，抑挫權右，撫恤貧羸，歲决刑不滿十人，民翕然稱其德惠。數年，卒於官，吏民圖形祀之。

劉曄，字子陽，淮南成德人。許邵稱其有佐世之才。太祖辟司空倉曹掾、行軍長史，兼領軍。每有疑事，輒以函問，至一夜數十至。後卒於太中大夫、東亭侯，謚曰景。

劉靖，相人，馥子。仕魏，從黄門侍郎爲廬江太守，轉河内，遷尚書，賜爵關内侯，出爲河南尹。爲政初雖如碎密，久而百姓便之，有馥遺風。爲大司農、衛尉，進封廣陸亭侯，上疏陳儒訓之本。後遷鎮北將軍、都督河北諸軍事，開拓邊守，屯據險要，修渠灌田，邊民利之。薨，進封建城鄉侯，謚曰景。

胡質，字文德，楚國壽春人。仕魏初爲頓（邱）〔丘〕令，後徙吏部郎。爲東莞太守，平反獄情，在郡九年，吏民便安。遷荆州刺史，加振威將軍，解樊城之圍。遷征東將軍、假節、都督青徐諸軍事，廣農積穀，有兼年之儲。又通渠諸郡利舟楫，嚴設備以待敵，海邊無事。性沈實内察，不以其節檢物，所在見思。薨，家無餘財。追封陽陵亭侯，謚曰貞。

吴

薛綜，字敬文，沛郡竹邑人。仕吴爲五官中郎，除合浦、交趾太守。建昌侯慮爲大將軍，以綜爲長史，外掌衆事，内授書籍。慮卒，入爲尚書僕射。時權欲親征公孫淵，綜上疏諫止之。徙選曹尚書、太子少傅，以名儒居師傅之位。仍兼選舉，甚爲優重。凡所著詩賦、難論數萬言，名曰《私載》。又定《五宗圖述》《二京解》，皆傳於世。

魯肅，字子敬，臨淮東城人。家富於財，好施與，以賑貧結士爲務。周瑜爲居巢長，求資糧於肅，肅家有兩囷米，各三千斛，肅指一囷與之，遂相親結。瑜薦肅於孫權，與語大悦。因説權鼎足江東，以觀天下之釁。曹操既入荆州，圖東下，諸將皆勸權迎操，肅獨勸權召周瑜任之，與劉備併力破操於赤壁。後以奮武校尉，代瑜鎮江陵，尋拜漢昌太守、偏將軍。從權破皖城，轉横江將軍。子淑，永安中爲昭武將軍、都亭侯、武昌督，遷夏口督，所在嚴整有才幹。卒，子睦襲爵，領兵馬。

蔣欽，字公奕，九江壽春人。從孫策東渡，拜別部司馬，討平盜賊，歷官討越中郎將。從權征合肥，力戰有功，遷蕩寇將軍，領濡須督。後召還都，拜津右護軍，典領詞訟。權嘗入其堂内，母疏帳縹被，妻妾布裙。權嘉其在貴守約，敕御府以錦繡易之。初，屯宣城，蕪湖令徐盛收欽屯吏，表斬之，權不許，盛由是自嫌，常畏欽害己。而欽每稱其善，盛既服德，論者美焉。子壹，封宣城侯。與魏戰，臨陣卒。無子，弟休領兵。

晋

武陔，字元夏，沛國竹邑人。父周，與二弟韶、茂並總角知名。仕魏，累官太僕卿，封薛縣侯。晋泰始初拜尚書，遷左僕射，開府儀同三司。陔以宿齒舊臣，名位隆重，自以無佐命之功，又在魏已爲大臣，不得已而居位，深懷遜讓，終始全潔，當世以爲美談。卒，謚曰定。子輔嗣。韶，歷吏部郎、太子右衛率、散騎常侍。茂以德素稱，名亞於陔，官侍中、尚書。爲荀愷所陷，遂見害，天下傷焉。侍中傅祗上表申之，後追贈光禄勳。

袁甫，字公胄，淮南人。好學，與華譚齊名，以詞辨稱。嘗詣中領軍何勖，自言能爲劇縣。除松滋令，轉淮南國大農。

劉弘，字和季，沛國相人，靖子。有幹略政事之才。累官鎮南將軍、都督荆州諸軍事，屢平反側，勸課農桑，寬刑省賦。每有興廢，手書守相，丁寧款密，人皆感悦争赴之，咸曰：「得劉公一紙書，賢於十部從事。」及卒，士女嗟痛，若喪所親。後南夏亂，父老追思弘，雖《甘棠》之詠召伯無以過也。贈新城郡公，謚曰元。子蟠，追遵父志，斬郭勵於濁水。爲順陽内史，江漢之間翕然歸心。

胡威，字伯武，壽春人，質子。早厲志尚。爲徐州刺史，勤於政術，風化大行。入朝，武帝謂威曰：「卿孰與父清？」對曰：「臣父清，恐人知；臣清，恐人不知。臣不及遠也。」歷官前將軍、青州刺史，以功封平春侯。卒，贈鎮東將軍，謚曰烈。子奕嗣。奕字次孫，仕至平東將軍。威弟羆，字季象，亦有幹用，仕至益州刺史、安東將軍。

劉惔，字真長，沛國相人。祖宏字終嘏，宏兄粹字純嘏，宏弟潢字沖嘏，並有名。中朝時人語曰：「洛中雅雅有三嘏。」父耽，晋陵太守，亦知名。惔少清遠有標奇，王導深器之，論者比之荀粲。累遷丹陽尹，爲政清整。每奇桓温才，而知其有不臣之迹。及温爲荆州，惔言於帝曰：「温不可使居形勝地，其位號常宜抑之。」帝不納。年三十六，卒。孫綽爲之誄云：「居官無官官之迹，處事無事事之心。」時人以爲名言。

桓宣，譙國銍人。祖詡，義(王)〔陽〕①太守。父弼，冠軍長史。宣初爲元帝丞相舍人，時張平、樊雅各據一城，帝以宣爲參軍，使就平、雅，平、雅即遣使隨宣受節度。王含請宣爲參軍，使率衆救祖逖。逖留宣討諸未服，皆破之。陶侃使宣鎮襄陽，宣招懷初附，勸課農桑，簡刑罰，略威儀。十餘年

① 據《晋書》卷八十一改。

間，石季龍再遣騎攻之，宣能得衆心，每以寡弱距守，論者以爲次於祖逖。庾翼爲荆州，欲傾國北討，更以宣爲都督三州四郡軍事。以功封竟陵縣男。卒，贈鎮南將軍。子戎，官至新野太守。

桓伊，字叔夏，宣族子。父景，有當世才，仕至侍中、丹陽尹、長社侯。伊有武幹，累遷大司馬參軍。時苻堅强盛，邊鄙多虞，授伊淮南、歷陽太守。與謝(元)〔玄〕共破賊別將王鑒、張蚝，進都督豫州諸軍事。及苻堅南寇，伊與謝(元)〔玄〕、謝琰俱破堅於肥水，以功封永修縣侯。在州十年，綏撫荒雜，甚得物情。桓沖卒，遷都督江州荆州十郡、豫州四郡軍事。伊到鎮，以寬恤爲務，百姓賴焉。卒官，贈右將軍、官散騎常侍，謚曰烈。子肅之嗣。卒，子陵嗣。伊弟不才，亦有將略，討孫恩，至冠軍將軍。

桓沖，字幼子，彝季子。淹識有武幹。從温征伐有功，官寧朔將軍，義成、新野二郡太守。又從温破姚襄及虜周成，賜爵豐城公。遷振威將軍、江州刺史，後代温，居任盡忠王室。謝安以時望輔政，沖懼逼，乃解揚州，自求外出。以徐州刺史鎮京口，尋都督江荆梁益寧交廣七州軍事、荆州刺史。沖率前將軍劉波等伐苻堅，拔堅築陽，攻武當，走堅兖州刺史張崇。尋領江州，使石虔伐堅襄陽太守閻震，擒之，以功封次子謙宜陽侯。又降堅魏興、上庸、新城三郡。卒，贈太尉，謚宣穆。

南北朝　宋

鄭黑，壽陽人，仕宋爲豫州刺史。殷琰叛，黑起兵淮上捍之。遷司州刺史。

趙倫之，字幼成，下邳僮人。宋武帝起兵，以軍功封閬中縣五等侯。武帝北伐，倫之遣順陽太守傅弘之、扶風太守沈田子出嶢柳，大破姚弘於藍田。後以佐命功，更封霄城縣侯、安北將軍。少帝即位，徵拜護軍。尋遷光禄大夫。卒，子伯符嗣。

梁

裴邃，字淵明。祖壽孫，由河東徙居壽陽，刺史裴叔業以壽陽降魏，隨衆北徙。天監初，邃自拔還梁，求邊境自效，以爲輔國將軍、廬江太守，屢破魏軍，以功封夷陵縣子。遷廣陵太守，及梁、秦二州刺史，開創屯田，倉廩盈實，省息邊運，民吏獲安。與魏壽陽守將拒戰，卒於軍，謚曰烈。邃深沈有思略，爲政寬明，能得士心，居身方正，將吏憚之。及其卒也，淮、肥間莫不流涕。子之禮，字子義，累官都督北徐仁睢三州諸軍事、信武將軍。卒，謚曰壯。

後周

裴政，字德表，邃孫，家壽陽。幼明敏，博聞强記，達於從政。仕梁封夷陵侯。周師圍荆州，政間道赴難，周人獲之。蕭詧命至城下，使謂元帝曰：「王僧辨已自爲帝，王琳不復能來。」政詭許之。既而告城中曰：「援兵大至，吾當以碎身報國！」江陵平，周文帝聞其忠，授員外散騎侍郎，命與盧辨依《周禮》建六卿，撰次朝儀，多遵古法。尋授刑部，用法寬平。後出爲襄州總管，令行禁止，稱爲神明。

卒官，年八十九。

隋

樊叔略，陳留人。仕周累遷驃騎大將軍。從武帝伐齊，每戰身先士卒，以功封清鄉縣公，拜汴州刺史。隋文帝受禪，進爵安定郡公，在州數年，甚有稱譽。遷相州刺史，政爲當時第一，百姓爲之語曰：「智無窮，清鄉公。上下正，樊安定。」徵拜司農卿，凡種植，叔略別爲條制，皆出人意表。卒，贈亳州刺史，謚曰襄。

唐

裴懷古，壽春人。爲監察御史。姚、嶲道蠻反，命懷古懷輯之。申明誅賞，歸者日千人，遂定南方。使突厥，默啜欲官，懷古不屈，將殺之，懷古亡歸。遷祠部員外郎，歷官幽州都督，所至吏民懷愛。韓琬稱其馭士信，臨財廉，爲國名將云。

宋

高覿，字會之，宿州蘄人。進士起家，歷遷户部判官、京西轉運使，徙益州。彭州廣碃、麗水二峽地出金，宦者挾富人請置場，募人夫採取之。覿曰：「聚衆山谷間，與夷獠雜處，非遠方所宜。」奏罷之。累官給事中。子秉常，爲梓州路轉運使。

閻日新，宿州臨涣人。少爲本州牙職，補三司使役吏。景德初，命管勾邠、寧、環州駐泊兵馬。時部署張凝屢入邊界焚族帳，日新皆提兵應援。大中祥符初，改文思使。日新起胥吏，好云爲以進取，多所建白。累官昭州團練使，歷知單州。

吕夷簡，字坦夫。先世萊州人，祖龜祥知壽州，子孫遂家焉。夷簡進士及第，累遷尚書祠部員外郎，時京師大建宫觀，工役至有死者，夷簡奏緩其役，真宗謂其有爲國愛民之心。仁宗即位，以給事中參知政事，尋拜同中書門下平章事。章懿太后薨，夷簡請發哀成服，備儀仗葬之。徙許國公。感風眩，仁宗降手詔云：「古謂髭可療疾，今剪以賜卿。」既薨，帝泣曰：「安得憂國忘身如夷簡者！」贈太師，謚文靖。夷簡當國柄最久，其於天下事屈伸舒卷，動有操術。後配食仁宗廟，爲世名相。

吕公綽，字仲祐，夷簡子。蔭補將作監丞，遷尚書員外郎，爲史館修撰，判太常寺。考定禘祫時祭之禮，爲《郊祀總儀》上之。改樞密直學士、知（泰）〔秦〕①州，古渭州諸羌來獻地，公綽卻之不受。進翰林侍讀學士。卒，贈左諫議大夫。

吕公弼，字寶臣，夷簡子。賜進士出身。積遷直史館、河北轉運使。自寶元、慶（歷）〔曆〕以後，宿師備邊，既撤警而將屯如故，民疲餽餉。公弼始通御河，漕粟實塞下，冶鐵以助經費，舒冗賦及民

① 據《宋史》本傳改。

逋數百萬。夷簡歿，仁宗識公弼名於殿柱，至是益材其爲人，謂宰相曰：「公弼甚似其父。」知成都府，寬而有斷，軍府肅然。代蔡襄爲三司使。神宗立，王安石嫌其不附己，公弼立上章避位。卒，謚惠穆。

呂公孺，字稚卿。賜進士出身。占對詳敏，仁宗以爲可用，爲開封府推官。民鬻薪爲盜所奪，逐之被傷，尹包拯命笞盜，公孺曰：「盜而傷主，法不止笞。」執不從，拯善其守。及使三司，而公孺爲判官，事皆咨決之。元豐初，知永興軍。洛口兵千人，以久役思歸，奮斧鍤排關，不得入。公孺索首亂者黥之，餘悉慰遣。後累官户部尚書，卒。

呂希哲，字原明，公著長子。少從焦千之、孫復、石介、胡瑗學，復從程顥、程頤、張載遊，聞見由是益廣。以蔭入官。王安石將置其子雱於講官，以希哲有賢名，欲先用之，希哲辭曰：「辱公相知久，萬一從仕，將不免異同，則疇昔相與之意盡矣。」安石乃止。范祖禹言於哲宗曰：「希哲經術操行，宜備勸講，其父嘗稱爲不欺暗室。」詔以爲崇政殿説書。勸導人主，以修身爲本，修身以正心誠意爲本。遭崇寧黨禍，奪職，罷爲宫祠，羈寓淮、泗間十餘年，卒。希哲樂易簡儉有至行，晚年名益重，遠近皆師尊之。

呂希純，字子進，公著次子。登第，爲太常博士。元祐祀明堂，將用皇祐故事，希純言：「宜循元豐間式，以英宗配上帝，悉罷從祀群神，得嚴父之義。」從之。又請定納后昏禮。拜中書舍人，同修國史。入崇寧黨籍，累貶官。

苗時中，字子居。其先徙居宿州。以廕主寧陵簿，有善政。熙寧中，爲梓州轉運副使。韓存寶討蠻軍行，時中以糧道遠，創爲摺運法，食以不乏。加寶文閣待制，終户部侍郎。

魏杞，字南夫，壽春人。紹興十二年登進士第，累遷宗正少卿。湯思退建和議，命杞爲通問使，損歲幣五萬。歸以使不辱命，一歲至相位。卒，謚文節。

吕好問，字舜徒，希哲子。以廕補官。崇寧初，治黨事坐廢。蔡卞得政，諷之曰：「少親我，即階顯列。」好問笑不答。靖康元年，歷擢御史中丞。徽宗將内禪，詔解黨禁、除新法，蔡京黨戚莫肯行，好問抗疏言利害，欽宗鄉納。又疏蔡京過惡，乞投海外，請削王安石王爵。前後數十上，帝雖嘗食，輒使畢其説。高宗南渡，好問諭張邦昌奉傳國璽，遣使勸進，高宗勞之曰：「宗廟獲全，卿之力也。」以恩封東萊郡侯。子本中、揆中、弸中、用中、忱中，孫祖謙、祖儉。

王希吕，字仲行，宿州人。渡江後，自北歸南。登進士科，除右正言。時張説以攀援戚屬擢用，希吕上章劾之見斥，直聲聞遠邇。淮右擇帥，令知廬州，兼安撫使，修葺城守，安集流散，兵民賴之。改知紹興府，百廢具興，尤敦禮文學端方之士。天性剛勁，遇利害無回護意。居官廉潔，至無屋可廬。上聞之，賜錢造第。

董槐，字庭植，濠州定遠人。少喜言兵，自方諸葛亮、周瑜。既而，從學於輔廣，廣歎其善學。登進士，爲廣德軍録事參軍，雪富人李桷獄。嘉熙中，知江州，兼都督府參軍。流民渡江而來者數萬，發粟賑之，至者如歸。淳祐二年，遷左司郎，兼知江州，主管江西安撫司，興利除害，惟恐不盡。徙廣西運判，兼提點刑獄。至邕州，上守禦七策，南方悉定。累封許國公。一日，值天大雨，烈風雷電，槐衣冠起坐，麾婦人出，爲諸生講兑、謙二卦，遂薨。贈太子少師，謚文清。

元

張郁，靈璧人。登至元進士，歷官三十餘年，不苟取於民。至參知政事，而接人以謙，私居必冠帶。

明

李善長，字百室，定遠人。太祖起兵，善長被儒服道謁，上與語取天下大計，意合，留幕贊軍機。積資至左相國，章程賞罰，悉善長處分。凡師行，必善長留守，轉調軍餉無乏。太祖即位，凡制度皆善長所定。以其功大，比漢蕭何，封韓國公。後坐胡惟庸事死。

徐達，字天德，濠人。少負大志。太祖爲郭子興部帥，仗劍往從，一見語合，時時以王霸之略進。上知爲國器，委使必效，征討所至成功，與常遇春皆軍鋒冠。而達尤不嗜殺，平張士誠，吴人安堵如故。入元都，市不易肆。出佩大將軍印，歸朝上符印，單車垂橐還邸舍。延儒生講議，恂恂恭謹，以功名終。封魏國公。卒，追封中山王，謚武寧。

鄧愈，虹縣人。從太祖定金陵有功，每戰必先登陷陣，取州郡即令鎮守。歷廣德、宣、徽、嚴、饒、撫、南昌、襄陽，所至撫以恩信。後從大將軍北定中原，封衛國公。卒，追封寧河王，謚武順。

繆大亨，定遠人。初糾義兵，爲元攻濠，不克。歸附，歷官同僉樞密院事，總制揚州、鎮江，有治略。爲政寬簡，軍民皆悦之。及卒，上遣祭其墓曰：「繆將軍平生端直，諸將中未嘗有過。」

郁新，字敦本，臨淮人。洪武中，由人材除户部度支主事，進郎中，超遷户部侍郎。上問天下户口、漕運、地理險易，應對無少誤。進尚書。永樂初卒。新理邦賦十三年，長於綜核，密而不繁。帝悼之，賜祭葬。

張德林，鳳陽人。明初以元帥守揚州，時兵火之餘，城中居民僅十餘家，德林招集流亡，户口日繁，威肅惠懷，軍民輯睦。

唐鐸，字振之，虹縣人。太祖初起兵，即侍左右，歷官兵部尚書。上謂其謹厚有德，特以爲詹事，食尚書俸。後參征南軍，相度形勢，增設衛所，皆從之。鐸居官廉静，不妄取予，爲上所重。

單安仁，字德夫，濠人。元末歸太祖，爲元帥守鎮江，移常州。歷工部尚書，精敏多智，諸所營造，大小中程。改兵部尚書，致仕。奏請疏浚儀（徵）〔真〕縣南壩，以便輸輓。疏轉運河，以防淤淺。移瓜洲倉廒置洋子橋西，免大江風潮之患。家居二十年，卒，年八十五。

郭景祥，濠人。博涉書史。性直諒，遇事敢言，太祖甚親信之。爲右司郎中，授和州總制，治城隍、樓櫓，廣屯田，練士卒，和遂爲重鎮。仕終浙江行省參政。

王濂，字習古，定遠人。李善長婦兄。元時爲吏，令長皆賓禮之。聞太祖克集慶，來歸，除執法官，讞獄平允。歷浙江按察僉事，治行著聞。卒，上深痛曰：「濂有王佐才，今死，朕失一臂！」

毛騏，字國祥，定遠人。太祖自濠趨定遠，與騏籌兵事，悉當意。擢行省郎中，文書機密皆協贊之。病卒，上親製祭文。子驤，歷官都督僉事。

楊冀安，靈璧人。洪武初，官工部侍郎。奉使雲南，著有異績。

尹綬，字廷章，定遠人。洪武丙子鄉薦，任御史，舉刺無所顧忌。永樂初使海外歸，歷數萬里，山川、島嶼悉繪圖以獻。

張貫，靈璧人。洪武中監生，歷任至北平參議。永樂中改北平爲順天府，貫首爲府尹。爲政嚴明，不阿權勢。卒於官。

馬世熊，臨淮人。累官至營田使。卒於官，太祖親爲文祭之。

趙畿，字邦翰，宿州人。鄉舉，卒業成均，仕金華司李，發奸如神。

陳璇，字汝衡，定遠人。永樂辛丑進士。除御史，巡按浙江、廣西，所至肅然。歷浙江按察使，益廉介自持，貪墨斂跡。

李默，字思道，定遠人。洪武丙子鄉貢。永樂中，上書言事，朝廷奇其才，擢漢王府長史。王有異志，默苦諫，王怒禁錮之。事敗，默尚繫獄，特釋還鄉里。

年富，字大有，懷遠人。正統間，由鄉薦歷仕陝西參政，奏罷織駞氁，定賦額，汰冗卒，盡革宿弊，聲震關中。遷河南布政，時流民十數萬聚南陽、陳州間，剽掠爲盜，富至皆撫定之。景泰初，擢副都御史，巡撫大同，一意拊循，奏劾無所避。天順間晋户部尚書，上謂掌國計須用執法人，非富不可，由是部事大治。成化初，爲吏部尚書王翺所效，發憤卒。上震悼，謚恭定。

戴昂，字時舉，宿州人。正統戊辰進士。爲御史，以言事謫相口驛丞。遷知濰縣，在任九載，守法奉公，民不忍欺。

張僖，靈璧人。景泰甲戌進士。授御史。歷知杭州府，歲饑賑濟，活六萬餘户。終湖廣參政，未行卒，杭人祠祀之。

湯鼐，字用之，壽州人。成化乙未進士。由行人擢御史。孝宗即位，首劾大學士萬安罔上誤國，又劾少傅劉吉奸貪。時言路大開，鼐意氣尤鋭，大臣多畏其抨擊，而吉尤不能堪，嗾御史論之，戍肅州。至謝遷柄政，始釋歸。

王昶，靈璧人。成化丙戌進士。知樂安縣，有淫祠數十，令毁之。適有火患，民懼不敢毁，昶乃自往碎其妖神，火患亦息。歲凶，以便宜發粟賑濟。擢御史，劾李孜省。終太僕少卿。

劉福，字宗慶，臨淮人。成化甲午鄉薦，任兖州府管泉同知。弘治間，河决張秋，福奉檄塞河，以死勤事。祠祀安平鎮。

顧佐，字良弼，臨淮人。成化己丑進士。歷官左都御史，勘罷總兵官李杲、太監任良等。以户部侍郎理陝西軍食，善區畫，儲蓄餘三年。正德初，劉瑾逐户部尚書韓文，上以佐代。忤瑾，乞歸。卒，贈太子太保。

周鉞，字仲威，宿州人。弘治己未進士。知永興縣，報最。劉瑾招之見，曰：「吾力能授爾御史。」鉞不往，遂改進賢教諭。尋復公安知縣，稱疾不起。

李心學，字師顔，臨淮人。嘉靖丁未進士。歷官湖廣兵備副使，剿平猺賊及容山景洞巨寇，擢布政使。

余翱，字大振，定遠人。第進士，歷監察御史。嘉靖三年議大禮，翱首率諸御史疏争忤旨，予杖戍邊，皇子生，始赦還。

梁子琦，字汝珍，壽州人。嘉靖乙丑進士。授諸暨縣尹，愛士恤民，興廢舉墜。終通政司參議。

劉繼文，靈璧人。嘉靖壬戌進士。歷官給諫，章奏激切，大著直聲。出爲浙江參政，與海瑞齊名。巡撫廣西，總制兩廣。殲海寇有功，擢户部左侍郎。

楊應聘，字行可，懷遠人。萬(歷)〔曆〕癸未進士。官光禄卿，總督西陲，邊政大治。

夏之鳳，字子鳴，壽州人。萬(歷)〔曆〕戊子鄉薦。歷官户部郎中，時有内豎白玉犯法，潛避深宫，鳳入奏，勅玉出聽審。上嘉其正直，書名於屏。

戈尚友，字善卿，臨淮人。萬(歷)〔曆〕壬子鄉薦。知饒平縣，地産毒草，能殺人，民多借以興訟，尚友令犯科者移草投海井中以贖罪。後海寇至，取水飲，死者過半，率遁去。歷官昌平兵備副使。

周汝昌，字文明，懷遠人。官户部主事。性剛正，以不肯建生祠忤魏璫，戍肅州。

高越，鳳陽縣人。舉於鄉。署福山教諭，值流賊猖獗，縣令棄城遁，越率士卒誓死禦城。遂以功超拜御史。

國朝

丁珩，字朗山，宿州人。歷官户部郎中。遷漢興道，正己率屬，一郡肅然。歲饑，借倉穀數千石賑之，全活甚多。及卒，士民號泣，若喪所親。

劉允謙，壽州人。順治丁亥進士。知沈(邱)〔丘〕縣，居官方正。擢山東巡按，彰善癉惡，六府澄清。

田家修，字獻之，鳳陽人。順治間知廣東從化縣，時邑多流亡，盜賊並起，乃諭降十餘寨，勸令開墾。復爲良民編户清役，省刑簡訟，衆皆樂業。擢西城兵馬指揮。

沈時，鳳陽人。隨征入粤，授永安令。爲人耿介方正，剔蠹釐奸，吏民懾服。順治四年秋，流賊攻城，親冒矢石，築子城，造雲車，以禦衝突。閱三月，援兵至，圍解。擢知潮州府，歷糧儲驛傳道，所至民懷其德。

楊模聖，懷遠人。順治間，第進士。歷官廉州知府，時土弁縱横，模聖單騎招降劇寇，安輯遺民。去任，士民有泣送者。

江南通志卷一百五十

人物志

宦績　十二

潁州一府　滁、和、廣、六、泗五州

潁州府

秦

甘茂，下蔡人。秦武王以爲左丞相，使約魏伐韓。茂恐人間之，與王盟於息壤，起兵擊韓，遂拔宜陽。甘羅，茂孫。年十二，使於趙，趙割五城以廣秦河間。乃封羅爲上卿。

漢

何比干，字少卿，汝陰人。少學《尚書》於鼂錯，兼通法律。爲汝陰獄吏、决曹掾，平活數千人。武帝時，爲廷尉正，時張湯持法深，而比干務存仁恕。後遷丹陽郡都尉，獄無冤囚，淮汝①號曰何公。

後漢

郭憲，字子横，宋人。王莽拜憲郎中，賜以衣服，憲焚之而逃。光武即位，徵拜博士，遷光禄勳。屢直諫，帝曰：「嘗聞關東觥觥郭子横，竟不虚也。」

三國 魏

夏侯惇，字元讓，譙人。少即以烈氣聞。太祖初起，惇嘗爲裨將，從征吕布，爲流矢所中，傷左目。後領陳留、濟陰太守，加建武將軍。時大旱、蝗，惇乃斷大壽水作陂，身自負土，率將士勸令種稻，民賴其利。文帝即位，拜大將軍。惇雖在軍旅，親師受業，持身清儉，有餘財輒以分施。卒，謚忠侯。

---

① 「淮汝」，《四庫》本作「淮泗」。

吴

吕範，字子衡，汝南細陽人。少爲縣吏。從孫策東渡，領宛陵令。討破丹陽賊，遷都督。孫權征江夏，範與張昭留守。及征關羽，又留守建業。累官至大司馬。初，策使範典財計，權私有所求，範必關白。權以範忠誠，故厚見信任。子據，爲安軍中郎將，數有功，遷驃騎將軍。

晋

曹攄，字顔遠，譙人。爲臨淄令。縣有寡婦，養姑甚謹，姑以其年少，令改適，婦守節不移。姑愍之，密自殺，親黨告婦殺姑，婦自誣服。攄至，廉得其情，釋之。獄有死囚，攄於歲久暫放回家，皆如期而至。爲襄城太守，時屢經寇難，攄（緩）〔綏〕①懷振理，旬月尅復。永嘉中爲征南司馬，討賊戰没。

南北朝　魏

董紹，字興遠，鮦陽人。好學有文。爲宣帝所賞，除洛州刺史，頗得民情。後遷御史中丞。

① 據《四庫》本改。

梁

夏侯詳，字叔業，譙郡人。年十六，父喪，廬墓，有雀三足集其廬，衆咸異焉。服闋，刺史殷琰召補主簿。宋太始初，琰舉豫州叛，明帝遣劉勔討之，詳勸琰歸款，一州以全。令新汲，治有異績。爲建安戍主，攻魏荆亭戍，賊衆大潰。高祖義兵起，與蕭穎胄同創大舉。西臺建，領南郡太守，軍國大事，穎胄多決於詳。遷湘州刺史，善吏事，爲百姓所稱。累官侍中、尚書右僕射。

夏侯亶，字世龍，詳長子。領安陸太守，甚有威惠，邊人悦服。遷吴興，復有惠政。普通六年，大舉北伐，加使持節，代裴邃，與魏相拒，頻戰克捷，降城五十二。爲都督豫州緣淮南豫霍義定五州軍事，豫、南豫二州刺史，輕刑薄賦，務農省役。頃之，民户充復。卒，謚曰襄。二子：誼、損。誼襲封豐城公。太清中，侯景入寇，誼與弟損率部曲入城，並卒圍内。

夏侯夔，字季龍，亶弟。以功封保城縣侯。大通中爲豫州刺史，州積歲寇戍，人頗失業，夔於倉陵立堰，溉田千餘頃，歲收穀百餘萬石，以充儲備，兼贍貧人，境内賴之。民歌之曰：「我之有州，頻仍夏侯。前兄後弟，布政優優。」卒，謚曰桓。子譔嗣，官至太僕卿。

唐

李紳，字公垂，亳州譙人。元和初，擢進士第。短小精悍，詩最有名，時號「短李」。李錡鎮浙西，辟爲從事。錡寖不法，數諫不聽。會朝廷遣使召錡，錡僞稱疾不應命，令紳作疏。紳陽怖，不能成章，錡怒囚之。錡誅，或欲以聞，謝曰：「本激於義，非市名也。」乃止。穆宗時，爲翰林學士。會昌中，歷淮南節度使，治尚剛嚴。尋入相。卒，謚文肅。

宋

李穀，字惟珍，潁州汝陰人。少任俠，爲鄉人所困，發憤從學，所覽如宿習。舉進士。擢監察御史，歷仕漢、周，拜中書侍郎。平淮南，多穀策，令學士陶穀爲贊賜之，加開府儀同三司。宋建隆中卒，贈侍中。

張綸，字公信，潁州汝陰人。有材略。太宗時爲江淮發運使，奏除通、泰、楚三州鹽户宿負。疏五渠，導太湖入於海。築漕河隄二百里，於高郵北旁錮巨石以泄橫流。泰州有捍海堰，延袤百五十里，久廢不治，歲患海濤，綸奏修之。身自臨役，堰成，民利之。所至興利除害，多善政。再遷東上閤門使。

王臻，字及之，汝陰人。舉進士，累遷淮南轉運副使。時建議浚淮南漕渠，廢諸堰，臻言揚州召伯堰實謝安爲之，人思其功以比召伯，不可廢也。徙閩州。閩多先食野葛而趨仇家求鬬，即死其處，以誣仇人。臻辨察其狀，被誣者多得釋。官至御史中丞。臻剛嚴善決事，所至有風節。

張傅，字巖卿。進士及第。稍遷秘書省著作佐郎，知奉符縣。徙楚州，會歲饑，不待報發上供倉粟賑貸，所活以萬計。因拜章待罪，詔獎之。歷官工部侍郎，致仕，卒。傅強力治事，七爲監司，所至審覈簿書，勾擿奸隱，州縣憚之。傅曰：「此正所以愛州縣也。吏不敢慢，則州縣不復犯法矣。」時人以爲然。

魯宗道，字貫之，亳州譙人。舉進士，爲定遠尉。真宗時爲諭德，上嘗使使召之，方與鄉人飲酒於肆，使者曰：「上訝來遲，當何辭以對？」宗道曰：「即以實對。飲酒，人之常情。欺君，臣子之大罪。」使者如其言，上嘉其忠實。仁宗即位，拜參知政事。太后嘗問：「唐武后何如主？」對曰：「唐之罪人也。」宗道剛直無所畏避，人嘗憚之，目爲魚頭參政，因其姓且言骨鯁也。卒，謚肅簡。

張信臣，字公立，亳州人。爲浦江尉，其長多貪黷，憚其清廉。通判遂州，州民李十師以左道惑衆，遠近患之，信臣發其罪，遂人以安。

魯有開，宗道從子。以廕知韋城縣，尋知確山縣。富弼薦之，以爲有古循吏風。知金州，辯蠱獄之誣，天方旱，獄白而雨。知南康軍，代還，時方行新法，王安石問江南如何，曰：「法新行，未見其患，當在異日也。」知衛州，水災，人乏食，擅貸常平錢穀與之，且奏蠲其息。徙冀州，增隄。明年河決，水果至，不能冒隄而止。召爲膳部郎中，官至中大夫。

曹穎叔，字力之，亳州譙人。進士及第。歷夔州路轉運判官，夔尚淫祠，悉禁絶之。累遷右司郎中、陝西都轉運使。自慶（歷）〔曆〕鑄大鐵錢，民盜鑄不已，穎叔請罷鑄諸郡鐵錢，以三鐵錢當銅錢之一，從之。進龍圖閣直學士、知永興軍。

元

貊高①，太和人。初爲擴廓②部將，至正間任平章事，忠直敢言，不畏權勢。後卒於晋寧，子仲禮扶柩歸葬。

明

安然，潁州人。洪武初爲起居注，歷山東、河南參政，浙江布政司，拜御史大夫。時太祖設四輔官，以然爲之，練達庶務，多所裨益。卒，諭祭賜葬。

李敏，潁州人。洪武五年，由辟舉爲工部尚書，改江西行省參政。九年，復除工部尚書。以疾卒，諭祭賜葬。

吴斌，霍(邱)〔丘〕人。由太學生擢刑部主事，持法不撓。累陞都察院左都御史。

章順舉，字元凱，潁上人。洪武中以人材薦，歷官勤慎，累陞河南布政使。尋調廣西，有惠政。

張泌，字淑清，潁州人。洪武中，由歲貢授兵科給事中，陞光禄寺卿。在任二十餘年，於御膳必

① 「貊高」，《四庫》本作「摩該」。
② 「擴廓」，《四庫》本作「庫庫」。

躬視精潔，祭享宴會必豐腆，馭下以寬，處事以公，衆咸服之。受成祖寵遇尤渥，嘗御題其畫像云。

張思恭，蒙城人。洪武間貢入太學，授刑科給事中，正直清介，遇事敢言。人有暮夜以金遺之者，卻不受。其人強委金而去，詰日言於朝，上嘉其有守。陞刑部侍郎，馭下嚴明，人畏服之。嘗兼綜軍務，能謹邊防，爲時名臣。

陳巖，蒙城人。初名亮，被薦入見，太祖賜名巖，命招諭湖廣峒寇。及境，寇持兵猝至，巖無怖色，宣諭德意，悉棄兵羅拜。又遣督逋租於常德，察其土瘠人貧，請令輸鈔帛代租。爲慈溪縣丞，民困於田租之增額，爲奏罷之。歷官台州府通判。

趙亮，亳州人。任慶雲縣典史，督民耕織，歲荒，捐俸買穀給貧民，以賢能聞。陞崇仁縣知縣，盜息民安。尋陞撫州府知府，卒。

卜謙，潁上人。領永樂辛卯鄉薦。授工科給事中，嘗從皇太孫監國南京，忠於輔導。丁內外艱，廬墓六載。宣德間直文華殿，陳事每見嘉納。陞陝西僉事，轉山東副使。忤近倖，左遷陝西參議。民聞謙至，歡迎者塞途。尋以足疾致仕。

韓璽，潁州人。由鄉貢授工科給事中，選侍皇長孫講讀。尋遷山東按察副使。宣宗御極，思念舊人，召還侍文華殿。忤權貴，出爲廣東參政。致仕歸，室如懸磬，泊如也。

王質，字夢瑾，太和人。永樂甲午舉人。歷官御史，上疏陳十事，皆有裨大政。松門聚盜，質奉命往察，還奏止罪渠魁，餘悉宥之，境賴以寧。正統二年陞山東布政使，時濟南多虎，質至，禱於神，三日捕虎十七，餘皆引去。陞户部侍郎，尋轉刑部尚書。性清介，所食惟蔬，人呼青菜王。李賢有傳。

陳嶷，字九峰，蒙城人。宣德中，舉賢良方正。授刑部照磨，屢決疑獄。楊士奇薦之，擢御史。蜀獠叛，胡濙舉嶷往剿，嶷集將士授方略，一戰而克。陞陝西副使。

郭昇，字騰霄，潁州人。天順庚辰進士，明初潁之登甲第者自昇始。任工部主事，督運徐州洪①，洪從古險阸，大石百餘伏水中，每歲溺船數百，岸爲水所齧，仄隘不能容足。昇鑿石以殺水勢，甃岸以石板，束以鐵釘，灌以石灰，爲功甚鉅。植柳浚井，以蔭濟行人。值考課，軍民詣闕請留，擢郎中，仍莅洪事。維揚河善淤，運舟膠淺，當事檄昇治之。昇疏淤滯，置儀（徵）〔真〕白塔河閘，河溢則泄於江，江漲則引於河，瀦蓄有法。陞陝西參議，未任卒。今洪上有郭公祠。

高桂，字月庵，潁上人。由監生授德興丞。時宸濠作逆，巡撫江西都御史王守仁率師討之，桂以督餉功，陞萍鄉令。引老告歸，散金以周貧族，而自奉常不給。

儲珊，字朝珍，潁州人。弘治己未進士，爲清江縣知縣。選御史，巡按山東，抗疏奏劉瑾不法狀，謫嵢嵐州判。瑾誅，起南京兵部主事，擢浙江僉事。劇賊王浩八亂桃源，珊提兵剿之，戰屢捷。偶與上官左，即拂衣歸。叙功，仍賜綵幣、銀牌。

① 「徐州洪」，《四庫》本作「徐州吕梁」。

盧翰，字子羽，潁州人。嘉靖甲午舉應天鄉試。授兖州府推官，署滕縣事。有巨盜難獲，廉其出没踪跡，盡擒之，當事比之虞詡。復署曹縣，抗疏發賑，全活萬人。齊魯之士，不遠數百里，來受業門下，翰教以孝友力行，親爲証解六經。告歸後，汝、潁、淮、泗間有學行者，多出其門。

徐熙，霍(邱)〔丘〕人。由歲貢授巴縣知縣。縣多虎，舊設機阱捕之，益甚。熙至，齋沐告於神，虎悉遠遁。

石顯，字孔彰，潁上人。由歲貢任南陽通判，改大名，陞夔州府同知，贊政有聲。享年百歲有奇。

張光祖，潁州人。嘉靖壬辰進士，授鉅鹿縣知縣。調繁上虞，修白馬湖，築海塘四十里，上虞民建祠祀之。擢御史，巡按關中，疏劾總制以下殺無辜以冒功。忤權貴意，遂罷歸。

尚爵，字淑仁，潁州人。父病，藥石饘粥必嘗，便溺器必親滌。舉嘉靖辛卯鄉試，授掖縣知縣。遷永平通判，灌園得金，掩其封不取。歸家僻處村落，不入城市，和易恬澹，人稱長者。

王謨，字體文，潁州人。嘉靖壬戌進士。授保定推官，屯田使者逮百許人，羅織成獄，謨有憂色。母問故，跪曰：「兒不能殺人媚人，恐失使者意以貽母憂。」母曰：「兒爲仁人，我不難爲仁人母。」竟平其獄。擢給事中，劾時相高拱，謫興平丞。修洪口堰，納金山諸泉，秦民利賴之。仕至浙江僉事。

李學禮，字子立，潁州人。嘉靖己未進士。授户部主事，歷中外三十年。值歲歉，嘗輸粟，活饑民萬餘。又嘗開膠河，以利漕運。後以養母告歸。

王之屏，字汝藩，潁州人。嘉靖乙丑進士。令永嘉，有惠政。晉户部郎，陞建昌知府。御史劉臺劾張居正，巡撫王宗載希居正旨，羅織欲殺臺，之屏力争，臺得減戍。歷陞雲南右布政。

王希喆，字思賢，太和人。家貧，奮志儒業。嘉靖壬午領鄉薦。選蒙陰令，居官清勁。邑有宦豪，素恣横，喆至斂戢。在任日惟蔬食，每旦置數錢門外，令隸卒買菜以給。

許廷桂，字世芳，蒙城人。嘉靖癸未進士，令阜城。擢御史，劾宦官七人，觸大璫怒，削職，人以此賢之。差印馬時，疏江淮折色，一省皆頌其德。

李國士，字汝志，亳州人。萬(歷)〔曆〕丁丑進士。爲豐城令，選給事中。故事，省中有疏，先白政府。國士曰：「倘關白而有所撓，將遂不言耶？」竟以是與政府左，出爲浙東僉事。歷陝西右布政。思明之役，調兩省兵七萬討之，檄爲監軍。冒暑雨瘴癘，兼程抵太平，賊聞之氣奪。乃諭以脅從罔治，降者三萬四千人，斬獲以千計。進山西左布政。乞休歸。

王道增，字益甫，潁州人。萬(歷)〔曆〕庚辰進士。選御史，視鹺兩浙。以劾債帥不法忤當路，轉湖廣僉事。閩人李贄以儒起家二千石，削髮留鬚，肆意隱怪，横詆孔孟。縉紳靡然惑之，道增獨逐之出境，後贄竟以左道被逮，論者服其持正。仕至四川右布政。

王維垣，字伯師，潁州人。由歲貢授四川合州同知。知州劉冠南賢而有風力，推官索賄不遂，讒於御史，奏逮之，合民赴闕訟冤，事下撫按。推官擒爲首者，將以激變，論如律。維垣詣兩臺，力辨冠南事無實，百姓爲賢守訟冤，不當坐。冠南因得復官，百姓皆貰罪。推官銜之，遂拂衣歸。

白夏，字履中，潁州人。弱冠中河南鄉試。授山西靈石縣知縣，課最爲三晉第一。丁母憂。補北直隸，遷安縣。首揆張居正病，畿輔諸郡邑皆爲祈禱，夏堅不列名。遷汾州守，汾有悍宗爲民患，夏束以法，皆斂手去，汾人尸祝之。

胡應聘，字任宇，潁州人。萬（歷）〔曆〕丁酉中河南鄉試。授海豐縣知縣，值歲大饑，賑濟米不足，請於上臺，出庫銀俾民易粟鄰邑，取息以爲給。又貸民牛種。民有輕罪者，令搜草根自贖，由是荒蕪盡闢，收穫數倍。遷灤州知州。未幾，謫東藩理問。監泰山香稅，一無染指。屢遷屢躓，後以德府審理致仕。家居環堵蕭然，人稱廉吏。

王確，潁上人。領鄉薦，爲餘杭令，有惠政。嘗雪冤獄，雪者餽金不受，爲建却金亭。内艱服闋，補東明令。以治河功擢汾州守，時宗室暴横，以法裁抑之。被流言挂冠歸。

徐治民，字元禮，潁州人。由歲貢授棠陽令，戴星出入，百廢具①興。尚書張鶴鳴奉命餉雲中，夜過縣，鈴柝聲達旦。問役者，曰：「奉使君令防盜。使君神明，事必知之，不敢懈也。」歷遷刑部郎，治獄屢折勳貴。出爲平越知府，輦下泣而送之者數萬人。

劉九光，字文孚，潁州人。萬（歷）〔曆〕乙未進士。由縣令歷職方郎中，條上方略十事，悉允行。轉山東參政，督理糧儲，國用充足。兼設法救荒，多所全活。擢廣西右布政，分守蒼梧。猺人窟於箐峒，時出剽掠，將吏請剿，以邀爵賞，九光諭以威德，無不輸服。陞雲南左布政，乞休歸。

① 「具」，《四庫》本作「俱」。

鹿獻陽，字宁光，潁州人。天啓乙丑進士，授大同府推官。方奉檄赴新平，至聚落城，時大同猝被圍，屯堡防禦久疏，獻陽與吏民分地堅守。閱數日，援至圍解。論功以邊才薦，降敕嘉獎，賜白金十錠。

韓獻策，字起卿，潁州人。崇(正)〔禎〕甲戌進士。觀政大理寺。值流賊陷潁，一門殉難者十一人。具疏陳情，備言其父光祖忠憤殺賊，被執不屈，並男婦慘死之狀。朝廷憫之，敕部議恤。尋授行人，使唐藩，拮据王程而卒。

甯予慶，字大履，潁州人，中立孫。崇(正)〔禎〕甲戌進士，授掖縣知縣。縣新罹兵，慶悉心撫字，民獲生全。更值軍興旁午，郡縣難支，慶一切奏辦。大吏交章薦之，徵爲户部主事。轉員外郎，專督新餉。時邊儲告匱，外解後期，從前司餉者相繼被譴，獨慶委曲應辦，從容中款。以才器議改吏部，忌者擠之，即移疾歸。

高天佑，字味元，潁上人。由選貢授觀城縣知縣。三年膺上考，陞左州知州，致仕歸。時邑屢告警，凡築城、浚河，備火器，理糧餉，靡不竭力從事。更捐金建敵臺一座於城東北隅，以扼要害。城被圍急，與邑令親冒矢石，督戰者凡一月，忽暈仆城上，舁歸而卒。

國　朝

李文煌，字包闇，潁州人。順治丁亥進士，選庶吉士。改吏科給事中，條陳利弊，皆中機宜。出爲廣東參議，時版宇初定，境有負固未服者，或剿或撫，悉歸誠焉。遷鄖陽副使，地當滇、楚之交，民貧驛衝，户口多流亡，文煌招撫勸墾，獲有寧宇。再轉冀寧參政，致仕。

劉佐臨，字與襄，潁州人，廷石子。順治己亥進士。授山東兖州府推官，數平反大獄，省釋無辜。未幾，裁推官，改武城縣知縣。經亂後，民散土荒，佐臨招徠勸墾，一二年間人盡復業。庚戌夏，令民修築城隄，民以農時求緩，不聽，且嚴督之。隄成二日，河決，隄不没者尺許，衆驚爲神。遷山西汾州府同知，引年歸。

弟壯國，字幼公，與佐臨同榜進士。濟寬，字公定，亦登賢書，有「同胞三鳳」之目。壯國知山西夏縣，築姚暹渠堤三十里，三日而成。後以勘荒爲民請命，觸怒巡撫，遂被劾罷。濟寬授宣平知縣，撫循有治聲。尋以疾乞歸。

郝巽，字先五，潁州人。前天啓丁卯中河南鄉試。康熙初，授漢陽府推官，廉平不擾，兼有吏才。王師南征，巡撫委催九江軍需，巽星夜經理。比大軍至，而楚北糧芻早集城下。戍事初罷，案牘山積，巽按律原情，務從輕比。馳驅鞅掌，以勞卒官。

劉撍，字子方，潁州人。順治己亥進士，授洪洞縣知縣。縣有龍社里，山洞深險，頑民逃入，不奉租調，且時出剽掠。撍率精騎直抵洞中擒其魁，餘黨悉散。汾河水溢，没民田萬餘畝，勘山中多棄地，勸民開墾，得熟田如没數焉。爲令六年，境内以治。會與上官齟齬，遂歸。

王公楷，字木重，潁州人。順治辛丑進士，授成安縣知縣。鄰邑有告夫被殺者，株連數十人，公楷奉檄理之。訪其里中，自某死後，有屠沽兒往外未歸。即命踪跡捕之，果得因奸殺死狀，獄遂决。縣苦漳水，公楷請豁瀕河地租。晝夜行泥淖中，率民修築堤防，疏通畎澮。未幾，水竟西徙出境，士民德之。以丁内艱歸。

李甲聲，字公振，潁州人。由拔貢授廣西天河縣知縣。叛民殺官吏，會兵進剿，甲聲奉檄監軍。以叛民因憤作亂，餘皆誘惑，軍雖壓境，弗令輕戰。故土官母持金夜叩軍門求剿，以復其仇，甲聲不許。逆黨聞之，相繼解去。乘間搗賊巢殲其魁，亂遂定。土官母以叛民子女分給軍士，甲聲宣諭以國法，悉令放還。再任壽張，遷漳州同知。隨征臺灣，率敢死士冒險先登，島寨漸復。陞廣州知府，調慶陽，所至勸耕平訟，革除陋例。西鳳饑民就食於慶，捐穀倡賑，全活甚多。

張琦，字佩玉，潁州人。康熙庚戌進士。授陵川縣知縣，行取爲户部主事，歷郎中。時江撫宋犖以旱災入告，同官嚴駁之，琦曰：「今歲大旱，皇上宵旰憂勤，不可駁也。」别具允稿題覆，得免正供銀一十八萬九千兩。遷福建建寧府同知，多善政。三年，移病歸。

李紳文，字陟屺。康熙戊辰進士。選授蒲江知縣，縣僻居山谷，迭遭兵燹，榛莽滿城，紳文爲之立市廛，通鹽鐵，商旅漸集。學宫久廢，捐俸倡建，置學田以資貧士。擢御史，巡視東城。授山西學使，留充丙戌會試同考。波累去官。尋起知保定府，平反疑獄，疏通夾河。以勞卒。

唐勳，字萬有，潁州人。康熙己未進士。知廬陵縣，修白鷺書院，進諸生講學不輟。丁母艱歸。服除，補臨縣知縣，遇歲荒，未及申進，即行發賑，全活數萬人。未幾，病卒。

黄陞，字子納，亳州人。由拔貢授河南項城令，爲政寬平，税免耗羨，訟無贖鍰。陞四川茂州知州，建文廟，清糧餉，減税課，在任七年，有麥秀七岐之異。

顔光旿，亳州人。康熙庚辰武進士。由侍衛任龍關遊擊，損貲設立里仁會，以助兵民婚喪之無力者。又建書院，課兵民子弟。陞廣東春江副將，值歲饑，有司以未奉上檄，不便開倉，旿力擔平糶。陞福寧鎮總兵，陳奏保甲指掌册、營中設立儲倉二事，下督撫行之。卒於官。

滁州

宋

張昷之，字景山，全椒人。父佖，有詩名，仕南唐，入宋官史館。昷之舉祥符進士，累遷殿中丞。慶（歷）〔曆〕間，以富弼、范仲淹等薦，除天章閣待制。後以光禄卿致仕。昷之忠廉鯁直，尚節義，吏治精明，議論慷慨。子次元，以父蔭歷官提點江、淮、荆、浙、福建、廣南坑冶鑄錢司事，躬自巡歷，務革積弊。卒於道。清正有父風。

張瓌，字唐公，全椒人，參知政事洎之孫。舉進士，除秘閣校理，歷淮南轉運使。三司責諸道羨財，淮南獨上金九錢。三司移文譙責，瓌以賦數民貧對。入修《起居注》，知制誥。英宗時，遷諫議大夫。生平遇事輒言，觸忤勢要，屢黜不悔。弟璪，神宗朝歷官參知政事。

徐象賢，全椒人。祥符進士。調山陽主簿，歷韶、陳二州司理。陳有巨盜未獲，縣取他盜掠服，象賢知其冤，持不可。守怒，象賢曰：「乞緩捕期，不獲，願獨坐！」尋遇赦，盜詣府自首，守服其明。仕至太子右贊善大夫。孫敷，宣和進士。宰相薦其才，自潭州通判擢荆湖北轉運判官，以通敏稱。

吴蔚，全椒人。熙寧進士。調臨淮主簿，攝令事。時青苗法行，旁邑奉行峻急，蔚施行得宜，民以不擾。歷知廣德、彭、池三州，所至興學校，得士心。

吴革，蔚弟。與兄同舉進士，調揚子主簿，遷貴池令。有兄弟争訟，革流涕譬曉，俱感泣去。知廣德軍，值建平歲饑，力請賑濟，全活萬計。知南雄州，發摘奸伏，郡内肅清。歷湖南運判，卒。子五人，皆登第。

明

何世隆，滁州人。元季糾義兵捍鄉里。太祖創業，率衆歸附，授萬户，即命守滁，以功累遷右副都元帥。州境當兵革之後，民物凋殘，世隆盡心拊綏，衆賴以安。

楊元杲，滁州人。太祖駐滁，值歲旱，欲禱于神，元杲奏對稱旨。常侍左右，掌機宜文字悉當。扈蹕渡江，權江南行省右司員外郎。歷應天府尹，練達政體，時論推重。子賁，字彦華，以詞翰知名，官周府紀善。

阮弘道，滁州人。家素寒，及壯知學，通吏事。太祖初駐滁，給①事左右。從駕渡江，授中書省員外郎，歷福建、江西行省參政，俱有聲。時全椒侯元善，亦從渡江，掌簿書文字，爲員外郎。後歷參知政事。

魏忠，字文卿，滁州人。介特有守。以薦授諸暨州州判，調洛陽令，遷守大同，政尚清簡，吏民德之。月俸僅取足，餘悉歸之官。

黄純，全椒人。永樂庚子舉人，歷輝縣、蒲圻教諭。宣德中，詔選文學士，特擢兵科給事中，疏陳時政，皆中窾要。遷江西提學副使。

章惠，全椒人。永樂中，由貢授平陽令，以廉惠得民心。每有勾攝，不遣隸卒，止用粉牌，以次傳遞。題其版曰：「不貪不食，于民有益。」人隨牌至，庶免譴責，邑中便之，無違令者。

沈清，滁州人。以軍功累官都督。正統中，修建京師九門城樓及宫殿成，封修武伯。卒，謚襄榮。

馬諒，字子諒，全椒人。宣德癸丑進士，歷官南户部侍郎。諒爲人精敏，所莅有政績。出入中外三十餘年，清操雅節，始終不變。

劉清，字廉夫，滁州人。正統戊辰進士，選庶吉士。己巳之變，北兵犯德勝門，百官分地守禦，清

① 「給」，《四庫》本作「結」。

督衛士防禦甚嚴。擢兵科給事中，巡視紫荆關，雅有威望。佐都督毛福壽討竹查山叛苗，所得廪賜悉頒麾下，將士感勵，遂大奏捷。擢刑部侍郎。後左遷四川參政，卒。

石澄，字士廉，滁州人。天順丁丑進士，授刑科給事中。一日，進讀章疏，英宗喜其詞氣侃直，呼爲石給事。繼因彈劾稱旨，特書名于屏。累遷鴻臚寺少卿。

劉必賢，字天祐，滁州人。天順丁丑進士。歷知諸暨、南城二縣，以政最入爲御史。尋出守衢州，有治聲。

黄瑓，純之子。天順庚辰進士。擢御史，振肅風紀，以劾權奸謫常山丞。遷知化州，轉道、德二州，所至興學袪弊，政化大行。

劉愷，字伯和，滁州人。成化乙未進士。令武陟，有惠政。擢御史，糾閹人蔣琮罪，疏三上，謫瀏陽丞。歷薊州知州，薊爲畿輔劇地，素多權貴，侵撓吏治，愷一無所徇。累擢福建參政。

吴璋，全椒人。成化丙戌進士。授户部主事，抽分蕪湖，盡却耗羨。歷郎中。以清正忤貴臣，出守鶴慶，毁淫祠，興禮教，滇人化服。

錢山，字静夫，滁州人。成化丙戌進士，除御史。出爲浙江按察司僉事，築海塘以禦民患。轉江西，行部至豐城，值大水，民飢，不俟奏請，發粟賑貸。遷副使，致仕。

張綱，字萬善，來安人。成化戊戌進士。由南户部郎出守岳州，以簡素自持，平恕爲治。調黎平，未赴卒。子楠，舉進士，歷官鴻臚卿，清粹有父風。

石禄，字允升，澄之子。弘治庚戌進士。授行人，歷遷順天府丞。劾劉瑾不軌，謫茶陵知州，時論壯之。

于鏊，字器之，滁州人。正德戊辰進士。授户部主事，解邊鎮餉金，督徐州倉儲，皆以廉謹聞。選御史，巡視長蘆鹺課，兼理河道，所至剗弊剔蠹，風采大著。繼巡宣大，宗屬、中貴皆望風悚服。遷浙江按察司副使，擒大盜湯毛九等。進山東按察使，調貴州，致仕。

孫存，字性甫，滁州人。正德甲戌進士。授禮部主事，累遷河南左布政使，吏才敏練。尤精于法比，嘗輯一代典制與疏例互相發者，附于律令，名曰《讀法》。

周冕，字服之，滁州人。正德丙子舉人。授新安令，時洪水爲災，冕築堤千餘丈，民免漂溺。擢南御史，遇事敢言，中外憚之。查勘各衛屯田及紫沙等處蘆洲，清界址，除宿弊。以忤權要，出守鶴慶，不赴乞歸。

彭儒，字伯真，全椒人。嘉靖乙酉舉人。歷兖州、濟南、泰安同知，居官廉謹。尤多幹略，文牒盈前，片言立剖。

戚賢，字秀夫，全椒人。嘉靖丙戌進士。歷知歸安、唐二縣，平徭役，清獄訟，摧豪猾，毁淫祠，值歲凶民飢，賑糶有方。以卓異徵，累擢刑科都給事中。因太廟災，疏請進賢退不肖，謫山東布政司都事。尋致仕，闢南譙書院，聚徒講學，闡發良知宗旨。

胡松，字汝茂，滁州人。嘉靖己丑進士，授東平知州。歷湖廣參議，協剿湖北叛苗。尋督山西學政，值太原有警，松條奏十二事，皆切邊計。特擢參政，協守雁門。俄落職。後起陝西參政，累遷江西巡撫。未莅任，聞流賊犯境，率兵千餘倍道疾馳，出賊不意，悉殲之。又討平廣西賊帥張璉。遷侍郎，陞南京吏部尚書。松潔己好修，富經術。晚主銓柄，以振拔淹滯爲己任。卒，謚恭肅。弟梗，字汝嘉，倜儻有才略。以兄蔭累官寶慶知府，時蠻酋李文祿等屢剿未獲，梗以計擒之。

竇潤，字子雨，滁州人。嘉靖乙未進士。授户部主事，分司徐州。事竣還部，歿無以殮，人服其清。

宋璘，字玉輝，來安人。嘉靖丁酉舉人。授嚴州推官，雪淳安寃獄。攝建德篆。及監九廟大工材木，潔己無私。子行可，亦由舉人授嚴州推官，清操肖父。

邵夢麟，字道徵，滁州人。嘉靖己未進士，授大理寺評事，遷寺副。歷河南僉事，清屯田數萬頃，置兩驛以甦民困。擢浙江參議，督兵禦倭，獲其酋數十人。終山東參政。

江以東，字貞白，全椒人。隆慶戊辰進士。授户部主事，歷南考功郎，出督江西學政。以疾乞歸。生平清介絶俗，歸後，時衣布袍，跨驢以行，所居止敝廬數椽。

石應岳，來安人。隆慶辛未進士，選庶吉士。改給事中，屢有建白，務得大體。歷官户部侍郎。

彭夢祖，字應壽，全椒人。萬(歷)〔曆〕庚辰進士。由户部主事累遷浙江台紹副使，刊布《台郡易俗四宜》，固海防，儲軍實。

王嘉賓，字國賢，滁州人。萬(歷)〔曆〕癸未進士。授定海令，親給駐防軍餉，杜大帥及監軍侵漁之弊。調諸暨，設方略，擒巨盜。以艱歸。起補海寧，築海塘銅鞮數十里，以捍水患。徵拜御史，卒。

賈巖，字魯瞻，滁州人。萬（歷）〔曆〕壬辰進士。授户部主事，時國本未定，疏請册立，慷慨數千言。尋考功郎趙南星典計，以清正被斥，巖抗疏申救，語侵輔臣，謫曹州判。

李鵬南，全椒人。萬（歷）〔曆〕癸卯舉人。知尉氏縣，釋冤囚，有惠政。遷雲南府通判，卒。後流寇犯邑中，有尉氏人特訪其故廬，拜哭而去。

金光辰，字居垣，全椒人。明〔崇禎〕①戊辰進士，授行人。選御史，糾内璫，救言官，大著風節。尋以言事忤旨，召對平臺，詰責再三，辭氣不撓。謫浙江按察司照磨。父九殿喜曰：「子以直道事君，吾復何憾！」召爲大理寺正，屢擢左僉都御史。總憲劉宗周以廷諍獲譴，光辰申救尤力，復鐫級謫外。

國朝

金光昊，光辰從弟也。明季侍父九陛赴棗陽令任，流寇偪城，父命之歸避，光昊曰：「父殉城，子殉父，何避爲？」佐父固守，棗城獲全。後舉壬午鄉試，令長子。黠胥欲以前令逋糧責民代償，光昊精于檢察，民無擾累。歲旱，禱雨立應，有麥穗五岐之瑞。以瘁卒官，貧不克殮，潞守鳩金助之。

① 據民國《全椒縣志》卷十二《選舉表》補。

金拱敬，滁州人。父若嵩，居鄉有長者名。拱敬性至孝，嘗刲股療母疾。舉明季癸未進士。順治三年，授兵部主事。尋調吏部，歷考功郎中。繼以太僕寺少卿管文選司郎中事，拔才舉能，悉稱其職。

吳國龍，字玉騧，全椒人。父沛，耆儒有名行。國龍明季癸未進士，授户部主事，母喪，廬墓。順治中，以漕撫蔡士英薦徵用。康熙元年，授工科給事中。歷禮科掌印給事中，封章屢上，皆有裨軍國大計。丙午，典試山東，得人最盛。

朱宏憲，字守謙，全椒人。順治辛卯舉人。由溧水教諭遷完縣令，均徭革耗。又邑俗多輕生，每以投繯服酖構訟不止，宏憲悉置不問，舊習頓革。子大乾，舉進士，歷知章（邱）〔丘〕、武清二縣，俱有善政。

金光房，字天駟，光辰弟。順治己亥進士。授九江推官，以廉明稱。缺裁，改補瓊山令，益著清節。又議均貢香，黎人樂附。鄰縣有欲以剿黎邀功者，力寢其事。鎮兵譁噪，單騎出諭，軍情立定。尋卒于官。子作鼎，康熙甲辰進士，有文名。

和　州

宋

沈立，字立之，歷陽人。舉進士，簽書益州判官，提舉商胡埽，采摭大河事迹、古今利病，爲書曰

《河防通議》，治河者悉守爲法。遷兩浙轉運使，茶禁害民，著《茶法要覽》，乞行通商法，詔從之。擢右諫議大夫，出爲江淮發運使，居職辦治。初，立在蜀以官粟售書，積卷數萬，神宗問所藏，立上其目及所著《名山水記》。

魏矼，字邦達，歷陽人。宣和二年，上舍及第。紹興初，累遷考功郎。會星變陳言，高宗識其忠，擢御史。在職七月，論事凡百二十餘章。遷秘書監，力論和議之非。忤秦檜，屢出奉祠。

張邵，字才彦，烏江人。宣和三年，上舍及第。建炎初，調衢州司刑曹事。詔求可使軍前者，邵慨然請行，以不屈留北十五年，與洪皓、朱弁俱全節南歸。累官敷文閣待制、知池州，再奉祠，卒。子孝曾，後亦以出使殁。

張祁，字晋彦。以兄邵奉使恩補官。祁負氣尚義，趙鼎、張浚皆器重之。與胡寅友善，秦檜素憾寅，因誣祁罪下大理。檜死獲免，累遷直秘閣、淮南轉運判官。

張孝祥，字安國，祁子。舉紹興二十四年進士第一，累遷起居舍人。出知撫州，年未三十，莅事精確。移守平江，庭無滯訟。以張浚薦，召入除直學士院，兼都督府參贊軍事，歷帥静江、湖南北，皆有聲績。卒，年三十八，孝宗惜之，有「用才不盡」之嘆。

張孝伯，孝祥從兄。登隆興元年進士第。開禧中累官參知政事，時韓侂胄當國，孝伯勸弛僞學禁，始追復趙汝愚官，一時貶斥者得還故職。子即之，官至直秘閣，有書名。

陸同，字彦和，歷陽人。以父有常蔭補官，知望江縣，請蠲營田賦外之征。移知廬江。中外皆薦，孝宗書其名於御屏，擢知房州。復以大臣薦，遷京西轉運判官，首罷襄陽薪蒸之禁，平反鹿門山獄。尋請祠歸。子世良，時任廣東提刑，以父老，亦乞侍養旋里。

元

張茂之，字宗榮，含山人。累官淮南轉運使，以寬厚稱。

明

何宗顯，烏江人。博涉經史。元季領鄉薦，避兵嚴州。胡大海克嚴州，得之，薦於太祖。及定婺州，改爲寧越府，即命知府事。宗顯首開郡學，延儒士葉儀、宋濂爲五經師。時久亂學廢，至是始聞弦誦聲。加意拊循，郡以大治。

馮榮，和州人。吴元年，舉人材，知華亭縣。海濱盜猝起，執榮欲害之，邑民何潤挺身詣盜，力言榮良吏宜釋，始得免。及盜平，榮請於大帥，止戮渠魁，而貸良民之詿誤，得脱死者數萬。復興學勸農，平徭清獄，民益感悦。

徐伯常，和州人。嗜學篤行。洪武初舉人才，由典史歷知縣，以廉幹聞，案無留牘。

吕秉直，和州人。洪武初舉人才，知泰興縣。爲人淳篤，莅事果決，尤敦尚風化，民俗歸厚。

張貞，字有祥，茂之孫。洪武中膺文學薦，授真定令，以慈惠得民心。秩滿日，老稚扳留，至不能前。遷都督府斷事，致仕。永樂初，以循吏召用，貞引疾固辭，特詔褒嘉。

王敩，字子學，含山人。永樂初，由楷書授推官，遷東昌府通判，所至皆以廉謹稱，鞫獄多平反。歷官三十年，家無餘資。

張祐，字一德，含山人。永樂甲辰進士，授刑科給事中。以讜直忤時，出守處州，威惠並行。俄奔父喪，因郡有寇警，特命起復，督軍剿平。加俸三級，郡人立祠祀之。

王璽，字廷用，和州人。正統戊辰進士。觀政户部，奉敕賫金帛犒兩廣軍士。尚書金濂薦其才，授本部主事。屢奉差督辦通州、天津草束，浙江鈔課，及攢督紫荆糧儲，皆有廉能之稱。歷兩浙鹽運使，盡釐宿弊。又州人王珍，由進士令浦江，亦有治聲。

唐忠，字以信，含山人。天順己卯舉人。授密雲令，捕治豪猾，請蠲水衝田糧，民甚德之。以艱歸，家居貧甚，至鬻衣以給。

胡澄，字景濂，含山人。天順己卯舉人。授寧都令，慈惠多善政，九載秩滿，民籲留之。又三載，遷寧海州同知。以暴疾卒，州人哀悼。

武臯，字舜弼，和州人。弘治癸丑進士。授長史，輔導榮藩，日進講讀，勤恪盡職。榮藩嘉之，深加禮重。

馬應龍，字公濟，和州人。正德辛未進士，授户部主事。大軍討河南流寇，奉命督餉給軍，賊平，有銀幣之賚。又從都御史彭澤西征蜀盜，率偏師進剿，斬獲千計。遷郎中。尋出理遼東糧儲，潔己奉公，邊鎮竦服。擢山東按察司副使，整飭霸州等處兵備，痛懲積弛之弊，軍政一新，百廢具舉。又翦除巨盜，及勢家之素爲囊槖者，境内肅清，民皆設位祀之於家。

萬慶，字子餘，和州人。嘉靖己未進士。授行人，奉使楚中，盡却餽遺。擢刑部員外郎，有豪猾倚中貴勢犯私鑄罪，諸司莫敢詰，慶獨寘之法，無所貸。遷守泉州，舊有不便於民者數事，慶悉罷之，輿情大愜。又計擒倭寇，海濱獲安。

張尚儒，和州人。萬(歴)〔曆〕中，由貢授巴東令，以政最遷歸州知州。新灘有險石，尚儒特命工鎸鑿，以便行旅，人多頌之。

國朝

成性，字我存，和州人。舉順治己丑進士，授中書舍人。選御史，出按福建，有清直聲。轉兵部主事。以大學士馮溥薦，擢工科給事中。

李衷燦，字藜仲，含山人。順治中，以貢授洵陽令，遷冀州知州，復補荆門。州時有剿寇之師，衷燦竭力轉餉，以給①大軍，由是巨寇李來亨等皆即殄平。擢衛輝同知，問學於耆儒孫奇逢，執弟子禮，時人稱之。

---

①「給」，《四庫》本作「繼」。

張其善，字同人，含山人。順治辛丑進士。授東安令，邑中民、猺雜處，素稱難理，其善莅官清惠，境内翕然。遷高州府通判，未任卒。

胡騰虯，含山人。貢生。歷萊陽、韓城二縣丞，潔己愛民，以廉惠稱。卒於官，韓人立祠祀之。

廣德州

三國　吴

朱治，字君理，故鄣人。隨孫堅征伐，拜司馬，從破董卓。孫策薨，治與張昭立權，每進見，權恩敬特隆。治性儉約，雖富貴，車服唯供事。封故鄣侯。

宋

倪濤，字巨濟，廣德人。年十五，試太學第一。舉進士，累官司勳員外郎。時議有事燕雲，大臣群相附和，濤獨抗言其非。王黼怒其阻軍事，貶監朝城酒税，再徙茶陵船場，卒。明年，金師至，朝廷憶濤先見，録其子。

李嘉言，廣德人。隆興初進士。後從范成大使北，歷知常、饒二州，皆有去思。尋以尚書充使而還。

吴應龍，字雲翔，建平人。嘉定進士。遷知興國軍，治最。趨命入奏，陳八事，理宗嘉納之。拜御史，官止廣南西路運判。

章汝鈞，字和叔，建平人。淳祐進士，授國子監書課官。召試館職，首以厚人倫、扶國綱爲對。以秘書正字家居，時多以差役破家，汝鈞與梅應發倡行義役，公私便之，鄰郡取則焉。除秘書郎，卒。

梅應發，字定夫，廣德人。淳祐間進士。居官忠貞廉退，秩至中奉大夫、直寶章閣，致仕。元初召起之，辭以疾。

明

姚恕，建平人。洪武甲子舉人，任杞縣令，性介才達，綽有政譽。擢御史，所至振肅。官至江西按察使。靖難兵起，宣城陳尚書迪不屈死。恕，陳婿也，亦被戮。

孫昇，字伯高，建平人。永樂甲申進士。任御史，時妖婦唐賽兒作亂，昇統張旗、馬撫、王真等敗賊於諸城，山東悉平。擢遼府長史，終建昌知府。

胡廙，廣德人。永樂中貢，任給事中，陞左副都御史，讜直敢言。時建平馬政擾民，廙援祖制，疏言：「州居山磧，無平原可放牧。」免之。尋改福建參政。

濮瑾，字良玉，廣德人。由選貢知寧陽縣，兩賑饑民，全活甚衆。委督逋糧，至誠勸諭，民咸樂輸。上官交薦，以親老乞歸。

姜洪，字希範，廣德人。成化戊戌進士。知盧氏縣，勸耕教織，有循吏風。孝宗時擢御史，疏時政八條，多見採納。按湖廣，楚藩請益莊田，洪奏罷之。陞雲南參政，土官陶洪約八百媳婦共爲亂，洪乘間捕治，亂遂戢。合兵討洞蠻桃古，平之。轉山西布政。劉瑾求賂弗與，落職歸。瑾誅，擢山西巡撫，惟收月俸六石。卒官，無以爲殮，謚莊介。

呂盛，字文郁，建平人。弘治己未進士。任湖州知府，時孝豐湯許爲寇，盛深入其阻，諭以禍福，兵不血刃而就俘，餘寇悉平。後備兵天津。武宗南巡，時方饑饉，盛以無礙官錢給四方流民，俾充夫役，民不知擾。未幾，改雲南屯田副使。

宗璽，字朝用，建平人。弘治己未進士。授大理寺正，時逆瑾暴虐，多害善良，璽平反不撓。出爲江西副使，值副使胡世寧疏宸濠不軌十事，濠亦誣劾世寧。章下藩臬議，濠嗾致世寧於辟，衆持疑相向，璽獨奮筆白其誣。遷福建兵巡，平大帽山寇，有旨增秩。改廣西按察，復平叛獠。終雲南布政使，清公綮巨萬，以贍軍旅。

潘潤，字時雨，廣德人。正德甲戌進士，歷官儀部郎。擢守處州，當道議增郡賦，力争而止。比入覲，民有餽遺，堅拒勿受，衆構却金亭以懷之。遷雲南兵備副使。

李得陽，字伯英，廣德人。嘉靖乙丑進士。任户部，榷淮關，盡蠲浮苛。知九江府，築三洲堤，建澄江樓，萑苻息警。歷陞湖廣巡撫，鍥成《賦役全書》，永爲規式。奏止荆、沙、衡、永採木之害。以乞養歸。追嘉撫楚之績，起南工部侍郎。會陵、殿、城諸工役並興，以勞瘁卒官，贈户部尚書。

李模，字子範，廣德人。嘉靖間進士。仕刑部主事，委漕運、理刑，減税二萬兩。擢吏部稽勳司，稱銓曹第一廉吏。

夏良心，字宗堯，廣德人。隆慶辛未進士。除刑部主事，歷陞山西參議。轉兩浙水利道，築海堤功，加秩賜金。按察山東，布政河南，皆遇饑歉，賑濟有方。擢江西巡撫，時兩璫榷税歲幾十五萬，奏減七萬有奇。加兵部右侍郎，捐罰鍰四千金，設倉置田，儲粟備賑。卒，贈兵部尚書。

李天植，字性甫，廣德人。隆慶辛未進士。授平陽推官，擢吏科給事中。鄒元標、趙用賢糾張居正奪情被杖，天植疏救甚力。有旨選閹寺多人，天植言儒士進學數少，中貴選用數多，事體倒置，語攻政府。出參饒南道，時毀天下書院，欲併廢白鹿洞膳田，天植力持不可。後歷曹濮兵備以終。

管九臯，字如鳴，廣德人。隆慶庚午舉人，知富陽縣。以卓異擢御史，彈劾不避權貴。歷廣東副使，清操益勵。

李徵儀，字于來，天植孫。萬（歷）〔曆〕辛丑進士，知清江縣。擢御史，疏言鄒元標、顧憲成、趙南星直諫蒙譴，宜峻擢以備啓沃。閲視山海、居庸兵馬，條上便宜數事，皆報可。劾李三才盗用皇木，發内監冒破金磚等費，止内苑營建臺榭，皆俞允。巡視長蘆鹽政，督學順天，掌河南道，臺綱肅然。陞大理寺左丞，以不附魏璫削籍。比璫誅，原官起用。

夏之彦，字士美，廣德人。萬（歷）〔曆〕壬子舉人。知應山縣，痛革徵收羸羨、行户供應。都御史楊漣直諫罹璫禍，鍛鍊追贓，下本貫承比。之彦設櫃募金，且鬻産二千金代贖。臺檄下漣幼子於獄，爲築別室居之，名曰疢疾軒，時餽槖饘。或爲危之，之彦曰：「使某附楊公得禍，天下萬世應有知我者。」遷武昌府丞，鑿壓霧嶺通道五十里。陞浙江鹽運司運同，却常例，疏鹽引，商民兩利。

戈簡，字行可，廣德人。崇〔正〕〔禎〕辛未進士。知晋江縣，謝絶請謁，綜賦汰役，練兵修學，息海氛，靖山寇，皆有成績。

王之棟，字嘉隆，建平人。崇〔正〕〔禎〕間恩貢。僉判印州，民愛戴如父母。攝篆榮、蒲二邑，會討叛蠻，督餉黎城、瀘河諸處，調運不匱。以不善事上官，左遷去任。

國朝

包元翀，字拂雲，廣德州人。順治間恩貢。授平陰令，時濟上屯兵，縣苦供億，元翀區畫以濟。斷獄明允。蝗入縣界，虔禱之，遂出境。

六安州

明

張子貞，字彦誠，英山人。洪武間，由國子生授車駕司主事。言事謫戍嶺海。復起，遷山東僉事。以切直忤時，謫隸苑馬寺。上見其《題龍江衛》詩，詔復其官。敭歷中外幾四十年，清心苦節，寵辱不驚。尚書蹇義嘗嘆曰：「居官不必遠法古人，近效張子貞可矣。」

潘岳，字居仁，六安人。永樂丁酉鄉薦，授鄭州訓導。擢監察御史，彈劾不避權貴。忤旨，發充後軍都督府掾。府帥待以優禮，岳曰：「非朝廷意也。」執役無異群吏。復職按浙、閩，單騎問民疾苦，暑日手自持蓋。家居置田，給族人以承庸調。

汪霖，字潤夫，六安人。景泰進士。歷御史，按雲南、浙江，所至振紀綱，雪冤滯，不爲苛察。成化初，監征粵軍。陞大理寺丞，以左僉都御史巡撫畿內，凡八受璽書獎諭。生平寬厚謹慎，爲世所稱。

潘貞，字景徵，岳之子。天順進士。累遷福建副使，覈銀課加耗重息，以補他課之逋。進四川按察使，出滯獄，擒豪僧。陞布政司。貴州苗亂，徵兵糧於蜀，開府罔知所措，貞請以苗攻苗，發近疆播州、龍州之卒應之。

潘鏜，字宗節，貞子。弘治丙辰科進士。官監察御史，首劾閹黨高鳳，又條時政四事，皆不報。以劾逆瑾矯制，削籍。瑾敗，起授廣東按察司僉事。

彭辨之，字問夫，霍山人。正德戊辰進士。知餘杭，時凘苦織造，辨之請於上官，奏裁之。守彰德，補饒州，爲政務安静。終山東參政。

潘鋭，字宗魯，六安人。正德丁丑進士。授行人，力諫南巡，荷校跪闕下，曝十日，杖五十，降南國子監學正。世宗即位，復其職。因論柄臣，再杖謫。其剛直蓋天性云。子子正，字汝中，嘉靖壬辰進士。擢給事中，論罷冢宰汪鋐，謫西平縣丞。累遷湖廣兵備，討平亂苗。遷貴州參政，歸。

（邱）〔丘〕玳，字文玉，六安人。嘉靖戊戌進士。授户部主事，餉兵榆林，一洗扣除尅減之弊。遷守温州，海上巡徼者輒誣漁販爲盜，悉原而釋之。調守寧波，亟繕城郭，倭至得免蹂躪。歷官不携家累。榆林之役，或報夫人訃且至，叱曰：「此豈顧家時耶！」其首公盡職如此。

張澡，字子新。襲職六安衛指揮，積功至參將，先後駐浙江十年，禦倭大小數十戰皆捷，鎮海之功尤偉。總兵吴松，上沿海、沿江諸圖議，移鎮滇南。授征蠻將軍印，鎮粤西。叛苗未靖，設方略，撫剿兼施。尋以南京都督致仕。

徐必進，六安人。弱冠登第，歷禮、刑二部郎。出守嘉興七年，郡人戴之，三塔寺、五太守祠，必進居其一。遷福建副使，致仕。

郝錦，字絅卿，六安人。崇（正）〔禎〕丁丑進士。授豐城縣令，縣糧賦甲江右，錦覈包攬，清里甲，裁陋規，政最一時。移新建令，時獻賊震袁、吉，士民逃竄，錦調兵食，治守械，衆心乃安。遷御史，侃侃有諍臣風。

泗　州

漢

韓牧，字子台，臨淮人。哀帝時爲御史，嘗建言水利宜於九河故道穿之，縱不能爲九，但爲四五，亦可以殺水勢。

三國　魏

陳矯，字季弼，東陽人。明帝時爲尚書令，帝嘗至尚書門，矯啓曰：「陛下欲何之？」帝曰：「欲案行文書耳。」矯曰：「此臣職分，非陛下所宜臨也。」帝乃回車。其直亮如此。後進爵東鄉侯。卒，謚文貞。

晋

陳騫，東陽人，矯子。沉厚有智略。仕魏爲尚書郎，遷中山、安平太守，並著治績。晋武帝即位，以佐命功封高平郡公，加太尉。卒，謚武。

南北朝　齊

劉元明，臨淮人。歷仕山陰、建康令，有吏才。官至大司農。

宋

許遵，字仲塗，泗州人。舉進士。擢大理詳斷官，知長興縣，賑濟水災，益興水利，溉田甚（博）〔溥〕①。熙寧間，知壽、潤二州，累官中散大夫。

李稙，字元直，泗州臨淮人。明敏篤學，客蘇軾門，軾無咎見之，曰：「此國士也。」以女妻焉。靖康初，向子諲轉運京畿，時盜起路阻，使稙督犒師銀百萬、糧百萬石，自淮趨濟，卒以計達。秦檜當國，稙丐祠奉親。檜死，除户部郎中。丁母憂，哀毁廬墓，有白鷺朱草之祥。劉鎮遺之書曰：「忠臣、孝子，元直兼之矣。」爲京西河北路轉運使，措畫有方，廷議倚重。遷江南東路轉運使，上書言江防十策。卒，謚忠襄。

王霆，字廷叟，東陽人。嘉定四年，中絶倫異等科，授承德郎、知濠州，職事修舉。金兵至光州，以霆知州事。霆分遣間諜，整飭戰守之具，大戰州西，光人乃安。

① 據《四庫》本改。

明

鄒魯，盱眙人。洪武中，以聰明正直舉，授河内縣主簿。尋以事降會稽縣典史。耆民奏其廉能，遂陞知縣。執法不阿。爲人誣奏，逮至刑部。事直，特陞大理寺丞。

王晏，盱眙人。洪武初，以薦授教職，陞滋陽知縣，廉能有節概，博學多聞。仕至陝西參政。

張彦禮，五河人。洪武間以人才徵，令陽武，多惠政。秩滿，民詣闕請留。在任十八年，卒於官，囊橐蕭然，不能歸里，因家其地。

金純，字德修，泗州人。洪武間，由太學生授吏部文選郎，累陞刑部侍郎。永樂間，扈從北征。尋奉命發河南丁夫開浚黄河故道，漕運賴之。遷禮部尚書，調工、刑二部。在刑部時，務寬大。宣德中致仕。卒，贈山陽伯。

丁寧，字惟和，五河人。永樂甲辰進士。宣德七年，巡按廣東，風紀大振。嘗盛暑中過梅關，見行者病暍顛踣，皆思得水，乃躬披荆棘，偶見石潤，曰：「此必有水。」命鑿之，不逾尺而泉溢，遂浚焉。名福民泉，至今行旅賴之。

陳敏，字内修，天長人。景泰癸酉舉人。爲鄢縣知縣，縣多虎患，敏禱於神，虎遂遠去。改令連城，興起文教，躬自誨迪，連城科目久缺，至是遂多登第者。

張昊，字朝元，天長人。弘治丙辰進士。授烏程令，擢御史，陞江西僉事，分巡九江。時姚原洞蠻寇掠，吳與參政董樸討之，斬獲三百餘人。欲擣其巢穴，約董進兵不至，爲賊所執，不敢加害，仍委之而去。回籍聽勘，廷議復職。吳事父母孝，事繼母如其母，撫二弟有恩。義子天駙，字雲卿，嘉靖乙酉鄉薦。清宦之後，饔飧不繼，而讀書不輟。及仕兗州府通判，不持一錢歸。

陳道，盱眙人。爲文選主事，出知金華，能斷大獄。累遷南刑部尚書。

陳大章，盱眙人，道之子。由進士授刑部主事，歷兵部職方郎，擢太僕卿。長於吏治，所在著聲。兼工詩詞，善書墨菊，一時推重。

沈應乾，字莅川，五河人。嘉靖庚戌進士。初任海南令，累陞保定知府，多惠政，積俸悉留郡帑備賑。仕至密雲兵備副使。嚴嵩父子執政，未嘗一謁其門。嵩怒，言官希嵩旨劾之，遂歸里。

常三省，字魯軒，泗州人。嘉靖丙辰進士，歷官湖廣右參議。泗苦水患，三省投揭於撫按請開浚，爲總河劾奏罷職。既淮流陡漲，水侵祖陵，三省復以分黄導淮之説言於行河使者。卒用其議，以襄成功。鄉人至今頌德。

胡士奇，字浮治，天長人。萬（歷）〔曆〕丙辰進士，授萊蕪縣知縣。擢御史，巡按宣大，嘗抗疏劾魏忠賢。

馮應京，字可大，盱眙人。萬（歷）〔曆〕壬辰進士。歷任湖廣僉事，風采大著。税監陳奉恣横不法，巡撫以下不敢出聲，應京疏列奉九大罪。上怒，逮問，士民擁檻車號哭，不得行。既去，則家爲位祀之。禁獄者四年釋歸，復職。所著有《經世日用編》《蓄艾編》《月令廣義》諸書。卒，贈太常少卿，謚恭節。

崇正學，字佩一，天長人。由監生考授州判。時武舉陳啓新言事稱旨，擢省垣，正學抗疏劾之。降選平陽縣主簿，值海寇侵擾，正學單舟諭寇，寇悉降。朝廷序其功，後引疾歸。

國朝

孫振先，泗州人。順治初署武進縣，時守宗灝貪狼，多籍富民家，且將請兵屠城。振先以死争之，城得以全。

江南通志卷一百五十一

人物志

武功 一

江、蘇、松、常、鎮、淮、揚、徐八府　太、海、通三州

江寧府

後　漢

抗徐，字伯徐，丹陽人。少爲郡佐史，有膽智策略。初試守宣城長，後爲中郎將宗資别部司馬，擊太山賊公孫舉等，破平之，封烏程東鄉侯。遷太山都尉，歷長沙太守。同中郎將度尚討擊桂陽賊

胡蘭、朱蓋等，大破之，宿賊皆平。卒於官，詔增封五百户。

張磐，字子石，丹陽人。以清白稱。延熹中，爲交州刺史。桂陽賊胡蘭餘黨南走蒼梧，磐身擐甲胄，涉履危險，斬殄渠帥，餘悉竄遁。後終廬江太守。

芮祉，字宣嗣，丹陽人。從孫堅征伐有功，歷九江、吴郡太守。子良，隨孫策平定江東，爲會稽東部都尉。良卒，弟(元)〔玄〕代領其兵，拜奮武中郎將，以功封溧陽侯。

三國　吴

陶璜，字世英，秣陵人。父基，交州刺史。璜都督交州，晋將毛炅守交阯，璜擊降之。開置武平、九德、新昌三郡，〔及〕①九真屬國三十餘縣，恩威著南徼。

南北朝　陳

淳于量，建康人。助王僧辯破鑾、平侯景。入陳，封醴陵縣公。

① 據《晋書》五十七本傳補。

五代　南唐

邊鎬，金陵人也。監嚴思軍，擒循州賊張遇賢。以行營招討，破建州。又爲湖南安撫使，討馬希崇降之，鎬發廩賑其飢，楚人大悦。

明

楊洪，字宗道，六合人。祖政，漢中百户。洪嗣職，成祖稱爲將材。英宗初，累功進都指揮僉事。時宿將已盡，洪後起，以敢戰知名，遇敵每出奇制勝。正統初，守獨石有功，歷遷左都督，充總兵官，鎮宣府，敵人畏之，呼楊王。土木之變，車駕北狩，道宣府，洪閉城門堅守。景帝初，封昌平伯，進封侯，督京營訓練。尋還鎮宣府，士馬精强，爲一時邊將冠。以疾召還京，卒，贈潁國公，謚武襄。兄子能，字文敬，少從洪征伐有功，陞開平衛，鎮撫戰灣河、三岔口，戰紫荆、倒馬二關，俱有功。累擢左都督，總兵宣府。天順改元，以迎復功封武强伯。能沉毅善謀，臨戰決勝，敵讐憚之。弟信，字文實。由指揮僉事歷都督同知，封彰武伯，鎮宣府、延綏、大同。在邊三十年，屢破敵，人樂爲用。卒於鎮，贈侯，謚武毅。洪子俊，以舍人隨洪立功，至右都督。

巫凱，句容人。由百户積功至都指揮同知。宣德元年，陞都督僉事，充總兵官，鎮守遼東。凱性剛嚴，饒智略，在鎮三十餘年，威惠並行，邊備修飭，前後守遼者皆莫逮焉。

尹鳳，字德輝，南京人。嘉靖中舉武科，鄉、會試皆第一。擢署都指揮僉事，歷福建參將。倭陷福清、南安，連艅①出海，鳳邀擊沉其七舟，追至外洋，擒斬二百人。至横山，擒斬二百六十人。凡大小十數戰，内地賴以寧。謝病歸。隆慶初，起原官，從李錫平曾一本。萬（歷）〔曆〕初，擢提督京城巡捕。

陳忠，字南塘，府軍衛籍。有膽智，膂力絶人，能泅江百里。嘗於神烈山擒兩虎，由是知名。投李開府麾下，提兵捍倭，戰於牛王河。倭以奇兵襲其後，忠負李渡河，且戰且走，李畫渡河圖以紀其勇。後隸胡宗憲幕下。倭來挑戰，忠白鎧雙刀，直入其陣，萬衆辟易。前後百餘戰，未嘗少挫。由卒伍歷官參戎，稱名將。

黄鉞，字長白，錦衣衛籍，家金陵。萬（歷）〔曆〕辛丑武科第一。歷官南左府都督僉事。在粤，渡海征黎平，抱由、羅活諸峒。在南，水陸營渡江遏蓮妖，保護淮、鳳。在黔，領專敕征安寇，擊破織金、大方諸寨，捷聞優賚。

宗萬化，字羅中，上元人。萬（歷）〔曆〕己酉舉人，知景州。白蓮賊數萬聚白家屯，將逼城，萬化從間道抵監軍僉事來斯行，假其所領官軍，分爲三隊，夾擊賊，大破之。全一州，捍蔽京師，功甚偉。以失州豪貴意，不得叙，轉潮州同知，攝府篆。總督熊文燦撫海寇劉香老，萬化争之，遂被誣歸。

①「艅」，《四庫》本作「舸」。

國朝

王自新，句容人。順治乙酉舉人。任通州學正。海寇至城，自新守禦有功，陞僉事。督學湖廣，有公明譽。

袁國琮，字于澤，溧水人。康熙癸未武進士，選侍衛。歷官金華副總兵官，署總兵，鎮處州，綏靖封疆，東南倚重。

蘇州府

三國　吴

朱桓，字休穆，吴人。事孫權幕府，以蕩寇校尉督諸將，討平山賊。遷裨將軍，爲濡須督。黄武初，以五千人破魏大司馬曹仁步騎數萬。遷奮武將軍，封嘉興侯。嘉禾元年，吴兵自廬江引還，魏人欲俟其半渡溪水擊之。及見桓節蓋在後，懼不敢出。赤烏初，卒。子異，字季文。領父兵，累遷鎮南將軍。建興元年，大破魏軍於東興。

顧承，字子直，吴人，豫章太守邵子。嘉禾中，徵拜騎都尉，領羽林兵。後爲吴郡西部都尉，與諸葛恪等共平山越，别得精兵八千人。拜昭義中郎將，入爲侍中。芍陂之役，以功拜奮威將軍。

晋

顧秘，字公真，吴人，雍族孫，偏將軍悌子。有文武才幹，爲吴興太守。石冰略有揚土，周玘等推秘都督揚州九郡軍事，斬冰所置吴興太守區山。元帝爲鎮東將軍，命爲參軍。以討華軼功，封東鄉侯。終交州刺史。子衆，字長始，歷義興太守。蘇峻反，王師敗績，衆還吴，潛圖義舉。吴中人士同時響應，與賊戰，破之。封鄱陽縣伯，累遷尚書僕射。卒，謚曰靖。

南北朝　陳

陸子隆，字興世，吴人。少慷慨，志功名。初事郡守張彪。及陳文帝討彪，彪將皆降，惟子隆力戰。文帝異之，使領甲仗宿衛。尋預平王琳，授左中郎將。天嘉初，除明威將軍、廬陵太守。隨都督章昭達討周迪，走之。遂逾嶺討陳寶應。晋安平，子隆功最，遷都督武州諸軍事。華皎反，子隆出兵襲其後，因與王師相會。遷都督荆州刺史。卒，謚曰威。弟子才，亦有幹略，隨兄征討有功，累遷信州刺史。

孫瑒，字德璉，吴人。少倜儻，好謀略。梁太清之難，授宣猛將軍、軍主。以王琳薦，爲宜都太守，鎮巴陵，拒侯景兵。及克姑孰，皆力戰有功，封富陽侯，累遷安西將軍、郢州刺史。周遣大將史寧率衆四萬攻郢，瑒兵不滿千，乘城拒守，周師力攻逾月不克，始退。瑒奉表歸陳，歷散騎常侍、中護軍，督舟師平留異。終五兵尚書。卒，謚曰桓。

陸山才，字孔章，吴人。爲南豫州刺史周文育長史，文育討克蕭勃、擒歐陽頠，計畫多出山才。累遷始興王長史，行東揚州事。從侯安都討平留異，除明威將軍、東陽太守，歷度支尚書。宣帝南征，周迪以山才爲軍司。又余孝頃自海道襲晋安，山才以本官之會稽，指授方略。卒，謚簡子。

五代

司馬福，吴人。多智而善水行，始隸吴越王水軍，爲游奕都虞侯。梁開平三年，淮人圍蘇，内外阻絶，王遣援兵至，莫知城中音問。福潛行水中，三日入城，取軍號而出。内外夾攻，號令相應，淮人以爲神，遂大敗之。

宋

章楶，字質夫。父訪，禮賓副使，自浦城徙蘇。楶舉進士甲科。元祐初，以直龍圖閣知慶州。夏人入寇，楶伏兵擊敗之。召權户部侍郎。哲宗命知渭州，築氹蘆、河川二城，據形勢以逼夏。又遣將夜襲夏統軍及監軍帳，俘馘二千餘，獲牛羊十萬，羌部震駭。進端明殿學士。徽宗立，累拜同知樞密院事。卒，謚莊敏。子綡字伯成，綜字子京，俱有文名，歷官著聲績。綡終禮部郎中，綜右文殿修撰。

盧秉，字仲甫。父光禄卿革，自德清徙蘇。秉皇祐初登上第，元豐中知渭州。西討有功，又命將襲夏胡盧川，俘斬萬計，遷龍圖閣直學士。夏人大舉入寇，秉駐兵瓦亭，分兩將駐静邊砦。及夏兵至，縱擊之，皆奔潰。後奉祠歸，卒。子知原，字行之，建炎初知温州。時鄰郡並陷，知原保障一方，屹爲重鎮。擢管内安撫使。法原，字立之，紹興中宣撫川陜，前後屢捷。卒於軍中。

（邱）〔丘〕岳，字山甫，常熟人。以進士授太湖尉。紹定中，應趙范、趙葵之辟，預平淮寇李全。端平三年，知真州，擊退元兵。寶祐初，歷沿江制置使，調兵解和州之圍。岳屢禦大敵，未嘗少敗，理宗嘗御書「忠實」二字賜之。

明

韓雍，字永熙，長（州）〔洲〕①人。正統壬戌進士，授御史。累遷右僉都御史，巡撫江西、大同、宣府，所莅著聲績。成化初，兵部尚書王竑薦雍總督兩廣軍務，討叛苗。既克修仁、荔浦諸峒，進攻大藤峽，力戰破賊，俘斬無筭，遂平其穴。及雍以憂歸，廣寇復發，朝命仍起雍定之。雍磊落有大節，具文武才略，南蠻震慴，以父呼之而不名。卒，謚襄毅。

陳僎，字汝翼，吴縣人，左都御史鎰從子。景泰辛未進士。授南御史，理鹾政有賢名，擢四川僉事。天順時，叙南土獠肆掠，大軍進討，僎率兵前驅，破其寨十餘，兩月不釋甲。已而夾江花溪諸盜

① 據《四庫》本改。

及漢州德陽所在擾動，蜀撫重僎才，檄之往剿，至即殄平。後以會黔帥議事還，舟覆溺死，時論惜之。

孔鏞，字韶文，長洲人，雙流知縣友諒子。景泰甲戌進士。成化初，以葉盛薦，自連山知縣擢高州知府。時賊屯境内者十餘部，鏞以次招撫之。他賊入犯者，先後多敗去，境内大定。擢按察副使，分巡雷、高二府，敗廣西寇。進按察使，平荔浦賊。歷右副都御史，巡撫貴州，雞背苗恃險爲亂，旋亦討平。入爲工部右侍郎，道卒。

陸完，字全卿，長洲人。成化丁未進士，授御史，有聲臺中。正德中，累遷兵部右侍郎。流賊劉六、劉七等起霸州，勢日熾，詔完督諸軍討之。賊屢敗復集，畿輔、山東、河南以及江淮，所在被躪。完跡賊所向，頻擊破之，勢始大蹙，殲於通州狼山。進左都御史，歷吏部尚書。後坐與宸濠交遺戍，卒。

陳天祥，字元吉，吴江人。弘治丙辰進士。正德中，歷天津兵備，破流賊劉六等，俘斬甚多。巡撫貴州，平峒苗。尋奉命提督三邊軍務，西陲無警，兵民安堵。

吴寅，字敬夫，常熟人。弘治乙卯舉人。正德中官武昌同知，流寇劉六、趙璲犯境，寅攝守事，率兵敗之江中，六中矢墮水死。璲遁入武當，寅以計誘擒之，檻車送京師伏法。

朱紈，字子純，長洲人。正德辛巳進士。嘉靖中，歷四川按察副使，平深溝諸砦番。累遷右副都御史，撫贛。尋倭寇起，改撫浙、閩。賊據雙嶼島，遣將擊破之。又督兵追敗賊於温盤、南麂諸洋。還，平處州礦賊。會佛郎機國人行劫至詔安，紈擊擒其渠魁，悉戮之。御史劾專殺，罷職聽勘，仰藥死。紈在事三年，屢殲巨寇，人多惜之。

鄭若曾，字伯魯，昆山人。幼有經世之志，凡天文、地理、山經、海籍，靡不周覽。嘉靖中，島寇擾東南，總制胡宗憲、大帥戚繼光皆重若曾才，事多諮決。後以倭平議功，論授錦衣職，辭弗受。所著有《籌海》等書。

陸一鳳，字子韶，常熟人。嘉靖壬子舉人。授泉州府同知，奉臺檄討海寇林鳳，大破之。

孫問禮，字衷虛，萬（歷）〔曆〕甲辰進士。歷都御史，巡撫南贛，平九連山銅鼓嶂諸寇。

蔣夢龍，字子徵，長洲人。嘉靖乙丑進士，累官湖廣參議。討大圍山賊，擒其渠魁，餘黨讋服。復請置戍山麓，以絶禍本。同時吴江皇甫涣，由進士歷廣東參議，平苗亂及惠、潮劇賊。

支可大，字有功，昆山人。萬（歷）〔曆〕甲戌進士，歷湖廣巡撫。嘗降九服、白泥諸寨，又連破黄岑、高岩、乾溪、寶兒囤，闢爲①京觀。遂長驅入播，七戰唐堡，破板角關。又三戰煉砰，克苦菜關，一時功績特偉。尋致政歸。同縣朱國輔，字左車，萬（歷）〔曆〕乙卯舉人。明季以保寧府檢校署知瀘川州事，力拒流寇，有保境功。移福州府檢校，攝福清篆，擒斬劇盜。終開封府推官。

黄時雨，字化之，常熟人。萬（歷）〔曆〕甲戌進士。知惠州府，平岑崗酋江月照之亂。遷廣東副使，再平海盜。同縣趙隆美，字文度，以父用賢蔭歷叙州知府。天啓初，擊退叛酋奢崇明兵。

① 「爲」，《四庫》本作「開」。

蕭應宫，字觀復，常熟人。萬(歷)〔曆〕甲戌進士。知東昌府，擒劇賊，散其黨。備兵臨洮，邊境不靖，應宫盛暑擐甲，張疑設伏，敵不敢犯。會倭躪朝鮮，應宫以遼海道監東征軍，兼程趨王京，止退守鴨緑之議。既而揭制府冒功奏捷，爲所搆，遂得罪。

陳禹謨，字錫元，常熟人，刑部侍郎瓚子。萬(歷)〔曆〕辛卯舉人。歷官貴州參議。黔師有事於匀哈，禹謨奉命監軍，先誘斬其謀主，遂分兵拔賊寨，凡二十有一。其一曰馬蹄，有洞阻險，賊所窟穴，用火攻殲焉，鑱石紀功而還。

陳必謙，字益吾，常熟人。興寧知縣交曾孫，交有廉名。必謙舉萬(歷)〔曆〕癸丑進士。天啓中，官南御史，以疏論梃擊、移宫二案，及劾戚臣鄭養性削籍。崇(正)〔禎〕初起原官，累擢都御史。撫河南，時流寇大熾，必謙率兵援靈寶，大破賊於朱陽山。繼復有九皋山、屹料鎮諸捷，頻挫賊勢。歷工部尚書。

國朝

何楝，字與偕，長洲人。由崇明籍舉順治丁亥進士。除邵武府推官，攝福州府篆。時閩師悉赴泉州，經略厦門，會城空虚，海寇鄭成功率衆自海道襲福州。巡撫宜永貴瘍發於首，不能視事，因素重楝才，盡以城守諸務委之。楝力請釋原任布政使周亮工於獄，共扼險禦賊。賊攻城十三晝夜，楝竭力固守，危城獲全。入爲户部主事，歷江西提學僉事，告歸，卒。子炯，字倬雲，煜字章漢，並舉進士有名。炯累官雲南僉事，煜終南陽知府。

松江府

明

衛青，字明德，華亭人。起軍伍，積功官都指揮僉事，備倭海上。永樂中，妖婦唐賽兒作亂，攻安(邱)〔丘〕甚急。青從海上率千騎晝夜兼行城下，擊破之。降敕褒美，陞都指揮使，進都督僉事。以旱禱得疾，卒，登萊人立廟海上祀之。子纈，字源正，以勇幹聞。正統己巳之變，從山東入勤王，以功多擢都督同知。出守宣府，還領京營兵，預奪門功。天順元年，陞左都督，封宣城伯，充總兵官，守甘肅。羗謀入寇，連十二戰，大破之。又敗西番於凉州。卒，謚壯勇。

張祚，字永錫，華亭人。景泰甲戌進士。授御史，遷廣東按察僉事，廉慎精密，嶺表信服之。會韓雍討蠻寇，以祚有才識，檄使從征，大破靈山縣及高、廉二州諸賊。祚雖用兵，不樂以武節見。新興、新會民多通盜，東莞土豪倡亂，皆解散之，誅首惡而已。擢河南副使，致仕歸。

常州府

晋

孫無終，晋陵人。太元初，苻堅方盛，謝(元)〔玄〕鎮海陵，多募勁勇，無終爲前鋒，每戰必勝，號北府兵，敵人畏之。

南北朝　宋

蒯恩，字道恩，南蘭陵人。從討孫恩，先登，膽勇過人，帝漸寵任之。平京口，定建業，封都鄉侯。從伐盧循，斬徐道覆。與王鎮惡襲江陵，隨朱齡石伐蜀，前後百餘戰，録功封新寧伯。

蕭思話，南蘭陵人。宋元嘉中爲青州刺史，時司馬朗之兄弟聚黨爲亂，討平之。又爲梁、南秦二州刺史，平氏帥楊難當，悉收所侵地。其後起兵應孝武，用爲中書令、丹陽尹。卒，贈征西將軍、開府儀同三司，謚穆侯。

梁

陳慶之，字子雲，義興人。大通初，除宣猛將軍。渦陽之役，與魏軍相持，凡數十戰，斬獲略盡。

奉詔送魏北海王顥還魏，凡取三十二城，顥乃得入洛。還，除右衛將軍。出爲北兖州刺史，有妖僧攻陷北徐州，慶之討平之。歷南、北司二州刺史，加都督，破魏兵於淮上。大同五年卒，謚曰武。慶之性謹慎，善撫軍士，得其死力。

魚天愍，義興人。隸陳慶之麾下。攻魏滎陽，天愍逾堞先登，將士蟻附而上，遂執其都督楊昱。

陳

周文育，字景德，義興人。隸陳慶之麾下。與白水蠻戰，身被九創，慶之偉其節。後從陳武帝戰白城，抽槊陷陣，殺傷數百人，以功封壽昌縣公。終司空。

蕭摩訶，字元（印）〔胤〕，南蘭陵人。驍勇有名。（大）〔太〕建中，從都督吴明徹北伐，深入敵陣，斬將搴旗，屢敗齊軍。以功授譙州刺史，歷官車騎大將軍。

周寶安，字安民，陽羨人。父文育，南征敗没。起寶安爲猛烈將軍，領父舊兵，仍令南討，世祖深器重之。及平王琳，剿熊曇朗、征留異，並有功。歷左衛將軍，領衛尉卿。卒，謚曰成。

隋

陳杲仁，字世威，晋陵人。仕陳未久，即乞歸養，事繼母以孝聞。隋大業中，奉詔平長白山諸寇，又剪東陽賊二十萬，拜大司徒。尋爲沈法興所害。屢見神於郡，郡立廟祀之。南唐封武烈大帝，命徐鉉撰碑文。

唐

衛遜，陽羨人。隋末游并、汾間。唐初建義旗，遜以武勇從軍。虎牢之戰擒竇建德，遜持挾槊劍，前突後擁，太宗見而奇之。歷禁衛將軍，以母老乞歸。

錢九隴，晉陵人。善騎射，高祖愛之，嘗置左右。義兵起，以功授金紫光祿大夫。及克京城，拜左監門郎將。累立戰功，封郇國公，歷官右監門大將軍。卒，謚曰勇，陪葬獻陵。

薛士通，義興人。初仕隋，爲鷹揚郎將。江都亂，與州民嬰城拒賊。武德初，輔公祏反，士通與其騎西門君儀戰，敗之。祏平，封臨汾侯。

宋

杜杞，字偉長，無錫人。以祖鎬蔭，補將作監主簿。性豪邁，遇事敢爲。歷廣西路安撫使。白崖山叛酋蒙趕破環州，攻桂管，杞擊破其砦及五洞，趕出降，戮之。擢天章閣待制。

錢之望，字表臣，晉陵人。海陵督三十二總管南伐，臨采石，之望以策干虞允文，允文行其策，果大捷。乾道五年登進士第，授江西帥。屬賴文政猖獗，俘之。除知楚州，(幕)〔募〕①力士五百，躬自訓閲。大奚山盜起，除秘閣修撰，知廣州，擊其舟師，一時摧滅。陞華文閣待制。

向士璧，字君玉，常州人。紹定五年進士，累官湖北安撫使，知峽州。合州告急，赴援立功，捐家貲百萬以助軍費。開慶初，涪州危，以計斷浮橋，奏捷。尋知潭州，元兵圍潭，急率兵解圍。進兵部侍郎，兼轉運使。賈似道嫉其功，爲所害。

明

胡忠，字企周，宜興人。正德戊辰進士。歷廣西參政，劇賊王鏐、土官岑猛戕守臣，忠奉總制檄討之，七日平，鏐、猛遂遁匿。以功擢撫延綏，致仕歸。時無錫喻義，由進士知南寧府。土司爭立，舉兵相攻，義論以利害，即解散。

談愷，字守教，無錫人。父一鳳，弘治壬子舉人，應山知縣，斷數年不決之獄，擒劇賊。愷舉嘉靖丙戌進士，歷遷副都御史，巡撫南贛、汀、漳，招降贛賊李文彪，殲海寇徐碧溪。拜兵部右侍郎，移鎮兩廣，捕斬峒蠻五千餘人，平之。卒，贈右都御史。

湯建衡，字平仲，宜興人。嘉靖辛卯舉人，授江西新城令。流寇三掠境内，兩薄邑城，建衡預遷

① 據《四庫》本改。

附郭居民入，爲堅壁清野計。賊至，躬親臨陣，督兵拒敵，屢戰皆捷。建衡生平以氣節自負，尤長於議論。

馬濂，字濬卿，無錫人。嘉靖庚戌進士，令仙居。倭寇黄巖，將犯縣境，濂擊走之。歷守桂林，從討洞猺，以勞卒官。

趙大河，字道源，江陰人。嘉靖丙辰進士，授義烏令。時倭寇兩浙，特簡民壯，督習騎射。總制胡宗憲檄監大將戚繼光兵，上功幕府，累擢浙江僉事，監軍如故。練兵講武，所拔部曲後皆爲名將。

張夢時，字伯可，無錫人。領萬（歷）〔曆〕癸卯鄉薦。天啓中知安吉州，擒劇盜葉朗生餘黨。遷常德同知，監偏沅，征蠻軍。歷山東運同，禦登州叛卒之亂，累著功績。

薛敷政，字以心，武進人。萬（歷）〔曆〕丁未進士。官御史，按蜀。土司奢崇明戕撫臣，攻陷夔、慶諸郡，全蜀震動。敷政便宜調兵，固守成都，三月中大小百餘戰，危城得完。又檄石砫兵赴援，遂恢復諸郡，再造兩川。

陳睿謨，字常采，武進人。萬（歷）〔曆〕庚戌進士。官御史，忤執政外轉。歷禹州兵備，計擒巨寇。擢撫偏沅，討平峒蠻。

徐洪祚，字式圍，宜興人。萬（歷）〔曆〕壬子舉人。授程鄉令，劇賊鍾陵秀等據銅鼓嶂，勢張甚，洪祚出奇計平之。遷荆州府同知，攝府篆。流寇犯境，洪祚擐甲乘城，暑月不解帶者二十四晝夜，賊始退。

陸卿正，字廷表，武進人。天啓乙丑進士。官福建參政。海寇劉香老横甚，卿正往謁廣督，力言主撫之非，并條上方略。督采用之，香老焚死，餘寇悉平。同邑鄒忠允，官福建參議，與平海寇。

任允淳，字還生，宜興人。天啓丁卯舉人，授望江教諭，署邑篆。流賊躪皖，鄰邑皆潰，知望江有備，引去。後賊率衆數十萬，力攻者再，誓衆死守，危城獲全。歷遷兵部主事。時無錫黄廣，由貢歷安遠令，亦有禦賊守城功。

堵(允)〔胤〕錫，字仲緘，無錫人。崇(正)〔禎〕丁丑進士，由部曹爲長沙知府。山賊縱掠，數敗官軍，(允)〔胤〕錫督鄉兵破滅之。又討殺醴陵賊魁。以知兵名。後死潯州。

徐調元，字爾贊，無錫人。崇(正)〔禎〕丁丑進士，授黄岡知縣。流寇至黄岡，攻圍一月不克，遁去。官捕得盜三百餘人，鞫之，皆良民被劫者，乃請上官，誅其姦淫殺人者而釋其餘。父憂歸，起補金華。許都爲亂，以宣大故帥房大成爲謀主，調元探其潛至城下，設供張，邀與計事，遂縛斬以徇。賊至，一鼓破之，搗其巢，擒斬許都。撫、按交薦，有旨召用，時南都馬、阮當國，遁歸不仕。

趙德榮，字臺侯，武進人。以歲貢授仙遊令，斗栳寇爲亂，德榮同張守備擒其魁李玉箴等，繼殲其頭目四十六人，斗栳寇以平。

章晋錫，字用康，武進人。崇(正)〔禎〕癸酉舉人。特授户部主事，出守延平。有王鋭頭者，能驅草豆作人馬，聚萬餘人，入延界爲亂，晋錫設方略擒滅之。尋陞本省參政，卒。

鎮江府

明

譚廣，字仲弘，丹徒人。從成祖起兵，積功爲左都督，鎮宣府。正統時，以守邊功封永寧伯。卒，謚襄毅。廣奮跡行伍，至大將，大小百餘戰，未嘗挫衄。在宣府二十年，邊徼帖然，時稱名將。

張紹良，字元貞，丹陽人。天啓壬戌武進士。守備江口，晋遊擊，分鎮淮、揚，定高、寶湖中饑民之亂。督兵徐州，遏流寇。後調廣東參將，陞副總兵官，移疾歸。

淮安府

唐

楊士林，淮安人。隋末朱粲擁衆二十萬掠淮、漢間，士林起兵攻之，諸州皆應，粲大敗。士林率漢東四郡降唐，高祖以爲顯州道行臺。

張雄，漣水人。僖宗時，與里人馮弘鐸合兵渡江，壁白下，取蘇州。遣別將趙暉據上元，暉數剽江道，雄擊殺之，自屯上元。詔授昇州刺史，未幾卒。雄善馭衆，人思之爲立廟。

宋

扈再興，字叔起，淮人。有膂力，善機變，每戰被髮肉袒，徒跣揮雙刀，奮呼入陣，人馬辟易。北兵屢攻棗陽，再興數拒却之。授神勁統制，頻立戰功。尋病卒。子世達，官都統制，亦以名將稱。

明

周于德，世襲大河衛指揮，歷靖州參將，精勤明肅。進右軍都督，總兵江、淮等處，有功。嘉靖乙卯，倭犯浙，統兵護糧運，却寇全漕。遷廣西鎮守，撫剿猺獞，功著嶺海。

揚州府

南北朝　宋

陳憲，廣陵人。魏太武侵宋，攻懸瓠甚急，憲以參軍行汝南郡事，戰士不滿千人，嬰城固守。晝夜苦戰，積屍與城平，魏主乃還。以憲爲龍驤將軍。

吕安國，廣陵人。以建威將軍副劉勔征殷琰於壽春，降之，安國勳第一，封鍾武縣男。

梁

吕僧珍，字元瑜，廣陵人。事梁文帝爲門下書佐。武帝臨雍州，爲中兵參軍，委以心膂。大軍次江寧，使僧珍率精兵先登。東昏將李居士來戰，僧珍大破之。武帝受禪，爲冠軍將軍，封平固縣侯。帝欲榮以本州，乃拜南兖州刺史。僧珍在任，禮見士大夫，平心率下，不私親戚。

陳

杜僧明，字弘照，廣陵人。形貌眇小，有膽氣，善騎射。陳武帝引爲長史，隨討侯景，歷有戰功。除南兖州刺史，進爵臨江縣侯。

隋

來護兒，字崇善，江都人。好立奇節，嘗嘆曰：「大丈夫當爲國滅賊，以取功名，安能久事隴畝？」後以平陳功，進位上開府。從楊素、李寬擊賊，皆破之。進位柱國。兩將兵渡海擊高麗，封榮國公。江都之難，爲宇文化及所害。

唐

王式，起子。大中間爲晋州刺史，徙南安都護。時忠武戍卒與交阯通，夜圍城合譟，式盡捕斬之。除浙東觀察使，平賊裘甫，又定徐州銀刀軍亂。晋尚書，徙武寧節度使，終左金吾大將軍。

明

李義，其先沛人，家揚州。父榮，洪武初以彭城歸附。義嗣千户，累官指揮僉事。從黔國公征安南，至大安梅口，與賊大戰，力竭而死。子敬，永樂中統戎赴交阯，戰功最多。

陳珪，泰州人。洪武初爲燕山中護衛，從燕王出塞，爲前鋒。進副千户。後從靖難，積功封泰寧侯。卒，贈靖國公，謚忠襄。

顧成，字景韶，江都人。初侍太祖，充帳前親兵，累功，佩征南將軍印。平定貴州，即命鎮守。永樂初，封鎮遠侯，威震百蠻。卒，謚武毅。曾孫溥嗣爵，弘治時拜平蠻將軍，鎮湖廣。詔討都勻叛蠻富架，誅之。八掌前軍都督府事。卒之日，囊無餘貲。

曹義，字敬方，儀（徵）〔真〕人。宣德初，平江西梅花洞賊。正統間，擢左都督僉事，充總兵官，鎮遼東，廉介有守，遼人安之。與兀良哈大小數百戰。天順初，封豐潤伯。

蔣貴，字大富，江都人。從燕王起兵，積功陞都指揮僉事。宣德中，討平松潘諸番，佩平蠻將軍印，鎮守其地。正統初，移師討阿台，大破之，封定西伯，進侯。孫琬嗣爵。成化中，帥京軍防秋大同、宣府，陳機宜十餘事，皆報可。琬子驥嗣侯，歷鎮薊遼、湖廣二十年，家無餘貲。

許貴，字用和，江都人，永新伯成之子。正統時，守備大同。英宗北狩，貴激戰士以忠義，屢擊敗敵。天順初，以副總兵鎮守松潘，詔便道先翦山都掌叛蠻，連破四十餘砦。賊遠遁，貴亦感嵐氣，卒。子寧，字宗道。成化時充大同遊擊，以功歷進都督同知。大小百餘戰，身被七十二創，威名聞於異域。

仇鉞，字廷威，江都人。世襲指揮同知，以功陞指揮使，充寧夏遊擊將軍，驍勇敢戰。正德間，安化王寘鐇反，鉞稱病不出，陰約諸兵至河上，從中發爲內應，而誘寘鐇黨周昂來視疾，捶殺之。即披甲上馬，出門大呼，諸兵皆集，遂擒寘鐇，械送京師，論功封威寧伯。以平流賊劉六等功，進侯爵。卒，謚武襄。

彭天翔，字鵬甫，江都人。萬〔歷〕〔曆〕癸丑武進士。歷官副總兵，討山東白蓮賊，大捷。會魏璫建祠，天翔不往拜，被斥。璫敗，詔復其官。

王繩堯，字又元，江都人。天啓壬戌武進士，累官四川南路總兵。土司奢酋犯順，設計殄之，大著威望。

徐州府

漢

夏侯嬰，沛人。數從高帝戰，有功，賜爵至列侯，封汝陰。帝初起沛，嬰常爲太僕從。竟高帝崩，以太僕事孝惠帝。歷事高后、文帝，皆爲太僕。卒，謚文。

謝安，下邳人。順帝建康元年，陰陵人徐鳳寇掠郡縣，自稱無上將軍。安應募，率其宗親設伏斬之，封平鄉侯。

度尚，字博平，沛人。爲上虞長，莅政嚴明。尚書朱穆舉爲荆州刺史，擊零陵、桂陽諸賊，悉平之，封右鄉侯。後爲遼東太守，破鮮卑，遠人憚服。

三國　魏

劉岱，字公山，沛人。以司空長史從魏祖征伐有功，封列侯。

史渙，字公劉。少任俠，有豪氣。魏太祖初起，以行中軍校尉從征伐，常監諸將，見親信，轉拜中領軍。

吴

張奮，昭弟子。年二十，造攻城大車。爲步騭所薦，昭以其年尚少，奮曰：「昔童汪死難，子奇治阿。奮實不才耳，於年不爲少也。」領兵爲將軍，連有功，封樂鄉亭侯。

晋

劉牢之，字道堅，彭城人。面赤紫色，鬚目驚人，沉毅多計畫。太元初，謝（元）〔玄〕鎮廣陵，以牢之領前鋒，百戰百勝，號北府兵。北破苻堅，南走孫恩，累進都督征西將軍，領江州事。子敬宣，智略不及父，而技藝過之。隨父征討，所向有功。歷遷征虜將軍、青州刺史。

劉毅，字希樂，沛人。少有大志，不事生産。桓（元）〔玄〕反，毅與劉裕、何無忌起義兵討（元）〔玄〕。以匡復功，封南平郡開國公，兼都督宣城軍事。尋轉衛將軍、開府儀同三司、江州都督。後以貳於裕被攻，衆散而縊。

南北朝　宋

劉懷肅，彭城人，武帝從母兄。征孫恩有戰功，爲費令。後爲司馬，斬桓振，平江陵，封東興肥侯。弟懷敬、懷慎、懷默，俱顯。懷敬子真道，錢唐令，有美政。爲刺史，討破楊難當，加建威將軍。

懷慎以平廣固及盧循功，封南城縣男。懷慎子榮祖，以戰功參太尉從擊司馬休之與北伐，俱以寡尅衆，攻無堅城，賜爵都鄉侯。

劉鍾，字世之，彭城人。從伐孫恩，從征廣固，直入敵陣，奪孟龍符之屍而還。拒盧循，追斬徐道覆，封永新縣男。

朱齡石，沛人。家世將帥。宋武帝以爲鎮軍參軍，伐蜀有功，封豐城侯。弟超石，亦果鋭，累官中書侍郎。

到彦之，字道豫，彭城人。宋武帝時屢立戰功，進爵爲侯，佐守荆、楚垂二十年。後與檀道濟同討謝晦，平之。遷南豫州刺史，鎮歷陽。卒，謚忠。

垣護之，字彦宗，下邳人。父苗，屯騎校尉。護之氣幹强固，宋文帝末領濟北太守，戍淮陰。孝武入討劭，率所領馳赴，帝以爲冀州刺史。及南郡王義宣反，護之率軍擊魯爽。累遷青、冀二州刺史，鎮歷城。徵爲右衛將軍，於道聞竟陵王誕反廣陵，即率部曲受沈慶之節度。事平，轉臨淮太守，徙豫州刺史。卒，謚壯。

齊

垣崇祖，字敬遠，護之弟子。年十四有幹略，護之謂門宗曰：「此兒必大吾門！」後隨徐州刺史薛安都入魏，尋又率門宗據朐山歸宋。除北琅邪、蘭陵二郡太守，封下邳子。及齊高帝鎮淮陰，以崇祖武勇，善待之。踐祚之初，徙爲豫州刺史，敗魏兵於壽春，又大破於下蔡。

唐

路審中，徐人。崔彦知其能，任用之。彦遇害，審中賂守卒斂藏其尸。張元稔攻徐州，審中率死士應官軍，遂破之。官至嵐州刺史，擢右羽林將軍。

劉沔，字子汪，彭城人。父廷珍，以戰功封東陽郡王。太和中，沔爲神策將，遷大將軍，擢涇原節度使。突厥劫營田，沔擊之，無一轡還者。會昌初，拜河東節度。回鶻寇雲州，沔大敗之。功加檢校司徒，徙忠武節度使。

石雄，徐州人。少爲牙校，敢毅善戰。從王智興討李同捷，先驅，鼓行無前。會昌初，回鶻入寇，詔雄爲天德防禦副使，兼朔方刺史，佐劉沔屯雲州，迎還公主。進豐州防禦使。討劉稹，越烏嶺破賊，斬獲多。雄臨財廉，每朝廷賜與，輒置軍門，自取一疋縑，餘悉分士伍，衆咸感奮。武宗曰：「今將帥義而勇，罕雄比者。」後拜神武統軍，卒。

劉巨容，徐州人。爲州將。龐勛反，巨容自拔歸，授埇橋鎮遏使。浙西王郢反，攻明州，巨容以筒箭射郢死。擢明州刺史，徙楚州。黄巢亂江淮，授招討副使，累破巢。進南面行營招討使，封彭城縣侯。爲田令孜所殺。

時溥，彭城人。爲州牙將。黄巢亂，僖宗命溥爲武寧節度，悉師討之，連戰輒克。逐尚讓於太康。以破賊功第一，加檢校司徒，累遷太子太師。與朱温搆怨，戰不勝，登燕子樓自焚死。

五代　梁

朱珍，蕭人。從太祖創立軍制，選將練兵，甚有法度。嘗敗黃巢、破秦宗權，東并兖、鄆，勇出諸將右，拜淄州刺史。後擅殺李唐賓，縊死。

金

曹珪，徐州人。大定初，州人江忠作亂，珪子弼成在城中，珪謀誅忠，並弼殺之。金主云：「赤心爲國，大義滅親。」特進三官，於正班用之。

元

匡才，睢寧人。仕金爲武略將軍，歸元授沂邳東河監軍。袁萬作亂，大破之，加兵馬使。徐守張名叛，復敗之，進元帥。後宋兵大入境，戰不利，死之。子國政。

明

倪寬，邳州人。精武藝。元末，糾集民兵，歸附太祖，累立戰功。官至後府都督僉事。

薛顯，蕭人。少通韜略，膂力絶人。元末大亂，顯斂兵自衛。至明初，率所部來歸附，擢親軍都指揮，分鎮江西。從征荆楚，遷右丞。從大軍北定齊、魯、燕、冀，論功封永城侯。卒，贈永國公，謚桓襄。

陳政，邳州人。洪武初，集兵從征，驍勇過人，所向有功，累遷中府都督。

傅友德，其先宿州人，徙居碭山。爲太祖將，擊陳友諒，破張士誠，伐蜀，累建功，封潁川侯。明昇既降，太祖稱友德功第一。又討雲南，定蠻地，進封潁國公。每戰必先士卒，身被創，流矢中頰洞脅，戰愈力。

馬榮，徐州人。由永清衛所鎮撫從燕王征伐轉戰，積功至右都督。永樂中卒，追封景城伯，謚壯武。

張欽，睢寧人。以騎士從燕王起兵，累功爲都督僉事。卒，追封新泰伯。

陳敬，碭山人。閑韜略。永樂中，以戰功官至中軍都督僉事，出鎮山海、永平，法令嚴明，軍民懷服。

山雲，徐州人。父青，以靖難功累官都督僉事。雲襲金吾左衛指揮使。宣德初，佩征蠻將軍印，鎮廣西。時溪峒猺獞數爲患，雲至，先後大戰十餘，蠻悉平。築九堡四城，威惠並著，遷右都督。雲勇鷙有謀，而端潔不苟取，土人愛之。正統時，卒於鎮，贈懷遠伯，謚忠毅。

劉榮，宿遷人。初冒父名江，隸燕邸，驍勇多智略。永樂初，積功爲總兵官，鎮遼東。倭寇大至，榮依山設伏，潛燒賊船，舉旗鳴炮，伏兵起，賊大敗。餘衆奔，船已毁，亦就縛。自是倭大創，不敢復入遼東。封廣寧伯，始更名榮。卒，贈侯爵，謚忠武。子安嗣。

楊鋭，字進之，蕭人。嗣世職爲南京羽林衛指揮，累遷都指揮僉事，守備安慶。宸濠叛，圍安慶，鋭悉力守禦，久而圍解。世宗立，論功進左軍都督僉事，充總兵官，鎮遼東。

朱賢政，蕭人。幼讀書，好騎射。崇(正)〔禎〕癸未應將材選，授守備，領後勁營，分防徐邳。有安撫兩河各寨功，晋遊擊。國朝順治二年四月，大兵南下，城破死。

國朝

吴汝球，字來伯，徐州人。弱冠爲諸生，值流寇侵掠，練民兵保護鄉里。嘗以計擒僞官。順治初，從大軍定淮安，授廟灣同知，有招降功。尋改通判寧波，監造戰艦，平大嵐諸山寇。未幾，移疾歸。居鄉三十餘年，凡郡中有徭役興建及旱潦災祲之事，輒首出金錢爲倡。年九十卒。

汪廷對，字迪宸，碭山貢生，有禦侮才。順治初，碭邑寇亂，制府命領鄉營防禦。有狂徒猝起據邑叛，廷對不待大兵至，先撲滅之。制府嘉其績，欲薦授官，廷對以養親辭。廷對又嘗修聖廟及城角樓、敵臺，有功於鄉。

韓元朗，字熙子，徐州人。康熙九年武進士，從征逆藩，靖海寇，克復處州、江山諸邑，夜襲仙霞關，降其將，平福州。署遊擊，守泉州被圍，衣甲不解者數月，卒保其城。累陞浙江金華副將。乞歸，卒。

袁鈐，徐州人。康熙辛未武科榜眼。以侍衛從征噶爾旦立功，世襲拖沙喇哈番，累遷總兵、都督同知。誥授榮禄大夫，推恩其母董氏。聖祖御書「萱庭晝暖」四字賜之。

太倉州

明

張洪，字宗海，太倉人。本侯姓，幼撫於張。嘗以鄰家事連坐戍雲南，黔寧王一見器重，用其策平木邦之亂。永樂初爲行人，出使日本，再使吐蕃。會緬甸宣慰鄁羅塔殺孟卷宣慰刁木旦而據其地，洪奉詔詰責，凡六往返，始復命。後以修撰致仕，杜門著書者數年，乃卒。

徐瑄，字子敬，嘉定人。正統間進士。以御史巡京畿，按川廣，所至有聲。巡撫延綏，四戰俱捷，璽書獎勞。後以疾致仕。

王倬，字用簡，太倉人。成化戊戌進士。歷知餘干縣。值贛盜殺永豐令，檄倬往剿，賊據山險，人莫敢進。倬夜縱羊千頭於山下，鼓噪從之，賊發矢石殆盡。比曉，進兵平之。擢南臺御史，屢劾朝貴無所避。改瓊州兵備，時生黎爲梗，倬聲言出兵，而數移師期，以怠賊忽。乘間進搗，盡平其巢，黎以永戢。旋進右副都御史，巡撫順天。屬縣大饑，倬奏請通州米十萬以賑。又恐轉輸遲費，許在邊官軍預支兩月糧俸，益以餼直，移官軍所在糧俸散饑民，全活萬計。仕至南京兵部右侍郎。

凌雲翼，字洋山，太倉人。嘉靖丁未進士。萬（歷）〔曆〕初，以兵部左侍郎提督兩廣軍務，討平諸賊。進征羅旁，羅旁界東西兩山間，延袤七百里，每阻險剽掠。雲翼大集兵，四月克之，鄰境猺獞皆慴伏。奏設官戍之，積患頓息。又捕斬大廟諸山賊，嶺表悉平。遷尚書，總督河道，加太子少保。以病歸。

海州

晋

劉遵，字慧明，海西人。爲荆州都督劉道規諮議，追斬盧循黨荀林於巴陵。徐道覆寇荆州，道規使遵爲遊軍拒之。及道規前鋒失利，遵自外横擊，大破之。歷淮南太守。追封監利縣侯。

明

厲達，海州人。永樂間將兵征西凉，取三十餘城，西凉平。遷都指揮，鎮守其地，卒。

張瀛，海州世襲千户。有謀略。正德間，流賊連歲攻劫，屢擒斬之，賊畏懼，稱曰「海張」。及守邳州，賊數萬攻城，瀛率五十餘騎直當其衝，連發三矢，三中渠首，賊衆驚曰：「海張至矣！」遂遁去，州民獲全。

通　州

明

陳大壯，字思立，通州人。嘉靖壬戌進士。以刑部郎出知叙州府。督餉剿九絲蠻，時積雨山險，不能進。會九日，大壯偵知蠻俗重賽會，乘夜進兵，懸絙而上，殺獲無算，拓地五百餘里。晋山東參政，乞歸養。

郭師古，字時用，如皋人。性英敏，通知武事。萬(歷)〔曆〕丁丑進士。由郎中出知廣州，平土酋半天雲之亂。擢甘肅兵備，晋陜西左參政。罷歸，著《百將傳》《籌邊紀略》《八陣圖説》諸書。

國朝

馮用表，字春華，通州人。性機敏，有膂力。明季積功至總兵官。順治二年，大兵南下，隨貝勒東征，駐守衢州。改鎮台州，次第削平金華、紹興山寇，皆有功。

江南通志卷一百五十二

人物志

武功 二

安、徽、寧、池、太、廬、鳳、潁八府　滁、和、廣、六、泗五州

安慶府

南　唐

周本，宿松人，漢南郡太守瑜之後。少嘗獨格猛虎。唐末隸楊行密帳下，勇冠三軍，攻堅摧鋒，蒙犯矢石，身無完膚。及歸營，自燒鐵烙其創，飲啖言笑自若。出爲壽州節度使，改鎮廬州，加太尉、

中書令，封西平王。本不知書，而愛重儒士，賓禮僚屬，不撓其權，吏民愛之。性純樸，無他才，惟軍旅之事則如夙習。子鄴，少驍勇，每從本征討。本略地至建州，被圍垂困，鄴躍馬救之，手殺數十人，翼本而出。官至廬州節度使。

明

楊文勝，潛山人。膽智過人。當紅巾之亂，於陽城山立寨，遠近居民争依之，保障數萬人。明太祖命徐達征陳友諒，文勝出義師追剿，擒友諒參政郭泰於沙河。帝嘉其功，授惠州衛承信校尉，世襲千户。

畢銀，太湖人。元末集衆數萬，保障一方。後歸太祖。鄱陽之戰，嘗資軍糧。洪武改元，授英武衛指揮使。十年，改授大河，鎮守遼東。

石良，宿松人。謀略沉斷。元末集義勇，築城設寨，捍禦鄉里。明太祖起兵，良籍其土與户獻之。累以功擢武德將軍，英武衛正千户。

陳漢，宿松人。性沉勇。元末盜起，漢奮義聚衆。明初歸附，授大都督。

汪澤，懷寧人。仕至後軍都督府都督。原籍鳳陽。其祖盛從太祖立奇功，官都閫，奉敕鎮兩廣，經安慶卒，遂葬於安慶，因家焉。澤在宣德間屢著戰功，世襲都指揮使。

黄永，桐城人。靖難兵起，以伍卒隨征，累立戰功。比定京師，拜明威將軍。調南羽林衛指揮，世襲其職。

柳升，懷寧人。以千户從太宗靖難，歷陞都督僉事。永樂五年，俘獲交趾賊黎季犛，封安遠伯，進侯。後從北征，以神機火器大破敵師，加太子太傅。宣德初，復征交趾，連破關隘數十，乘勝深入，中伏死。追封融國公，謚襄敏。子溥，字廣達，襲侯爵。正統三年，挂征蠻將軍印，充總兵，帥湖廣等都司官軍守廣西。征大藤峽，殺賊楊容拾等。五年，討柳州等處。六年，破石門等寨。十年，征思恩賊，獲常萬王等斬之，寇遂平。十四年還，進太子太師，總神機營，兼掌右軍都督府事。復守廣西。天順改元，召進太傅，仍掌營府事，又挂平虜將軍印。

程翰，字鵬舉，望江人。正統間貢生。任湖廣會同縣令，率民兵討平苗洞，民立像祀之。

黄應甲，字汝第，懷寧人。少習韜略，善騎射。嘉靖乙卯夏，倭突至蕪關，應甲以一旅禦之於姑孰，倭不得入。中武甲科，屢遷粤西都事。海賊曾一本犯省城，力拒之而遁。討古田賊，出奇搗虚，恢復土宇。又平廣西哈喇洞賊喜金抱、廣東洞賊鮑時秀。晋大都督、驃騎將軍。

吴一介，字元石，桐城人。嘉靖丙辰進士，備兵江西。會廣東峒賊卞豹等屠雹白，詔舉邊才，京兆尹畢鏘薦一介，遂移監南越軍。以平賊功晋河南布政，致仕。

容若玉，懷寧人。萬（歷）〔曆〕甲戌進士。歷官江西（領）〔嶺〕①北道。岑賊嘯聚廣中和平諸境，

① 據《四庫》本改。

若玉攝藩篆，假節鉞，兼程而進，先於大龍據要害。即調嶺北兵截其歸路，遣諜者火其巢穴，一戰擒之。以勞卒官。

國　朝

張清議，字君荷，懷寧人。明季癸未進士，任户郡主事。順治初備兵廣東，值獞猺跳梁，議雨夜進兵，一戰擒其魁。移川北，剿滅西山賊。尋致仕。子超方、孫遇隆，皆成進士。

邵嘉賓，字子雋，懷寧人。康熙癸卯武舉，任福建海澄守備。海賊①猖獗，隨大將軍進剿有功。後海澄陷，嘉賓被執不屈，乘間逸歸。知賊形勢虚實，復隨進剿，一鼓平之，恢復海澄。以功進秩左都督。

林鸞，字采五，桐城人。康熙甲戌武進士，任肇慶守備。時粤地多盜，鸞奉檄偵緝韶陽，單騎入營，諭以恩威，寇皆服。擢濟南都司。以病歸，有圖書數卷而已。

①「海賊」，《四庫》本作「海寇」。

徽州府

南北朝　齊

程靈洗，字(元)〔玄〕滌，新安人。祖茂，爲郢州刺史。梁武帝舉兵，茂移書責合天正。及城陷，義不受梁官。靈洗少有勇略，嘗手殪妖蜃以安鄉井。侯景亂，集鄉兵保黟籍，奉表元帝，授本郡太守。後歸陳，累以戰功封重安縣公。卒，謚忠壯。

唐

汪華，字國輔，新安人。少以勇俠聞。隋末以土豪應郡募，保據境土，并有宣、杭、睦、婺、饒五州之地，四方雲擾，而境内無事者十餘年。至唐武德四年，籍土納款，封越國公。

吴仁歡，祁門人。永泰元年，方清作亂，仁歡率鄉兵數千破之。刺史上其事，授朝散大夫。明年賊平，因其壘置縣，拜仁歡爲令。

宋

錢嵒，歙人，與弟鼒尚氣節。宣和中，方臘餘寇未燼，嵒兄弟起鄉兵討平之。建炎三年，北兵將溯浙而西，與兄弟逆戰桐廬，據牛山之險。功聞，並授承信郎。

胡閎休，字良弼，婺源人。嘗著兵書。靖康元年試中知兵科。帝幸金營，閎休結義士欲劫寨迎駕，宰相何栗禁止之。後從辛道宗軍勤王。岳飛辟爲荊襄制機，有功①，官至成忠郎。

元

汪同，字仲玉，婺源人。好武技，蹀躞不羈。元末寇亂，同起義兵保障鄉里，收復饒、黟、祁、婺等已陷州縣。上嘉其勞，拜淮南等處行中書省左丞。張士誠心不純，同與史左丞謀約金陵兵取姑蘇，爲所覺。出兵高郵，張士信招與言事，遂爲士誠所拘，同曰：「吾以汝爲元太尉，忠於國家，今汝既叛，我豈得從汝反耶？」遂遇害。

明

李錫，字君寵，世襲新安衛千户。征倭有功，累陞總兵官。與俞大猷夾擊海寇曾一本，擒之。以征蠻將軍代大猷鎮廣信，巡按御史上其功，言錫一年内破賊二百一十四巢，獲首功一萬二千餘級，宜久其任。許之，進秩二等。卒於官。

① 道光《徽州府志》卷十二本傳此句作「飛辟閎休爲主管機宜文字，以誅鍾子儀功」。

國朝

江起龍，歙人。順治中任廣東水師參將，駐劄白鴿寨通明港。白鴿當郡城入海之口，爲雷州左臂，營署傾圮，武備廢弛，起龍大修飭之，壁壘一新。久之，遷副將，移營海安口。出洋捕盜，風發舟覆，殞焉，屢著感異。雍正九年，封爲英佑驍騎將軍之神。

寧國府

唐

左難當，一名匡政，涇縣人。隋末盜起，難當率衆保障。武德中入朝，授猷州刺史。輔公祏反，圍猷州，固守逾年。李大亮至，授以兵，遂擊公祏，敗之。後太宗伐高麗，以李大亮爲水道兵總管，難當副焉，與李勣、李道宗節勇並冠一時。

梅知巖，寧國人。隋季兵亂，知巖部伍鄉里，帥衆保障，與左難當相犄角，盜不能犯。武德初，與難當同歸附，封南魯王。

宋

李材，字達才，太平人。宣和末，金圍太原，材以太學生上書言：「二關四鎮，國家根本，宜速遣偏師，倍道趨鴈門，入定襄，復忻、代，截石頭關絶其歸路，俾腹背受敵。」朝議以爲然，命陳淬、武漢英等將兵，徑收忻、代，材參幕謀畫居多。仕終蘄州通判。

元

徐用和，南陵人。有武略。至正間，海賊熾，行中書左丞帖里帖木兒①以用和參贊軍務，剿撫有功。陞都鎮撫，上命繪圖傳遠。卒，賜祭葬。

胡有慶，涇縣人。父武孫，任宣城尉，以擒賊功陞湖州路同知。有慶輕財任俠，仕終武昌録判。嘗尉婺源，有三虎白晝入城，衆莫能禦，有慶連發三矢斃之。

明

袁洪，宣城人。少勇敢，習韜略。洪武初從軍，歷戰有功，特進左都督。子容尚，燕王郡主，以靖

① 「帖里帖木兒」，《四庫》本作「特哩特穆爾」。

難功封廣平侯。

何應龍，字子驤，南陵人。元末，里中諸俠少嘯聚，應龍誘其首亂者斬之，餘悉蒲伏請命。乃散粟結士，部署捍禦，鄉井獲安。有司上其功，授民兵萬户。明興歸附，詔世襲。

李遇文，字克顯。世襲宣州衛指揮，陞劉河遊擊。時小琉球三十六人風潮飄至，把總陳嘉謨欲指爲倭，斬首報功，遇文召通事訊實，遂遣歸。歷陞湖廣副總兵。會皮林苗叛，糾聚八洞，據險要。遇文攻破其寨，分兵進剿，恢復永從縣。焚苗巢窟，追擒渠魁王陀於廣西境。以功轉左軍都督，鎮貴州。

沈有容，字士弘，宣城人。萬（歷）〔曆〕中以武舉爲昌平千總。調薊鎮，以二十餘卒退朵顔長昂三千騎。數出塞有功，遷都司，守浯嶼、銅山、石湖。時倭寇剽掠閩浙，有容夜過澎湖①，與倭遇，縱火焚其六舟，斬十五級還，所俘民三百七十餘人，倭不至者十年。紅毛番韋麻郎艘次澎湖求市，有容大聲讋之，即引去。擢山東總兵，駐登州。廣寧失守，遼民望海求渡，登撫下令禁之。有容固争，具舟以濟，活萬餘人。以年老乞歸。

孫鎬，字西涯，太平人。以鄉薦知臨潁縣。師賊擒良民，黥「師」字於面，州縣遇黥者，即指爲師。鎬獨下令曰：「歸農者民，抗鬭者賊，黥否勿問。」衆感泣，遂潰。尋知簡州。土司有嫡庶争立者，擁

① 「澎湖」，《四庫》本作「澎河」。

兵相持，命使往，即殺之。鎬從數騎賫詔往，從容詢所宜立，若未嘗有詔者。久之，益習，樽酒招延嫡庶咸與席。一日，鎬指北山曰：「今九日也，此宜登高。」嫡庶欣然從之。方命酌，忽一吏曰：「詔至。」即持庶下斬之，事平。仕至瑞州同知，致仕。

國朝

唐邦杰，字輔宸，宣城縣人。順治間，以總兵官駐防仙遊，移守寶慶，復還鎮河州。平西山巨寇，定陝西保安堡亂兵，巡積石、枹罕二十四關，修邊城八百五十丈，火兒藏野番皆畏威賓服。

池州府

明

顧成，字景昭，貴池人。太祖起滁陽，充帳前親軍，以功歷指揮僉事。從平蜀，破貴州蠻，克普定。大兵入雲南，以成斷後，扼普定。遷都督僉事，尋充征南將軍，鎮貴州，征五開六硐，破一百三十七砦。後與靖難師戰真定，兵敗被執，成祖釋而用之。永樂初，封鎮遠侯。命出鎮貴州，搗羅臺，斬叛酋普亮，群蠻震懾。尋致仕歸。卒，謚武毅。

紀元憲，字藎我，貴池人。萬（歷）〔曆〕甲辰武進士，由偏裨歷廣西總兵官、右軍都督僉事，挂征蠻將軍印，威名震獞猺。又建德檀武臣，隆慶二年由武進士歷神樞營參將，爲名將戚繼光所重。

何自謙，字益之，銅陵人。萬（歷）〔曆〕中，以貢授瓊州府通判。時朝廷遣中使至瓊，與群黎市珍異，屢有激變相劫殺者。自謙每從中調護之，得無事。後代守入覲回，而黎變大作。自謙道聞之，疾馳渡海，合雷陽三路兵擣黎穴，冒暑深入，用火攻之，擒其渠魁十餘人，黎始帖服。因條撫黎數事上之，詔如議。以秩滿，遷審理。又叙平黎功，進階長史。致仕。

金文光，字朴只，石埭人。萬（歷）〔曆〕三十一年武進士，官福建遊擊。合勦紅毛、倭寇有功，歷南贛參將。會屬境土寇踞九連洞爲害，流毒及閩廣，文光以兵深入勦平之，贛人爲立生祠。

方儀鳳，貴池人。萬（歷）〔曆〕丙辰武狀元，授廣東屯田都司僉書，大興屯政，以給軍食。歷廣東參將。紅毛劫掠海上，督兵却之。擢南路副總兵。著《韜略全書》行世。子懋昌，由武進士歷貴州安順副總兵，撫馭群蠻，著方略。

施臺臣，青陽人。天啓壬戌進士，授龍巖令。縣傍海，值紅毛入寇，臺臣躬督民兵，奮勇逐之，寇遁，邑賴以全。又建德馮時來，明季由舉人授江安知縣，土番寇掠，時來集兵固守。賊攻城數月不能下，始解圍去。

金孔器，字璉如，建德人。明季由貢授蒲臺令。有奸民據海島，掠海旁諸邑，孔器嚴守備以待之，寇不能犯。調崇義，督兵平土寇。擢南康同知。南康接楚界，多流寇，山賊往往爲之應。孔器隨宜撫勦，奪還所掠婦女，郡境得安。

汪思誠，字純一，貴池人。史可法備兵池州，奇思誠才，招致幕下，每參軍謀。及可法開府江上，題授軍職，歷擢副總兵。臨陣力戰，每脱可法於險。後與可法同死揚州。

國朝

曹曰瑋，字繼武，貴池人。康熙癸未武狀元，授一等侍衛。從征漢北，特著勞績。出爲山西養民路參將，累擢陜西興漢總兵官。漢江暴漲，州城被水齧，盡圮，督軍士晝夜巡防，感疾卒。曰瑋精騎射，通經史大義。居官勤慎，馭卒伍嚴而有恩，所拔多材勇之士。

太平府

明

端宏，字仲仁，當塗人。天順丁丑進士。授御史，歷按雲南、河南、廣西。谿谷蠻獠久爲邊害，宏選將練兵，儲餉設險，爲攻守計，諸洞望風懾服。

邢珣，字子用，當塗人。弘治癸丑進士。歷南刑部郎，忤劉瑾削籍。瑾誅復官，知贛州、南安。龍川盜起，珣引軍逼賊，先招降劇盜滿總等，後討他盜，多藉其力。王守仁征横水桶岡，珣爲軍鋒，功最。宸濠反，珣率兵會守仁進討。值南風猛，珣建策火攻，遂大破之，宸濠就擒。以功遷左布政，致仕。贛人思之，立報功祠祀守仁，以珣配。二子填、址，居官並以清操聞。

裴希度，建陽衛人。世襲指揮僉事，屢立戰功，歷福建總兵官。海盜鄭芝龍剽劫州郡，恃巨艦爲長城，風帆飄忽，瞬息千里。希度偵其將至，預伏死士舟中，人挾長鈎鋭斧。俟賊近，百鈎齊舉，固挽之不得脱。因舉斧登艦，殺賊無算。芝龍駕哨船遠遁，尋乞降。

祝可仕，字孟型，當塗人，鑾孫。萬（歷）〔曆〕庚戌進士，授工部主事。改户部，督通倉著績。歷福建參議。紅毛入犯，佐巡撫南居仁籌畫擊敗之。遷廣西副使，未任卒。

廬州府

隋

陳稜，字長威，廬江人。大業中拜虎賁郎將，擊琉球，大破之，虜男女數千而歸。煬帝幸江都，命統宿衛兵，擊賊淮上，往往克捷。遷右禦衛將軍。

唐

任瓌，字子瑋，合肥人。高祖義師起，瓌至龍門請謁，願爲一介使先入關，宣布威靈。乃授招慰大使，説下韓城，以功封管國公。與諸將擊破王世充，後平徐圓朗及輔公祏，拜邢州都督。遷陝州。卒。

五代

王景仁，廬州合肥人，初名茂章。爲楊行密將，驍勇剛悍，臨敵務以身先士卒。梁友寧攻王師範于青州，行密遣景仁以步騎七千救師範，大破之，遂斬友寧。梁太祖聞之，以二十萬兵倍道而至。景仁閉壘示怯，伺梁兵怠，毁栅而出。驅馳疾戰，戰酣退坐，召諸將飲酒，已而復戰。太祖登高望見之，歎曰：「使吾得此人爲將，天下不足平也！」梁兵又敗，景仁全師而歸。官潤州團練使。後歸梁，累官寧國軍節度使、同平章事。

宋

劉虎，廬州梁縣人。起農家，隸軍籍，力戰累功，擢副都統，總轄淮陰水陸軍馬。拒元帥於五河，率勇士乘風縱火。中流矢，洞腹達背，悶絶復甦，揮兵更戰，意氣彌厲。援壽春，自三月至五月戰百餘合，卒解其圍。奏凱，進利州觀察使，拜合肥郡侯。

明

張德勝，字仁輔，合肥人。與廖永安、俞通海等泊巢湖，結水寨自固。太祖駐師和陽，來通款，從下太平，取集慶，克鎮江、常州、宣州，復池州。後追陳友諒，於采石戰死，贈蔡國公，謚忠毅。

楊璟，合肥人。本儒家子，沉毅好武。歸太祖，從征陳友諒，克九江諸郡縣。下廣西，征山西，平唐、鄧、南陽，佐鎮北平，練兵遼東。積功封營陽侯，贈芮國公，謚武信。

吴復，字伯起，合肥人。率衆歸太祖於濠，領前驅，積功封安陸侯，追封黔國公，謚威毅。復平居恂恂，至臨陣奮發，無堅不破，衝突矢石，身無完膚。

俞通海，字碧泉，巢人。隨父廷玉來附太祖，渡江取太平、金陵，略定常、潤、蘄、黄等處。殲陳友諒於康郎山，功最多。從征張士誠，中流矢卒。追封豫國公，謚忠烈。

馬雲，合肥人。洪武四年爲都指揮使，與葉旺同鎮遼東。設奇出伏破納哈，追擊三百餘里，殲其衆殆盡。上嘉其忠，遣使勞之，進都督僉事，兼總制遼東軍馬。十二年，征大寧，克捷。巡邊還，卒。

俞通源，字百川，通海弟。少隨父兄立功，通海卒，領其衆。攻蘇州，擒士誠，嗣通海官。從大將軍定中原，下山東、河南北、山西、關陝，征王保保，皆先登。洪武三年，封南安侯。從廖永忠伐蜀，又從魏國公出塞，有功。後鎮雲南，征廣南諸蠻，俘獲萬數。弟通淵，建文時豹韜衛指揮，戰白溝河死。

袁義，廬江人，本姓張，太祖賜姓名。數從征伐，積功爲楚雄衛指揮使。嘗入朝，以其老，命染鬚鬢還任，以威遠人。

廖永忠，永安弟。永安歿，永忠總其兵爲水將，殲陳友諒於龍江。取江西，從下蘇、湖，平方國珍，取福建、廣東，略定廣西，征蜀。論功當封公，以鄱陽之役有邀賞意，抑封德慶侯。

金朝興，巢人。沉勇有智略。元季結鄉里立砦，會俞、廖以舟師納款，遂率所部來附。從渡江征陳友諒、張士誠，北略中原，西平蜀夏，封宣德侯。征雲南，至會川卒，贈沂國公，謚武毅。

花茂，巢人。從太祖征伐，授副千户。平西蜀、兩廣有功，世襲廣州左衛指揮使。請設沿海依山二十四衛所，築城浚池，收集海島諸軍，仍於要害之地立堡屯軍，以備不虞，皆報可。進都指揮使，卒，賜葬。子英，武毅有文略，自以功陞都督僉事。

汪興祖，巢人。初爲張德勝養子，累功封東勝侯。人有言其過者，上弗問，亦弗與誥券。從傅將軍入蜀，克階文，中飛石死。詔興祖没王事，授原封侯，與世券。

趙庸，合肥人。元末率舟師來附，從征陳友諒、張士誠，走張良弼，降李思齊，多戰功，封雄侯。

葉昇，合肥人。自拔采石，定金陵，平友諒、士誠還，征中原，三平叛蠻，積戰功封靖寧侯。鎮遼東六年，邊備修舉。

高顯，合肥人，以功封汝陰侯，謚武肅。

鄭亨，合肥人。從成祖積戰功封武安侯，充總兵官，備宣府，規畫周詳。帝凡五出塞，亨皆從行，率破敵。仁宗即位，移鎮大同，無寇患。宣德初，招降酋長，歸附者相屬。卒，謚忠毅。

徐用元，合肥人，以功封永康侯。

陳文，合肥人。早喪父，奉母至孝。屢立戰功，官都督僉事。卒，贈東海侯，謚孝勇。武臣以孝謚者，止文一人。

孫世，巢人，以功封富春侯。

陳清，巢人，以功封合浦侯，謚崇武。

左君弼，合肥人。元末據州，太祖再攻之，走汴，守陳州。遣使持書招諭，君弼猶豫不能决。乃歸其母於陳州，始感泣納款。以副總兵率師討捕，底定兩江。

徐忠，字仲達，合肥人。父用，開國功陞副千户。忠嗣職，進衛指揮僉事，鎮開平。從靖難兵，將前軍，敗李景隆于鄭村壩。白溝之戰，兩指被刃，未殊，忠自斷之，裹創進戰，大捷。歷都督僉事，封永康侯。卒，贈蔡國公，謚忠烈。

胡通、王珪、甯仲英、王雄，王玉、玉弟瑛，周顯、鄭祥、瞿通，皆合肥人，明開國時各樹戰功。

國朝

王承業，廬江人。任福建中路參將，移鎮潮州。康熙甲寅，逆藩煽亂，以中營副將征賊有功，陞總鎮。往剿雲南，被重傷，歿於營。贈右都督。

三國　吴

周泰，字幼平，九江下蔡人。隨孫策署别部司馬。策討六縣山賊，權住宣城，不治圍落，而山賊數千卒至。權始得上馬，而賊鋒刃已交於左右，泰投身衛權，膽氣過人，身被十二創，良久乃蘇。是時無泰，權幾危殆，策深德之。後從攻皖，及討江夏黄祖有功。又與周瑜拒曹操於赤壁，攻曹仁於南郡，留督濡須。後權欲圖蜀，拜泰漢中太守、奮威將軍，封陵陽侯。子邵，以騎都尉領兵數戰有功，進位裨將軍。弟承，領兵襲侯。

丁奉，字承淵，廬江安豐人。少以驍勇爲小將，數隨征伐，戰鬭常冠軍。孫亮即位，爲冠軍將軍，封都亭侯。魏遣諸葛誕、胡遵等攻東興，奉據徐塘，縱兵著胄持短兵斫之，大破敵前屯，遷滅寇將軍。又與敵追軍戰於高亭，突入其陣中，斬首數百。進封安豐侯，累遷大將軍，加左右都護，領徐州牧。

晋

桓石虔，龍亢人，彝之孫。有才幹，趫捷絶倫。桓冲爲苻堅所圍，垂没，石虔躍馬赴之，拔冲於數萬衆之中而還。以寧遠將軍攻袁真於壽陽，尅其南城。尋進冠軍將軍。復領河東太守，逐堅兖州刺史張崇。冲卒，監豫州、揚州五郡軍事。卒，贈右將軍，進爵作塘侯。子誕嗣。

桓石民，石虔弟。弱冠知名，謝安引爲參軍，以振武將軍領襄城太守，戍夏口。〔桓〕①冲薨，監荆州軍事，屢破苻堅兵，以前後功進左將軍。

南北朝 宋

王廣之，字林之，沛郡相人。有勇力。大明中以功補本縣令，殿中、龍驤、强弩將軍，屢立戰功，封寧都縣子。齊高帝即位，歷官鎮南將軍、江州刺史，進封應城縣公。卒，贈散騎常侍、車騎將軍，謚曰壯公。

梁

裴之高，字如山，邃兄中散大夫髦之子。起家州從事、新都令，遷參軍。頗讀書，少負意氣，嘗隨叔父邃征討，所在立功，甚爲邃所器重，戎政咸以委焉。壽陽之役，邃卒于軍，之高隸夏侯夔，平壽陽，除梁郡太守，封都城縣男。時魏汝陰來附，敕之高接應，士民夜反，逾城而入，之高率家僮與麾下奮擊，賊乃散走。侯景亂，之高率衆入援。除特進、光禄大夫。卒，謚恭。子畿，累官太子右衛率。

① 此傳疑取材於《晉書》卷七十四本傳，原文承前省「桓」字，據補。

西魏攻陷江陵，畿力戰死之。

五代 梁

馬嗣勳，濠州鍾離人也。少事州爲客將，材武有辯。歸梁，官宣武軍元從押牙。太祖西攻鳳翔至華州，遣嗣勳説韓建出降。後以計爲魏攻牙軍，中重創，卒，贈太保。

丁會，字道隱，壽春人也。爲梁將，救張全義於河陽，大敗李罕之軍，累立戰功，爲昭義軍節度使。昭宗崩，會與三軍縞素發哀。歸後唐。卒，贈太師。

宋

周虎，字叔子，臨淮人。開禧二年知和州。金兵圍和州急，虎部分將士，乘城拒守。母何氏年九十，期與虎偕亡，虎益奮勵。屢戰斬其驍將，金兵引去。虎推功歸母，封永國太夫人。後轉和州防禦使，卒，謚忠惠。

元

杜昌，濠人。身長多力。至正間，以義兵應募有功，擢汝州同知、安豐等處萬户。

阮者都，世居荆山。襲父職守禦浙東，值海盜起，奮力擒捕，悉平之。以功擢浙東道都元帥。

明

常遇春，字伯仁，懷遠人。猿臂善射。從太祖奪采石，爲渡江第一功。漢、吴既平，封鄂國公。率兵北伐，所至披靡，名與徐達相埒。暴疾卒於軍，追封開平王，謚忠惠。遇春爲人守謙不矜，有功無過，運籌决勝，不學而能。其從大將軍東征西伐，能遵守節制。及其自將，所至克捷。在上前時有直諫，無不嘉納。子茂，蔭封鄭國公，并開國公。

湯和，字鼎臣，濠人。剛毅有智略。從太祖征伐，所至皆捷，累封信國公。後倭寇海上，和度地于（並）〔近〕①海設衛，築城五十有九，浙、閩賴之。功臣中獨以壽終。追封東甌王，謚襄武。

胡大海，字通甫，虹縣人。長身鐵面，智力過人。常夜出，目煜煜有光。從太祖累建奇功。常言：「吾武人，不知書，惟知三事：不殺人、不擄婦女、不毁廬舍。」後爲叛將所害，人無不流涕者。追封越國公，謚武莊。

唐勝宗，濠人。以從征積功封延安侯，鎮守遼東七年，威信大著。

丁德興，定遠人。太祖呼爲「黑丁」，屢戰立功。征張士誠，卒于軍，追封濟國公。

王弼，定遠人，功封定遠侯。

① 據《四庫》本改。

沐英，字文英，定遠人。父母早亡，太祖子之。既長，屢立戰功。從傅友德取雲南，英生擒達里麻①，長驅而入。梁王走死，遂留鎮滇中，凡十年，卒。英善撫士卒，在滇百務俱舉。卒之日，軍民巷哭，遠夷皆爲流涕。始封西平侯，追封黔寧王，謚昭靖。子春，材武有父風，嗣爵。鎮雲南七年，數立功。卒謚惠襄，無子。弟晟嗣，以討交阯功封黔國公，卒謚忠敬。弟昂代鎮雲南，卒謚武襄。

馮勝，定遠人。與兄國用俱喜讀書，通兵法。元末結寨自保，後同歸太祖。國用論天下大計，以拔金陵爲根本。太祖命典親兵，數立功。早卒，追封郢國公。勝先已積功爲元帥，至是襲兄職。破陳友諒，下山東，平陝西，封宋國公。後爲大將軍，出關降納哈出②二十萬之衆。加太子太師。

吴良，定遠人。從太祖爲帳前先鋒，屢立功。克江陰，命守之，張士誠不敢北出兵。在境十年，訓將練兵，新學宫，開屯田，均徭省賦，封疆晏然。平吴後，移鎮蘇州。又平廣西叛蠻，封江陰侯。卒，追封江國公，謚襄烈。弟貞，戰功亦多，敗張士誠，討方國珍，擒陳友定。後練軍海上，封靖海侯，總舟師數萬，由登州轉運，盡收遼海未附之地。卒，追封海國公，謚襄毅。

耿炳文，濠人。父君用，從太祖爲管軍總管，戰死。炳文襲職。攻張士誠，取長興，即令守之。長興爲士誠必争地，數遣大將來争，炳文拒守凡十年。既取中原，鎮陝西，浚涇陽洪渠十萬餘丈，民

① 「達里麻」，《四庫》本作「達爾瑪」。

② 「納哈出」，《四庫》本作「納克楚」。

賴其利。封長興侯。建文帝時，燕兵起，炳文年六十五矣，命爲大將軍北伐，燕兵退。帝以李景隆代炳文歸，遂敗。永樂初，被劾自殺。

郭英，濠人。從太祖數立戰功。鎮河南，境内大治。移鎮北平，從征雲南，封武定侯。鎮遼東，召還典禁軍。卒，謚威襄。英孝友，通書史，行師有紀律。兄興，從征張士誠有功。既取中原，鎮潼關，移鞏昌，邊境帖然。封鞏昌侯。卒，謚宣武。

華雲龍，定遠人。元末聚衆居韭山。歸太祖，克元都，留守北平，封淮安侯。凡塞上諸關隘衝要之所，俱設兵，建燕邸，增築北平城。在鎮七年，威名大著。

潘毅，臨淮人。洪武初從征，累有戰功，拜虎賁衛指揮使。再從西征，道卒，追贈滎陽伯，謚曰武。

陸仲亨，濠人，功封吉安侯。

周德興，濠人。積戰功封江夏侯。又以伐蜀、克泗〔州〕①城，功出諸將上，賞賚恒倍。會五溪蠻亂，德興年已老，力請行，太祖壯之。在楚久，威震諸蠻，楚人德之。

陳德，字至善，濠人。從太祖與陳友諒戰鄱陽湖，舟膠淺，力戰，身被九矢不退。後積功封臨江侯。卒，追封杞國公，謚定襄。

---

① 據《明史》本傳補。

鄭遇春，濠人，功封滎陽侯。

王志，臨淮人。以鄉兵歸太祖，每戰冒矢石先登。後凡用兵，皆以偏將軍從，持重未嘗敗衄，封六安侯。卒，追封許國公，謚襄簡。

張赫，臨淮人。以義兵應太祖，屢立功。洪武初，倭寇掠沿海，赫捕斬甚多。擢都督僉事，令督海運，往來遼東十二年，封航海侯。卒，追封恩國公，謚莊簡。

顧時，字時舉，濠人。由百夫長授元帥，積功封濟寧侯，鎮北平。卒，追封滕國公，謚襄靖。

胡海，字海洋，定遠人。攻城略地，屢戰屢被矢石鋒刃傷，而鬭益力，太祖壯之。既平廣西、雲南，論功封東川侯。

張銓，定遠人。累有戰功，平雲南功尤多，封永寧侯。

張龍，濠人，積戰功封鳳翔侯。

李新，濠人。從渡江數立戰功，官都督僉事。以營孝陵封崇山侯。開胭脂河于溧水以濟漕運，民便之。

李彬，字質文，定遠人。襲父信職，從燕師爲前鋒，累立功，封豐城侯。鎮廣東，捕山寇，討長沙賊。鎮甘肅，獲叛酋老的罕。移鎮交阯，時中官馬騏激變，交人反者四起，彬遣諸將分討，而賊勢最劇者親自討之，潘僚、范玉等悉平。卒，贈茂國公，謚剛毅。

孫恪，濠人，興祖子。襲父職，歷後軍都督僉事，積功封全寧侯。謹敏有儒將風，進位太子太保。

甯正，字正卿，壽州人。沉鷙有膽略，積功擢河州衛指揮使，勤於勞來，不數年，河州遂爲樂土。兼領寧夏衛事，修築漢、唐舊渠，開屯田數萬頃。歷四川、雲南都指揮使，從沐英討平叛酋。〔英〕①卒，爲左都督，代英鎮雲南。

朱能，字士弘，懷遠人。以副千户事成祖於藩邸，與張玉首倡靖難兵。奪九門，拔薊州，敗耿炳文於真定，敗李景隆於壩上，敗平安于白溝河藁城，敗陳暉于潼山，敗盛庸於淮，直入金川門，論功封成國公。永樂四年，佩征夷將軍印討安南，次龍州。卒，年三十七，將校皆流涕。追封東平王，謚武烈。

孫巖，鳳陽人。明初爲燕山中護衛百户。燕師起，既得通州，以巖宿將，命守之。南軍圍州城，巖多方捍禦力戰。帝即位，封應城伯。卒，贈翼城侯，謚威武。同時封伯者：陳賢，壽州人。初從太祖立功，爲燕山右護衛指揮僉事。從燕師出戰，常突陣陷堅，封榮昌伯。張興，亦壽州人。起卒伍，爲燕山左護衛指揮僉事，以功封興安鄉伯。

陳懋，壽州人。父亨，建文時以都督僉事守大寧，降成祖。與平安戰，中創卒，追贈涇國公。懋將父兵，累功進右部督，封寧夏伯。永樂中鎮寧夏，善撫降卒，得其歡心。擒叛寇，進爲侯。屢從北征，有破敵功。宣德初，仍鎮寧夏，威名震漠北。後佩征南將軍印，討福建賊鄧茂七，平之，加太保。

① 據《明史》列傳二十二補。

卒，年八十五，贈浚國公，謚武靖。

何福，鳳陽人。洪武初中衛指揮同知，歷將軍，討平都勻、越州、畢節、水西等蠻。成祖即位，以福宿將，俾鎮寧夏，節制山、陝、河南諸軍，塞外諸部降者接踵。移鎮甘肅，降迤北王子以下所部皆内附，論功封寧遠侯。

韓觀，字彦賓，虹人，高陽侯成子。太祖時，以父功授桂林衛指揮僉事，討平柳州、富川、上林、宜山、全州、灌陽諸猺蠻。觀生長兵間，綜練武略，人莫敢犯。成祖即位，鎮廣西，節制兩廣，復平定群蠻。移鎮交阯，威名震南中。

費𪩘，定遠人。襲祖父職，從成祖起兵，累進都督僉事，鎮甘肅，墾開田以足邊餉，善撫士。在鎮十五年，境内寧謐，封崇信伯。

謝成，濠人，功封永平侯。

宋晟，字景陽，定遠人。父朝用，以天寧翼元帥請老，晟襲父官。歷鎮江西、大同、陝西，討哈梅里，克之，收其部落以歸。又討廣西蚺𧄍諸寨苗，平五開龍里十二洞，招降把都帖木兒①等部落。封西寧侯。凡四鎮凉州，前後二十餘年，威信著絶域。卒，追封鄆國公，謚忠順。

郭登，字元登，武定侯英孫。正統中，從車駕北征，以指揮僉事超拜都督僉事，鎮守大同。帝既

① 「把都帖木兒」，《四庫》本作「巴圖特穆爾」。

陷，也先數擁帝至城下索金幣，登閉門不納，而謀遣壯士劫敵迎帝入城，不果。敵欲大同爲巢穴，屢來攻，登屢擊敗之，邊軍增氣。嘗以意造偏箱車、飛天網等，戰守賴之。封定襄伯。英宗復辟，召還。憲宗時，提督十二團營。卒，贈侯，謚忠武。

趙輔，字良佐，鳳陽人。成化初拜征夷將軍，與韓雍平大藤峽賊，封武靖伯。又統兵征迤東，與李秉從撫順關深入破之，進侯。卒，謚恭肅。

戴紹印，鳳陽人。自萬户侯擢三江總戎致政①。萬（歷）〔曆〕丁酉，日本關白犯朝鮮，命大司馬邢玠總督征之。紹印杖策往從，畫平倭十策，卒覆倭。以過勞驟卒，大中丞褚鐵檄郡建祠。

潁州府

三國 魏

曹洪，字子廉，譙人，太祖從弟。太祖起兵討董卓，至滎陽，爲卓將所敗，太祖失馬，賊追甚急。洪下馬授太祖，曰：「天下可無洪，不可無君。」與太祖還奔譙，封明亭侯。

曹仁，字子孝，譙人，武帝從弟。從破袁術，攻陶謙，征呂布，平黄巾，迎天子都許，仁數有功。又

① 「政」，《四庫》本作「仕」。

從圍壺關，武帝令曰：「城破皆坑之。」連月不下，仁曰：「圍城必示之活門，所以開其生路。今公告之必死，將人自爲守，非良策也。」從之，城遂降。封都亭侯。

曹彰，字子文，譙人，文帝同母弟。負絶力，手格猛獸，太祖每抑之。嘗問諸子所好，彰曰：「好爲將。」太祖曰：「爲將奈何？」對曰：「披堅執鋭爲士卒先，賞必行，罰必信。」太祖大笑。北討烏桓，身自搏戰，乘勝逐北，一日夜追及桑乾，大破之。後歸報，太祖持彰鬚曰：「黄鬚兒竟大奇！」文帝即位，立爲任城王。

曹休，字文烈，譙人，武帝族子。年十餘歲，携母渡江至吴。武帝舉義兵，乃易姓名，間行北歸，帝謂左右曰：「此吾家千里駒也！」文帝時，以休爲征東大將軍，擊吴將吕範于洞浦，破之，拜揚州牧。明帝時，封長平侯。

曹真，字子丹，譙人，武帝族子。武帝哀其少孤，收養與諸子同。嘗從獵，爲虎所逐，射之，應聲而倒。太祖壯其鷙勇，封靈壽亭侯，累遷大司馬。子爽，字昭伯。明帝時與司馬宣王並受遺詔，輔少主。後爲宣王所誅。

夏侯淵，字妙才，譙人，惇族弟。從武帝征伐有功，封博昌亭侯。守漢中，戰死，謚曰愍。

許褚，字仲康，譙國人。勇力過人，嘗一手逆曳牛尾，行百餘步。漢末聚少年及宗族保鄉里。魏太祖徇淮、汝，褚以衆歸，太祖壯之，曰：「此吾樊噲也！」引入宿衛。從討馬超、韓遂有功，遷武平衛中郎將。人以其有力而癡，目爲虎癡。文帝踐阼，封牟涇縣公。

唐

江子建，信州人。隋末兵起，所在殘破，子建設栅禦賊，鄉井獲寧。高祖武德初，以其保護功，即命爲本州刺史。

五代　梁

楊師厚，潁州斤溝人。事梁太祖，自太祖與晋戰河北，嘗爲招討使，悉領梁之勁兵。末帝謀討朱友珪，師厚遣其將朱漢賓以兵屯滑州爲應。末帝即位，封師厚鄴王。

王敬蕘，潁州汝陰人。事州爲牙將。唐末王仙芝等攻劫汝、潁間，刺史不能拒，敬蕘逐代之，即拜刺史。爲人沉勇有力，善用鐵槍，潁、亳諸州民皆依敬蕘避賊。時所在殘破，惟潁州二萬户獨全。梁太祖表爲沿淮指揮使，歷武寧軍節度使、左衛上將軍，致仕。

張存敬，譙郡人。剛直有膽勇。事梁太祖爲行營都指揮使，攻滄州，敗劉仁恭于老鴉堤。還攻王鎔于鎮州，入其城，取牛馬萬計。復攻幽州，取其瀛、莫、祁、景四州。攻王珂於河中，下晋、絳二州，珂降于梁。遷宋州刺史。卒，贈太傅。

徐懷玉，亳州焦夷人。事梁太祖爲將，勇于戰陳。秦宗權攻梁壁，懷玉擊破之。從太祖攻兖、鄆，破徐、宿，金創被體，戰必克捷。所得賞賚，輒分士卒，爲梁名將。本名琮，太祖賜名懷玉。從太祖敗魏兵黎陽東，攻兗，破朱瑾於金鄉，遷齊州防禦使。天復四年，以州兵西迎昭宗都洛陽。遷華州觀察留後，累官保大軍節度使。

南唐

張崇，慎縣人。仕楊吴爲廬州觀察使。時光州將王言殺刺史，崇在廬州，不俟命引兵趣光，言棄城走。

宋

高瓊，蒙城人。太宗知其材勇，召置帳下，積戰功累官保大軍節度使。真宗時，爲并代都部署、中檢校太尉。瓊曉達軍政。澶州之役，真宗北征，中道猶豫，瓊贊決渡河督戰，契丹氣沮而退，堅守和議數十年。尤善教諸子，真宗嘗問：「卿幾子？」對曰：「臣子十有四人。臣誠愚，然未嘗不教以知書。」于是賜諸經史于其家。後曾孫女爲宣仁后。追封衛國武烈王。

高繼勳，瓊之子。真宗時爲建雄節度使，善撫御士卒，在蜀有威名。繼勳子遵甫，官北作坊副使。其女爲宣仁皇后。神宗時，追封繼勳爲康王，遵甫爲楚王。繼勳從子遵惠，熙寧中試經義中選，累官龍圖閣學士。方宣仁后臨朝，繩檢族人，一以法度，乃舉家事付遵惠，遵惠躬表率之，人無間言。

張整，字成伯，亳州酇陽人。初爲利、文州都巡檢使。邊夷歲鈔省地，整募死士，待其來，掩擊幾盡。後爲涇原、（正）〔真〕定、京東、環慶鈐轄。調荆湖將領，猺狑萬衆迫黔江城，整設伏擊之，殺獲不可勝計。整涖軍嚴明，哲宗嘗召對，擢都指揮使。官至威州刺史。

丁罕，潁州人。應募補衛士，累遷指揮使。淳化間，出爲澤潞團練使，知霸州。會河溢壞城壘，罕以私錢募築，民咸德之。以容州觀察使與李繼遷戰，斬獲數萬。拜密州觀察使，知威虜軍。子守德，能世其家。

王鑑，霍（邱）〔丘〕人。爲淮西兵馬鈐轄。李全犯揚州，鑑往救，敗之，全走死，乘勝復泰、楚二州。除鎮江都統制，下邳、徐二州，招納降附，措置廬州守禦，俱有功。封廬江郡開國侯。

明

劉才，字子才，霍（邱）〔丘〕人。元末爲元帥。明初歸附，歷衛指揮僉事。從戰山東，每先登，有功，封廣恩伯。永樂中，築山海關。復從征，至懷來以疾還。才不爲苟合，亦不輕訾毁人，甚爲仁宗所重。

曹隆、程寬，俱潁上人，從成祖起兵。隆以靖難功，累官至都督同知。卒，追封安陽伯，謚忠毅。寬積功至都指揮同知。從張輔平交阯，進都督僉事。卒，追封保昌伯，謚忠威。

鹿鷴，潁州衛舍餘。兄弟五人，鳳、鸞、鷴、鵡、鵬，皆勇敢善射，而鷴更軼群。正德七年，劉六等破太和，圍潁上，鷴昆弟應募守城。賊將李龍者，號萬人敵，鷴與大戰，生擒以歸。未幾，復擒劇賊李魁，寇爲喪氣，解圍去。都御史彭澤上其功，授錦衣百户，而鸑已卒，年僅二十七。土人思其捍患功，立廟祀之，至今呼鹿將軍廟云。

滁州

南北朝 隋

張衝，字文懿，全椒人。以軍功歷開府儀同三司，封文安縣子。從楊素征江表有功，授行軍總管。

南唐

張訓，滁州人。楊行密據合肥，訓往謁，授以親兵，取歷陽及滁。孫儒焚棄廣陵，訓入城得穀數十萬斛，悉以發賑。又襲常州，克之，即授刺史。徙屯漣水，大破汴將龐師古于清河口。

明

趙奎，字思義，全椒人。體貌魁岸，有材①略。從太祖渡江取采石，屢立功。授總管，守宜興。洪武四年，從征甘肅，猝遇敵，衆畏怖，奎獨力戰敗之。與同縣王才俱累官都指揮使，才亦以材武著。

何文輝，字德明，滁州人，元帥世隆孫。幼岐嶷，太祖鞠養之，賜以姓。既長，嚴毅沉果有遠略，授天寧翼元帥，守禦宣州，及從征鄱陽，皆有功。後復姓。遷江西行省左丞、大都督府同知。洪武五年，督兵巡居庸關，遇疾，召還卒。

平安，全椒人。父定，濟寧指揮僉事，戰殁。安襲職，擢右都督僉事，進副總兵。力舉數百斤，驍勇善戰。靖難兵起，安敗燕將房寬、陳亨，擒薛禄，斬王真、陳文，數窘燕王于陣。後爲燕所得，惜其材，釋而用之。

方瑛，全椒人，都督政子。政死麓川之役，瑛時爲金吾衛指揮使，發憤報父仇，乞兵效死。先登破賊，遂平其地，進都指揮使。後以征貴州及香爐山功，歷進左都督，封南和伯，鎮貴州、湖廣。天順初，進爵爲侯。瑛臨陣勇，善撫士，以故數有功，所至鎮以安静。卒，謚忠襄。

① 「材」，《四庫》本作「才」。

陳友，全椒人。初以騎卒從征，授千户，頻建功，歷進右都督，鎮湖廣。天順初，隨〔方〕①瑛征天堂諸蠻，破蒙能餘黨，封武平伯，進侯。卒，謚武僖。

吴亮，來安人。初爲衛指揮僉事，屢從征討。宣德中遷副總兵，督漕運，兼鎮守淮安。正統間，以平江西新淦賊功，佩征南副將軍印鎮貴州。尋調雲南，累擢右都督。亮饒智略，屢統軍征討，常以不殺爲意，蠻夷懷附。喜文學，至老手不釋卷，有儒將風。

歐磐，滁州人。成化中，爲廣東都指揮僉事，勦蠻寇，守柳州，平融縣八砦猺，破鬱林、陸川賊。弘治中，府江、永安諸獞亂，磐所向摧破。進都督僉事，佩平蠻將軍印鎮湖廣。請老，卒。

常道，字文載，來安人。弘治乙丑進士。由昌邑令遷户部主事，歷山東參政，平萊蕪劇賊有功。擢山西巡撫，勦撫青羊寇陳卿等，旋即奠定。

孫克振，字養翀，滁州人。萬（歷）〔曆〕癸卯舉人，歷知東鄉、湯溪二縣，有聲。明季流寇犯滁州，克振與同鄉陳國計等協力守禦，危城獲全。國計亦由明經仕至平樂令。

金九陛，字允納，全椒人。萬（歷）〔曆〕乙卯舉人，令棗陽。擊賊鹿頭店，敗之。鄖撫盧象昇奏其功，擢南光禄寺署正，歷户部郎中。寇犯廬、鳳，大司馬范景文委督浦口倉儲，整飭守具，寇不敢逼。

① 考民國《全椒縣志》卷十本傳，陳友「景泰二年與方瑛等擊賊香爐山，大破之，留鎮湖廣。天順元年，隨瑛征天堂諸苗」，據補。

擢蒼梧兵備副使，協平叛猺。調湖廣兵備，復常寧城，定祁陽之變，剿八排峒猺。會推南贛巡撫，引年歸。

國朝

晋國璧，全椒人。順治初，以貢任袁州推官。土賊起，守城有功。

周球，字季珍，來安人。順治乙未武進士，授廣東左衛守備，遷南贛遊擊，屢破閩寇，前後俘斬以萬計。援剿湖南賊于永興，頻戰皆捷。歷叙功加左都督，充太原總兵官，移真定。卒于官。子蔚、濂，皆從軍有功。蔚歷山東運判，濂終大理寺寺副。孫賡南，康熙己丑武進士，選侍衛。

和州

南北朝 梁

昌義之，烏江人。少有武幹，事梁武帝於雍州。義師起，收爲輔國將軍、軍主，每戰必捷。天監初，累遷徐州刺史，鎮鍾離。魏中山王元英率衆數十萬圍城，城中兵纔三千，義之隨方抗禦，殺傷萬計，積屍與城平。及救軍至，大破魏衆，義之率輕兵追至洛水而還。以功進號軍師將軍，歷衛將軍，再授北徐州刺史。義之性寬厚，爲將能得人死力。及居藩任，吏民安之。卒，謚曰烈。

唐

勒思齊，歷陽人。有神力，武后召見，奇之，授遊擊將軍。李白有《勒將軍歌》。

明

華高，含山人。元季糾義旅屯巢湖，以舟師歸太祖，從渡江，取采石、金陵，授秦淮翼元帥。平僞漢及吴皆有功，累遷湖廣行省平章政事。洪武三年，封廣德侯，給世券。後奉使廣東，繕邊海城堡。卒於瓊州，無子，納誥券墓中。贈巢國公，謚武壯，祀功臣廟。

仇成，含山人。太祖駐師河陽，成詣軍門上謁，即留侍宿衛。扈從渡江，爲領軍先鋒，每戰奮勇奪陣。以功累遷都督僉事，鎮遼東。洪武十二年，封安慶侯，充征南副將軍，剿四川容美諸洞。又從征雲南，克普定諸郡。卒，贈皖國公，謚莊襄，賜葬鍾山。

王銘，字子敬，和州人。從俞通海下采石。嘗與僞吴戰，流矢中臂，引刀出鏃，復前力鬬，一軍壯之。凡大小戰數十，數有功。洪武初授指揮使，統温州衛，有威名，多惠政。加築外垣，起海神山屬郭公山，首尾二千餘丈，屹然東浙巨鎮云。又州人胡淵，亦以材勇從太祖立功，累官都指揮使。

楊文，含山人。父興，以驍勇事太祖，爲總管，殁於鄱陽之戰。文襲領父兵，屢有功，累官右軍都督。洪武三十年，挂征南前將軍印，征五開諸蠻，平之，立銅鼓等衛。尋又充總兵官，備禦開平。召還，卒。

徐義，和州人。少有大志，好讀孫、吴書。從太祖渡江，每臨敵陣，輒躍馬揮刀，作虎吼衝突，衆皆披靡。以前後軍功，累擢建寧右衛指揮僉事。又州人沈興，亦從太祖定江南，受爵賞。

紀清，含山人。洪武中，以從征功歷濟陽衛指揮。後又從成祖靖難有功，遷右軍都督僉事。

李濬，和州人。父旺，事太祖，立功授燕山左護衛千户。濬襲職，從成祖靖難，累遷都指揮同知，封襄城伯，出鎮江西，平永新盜。尋召還，卒。子隆，嗣爵。

李隆，字彦平，年十五，襲封襄城伯，氣概英偉，成祖異之。八年，扈駕北征有功。十四年，留守南京。仁宗時，出鎮山海，威望遠著。尋復守南京，先後凡十八年。正統五年，入總禁兵。十一年，巡邊。明年，卒。隆雖總軍政，謙己下賢，務循大體。臨邊申飭守備，内外整肅，訖還，不戮一人。子珍，嗣封，死土木之難，無子。弟瑾嗣，成化三年充總兵官，平川、貴諸蠻。卒，謚莊武。

國朝

張翰，字萬屏，含山人。由贛州城守千總援寧都、石城，皆有功。自守備攝福清營遊擊。康熙十九年，從征臺灣，大敗逆賊林陞等。進厦門，取金門，掃平逆穴，特授左都督，補廣東右翼鎮遊擊。歷遷永固城副將。

廣德州

武功無。

六安州

漢

英布，禹封皋陶後於英、六，子孫以英爲氏，布其裔也。有相布者曰：「當刑而王，坐法黥。」因稱「黥布」。始從項羽，封九江王。後歸漢，封淮南王。

明

朱亮祖，六安州人。元末義兵元帥。明祖克寧國，擒之，喜其勇悍，俾仍舊官。居數月，復叛去。遣徐達討之，常遇春被創而還，上自往督戰。亮祖敗，縛以見，上曰：「爾將何如？」對曰：「生則盡力，死則死耳！」上壯其言，留置麾下。從軍四征，所向克捷。從征陳友諒，下江西諸郡。討陳友定，取浦城，克崇安、建陽等處。張士誠寇諸新城，擊降其平章潘元明。討方國珍，克其城，徇下諸縣，方氏父子降。洪武元年，與廖永忠征南，取廣東，進取廣西，封永嘉侯。四年，助傅友德平蜀，還鎮北平，移鎮廣東。

葉旺，六安州人。從徐達等北征，積功爲指揮僉事。洪武四年，與馬雲同鎮遼東，大破納哈出於連雲島，論功進都督僉事。在遼十七年，修城隍，立官府，墾田萬餘頃。嘉靖初，命有司立祠遼東祀之。

國朝

黄鼎，字玉耳，六安人。明季李自成據南陽，鼎糾合義勇，擒殺僞署州縣，擢總兵官，駐光固。大兵南下，鼎歸誠，鎮安慶。平定池陽水賊，各營流散婦女以千計，悉遣令還家。總督馬國柱題留參決機務，剿張福寰，鼎功居多。

泗州

漢

陳嬰，本東陽令史，居縣中。東陽少年殺其令，欲立嬰爲王，嬰母謂曰：「我爲汝家婦，未聞先世有貴者，今暴得大名，不祥，不如有所屬。」嬰乃止。後歸漢，封棠邑侯。

唐

劉行舉，盱眙人。天后時，徐敬業起兵揚州，行舉與楚州刺史李從福連和城守。敬業平，拜遊擊將軍。

宋

劉綱，招信縣人，位之子。靖康時，常保聚横山，今山上有墩，人呼「摩旗墩」，相傳爲綱建旗之處。移鎮淮揚，遷洪州總管。

明

李文忠，字思本，盱眙人。太祖姊子。年十二，母薨，太祖擇師教之。初以舍人領軍，南北征討，驍勇爲諸軍冠，所至有功。後封曹國公。文忠器量沉閎，臨戰必身先士卒，戰勝必以功推下。及釋兵家居，恂恂若儒者。卒，封岐陽王，謚武靖。

耿天璧，五河人，再成子。隨軍安慶、湖廣，下南昌。聞處州軍亂，父死，疾馳至，集舊部曲討賊帥李祐之等，誅之。襲父職，仍命守處州。累立戰功，歷杭州衛指揮同知，世襲。

費聚，字子英，五河人。同耿炳文守長興，屢敗張士誠。又會湯和討方谷珍，降之。又進取福州，破延平。從徐達定中原，取關中。鎮守平凉，封平凉侯。後征雲南有功，遂鎮之。召還，坐黨死。

周長，天長人。善騎射，爲燕山中護衛。從軍靖難，戰白溝、東昌、藁城，皆有功。永樂九年，與尚書宋禮、侍郎金純治漕渠，修復會通河，置十五閘，浚黄河故道以殺水勢。卒，贈萊陽伯。

張廉，天長人。起行伍，從靖難兵南下有功，又隨成祖北征塞外，累官都督僉事。卒，追封榆次伯。

江南通志卷一百五十三

人物志

忠節　一

江、蘇、松、常四府

江寧府

南北朝　宋

張約之，棠邑人。耿介不阿。授吉陽令。景平元年，朝議廢廬陵王，約之疏諫，不納，遂見殺。

梁

顏見遠，晉侍中含六世孫。爲齊御史治書①。梁武帝受禪，見遠痛哭而死。

唐

劉鄴，字漢藩，句容人。爲李德裕掌書記。咸通初，擢左拾遺，召爲翰林學士。德裕以朋黨抱誣死，鄴申直其冤，復官爵。後爲左僕射。黄巢亂，僖宗西狩，鄴追乘輿不及，爲賊捕急，不肯屈，遂見殺。

南唐

李元清，濠州人，徙金陵。李後主以吉州永新與湖南鄰，命元清爲永新制置使。每數月一托疾，不坐衙，微服入湖南境，以故敵人動息皆知之。國亡，歸京師，元清僞稱失明，召驗之，揮刃將及頸，目不爲瞬，乃放歸。

---

① 《周書》卷四十《顏之儀傳》校記一六引《梁書》卷五〇《顏協傳》稱見遠官治書侍御史，作「御史治書」疑誤。

宋

秦傳序，江寧人。淳化中，充夔峽巡檢使。李順之亂，賊攻夔州，督兵拒戰，力竭，乃爲蠟書報上，赴火死。其子奭泝峽求父尸，溺死，時以爲父死忠、子死孝。奏至，太宗録其次子爲殿直，賜錢十萬。

劉綰，溧水人，累官安撫使。死靖康之難。

秦鉅，字子野，江寧人，檜曾孫。嘉定間通判蘄州，城陷，鉅與郡守率親兵巷戰，死傷略盡。鉅歸署，疾呼吏焚倉庫，自投火中。老卒冒火挽出之，鉅叱曰：「我爲國死，若輩可自求生！」掣衣就焚而死。二子浚、濯，皆從父死。後封鉅義烈侯，子贈通直郎，立廟蘄州。

元

趙龍澤，字萬里，溧水人。爲人剛果，有幹才。授雷州清道寨巡檢，侍養不仕。時汝、潁兵起，陷建康，龍澤不屈而死。子權，亦從父死。

明

孫炎，字伯融，句容人。博學雄辯。太祖下集慶，召見，炎首勸收攬俊傑。克處饋州，以炎爲總制，招劉基不至，炎貽書數千言，始來見。處州故賊衞，苗軍作亂，脅降炎，炎不屈。賊饋酒炙，炎大罵。賊叱使解衣，炎曰：「此紫綺裘吾君所賜，當服以死！」遂見害。後追封丹陽縣男。

齊泰，溧水人。洪武中進士，累官兵部尚書，受顧命輔皇太孫。時諸王皆尊屬，擁兵專制，地嫌勢逼。泰請召諸王毋奔臨王國，吏民悉聽朝廷節制。諸王不悦，謂齊尚書間我也。後靖難兵至，泰被執不屈死。

張益，字士謙，江寧人。永樂乙未進士。正統時遷侍讀學士，知制詔，詞翰敏贍，時稱文豪。從征，殁於土木之難，贈翰林學士，謚曰文僖。

王一居，上元人。擢太常贊禮郎。宣德初，舉南郊禮，儀度醇雅，特遷少卿。正統時，死土木之難。

黄宏，字德裕，六合人。弘治壬戌進士。由萬安知縣歷江西參議，九江盜起，宏平之。宸濠叛，一時迫脅者多得釋，宏不從，以手械倚柱蹙項死，暴屍數日。濠誅，贈太常少卿，祀旌忠祠。

鄭瓛，江寧人。弘治己未進士。知新喻縣，遷部郎，出守南昌。時宸濠蓄異志，潛招巨盜劫江淮間，瓛捕之，每事裁抑。濠誣奏瓛捶殺王府校尉，構錢寧矯詔撫按究治。濠令校尉先械入府，辱之萬狀，乃送有司。濠反，械繫之小舟。忽風吹船開，見鄰船舊兵，瓛諭以禍福，衆共釋其縛。奪馬潰圍，登岸一呼，從者千人，斬賊將范成等。赴贛撫王守仁軍門，備陳賊勢，請速進兵。賊平，上以瓛抗逆不屈，斬獲有功，擢山東鹽運使。

何遵，字孟循，江寧人。正德九年進士。授工部主事，榷木荆州，不私一錢。帝將南巡，以進香東嶽爲名，遵抗言淫祀無福。權倖見疏，遏勿進。遵復上書，乞罷巡幸，極言江彬怙權倡亂，請寬宥諫臣黄鞏等，不爾臣願與同死。帝怒，廷杖四十，肢體盡裂而卒。

王鑾，字汝和，應天人。正德辛未進士。試政吏部，爲《原治》二篇，太宰楊一清器之。補文選主事，晋驗封郎中。諫武宗南巡，廷杖傷，逾年卒。

陳六奇，字鳴鷔，上元人。萬〔歷〕〔曆〕戊午舉人，知南寧縣。流寇内訌，雲南大亂，曲靖爲土酋所據，知府焦潤生死之。六奇被執不屈，闔門遇難。

童仲揆，字〔元〕〔玄〕圃，孝陵衛籍。萬〔歷〕〔曆〕戊戌武進士。猿臂善射，有古名將風。爲四川都司。經略熊廷弼聞其名，疏調軍前，屢立戰功。後與石柱土官秦邦屏率師渡河，衆寡不敵，仲揆揮短兵接戰，中弩死。贈都督，廕其子。

張可大，字觀甫，應天人。萬〔歷〕〔曆〕辛丑進士。由守備歷舟山參將，城久圮，可大築之。海潮害稼，築碕蓄淡水，田遂爲膏腴。懷宗初，爲登萊總兵官，平島帥劉興治之亂。内陞左軍都督。聞兵變，回登州爲戰守計。城陷，題壁自署「盡節處」，乃自縊。謚壯節。

胥自修，字二如，江寧人。萬〔歷〕〔曆〕壬子舉人，令曲陽，治爲三輔最。艱闋，補宜黄令。以捕奸忤當事，左遷衢州府檢校，轉光禄監事，未赴。聞流寇陷北都，具冠服，北向肅拜，絶粒而卒。

姚九疇，字庚先，江寧人。爲浦口守禦。崇〔正〕〔禎〕八年冬，從遊擊汪之斌援江浦，與流寇戰，連敗之，城賴以完。之斌欲搜山，九疇阻之不聽，中賊伏。九疇率所部往救，出斌於重圍。賊麕至，援絶矢窮，誘降不屈，駡賊死。郡人殉節於流寇之亂者，有四川崇寧縣知縣劉旋、貴州司主事徐有聲、安慶參將潘可大、曲靖知府焦潤、新鄭訓導談王道。

梁志仁，字霏玉，江寧人。由鄉貢授衡陽令，抵任即立易徵便民之法。改羅田縣。流寇羅汝才攻城，城陷，志仁持矛巷戰，殺六賊。力竭被執，賊碎支體而焚之。妻唐氏，亦被殺。事聞，贈蘄州知州。侄塤，令仙遊，耿逆亂，被執不屈。

蘇州府

三國

張純，字元基，吴人。父敦，德量淵懿，善文詞，爲海昏令，有惠化。純學博才秀，尤勵操行。拜郎中，補廣德令，治有異績。擢太子輔義都尉。赤烏十三年，廢太子和，純極諫，權幽殺之。

朱據，字子範，吴人。張温薦其才兼文武，可繼吕蒙，拜建義校尉，領兵屯湖孰。黄龍元年，徵尚公主，拜左將軍。赤烏中，遷驃騎將軍。遭二宫構争，據擁護太子，言詞懇至，義形於色，守之以死，左遷新都郡丞，追賜死。

晋

張禕，吴郡人，敞子。少有操行，爲恭帝郎中令。劉裕知禕爲帝所親信，封藥酒付禕密鴆帝。禕曰：「鴆君以求生，何面目視息世間哉？」自飲而死。

南北朝 齊

陸超之，吴人，江州司馬。隆昌元年，宣城公鸞專廢立，晋安王子懋起兵，約超之同事，鸞遣于琳之害子懋。琳之勸超之逃亡，對曰：「吾若逃，非惟孤晋安之眷，亦恐田横客笑人。」端坐俟命。超之門生以殺超之當得賞，密自後斬之，頭墮而身不僵。殮時，門生亦助舉棺，棺墜其身，折脛而死。

陸閑，字遐業，慧曉兄子。有風概，不苟合。少爲張緒所知，仕至揚州别駕。永元末，刺史始安王遥光據東府作亂，或勸去之，閑曰：「吾爲人吏，何可逃死！」臺軍陷城，閑以綱佐被收。尚書令徐孝嗣啓閑不豫逆謀，未及報，徐世標命殺之。子四：絳、厥、完、襄。

張冲，字思約，吴人，宋臨沮伯邵孫。少有至性。仕齊爲青、冀二州刺史，遷郢州。梁武帝起兵，手書諭意，又遣辯士説之，冲確然不回。明年，梁兵圍之，冲固守不出。病將死，屬府僚以誠節，言終而卒。贈散騎常侍。

梁

許孝敬，吴人。勁勇過人，爲梁宣帝驍將，守河東。陳吴明徹攻之，孝敬以無援被執，戮於建康。贈車騎大將軍。

張嵊，字四山，吴郡人。敦孝行，年三十餘猶斑衣受父杖，收淚歡然。仕梁吴興太守。侯景攻之，遣使説降，嵊怒斬其使，親出督戰。城陷被執，景欲捨之，嵊駡不屈，乃并其子弟十餘人俱遇害。景欲全其少子，嵊叱曰：「吾一門已登鬼録，不就爾處求恩！」俱死。

唐

張鎰，字季權，昆山人。以廕授左衛兵曹參軍，累遷殿中侍御史。會齊詵構盧樅罪，鎰按驗知其誣，〔有司承風以論死，〕①執正其罪，樅得流，鎰以是坐貶。大（歷）〔曆〕初，爲濠州刺史，以最屢遷拜中書侍郎、平章事。盧杞忌鎰剛直，出爲鳳翔隴右節度使。德宗幸奉天，鎰將傾家貲自獻行在。營將李楚琳作亂，鎰與二子俱遇害。詔贈太子太傅，圖形淩烟閣。

周樸，字大樸，吴人。有詩名。羈泊閩中，黄巢陷郡，偪其降，樸曰：「我尚不仕天子，豈從賊

① 據《新唐書》本傳補。

乎？」遂見害。既刑，項中湧出白膏數尺。閩人祀於薛老峰。

宋

王玠，字介玉，長洲人。倜儻負氣。紹興初，孔彦舟鎮撫舒蘄，聘爲幕屬。彦舟有異志，欲降劉豫，問計於玠。玠正色喻以逆順，彦舟怒，囚之。越數日，復問，玠曰：「君不能立功報君父，而甘心與逆賊比，誠欲反，幸先殺我。」彦舟竟沉玠於龍眼磯，鄉人爲立祠於磯上。

邊知章，字公望，吴人。高祖肅，真宗朝知邢州。澶淵之役，密詔便宜退保，肅匿詔抗敵，并納旁郡鎮、魏六州老弱，全活者數十萬。知章崇寧進士，歷官通判開德府。靖康初，北兵以和議退，明年將復動。知章適告滿，代者避禍衍期，澶淵當孔道，或勸逃去。知章寓書於平江諸弟，謂：「苟求幸逃，豈不愧守邢匿詔事乎？藉使非力所能而死，當見吾祖地下無靦顔。」其冬，敵至城下，軍潰死之。贈朝散大夫。弟知白，字公式，官至吏部尚書。孝友篤實，循蹈規矩，清虚寡欲，號爲吉人。

滕茂實，字秀穎，吴人，元發從子。靖康初，出使於北，遷代州，屢誘脅之，弗爲動。顧自度不能生還，乃自爲哀詞，復篆「宋工部侍郎滕茂實墓」九字，裹以奉使黄旛，密授其友董詵，屬以後事。欽宗北狩，舊臣無敢問起居者。過代州，茂實獨具冠裳迎謁，拜伏號慟，州人皆感泣。茂實請從駕，不許，竟憂憤成疾卒。人哀其忠，爲起墓臺山寺，歲時祀之。建炎二年，張浚上其事，追贈龍圖閣直學士，謚忠節。兄禴，通判代州。兵入境，禴率衆（城）守〔城〕①，力屈爲所拘。劉豫以太府卿召，執節不辱而死。

郭元邁，字英遠，吴人。博通經史，入太學，魁上舍。建炎二年，以和州團練使充通問副使，次河朔。以書抵家，云：「出家當艱棘時，雖保生還，此身已許國矣。」至北，上書乞歸二聖，遂留之不遣。洪皓歸，言其以身殉國，棄之不取，何以使人。元邁卒死北邊。

鄭凝之，吴人，戩之孫也。建炎中，爲浙西安撫使機宜。建康潰卒犯鎮江，凝之死於兵，詔官其家。

元

朱良，字良伯，吴人。爲海鹽尉。兵入境，良謂僚友曰：「此正忠臣義士殉國難時也。」披甲執戈，集部兵七百餘，奮前擊之。衆爲披靡，然力不敵，竟死。

楊椿，字子壽，吴人。讀書過目成誦，工古文詞。丙申歲，元總兵參政脱寅時守吴，辟爲參謀，俾守婁門。甫二日，張士德兵至城下，衆潰去。椿獨擐甲匹馬，突入與戰，身被數鎗，度不支，且大駡。兵以戟裂其口，血被體，駡不絶而死。

① 據《四庫》本改。

陳普，字季周，吴人。嘗從楊椿遊，好學而文，尚氣節。張士德入吴，兵踵其門使拜，不屈。且索婦女，普大罵，遂被數創而死。

明

鄧彦章，字朝用，常熟人。洪武中，以賢良方正擢御史，清介忠直，以諫賜死。

劉政，字仲理，長洲人。力學敦行誼。建文元年，鄉薦第一，主考方孝孺書其卷曰：「此鳥中孤鳳也！」政感其知遇，以忠義自許。靖難時，感憤不食死。

黄鉞，字叔揚，常熟人。家貧無書，日游書肆，借觀，輒記不忘。與方孝孺、姚善友善。建文二年進士，仕刑科給事中。憂居，聞孝孺被戮，遂慟哭不食。及善死，起，登琴川橋，再拜，哭曰：「君與希直同報國，吾忍獨生乎？」奮身入水死。

龔詡，字大章，昆山人。父詧，洪武初以給事中謫戍五開死。詡年十四，勾補伍，守金川門。靖難兵入，大慟，變姓名王大章，遁跡田間，肆力經書。周忱撫江南，兩薦爲學官，堅不應，曰：「詡老兵，仕無害，恐負往日金川門一慟耳。」卒，無子，門人私謚曰安節先生。

王永和，字用節，昆山人。永樂甲午中應天鄉試，官兵科給事中，劾錦衣衛指揮馬順欺罔。持節册封韓王世子妃，糾正中官蹇傲。歷晉工部侍郎。正統已後，死於土木之難。贈官廕子，謚襄愍。

欽謙，吴縣人。官太醫院判。宣宗數召見問秘方，三問，以不知對。最後，謙伏地曰：「臣以醫職在保護聖躬。陛下承祖宗鴻業，宜兢兢自愛。若此等方藥，先賢不傳，臣死不敢承旨」。宣宗怒，命武士以旃裹頭付詔獄。久之，上悔悟，釋出，復其官。正統末，隨駕出關，殉土木之難。

程式，字以則，常熟人。宣德癸丑進士，歷刑部員外郎。土木之變，扈從死難，以衣冠歸葬。天順改元，録其子入監。所著有《兵政十策》《葩經衍義》。

蔣欽，字子修，常熟人。弘治九年進士，歷官御史。正德間，劉瑾專恣，逐大學士劉健、謝遷，欽與戴銑、薄彦徽等奏健、遷先朝顧命大臣，不可逐。又諫上（宴）〔晏〕朝廢學，與瑾等馳驅射獵，非人君體。瑾矯旨，皆廷杖削籍。欽益慷慨，獨上疏。前後凡上疏者三，廷杖者三，遂卒。瑾誅，贈光禄卿，謚忠烈。

唐天恩，字堯仁，常熟人。弘治戊子舉人，授葉縣知縣。時劇賊劉七徒黨擾河朔，天恩增城塹，繕器械。未幾，盜抵城下，嬰城守二十餘日。城陷被執，及其父政懸之庭，射殺之，庶母任氏、二妹皆遇害。事聞，贈光禄少卿，廕子。

陳淮，字禹治，昆山人。禦倭寇遇害。子應期，舉於鄉，瀝血上陳。詔旌其門，立祠曰忠烈。

錢泮，字鳴教，常熟人。歷官江西參政，所在有聲。以憂歸里。時倭寇方熾，邑令王鐵既連却之。值倭劫關稅巨萬，取道尚湖入海。泮與鐵率兵邀之，墮伏中，力戰而死。贈光禄卿，廕子，建褒忠祠。

徐察，常熟人，恪之裔孫。倭寇常熟，統家丁抗敵三丈浦，斬獲甚衆。王鐵、錢泮之難，察亦死之。詔贈官廕子。

宗禮，常熟人。世官應天衛千户。歷都督僉事，驍勇敢戰。嘉靖間，以倭亂調援浙西。遇賊帥徐海於皂林，三戰三捷，以九百騎破其萬衆，海辟易，稱爲神兵。論者謂軍興以來，血戰功第一。竟歿於陣。詔贈都督同知，謚忠壯，賜祠皂林。

趙士端，字正叔，常熟人。以歲貢授仙居訓導。倭寇越中，令被害，知士端爲廣文也，將釋之。士端瞋目大罵，倭斷其首。止以身歸葬。

顧天敘，字禮初，昆山人。萬(歷)〔曆〕戊子舉人。歷知鉛山、元城、嘉魚三縣。以子錫疇貴，即棄官不仕，屏居讀書。及國事危殆，趣子南行。錫疇以父老，戀戀不忍舍。天敘曰：「吾自盡我當盡之節，汝自爲汝當爲之事。」即絶粒以死。

徐如珂，字季鳴，吴縣人。萬(歷)〔曆〕乙未進士，授刑部主事。坐謫復起，歷遷川東副使。奢崇明叛，戕蜀撫於重慶，據之，而以重兵圍成都。如珂甫入境，聞之，即召募檄調，得兵千人，急攻重慶，破之，成都之圍以解。合兵直擣賊巢，破古藺，斬萬餘級，焚僞宫闕。敘功第一，擢太僕少卿，轉左通政。吴民擊殺緹騎閹黨，議阬吴城，如珂抗言曰：「蘇州財賦重地，此令下，揭竿反矣！」當國者心動，事得解。如珂積以事忤閹，奉嚴旨削籍。既行，遣盜至舟中殺之，不獲。抵家甫半月，知閹怒未已，治具召親好，道故歡飲。夜分，飲藥而卒。

顧大章，字伯欽，常熟人。萬(歷)〔曆〕丁未進士，官刑部員外。時東林議起，大章雖不預東林，而陰爲居中斡旋，閹黨深忌之。先是，經撫之獄，大章引八議，欲貰熊廷弼罪。廷弼，楊漣鄉人也。閹黨謀以鬻獄，坐大章以關通罪，楊漣、左光斗則一網可盡。於是楊、左五人先後考死，獨移大章刑部，定爰書，欲以厭天下口。大章曰：「某自誣服，又代五人誣服，何以見五人地下乎？」飲藥未絶，又雉經而死。時有芝産獄中，一莖六瓣，大章與楊、左等六人，每一人死，芝萎一瓣，大章作《瑞芝記》。懷宗中，贈太僕少卿，謚裕愍。

王佐聖，字克仲，長洲人。萬（歷）〔曆〕壬子舉人，知遵義縣。土酋吴上才、郭士奇等叛，佐聖督兵深入，計縛上才、士奇等，奪還所掠男婦三百餘口。賊黨欲竄，奪所檻烽火告急。援兵不至，賊梯城入，佐聖横劍奮呼與賊戰，面受三刀以死。士民立廟祀焉。

周宗建，字季侯，吴江人。萬（歷）〔曆〕癸丑進士。知武康、仁和二縣，胥著能聲，擢御史。客、魏表裏擅權，宗建前後彈擊，疏凡四上。璫憾甚，誣以贜，下詔獄，考死。懷宗間，贈太常少卿，謚忠毅。

周順昌，字景文，吴縣人。萬（歷）〔曆〕癸丑進士，授福州推官。税監高寀横斂虐民，民情洶洶不測，順昌仗義抗寀，衆遂解散。上聞撤寀，歸順昌，召拜吏部主事，遷文選員外郎。謝絶請托，失要人意，引疾歸。嘉善魏大中以首攻魏閹被逮，過吴，順昌與之決，以女字其孫。閹黨倪文焕詗得之，誣奏逮問。緹騎至吴，士民大譁訟冤，移時而集者萬餘輩。緹騎手鋃鐺擲之，衆怒，擊殺緹騎，留順昌不得發。順昌潛行赴詔獄，搒掠無完膚，厲聲罵閹。鎮撫許顯純椎其齒盡落，順昌噀血濺其面，卒誣贜死獄中。崇（正）〔禎〕初，贈太常卿，謚忠介。子茂、蘭，見《孝義傳》。

龔元祥，字子貞，長洲人。萬〔歷〕〔曆〕乙卯舉人，授霍山教諭。崇〔正〕〔禎〕乙亥正月，流賊破霍山，元祥肅衣冠，秉笏坐明倫堂。賊挾刃脅之，不動，駡賊甚厲，遂縛之。過文廟，曰：「此吾死所也！」觸賊死之。季子炳衡，抱父躃踴呼號，駡不絕口，賊又殺之。贈國子助教，建忠孝祠。

包文達，字行甫，蘇州衛指揮。崇〔正〕〔禎〕乙亥，流寇掠鳳安，奉巡撫檄統兵進援。兵械草草，人無鬬志，進戰伏發，官軍鳥獸散。或勸文達遁，按劍叱之，力盡戰死。土人立包將軍祠。

夏萬亨，字元禮，昆山人。萬〔歷〕〔曆〕戊午舉人。知西平縣，築城治隄，練兵保甲，稱能吏。歷陞按察僉事，分巡南瑞、南昌。兵潰死之，一家從死者二十餘人。

蔡懋德，字維立，昆山人。萬〔歷〕〔曆〕己未進士。除杭州推官，歷陞嘉湖、井陘、濟南諸道，有殺賊功。廷臣以知兵薦，巡撫山西。時闖賊陷潼關，孤軍拒戰。巡按汪宗友誣劾失援平陽，有旨解任。或謂懋德，可循例出境候代，懋德曰：「此時存亡呼吸，奈何藉口以自便？」守危城三晝夜，無援城破，入三立祠自縊死。將吏應時盛等四十六人從死焉。後謚忠襄，予祭葬建祠，以應時盛祔。

趙旛，字任卿，吳江人。天啓辛酉武舉。崇〔正〕〔禎〕九年，巡撫張國維檄爲守備，屯太湖縣。賊至，旛提兵與戰，賊敗走。旛追至通湖，據山爲營。賊以百騎來山前挑戰，而以千餘騎從山後襲營，旛手刃數賊，被執，不屈死焉。事聞，贈指揮同知，安慶人祠之。

毛維張，字國卿，吳縣人。爲長子縣丞，署邑篆。值魏璫矯旨，遣使查弔府縣庫銀，維張預備一冊，言邑小糧輕，徵解無餘，使者信之。迄瑺敗，山西一省獨長子①庫銀無缺。遷北直河陽衛經歷，巡城有功，賜宴加級。闖賊破彰義門，酷刑逼降，罵賊不屈而死。

徐汧，字九一，長洲人。事母至孝，諸生時即以名節自任。魏大中被逮過吴，汧不識大中，典簪珥易金贈之。周順昌歎曰：「國家養士三百年，如徐生者，真歲寒松柏也！」後順昌被逮，緹騎横索錢，汧復與楊廷樞斂財經理之。崇（正）〔禎〕戊辰成進士，選翰林庶吉士，（受）〔授〕②檢討。嘗以直言忤旨詰責，抗論如初。屢遷右庶子，奉使旋里，久之北上。抵鎮江，聞京師陷，一慟幾絶。及南京失守，肅衣冠北向稽首，投虎（邱）〔丘〕新塘橋下而死。

顧緗詒，字敬承，長洲人。崇（正）〔禎〕庚午舉人，知仁壽縣。獻賊披猖勢日熾，西川失守，或來説降，厲聲叱之。馳馬至學宫，從容拜先聖，望北稽顙縊死。順治己亥，子（廷）〔珽〕③、琦扶柩歸葬。

宋學朱，字用晦，長洲人。崇（正）〔禎〕辛未進士。爲御史，劾楊嗣昌、田維嘉，天下壯之。巡按山東，濟南圍急，登陴守禦，火焚城樓，骸骼俱燼。事聞，贈大理卿。康熙四十四年，聖祖南巡，賜其墓門云：「傳經世澤。」

① 「長子」下《四庫》本尚有「縣」字。
②③ 據《四庫》本改。

蔣若來，字龍江，長洲人。獨骨臂，善騎射，爲把總守浦口。崇（正）〔禎〕八年，闖賊至，蟻附登城，若來往來奔截，應刃而斃及墜城死者無算，爲竄百里外。撫臣張國維上其功，累擢參將。明年，賊從間道犯江浦，若來赤手搏賊，擲賊所乘馬，馬骨俱折，復大破之。拜都督，守安慶，又破賊於潛山。後守金華，孤城援絶，先焚其妻、子，巷戰經日，力盡自刎死。

陳于王，字丹衷，吴縣人。世爲蘇州衛千户，累遷都司僉事。守崇明，擒海盜王一爵，殲其黨殆盡。後以事廢。巡撫張國維用爲中軍守備。崇（正）〔禎〕九年，賊入江北，圍廬州，陷和州，國維遣于王守六合，邑賴以全。十年，賊犯太和，于王將兵禦之於酆家店，賊敗退。已而，數萬衆齊至，圍數重，諸將突圍不得出。于王手執大刀，左右殺賊，傷重力竭，北面叩頭自刎死。贈昭勇將軍。

顧維寰，字含英，長洲諸生。煤山之變，哭臨於明倫堂。巡按周一敬鳴金繡衣而來，有張長瀾與維寰奮前牽其裾，曰：「此何時，尚衣此章服耶？」一敬慚而易之。維寰泣曰：「在位者舉動如此，時事可知矣！」歸，自經於祖墓側。一敬心銜長瀾，囑學使者褫其衿。長瀾遂絶意進取，策杖遊四方，齎志以殁。

髯樵叟，吴縣人，不知姓名。美髯長身，多膂力。採薪洞庭山中，負三百斤貨於人，祇索百斤值。人怪問之，曰：「吾力能負，何妨均值？」值輕售速，即沽酒痛飲，放歌歸。午後又入山，輒至人跡罕到之處。人又怪之，答曰：「吾多力，合遠樵，近地應讓力少者。」忽山中傳京師陷，乃椎胸長號曰：「吾知天子姓朱，竟換賊李耶！」投震澤中死。

朱集璜，字以發，昆山人。明末貢士，學爲鄉邦推重。歲旱，集璜佐縣令疏夏駕河，邑賴其利。乙酉，南都潰，投東禪寺澄潭死。留句云：「可質祖宗，可對天地。生無自欺，死復何愧！」

陶琰，字稚圭，昆山人。執經蔡懋德之門，言坊行表，後學奉爲典型。與朱集璜爲中表兄弟，聞集璜死，琰即投繯自盡。

許琰，字玉重，長洲諸生。甲申聞闖賊變，大慟哀。詔至，躍入胥江。家人馳救之，遂絶粒。遺詩云：「忠魂誓向天門哭，立請神兵掃賊氛。」

周大啓，字開美，長洲人。崇（正）〔禎〕甲戌進士，歷知黄州府事。流寇屠掠全楚，黄州城已毁。大啓至，召民版築，匝月城完。遷督學，道抵辰州，闖賊至，率土司兵及吏民逆賊於桃源，賊不敢犯。甲申聞變，望闕再拜不食死。士民哀慟，稾葬於辰州永順司之小乾溪，立祠祀之。

許王家，字君聘，長洲諸生。素厲名節。甲申聞變，痛哭不輟，整衣冠赴水死。同邑諸生顧所受，字東吴，亦於學宫前赴水死。

徐嶧，字瞻淇，常熟諸生。孤介立品。甲申之變，焚儒衣冠於文廟，赴泮水死。

項志寧，字静伯，常熟人。選貢入南都，見貴人多營私植黨，亟歸，挈家居湖濱。南都潰，屏食數日死。時士之蹈義而終者，甲申則有屈坦之不食死，祝舜齡觸階死。乙酉則有馮知十、徐守質，邑令王鐵、孫道焕，皆遇兵死。

文震亨，字啓美，吴縣人，大學士震孟弟。由貢生官武英殿中書，國亡後絶粒死。震孟次子乘，字應符，亦死。

胡甲桂，字秋卿，昆山人。崇(正)〔禎〕己卯副榜，除南昌通判，署守事。有足軍餉功，遷廣信同知，力守危城。及城破，自經死。子泓，在昆山先死於難。

顧咸建，字漢石，昆山人，大學士鼎臣曾孫。崇(正)〔禎〕癸未進士。授錢塘知縣，戢奸宄，嚴警備。巡按以貪殘激變，咸建調護有方，四境以安。及錢塘不守，殉難死。兄咸正，字端木，崇(正)〔禎〕癸酉舉人，授延安推官，治績甚著，舉廉卓第一。後亦死於難。弟咸受，字幼疏，天啓甲子舉人，邑城破死焉。

國朝

尹明廷，字蓂階，吳縣人。順治己丑進士。選授廣西平樂知府。李定國之亂，城破被執，不屈死。遺骸瘞府治牌坊下，子正始往粤求得之，負以歸。事聞，贈太僕寺卿，廕一子入監。

松江府

元

潘世英，字積中，華亭人。至正間，用御史薦，赴閩從軍。諭降興化諸寇，督兵守關。已而閩寇復作，自安溪突至，入廨舍，世英安坐不起，駡賊被害。

明

王守信，字蕉雪，上海人。建文時布衣，授徒自給。靖難兵起，憤鬱絶食死。

劉仲禮，字用和，上海人。建文四年八月，以明經辟召。至應天，遇靖難師入，不食七日死。

閔電，字起光，上海廪生。素有膽略。嘉靖甲寅，倭寇出没海上，官軍及客兵來援者屢戰輒挫。電與同志倡義，團結鄉里千人禦之，頻有斬獲。後戰於新場鎮，衆寡不敵，没於陣。

李府，上海人，爲南匯哨官。倭薄城，府與二子香、黍力戰敗之，復手刃賊之夜劫城者。明日復戰，中炮而死。官爲立忠勇祠。曾孫中孚，明季官劉河遊擊，甲申戰没。

顧國縉，字寅美，上海人。萬（歷）〔曆〕丙午舉於鄉，授昆山縣教諭，遷南國子監丞。天啓末，操江都御史劉志選諂事魏瑺，倡議建祠文廟左，國縉誓死力争，幾陷黨禍。會閹敗，乃免。遷刑部郎，歷擢按察副使，分巡桂林，有破猺賊楚寇功。以疾請老。甲申三月，聞流寇陷京師，慟哭不食死。

李逢申，字延之，上海人。萬（歷）〔曆〕己未進士，官工部郎。寇陷京師，被執不屈，身受五毒自經死。

張肯堂，字載寧，華亭人。天啓乙丑進士，爲濬縣令，大著聲績，擢御史。流賊陷鳳陽，條上滅賊五事，計慮周悉，時不能用。出按福建，數以平寇功受賚。還朝，劾楊嗣昌督師無功。凡所條奏，懇切而中事情。後巡撫閩中，殉難死。時文選郎中朱永佑，字爰啓，亦華亭人。崇〔正〕〔禎〕甲戌進士，與肯堂同被難。

王鍾彦，字粲伯，華亭人。祖明時，由進士歷官副使，有清名。鍾彦天啓丁卯舉人，授長洲縣教諭，入爲國子博士，累遷工部員外郎。甲申三月，闖賊圍京師，分守彰義門，城陷被執不屈死。鍾彦孝友清介。盡節之日，囊無一錢，其友殮而殯之。

宋天顯，字敬夫，華亭人，御史賢之孫。由監生授中書舍人。甲申三月，爲賊所執，殉節死。

施溥，字汝中，華亭人。父大經、兄泳，皆仕至府佐。溥以貢授順天永清衛經歷。十七年，遷樂亭知縣，未赴。值京師陷，百官皆被寇驅脅，溥歎曰：「我父兄皆荷國恩，我豈可失臣節！」遂仰藥死。

何剛，字慤人，上海人。崇〔正〕〔禎〕庚午舉人。性諒直，以節義自許，才學通練。郡守方岳貢修築海塘，自青村至柘林，延袤數千丈，剛經紀其役，三歲告成，費省工倍。十七年，上疏言事，擢職方主事，募兵金華。後以兵隸史可法，城破投井死。

瞿騫，上海人。己卯歲貢，庚辰廷試，特賜同進士，授滕縣知縣。流寇陷城，死之。

衛時春，華亭人，青八世孫。掌後府。京師陷，懷鐵券，闔門十七人皆赴井死。

王域，字元壽，華亭人。舉鄉薦，授宿州學正。流賊至，佐有司捍禦有功。遷工部主事、郎中，出守建昌。城被圍，分守南門，城破死之。

孫士美，青浦人。由鄉薦授舒城教諭。崇（正）〔禎〕八年，流寇至，令以他事出，士美代守七十餘日，城以全。擢知深州，城破，自刭於角樓。父訥亦自縊，一家死者十三人。贈太僕少卿。

吴嘉（印）〔胤〕，字繩如，華亭人。天啓甲子鄉薦，歷官南户部主事，築海塘有功。爲人方正不苟。乙酉聞變，謁方孝孺祠，投繯死。時上海陳于階爲欽天監博士，亦縊於公署。

侯承祖，金山人。爲參將，守金山。明亡，猶與子世禄守城。城破，世禄巷戰，身中四十矢，死之。承祖亦被獲，令降，曰：「吾家食禄二百八十年，今日不當以死報國哉！」遂死。

徐念祖，字無念，階元①孫。以諸生廕中書。國變城破，與妻張，二妾陸、李皆自縊。

國朝

沈天成，名上章，以字行，華亭縣人。康熙十三年，福建耿逆反，執總督范承謨，時天成在督幕，亦被械繫，錮獄三年，抗節不屈。及聞承謨殉節，即自經死。贈國子監學正，陪祀承謨祠。天成工詩，有《聽鵑詩》一卷，繫獄時作。

葉映榴，字丙霞，上海人，明副都御史有聲子。順治辛丑進士，選庶吉士，歷官湖北糧道。康熙二十七年，武昌兵變，入巡撫轅門，露刃譟呼，巡撫避走。映榴冒刃直前，諭以朝廷威德。賊不應，且

① 「元」，《四庫》本作「玄」。

逼之從逆。瞋目叱之，奪刀欲自刎。賊曰：「殺好官不祥。」勒入署，以兵環之。映榴繕遺疏，叩闕畢，升公座罵賊，自刎。賊大驚，匍匐入拜而去。事聞，贈工部右侍郎，廕一子。御書「忠節」二字謚之。

常州府

漢

虞俊，字仲卿，無錫人。少以孝友稱。哀帝時爲御史，遷丞相司直。王莽執政，召爲司徒，俊飲藥卒。光武即位，表其墓。

晋

周處，字子隱，魴子。未弱冠，膂力絶人，不修細行。後改過自新，仕吴爲東觀左丞。入晋，累遷御史中丞。氐齊萬年反，詔隸安西將軍夏侯駿討之。令引兵五千，擊賊七萬。兵敗援絶，左右欲退，處曰：「是吾效節致死之日也！」遂力戰死。贈平西將軍。元帝時，追謚孝侯。

周筵，玘兄子。歷黄門侍郎。從弟續潛聚兵將爲亂，筵奉丞相睿命，與義興太守孔侃協謀，即侃坐上格殺續。遷太子右衛率，轉吴興内史。爲王敦誣害。

南北朝　齊

蕭懿，字元達，南蘭陵人。永元末，爲豫州刺史。崔慧景圍臺城，東昏馳使召懿入援，懿方食，投箸而起，率鋭卒三千赴難。以平慧景功，授中書令。倖臣茹法珍等所憚，乃説東昏除之。或勸西奔襄陽，懿不從，曰：「古皆有死，豈有叛走中書令耶！」與弟融俱賜死。

梁

蕭淵藻，字靖藝，懿子。封西昌侯，頻莅州鎮，人吏咸稱之。歷遷侍中、中書令。侯景之亂，淵藻曰：「吾國之台鼎，不能誅翦逆賊，正當同死朝廷耳！」不食而卒。

蕭諮，字世恭，懿從子。封武林侯，歷衛尉卿。簡文即位後，侯景防衛轉嚴，惟諮及王克、殷不害並以文弱入侍，講論不輟。後王、殷懼禍自疏，諮不忍離帝，朝覲無絶。賊惡而殺之。

陳昕，字君章，慶之子。七歲能騎射。太清二年，侯景兵圍歷陽，昕自臨川太守召還，爲景所執。景攻臺城，令昕射書入城，譎守者開門納兵，堅拒不從見殺。

陳

蕭允，字叔佐，南蘭陵人。通達有識鑒，仕梁。侯景陷臺城，百僚奔散，允獨整衣冠坐，景軍敬焉。尋居京口，百姓懼賊波駭，允獨不行，曰：「性命自有常分，豈可逃而免乎？」卒免于難。陳後主嘗問蔡徵，徵曰：「清虛(元)〔玄〕遠，殆不可測。」隋師濟江，授官不就。文帝義之，厚賜帛。卒，年八十四。

南唐

陳喬，字子喬，自廬陵徙無錫。歷中書舍人，勸後主勿降宋。及城陷，自縊。

宋

李熙靖，字子安，晉陵人，德裕九世孫。登進士第，再中詞學兼茂科。歷右司員外郎，忤王黼貶秩。黼罷，遷中書舍人。蔡攸又惡之，出知撫州。靖康初，除顯謨閣待制。張邦昌立，使直學士院，固拒之。憂憤不食，索筆書王維「百官何日再朝天」句，遂卒。贈延康殿學士。

蔣興祖，字以承，宜興人，之奇孫。以廕歷開封府陽武令，治爲畿邑最。靖康初，北兵犯京師，過縣境，或勸走避，興祖曰：「吾世受國恩，當死於是。」力戰而殁。贈朝散大夫。

胡唐老，字俊民，晉陵人，宿曾孫。崇寧進士。歷知鎮江府，兼浙西安撫使。建康失守，潰卒戚方等趣鎮江，時唐老兵不滿千，度力不敵，乃撫之。無何，方欲犯臨安，迫令部衆以行。唐老不從，諭以禍福。方脅之，唐老怒罵，遂遇害。贈徽猷閣直學士，謚忠愍。

吴政，字弘道，宜興人。博學强記，兼資文武。寧宗朝，以陳俊卿薦知棗强安豐軍，歷任興元都統。北兵入階成、和、鳳等州，大將王立望風潰竄。政聞之，一日夜馳三百里至鎮，斬立以徇，力戰却之。詔進其官。後二年，復戰于黄牛堡，兵少無援，死之。追贈樞密使。

袁植，字材老，無錫人。崇寧間進士。爲監察御史，陳邊防十三事，以誅佞人爲先。不納，引疾歸。建炎初，召爲左司諫，忤宰臣，出守岳州。會李允文剽掠湖湘，執植，植正色詆賊，遇害。追贈直龍圖閣。

吴載堅，字節齋，宜興人。寶祐中進士。授四川提刑按察使，疏陳親賢、遠佞、選將、練兵四事，不報。後與文天祥起兵。敗歸，築土室居之，家人罕得見其面，遂以是終。

姚訔，宜興人，參政希得子。元兵圍常州，守臣遁，州人以城降。劉師勇復常州，詔以訔知常州，與陳炤、劉師勇、王安節、包圭等力戰固守。城陷，不屈，與炤等皆死之。詔贈訔龍圖閣待制。

陳炤，字光伯，無錫人。元攻常州，炤以朐山令守母喪。姚訔辟爲通判，墨衰協守。矢盡城陷，訔死之，炤猶斂兵巷戰，敗死。追贈朝奉大夫、直寶章閣。子應黿，杜門終身，衣冠不改。

胡應炎，字焕卿，晋陵人，宿八世孫。咸淳中進士。元兵至常，郡守姚訔署爲節度判官，告父總及兄應發曰：「吾家世受國恩，今不得復顧家矣。」選壯士三千，自將乘城，殺元將校甚衆。城陷，巷戰力屈被擒，與父兄俱遇害。

莫謙之，宜興人，爲郡城寺僧。德祐元年，糾合義士捍禦鄉間，詔授溧陽尉。元兵陷常州，謙之在城中，率衆力戰死。贈武功大夫。時常州天慶觀賜紫道士徐道明，城破，兵屠城，脅道明拜，不屈被殺。

包圭，晋陵人。性沉毅有籌略。元兵圍常，郡守姚訔聞圭名，引與共戰守。城陷，訔遇害，圭猶斂兵巷戰，被執罵賊死。

元

李士龍，江陰人。從丞相脱脱①南征。長鎗氏掠地至睦，士龍率所部擒斬。及勢不可爲，飲藥仰誓曰：「吾報主盡矣，勿令敵砍吾頭！」倚馬瞠目而逝，年才二十五。

許晋，字德昭，江陰人。至正壬辰冬，紅巾賊陷江陰，晋與仲子如璋聚衆保護鄉里。尋聞官軍駐近郊，陰遣約爲内應。及官軍與賊遇不利，晋戰益力。賊黨復掎其後，其子如璋與家僮俱破圍而入，父子俱戰没于陣。父老俱墮淚曰：「父死忠，子死孝。」名其里爲「忠孝里」。

明

吴雲，字友雲，宜興人。元翰林待制。洪武中，歷官刑部尚書，出爲湖廣行省參政。元梁王據雲

① 「脱脱」，《四庫》本作「托克托」。

南，負險不服，先遣王禕招諭之，遇害。復命雲往。時梁王遣使漠北，鐵知院諸人爲大軍所獲，太祖釋之，令與雲偕行。既入境，諸人懼以奉使被執得罪，誘雲詐爲漠北使者，改制書共紿梁王。雲誓死拒之，遂爲所殺。及雲南平，詔馳傳返葬。弘治中謚忠節，與王禕並祠，額曰「二忠」。

王亨，字仲理，無錫人。洪武中，舉秀才。擢四川按察司僉事，有威惠。會紅苗破城，衆數萬，亨驅戍卒以戰，爲賊所得。縛而求金，亨大駡，被三刃，然賊終無意殺之。乃大叫：「辱國如此，何以生爲！」觸墻死。

陸士隆，字季平，無錫人。洪武中舉明經，拜監察御史，抗疏發胡惟庸姦狀。忤旨見殺，妻及子皆死之。劉基爲作《忠》《節》《孝》三歌。

儲福，無錫人，隸籍燕山衛。以好義稱。燕兵起，挈母、妻逃去。永樂初，簿録亡卒，調曲靖衛，仰天嘆曰：「吾雖賤卒，義不爲叛逆臣！」竟不食死。

黄謙，字損之，武進人。以儒生爲沛縣典史。靖難兵至，謙與知縣顔伯瑋、縣丞唐子清，集民兵五千，築堡備禦。尋往東昌援鐵鉉兵。成祖即位，執謙至，不屈死。伯瑋、子清同時殉難。正統初，御史彭勖建三忠祠于沛縣祀之。

孫泰，武進人。官北平都司。靖難兵起，竭力守禦。戰于懷來，陷陣死之。

陳洽，字叔遠，武進人。永樂間官大理卿，贊大軍討安南，轉吏部侍郎。復同張輔討平交趾，拜兵部尚書，鎮撫其地。宣德初，黎寇復叛，命贊成山侯王通軍討之。通引兵渡沙河，洽力止弗聽，遇伏兵敗，洽揮刃殺賊數人，自刭死。贈少保，謚節愍，官其子樞刑科給事中。嘉靖中，建祠祀之。

高曇，字景雲，無錫人。正統中，由國子生授漳州府判。鄧茂七構亂，曇督軍餉次茶鋪，被執，罵賊死。贈工部郎，漳民立祠祀之。

曹懷，字于德，無錫人。正德壬辰進士，户科給事中。諫南巡，詔杖。嘉靖初，集議大禮，忤旨，又詔杖。創甚，呻吟中再疏論當事諸臣，語極戇直。出守永平，調思恩。

吴玭，宜興人。由吏員任贛縣主簿。正德丙子，江西有寇竊發，勢張甚。南贛巡撫王守仁檄諸軍進討，玭勇于赴鬭，陷陣被殺。事聞，贈贛縣知縣，廕子群入監。

席上珍，靖江人。邑諸生，有膽力。嘉靖中，倭寇薄城，率鄉兵禦之，從東門鼓譟而出，手殺數十賊。東至秦家橋，爲賊所害。

張邦鉉，宜興人。萬(歷)〔曆〕中，由武進士歷四川松潘參將、副總兵，征苗戰死，懷宗贈恤。

盧象昇，字建斗，宜興人。以大名兵備破流寇，撫鄖陽，剿湖南北賊，遂總七省軍務。破李自成，總督宣大。畿輔告警，督師入援。與本兵楊嗣昌忤，孤軍次鉅鹿賈莊，力戰死。弟象觀，字幼哲。有英略。癸未進士，授金谿令，未上，聞懷宗殉社稷，赴水死。

劉熙祚，字仲緝，武進人。天啓甲子舉人。懷宗末官御史，按湖南。時荆、襄諸郡相繼没于寇，熙祚抵岳州，親調兵堵截，四戰四捷，斬賊數千。至長沙，賊大至，兵潰。令部將護吉、桂、惠三藩先行，身引兵斷後。賊追及，破執，罵賊死。贈太僕卿。弟永祚，字叔遠，由貢生仕至興化知府，亦殉國難；綿祚，字季連，以崇（正）〔禎〕辛未進士知永豐縣，討平山賊有功。

陳震亨，字百里，江陰人。天啓中武進士，官都司指揮。流賊逼鳳陽，力戰死。贈昭勇將軍，建祠死所。又武進王孟超，亦以武進士官湖廣都司僉書，山寇甘明陽等侵岳，出戰，兵敗被執，駡賊死。贈遊擊將軍。

薛自昌，武進人，世襲百户。崇（正）〔禎〕十三年，署永生洲守備，隨總兵程龍征流寇。萬騎猝至，血戰不克，死之。賊憾自昌驍勇，焚其屍。

金鉉，字伯玉，武進人。崇（正）〔禎〕戊辰進士。由教授歷工部主事。中官張彝憲總理户、工二部，屬視諸曹，鉉疏争之，忤旨，切責，俄削籍歸。杜門謝客，學日益邃。十七年，起兵部主事，巡視皇城。流賊陷大同，疏請撤宣府監閹杜勳，專任撫臣朱之馮，不聽。勳果以宣府迎賊，之馮死之。京師陷，被朝服投御河死。弟鋐，亦殉難，我世祖章皇帝賜鉉謚忠潔。

王章，字漢臣，武進人。崇（正）〔禎〕戊辰進士。由知縣擢御史，請罷内操，劾内臣冒功。出按甘肅，力持風紀。還朝，巡視京營，流賊犯都，分守阜城門。城破，賊呼章下馬，章叱之。賊怒，拔刀碎章膝。坐地大駡，賊攢槊殺之。家人覓尸，猶一手據地，張口怒目如叱賊狀。我世祖章皇帝賜謚曰節愍。子之栻，仕閩，亦死難。

馬世奇，字君常，無錫人。崇（正）〔禎〕辛未進士，選庶吉士，授編修。座主周延儒當國，務引大義規切之，進諭德。丁艱服除，值延儒再相，推遠權勢不入都。及還朝，進左庶子，延儒已賜死，親暱者悉避去，世奇力經紀其喪。時寇警日聞，帝數召對廷臣，世奇奏當敕督撫鎮將約束部伍，令兵不虐民，人心親附，賊勢乃孤，帝稱善。京師陷，自縊死。世祖章皇帝賜謚文肅，給祠田七十畝。

陳貞達，字則謙，宜興人，于廷子。以廕官户部主事。忤璫，謫順天府知事。賊陷京師，或勸之去，不從。被執，罵賊不屈。賊桎其兩足，投馬櫪中，漬以馬矢，罵不絶口而死。

毛協恭，字力懷，武進人。崇（正）〔禎〕庚辰進士，授寧德令。以廉能調（煩）〔繁〕①侯官，却餽遺，革羨耗，多惠政。明亡，投水死。

王孫蘭，字畹仲，無錫人。崇（正）〔禎〕辛未進士。歷廣東兵備副使，分巡韶州。獻賊犯粤，屬邑多潰，韶士女出城逃竄，而僞官傳檄將至，孫蘭遂自縊。朝命贈卹之。

華白滋，字紫梁，無錫人。少從高、顧遊，官養利州學正。值交趾入寇，城陷，登明倫堂自縊死。

莫可及，字君愚，宜興人。由監生授長沙照磨。崇（正）〔禎〕癸未，護寧鄉縣印。流賊破縣，不屈死。二子若鼎、若鉦奔訪遺骸，俱及于難。

薛聞禮，武進人。以吏員授黄陂主簿，有惠政。流賊②至，聞其名欲官之，挾與俱去。暮即亡歸，率衆誅僞令。賊復大至，執之，罵不絶口死。

① 據《四庫》本改。

② 「賊」，《四庫》本作「寇」。

王行儉，字質行，宜興人。崇(正)〔禎〕丁丑進士。由刑部郎出知重慶府，府常宿重兵，行儉撫輯有方。獻賊至，苦戰固守。賊穴地入，城陷，被擒不屈，爲賊臠死。

過俊民，字尊伯，無錫人。歲貢生，官臨安訓導。會兵潰，邑吏皆遁，俊民縊死功臣山。

龔廷祥，字伯興，無錫人，馬世奇門人。崇(正)〔禎〕癸未進士，爲中書舍人。知明將亡，寄書其子，預以死自誓。南都破，肅衣冠投水死。

秦之鑑，字尚明，武進人。崇(正)〔禎〕癸未進士。令仁和，數月告歸。住馬跡山，教授生徒。後遊嵩山，至儀封，聞當事有薦而辟之者，忽嘔血卒。

薛應玢，武進人。崇(正)〔禎〕戊辰，以監生除陝西隴州同知。明年四月，流寇困城，應玢率兵民嬰守百餘日，食盡援絶，城陷死。

吴鍾巒，字巒稚，武進人。已見《儒林傳》。後任桂林推官，國亡，自焚死。

戚勳，字伯屏，江陰人。以諸生例入國學，授中翰，奉差督閩餉歸。順治乙酉，城破，大書「闔門殉難，中書戚勳」八字于壁，挈妻妾女婢二十一口自焚死。同死者癸酉舉人夏維新，字燦焉，諸生王華、吕九韶、許用。

國朝

徐之龍，字仲升，江陰人。順治丙戌恩貢，授神木知縣。庚寅春，王永强作亂，之龍嬰城固守。

糧盡援絶，城陷，之龍及二子廷綸、寵綸俱死。詔贈按察司僉事，賜祭葬，廕一子。

華鍾，本姓秦，無錫人。順治四年歲貢。知富川縣，撫叛歸俘，拊循有績。亡何，滇寇大至，被執，渡江中流，鍾投水死。事聞，詔贈按察司僉事，官其子沚。

張令憲，字嘉仲，無錫人。順治四年授香山知縣。滇寇破香山，令憲及子丹翰皆見殺。詔贈按察司僉事，廕一子知縣。

稽永仁，字留山，無錫人。少爲吴郡廪生。尚氣節，以經濟自負。閩督范承謨知其賢，遂延於幕。時康熙十三年，逆藩耿精忠將煽亂，永仁勸承謨早爲備，乃條上撥餉補兵、安插逃弁屯田等議。并請提精兵駐上游以應變，賊尤銜之。既叛，幽承謨別室，隨驅迫永仁至逆邸，脅之降，不屈。誘以官爵，益忿詈不從。乃錮永仁於獄，重困辱之。永仁氣彌厲，以炭畫壁作詩，與承謨遥倡和。凡在獄逾三年。聞承謨被害，遂自經死。事聞，恤鏹歸葬，贈國子監助教。雍正七年，世宗憲皇帝贈吏部尚書，特予建祠。賜御書「忠節流芳」匾額。十一年，晋贈光禄大夫、文華殿大學士。

江南通志卷一百五十四

人物志

忠節 二

鎮、淮、揚、徐四府　太、海、通三州。

鎮江府

南北朝　梁

江革，字休映，濟陽人，居京口。舉南徐州秀才。隨豫章王鎮彭城，城失守被執。魏刺史王延明聞革才名，厚加接待，革稱脚疾，不拜。令爲碑文，辭不能。將加箠撲，革厲色曰：「今日得死爲幸，誓不爲人執筆！」延明知不可屈，放還。後除光禄大夫，卒謚彊子。子德藻，仕陳爲御史中丞。

唐

桓彦範，字士則，丹陽人。門蔭授官。狄仁傑見而器之，累擢御史中丞，與張柬之等謀誅張易之、昌宗於廡下。中宗復位，以定策功封譙郡公。韋后預政，上表切諫，不納。用方士爲秘書監、國子祭酒，執不可。尋封扶陽郡王。罷其政，武三思矯制殺之。睿宗立，復其官爵，謚忠烈。

宋

洪造，字彦襲，丹陽人，興祖弟。登進士第，授歙州黟縣尉。方臘陷郡縣，造使家人間道奉親以歸，而身當其衝，據險殺賊。賊憤甚，及城破，首取造擊殺之。事聞贈廕。

張縝，字彦智，金壇人。以父廕官至寶文閣學士，金壇縣開國男。建炎三年守揚州，兵至，朝廷恐縝力不能支，許退保鎮江，縝堅守不動。城潰，與妻、子皆死之。

陳東，字少陽，丹陽人。貢入太學。欽宗即位，率其徒伏闕上書，請斬蔡京、梁師成、李彦、朱勔、王黼、童貫六賊。時李邦彦議和，李綱主戰，因小失利，罷綱，東又上書言綱可任，邦彦宜斥，乃召綱。高宗即位，東復請留綱而罷黄潛善、汪伯彦。又請帝親征，以還二聖。俱不報。會布衣歐陽澈亦上書言事，潛善以語激怒高宗，遂收東。東從容如平時，手書區處家事，具衣冠出，别同邸，與澈同斬於市。高宗後悔，贈秘閣修撰。

茅湘，字清淑，丹徒人。陸秀夫薦其才，擢兵部侍郎，從秀夫負帝昺蹈海死。元祠祀秀夫厓山，獨以湘配。

高桂，字德方，丹徒人。第進士，歷官高郵知府。後扈從之海上，進樞密使，與陸秀夫同死於海。

趙淮，字元輔，以從父葵賜第溧陽，遂家焉。德祐中，元兵大舉，起淮爲大府寺丞，招集義兵，倚屺山置寨。與元兵戰，敗，被執，不屈。使往揚州招李庭芝降，至則反大呼，勵以死守，元帥怒殺之。罵不絶口，二妾殉焉。

元

堵簡，字無傲，金壇人。爲浙江行者檢校官。從平章强通擊張士誠，被執，不屈遇害。

明

郭任，丹徒人。用薦入官，廉慎有吏才，仕至户部侍郎。靖難兵入，抗義而死。子經，亦坐死。時有丹陽人賀純，管軍百户，已老。聞變，被甲策馬，厲聲迎詬，被害。

張德，字仲敬，丹徒人。建文元年，以薦授都督府斷事，上《治安五策》。時大臣建削弱諸王之策，德疏言宜制之以禮，不可以細人告變，輒動摇宗室。又見尚書齊泰言事，皆曲突徙薪之計。燕兵起，德犒師至東昌，與北兵遇，奮勇擊殺，馬蹶被執。燕王趣釋之，德瞋目攘臂，言極激烈。王怒，劍斷其臂，左右刃交下，至死不仆。文皇即位，誅逆黨，德以陣死不入籍，族得全。

馬從謙，字益之，溧陽人。嘉靖乙未進士，仕至光禄少卿。時盛修道家齋醮，中官杜泰怙勢乾没，從謙切諫，并發泰姦。泰因誣從謙誹謗，廷杖死。萬（歷）〔曆〕時，子有譁以明經上書訟冤，追贈太常寺少卿。

張捷，字前之，丹陽人。萬（歷）〔曆〕癸丑進士，知山陰縣。擢御史，疏請内官當受考察於禮部，司禮不得侵其權；如百官受考察於吏部，閣輔不得侵其權之例。官終吏部左侍郎。歲乙酉，自經於雞鳴山寺。捷居家孝友，在官有清節。以與東林相惡，比匪人，損名。然其死也，士論咸予之。

賀應選，字繼登，丹陽人。天啓甲子舉於鄉，授四川資陽令。張獻忠已躪全蜀，應選嬰城固守。城破，闔門十七人俱被害。

荆本徹，字濂之，丹陽人。崇（正）〔禎〕甲戌進士。出温體仁門下，有氣節，與同年誓曰：「異日苟待罪言路，宜别邪正，罔顧私恩。」體仁銜之。授建昌推官。所屬南豐瀘溪令爲相私人，本徹發其陰事，白巡按罷之。體仁益怒，誣爲浮躁，免官。後以職方郎中監下江軍，殁於浙東。

荆偉，字元升，丹陽人。對策高等，授墊江縣，繕城厲兵，爲固守計。山賊龔遂等數出剽掠，設奇敗之。會獻賊窺蜀，約遂爲内應，城陷不屈死。

陳冊，字用卿，金壇人。崇（正）〔禎〕六年，授四川寧番經歷，署屏山縣事。流寇破城，罵賊死。

沈元鑑，字竟亭，金壇人。授隨州吏目。張獻忠犯隨，元鑑同知州防禦兩月。援兵不至，城陷，賊衆脅降，元鑑曰：「有死而已！」遂被害。其子文淵赴難，賊剸其手，死而復甦，負骸骨歸葬。

王希高，金壇人。杜門讀書，不交一人。聞李自成陷京師，即號泣出門，其家蹤跡之，不得。明晨，見希高端坐居伍村池中，就視之，已死。

馮厚敦，字培卿，金壇人。明季壬午，以貢授江陰訓導。城陷，坐明倫堂自縊死。妻王氏，與其姊結袵投水死。時丹徒人潘文先爲江陰訓導，罷官，與馮同死之。

鄧藩錫，字晉伯，金壇人。明季甲戌進士，由知縣歷官知兖州府。甫抵任，城破死。妾某氏，亦携子投井死。

王明汲，字孟用，金壇人。以舉人任贛州同知。大兵下南昌，圍贛，明汲與撫軍萬元吉固守八閲月，城破死之。明汲之族有王明灝、王榮圖，諸生也；王汝紹，布衣也，皆死甲申之難。丹陽諸生王介休，亦聞變不食七日死。

徐有聲，字聞復，金壇人。登鄉薦，歷官至郎中。督餉大同，城陷於流賊，被執不屈死。

陸明永，字嵩年，丹陽人。爲華亭教諭。國變，題詩明倫堂自經死。

國朝

李琚，字玉樹，丹徒縣人。順治乙酉武舉，授福建興化左衛千總，以剿山寇功，擢福州閩安鎮水師守備。丙申秋，寇三十餘萬犯福州境。琚連戰三日，身被數十創，遂歿於陣。家口五十餘俱遇害。贈都司僉書。

淮安府

漢

臧洪，字子源，射陽人，旻子。舉孝廉。太守張超請爲功曹，勸超倡義兵誅董卓。與諸牧守大會酸棗，攝衣升壇，詞氣慷慨。超遣與劉虞共謀，爲兵所阻，寓於袁紹，紹以爲東郡太守。時曹操圍張超於雍(邱)〔丘〕，袁、曹方睦，洪請救不許，超城遂陷，因與紹絶。紹圍之，歷年不下，吏民感德，莫有叛者。及城陷，紹生執洪，欲屈服之，不從見殺。

陳容，射陽人。隨臧洪爲東郡丞。先城未破，洪使歸袁紹。洪被執時，容在坐，起謂紹曰：「將軍舉大事，而先誅忠義，豈合天意？」紹慚，遂使人牽出。容顧紹曰：「今日寧與臧洪同死，不與將軍同生！」遂俱見殺。在坐者竊相嘆曰：「如何一日殺二烈士！」

五代

張雄，淮人。周侵南唐，楚州民間自相團結拒敵，謂之義軍。雄所將最有功，歷官袁州刺史。及宋師入江南，金陵危急，雄糾兵東下以救之。至溧陽，猝遇宋師，與其子七人皆力戰死。

宋

趙師旦，山陽人。以蔭起家，皇祐中守康州。儂智高反，攻城，師旦力不敵。或請避賊，不聽，血戰而死。兵官馬貴及卒三百人無一人降者。贈光禄卿，康州人立廟以祀，王安石誌其墓。

劉晟，山陽人。以氣節名鄉里，嘗與鄉薦。紹興初，權本州録司事。通判劉晏殺太守，晟諭以禍福。時和好初成，晏謀劫歲幣以楚城反，綱運已抵城南，晟策騎奔告，綱運遂獲全。晏知事泄，執晟殺之，闔門遇害。

繆朝宗，淮人，宋環衛官，知海州。從文天祥於平江，天祥歸福安，自婺間道以從。空坑之敗，自經山間。

米立，淮人，三世爲將。從陳奕守黄州，奕降元，立潰圍出，江西制置使黄萬石署爲帳前都統制。元兵略江西，萬石降，立迎戰被執，不屈。萬石諭之，立曰：「立三世食趙氏禄，趙亡，何以生爲？」竟遇害。

張孝忠，淮人。德祐初，元兵東下，知信州。謝枋得走入安仁，調孝忠逆戰。圍湖坪，矢盡，揮雙刀擊殺百餘人。軍潰，中流矢死。

張德興，淮人。景炎二年，與淮西野人原寨劉源等起兵，興復司空山。民傅高起兵應之，遂復黄州壽昌軍。戰於樊口，殺元將鄭鼎。未幾，元襲破司空山，復陷壽昌，德輿死之。

黄文政，淮人。戍蜀。軍潰，間道走静江，馬曁邀與同守城，被執，大詬不屈。元軍斷其舌，文政含胡叱咄，至死不絶聲。

陸秀夫，字君實，鹽城人。景定元年進士。李廷芝鎮淮南，辟置幕中，主管機宜文字，累擢參議官。德祐初，以禮部侍郎使元軍請和，不就。益、衛二王走温州，秀夫追從之。立端宗於福州，進同僉樞密院事。端宗崩，又立衛王，秀夫爲左丞相。祥興二年，厓山破，驅妻、子先入海，負王赴海死，年四十四。從死者十餘萬人。

明

龔遂榮，淮安人。讀書好奇計。嘗從討福建賊，以功授千户。景帝時，議迎上皇，遂榮投書大學士高穀，極言禮宜從厚。帝怒，索書急，穀等諱之。遂榮自縛詣闕，曰：「臣實爲是書，冀感動陛下耳！」下獄，久之得釋。居貧授徒。後復疏請還政上皇，未上而泄，復下獄，杖幾死，繫不行者數年。

徐庠，世襲大河衛指揮使。正德七年，與流賊戰於鍾吾，力鬬陣亡。事聞，陞級世襲。

蕭鳳來，世襲大河衛正千户。嘉靖三十八年，領兵屯廟灣，禦倭力戰，没於陣。又本衛百户蘇臣，亦(亡)陣〔亡〕①。

王弘，安東人。天啓初，剿白蓮賊被執，不屈，釘於二樹之間，駡不絶口而死。

趙世選，字韋所，山陽人。歲貢生。崇(正)〔禎〕八年，授和州訓導。抵任九日，獻賊逼城，世選與和州黎弘業、學正康正諫分城誓守。三日城陷，駡賊不屈死。事聞，贈國子監學録。

潘弘，字若稚，山陽人。以貢生授舞陽知縣。崇(正)〔禎〕十四年，闖寇陷城，弘作《告先聖文》，誓必死。賊索印脅降，弘怒駡不屈，賊支解之。子澄瀾，痛哭投井死。贈僉事。

王伯度，鹽城人。以武科授崇明守備。崇明濱海多賊，伯度出搗賊巢，被圍數重，中流矢死。弟伯聖以單騎潰重圍，負兄屍出，巡撫張國維特疏褒之。

周文煒，清河人。由貢歷商州同知，署知州事。癸未十月，闖賊犯境，文煒竭力守禦。城陷被執，駡不絶口，爲賊所磔。子元生，哭父詈賊，亦被殺。

李幹才，鹽城廪生。甲申，聞李自成破京師，即焚儒衣冠，絶意不食。同學諸人爲詩文生祭之，瞪目無一言而死。

① 據《四庫》本改。

揚州府

漢

劉瑜，字季節，廣陵人。好經學。延熹八年，舉賢良方正。上書陳事，召問災咎之徵，拜議郎。竇武謀誅宦官，引爲侍中，武敗被殺。子琬，傳瑜學，舉方正不就。

蔣子文，廣陵人。漢末爲秣陵尉，逐盜至鍾山，爲盜擊傷其額死。後吴主追封爲中都侯，立廟祀之。

三國

華融，字德蕤，江都人。好學，善屬文。吴郡張温就皇象學，借止融家，温後爲選部尚書，擢融太子庶子，遂知名。官侍中左將軍。滕(印)〔胤〕勒兵拒孫綝，使融詐詔發兵，融不從，遇害。

晋

趙誘，字元孫，淮南人。累葉將門，積功賜爵平阿縣侯，代陶侃爲武昌太守。第五猗於荆州作亂，誘拒之，戰死。子應，王導引爲從事中郎。南頓王宗反，應殺宗，於是王導、庾亮並倚仗之。遷西豫州刺史，卒。

唐

來濟，江都人，護兒子。篤志文章，曉暢時務。貞觀中，擢進士。永徽初，同中書門下三品，檢校吏部尚書。嘗保護太子承乾，又力沮以武氏爲后，武銜之，貶台州刺史。徙庭州總兵，拒突厥，謂其衆曰：「吾嘗絓刑網，蒙赦不死，今當以身塞責。」遂不介而馳，没焉。

李磎，字景望，江都人，鄘之孫。登進士，累遷户部郎中，分司東都。黄巢陷洛，磎挾尚書八印走河陽。時留守劉允章爲賊脅遣，就磎索印，拒不與。允章悟，亦不附賊。入爲翰林學士，辭職歸。乾寧元年，召同中書門下平章事。王行瑜、韓建擁兵闕下，殺之都亭驛。行瑜誅，詔贈司徒。

宋

沈攸，字子宜，揚子①人。建炎間，賊邵青犯真州，攸攝揚子簿，以所練士兵禦敵北門，死之。

元

欒鳳，高郵人。任諸暨知州。方國珍叛，執鳳，不屈，與妻王素英俱被害。

---

① 「子」，《四庫》本作「州」。

趙璉，字伯器，儀（徵）〔真〕人。至治初進士，累官江淮行省參知政事。張士誠降復叛，襲璉於泰州，璉力戰被執，大罵死。

明

王鼎，儀（徵）〔真〕人，爲趙忠養子。明初，忠從渡江有戰功，没於陣。鼎襲職，復姓王，守太平。陳友諒以重兵來犯，城陷，鼎罵賊不屈，死之。

韓節，揚州人。建文時爲工部郎中。素懷耿忠，嘗曰：「《論語》事君以忠一語，終身用之不盡。臣子不察此，讀聖賢書所學何事？」時北兵日逼，分守金川門。城陷巷戰，敗績死。

王烈，泰州人，世襲守禦正千户。嘉靖三十三年，倭寇通州，巡撫鄭曉檄烈往援。至黄茅港遇伏，力戰不勝，死之。加贈一級世襲指揮僉事。

陳輔堯，字九室，江都人。萬（歷）〔曆〕舉人，授長寧知縣，調歸善，擢膠州知州。有饋山繭者，受而懸之公帑中。遷永平同知，赴瀋陽查馬。事未竣，遼潰，左右曰：「公無守土責，盍去諸？」輔堯曰：「孰非封疆臣？吾理芻馬，即吾之封疆也！」拔佩刀自刎。贈按察僉事，謚忠烈。

古道行，江都人。明季辛未武進士，以參將守駱馬湖。庚辰寇至，苦戰屢勝。援兵不至，殁於陣。

郝景春，字和滿，江都人。萬（歷）〔曆〕壬子鄉舉，授鹽城教諭，遷房縣知縣。時賊張獻忠陽受撫，尋叛，率衆圍房。房兵少庾空，賊棋布四境，聲問不通，遣使求援者盡爲賊獲。景春同子鳴鸞督兵，且守且戰五晝夜，賊多死，欲解去。而指揮張三錫縋賊登城，城遂陷，擁景春去。景春以手畫頸，示其子曰：「此下不甚痛，父子決計死耳！」獻忠欲降之，益大罵，遂父子被害。贈太僕寺少卿，建祠江都，以鳴鸞祔。

王道隆，字萱生，江都人。天啓甲子舉於鄉，除壽州教諭，陞濱州知州。壬午冬，城破，道隆身被數創，慷慨不屈死。家屬十餘口俱被難。濱立祠表其忠。

高孝鍅，字仲達，江都人。以鄉舉任信陽知州。流賊陷城，逼降，駡賊不屈死。贈布政司參政。

楊廷璧，字荆璞，江都人。以貢授舒城教諭。賊張獻忠寇邑，廷璧分守西門，語縣令曰：「予職非守土，今日之事，義不可辭，萬一不守，張、許吾師也。」嚴守三晝夜，矢石皆盡。城陷被執，駡賊遇害。子濟之，亦死。

倪可大，字簡白，儀（徵）〔真〕人。天啓中歲貢，爲霍（邱）〔丘〕訓導。明季丁丑，流賊圍城，督民兵拒守。城陷，可大嚙指噴血，駡不絶口，遂被害。妻女皆自縊，僕倪表亦死。

梁於涘，字飲光，江都人。明季癸未進士，知萬安縣。蒞任甫一月，城破死之。

韓鼎新，字焕然，江都人。以貢教諭浙江某縣。城破，公服縊堂上。

鄭爲虹，字天玉，江都人。崇（正）〔禎〕癸未進士，除浦城知縣，擢御史，巡仙霞關，駐浦城。時鄭芝龍盡徹守關將，仙霞嶺二百餘里間虚無一人。大清兵入閩，爲虹亟還浦城，縱士民出走，自守空城，死之。

王道淑，字善長，儀(徵)〔真〕人。由恩貢任湖廣按察司經歷。廣州破，死之。其子棫瑞從死。

李信，字吾斯，興化人。以歲貢授和平知縣。城破，與其二子泓遠、淑遠俱死之。

宋祥遠，字元來，江都諸生。氣節自許，工古文辭，著《聽月山房集》。乙酉城破，偕妻某撫其子曰：「有汝以延先祀，吾二人不敢偷生矣！」夫婦皆縊死。

韓默，字文適，江都縣學諸生。揚州城破時，默謂妻蕭氏曰：「吾讀聖人書，當守義死，不可苟活。若自爲計。」易巾服墜井中。妻蕭氏、長子彦超俱從死。同時自盡者，有指揮高一麟，諸生汪應坤、張映發、劉慶遠、金飈、吕家齊、饒餘、汪自盤、王廷珮等。

高孝纘，字中伯，揚州諸生。城破，書衣衿曰：「首陽志，睢陽氣。不二其心，古今一致。」自縊於學宫。

王纘字伯綿，王績字亞綿，王續字叔綿，皆揚州諸生①。陳天拔，醫生。陸瑜，畫士。戴之藩，武生。張德，義兵。馮應昌，市民。以上皆揚州人，城破自盡。

國　朝

陳錡，字鼐臣，揚州人。順治間武進士，任荆州府副總兵，領前鋒。會剿山賊李來亨，深入伏發，

① 以上五字爲《四庫》本所無。

從騎皆没，錡拔腰劍自刭。賜葬，蔭一子千總。

劉欽鄰，字江屏，儀（徵）〔真〕人。順治辛丑進士，奉母不就銓。至康熙戊申，始授富川知縣。縣新定，欽鄰百計撫綏。甲寅，孫延齡叛於桂林，兵圍城，城陷，巷戰不勝被執。送桂林，以兵守之，欲授以官。欽鄰怒擲其印，北面拜闕，東向拜母，自縊死。事聞，贈光禄少卿，謚忠節。

董潾，字禹門，江都人。恩貢，以軍功授沙縣知縣。順治四年，有山賊羅某與妖僧米逢年共爲亂，環攻沙三月。潾方并力禦東門，而逢年誘縣丞黎某開西門納賊，潾被執。罵賊甚厲，賊怒，叢射之，割其頭去。贈按察司僉事。

王相吕，字望子，泰州人。以鄉舉授睢寧教諭。順治九年，叛賊海時行來寇，城陷被執，罵不絶口。賊斫之，握印而死。子騂，奪刀救父，亦被賊斫，死而復蘇。事聞，贈國子助教。

徐州府

漢

周苛，沛縣人。爲御史大夫，高祖使守（榮）〔滎〕①陽。楚圍（榮）〔滎〕陽急，漢王遁去，使苛守

① 據《史記》十九《周昌傳》改。下二處「榮」字同。

之。楚破(榮)〔滎〕陽，苛嫚罵不屈，項羽怒烹苛。後論功封苛子爲高景侯。

周緤，沛人。以舍人從高帝起沛，戰有利有不利，終無離上心，封蒯成侯。上欲自擊陳豨，泣阻之。以壽終，謚貞。史遷稱其「操心堅正」「篤厚君子」。

龔勝，字君賓，楚人。哀帝徵爲諫大夫，數上書言百姓貧、盜賊多、吏不良、災異數見、制度太奢、刑罰太深、賦斂太重。徙光禄大夫、給事中，言董賢亂制，逆上指。後爲渤海太守。王莽秉政，乞骸。莽既篡漢，遣使者拜勝爲講學祭酒，稱疾不應。後二年，復遣使者奉璽書、太子師友祭酒印綬，安車駟馬迎勝，勝稱病篤。使者以印綬就加勝身，輒推不受，謂門人曰：「誼豈以一身事二姓哉？」遂不食十四日死，年七十九。

三國

謝慈，字孝宗，彭城人。撰《喪服圖》及《變除論》行世。爲孫奮傅，以直諫見殺。

晋

劉邁，字伯群，彭城沛人。少有才幹，爲殷仲堪中兵參軍。以言折桓(元)〔玄〕，避下都，僅免。後爲竟陵太守。從弟毅與劉裕同謀起義，邁將應之，事泄，爲(元)〔玄〕所害。

南北朝　宋

劉康祖，彭城人。父虔之，爲江夏相，死於魯宗之之難，追贈梁、秦二州刺史。康祖膂力絶人，每犯法，文帝以勳臣子，原貸之。後爲參軍，被委任，折節自修。元嘉中，魏太武圍汝南，康祖爲前驅，攻破魏軍。其年秋，魏師復至，衆寡不敵，死之。

劉勔，字伯猷，彭城人。少有志節，以功封金城縣五等侯。殷琰據豫州以叛，勔討降之。約令三軍，不得妄動，城内士庶感悦，立碑紀德。後守尚書右僕射、中領軍。桂陽王休範難作，死之，謚曰忠昭。

劉弘，字仲遠，彭城人，魏太常芳之孫。仕周爲本郡太守。隋高祖平陳之役，從渡江，以功封濩澤縣公，拜泉州刺史。會高智慧亂，來攻州，弘拒守百餘日。救兵不至，與士卒數百人煮犀甲腰帶、剥樹皮食之，抗節彌厲。城陷被害。

孫道登，彭城人。魏永安初，爲梁將韋休等所獲，脅使招降鄉曲。道登乃厲聲倡呼：「但當努力，賊無所能！」遂見屠戮。朝廷遣官弔祭，賜五等子爵。

隋

劉子翊，彭城人。大業間授侍書侍御史，嘗從幸江都，因侍切諫。遣上江督運，爲賊吴棋子所掠，欲要以爲主，不從。會煬帝被弒，群賊執至臨川城下，使以帝崩告城中。子翊反其言，遂見害。

五代

沈斌，字安時，下邳人。仕晉爲祁州刺史。契丹犯境，斌出擊不利，敵將趙延壽招之降，斌罵不屈。城陷死之。

劉仁贍，字守惠，彭城人。仕南唐爲清淮軍節度使，鎮壽州。周師攻之百端，仁贍堅守四月不可下，舍去。明年復至，唐君臣奉表，願割地、輸貢，而仁贍堅守如故。子崇諫幸其父病，謀出降，仁贍立命斬之。士卒皆感泣，願死守。已病甚，不知人，其副使孫羽以城降。世宗命舁仁贍至帳前，嘆嗟久之，復使入城養疾，是日卒。

李筠，豐縣人。爲周昭義軍節度使。宋太宗即位，遣使加筠中書令，使者至洛州，筠取周太祖畫像懸於壁，涕泣不已。北漢主聞之，以蠟書約筠同舉兵。宋遣石守信等分道擊之，敗筠於長平。筠走保澤州，宋主列柵圍之，入其城，筠赴火死。

宋

趙立，徐州人。補都虞候。建炎三年，徐州陷，知州王復闔門百口死之。立巷戰奪門出，爲敵所擊死。夜半而蘇，殺守者入城，率殘兵邀擊之，軍聲大振。以復徐州功，授忠翊郎，權知州事。楚州急，立往援，頰中矢，不能言，以手指麾。既入城，休士而後拔鏃。劉豫兩遣使，立立焚其書，曰：「吾必滅豫而後已！」以漣水軍鎮撫使兼知楚州。敵圍之急，戰守百餘日，忽飛炮碎其首。左右馳救，立曰：「吾終不能與國定亂矣！」言畢而卒。詔立廟楚州，謚忠烈。

宋汝爲，字師禹，豐人。靖康元年，北兵圍京師，闔門遇害，汝爲思報國家及父兄之讎。建炎三年，謁陳邊事，高宗嘉納，假武功大夫，奉國書使北。行次壽春，遇完顔宗弼軍，劫而縛之。欲加僇，汝爲無懼色，惟請達書就死。宗弼曰：「此忠義士也！」又持丞相書往見劉豫，開陳禍福，勉使歸朝，豫不聽。誘以官，固辭。越十年，亡歸，獻恢復方略。秦檜將械送汝爲於金，乃變姓名亡入蜀。能知死期，祭其先，終日大慟。將終，神氣不亂。子南强，字子居，亦徙紹興。後知沙縣，歷雅州，咸著政績。

魏勝，字彦威，宿遷人。多智勇，善騎射。紹興末，勝聚衆起義，取漣水、海州，權知州事。諭他縣皆定，益圖收復。與敵戰，斬馘無算。聞於朝，授閤門祇候，知海州。隆興初，改知楚州。勝紀律如宿將，鎮撫一方，民安其政。每戰標名於旗，敵望旗而走。或當危迫中，輒呼曰「魏勝在此。」敵皆辟易。後扼清河口，援救不至，死之。贈保寧軍節度使，謚忠壯。

元

石普，字元周，徐州人。至正五年進士，授國史院編修。以將略稱，歷陞樞密院都事。時張士誠據高郵，普請兵往討之。水陸並進，乘勝拔十餘砦，斬賊數百，遂拔高郵，縱火燒其闕門。賊懼，謀棄城走。總兵某者忌普功，突出普軍前，爲賊所敗。普軍亂，力戰死之。

韓準，字公衡，沛人。年二十登進士，授承事郎，同知孟州。冬有蠅，敕民多蓄冰以防夏熱。明年果然，賴冰愈疾者無算。累陞河南僉事，築堤陂田，歲收粟數千斛。轉湖廣參政。蘄黄寇起，被圍五十四日，竭力捍禦，城卒得全。陳友諒破隆興，欲致之不可，饋以糗不受，授江西行省參政。城陷，追準宣敕，準曰：「此吾所受於君者，並取吾首去！」卒，藁葬福州。

明

謝昇，徐州沛縣人。與蘇州王玭友善，以忠義相砥。建文時爲監察御史，練兵給餉，甚著勞績。靖難後，不屈死之。父旺、子皎，謫戍金齒，妻、女俱謫發。

湯克寬，邳州衛人。承世廕歷浙江參軍，陞副總兵。擊倭於温州、寧海、蘇、松間，輒克之。又爲廣東總兵，破賊吴平。後赴薊鎮，炒蠻入掠，追出塞，遇伏戰死。

朱用之，睢寧人。幼負勇略。正德六年，流賊攻睢城，用之倡衆出戰，軍敗被執。賊愛其勇，欲用爲將，不從被殺。又邳州衛百户張輔，驍勇過人，與流賊戰邳河南岸，奮勇深入，没於陣。

房永，宿遷人。前爲六安衛指揮。正德七年，流賊猖獗，聞永善騎射，襲其家，劫以爲帥。永諭以大義，不從，被害。時同邑張廷美，以選募與流賊戰邳州，殺賊首數人。後援不繼，力鬭而没。

任巡，蕭勇士。嘉靖中，倭寇淮、揚，巡應選至廟灣，數戰皆勝。單騎還，遇别寇突至，巡更還戰，矢盡馬傷，遇害。事聞，荷優恤。

陳我謀，蕭人。幼習兵法。天啓三年，督帥王三善徵從軍，征黔酋安邦彦，累立奇功，授電光營參將。大方之役，主帥陷重圍，我謀麾騎馳援，遂與俱没。貴撫梁柄以事聞，熹宗命廟祀黔土。

歐陽復，蕭人。襲武功右衛指揮使，回籍。崇（正）〔禎〕十年，流寇躪徐，參議徐標舉，復領鄉營。八月，與賊戰，被執，不屈死之。標弔以詩，有「白刃斷喉難斷義，黄沙（理）〔埋〕①骨不（理）〔埋〕名」之句。

梁弘道，字廓如，蕭諸生。崇（正）〔禎〕十五年，袁寇圍城，佐縣令守北門。城破，猶手殺賊。後賊來益衆，遂見害。同死者有戴奮翼，字雲程，亦蕭諸生。

邵宗元，字景康，碭山人。由恩貢爲保定府同知，署府印。李自成陷燕京，遣僞將趨保定，射書城上，誘降宗元，手裂之。時督師李建泰陰懷異志，叩關入，召衆議事，欲得宗元印，印文書降賊。宗元不與，面數其負國喪心罪。建泰遂夜縋其私人出約降。明日城陷，宗元被執，不屈握印而死。

吴汝琦，徐州人。明季備兵歸德，與守道蔡鳳同死。

滕九蓑，徐州人。以順天京衛經歷家居。明末流寇擾徐，被執罵賊爲所殺。

① 據《四庫》本改。下一「理」字同。

王明德，字皜儒，徐州人。明季爲太平訓導。亂兵入城，從容偕其妻赴泮水死。

王養心，徐州諸生。甲申三月，養心聞變，痛哭絶粒七日不死，乃闔户自經。

王台輔，字贊化，邳州衛太學生。明末，草疏欲諫内臣出鎮事。甫入都，遇國變，慟哭南還，後自縊死。

縱四通，字開之。縱日升，字天際，四通子。朱道光，字可大。皆蕭諸生。丙子之變，城破，俱不屈死。御史上其事，從祀鄉賢。

郭復性，字繼善。郭復初，字見心。俱蕭人，死難旌表。

李荷春，蕭人。幼有文名。兵至，與縣令議城守，跨馬巡城堞，日夜不休。城破，投①濠死。

王道充，豐諸生。壬午兵變，邑令委守東門。城陷，同子賓死之。時從知縣劉光守禦南門者，有皇甫世明，字恒照，亦死。

國朝

韓尚亮，字繼川，徐州人。勇力善騎射。明末盜起，嘗糾義勇破賊，保全鄉里。順治二年，從下江南，又從平越、閩有功，委爲副將。燒敵桃花嶺陣，襲將軍寨，擒其王。九年，海寇鄭成功圍漳州，

① 「投」，《四庫》本作「没」。

城内絶糧，食皮紙都盡，至啖死人。凡九月，援兵至，圍始解。以堅守功，署漳鎮總兵。康熙初，授福建水師左路總兵。三年，卒於官，篋無餘金，幾不能殮。

呂爾占，睢寧人。由歲貢授蒙城訓導，未及赴任。順治十年，膠寇陷城，爾占奮勇大呼，奪刀殺賊。賊怒，攢刃刺之，身中數創，罵不絶口而死。

太倉州

宋

孫察，朝議大夫載從子。以朝散郎使北，守節不屈。裹以油絮焚之，罵不絶口而死。

姚舜元，字景瑞，嘉定人。爲平江府東南副將，守吴淞。德祐改元，冬，元師下平江，舜元語弟舜賓、子應龍曰：「國家厚澤在人，大本未去，收合散亡，事可圖也。」元師偏將東巡，莫敢犯境。會大霧四塞，襲兵猝至，舜元與舜賓、應龍皆死之。

元

尤鼎臣，太倉州吏。至正末，張氏兵入吴，州倅奉印降，鼎臣阻之不得，爲其將所縶。啗以美官，不屈，抶百餘，終身錮之。

王燾，字濬仲，太倉人。萬(歷)〔曆〕戊午舉人，歷仕知隨州。時隨爲賊衝，燾率民兵擊殺二百餘人。賊圍城，堅守二十日不下。崇(正)〔禎〕十年，賊縱火焚隨南城，守將遁。燾知事敗，冠帶自縊死。

張振德，字季修，嘉定人。以選貢知四川興文縣，兼署長寧。時藺賊作亂，振德日夜巡城。自度形勢不能保，退檢篋中，得銀兩許，付幼子緄，曰：「吾不及見汝冠矣。」促之行。未幾，賊衆薄城下，振德方出戰，忽大雨，城摧，賊擁入。振德左手持兩印，右執匕首，危坐廳事，妻錢氏與兩女坐後堂，積薪坐側，賊逼，俱投火死。明日賊至，火焰中見振德尸面如生，兩印在手，堅不可取。皆駭愕稱忠臣，羅拜而去。事聞，贈光禄卿，謚烈愍。

(邱)〔丘〕繼武，字起葉，嘉定人。爲醴陵尉，陞威遠參軍。解南糧，以賊梗不得達，僦民倉儲之。有姦人獻米於賊，賊遣使執繼武赴營。賊素知其名，欲官以永州道，繼武踞牀嫚駡。或勸之，繼武曰：「吾與蔡江門以忠節相許，豈忍負之！」遂遇害。蔡江門者，諱道憲，長沙理刑，城陷不屈，賊支解之，先繼武一日云。

沈雲祚，字子淩，太倉人。明季庚辰進士，知華陽縣。獻賊攻夔門，雲祚見蜀王陳守禦之策，不納，慷慨誓死。城破被執，幽於大慈寺。賊黨饋食誘降，雲祚躍起駡曰：「吾有口食賊肉耳，豈食賊粟哉！」遂遇害。

侯峒曾，字豫瞻，震暘子。少與弟岐曾、岷曾稱「江南三鳳」。天啓乙丑進士，歷官左通政。其督學江西時，閱卷必焚香告天，得人最盛。分巡嘉、湖，定漕卒之亂。嘉邑素貧瘠，每苦漕糧不給，峒曾上書朝士，先得減漕，後得永折，皆其力焉。乙酉七月，從容賦詩，死於家之葉池。子演潔，從死。

海州

宋

孫傅，字伯野，海州人。登進士，中詞學兼茂科。歷中書舍人，以言事貶。欽宗即位，拜尚書右丞，俄同知樞密院，以傅輔太子留守。太子北去，傅曰：「吾爲太子傅，當同生死。」子來省，叱之去，遂死於北。紹興中，謚忠定。

明

何洲，海州人。與中書舍人宋和、郭節友善，同仕建文朝，素以忠義相勖。靖難後，遂相約棄官，變姓名走異域，賣卜自給。

王振，贛榆人。爲福建惠安巡檢，捕賊被殺。其子冒矢石救父，亦被害。有司具奏，詔廕子入監，以表其忠孝。

王俊，字華陽，贛榆人。由歲貢授新蔡教諭。崇(正)〔禎〕十五年，闖寇破縣，俊坐明倫堂，手劍叱賊。賊抉俊目、斷其手，至死不屈。

劉文炳，海州人，光宗后兄子，封新樂侯。崇(正)〔禎〕甲申三月，闖賊陷京城，母杜氏繫絲帶樓上作十數繯，命家僮貯薪樓下，并召已嫁二女歸同死。賊至，俱投繯，令家人於樓下舉火。文炳自外入，遂與叔繼祖及弟文耀俱投井死。劉氏闔門死難者四十二人。

通州

宋

孫益，泰興人。紹定中，李全犯揚州，縣令募益率衆力拒。衆且却，益厲聲曰：「何以見令君！」遂身先赴敵死。贈保義郎。同時顧緒、顧珣，俱戰死。

明

朱顯忠，如皋人。從傅友德征蜀，克文州，令留守。番寇數萬來攻，力戰却之。詰旦，圍益急，顯忠悉出兵，開東門拒戰，被傷，力不支。城破，爲亂兵所殺。

茅誧，字大方，泰興人。洪武間以學官召對，累官副都御史。靖難兵起，駙馬梅殷統兵守淮南，誧貽詩勸殷，辭意激烈。永樂初，逮赴京師，不屈死。妻、子、二孫，俱死獄中。

周臣，字元弼，通州人。進士，授刑部主事。大臣子坐姦淫，臣正其罪。左遷薊州同知，復軍屯田之没於豪家者。以贊畫軍務功，陞順天推官。逆瑾黨罹罪，窮治不少貸。瑾誣之下獄，無所坐，止罰俸。有投匿名疏瑾罪惡者，瑾大怒，矯旨責五品以下廷跪暑日中，遂以死。

曹頂，通州人。有膂力。嘉靖中，倭寇擾南畿，應募爲兵，大敗賊於江中。復來寇通，頂率水兵壁於城外，疊出撓賊，賊畏之，引去。以功當爲頭領官，辭不受。倭又由掘港犯通，頂與戰於城北，殺賊八人。天雨泥淖，追賊墮塹中，賊大至，攢槊而死之。

徐可行，字爾思，通州人。以太學生授長興主簿。有土賊作亂，突於元旦入縣堂，執知縣石有恒，逼獻帑金。可行聞變，亟挺劍與賊鬭。賊梃刃交下，竟先令而死，罵不絕口。事聞，贈通判，賜專祠。

許直，字若魯，如皋人。明季甲戌進士，知義烏縣。有清操，歷文選員外。李自成破京城，令百官報名，直曰：「有一死而已。」乃作家書寄父，賦絕命詩六章，投繯死。國朝賜謚曰忠愍。族子德溥，字元博，聞京師陷，慟哭累日。

殷尚聲，字黄鍾，通州人。爲桂陽州判。有郝成忠者，闖賊之梟將也，闖既死，獨郝一軍猶壯，流駐桂陽。民與賊閧，遂圍城。城破，尚聲死之，男婦從死者六人。

國朝

吴應昌，字德符，通州人也。以武解元登順治壬辰進士，授彭城衛守備，陞浦口都司。己亥六月，海寇入犯，調防談家洲，以陷陣不屈死①。贈恤蔭，世襲拖沙喇哈番。

① 《四庫》本「死」下有「自盡」二字，并脱下文「贈恤蔭」三字。

江南通志卷一百五十五

人物志

忠節 三

安、徽、寧、池、太五府

安慶府

三　國

陳武，字子烈，松滋人。年十八，謁孫策於壽春，因從渡江，征討有功，拜别部司馬。策破劉勳，多得廬江人，以武爲督，所向無前。孫權時，累功進偏將軍。建安二十年，從擊合肥，奮命戰死。權哀之，自臨其葬。

宋

劉源，字叔清，淮西野人原義兵長也，今爲潛山地。源性慷慨負大節。咸淳中，率山寨兵以保障鄉里。德祐元年，范文虎以安慶降元。景炎二年，源與安撫使張德興起兵倡義，復司空山，傅高舉兵應之。源建寨野人原，相爲犄角，遂復黄州、壽昌軍，用景炎正朔。元兵攻源寨不能克，遂移兵襲破司空山寨，破之。源守禦三年，至是德興及傅高俱死，黄州、壽昌復陷。元兵復困之，力戰而死。

元

葛昂，字銘德，潛山人。元季兵起，昂募義保障鄉曲，駐兵皖山，累立戰功。事聞，授安慶萬户府金符千户。後天完兵攻安慶府，城陷，昂死之。

陳道夫，懷寧人。余闕守安慶，得便宜辟道夫爲懷寧尹，撫綏有方。時敵攻城勢急，闕欲自殺，道夫曰：「忠臣當死於敵，徒死何名？今力尚未窮，宜與公死守，幸一戰而勝，可保全江淮矣。」遂屢却强敵。城陷，與闕同死之。

明

王勝，桐城人。喜讀書，尤好兵法。元末歸明，累功官右副元帥。攻陳友諒，取江州，賜金帶、良馬。鄱陽之戰，謀欲火攻。勝應募詐降，夜縱火焚其營，乘火奮擊，大破之。勝死於火，贈太原郡侯，祀康郎山。

甘霖，懷寧人。洪武丁卯鄉薦。建文時爲御史，剛介敢言。靖難兵起，被執不從，遂求死，從容受戮。

方法，字伯通，桐城人。洪武己卯鄉薦，授四川都司斷事。永樂改元，諸藩表賀，法不署名。尋詔逮諸藩不署名者，法登舟謂家人曰：「至安慶告我。」次望江，瞻望再拜曰：「得望吾先人鄉足矣！」自沉於江。

俞鑑，字元吉，桐城人。以進士授職方主事。英宗北征，備官隨駕，郎中胡寧當行，以病求代，鑑慷慨許諾。或曰：「家遠子幼，奈何？」鑑曰：「爲國臣子，敢計身家？」尚書鄺埜知其賢，數與計事，鑑曰：「惟力勸班師耳。」竟死土木之難。

周璽，字天章，太湖人。弘治丙辰進士，累官給諫。劉瑾專權，璽疏其擅改成命，乞正典刑。瑾銜之，囑遷順天府丞，使去言路。時錦衣指揮楊玉附瑾，誣璽蔑視使臣，矯制下獄，令玉自鞫。玉杖之三十，璽不少屈，曰：「吾死不足惜，令忠義畏懼，可惜耳！」瑾聞益怒，加杖之，遂死於獄。後瑾伏誅，正德朝賜祭。世宗即位，復賜祭，廕其子。

汪鑾，懷寧人。正德己卯，宸濠擁衆攻城北，鑾遇被執，脅令諭城中出降，誘以崇爵。鑾至城下，大呼曰：「王師已破南昌，賊困極將遁，可堅守！」賊怒解其屍。賊退，衆犬争欲噉之，一犬守護甚力，遂不能進。見者知係鑾犬，因知爲鑾屍也。有司狀聞，詔旌其門。

張澤，字大被，懷寧人。以選貢授沅江令，擢衢州别駕，出逋賦者於囹圄，民感泣争輸。時督府胡宗憲①威傾兩浙，其前驅求索無厭，守令奉之惟謹，澤縛而杖之。尋移廣安牧，出寃濫五十餘人。特遷雲南僉事，分巡安普。時武定猺部鳳繼祖拒命，奉檄督戰，賊伏起，被執歸寨。澤衣冠危坐，賊願得手書移軍門，澤叱曰：「天朝大臣爲賊作説客耶？」遂死之。事聞，贈光禄少卿，賜廟額「忠節」。

左光斗，字遺直，桐城人。萬（歷）〔曆〕丁未進士，由中書授御史。議興水利，北人始知藝稻。光宗昇遐，與楊漣争移宫，兩人力爲多，朝野並稱爲「楊左」。累遷僉都御史。漣疏魏閹，光斗與謀，又草忠賢二十二斬罪②。疏未上而謀泄，奪職歸。群小憾不已，搆汪文言獄，入光斗名，逮至京師，同漣拷訊死。忠賢敗，贈太子少保，謚忠毅。

張秉文，字含之，桐城人，淳之孫。萬（歷）〔曆〕庚戌進士，由知縣歷任江、楚、閩、粤司道，在粤剿

① 「憲」，《四庫》本作「獻」。

② 「二十二斬罪」，《四庫》本作「二十四大罪」。

海寇李魁奇等。崇（正）〔禎〕時，仕至山東左布政使。濟南圍急，瀝血遺書二子，有「身爲大臣，當死封疆」語。拒守，中箭死，妻方氏、妾陳氏投水死。贈太常卿。

阮之鈿，字實甫，懷寧人。以薦舉授穀城知縣，未至，賊獻忠已據其城求撫，總理熊文燦許之，令屯牧。之鈿察其意，欲積穀待時而發，密報文燦，勸設備，不聽。獻賊果反。之鈿刺血題壁曰：「讀盡古聖書籍，養成浩然心性。今日殺身成仁，不愧賢良方正。」遂仰藥。未絶，賊索印不予，遇害。贈尚寶少卿。

孟振邦，字維新，安慶衛世職。乞休歸養，中丞史可法强出視衛篆，擢參將。左兵陷城，遂殉之。月餘始得屍，顔色如生。

夏統春，字元夫，桐城人。以保舉授黄陂縣丞。流賊犯陂邑，統春已遷麻陽知縣，未行，乃督衆拒守，親冒烽火，衣不結帶凡十五晝夜。賊僞觧圍去。越五日，乘昧爽潰城，統春巷戰，力竭被執，歎曰：「惟一死報朝廷耳！」駡賊不屈，賊支解之。

吴普昭，字克明，桐城諸生。崇（正）〔禎〕丁丑，流賊逼掠，率鄉民團聚格鬬十餘日被害。妻孫氏，痛夫難，哭泣三月死。子先璘、先璀殉之。婦李氏、許氏，義不受辱，亦死。人謂一門五義云。

笪光弘，字宏生，桐城人。端方有介節。崇（正）〔禎〕丁丑，遇流賊，不屈死之。

左光燦，桐城諸生。崇（正）〔禎〕丁丑，突遇賊，被縛，搜袖中得一簿，知爲保障一方計，憾而叱之。光燦罵曰：「殺即殺，鼠輩更何問哉！」賊益怒，拔舌斷足，備極慘毒。知縣張利①民請於御史，題旌焉。時同邑姚孫極、王夷吾、趙之葵、姚孫林、陳力均死之。又有左旗，以庠生殉節。

汪之璞，字石生，潛山人。明末流寇爲亂，衆聚保昆崙，推璞爲長。張獻忠環攻，璞屢出奇謀，多所斬獲，寨賴以全。嘗上八策於撫軍黄配元，元奇其才，留麾下，曰：「吾得之璞，流寇不足平也。」會省親歸寨遇寇，攫獲牌票，脅之降，大罵不屈，賊支解之。配元聞之，大慟，給扁②致祭。同邑王培基，字仲因，爲太湖縣城守，城陷被執，死之。又王立邦、徐顯問，俱守義死。

戴君德，太湖人。通五經，精〔歷〕〔曆〕律，著有《古史斷》等書行世。崇〔正〕〔禎〕壬午，流賊陷城，憤詈不屈，殺之。妻沈氏，同媳雷氏携兩女孫俱赴水死。同邑王鼐臣、吴夢暘、雷綿祚、雷延發、雷膺祚、阮之甫、黄應龍，俱守義死。

何大同，字于野，宿松廪生。崇〔正〕〔禎〕壬午，流寇猝至，被執擁至寨下，曰：「貰爾死，爲我呼開寨門。」大同不應。復擁之去，復至一寨，令曰：「前堡汝家所在，故不從，今可速賺之。」大同曰：「皆戚里也，肯以數百人命易我一命乎？」遂遇害。

張鳳翥，宿松人。崇〔正〕〔禎〕辛未進士，累官兵備副使，分守承德。護顯陵，單騎招安土寇。值

① 「利」，《四庫》本作「和」。
② 「扁」，《四庫》本作「匾」。

闖賊東下，親自登陴嚴守勵衆。而郡屬開門迎賊，鳳翥身受三刃，扶創走郢、鄂，募勇敢恢復，竟卒於路。

周日耀，桐城人。外兄左光斗被逮，道路以目，日耀獨左右檻車送之京。洎左死於獄，仍扶其櫬歸。甲申五月，聞闖賊破京師，仰天大慟，絶粒九日，嘔血數升而卒。

胡士恂，懷寧人。性至孝。力學，尤邃於《易》。明末左兵陷城，慷慨罵賊以死。妻張氏亦赴水死，二子再寅、紹虞俱悲憤不食死。紹虞妻蔣氏，亦自縊殉。時同邑何霖、方應旂、陳尚炳，俱罵賊死。

（邱）〔丘〕全，潛山人。土寇攻昆崙砦，脅全使招砦中出降，全佯許之。至砦門，大呼固守勿降，賊刳其腹而去。

王九鼎，字在德，潛山人。明季北直故城令。時流寇連陷七十餘邑，故城原壘土而卑隘，九鼎以忠義獎率士民，死守浹旬，力不支，城陷，遂以身殉。先是，九鼎以單騎赴任，左右惟二子基、泰，泰踉蹌赴難，叩閽上書。奉旨查覆，俱稱「歷任屢著惠績，一死凛烈千秋」。贈太僕寺少卿，廕一子。

江襟楚，字雲渚。由知縣轉瓊州别駕，解組歸。遇流賊被執，不屈大駡，截舌而死。同邑劉守中，亦殉節。

陳學良，字象頤，望江人。以明經司鐸祁門及嶺東韶郡教。歸里，與弟學開隱居講道。乙亥，流寇遍鄉落，學良與弟守歲達旦。偪近賊營，或勸其匿，笑曰：「命果歒，雖匿能免耶？」昆弟猶行交拜禮。次日，賊入門，露刃挾之。學良厲罵，遂遇害，時年七十八。

陳貞申，潛山人。郡庠生。少負志節，有文行。崇（正）〔禎〕丁丑，爲流寇所執，脅之跪，不屈。賊曰：「爾爲秀才，可爲我供書寫，貸爾死。」貞申厲聲曰：「我豈爲賊役者？」憤罵不已。賊怒，支解之。同邑徐益隆、吴自周、王世美，俱不屈死。

柴維焕，字有文，宿松諸生。同三子避賊於陳漢山，並爲賊執。維焕身長大，饒膂力，欲强與俱，不屈。賊殺其長子以脅之，旋殺其次，又殺其季，終不屈，賊乃殺之。時同邑陳昌言、夏時行、石思琳，俱死義。

孫臨，字武功，桐城人，兵部侍郎晋之弟。楊文驄招致幕中，奏爲職方主事。文驄殉節，臨與同難。

張應奎，懷寧人。年七十，猶讀書不輟，所著有《大衍圖》《邵子圜中圖解》《西銘説》諸書。城陷，不屈死。

國朝

汪吉，字迪庵，太湖縣人。順治初，以功授荆州遊擊。值小李等賊突犯當陽縣，屬時賊多兵寡①，吉奮勇無前，挺身血戰而死。奉旨優恤贈廕，賜祭葬。

韓應震，字伯卿，太湖人。順治己丑，除廣東信宜令。三年擢兵馬指揮，未出廣，遇賊犯信宜。守將田自强反顔從賊，縛應震送賊營，應震大駡不屈而死。

趙焕文，懷寧人。以郡掾任陝西白水縣典史。康熙戊午，興安賊叛，令焕文招撫，賊執而脅之。焕文厲駡，乃拔舌剜目，棄屍井中。事聞，賜祭，贈河南封(邱)〔丘〕縣主簿，廕一子。

徽州府

南北朝　陳

程文季，字少卿，靈洗子。多幹略，有父風。太建中，從吴明徹北伐齊，常爲先鋒，齊軍咸憚之，號爲「程虎」。後隨明徹侵周，戰敗不屈，死於長安。贈散騎常侍，謚曰威悼。

宋

淩唐佐，字公弼，休寧人。元符進士，建炎間知南京。劉豫陷南京，被執。唐佐密疏其虚實，以

① 「寡」，《四庫》本作「少」。

蠟書告於朝，事泄，遂見害。詔贈徽猷閣待制。

曹文，休寧人。崇寧進士，授睦州建德丞。方臘之亂，死其官。詔進秩，與恩澤。

程全，字禹昌，休寧人。方臘盜起，縣令棄印去，全起義兵，以軍功授承節郎。苗劉之亂，從劉光世勤王，賊平，授開州團練使。後死王事，贈官，録其後。

曹夬，黟人。崇寧登第，任本州通判。方臘之亂，死於官。

盧臣忠，黟人。政和進士，歷官右正言。後扈駕建康，敵使有逼近御舟者，臣〔忠〕①叱退之，失足墜水中。數日，帝使没者拯之，拱立如生。贈右諫議大夫。

詹世勛，婺源人。紹興三十年，以薦爲舒城縣民兵正將。嘗以六十人敗金兵於栲栳原。明日，復悉衆來，世勛戰死。

朱弁，字少章，婺源人。建炎初爲通問副使，與王倫使金，通問兩宫。留五載，倫將歸，弁曰：「使者以節爲信，今印亦信也，願留印，使弁得抱以死。」遂懷印，起卧與俱。金人迫弁仕劉豫，弁曰：「吾恨不食其肉，肯臣之乎？吾有死耳！」後和議成，弁南歸，入見便殿，言敵情。秦檜惡之，僅轉奉議郎。

王觀國，字賓老，祁門人。紹興十八年進士，授陝州宜興縣尉。值賊起，不屈被害。贈官一等，録其家。

① 據上文擬補。

程光廷，字朝望，休寧人。嘉定進士，知羅山縣。趙方辟爲節制三關部軍策應，歿於王事。贈朝奉郎。

許月卿，字大空，婺源人。淳祐間登第。時徐元杰力攻史嵩之，史陰殺之，月卿率三學諸生伏闕訟冤。後又數上書斥丁、賈奸邪，出佐江西漕。宋亡，衰服深居，三年不言。謝叠山嘗書其門曰：「要看今日謝枋得，便是當年許月卿。」

汪立信，字誠甫，婺源人。淳祐進士，歷知江陵府。勸賈似道盡國中兵沿江分屯置府，聯絡固守；否則輸歲幣，得緩師期，以修守備。俱不用。咸淳十年，似道督師次江上，以立信爲招討使，募兵援江上諸郡。受命即日上道，與似道遇蕪湖，曰：「某去尋一片趙家地上死爾。」至高郵，欲控引淮、漢爲後圖。尋聞似道師潰，乃置酒召賓佐與訣，慟哭三日，扼吭而卒。贈少傅。子麟，在建康不肯從衆降，走閩死。

程洙，休寧人。淳祐進士，授貴池縣主簿。繼調上元，盡誠撫字。當代，民請留，不得發。元兵入建康，百官降附，洙獨沐浴闔門縊死。有《南窗詩集》。

胡廷桂，字伯詵，婺源人。咸淳進士，授平樂尉。饒守唐震素知其才，辟居簽幕。德祐元年，元兵臨城，與震協謀捍禦。城陷，皆死之。

夏師堯，字達德，休寧人。咸淳進士，授諫議郎。嘗忤權奸被謫，後陞翰林學士承旨，扈從航海。元兵襲崖州，死之。

江友直，字德正，歙人。爲本州教授。伯顔入臨安，友直升堂痛哭，不食死。葬梅口，人名其墓曰「餓殺冢」。

程楚翁，婺源人。元兵入臨安，楚翁潛謀興復，事泄被執，復脱去，投馬廷鸞。謝枋得在閩，遂入閩從之。及枋得被執北去，楚翁遂死逆旅中。

汪維崇，字賢甫，歙人。妻福王與芮女，授承節郎。及革命，不食死。

元

汪澤民，字叔志，婺源人。延祐五年進士，歷同知、推官，多異政。以知州召修宋、遼、金三史，除國子司業。以禮部尚書致仕，居宣州。長鎗軍叛來寇城，城陷被執，不屈死。贈官，謚文節。所著有《巢深》《燕山》《宛陵》三稿。

鄭玉，字子美，歙人。至正十四年除翰林院待制，浮海徵之，辭疾不起。明兵至，守將將要致之，玉曰：「吾豈事二姓者？」具衣冠，北面再拜自縊死。

吴訥，字克敏，休寧人。少能詩，學兵法，善騎射。至正末授建德路判官，兼義兵萬户，守徽州。明兵至，戰敗不屈，自刎死，年二十七。

明

程國勝，休寧人。元末結鄉兵保鄉里。明兵下徽州，拔爲總管府先鋒，從征有功。太祖與陳友諒戰康郎山，其將張定邊直犯太祖舟，舟適膠淺，國勝與諸將駕飛舸奮擊，水怒湧，舟始脱。而國勝等深入敵艦，力戰死之。追封定安郡侯，謚忠愍。

汪清，字徯安，休寧人。太祖與陳友諒戰鄱陽湖，靖詐降友諒爲内應，夜舉火，中外夾攻，火中猶作戰鬭狀，遂焚死。録忠贈盱眙子，祀於康郎山。

黄彦清，歙人。建文時爲國子博士，以名節自勵。永樂初，坐私謚建文帝，被逮，不屈死。

程通，字彦亨，績溪人。祖平，坐法遣戍延安。父以誠，省兄於廣，冒瘴死。通舁父柩歸葬，廬墓三年。赴太學上書陳情，乞祖還鄉，辭極懇切。太祖憐之，命兵部除其籍，驛送平還。庚午，通舉鄉試，授遼府長史。文皇將舉兵，通上封事陳備燕之策。及即位，械至京師，死獄中。

汪一中，字正叔，歙人。嘉靖甲辰進士，歷任刑部主事。改都水郎，治蘆溝決堤有功，擢江西副使。大盜猝起，薄泰和，巡檢劉芳力戰死，一中祭之曰：「爾猶死疆事，我不滅賊，何以生爲？」遂列陣，俘斬數賊。明日，賊大集。一中躍馬當賊鋒，脅中鎗，臂中刃，遂與將王應鵬俱戰死。贈光禄寺卿，謚忠愍。

程箕，字斗南，績溪人。明經，任福安教諭。嘉靖間，倭突至，箕與令共守禦，外援不至，城陷。

或勸避去，箕叱曰：「分城以守，可避死乎？」督戰益力，被執，不屈死。弟子員從死者二十二人。郡上其狀，褒予恤典。

淩子儉，字仲廣，歙人。萬(歷)〔曆〕戊子舉人，歷户部郎，陞曲靖知府。道經貴州，值安寇之變，督撫留爲監軍，共城守。圍久糧絶，至煮革以食，儉書壁曰：「一瞑萬世不泯，九死百折不回。」遂歿。

吴懷賢，字齊仲，休寧人。以與纂修，授中書舍人。讀楊漣劾魏忠賢疏，稱快，註其旁曰：「當如任守忠，即時安置。」吴昌期以劾忠賢還籍，懷賢遺書稱之，辭多激烈。同官傅應星，忠賢甥也，懷賢不加禮，應星乃以告。忠賢怒，坐楊左黨下獄。拷之，從容言曰：「懷賢何人？乃得與楊、左同死！」遂斃於獄。懷宗初，贈工部主事。

方國儒，字道醇，歙人。少孤，事母至孝。登天啓辛酉鄉舉，授保康令。獻賊躪境，國儒力戰七晝夜，賊遁去。逾月，賊擁十餘萬衆，復自房山來攻。外援盡絶，被執，罵不絶口，身中七刀死。

吴賜玉，歙人。以蔭判南康，剿賊遇害。贈按察司僉事。

汪偉，字叔度，休寧人。明季戊辰進士，授慈溪令，擢翰林檢討，充東宫講官。流賊陷承天、荆襄，偉議九江增設總督，從之。賊薄都城，守兵乏餉，偉出貲市餅餌充食。及城陷，妻耿氏先投繯，乃書壁自經死。世祖章皇帝賜謚文毅。

吴開先，歙人。遊澤州。崇(正)〔禎〕五年，流賊躪山西，監司知開先勇略，署爲將，使擊賊。賊敗去，從沁水轉掠陽城，開先渡沁戰，擊斬數百人，炮盡無援，戰死。

吴可箕，歙人。爲南京國子監生。聞賊陷京師，自題詩衣襟上，縊死於鷄鳴山之關侯祠。

凌駉，歙人。明季癸未進士，以職方從督輔李建泰出拒闖賊，至保定。駉獨與賊戰，被創，既死復甦。乃走臨清，建義於齊、豫間，勢不可支，從容自盡。

康王諫，字秦木，祁門人。明季舉人，授和州學正。流寇圍城，急與妻汪氏先後投池死，寡媳章氏亦赴井死。贈國子監監丞。

馬嘉，字六禮，祁門人。明季舉人。甲申聞闖寇之難，自縊死。

國朝

鄭之文，字貞卿，休寧人，臨清籍。順治己丑武進士，授紹台道守備。十四年，海寇犯順，之文獨障危城，相持閱月，食援俱絶。賊斬門劫之，百計誘降，之文駡不絶口，遂遇害。

寧國府

晋

俞縱，宣城人。咸和初爲桓彝部將。蘇峻之亂，彝遣縱守蘭石，與峻將韓晃遇，衆寡不敵。左右勸其退守，縱曰：「吾受桓侯恩厚，吾之不負桓侯，猶桓侯之不負國也。」力戰死。贈興古太守。

宋

鮑琢，旌德人。宣和中，方臘寇旌德，琢糾義兵擊破之。後賊張遇逼黄池，琢以禦寇功，補承信郎。又明年，賊盧進寇涇，琢率兵力戰，中流矢卒。

王行之，字才仲，太平人。爲婺州士曹。宣和三年，方臘黨寇婺州，守臣皆遁去，行之曰：「吾獄官，分當死職！」遂遇害。贈通直郎。

詹友端，宣城人。政和鄉貢。建炎初，上書言復仇取中原事，語甚壯。後戚方圍宣城，友端倡衆守禦，賊平補迪功郎。紹興壬子，盜發西安，郡委友端攝尉，與賊力戰，中流矢卒。

王相如，字次卿，宣城人。建炎初，江右盜起，相如爲所得。州有檄招附，賊令草檄以報，相如叱曰：「吾即死，不能爲賊作牒！」遂遇害。

方致堯，寧國人。建炎庚戌，叛將戚方寇寧國，致堯率鄉兵破之。伏石嶺賊益兵至，遂被執。賊脅之降，罵曰：「我豈從賊反耶！」賊殺之。

趙汝曏，宣城人。嘉熙間判文州。北兵來攻，與知州劉鋭晝夜搏戰。城守逾兩月，援絶城陷。汝曏被執不屈，賊臠殺之。

周真，字子繼，旌德人。咸淳中奉文天祥劄授本縣尉，同邑宰守縣。元兵壓境，力戰死之。

楊義忠，字大書，寧國縣吏。元伯顔攻寧國，知縣趙與禟戰死，義忠率衆城守凡六十晝夜，亦死之。

元

王翕，宣城管軍百户。至正間，長槍賊攻郡，城將陷，翕呼弟曰：「我受國恩，當死。顧老母在，汝宜出避。」語訖，即殺妻、子，自刎死。

張文貴，宣城百户。至正十七年，明兵下寧國路，守將出降，文貴仗節死。妻妾亦自殺。

梅實，字仲實，宣城人。官集慶路照磨。至正末，明兵圍集慶，城陷不屈，闔門遇害。

張國岡，南陵人。至正丙申，趙雙刀寇南陵，國岡率義兵與戰，兵敗被執不屈，賊斷其兩膝，至死罵不絶口。

明

何通泰，字季貞，寧國人。元末嘗倡鄉兵却紅巾賊。後寧國既屬明，而僞吴兵復攻其壘，城陷自到。里人爲立祠。

汪文炳，字炳叔。洪武初爲都昌知縣。陳友諒擁衆來攻，援絶被執，賊欲官之，抗詈而死。

陳迪，字景道，宣城人。洪武鄉薦。召爲翰林編修，預修《大典》。擢雲南布政。烏蒙、曲靖等煽亂，擊破之。建文初，徵爲禮部尚書。靖難兵起，疏陳大計，與齊泰極論李景隆不可任。督餉過家，未嘗一入。聞變赴京，成祖召迪責問，抗詞不屈，與子鳳山、丹山等同日磔死。衣帶中得詩，有「千秋公論明於日，照徹區區不二心」語。懷宗末，賜謚忠烈。

俞逢辰，字彦章，宣城人。有學行。洪武鄉薦，選充燕府伴讀。建文初，成祖稱病，密謀靖難，逢辰力諫，且密告藩閫張昺、謝貴曰：「王本無恙，公等勿懈隄防。」及師起，復泣諫，誅死。懷宗末，賜謚忠愍。

萬琛，字廷獻，宣城人。成化舉人。弘治中令瑞金。適閩、廣流賊大入，有勸琛遁者，琛斥之。率民兵與戰，力屈被執，罵賊遇害。賊退得其屍身，被創十六，截指三。詔贈光禄寺卿，予廕。

吴景，字伯陽，南陵人。弘治進士，歷官四川按察僉事。守江津時，播州賊逼川南，御史遁去，景禦賊，手殺數人。城陷，大呼曰：「寧殺我，毋殺百姓！」被執，不屈死之。

饒鼒，字象台，旌德人。天啓舉人，除蒲臺令。城陷死之。御史旌曰烈尹。

朱懋華，字仲哦，南陵人。進士，授浙江定海知縣。莅政數月，聞闖賊入京，明社爲墟，乃北望遥拜，自縊於署。

沈壽崇，字旭海，宣城人，有容子。以武進士歷官興都留守。闖賊入承天，罵賊而死。贈都督僉事。

屠紹皋，字士際，寧國人，義英孫也。以恩貢授上津知縣。獻賊陷城，被執不屈死。

國朝

李煌，字仲宣，宣州衛人也。順治間恩貢，授萊州推官，尋攝膠州。鎮將海時行擁兵叛，脅之不從，遂見害。贈僉事。

汪化鰲，字魚君，涇縣人。由拔貢歷漢中府同知。吴逆陷漢中，偪受僞職，鰲撫膺痛哭，自經死。稾葬漢中城南。

孫斌，字淑獻，南陵人。以武進士爲福寧遊擊。耿逆反，招斌，斌斬其使，飛報督撫，請兵合討。耿逆怒，縛至省，斌抗詞不屈。發置興化，棄妻、子而逃。至背嶺山，追卒至，梃杖交下，推墮峻崖，腰肋皆折。丁巳春，王師下興化，斌扶杖謁軍門。奉旨優叙，累官夔闗副將、都督同知。聞繼母没，求解任，詔特許之。武臣丁憂之例，自斌始。

劉讓，宣城人。從征粤西，以軍功授西林知縣。康熙二十年，隨征貴州軍前。散餉於南寧，遇賊，逼脅不從，被殺。

池州府

唐

姚顯，字當晦，銅陵人。廣明元年，黄巢陷潼關，顯拒戰死。僖宗嘉其忠，追爵王，謚英烈，立廟祀之。

宋

羅復，字無悔，銅陵人。登政和二年進士第，知胙城縣。靖康之難，兵逼城下，復率縣人力禦之，身被重創不去。南渡後，以忠節褒。

程端中，自河南遷池州。建炎中知六安軍事。北兵攻六安，端中固守，城破死之。池州都統制程全收其骨葬於池。

葉諒，建德人。開禧三年，北兵分道南下，諒集義兵拒之，中流矢卒。贈武經大夫，立祠所居雙溪。

丁黼，字文伯，石埭人。登淳熙十四年進士第，知信州，有修城功，轉運使。真德秀薦之，端平二年，以四川制置副使兼知成都府。成都逼近敵壘，城中兵不滿七百，累疏告急，不報。元兵圍城，出戰不利，或勸其走威茂避之，黼曰：「職在守土，走將安之？」悉衆出東門，力戰中鏑死。贈顯謨閣待制，謚恭愍，仍敕建褒忠祠於其鄉。

江應洪，字泰之，青陽人。登慶元五年進士第，有器識。善邑宰趙方，方後帥襄陽，辟應洪爲佐。方卒，攝帥事。後知德安府，決數十年疑獄，以理劇稱。擢淮東提刑，兼知揚州。元兵大至，多方禦之，力屈死。

華岳，字子西，貴池人。爲武學生，輕財好俠。開禧中，韓侂冑當國，岳上書極斥其罪，編管建寧圜土中。侂冑誅，放還，復入武學。登嘉定武科第一，爲殿前司官。以宰相史彌遠當國，鬱不得志，謀去之。事覺，下臨安獄，獄具，坐議大臣當死。寧宗知岳名，欲生之，彌遠曰：「是欲殺臣者！」遂杖死東市。

清溪二生，貴池人，不知其姓名。德祐元年，元兵破池州，州倅趙昻發死之，有二生撫昻發尸哭，曰：「生爲趙氏臣，死爲趙氏鬼。何以洗此冤，清溪一泓水！」躍入弄水亭下死。

蘇劉義，貴池人。歷官殿帥。初隸吕文德麾下，及諸吕降元，招之不從。死崖山之難。

元

陶起祖，銅陵人。至正間，聚義兵捍鄉里，衆恃以安。授廬江知縣，判銅陵縣事，遷池州同知。爲趙普勝叛軍所執，不屈被殺。

明

錢清，字公清，青陽人。倜儻好義。元末兵起，清糾集義旅，捍衛鄉邑。與趙普勝立寨相望，寇來則拒，退則率人力耕給食，一方倚賴。及將軍常遇春兵至，清率衆歸命，授千户。吴元年，從征張士誠，力戰死。

柯永淳，貴池人。父德禮，元末同錢清起義兵保障池州，明初從常遇春征伐有功，官千户。永淳襲職。永樂中，從英國公張輔征交趾，力戰死。

黄觀，字瀾伯，貴池人。洪武辛未，會試、廷試皆第一，授翰林修撰。日侍御前，命編寫《省貪録》，撰法司榜文。歷禮部侍郎。建文元年改官制，爲侍中。及靖難師渡淮，觀奉詔徵上游諸郡兵入衛。還抵安慶，聞金川門之變，朝服再拜，自沉於羅刹磯急湍中。妻翁氏暨二女、家屬十餘人盡死。

湯九州，石埭人。少任俠。游京師，尚書鄭三俊見而器之，薦授京營小職，歷遊擊。懷宗六年，爲昌平副總兵，赴河南追斬賊首混天王於馬鞍山，繼復有陽邑、青店、夏村、横山諸捷，威名大著，賊深畏之。尋赴援山西，中蜚語削職，俾殺賊自效。九年，以孤軍由嵩縣深入賊壘，窮追四十餘里，没於陣。

李可受，字季度，青陽人。自幼勵志節。崇(正)〔禎〕六年，以太學生授澄城主簿。時流寇躪秦中，澄城屢被攻圍，可受輒佐其令以死守。八年秋，賊大至，或勸可受棄城走，可受曰：「死，吾分也，走將奚之？」城陷，不屈死。

蘇瓊，字青城，石埭人。崇（正）〔禎〕甲戌進士，授景州知州。景當畿南劇衝，多大璫要職，瓊每與之抗，爲所忌，調知瀘州。時張獻忠屢犯瀘，瓊堅守却之。己卯冬，有監司夜過邑，啓城，賊乘之以入。瓊督衆巷戰，力竭被執，脅降不屈，駡賊而死。妻舒氏亦自殺，婢僕從死者七人。事聞，贈太僕卿。

佘璃，字聿高，銅陵人。崇（正）〔禎〕辛巳，以貢授隨州判，署州事。會流寇擾楚，隨爲賊往來屢經之路，前牧多託故避去。璃署事才八日，而賊突至。破州城索印，不與，且大駡，遂遇害。

鄭三謨，字都甫，建德人，尚書三俊兄。由舉人歷南户部郎，盡釐度支宿弊。出爲高州知府，連署雷、瓊、廉三郡巡守道，以才能稱。盜劫茂名獄，掠及府庫，三謨赴救，爲賊所害。郡人三日哭，争相度材運甓，立廟祀之。

湯文瓊，字兆鰲，九州從孫。性至孝，父母殁，廬墓盡毁。授徒京師。崇（正）〔禎〕甲申三月，闖寇陷城，文瓊慨然語其友曰：「吾雖布衣，獨非本朝臣子乎？」乃書「報國」二字於壁，又書衣衿云：「位無文丞相之位，心存文丞相之心。」投繯而絶。越五日，面色如生。

陳公誥，字大誥，貴池人。工文善書。甲申五月，聞北都淪陷，闔户痛哭自經死。

馬應魁，字守卿，貴池人。爲小將，史可法拔爲副總兵。每戰披白甲，大書「盡忠報國」四字於背。後巷戰死。

國朝

曹誠，青陽縣人。以貢歷寧州知州，勤於其職。康熙三年，土司昌言等作亂，寇寧州，誠盡力守禦，城陷被殺。

太平府

晋

王諒，字幼成，丹陽人。少有幹略。參王敦府事，稍遷武昌太守。時新昌太守梁碩專威交土，敦以諒爲交州刺史，既到境，謀誅碩不克。碩率衆圍諒，廣州刺史陶侃遣救未至而諒敗。碩逼奪諒節，諒固執不與，遂斷諒右臂。諒正色曰：「死且不畏，斷臂何有！」憤怒而卒。

樂道融，丹陽人。少有大志，好學不倦，務周人急，有國士風。爲王敦參軍，敦以討劉隗爲名，遣道融召甘卓同舉兵。道融忿敦逆節，説卓襲敦。卓始然之，率所部致討，既而復納敦和。將旋軍，道融晝夜泣諫，憂憤而死。

南北朝　齊

董僧慧，姑孰人。慷慨有節義。晋安王子懋鎮尋陽，僧慧爲防閤。子懋起兵赴難，僧慧預其謀。及子懋遇害，僧慧被執，請於主帥，願俟晋安斂畢就死。王(元)〔玄〕邈義而許之，白明帝減死配東冶。子懋子昭基九歲，以方二寸絹爲書，訊其消息。僧慧見書曰：「此郎君書也！」悲慟而卒。

宋

石天麟，字文祥，禹勤子。元豐中，以勇敢應募，偕侍禁李資由峽州入招撫溪峒諸蠻，諭以禍福，多迎降者。資武人，以殺降激變，蠻復反，天麟力戰遇害。

唐敏求，字好古，當塗人。宣和六年進士，調德化主簿。盜起，敏求率衆捍禦，力不支，遂遇害。事聞贈官，補其子楠將仕郎。

惠直，字子温，當塗人。崇寧二年進士，歷太常博士。建炎二年，周公望使金奏辟同行，及命下，或勸直辭，直曰：「天步方艱，豈臣子擇利時乎？」兼程而進。疾作，卒高郵僧舍。子貺，官敷文閣直學士。

孫德昭，當塗人。建炎中，以諸王郡馬領兵禦北兵於大儀，力戰而死。贈忠烈侯。

張伯麟，字慶符，當塗人。以氣豪里中，每慕古人奇節。紹興初，以明《春秋》補入太學。時秦檜主和議，百僚相戒以言，伯麟痛憤，因題齋壁曰：「夫差而忘勾踐之殺而父乎？」事聞，檜下之獄，竄楚無完膚，坐以指斥罪，流吉陽軍。

馬進，當塗軍籍，隸慈湖寨。伉健沉鷙，軍中憚之。紹興中，軍校周青等據城叛，謀屠城。後毆所掠，絶江渡淮而北，進陰結其儔十人，挺刃雜隊伍中。進突出，斫青中頬，餘無繼進者，遂爲賊害，併及妻、子。尋官軍收復州城，上其事，贈官立廟，賜額「明恩」。

陶居仁，蕪湖人。以行義聞鄉里，爲鎮江録事參軍。元兵攻鎮江，守臣遁，統制官舉城降。居仁被執，逼使降，居仁曰：「吾固知(歷)〔曆〕數已窮，詎可失忠義求苟活耶？」遂見殺。主帥義之，爲棺斂，並使人護送還鄉，溯流數百里，不逾時即至。人多異之，爲立祠。

趙時賞，字宗白，宗室子，居太平州。咸淳元年進士，歷知旌德縣。德祐元年，元兵至境，拒戰有功，遷直寶章閣，從二王入閩。文天祥開府南劍，奏辟參議軍事、江西招討副使，提兵復寧都。時賞風神明俊，議論慷慨，有策謀。及空阬之潰，被執不屈死。

吕武，太平州步卒。文天祥出使，應募從行，偕脱鎮江之難，沿淮東走海道，賴武力爲多。天祥開府南劍，武以功補官。天祥遣往約結州縣起兵相應，復由間道會天祥於汀梅，挺身捍難。後死江西，一軍揮涕葬之。

明

王愷，字用和，當塗人。通經史。太祖建中書省，用爲都事，歷遷左右司郎中，佐胡大海駐婺州。苗軍作亂，害大海，執愷欲降之，愷正色曰：「吾守土義當死，肯從賊耶！」賊怒，并其子行殺之。追封當塗縣男。

吴晟，當塗人，總管昇弟。陳友諒陷姑孰，晟爲所執，不屈死。昇長子興，與友諒兵戰於采石，死之。次子振，亦殁王事。

嚴德，字君輔，當塗人。少以驍勇聞。從太祖平江浙，以功累遷海寧衛指揮同知，守禦杭州。洪武元年，征台州賊，戰殁。追封天水郡公。

林聰，字文敏。世襲建陽衛職。聰立功兩廣，歷擢都指揮僉事，留鎮鬱林州。成化三年，蠻寇犯境，聰提軍出禦，戰殁捍塘。

史記言，字司直，當塗人。明季舉人，由長沙令遷知陝州。陝當賊衝，記言出私財募士力戰，俘斬甚多，賊引去。俄復乘雪夜攻城，陷之，執記言。迫降，叱曰：「有死知州，無降知州也！」遂被殺。贈光禄少卿。

金鼎祚，字爾錫，當塗人。崇(正)〔禎〕八年拔貢生，授蘆山令。張獻忠陷蜀，鼎祚闔門殉節。

沈受蒲，字男玉，當塗庠生。崇(正)〔禎〕十一年，舉賢良方正，授横州知州，以清操聞。遷夔州府同知，調成都。獻賊破城，受蒲與弟受躬死之，家口數十人俱罹害。

江南通志卷一百五十六

人物志

忠節　四

盧、鳳、潁三府　滁、和、廣、六、泗五州

盧州府

楚

范增，居鄛人。年七十，好奇計。説項梁立楚，後佐項羽霸天下。漢王用陳平計間項王，項王疑范增，增大怒曰：「天下事大定矣，君王自爲之，願賜骸骨歸！」行未至彭城，疽發背死。

三國

王蕃，字永元，廬江人。博覽多聞，兼通術藝，爲散騎中常侍。孫皓時，衆譖毁蕃，蕃氣體高亮，不能承顔順指，遂迕皓意見殺。丞相陸凱上疏曰：「蕃處朝忠蹇，大吴之龍逢也。昔事景皇，納言左右，歎爲絶倫。而陛下惡其直對，梟之殿堂，有識悲悼。」

宋

詹世勛，家於舒。修偉沉毅，其勇莫敵。累薦爲舒城民兵正將，弟世勣副之，招募强壯，結以信義。與敵戰栲栳原，被重創死。

密佑，廬州人。咸淳十年爲江西都統。元師逼撫州，佑逆戰，被圍數重，力戰終日，衆幾盡。乃斫圍，南奔渡橋，馬蹶被執。元帥壯其勇，欲降之，不屈。許以官，不受。又令佑子説之，曰：「父死，子安之？」佑叱曰：「汝行乞於市，第曰密都統子，誰不憐汝也？」怡然解衣請刑，觀者泣下。

褚一正，字粹翁，廬州人。武舉進士，爲提刑諮議。督戰高沙，被創死。

劉師勇，廬州人。以和州防禦使，助姚訔守常州。時張彦守吕城，兵敗被執，常州勢益孤。元伯顔寘彦城下招降，師勇以大義斥彦。及城陷，師勇潰圍出，從二王海上，憂憤而卒。

元

余闕，字廷心，合肥人。少喪父，授徒以養母。登元統元年進士，由同知爲刑部主事，三月疏滌冤滯獄五百。入翰林，修宋、遼、金三史。至正壬辰，天下兵動，闕爲淮西宣慰副使，分守安慶，賊不能犯者五年。累遷淮南行省右丞。陳友諒兵薄城下，闕戰却之。賊益兵來攻，闕爲士卒先，身被十餘創，城陷死之。妻蔣氏、子德臣、女安安皆赴水死，甥福童戰死。闕賜謚忠宣。明太祖詔立廟，歲時祀之。

明

劉友仁，合肥人。與弟謙隨胡大海取徽、寧等處，多戰功，歿於陣。命祔祀功臣廟。

廖永安，字彦敬，巢人。從太祖率舟師攻蠻子海牙①，渡江下太平、集慶，克池州，所至有功。後擊張士誠戰太湖，水淺舟膠，被執，欲降之，不屈死。追封楚國公，謚武閔。

桑世傑，無爲人。明初與諸將攻江陰石牌寨，陣亡，贈永義侯，侑享太廟。

汪澤，廬江人。鄱陽湖戰殁，封廬江縣子，祀康郎山。

① 「蠻子海牙」，《四庫》本作「曼濟哈雅」。

徐明，合肥人。陳友諒攻洪都，明爲管軍百户，從指揮薛顯開城突戰，被執死之。追封合肥縣男。

邱明，合肥人。陳友諒圍南昌，明從諸將往援之，遇敵康郎山，大戰死於陣。追贈梁縣子。

王仁趫，舒城人。從征陳友諒，戰鄱陽湖，陣亡。封舒城縣男，廟祀康山。

王德、朱昇，同戰死於康郎山，皆贈合肥子，祀康山忠臣廟。

宋國興，合肥人。年十八，以總管先登，與陳也先①戰南臺。太祖解白龍袍衣之，敵誤以爲太祖，攢槊刺之至死。常遇春翼上潰圍出，其弟晟嗣兄官，累軍功爲副總兵。靖難後進都督，封西寧侯。卒，謚忠順。

汪河，舒城人。倜儻有大志，嘗師余闕，以文章名。太祖渡江，用爲大都督府都事，奉使擴廓帖木兒②，被拘六年，完節不屈。逮王師下河南，擴廓遁走定西，河始得歸。陳征西方略，進吏部侍郎。

濮英，合肥人。從將軍馮勝出征，遇伏發被執，英絶食不言，乘間自剖腹死。贈金山侯，謚忠襄。子璵，在襁褓即封爲西凉侯。

瞿能，合肥人，通子。少隨父立功，驍勇絶倫。建文時，以都督從李景隆北拒靖難兵，力戰白溝

---

① 「也先」，《四庫》本作「額森」。

② 「擴廓」，《四庫》本作「庫庫」，下同。「帖木兒」，《四庫》本作「特穆爾」。

河，所向披靡，斬馘數百。會旋風起，及其子俱戰死。

余瑱，合肥人。官北平都指揮，與同官謝貴密謀拒靖難師。貴死，瑱走居庸關練兵，將襲北平。成祖命將往擊之，瑱且戰且守。援兵不至，棄關走懷來，再敗被執，死之。

徐凱，合肥人。鎮守四川。靖難兵起，召充副總兵，移鎮滄州，與吴傑、平安等相爲犄角。兵敗被擒不屈死。

甯忠，合肥人。累官都督。建文初，從李景隆進拒北平，戰敗真定，被執不屈死。

宋瑄，合肥人，西寧侯晟之子。建文中爲右衛指揮使，禦靖難兵，戰死靈璧。弟瑛，尚公主，嗣侯爵，殉土木之難。同邑劉真，以軍功充大寧總兵。靖難兵起，真夜負敕印，浮海而南還應天。成祖即位，命鎮遼東，愧憤卒。

陳懷，合肥人。永樂中積戰功至都督，正統中封平鄉伯。死於土木之難。贈侯，謚忠毅。

陳植，合肥人。元舉鄉試，不仕。洪武間爲主事，建文初官兵部侍郎。靖難兵至，植督師江上。督將密謀送款，植責以大義，督將遂殺植，迎降邀賞。成祖立，誅其人，具棺殮植，遣官護喪歸葬。

周讓，字克遜，無爲人。洪武中監生，通敏博辯，倜儻尚氣節，以劉基薦任給事中。永樂初，兩使西域，被拘，徙之荒野，瀕死者數。讓終不屈，諭以本朝恩信，卒令番人隨之入貢。有《重使古刺集》，備載其事。

李紹賢，字崇德，其先巢人，編伍泗州。正德丁丑舉進士，除行人。篤學敦行，遇事果决。以小臣抗疏諫止南巡，被杖五十，創甚，數日死。

盧謙，字吉甫，廬江人。萬(曆)〔曆〕三十二年進士，知永豐縣，擢御史，督北直學政。逆璫煽焰，告病歸里。崇(正)〔禎〕八年，流賊破城，謙朝服端坐，大罵死之。賊投尸於池，水盡赤。贈光禄卿。時殉節於流寇之亂者，有合肥人黄克嘉，任湖東守備，剿賊死。廬江舉人張弘，任四川知縣。巢縣人曹同，任鄖西知縣。俱城陷被執死。

程楷，合肥人。天啓乙丑進士，知平湖縣，陟南禮部郎，出守東昌。峻拒屬吏之餽，歷雲南參政歸。壬午，流賊圍城，楷與經歷鄭元綬協守南薰門，城陷，不屈死之。贈光禄卿。

胡守恒，字見可，舒城人。崇(正)〔禎〕戊辰進士，授嘉興推官。召試平臺，改編修，晋東宫講官。庚辰較禮闈，乞歸養。獻賊攻城，守恒與遊擊孔廷訓督民兵共守。廷訓叛降賊，遂見殺。子永亨，夜入賊營，收骸歸葬。康熙庚戌成進士，授行人，分巡廣東，有治績。

鳳陽府

漢

陳咸，沛國洨人。成、哀間，以律令爲尚書。平帝時，王莽輔政，誅不附己者何武、鮑宣等。咸嘆曰：「《易》稱君子見幾而作，吾可以逝矣。」即乞骸骨去。及莽篡位，召咸爲掌寇大夫，不肯應。時三子參、豐、欽皆在位，悉令解官歸鄉里，閉門不出。人猶用漢家祖臘，曰：「吾先人豈知王氏臘乎？」後莽復徵，咸遂稱病篤。收斂其家律令書文，皆壁藏之。常戒子孫曰：「爲人議法，當依於輕；雖有百金之利，慎無與人重比。」

三國

樓（元）〔玄〕，字承先，沛郡蘄人。孫休時爲監農御史，孫皓時歷官大司農。皓求忠清之士，用（元）〔玄〕爲宫下鎮禁中侯，主殿中事。（元）〔玄〕正身率衆，奉法而行。應對切直，數忤皓意。後人誣（元）〔玄〕訕謗政事，遂被詰責，送付廣州。華覈言（元）〔玄〕清忠奉公，乞赦之，以責後效。皓疾（元）〔玄〕聲名，徙交阯，密敕將張奕殺之，奕未忍殺。奕卒，（元）〔玄〕於器中見敕書，還便自殺。

晋

嵇紹，字延祖，魏中散大夫康之子也。十年而孤，事母孝謹。山濤領選，啓爲秘書丞。元康初，爲給事黄門侍郎，以不阿比侍中賈謐，〔及謐誅，〕①封弋陽子，遷散騎常侍，趙王倫署爲侍中。惠帝復阼，遂居其職。河間王顒、成都王穎舉兵向京都，朝廷北征，紹馳詣行在。值王師敗績於蕩陰，百

① 據《晋書》卷八十九本傳補。

官散潰，唯紹儼然端冕，以身捍衛，兵交御輦，紹遂被害帝側，血濺御服。及事定，左右欲浣衣，帝曰：「此嵇侍中血，勿去。」累贈太尉，謚曰忠穆。

桓彝，字茂倫，譙國龍亢人，榮九世孫。起家州主簿，爲逡遒令，累遷尚書吏部郎。明帝伐王敦，參密謀，敦平，封萬寧縣男、丹陽尹，尋補宣城内史。蘇峻之亂，彝率兵討之，時州郡多遣使降峻，裨惠勸彝僞與通和，以紓交至之禍。彝曰：「吾恩義在致死，焉能與醜逆通問？如其不濟，此則命也。」遣將俞縱守蘭石。峻攻之，將敗，左右勸縱退軍，縱曰：「吾之不可負桓侯，猶桓侯之不負國也！」力戰死。彝固守經年，勢孤力屈，城陷遇害。咸安中，改贈太常，謚曰簡。五子温、靈、豁、秘、沖。

南北朝　梁

裴之横，字如岳，壽陽人，之高弟。好賓游，重氣俠，不事産業，之高乃爲狹被蔬食以激勵之。遂與僮屬數百人於芍陂大營田墅，遂致殷積。侯景亂，出爲貞威將軍討景，又隨王僧辯破侯景於巴陵。景退，遷平北將軍，封豫寧侯，復爲吴興太守。魏剋江陵，横出守蘄城，營壘未周而魏軍大至，兵盡矢窮，遂於陣殁。贈侍中、司空公，謚曰忠壯。子鳳寶嗣。

唐

夏侯端，壽春人。高祖微時與相友，即位拜河南道招慰使，傳檄州縣，次譙州。會亳、汴二州刺史已降王世充，道塞無所歸，計窮糧盡。麾下二千人，不忍委端去，端乃殺馬宴大澤中，謂衆曰：「我奉王命，義無屈，公等宜去。」因欲自刎，争持之，乃止。世充遣人以吏部印召之，端焚書，解節毛懷之，間道走歸。拜秘書監，出爲梓州刺史。

何武，壽春人。嘗被誣，至州投石自明，守釋之。未幾寇起，武詣守曰：「此誠畢命之秋也。」領偏裨入樅陽，兵潰鬬死。

周憬，壽春人。仕唐，謀誅武三思不克，遁入比干廟，謂人曰：「比干，古忠臣，神而聰明，其知我乎？三思虐害忠良，滅亡不久，可竿吾頭於國門，以見其必敗。」遂自刎。

宋

姜才，濠州人。爲通州副都統，時淮多健將，然驍勇無逾才。才知兵，善騎射，撫士卒有恩，至臨陣軍律凛凛。守揚州，與元(帥)〔師〕①戰，流矢貫肩，才拔矢揮刀而前，所向辟易。德祐二年，宋亡，

① 據《四庫》本改。

阿术①使人招之，才曰：「吾豈作降將軍耶？」東至泰州，將入海，阿术圍之。會才疽發脅，不能戰，遂爲所執。勸之降，肆罵不屈。阿术怒，咼之揚州。

元

張仲仁，臨淮人。讀書尚氣節，流寓泗州。以賈魯召歸，諭安豐不克，死之。子順理，亦死。

明

韓成，虹縣人。從太祖征陳友諒，大戰鄱陽湖，被圍，計無所出。成進曰：「古有殺身以成仁者，臣不敢辭。」太祖遂賜龍袍，成服之，對賊衆投水中以疑之，賊遂退。友諒敗死，追封高陽郡侯，祠於康郎山。

趙德勝，濠人。勇敢有氣節。從太祖累功爲元帥，守南昌。陳友諒攻城將壞，德勝且戰且築，城復完。巡城至東門，腰中流矢，鏃入六寸，拔出，嘆曰：「命也，恨不能從上定中原，垂令名於竹帛耳！」言畢而絶。贈梁國公，謚武桓，祀功臣廟。

花雲，懷遠人。驍勇絶人，從太祖累建奇功，守太平。陳友諒來攻，城陷被執。怒罵，奮躍而起，

① 「阿术」，《四庫》本作「阿珠」，下同。

縛皆絶，奪守者刀，連斬五六人。衆怒，叢射之，至死駡不絶口。追封東（邱）〔丘〕郡侯。

茅成，定遠人。攻張士誠戰死，追封東海郡公。

曹良臣，壽州人。積功封宣寧侯。北征至阿魯渾①河，敵騎大集，力戰死焉。追封安國公，謚忠壯。

孫興祖，濠人，恪之父。沉毅有謀，大將軍徐達倚重之。守海陵，移鎮彭城，累官副都督。守燕山六衛，出塞遇敵，力戰死。追封燕山侯，謚忠敏。

李夢庚，鳳陽人。從太祖渡江，與郭景祥同典文書，爲左司郎中，歷都督府參軍。謝再興守諸全，上命夢庚往總制軍事。再興忿夢庚出己上，遂叛，執夢庚以降吴，夢庚死之。祔祭功臣廟。

張耀，壽州人。累功爲指揮使，北征戰殁。

常榮，懷遠人，遇春再從弟。爲指揮同知，隨李文忠北征，戰於阿魯渾河，陷陣死之。

常惟德，懷遠人。從太祖爲鎮撫，戰死鄱陽湖。封懷遠子，祭於康山忠臣廟。

常德勝，懷遠人。從太祖爲千户，戰死鄱陽湖。封壽春縣男，祭於康山忠臣廟。

劉成，靈璧人。從征有功，守長興，爲永興翼左副元帥。張士誠兵以十萬來攻，成出西門擊敗之，擒其帥。敵愈衆，戰死。贈懷遠將軍，立廟長興。

孫虎，壽州人。屢立戰功。爲指揮使北征，至應昌遇敵，鏖戰死之。追贈樂安伯。

① 「阿魯渾」，《四庫》本作「鄂勒琿」。下同。

楊國興，定遠人。從太祖累立戰功，最驍勇。鎮宜興，授指揮使。征張士誠，戰死於閶門。

胡觀，定遠人，東川侯海次子。靖難兵起，力戰死。

徐輝祖，達長子，嗣爵。有材氣，數出練兵各省。靖難兵起，建文帝命援山東，與燕再戰，破之。及召還，而諸將遂不振。燕兵渡江，猶引軍力戰。燕王至金川門，獨守父祠不迎，遂削爵幽繫之，尋卒。萬(曆)〔曆〕中，録建文忠臣廟祀，以輝祖居首，謚忠貞。

(邱)〔丘〕福，鳳陽人。起卒伍，事成祖於藩邸。樸戇鷙勇，臨陣敢力戰深入，累功封淇國公。後北征至臚朐河，敵大至，被執遇害。

李遠，懷遠人。以靖難功封安平侯。嘗以輕騎八百破敵數萬。後與(邱)〔丘〕福北征，力戰馬蹶被執，罵不絶口死。追封莒國公，謚忠壯。

伍雲，定遠人。以衛指揮同知從征交阯，屢有功。仁宗初，隨方政討黎利於茶籠，鼓勇陷陣，死之。

陳忠，臨淮人。永樂中，積官指揮同知。仁宗時，從征交阯，攻多邦城先登，擒僞官阮事、吴忠等。

黎利寇清化，戰死。與伍雲同優恤。

崔聚，懷遠人。從成祖起兵，累授都督僉事。宣德初，同柳升征交阯，升死，聚整軍至昌江。賊至力戰，被執不屈死。

魏貞，懷遠人。進士，官御史。從英宗北狩，死土木之難。

湯允勣，字公讓，鳳陽人，和曾孫。始爲諸生，善詩。景泰初求將才，周忱薦之，授錦衣百户，歷衛指揮僉事。諸將忌之，不令治事，益放情詩酒。與劉溥、王淮輩唱和，號「十才子」。天順中落職。成化時，以薦授延綏參將，分守孤山堡。寇大至，允勣方病，力疾上馬禦戰，衆寡不敵，陷陣死。事聞，贈祭。

朱勇，懷遠人，能子。赬面虬髯，歷掌都督府事，晋太保，久典兵柄。正統十四年，隨駕北征，殁於陣。追封平陰王，謚武愍。

劉雄，臨淮人。成化時爲四川都指揮僉事，剛勇敢戰。嘗捕漢州賊，生擒七十餘人。德陽人趙鐸亂，雄追之羅江大水河，連敗賊。以救千户周鼎，徑奔賊陣，叢刺死。贈都指揮同知。子襲職。

皇甫斌，壽州人。爲衛指揮同知，每戰必身先士卒。宣德中禦寇於密城東峪，自旦及晡，力戰矢盡援絶而死。子弼，以身衛父，亦戰死。

方震孺，字孩未，壽州人。萬(曆)〔曆〕癸丑進士，由知縣授御史。天啓初，以巡城忤魏瑺，瑺銜之。值遼警，一日上十三疏，慷慨請出關犒師，遂以監軍巡按遼東。時巡撫王化貞棄廣寧，而震孺蒞前屯嚴守，瑺惡震孺，亦罪及之，誣以贜私、咒詛，坐大辟。懷宗初釋免。久之，起巡撫廣西。京師陷，率師勤王，馬士英阻之，憂憤而卒。

張應徵，字賓明，定遠人。明末任泰安州同知，值土寇爲亂，城陷。應徵手刃數人，被執，罵不絶口，曰：「城破身亡，吾事畢矣！」遂遇害。

許心亮，臨淮人。明末爲劉兵所執，問城中虚實，亮拒，言火器糧餉甚足。劉怒，縛於樹，截其兩耳。亮罵不絶，遂磔其尸[1]。

武一諤，宿州人。爲徐王墳世襲祀丞。崇（正）〔禎〕丙子，流寇亂，居民盡逃，一諤謂職司林木，當以死守，同妻路氏及子孫闔門罹難。有司上其事，請恤。

陳保山，臨淮人。崇（正）〔禎〕八年，以都司守臨淮。流寇壓境，保山力戰於隆平寺，死之。

柳鳴鳳，鳳陽人。明末司訓。安慶流寇破城，黨有鳴鳳鄉人，欲全之，鳴鳳曰：「丈夫受君恩，寧肯偷活？可借爾刃，礪我頸。」遂被害。

孫光啓，靈璧人。明末爲興化教諭。城破投泮水，未死，輿人掖以見帥，予以官，不受。

徐永吉，壽州人。家貧，養親自守。明末，流寇偪令爲賊，抗節不從，賊怒殺之。

潁州府

周

伍員，字子胥，潁之乾谿人。父奢，爲楚平王所殺。員走入吴，闔廬使爲行人，謀伐楚。魯定公四年，與楚戰於柏舉，楚師敗績，遂入郢。闔閭死，子夫差立，敗越於夫椒。越王使使厚幣請和，員諫

① 《四庫》本无此句。

弗聽，太宰嚭譏之，王賜之屬鏤之劍以死。吴人思之，爲立祠江上。

晋

丁穆，字彦遠，譙國人。爲順陽太守。苻堅寇順陽，穆戰敗被執，稱疾不仕。後堅傾國南寇，穆與關中人士謀襲長安，事泄遇害。

宋

吕祉，霍(邱)〔丘〕人。進士，官都督參謀。紹興間，淮西副統制酈瓊叛降於劉豫，祉死之，妻吴氏亦自縊以殉。

孫暉，霍(邱)〔丘〕人。靖康之亂，團結淮民，保護鄉井，擢招信尉。建炎中，北兵將渡淮，暉率兵民禦之。城陷，死於敕書樓。

牛富，霍(邱)〔丘〕人。爲侍衛馬軍司統制，戍襄陽，移守樊城，累戰不爲衄。且數射書襄陽城中遺吕文焕，相與固守。兩城凡六年不拔，富力居多。城陷，富帥兵巷戰，身被重傷，以頭觸柱赴火死。贈静江軍節度使，謚忠烈。

洪福，安豐人，夏貴家僮也。從貴積勞爲鎮巢雄江左軍統制。貴降元，遣從子招福，福斬之。元兵攻城，久不拔。貴至城下，好語請單騎入城，福信之。門啓，伏兵起，執福并其二子大淵、大源。福大罵，數貴不忠，南向而死。

鞏信，安豐軍人。爲荆湖都統，沉勇有謀。文天祥開督府，信詣之，官團練使、督府都統制、江西招討使。天祥自興國趨永豐，元兵追之，信戰於方石嶺，中數矢，傷重不能戰，自投崖石而死。贈清遠軍承宣使，立廟旌之。

元

李冕，潁州人。至正辛卯，劉福通作亂，以紅巾爲號，流劫鄉市。冕率衆拒之被執，罵賊死。

李黼，字子威，潁州人，冕弟。泰定四年，廷試第一，授翰林修撰。累官江州路總管。至正十一年，徐壽輝將丁普郎來寇，黼部署兵民出戰，身先陷陣，賊大敗。黼曰：「賊不利於陸，必由水道薄我。」乃以長木冒鐵錐於杪，暗植水中。會西南風急，賊舟果揚帆鼓噪而至，舟遇樁不得動，黼發火箭射之，焚溺死者無算。拜江州路都總管。已而，賊勢愈熾，黼勢孤援絶。賊薄城，焚門而入。黼叱賊曰：「殺我，毋殺百姓！」賊刺之墮馬，與從子秉昭俱罵賊死。事聞，贈淮南行省中書左丞、隴西郡公，謚忠文，立廟江州。

曹彦可，亳人。至正間，妖賊起里中，皆不知書，群趨彦可家，以刀斧逼之寫旗。彦可曰：「我儒者，知有君父，豈能爲汝寫旗！」遂遇害。事聞，謚節愍。

明

李傑，霍（邱）〔丘〕人。從征有功，調北征陣亡，贈鎮國上將軍。

梁文，潁州衛世襲指揮同知。正德七年，流賊圍潁上，勢張甚。文率官軍迎擊，戰於蓮花鋪，奮勇陷陣，所向披靡。已而賊衆大至，衆寡不敵，力戰死之。詔加優恤，陞其子爲指揮。

曾翀，字習之，霍（邱）〔丘〕人。嘉靖己丑進士，授南京刑部主事，改御史，彈劾不避權勢，且論汪鋐罪。上罷鋐，而惡翀疏中有「諍臣杜口」語，杖之。垂斃，曰：「臣言已行，臣死何憾！」竟死，追謚忠節。

張鶴鳴，字元平，潁州人。萬（曆）〔曆〕丙戌進士，授歷城縣知縣，歷遷貴州巡撫、兵部右侍郎，總督陝西三邊，晋本部尚書，引疾歸。復起南工部尚書。安奢構禍，再授節鉞，視師五省。懷宗初，予告回籍。八年，流寇攻潁，捐金募士，授兵登陴。城陷被執，駡不絶聲，備極楚毒而死，時年八十五。子大同，字同甫。寇至，匿諸弟他所，獨隨父。見父死，伏尸號慟，駡賊以死。合家男女殉難者十數人。

張鶴騰，字元漢，鶴鳴弟。萬（曆）〔曆〕乙未進士，授潞城縣知縣，調榆次。值歲饑，煮粥躬親散給。投藥施槥，收育棄嬰，後皆以張爲姓。徵户部主事，擢郎中，累陞雲南副使，請告還里。流寇至，與兄鶴鳴督戰守禦，城陷死之。

王印，字雲卿，潁州人。工五字詩，築慧湖別墅，遊處其間。旁有廢冢，或勸平之，笑曰：「此亦吾鄰也。」作《鄰墓記》，刻石護焉。更創宗祠以聯族，凡冠婚、喪祭，一以古禮爲法。流寇至，以善射守城。及城陷，縊於城頭柏樹以死。

劉廷傳，字惟中，潁州人，九光從子。爲諸生。狀貌魁梧，任俠好義。萬(曆)〔曆〕末，楊應龍反播州，調兵及潁，潁兵不願行，將殺護行尉爲亂。廷傳乃携酒脯，邀於郭外，相與雜坐飲啖，以微言動之，且爲保任其家室，衆感悟。崇(正)〔禎〕八年，流寇入潁州，易衣冠，拜祖廟，遣子體仁速去。賊至，瞑目叱之，遇害。

劉廷石，字洞甫，九光子。博通古今書，善策事，公卿咸欲薦之，曰：「吾不欲由他途進。」流寇薄潁，廷石守西陴，竭力堵禦。賊乃由北門入，被十餘創。輿歸，伏枕，猶口授其兄廷榜及學正周逢泰數百言，令繕牘乞鄰道兵殺賊，遂絶。

甯儉，字堯光，潁州人，中立子。貢入成均，以假還里，屬流寇熾甚，乃散家財募戰士，得二百人。寇薄城，命長男(印)〔胤〕昌率義勇，出南城禦賊。賊轉至北，據高樓攻城，而城陷矣。僕從勸其引避，儉不聽，與妻楊氏端坐堂上。賊至，厲聲大罵，夫婦同時遇害。幼孫龍，亦殉焉。

韓光祖，字肇華，潁州人。進士，獻策之父，宿儒碩學。流賊至被執，脅使跪，叱曰：「吾生平讀書，止知忠義。」遂大罵，賊怒碎其尸。妻、妾俱死。仲子定策，字五雲，見父遇害，手刃二賊被殺。孫日曦，亦罵賊死。

劉大濟，字汝楫，潁州人。爲名諸生。潁陷於賊，至西七里河自投於水而死。州人私謚曰節慎先生。

王聘汝，字起莘，潁州人。母時氏殉難，聘汝憤甚，糾集鄰壯數百人殺賊。力戰於楊家店，自巳至酉，身被數十創死。

陳繼信，字鳳津，潁州人。工趙、仇諸家書法。年六十餘，有童騃狀。平居自謂善刀劍，買一刀，刻「殺賊報天子」五字於柄上。賊至，結束精嚴，或誚其老宜自愛，曰：「公故不知我，一命須數命爲抵。」城潰，持刀擊賊於南城，傷五六人，刀折，遂見殺。

郭三杰，字荆門，潁州人。年四十舉於鄉，居近北門。流寇至，登陴助守，見西北隅潰，投黑龍潭死。

鹿勁，字建功，潁州人。生負神勇，善騎射。流賊攻城，衆推勁守北門，賊附而上者，擊踣無算。近郭有高樓，俯臨雉堞，賊登之，矢石交下。城破，猶巷戰殺賊。賊蜂擁而至，勁孑身無助，中十餘矢乃斃。賊怒，臠割肢體殆盡。事聞，祀忠烈祠。

李從師，潁州衛指揮同知。領兵二百守城，城陷，獨身轉戰，受十三創而死。

王廷俊，潁州衛指揮僉事。防守西門，射一賊中額，賊識其面，城陷磔之。

田之潁，大理寺右寺副。李生白，光禄寺署丞，同妻韓氏。李元白，光禄寺署丞，同妻王氏。楊南，陝西會寧縣知縣。劉道遠，封文林郎，浙江黄岩縣知縣。丁嘉遇，四川夔州府學訓導。李茂叢，貢生。楊得坤，貢生。王之麒，潁州衛千户。孫陞，潁州衛百户。羅元慶，中所百户。田之振，潁州衛百户。田得民，中所百户。汪檀，前所百户。尚日濟，武舉人。李承訓，武舉人。汪邦弼，候選經歷。李維紀，諸生，同妻趙氏及子女，一家十八口投井死。王致志，諸生，同妻唐氏。田大生、聞于階、聞于邦、王國泰、亓鳳翔、卞文斗、王乾亨、丁嘉運、劉栻、姚克智、丁崇先、郭之英、姚同寅、尚日恒、陳純、李孕生、王致和、申華、郭之豪、田之萃、郭瑋、馬負圖、錢人瑋、盧元貞、馬寀國、馬柱國、韓中佐、楊于世、王啓昌、邢元錫、熊叶夢、王維新、李汝斑、盧傳世、喻天叙、楊士貞、郭之産、郭獬、賀嘉貞、聞慎言，四十一人俱諸生。①王文焕、田之蔚、田之茂、田之尹，四人俱監生。張濟民，醫官。孔道隆，祀生。田之蕙、丁振先，二人俱儒士。亓中元、嚴克長、王尚廉、亓旋、祁標、王公枋，六人俱處士。張肅範、王之幹、趙謙、祁瀛、潘守仁、汪茂椿、張思明、黄國，八人俱商民。王九成。工人。自田之穎至王九成，并妻女家口共一百二十二人，皆潁州人，死乙亥寇難。

周應正，武平衛人。正千户，由武舉任浙江都司。倭寇犯杭州，應正募得義兵千人，趨賊營，斬首百餘。乘勝追至黄山，寇突出，四面攻圍，正力戰被鎗陣亡。題奏立祠，贈本衛指揮僉事。

雅元聲，亳州人。孝廉。流寇至亳，脅之從，聲曰：「吾登賢書，委身於國，豈肯作賊！」賊怒殺之，並及其子。

秦培篤，太和諸生。崇(正)〔禎〕八年，流寇至，與妻王氏俱被獲。賊首欲用之，篤曰：「吾朝廷良士，肯委身於賊乎？」賊又令其叩頭稱千歲即釋之，篤植立不屈，嚼齒大罵。賊怒，碎其齒，斷其舌。罵猶不絶，夫妻同被害。

① 按：以上實計四十人。

秦思凡，太和人。流寇抵縣，被擒，即驅之攻城，凡大聲呼城上曰：「死賊無計攻城，不過牛皮覆車，以避矢石，所懼惟火。」語未畢，賊碎其首。守城者遂以柴藁焚皮車，城因得全。

滁州

明

吴得，全椒人。洪武中爲龍里守禦所千户。三十年，古州峒蠻作亂攻城，得乞兵貴州都司，堅守以待。賊燒門急攻，得開門奮擊，中毒弩死。贈指揮僉事。

譚淵，滁州人。驍勇善射。洪武中，襲父勝職爲燕山護衛副千户。從靖難戰於真定及壩上，馳騎突陣，斬獲甚多。至夾河，搏戰馬蹶被殺。永樂初，追封崇安侯，謚壯節。子忠，以淵故封新寧伯。

方政，全椒人。勇略過人，以靖難功累遷都督同知，充總兵官，出鎮松潘，叛番聽命，逋亡復業。移鎮大同。正統初，進右都督，征麓川，援絶，突陣死。追封威遠伯，謚忠毅。

周賢，滁州人。景泰初累功至都指揮僉事。天順初擢都督僉事，赴寧夏。寇二萬騎入，賢擊之，連戰皆捷。追至野馬澗，中流矢卒。賢初坐事下吏，自以不復用，後釋罪，感激誓死報，竟如志。贈都督同知。子玉，字廷璧，嗣職。舉將材，歷官至右都督。

何洪，全椒人。襲世職。正統中，從征麓川。景泰末，從征天柱、銅鼓，皆有功。歷官都指揮使，掌四川都司事。成化初，擢都督僉事，留四川。趙鐸反，數陷城殺吏，洪擒斬其將，賊引去。乘勝陷陣，爲賊所圍，左右跳蕩，殺賊甚衆，力竭而死。贈都督同知。

和州

宋

蔣子春，歷陽人。隱居教授。建炎初，北兵至新塘，見子春容儀秀整，欲命以官，子春怒罵被殺。

陸有常，歷陽人。建炎初知臨淄縣，抗敵而死。事聞，贈官廕子。

龔楫，子濟道。其先處州人。父原，崇寧中謫居和州，遂家焉。楫懦如不勝衣，聞北兵南下陷諸郡縣，輒忿恚不食，誓以必死。及北師築堡新塘，楫率家僮與鄉兵往襲之，先勝後敗，力鬭而歿。

明

耿定，和州人。宣德中，以薦辟歷刑部郎中，有能名，出爲浙江參議。正統十年，處州盜起，定引軍剿捕，率先督戰，陷陣而死。事聞，贈按察使。

馬如蛟，字騰仲，和州人。天啓壬戌進士，授浙江山陰令，清操皭然。崇（正）〔禎〕元年，徵授御史，以彈劾著直聲。出按四川，預平安邦彦之亂。八年冬，獻賊犯和州，如蛟方里居，傾貲募士，與知州黎弘業登陴固守，麾壯士出擊賊，兩戰皆捷。會風雪晝晦，守者皆潰，賊遂入城。如蛟率士巷戰，力竭被殺。兄鹽運司判官如蚪，弟諸生如虹，及家屬十四人皆死。詔贈太僕少卿。

張元楨，和州人。官鴻臚寺序班。歸里後，獻賊攻城，分守北門，城陷被殺。贈本寺署丞。

陳問世、陶應昌、陶應賡、姚承舜、趙世光，以上俱和州諸生。獻賊破城，問世以衛母見殺。餘悉掖母投水死。

楊鳳墀、王良翰、王之節、宋鶴齡、成建中、李寅陽、郝萬秋、馬文卿、盛唐、盛美，以上俱和州人。城陷，鳳墀闔門殉節。餘皆不屈死。

俞應登，含山人。崇(正)〔禎〕中，由貢歷即墨縣教諭。獻賊破含邑，不屈死。

劉芳遠，字芝南，和州人。崇(正)〔禎〕十四年歲貢，授嘉定訓導。十七年，闖寇陷北都，芳遠聞變哀慟，整衣冠，北向拜畢，坐明倫堂自刎。

張秉純、徐正夫，俱和州諸生。聞北都之變，秉純絶粒死，正夫自縊。

廣德州

宋

王汝翼，建平人。知廣德縣。元兵入境，汝翼死之。

明

夏魁暘，字宿甫，建平人。以貢訓奉化，攝浦江縣事。賊陷義烏及浦江，魁暘誓衆登陴，城破〔被〕①執，抗駡不屈，殞於池。

六安州

明

徐公輔，六安人。以軍功從太祖征陳友諒，戰死鄱陽湖中。後贈東海郡侯，廟祀康郎山。

徐瑾，六安人。正統間爲鄞縣丞。處州盜起，瑾率壯士邀擊，數有功。因援兵不至，死之。朝廷遣使優恤，廕一子。

劉會，字嘉會，英山人。正統乙丑進士，官户部主事。己巳北征，主事羅紳當扈從，適母病，會與紳同年，相友善，請代行，土木之難遂罹害。景泰初敕獎，廕子入監。

劉世芳，字穎玉，英山拔貢生。歷任盧陵、宛平丞，陞新河令，超擢濟南僉事，未至任。甲申三

① 據《四庫》本補。

月，流賊陷京城，得報仰天慟哭，以頭觸柱，嘔血數升卒。

黄今度，字國顔，六安人。明季壬午，流賊攻城，今度破産偕紳士固守，城陷被執。諭以歸順，今度大駡，誓不欲主。賊怒，以髮繫馬曳之而走，力脱躍城濠中，四面射之，皆不中，溺死。直立水中，面目如生，髮指皆裂。其弟今文，亦殉難死。妻徐，哭累年亦死。

張國正，六安人。世襲千户，陞指揮。明季壬午，流寇襲城，國正督衆巷戰，中流矢死。子斯美奔救，亦死。時鎮撫陶賡明、指揮劉良佐，文學田呈芳、梅國秀、霍山、黄中理、劉炫、吴時道、張大翼、李懷信、胡瑋、江源洞、宋貞及時際順等，均不屈節死。

泗州

晋

劉翼，淮陵人，衡陽太守。永昌之亂，起兵復晋祚，力戰死之。

南北朝　宋

劉位，招信縣横山人。靖康初，率數百人勤王，將行，會淮上盜起，部使者檄位保鄉井，盜畏其鋒，號「横山劉家軍」。建炎三年，合兵收復滁州，即攝州事。敵奄至城下，出戰中流矢，殁於陣。詔贈建寧節度使，建廟於滁，賜號剛烈。

梁

任孝恭，臨淮人。幼孤，事母至孝。家貧無書，從人借讀，一過目略無所遺。梁武帝聞其才，召入西省，爲司文侍郎，文筆敏速，每奏稱善。侯景之亂，不屈被害。

明

耿再成，字德甫，五河人。從太祖渡江，多著勞績，累陞行樞密院判官，守處州。會苗軍叛，再成聞變，即上馬收兵，不及迎賊，痛罵，遂被害。追封高陽郡公，謚武壯。子天璧，見《武功》。

井孚，盱眙人。洪武中鎮守龍里。古州洞蠻林寬作亂，燒城門，孚戰死。贈正千户，世襲。

李紹賢，字崇德，盱眙人。正德丁丑進士，授行人。嘗頒詔至徐州，有中使席班首立，命撤之，中使愕然去。諫武宗南巡，廷杖死。嘉靖初，贈御史。

姚允恭，盱眙人。由貢任霍山訓導，教士有方，秉性剛毅。值流寇臨城，冠帶坐明倫堂，罵賊殉難。事聞，贈國子監學録。

王養正，字聖功，州人。崇（正）〔禎〕元年進士，歷官南康知府，殲巨寇鄧毛溪、熊高，一方賴之。後分巡建昌，城破被執死。

陳濟世，字斗華，五河人。由歲貢任沭陽縣訓導，致仕歸里。崇（正）〔禎〕十六年，流寇破城，縱兵肆掠，濟世曰：「爲國諸生，不能殺賊，當守不能守，當死，忍坐視其淫掠乎？」遂整冠帶，同妻趙氏坐明倫堂，罵賊而死。

國朝

周永緒，字繩武，盱眙人。順治六年進士，爲廣西副使。遇寇，殉難於平樂。贈光禄寺少卿。